Gustav von Schmoller

Die Verfassungs-, Verwaltungs- und Wirtschaftsgeschichte des Preussischen Staates

Verlag
der
Wissenschaften

Gustav von Schmoller

Die Verfassungs-, Verwaltungs- und Wirtschaftsgeschichte des Preussischen Staates

ISBN/EAN: 9783957006097

Auflage: 1

Erscheinungsjahr: 2015

Erscheinungsort: Norderstedt, Deutschland

Webseite: http://www.vdw-verlag.de

Cover: Foto ©Carsten Grunwald / pixelio.de

Umrisse und Untersuchungen

zur

Verfassungs-, Verwaltungs- und Wirtschaftsgeschichte.

Umrisse und Untersuchungen

zur

Verfassungs-, Verwaltungs- und Wirtschafts- geschichte

besonders des Preußischen Staates im
17. und 18. Jahrhundert.

Von

Gustav Schmoller.

Leipzig,
Verlag von Duncker & Humblot.
1898.

Meine verschiedenen Arbeiten über preußische und ver=
gleichende Verfassungs=, Verwaltungs= und Wirtschaftsgeschichte
zusammenhängend erscheinen zu lassen, bin ich seit über
20 Jahren oft aufgefordert worden. Ich habe immer bisher
gezögert, weil ich sie als Vorarbeiten zu einem größeren Werke
betrachtete, sie in diesem aufgehen zu lassen dachte. Ich trug
mich lange mit dem Plane, eine Verwaltungs=, Finanz= und
Wirtschaftsgeschichte Friedrich Wilhelms I. oder Preußens über=
haupt im 18. Jahrhundert zu schreiben.

Nun habe ich freilich seit Jahren eingesehen, daß, so um=
fangreich, wie ich die Vorarbeiten und Archivstudien angelegt
hatte, mein ganzes Leben entfernt nicht ausreichen würde, um
sie zu vollenden. Außer den zerstreut da und bort publizierten
liegen noch viel größere Vorstudien und Sammlungen un=
publiziert, teilweise in noch nicht abgeschlossener Art in meinen
Schränken, und noch ist nur der kleinere Teil dieser Vorarbeiten
gethan. Ausschließlich mich auf diese Thätigkeit zu konzentrieren,
erlaubten mir meine Pflichten als Lehrer und meine Neigungen
als Gelehrter nicht. Mein Eintritt in die Akademie führte zu
dem großen Unternehmen der Acta Borussica, in denen die
archivalischen Vorarbeiten, die ich selbst nicht vollenden kann,
einen besseren Abschluß finden. Ein erheblicher Teil meiner
Zeit in den letzten 10 Jahren war der Ausarbeitung meines
Grundrisses der allgemeinen Volkswirtschaftslehre gewidmet, der
hoffentlich bald erscheinen wird. So sehe ich mit meinen
60 Jahren nicht ab, daß ich noch je zu dem geplanten großen

Werke kommen sollte und deshalb erscheint es mir jetzt als
Pflicht, von denjenigen meiner historischen Arbeiten, die sich auf
die Verfassungs=, Verwaltungs= und Wirtschaftsgeschichte des
17—18. Jahrhunderts und speciell Preußens beziehen, auf die
ich meine meiste Zeit und fast alle meine Archivstudien ver=
wandte, die wichtigeren nach und nach in der Form dem
Publikum gesammelt zu übergeben, in der sie geschaffen wurden.
Nur kleinere Änderungen und Verbesserungen beabsichtige ich an
ihnen dabei vorzunehmen. Bleiben mir später Kraft und Muße,
so würde ich gern einen zusammenfassenden Grundriß der inneren
preußischen Geschichte schreiben, ähnlich wie ich ihn jetzt für
die allgemeine Nationalökonomie zu entwerfen versuche. In
einem solchen Grundriß wäre aber für die hier publizierten
Arbeiten in der Hauptsache doch kein Platz.

Sie sind freilich nicht bloß archivalische Untersuchungen.
Nur einige tragen ausschließlich diesen Charakter. Andere ent=
halten allgemeine Versuche, historische Überblicke über Institutionen
und Epochen zu geben, bauen sich auf eigenen und fremden ver=
gleichenden Studien rechts= und wirtschaftsgeschichtlicher Art
auf. Mehrere versuchen das Detail der Einzelforschung in einen
derartigen Rahmen hineinzuzeichnen. Diese Kombination ver=
schiedener Behandlungsart mag Folge meiner individuellen
Neigung sein, sie scheint mir zugleich heilsam und notwendig,
um einerseits möglichst auf dem Boden exakter empirischer
Einzelforschung zu bleiben und doch daneben das Einzelne, so=
weit es möglich ist, in den größeren Zusammenhang der Ent=
wickelung einzureihen.

Von meinen einschlägigen Arbeiten habe ich für dieses Mal
so viel ausgewählt, daß sie einen mäßigen Band füllen und in
Anordnung und gegenseitiger Ergänzung ein Bild dessen geben,.
was ich mit meinen Studien erstrebe. Es wäre leicht gewesen,
durch eine gewisse Umarbeitung und ein Hinweggleiten über die
Lücken eine Art einheitlichen Buches daraus zu machen. Ich
wollte das nicht. Jeder Leser wird auch so die innere Einheit
dieser Umrisse und Untersuchungen finden.

Nr. I giebt das Leitmotiv für das Ganze, Nr. II ergänzt es durch ein Beispiel; Nr. III—V geben in Umrissen die wesentlichen Elemente des Staates: Finanzen, Heer, Beamtentum; Nr. VI bis VIII erörtern die Verfassung des Handwerks, seinen Übergang zur Hausindustrie und die beginnende Großindustrie Preußens im 18. Jahrhundert; IX und X wollen diese gewerblichen Studien durch agrarische und handelspolitische ergänzen. Ich hätte mancherlei noch gerne eingefügt, aber der Band wäre zu schwerfällig geworden.

Was ich hier einem weiteren Kreise vorlege, sind historische Untersuchungen, die aber ebenso die allgemeine Erkenntnis von Staat und Recht, Volkswirtschaft und Gesellschaft fördern, als die Entstehung unserer nationalen Institutionen erklären und das Verständnis der Gegenwart erleichtern wollen. Ein freundlicher Kollege meinte freilich, derartiges sei weder Geschichte, noch Staatswissenschaft; andere spotten über Archivkollektaneen und Geschichtsklitterei. Ein hiesiger juristischer Professor ruft, bei der Lektüre der Schmollerschen Monographien erhalte man den Eindruck: „Er hält die Teile in der Hand, fehlt leider nur das geistige Band"; ein historischer Kollege sucht mich als „Borusse" zu diskreditieren, ein nationalökonomischer, von heißblütigem Aktionsdrang erfüllt, meint, derartige Geschichtsstudien führten auf den Abweg apologetischer Verteidigung des Bestehenden.

Es wäre kindlich, wenn ich mich über solche Urteile beklagen wollte; denn ich habe daneben Anerkennung weit über mein Verdienst gefunden. Ich wollte auch nicht bloß solche kollegialische Freundlichkeiten hier etwas niedriger hängen, sondern sie nur benutzen, um meine Art zu arbeiten neben der gleichberechtigten anderer Gelehrten zu rechtfertigen.

Was zunächst die Epoche betrifft, mit der sich dieses Buch und ein großer Teil meiner Studien beschäftigten, so erschien mir, nachdem die unhistorisch-rationalistische Methode der alten Staatswissenschaft als irrig erkannt war, nachdem die Lehrbücher dieser Schule mehr als praktische und tendenziöse Tagespolitik, wie als Wissenschaft durchschaut waren, als das bringlichste

wissenschaftliche Bedürfnis ein eingehendes Studium der
rechtlichen und wirtschaftlichen Zustände und Institutionen von
1500—1800, über die bis vor kurzem weder unsere National=
ökonomie und Finanzwissenschaft noch unsere Rechts= und Wirt=
schaftsgeschichte viel mehr als einige Banalitäten zu sagen
wußten. Ich sagte mir, nur wer die Entstehung des heutigen
Staates und der heutigen Volkswirtschaft kenne, werde sie richtig
beurteilen und fortbilden können. Und ferner erschien mir dabei
das Doppelstudium der wirtschaftlichen Zustände und der Ver=
fassungs= und Verwaltungseinrichtungen und deren stete Verbindung
als die erste Vorbedingung einer vollen Beherrschung der That=
sachen und ihrer Ursachen. Wer nicht für jede volkswirtschaft=
liche Erscheinung den Staats= und Verwaltungsmechanismus,
innerhalb dessen sich die socialen und wirtschaftlichen Prozesse
abspielen, ganz genau kennt, der wird mit seinen Schlüssen gar
zu leicht ins Nebelhafte, Unsichere kommen. So wurde für
mich das wirtschaftliche Detailstudium immer zugleich zu einem
rechts= und verwaltungsgeschichtlichen.

Was nun aber weiter den Gegenstand meiner Studien betrifft,
so habe ich mich wesentlich auf Deutschland und Preußen be=
schränkt, weil mir die Erkenntnis im eigenen Hause doch als das
Wichtigste erschien und die Mehrzahl unserer Nationalökonomen
ja dem Auslande sich widmete. Ich habe dabei gesucht, stets nur
die Wahrheit zu sagen; dem Preußenhasser aber wird alles als
gefärbt erscheinen, was wie Anerkennung der preußischen Re=
gierung klingt, dem Tagespolitiker als apologetisch manches un=
bequem sein, obwohl es wahr ist. Und wenn in einigen der
Stücke, die ich vor 15—20 Jahren schrieb, etwas von dem
Stolze und dem Glück durchklingt, welche mich damals als
Preußen und Deutschen beseelten, so mag man das entschuldigen
oder es als Borussentum stigmatisieren. Ich wollte jedenfalls
heute derartiges nicht ändern, umso weniger, als meine Grund=
anschauungen und Gefühle heute in der Hauptsache dieselben
sind. Auch heute noch würde ich mir thöricht und albern vor=
kommen, wenn ich unter den Ursachen des Aufschwungs des

preußischen Staates die großen Fürsten und Staatsmänner weg=
retouchieren wollte, wenn ich nach der genauen Untersuchung der
Institutionen und Reformen, die Preußen groß gemacht, es so
darstellen wollte, als ob dieser Staat trotz derselben empor=
gekommen sei. Ich vermesse mich nicht, mit meinem Urteil
überall das Richtige getroffen zu haben. Ich weiß recht wohl,
welche Fehlerquelle darin steckt, daß ich, preußische und außer=
preußische Zustände und Einrichtungen vergleichend, über die
ersteren häufig sehr genaue, über die letzteren nur summarische
Studien machen konnte. Aber mein redliches Bemühen war
stets, unparteiisch und gerecht darzustellen und zu urteilen.

Wo ich aus den Quellen erzählte, wollte ich stets in erster
Linie anschaulich, konkret, auch mit dem nötigen Detail be=
richten; je nach dem Horizont und dem Interesse der verschiedenen
Leser wird dabei dieses oder jenes Einzelne denselben als neben=
sächlich, als Geschichtsklitterei, als eine Summe von Teilstücken
ohne geistiges Band erscheinen. Ich habe mich dabei stets be=
müht, nicht zu konstruieren, nicht eine scheinbare Geschlossenheit
der Darstellung zu erreichen, um den Preis, daß eine Reihe
mitwirkender Ursachen unter den Tisch fällt. Ich verkenne den
Wert theoretisierender Geschichtskonstruktion, wie ihn mehrere
unserer heutigen talentvollsten Wirtschaftshistoriker treiben, gar
nicht; sie sind ein wichtiges Hilfsmittel der fortschreitenden Er=
kenntnis, aber ich persönlich bin skeptisch gegen alle noch so
geistreichen Konstruktionen und kurzen Formeln, die das Wirt=
schaftsleben restlos erklären wollen. Ihnen hängt zu leicht
etwas Subjektives an; sie sind gar oft voreilige Generali=
sationen.

So weit ich trotzdem selbst Überblicke zu geben, das Heer
der Einzelerscheinungen in gewisse einheitliche Entwickelungs=
reihen einzuordnen versuche, bescheide ich mich die Resultate als
vorläufige Versuche hinzustellen; und ich bleibe auch bei der
Darlegung dieser Versuche von Theorien zunächst lieber bei
einer mehr erzählenden, als konstruierenden Form. Ich bin mir
der unendlichen Kompliziertheit alles gesellschaftlichen und

historischen Geschehens stets so bewußt, ich kann über die Vielheit der Ursachen nie so hinweg sehen, daß ich meine eigenen Konstruktionen losgelöst von ihrem Untergrund als abstrakte und absolute Wahrheiten hinstellen möchte.

Ob das künftige Urteil dahin gehen werde, daß ich als Historiker gescheitert, weil ich zugleich Nationalökonom war, als Nationalökonom, weil ich nicht aufhören konnte, Historiker zu sein, muß ich dahingestellt sein lassen. Ich kann nur beides zugleich sein und bilde mir ein, das Beste, was ich zu leisten vermag, dieser Verbindung zu danken. Und meinen Kritikern rufe ich zu:

Eines schickt sich nicht für alle!
Sehe jeder, wo er bleibe
Und wer steht, daß er nicht falle!

30. August 1898.

Gustav Schmoller.

Inhaltsverzeichnis.

I.

Das Merkantilsystem in seiner historischen Bedeutung:

städtische, territoriale und staatliche Wirtschaftspolitik[1].

Die wirtschaftliche Politik Preußens im 17. und 18. Jahr=
hundert war eine ausgesprochen merkantilistische. Die bisherige
staatswissenschaftliche Beurteilung derselben ging weder von einer
historisch wirtschaftlichen Untersuchung des damaligen Europas,
noch speciell Preußens in dieser Epoche aus, sondern von
Theorieen, die ihren Ursprung in der Kritik des Merkantilsystems,
in der Hervorkehrung der Irrtümer und Übertreibungen hatten,
welche dasselbe gegen und nach 1800 zeigte.

Die erste Aufgabe daher, um diese Politik richtig zu
würdigen, ist eine richtigere Erfassung und Beurteilung des
Merkantilsystems, d. h. des volkswirtschaftlichen Charakters der
beiden Jahrhunderte, während welcher die praktische Politik aller
großen und aufstrebenden Völker Europas diesem Systeme folgte.
Und wir haben dabei eben diese praktische Politik, nicht die
Schriften der Staatsmänner und Gelehrten im Auge, welche bei
dem unentwickelten Stande der Wissenschaft vielfach das an sich
Richtige mit schiefen und halbwahren Theorieen verteidigten.

Eine ganze Epoche der Geschichte aber volkswirtschaftlich
charakterisieren heißt sie mit der Vergangenheit und der Folge=

---

[1] Niedergeschrieben 1883, gedruckt zuerst 1884 im Jahrb. f. G. B. u.
V. W. VIII, 15 ff.

zeit vergleichen, heißt sie begreifen als ein Glied eines größeren
wirtschaftlichen Entwickelungsprozesses. Und man wird daher
geneigt sein zunächst an jene Vorstellungen zu denken, durch
welche man bisher versucht hat, den historischen Entwickelungsgang der Völker einheitlich theoretisch zu begreifen. Man hat
bis jetzt entweder angeknüpft an eine Parallele mit den Lebens-
altern des einzelnen Menschen, oder an die Vorstellung eines
Stufenganges, in welchem Viehzucht, Ackerbau, Gewerbe und
Handel oder in welchem Naturaltausch=, Geld= und Kreditverkehr
sich folgen sollten: Gedankenreihen, die einen Teilinhalt des
Prozesses der wirtschaftlichen Entwickelung herausgreifen, zur
Gegenüberstellung mancher Zeiten und Völker auch passend sind,
aber gerade für die Charakterisierung des Merkantilsystems
wenig Anhalt bieten, ja sogar vielleicht zu einer falschen Anlaß
geben können. Und es ist ja auch klar, daß neben ihnen mit
gleichem Rechte sich andere Vorstellungen, welche der Geschichte
der Bevölkerung, der Ansiedelung, der Arbeitsteilung, der socialen
Klassenbildung, der Technik, des Verkehrs entnommen wären, sich
ausmalen ließen, daß jede von ihnen für sich und sie alle zusammen mit den vorgenannten verwertbar wären für eine ausgebildete Theorie von dem volkswirtschaftlichen Entwickelungs-
gange der Völker. Keine dieser Vorstellungsreihen aber scheint
mir entfernt so wichtig und bedeutungsvoll, wie diejenige, welche
ich hier in den Vordergrund rücken möchte, um von ihr aus
das Merkantilsystem ins rechte Licht zu stellen. Ich meine den
Zusammenhang des wirtschaftlichen Lebens mit den wesentlichen
und leitenden Organen des socialen und politischen Lebens überhaupt; ich meine die Anlehnung der jeweiligen wesentlichen
wirtschaftlich=socialen Einrichtungen an die wichtigsten oder an
einzelne wichtige politische Körper.

In allen Phasen der volkswirtschaftlichen Entwickelung fällt
dem einen oder anderen politischen Organe des Stammes= oder
Volkslebens eine führende und beherrschende Rolle auf dem
Wirtschaftsgebiete zu. Bald ist es der Geschlechtsverband und
Stamm, bald das Dorf und die Mark, bald die Landschaft,

halb der Staat oder gar ein Staatenbund, welche, mag nun das politische, nationale, geistige und kirchliche Leben wesentlich hier= mit zusammenfallen oder nicht, durch ihre Organe auch das wirtschaftliche Leben, seine Organbildungen und Institutionen beherrschen, welche gleichsam den Schwerpunkt der social=wirt= schaftlichen Veranstaltungen abgeben. Gewiß ist das nicht das einzige Moment für die Erklärung der historischen Entwickelung der Volkswirtschaft; — aber das bedeutungsvollste scheint es mir zu sein, dasjenige was am tiefgreifendsten die verschiedenen bis jetzt in der Geschichte aufgetretenen Organisationsformen der Volkswirtschaft beherrscht. Im Anschluß an den Stamm, die Mark, das Dorf, die Stadt, das Territorium, den Staat und den Staatenbund entwickeln sich successiv bestimmte sociale Wirt= schaftskörper immer umfassenderer Art; wir haben damit einen einheitlichen Entwickelungsprozeß vor uns, der natürlich das wirtschaftliche Leben niemals erschöpft, der es aber jeweilig be= stimmend und beherrschend umschließt. Innerhalb des Dorfes. der Stadt, des Territoriums und des Staates bleibt dem Ein= zelnen und der Familie ihre selbständige und bedeutsame Stellung, geht die Arbeitsteilung, gehen die Fortschritte des Geldwesens, der Technik ihren Gang. vollziehen sich bestimmte sociale Klassen= bildungen; aber die eigentliche Signatur empfangen die volks= wirtschaftlichen Zustände dadurch, ob jeweilig die Dorfwirtschaft, die Stadtwirtschaft, die Territorialwirtschaft oder die Staats= und Volkswirtschaft im Vordergrund steht, ob ein Volk in eine Zahl lose verbundener Dorf= und Stadtwirtschaften zerfällt oder ob sich landschaftliche und nationale Wirtschaftskörper, die alten wirtschaftlichen Organe in sich aufnehmend und be= herrschend, schon gebildet haben. Politische und wirtschaftliche Körper müssen sich keineswegs decken; aber die großen und glänzenden Leistungen in Staat und Wirtschaft pflegen dann zu Tage zu treten, wenn die wesentlichen Träger der Macht= und Rechtsorganisation zugleich die Träger der Wirtschafts= organisation sind.

1.
Die Dorf= und die Stadtwirtschaft.

Die Vorstellung, als ob das wirtschaftliche Leben jemals ein überwiegend individueller, weil technischer, auf individuelle Bedürfnisbefriedigung gerichteter Prozeß gewesen sei, ist für alle Stadien der menschlichen Kultur falsch; in gewissem Sinne um so falscher, je weiter man in der Kultur zurück geht.

Der primitivste Jäger= und Hirtenstamm fristet sein wirtschaftliches Dasein nur durch eine Stammesorganisation, in der gemeinsame Verteidigung, gemeinsame Befahrung der Sommer= und Winterweiden, kommunistischer Erwerb für den Stamm, kommunistische Leitung durch den Stammeshäuptling die wesentlichste Rolle spielt. Die erste Siedelung und Besitzergreifung des Bodens ist niemals Sache der Einzelnen, sondern der Stämme und Geschlechter. Und während nun religiöses, sprachliches, kriegerisches und politisches Leben größeren Kreisen gemeinsam bleibt, rückt der Schwerpunkt des wirtschaftlichen Lebens in die Mark und in das Dorf. Sie werden für Jahrhunderte die volkswirtschaftlichen Körper, die alles Wirtschaftsleben der großen Menge beherrschen. Der Einzelne besitzt, was und wie ihm die Mark= und die Dorfgenossenschaft Haus und Hof, Garten und Acker einräumt, er nutzt die Weide und den Wald, das Fisch= wasser und die Jagd, wie es ihm die Gemeinde gestattet; er pflügt und erntet, wie es die Dorfgenossenschaft verlangt und anordnet. In lebendigeren Verkehr mit Nichtdorfgenossen zu treten, ist ihm kaum möglich, denn jede Ausfuhr von irgend einem Produkt, das direkt oder indirekt von der Allmende stammt, ist ihm untersagt[1]. Aus dem gemeinsamen Walde Holz zu holen, kann nur gestattet sein, so lange keiner Holz oder Kohle

---

[1] Sogar in den Städten hat sich ähnliches erhalten. Die Lübecker sollen nach einer Bestimmung von 1204 nicht passim et sine necessitate ihre Schiffe verkaufen und zu Hause neue bauen, noch Holz zum Verkauf ausführen, weil ihnen ein freies Holzungsrecht zusteht. Lüb. Urkundenbuch S. 17 Urk. XII.

ober Theer ausführt; auf die gemeine Weide beliebig Vieh zu
treiben, kann nur Rechtens sein, wenn jeder für sich, nicht für
Fremde sein Vieh mästet. Die Veräußerung des Grundbesitzes
an einen Nichtdorfgenossen ist verboten, wie in der Regel das
Verlassen des Dorfes selbst dem freien Hufner durch alle mög=
lichen Förmlichkeiten erschwert ist. Das Dorf ist ein geschlossenes
Wirtschafts= und Handelssystem für sich. Es beburfte der Auf=
lösung seiner alten Verfassung durch den Großgrundbesitz und
andere Mächte, ehe eine andere und höhere Entwickelung des
wirtschaftlichen Lebens entstehen konnte.

Wie die Dorfgemeinde mit ihren Organen, so entwickelt sich
noch viel mehr die Stadt zu einem wirtschaftlichen Körper mit
eigentümlichem, kräftigem, alles einzelne beherrschendem Leben.
Schon die Ortswahl, die Planlegung, der Straßen=, Brücken=
und Mauerbau, später die Pflasterung, Wasserleitung und Be=
leuchtung, dann die notwendigen gemeinsamen Markteinrichtungen,
die gemeinsamen Kaufhäuser, öffentlichen Wagen und alles der=
artige erzeugen, wie das enge Zusammenwohnen und die höheren
Formen der Arbeitsteilung, Geld= und Kreditentwickelung eine
Summe einheitlicher gemeinsamer Institutionen und Anstalten,
schaffen einen Zusammenschluß weit engerer Art, der sich not=
wendig nach innen und außen zeigt. Für Jahrhunderte knüpft
sich der wirtschaftliche Fortschritt an das Aufkommen der Städte,
an die Ausbildung der eigentümlichen städtischen Einrichtungen
an. Jede Stadt, besonders jede größere Stadt sucht sich in sich
als ein wirtschaftliches Ganzes abzuschließen, nach außen ihre
Wirtschafts= und Machtsphäre so weit auszudehnen, als es geht.
Nicht umsonst sind für einen großen Teil des Altertums und
des Mittelalters alle vollendeten staatlichen Gebilde Stadtstaaten,
in welchen Staats= und Volkswirtschaft, wirtschaftlicher Lokal=
egoismus und politischer Patriotismus, staatliche und wirt=
schaftliche Machtkämpfe zusammenfallen.

Die wirtschaftliche Politik der deutschen mittelalterlichen
Städte, wie ihre wirtschaftlichen Einrichtungen haben bis ins
17. und 18. Jahrhundert eine so beherrschende Rolle gespielt, ja

ſie ragen in ſo vielen Einrichtungen bis in unſere Tage hinein, daß wir dabei noch einen Moment verweilen müſſen.

Wie die Immunität, ſo war das Markt=, Zoll= und Münz=privileg ſchon ein Vorrecht für die ſich bildenden Stadtgemeinden. Dazu kam bald die Beſeitigung der Naturalſteuern und =Leiſtungen und der große Rechtsvorteil des Satzes, daß die Luft in der Stadt frei mache, ferner der Gewinn der Selbſtregierung und Geſetzgebung durch den Rat. Jede einzelne Stadt fühlte ſich als eine privilegierte Genoſſenſchaft, die in zähem, Jahrhunderte langem Kampfe Privileg auf Privileg erwarb, durch Vertrag und Geld ſich in eine politiſche und wirtſchaftliche Poſition nach der anderen hineindrängte. Die Bürgergenoſſenſchaft fühlt ſich als ein aufs engſte geſchloſſenes, für immer verbundenes Ganzes: ſie nimmt nur den auf, der ihr zahlt, beſtimmte Bedingungen erfüllt, ein Vermögen nachweiſt, einen Eid leiſtet und Bürgſchaft ſtellt, daß er beſtimmte Jahre bleibe, ſie entläßt nur den aus ihrem Verbande, der vor dem Rate ihr feierlich aufſagt, ſchwört, für die Schulden der Stadt zu haften, eine Anzahl Jahre die Steuern der Stadt mit zu zahlen, und 10 % ſeines Vermögens der Stadt ausliefert. Die Machtfülle der ſtädtiſchen Räte regiert, ſoweit die wirtſchaftliche Blüte der Stadt in Frage kommt, in faſt unbeſchränkter Weiſe, findet in dem engherzigſten Stadtegoismus und in dem kräftigſten Stadtpatriotismus jeder=zeit Billigung, wenn es gilt, eine konkurrierende Nachbar= oder Vorſtadt zu vernichten, dem umliegenden platten Lande feſtere Feſſeln aufzulegen, den lokalen Handel, die lokalen Gewerbe zu fördern.

Das Markt=, Zoll- und Meilenrecht iſt die Waffe, mit der man ſich Einnahmen und eine ſtädtiſch=egoiſtiſche Gewerbe= und Handelspolitik ſchafft. Begünſtigung des Stadtbürgers, Be=nachteiligung des fremden Konkurrenten iſt die Seele derſelben. Die komplizierte Wochenmarkts= und Vorkaufsgeſetzgebung iſt in Summa nichts als ein raffiniertes Syſtem, Angebot und Nach=frage zwiſchen kaufendem Städter und verkaufendem Landmann so zu gestalten, daß der erstere in möglichst günstiger, der letztere in möglichst ungünstiger Position beim Konkurrenzkampfe sich befinde. Die städtischen Taxen sind teilweise nur Waffen gegen den Getreide-, Holz-, Wild-, Gemüseverkäufer vom Lande, wie die Verbote des Landhandwerks, des Landhandels, die Einschränkung des Hausierbetriebs städtischen Interessen dienen. Der Erwerb der Regalien durch die Stadt wird in erster Linie zu einer Umgestaltung dieser Einrichtungen im städtischen Interesse benutzt. Der Marktzoll wird in der Regel für die Bürger aufgehoben, nur für den Landmann und den nicht privilegierten Gast beibehalten. Ein kompliziertes Differentialzollsystem wird überall ausgebildet, das einzelne fremde Städte begünstigt, andere benachteiligt, je nach der Gegenkonzession, den Hoffnungen und Befürchtungen, die sich an den Handel mit ihnen knüpfen. Der möglichste Erwerb der Zölle auf Strömen und Wegen in der Nachbarschaft dient denselben Zielen. Täglich, je nach Bedürfnis, werden einzelne Artikel mit höheren Abgaben belegt, für ein oder mehrere Märkte verboten oder dauernd ausgeschlossen; der Wein und das Bier aus den Nachbarstädten ist unzählige mal, ja fast überall verboten oder in der Zulassung beschränkt. Ausfuhrverbote von Getreide, Wolle und Fellen gehören zu den regelmäßigen Mitteln, den lokalen Markt nach lokalem Interesse zu gestalten und sie steigern sich jeden Augenblick zu allgemeinen Handelssperren, die als härteste Pressionsmittel im Konkurrenzkampf manchmal zu eigenem Schaden, oft aber auch, besonders von seiten des Stärkeren, mit großem Vorteil und Erfolg angewandt werden. Beschränkung der Geld- und Edelmetallausfuhr kommen von seiten der Städte seit dem 13. Jahrhundert häufig vor. Die Bilanztheorie zeigt ihre ersten Spuren im städtischen Handel darin, daß er stets nach direktem Austausch von Waren strebt, einen solchen, wie z. B. im baltischen Handel, durch Statuten und Gesetze erzwingen will, welche hindern sollen, daß regelmäßig Edelmetall nach der Fremde hin abfließe.

Der Straßenzwang und das Stapelrecht werden mit allen Mitteln der städtischen Diplomatie, der ständischen Verfassungs-

kämpfe, eventuell mit Gewalt ſo ausgebildet, daß möglichſt viele
Zwangshandelsſtraßen auf die Stadt zu, möglichſt wenige neben
ihr vorbeiführen, daß möglichſt der durchgehende Karawanen=
und Schiffshandel hier raſten, die Waren zum Verkauf auslegen,
an die Stadtbürger verkaufen muß. Das ausgebildete Gaſt= oder
Fremdenrecht iſt die Waffe, um im lokalen Handelsintereſſe die
Übermacht fremder reicherer, geſchäftskundigerer Konkurrenten zu
brechen oder einzuſchränken. Dem Gaſt iſt außer dem Jahrmarkt
aller Detailhandel verboten, er darf nur beſtimmte Zeit bleiben,
darf keinem Ortsbürger Geld leihen oder in Compagnie mit ihm
treten. Er iſt mit höheren Abgaben, Stand= und Wage=, Unter=
kaufs= und Wechslergebühren belaſtet. Die Zunftverfaſſung, aus
dem lokalen Marktrecht hervorgegangen, nach lokalen Geſichts=
punkten ausgebildet, erreicht ihren Zweck, jedem Meiſter und
jeder Zunft den ſtandesgemäßen Unterhalt zu ſichern, haupt=
ſächlich dadurch, daß der Rat, wenn es nötig erſcheint, die
Einfuhr von Brot und Fleiſch, von Bier und Wein, von Waren
aller Art aus der nächſten Nähe und aus der Ferne vorüber=
gehend oder dauernd beſchränkt, wie er auf ein oder mehrere
Jahre die Aufnahme neuer Meiſter einer beſtimmten Art ver=
bietet. Kurz, der ſtädtiſche Markt iſt. ein in ſich geſchloſſenes,
einheitlich und planvoll geleitetes Geld=, Kredit=, Handels=, Zoll=
und Finanzſyſtem, das ſeinen Schwerpunkt ausſchließlich in
ſeinen lokalen Intereſſen hat, das den Kampf um die wirtſchaft=
lichen Vorteile mit kollektiven Kräften führt und in dem Maße
blüht, als kluge, energiſche, das Ganze überblickende Kaufleute
und Patricier in den ſtädtiſchen Räten die Zügel feſt in der
Hand halten.

Was wir ſo im Mittelalter vor uns haben, ſind ſtädtiſche,
lokale Wirtſchaftscentren, deren ganzes wirtſchaftliches Leben
darin beruht, daß die verſchiedenen Lokalintereſſen ſich zu zeit=
weiliger Übereinſtimmung durcharbeiten, daß einheitliche Gefühle
und Vorſtellungen von lokalen Geſamtintereſſen entſtanden ſind,
daß für dieſe die Stadtgewalt mit den ausgebildetſten Schutz=
maßregeln eintritt, die natürlich lokal und zeitweiſe verſchieden

sich gestalten, je nachdem die Versorgung des lokalen Marktes oder die Blüte bestimmter Gewerbe oder Handelszweige als das jeweilig Wichtigste erscheint. Die gesamte städtische Wirtschafts= politik in dieser ihrer lokalen Einseitigkeit war so lange berech= tigt, als der Kultur= und Wirtschaftsfortschritt in erster Linie in dem Aufblühen der Städte bestand; dieses Aufblühen konnte auf keinem anderen massenpsychologischen Ursachenkomplexe ruhen, als auf dem egoistischen Genossenschaftsgeist der Städte; die neuen volkswirtschaftlichen Einrichtungen konnten sich zunächst nur auf den so privilegierten Oasen des wirtschaftlichen Lebens, nicht sofort auf den breiten Grundlagen ganzer Staaten aus= bilden. So lange das egoistische Gemeinschaftsgefühl engerer Kreise zugleich der Träger einer energischen Vorwärtsbewegung war, hatte es sein Recht, trotz der Rohheiten und Gewaltthätig= keiten, die wir heute nicht nur mißbilligen, sondern kaum mehr begreifen[1]; nur als das System anfing, die Grundlage für be= queme Genußsucht und Lässigkeit zu werden, entartete es und mußte durch andere massenpsychologische Elemente und Prozesse, durch andere sociale Formen und Organisationen des wirtschaft= lichen Lebens ersetzt werden.

In gewissen Schranken war übrigens die egoistische städtische Wirtschaftspolitik stets durch die rechtlichen und sittlichen Bande gehalten worden, welche dem kirchlichen Gemeinschaftsleben, dem deutschen Kaisertum, welche landschaftlich dem früh aufkommenden Landesfürstentum entsprangen. Aber diese Schranken waren in der älteren Zeit so lose, so nichtssagend, daß sie kaum in Be= tracht kamen, so lange Kaisertum, Kirche oder Landschaft selbst kein eigentümlich wirtschaftliches Leben, keine kräftigen wirtschaft= lichen Organisationen erzeugten. Mit der Umbildung und Zu=

---

[1] Ich erinnere an die bewaffneten Auszüge der Zünftler, um die Wönhasen auf dem Lande zu jagen, an die unzähligen militärischen Aus= züge, Belagerungen, ja Zerstörungen, die im gegenseitigen Handelsneid ihre Ursachen hatten, an die Zerstörung von Vorstädten aus diesem Grunde, wie sie sich Danzig 1520, 1566 und 1734, Magdeburg im 30jährigen Kriege zu Schulden kommen ließ.

nahme des Verkehrs, mit der zunehmenden Kraft des Gemein=
geistes, der landschaftlichen Gesamtinteressen gegenüber den Lokal=
interessen, mit der wachsenden Schwierigkeit, auf Grund bloßer
Stadt= und Dorfinteressen das wirtschaftliche Leben richtig zu
organisieren, über die Anarchie endloser kleiner Kämpfe Herr zu
werden, entstanden überall Versuche und Tendenzen zu größerer
Zusammenfassung der wirtschaftlichen Kräfte.

2.
Die Territorialwirtschaft.

Die Städtebündnisse wollten über den Kopf der Fürsten
und des platten Landes hinweg und unter Aufrechterhaltung der
egoistischen Stadtpolitik in der nächsten Umgebung der Städte
gewisse weitergreifende Interessen und Bedürfnisse des Handels
befriedigen; es konnte auf die Dauer nicht gelingen. Die
größeren Städte suchten sich in der Nähe durch Erwerb von
Dörfern, Gütern, Herrschaften und Städtchen zu einem Terri=
torium auszuweiten. Es ist vor allem den großen italienischen
Kommunen ganz, einzelnen schweizerischen Städten und deutschen
Reichsstädten wenigstens teilweise gelungen; auch einzelne der
lebenskräftigsten holländischen Provinzen sind, wenn nicht dem
Ursprung nach, so doch praktisch nichts als derartige erweiterte
Stadtterritorien. Im ganzen aber hat in Deutschland das
territoriale Fürstentum auf dem Hintergrunde uralter Stammes=
gemeinschaft und in Anlehnung an die ständischen Städte= und
Ritterkorporationen die neuen Gemeinwesen geschaffen, die sich
als eine Zusammenfassung von Stadt und Land, von einer
größeren Anzahl von Städten, oft von mehreren Hundert Quadrat=
meilen zusammenhängenden Gebietes charakterisieren; sie haben
sich vom 15. bis 18. Jahrhundert unter langem Kampf mit den
älteren Wirtschaftseinrichtungen nicht bloß als politische, sondern
ebenso sehr als wirtschaftliche Körper ausgebildet. Der terri=
toriale Wirtschaftsorganismus wird zum Träger des Fortschritts,

der wirtſchaftlichen und politiſchen Entwickelung; die territorialen
Einrichtungen werden jetzt ebenſo zur Hauptſache, wie früher die
ſtädtiſchen, und ſie gravitieren, wie dieſe, nach einem gewiſſen
Mittelpunkt, ſuchen die Kräfte nach außen abzuſchließen, nach
innen harmoniſch zu verſöhnen und in einander zu fügen. Es
entſteht eine Abgeſchloſſenheit der territorialen Produktion und
Konſumtion, eine territoriale Arbeitsteilung, ein territoriales
Maß=, Gewichts= und Münzſyſtem, ein ſelbſtändiger territorialer
Wirtſchaftskörper, der ſeinen Schwerpunkt in ſich hat, dieſes
weiß und darnach einheitlich handelt.

Freilich in den verſchiedenen Territorien und Landſchaften
mit ſehr verſchiedener Kraft und mit ſehr verſchiedenem Erfolg.
Wo wie in Florenz, Mailand und Venedig eine alles beherrſchende
hochentwickelte Induſtrie= oder Handelsſtadt die Impulſe gab, da
entſtand raſch und mit großem Erfolg eine an die älteren Stadt=
intereſſen ſich anlehnende Handels= und Wirtſchaftspolitik, die
Außerordentliches leiſtete. Die Luxemburger in Böhmen, das
burgundiſche Haus in Flandern und am Niederrhein verſtanden
frühe ebenfalls in die Bahnen einer territorial=ſtaatlichen Wirt=
ſchaftspolitik großen Stils einzulenken. Den meiſten deutſchen
Fürſten fehlte ſchon ein größeres Territorium; hier blieben die
Städte, dort die Ritterſchaft außerhalb des neuen landſchaftlichen
Gemeinweſens. Die angeſehenſten Fürſten gegen 1500, die
ſächſiſchen, hatten ihre Lande an der langen Heerſtraße Mittel=
deutſchlands verzettelt von Heſſen bis Schleſien, und theilten ſie
noch wiederholt. Selbſt was einer der ſächſiſchen Fürſten in
der Hand hatte, zerfiel in eine Reihe Sonderlandſchaften, die
geographiſch ganz getrennt waren. Auch die anderen Territorien
litten vielfach an ähnlichen Übelſtänden.

Aber ſo groß die Schwierigkeiten dieſer Art und der zähe
konſervative Widerſtand der älteren Wirthſchaftseinrichtungen,
hauptſächlich der ſtädtiſchen waren, wir ſehen doch überall, daß
die praktiſche Notwendigkeit unerbittlich auf den Weg der terri=
torialen Wirtſchaftsorganiſation hindrängte. Die alten Formen

mittelalterlich loser Verknüpfung, die Städtebündnisse und Land=
friedensverträge, das städtische Zollwesen und Stapelrecht, das
städtische Münzwesen, der ewige Hader zwischen Stadt und Land,
die ganzen älteren mittelalterlichen Korporationen wurden Tag
für Tag größere Hemmnisse des Verkehrs und wirtschaftlichen
Fortschritts. Man mußte darüber hinaus zu größeren Gemein=
schaften, zu landschaftlicher Verbindung, zu weitsichtigeren In=
teressenkoalitionen kommen, wie sie in den territorialen Landtagen
und an den Fürstenhöfen sich bildeten und fanden. Je mehr
das fürstliche Territorium mit alten Landesgrenzen und uralten
Stammesgefühlen zusammenfiel, je kräftiger ein ständisches Ver=
fassungsleben Städte und Adel zunächst unter sich und dann die
ständischen Korporationen untereinander zu gemeinsamer Arbeit
vereinigte, je intelligentere und kräftigere Fürsten mit sparsamen
und fähigen Beamten die Führung übernahmen, desto leichter
gelang der volkswirtschaftliche Assimilierungsprozeß. Nirgends
freilich verlief er ohne die heftigsten Kämpfe. —
    Welche Mühe hatten nicht die hohenzollernschen Fürsten in
Brandenburg, bis sie nur äußerlich, militärisch sich den Adel
und die Städte des Landes unterwarfen. Die Auslösung der
brandenburgischen Städte aus dem Hansabund und die Vernicht=
ung ihres freien Bündnisrechtes gelang nur notdürftig 1448—88.
Auf eine selbständige Handelspolitik verzichteten sie damit noch
lange nicht. Die wichtigsten Verträge über das Frankfurter
Stapelrecht von 1490—1512 sind freilich nachträglich von den
beteiligten Fürsten genehmigt. Aber die Initiative geht noch
von den Städten aus. Noch bis gegen den 30 jährigen Krieg
dauert das in abgeschwächtem Maße, wenn auch immer vorsichtiger
und reservierter. Das ganze 16. Jahrhundert sehen wir die
brandenburgischen und benachbarten Fürsten immer häufiger sich
um diese Dinge kümmern. In den Handelsstreitigkeiten zwischen
Pommern und Brandenburg 1562 und 1572 ist es schon ebenso
sehr die fürstliche als die Stadtgewalt die handelt, wenn auch
den Prozeß vor dem Reichskammergericht dann Frankfurt und
Stettin führen. Die Schutzverträge, die auswärtige Landesstädte

wie Lüneburg [1] noch gegen 1500 mit Joachim I. von Branden=
burg ſchließen, erſcheinen in der Folgezeit nicht mehr als ſchicklich,.
ſie erwecken das Mißtrauen der lüneburgiſchen Landesherrſchaft.
Wie die ganze Friedensbewahrung auf die Fürſten übergegangen
iſt, ſo unterhandeln über ihre ſtrikte Aufrechthaltung ſchon ſeit
dem letzten Viertel des 15. Jahrhunderts nicht mehr die Städte,
ſondern die Fürſten; wir ſehen es z. B. in dem Vertrag zwiſchen
Brandenburg und Pommern vom 29. Juli 1479 [2] und in dem
zwiſchen Brandenburg und Magdeburg vom 24. Juli 1479 [3].
Die Handelsverträge und Handelsverhandlungen mit Polen liegen
1514 [4], 1524—27 [5], 1534 [6] und 1618 [7] in der Hand des Fürſten,.
nicht der Städte. Auf den Elb= und Oderſchiffahrtskongreſſen
des 16. Jahrhunderts ſind teilweiſe ſtädtiſche Abgeordnete von
Frankfurt, aber die kurfürſtlichen führen das Wort. Mit dem
„gemeinen Kaufmann“ ſchließt 1523 Joachim I., nicht die branden=
burgiſchen Städte einen Vertrag über die Durchfuhr durch die
Mark Brandenburg [8]. Kurz die handelspolitiſche Vertretung des
Landes geht langſam, aber ſicher von den Städten auf die Re=
gierung über. Und wenn trotzdem gegen 1600 die Einſicht er=
wacht, daß aller Handel und Verkehr des Landes zurückgehe, ſo
liegt es nicht in dieſem Umſtand, ſondern darin, daß die fürſtliche
Handelspolitik zu ſchwächlich war, Sachſen, Pommern, Schleſien,
Magdeburg, Hamburg und Polen gegenüber weſentlich den
kürzeren zog.

Wenn ſo die Landeshoheit, das jus territorii et superio-
ritatis, nach und nach in Bezug auf die Vertretung wirtſchaftlicher
Intereſſen nach außen einen neuen Inhalt erhielt, ſo war noch

---

[1] 1484: Riebel, Cod. dipl. brandenb. II, 5, 417; 1501: daſelbſt II,.
6, 177.
[2] Daſelbſt II, 5, 305.
[3] Daſelbſt II, 5, 302.
[4] Daſelbſt III, 3, 248 u. II, 6, 253.
[5] Daſelbſt I, 23, 426 u. II, 6, 346.
[6] Daſelbſt III, 3, 387.
[7] Oelrichs, Beiträge zur brandenburgiſchen Geſchichte 265.
[8] Berl. St. Archiv R. 78. 29. Fol. 62.

wichtiger, daß ſie nach innen anfing in rechtsbildender Thätig=
keit mit ſtändiſchen Abſchieden und fürſtlichen Verordnungen
energiſch vorzugehen. Nicht als ob nicht längſt territoriales
Recht da und dort beſtanden hätte. Im Ordensland galt die
Kulmer Handfeſte von 1233, im Fürſtentum Breslau das Land=
recht von 1346. Aber das lokale Recht war überall das ſtärkere.
Erſt im 15. und 16. Jahrhundert dringen die landesherrlichen
Gerichtsordnungen, die ſogenannten Landrechte, die Landesord=
nungen und territorialen Polizeiordnungen ſiegreich vor. Es
zeigt ſich das unabweisbare Bedürfnis eines landſchaftlich ge=
einten neuen Prozeß=, Straf=, Privat= und Erbrechts. An die
Ausübung der fürſtlichen Regalien knüpfen ſich die Forſt=, Jagd=,
Fiſcherei=, Bergwerksordnungen, die Strom= und Schiffahrts=
ordnungen, die Deichordnungen, die für das ganze Land gültig,
dem wirtſchaftlichen Leben einheitliche Normen geben. Das neue
Leben der Preſſe, des reformierten Glaubens, der neueingerichteten=
Schulen und Armenkaſſen erhält keine lokale, ſondern eine terri=
toriale Ordnung durch eine ſchon ſehr ins einzelne gehende
Geſetzgebung. Handel und Gewerbe, Maß und Gewicht, Münz=
und Straßenweſen, Markt= und Meßweſen haben nicht minder
das Bedürfnis einer neuen territorialen Geſetzgebung.

Aber in ſehr verſchiedener Weiſe gelangen dieſe neuen land=
ſchaftlichen und territorialen Rechtsbildungen in den einzelnen
Territorien zur Reife und zur Durchführung. Während der
deutſche Ordensſtaat ſchon im 14. und 15. Jahrhundert erhebliche
Anſätze zu einer einheitlichen wirtſchaftlichen Landesgeſetzgebung
hat, während die größeren ſüdweſtdeutſchen Staaten, ſchon infolge
ihrer höheren wirtſchaftlichen Entwickelung und älteren Kultur
gegen 1500 und im Laufe des 16. Jahrhunderts eine viel umfang=
reichere Thätigkeit in dieſer Beziehung entwickeln, bleiben Branden=
burg, Pommern und andere nördliche Territorien darin zurück.
Auch in Brandenburg freilich hat das im Geiſte römiſch=rechtlicher
Centraliſation errichtete Kammergericht, hat die Joachimica,
haben ſpäter angeſehene Rechtsaufzeichnungen, wie Scheplitz's
Consuetudines im Sinne der territorialen Rechtseinheit gewirkt;

— aber man kam nicht zu einem anerkannten Landrecht, nicht
zu einer anerkannten Landesordnung für die gutsherrlich bäuerlichen Verhältnisse. Der Versuch einer energischen Unterordnung
der Städte unter territoriale gleichmäßige Verwaltungsnormen
und Polizeigesetze in der Zeit von 1490—1536 war nur ein halb
und vorübergehend gelungener, wie auch in Pommern Stettin,
Stralsund und andere Städte, in Preußen Königsberg, im Erzstift die Altstadt Magdeburg sich bis gegen 1700 eine reichs-
stadtartige Unabhängigkeit bewahren. Die Ermahnungen der
allgemeinen brandenburgischen Polizeiordnung für die Städte
vom Jahre 1515, als Längenmaß die Berliner Elle, für Wachs
und Spezerei das Erfurter Pfund, für Fleisch, Kupfer, Zinn
und grobe Waare das Berliner Gewicht im ganzen Lande zu
gebrauchen, blieben vorerst wohl fromme Wünsche. Freilich hat
es zwei Menschenalter später auch Kurfürst August von Sachsen
nicht weiter gebracht, als wenigstens auf seinen Domänenämtern
den Dresdener Scheffel einzuführen.

Während in Württemberg z. B. die sogenannten Landes-
ordnungen von 1495 an in rascher Folge und immer breiterer
Ausdehnung über das wirtschaftliche Leben ihre regelnden Linien
ziehen und eine ganze Reihe der wichtigsten Gewerbe schon vor
dem 30jährigen Kriege einheitliche Ordnungen für das ganze
Herzogtum erhalten, wie die Metzger, die Bäcker, die Fischer, die
Tuchmacher, die Kupferschmiede, die Kannengießer, die Bauhand-
werker, 1601 sogar die gesamten Kaufleute und Krämer, während
damit das ganze Land schon zu einer wirtschaftlichen Einheit
sich zusammenordnete, finden sich in Brandenburg in dieser Zeit
nur ein paar ganz vereinzelte fürstliche Innungsstatute (z. B.
für die Weber der Neumark, die Leineweber der ganzen Mark,
dann gegen 1580 für die Kürschner und Leineweber einer Anzahl
Städte zusammen), welche nicht rein lokaler Natur sind. Nur
darin zeigt sich die Tendenz zur Landeseinheit, daß von 1480
an neben der Rats- die fürstliche Genehmigung für jedes lokale
Innungsstatut eingeholt wird, und daß von etwa 1580 an die
Lehnskanzlei nach und nach bei jeder Genehmigung die Revo-

kationsklausel beifügt. Ganz regelmäßig scheint sie erst nach
1640 angehängt worden zu sein. Gebrauch wurde von ihr erst
1690—95 gemacht. Gleichlautende Privilegien erhielten die
einzelnen Innungen erst von 1731 an.

Und wie das lokale Sonderzunftrecht, so erhielt sich noch
unumschränkt das lokale Stadtrecht; höchstens daß die Bürger
aus anderen brandenburgischen Städten etwas milderem Gast-
recht unterworfen wurden, als die Stettiner oder Breslauer. Es
brauchte eines fürstlichen Befehls 1443 [1], um den Berliner Schuh-
machern den Zutritt zur Frankfurter Reminisceremesse zu eröffnen, und der Kurfürst fügt entschuldigend hinzu, es solle das
für die Schuhmacher anderer Städte, die bisher die Frankfurter
Jahrmärkte nicht besucht hätten, kein Präjudiz bilden. Die Ver-
abfolgung von Erbschaften aus einer märkischen Stadt in die
andere ohne die enormen Abzugsgelder erfolgte erst nach und
nach auf Grund specieller Verträge der Städte untereinander.
Die Spandauer [2] führen 1481 noch eine hohe Abzugssteuer ein,
um ihre reichen Leute zu hindern, nach dem Berliner Bürgerrecht und der Uebersiedelung dahin zu streben.

Nicht die Verschmelzung der Stadtrechte zu einem Territorial-
bürgerrecht stand zunächst in Frage, sondern nur eine mäßige
Zunahme der fürstlichen Gewalt gegenüber jeder Stadt im besonderen, wie sie sich in der fürstlichen Bestätigung der Ratsherrn, in den gegen 1600 beginnenden Untersuchungen der rathäuslichen Verwaltung und in dem fürstlichen Privilegien- und
Konzessionswesen zeigt, das etwa von 1500 an in steigender Ausbildung begriffen ist und in gewisser Beziehung der Vorläufer
des allgemeinen fürstlichen Verordnungsrechts des 17. und
18. Jahrhunderts ist. Die Markt-, die Mühlen-, die Apotheker-,
die Buchdrucker-, die Kupferhammer-, die Papiermühlen- und
andere derartige Privilegien, die Konzessionen für das Wirt-
schaftsgewerbe, die persönlichen Ermächtigungen für einzelne Ge-

---

[1] Riedel, I, 23, 224.
[2] Daselbst I, 11, 118.

werbtreibende und Händler aller Art, ohne Zunftrecht ihre Geschäfte zu treiben, sind lauter fürstliche Eingriffe in die geschlossene
Stadtwirtschaft, die bei einem gewissen Umfange notwendig zuletzt die Territorial= statt der Ratsgewalt als die berufene Lenkerin
des wirtschaftlichen Lebens hinstellte.

Und wie hier zunächst im einzelnen, so erfuhr die fürstliche
Macht im ganzen als vermittelnde Friedensstifterin notwendig
eine Vermehrung ihres Einflusses durch die gerade im Nordosten
so sehr schroffen Kämpfe zwischen Stadt und Land. Die alte
Rechtsordnung des städtischen Marktes, des Meilenrechts, das
Verbot alles Landhandwerks, der Zwang, den möglichst jede
Stadt übte, daß aus ihrer nächsten Umgebung ihr alle Roh=
produkte zugeführt werden mußten, daß alle Landleute der Nach=
barschaft ihre Bedürfnisse bei ihr kaufen mußten, gab Anlaß ge=
nug dazu. Die Landtagsverhandlungen des 15.—17. Jahr=
hunderts in Brandenburg, Pommern und Preußen sind zu einem
guten Teil hiervon erfüllt. Das platte Land und in seinem
Namen die Ritterschaft klagt, daß dem Landmanne Getreide,
Wolle und Vieh in der nächsten Stadt um ein Liederliches ab=
gezwackt werde, daß die Taxen ohne Zuziehung von ritterschaftlichen
Vertretern gemacht, daß sie in Maß und Gewicht übervorteilt
würden, daß die Handwerker gegen sie zusammenhielten, daß
die Landleute nicht an Fremde, an Hausierer, vor den Thoren
verkaufen sollen; die ganze Wochenmarkts= und Vorkaufsgesetz=
gebung sei zu ihrem Schaden ersonnen, wie das Verbot der
fremden Hausierer, der Schotten und Nürnberger; sie klagen, daß
die Städte Bauern ohne Abzugsbriefe aufnähmen, daß die Zünfte
auf dem Lande Bönhasen jagen wollen, ohne das Gericht des
Gutsherrn darum zu begrüßen, daß die Bauern und Ritter
beim Bierkauf in den Städten, zu dem man sie durch das Ver=
bot der ländlichen Braukrüge zwinge, übersetzt würden, daß man
Bezahlung in Gerste fordere, die man vorteilhafter ausführen
könnte. Und anderes mehr.

Die Städte steifen sich auf ihr altes gutes Recht, auf ihre
Privilegien, die fortwährend durch Zulassung von Landhand=

werkern; ländlichen Braukrügen, durch fremde Hausierer, loses
Gesindlein, fremde Pferde= und Viehhändler verletzt würden; der
Adel treibe selbst Kaufmannschaft, kaufe den Bauern seine Pro=
dukte ab, verkaufe an Hausierer, nehme sein Eisen und andere
Produkte von Schotten; er beanspruche seine Produkte jederzeit
zum Schaden der Städte aus dem Lande führen zu dürfen.
Aber nicht genug, auch gegen die Regierung richteten die Städte
ihre Anklage, daß sie den Städten das Holz teurer gebe, als
den Amtsunterthanen, daß sie die fremden Händler und Hausierer
zulasse, daß sie gegen die Juden nicht streng und exklusiv genug
sei, dem Adel die Kaufmannschaft nicht wehre.

Seit alle diese Dinge auf den Landtagen regelmäßig in
langatmigen Schriften und Gegenschriften verhandelt wurden,
spielten naturgemäß auch die städtischen Aus= und Einfuhr=
verbote, die Sperrmaßregeln der Städte eine wesentliche Rolle.
Es war für das platte Land in Pommern und Magdeburg nicht
gleichgültig, ob der Rat in Stettin eines schönen Tages die Getreideaus=
fuhr verbot, es war für die Städte von größter Tragweite, ob der Adel
von solchen Verboten frei sein wollte. Es war für das ganze Land von
Wichtigkeit, wenn in Ostpreußen zu Anfang des 15. Jahrhunderts noch
jede Landstadt das Getreideausfuhrverbot gegenüber der nächsten
Landstadt ohne Zustimmung des Hochmeisters verhängen konnte.

Es gab aus diesen Wirrnissen der lokalen Wirtschaftspolitik
nur einen Ausweg: Übertragung der wichtigsten hierauf bezüg=
lichen Befugnisse von den Städten auf die Landesregierung und
Herstellung einer inneren vermittelnden Ordnung, welche den
entgegengesetzten Interessen Rechnung trug, im Anschluß an das
Bestehende auszugleichen suchte, aber notwendig und naturgemäß
wie auf einen gewissen Abschluß des Landes nach außen, so auf eine
größere Freiheit der wirtschaftlichen Bewegung nach innen hindrängte.

Wie es im preußischen Ordenslande schon 1433—34 als
Grundsatz anerkannt wurde, daß keine preußische Stadt der
andern mehr die Getreidezufuhr sperren dürfe[1], so setzte es die

---

[1] Akten der preußischen Ständetage I, 160, 605, 655 2c.

brandenburgische Ritterschaft durch, daß sie für gewöhnlich freie
Ausfuhr aus dem Lande, der Bauer aber wenigstens freie Wahl
habe, in welche nähere oder fernere Stadt. des Kurfürstentums
er seine Produkte führen wolle[1]. Die viel erörterte Frage der
Zulassung fremder Händler zum ein= und verkaufenden Hausier=
betrieb wird je nach den Machtverhältnissen der Städte und
Ritter auf den Landtagen in verschiedener Formulierung ent=
schieden; aber jedenfalls kommt man zu Grundsätzen, die das
ganze Territorium gleichmäßig binden, öffnen oder verschließen[2].
Die starke Opposition der ländlichen Interessen gegen die alte
Stadtpolitik, ihr Eintreten für Zulassung der Hausierer, Be=
schränkung des Gastrechts, der Fürkaufs= und Wochenmarkts=
gesetzgebung führte in Brandenburg, Pommern und Preußen vor
dem 30 jährigen Kriege teils in Folge der Macht der Ritter=
schaft, teils in Folge des zunehmenden Verkehrs und Wohl=
standes zu einer bedeutsameren Einschränkung der städtischen Vor=
rechte als nach demselben, wo nach den furchtbaren wirtschaft=
lichen Rückschritten wieder jede planmäßige Förderung des städtisch
industriellen Lebens angezeigt schien. Und jeder Sieg der Ritter=
schaft in den Landtagsabschieden und Ordnungen bedeutete
freieren Verkehr im Lande, billigere Zulassung der Fremden.
Die Grundzüge des alten Rechtsverhältnisses zwischen Stadt und
Land blieben dabei freilich dieselben. Der Glaube an die Schäd=
lichkeit des Vorkaufs, der alle Waren nur verteure, ging von
den städtischen Statuten ziemlich unverkürzt in die Landesgesetze
über. Aber jedenfalls war es schon eine wesentliche Verände=
rung, daß eine Ordnung, die gegen 1400 auf einem Wirrsal
lokaler Vorschriften, Gewohnheiten, Privilegien und Verträge
ruhte, gegen 1600 zu einem Landesrecht geworden war, das
ziemlich einheitlich das Territorium umspannte. Für Getreide=
und Wollkauf, adelige Braukrüge und Landhandwerk, Wochen=

---

[1] Landtagsabschied von 1536 und 1540, Mylius VI, 1, 36 und 59.
[2] Siehe über diesen Punkt die lehrreiche Abhandlung von H. Rie=
mann, Die Schotten in Pommern im 16. und 17. Jahrhundert und ihr
Kampf mit den Zünften. Zeitschr. f. preuß. Gesch. III, 597—613.

und Jahrmarktsbeſuch, Hauſierer und Gäſte galten nun einheitliche
Grundſätze im ganzen Territorium.

Es hängt mit den obenerwähnten Umbildungen zuſammen,
daß alle kleinen Städte ihre Stapelrechte im 15. und 16. Jahr=
hundert verlieren; ſie waren gegen die nächſt liegenden kon=
kurrierenden Städte deſſelben Territoriums gerichtet. Schon 1450
klagt Friedrich II.[1], daß die von Spandau vor den Bürgern
von Köln und Berlin „Niederlage" gefordert, ihm zum Hohne.
Dieſes wie das Oberberger, Landsberger, Eberswalder, Tanger=
münder und Brandenburger Stapelrecht, auch das Berliner ſind
gegen 1600 durchlöchert oder verſchwunden. Oberberg gibt 1634
die Niederlagsgerechtigkeit gegen Verleihung der Untergerichte
dem Kurfürſten förmlich auf[2]. Das waren lauter Fortſchritte
für die innere Verkehrsfreiheit. Nur das Niederlagsrecht Frank=
furts bleibt und nimmt zu, weil es in Stettin und Breslau
und anderen auswärtigen Handelsplätzen ſeine Gegner hat, gegen
welche. die fürſtliche Gewalt Frankfurt zu unterſtützen für ihre
Pflicht hält.

Aber wenn ſo die territoriale Politik auf die größeren
Handelsplätze andere Rückſicht nahm, als auf die kleinen, ihre
Handelsintereſſen teilweiſe als Landesintereſſen behandelte, an
andern Punkten mußte die fürſtliche Regierung auch ihnen, ja
gerade ihnen entgegentreten. In den Aus= und Einfuhrverboten,
Sperrmaßregeln und derartigem. Je größer und bedeutungsvoller
die Stadt war, deſto weniger konnte ihr hier die alte ſelbſtſtändige
Politik gelaſſen werden.

Mochten die Bemühungen Joachims I., daß eine branden=
burgiſche Stadt das Bier der andern liberaler zulaſſe, wenig
Erfolg haben, die Berliner Bürger noch in der erſten Hälfte des
18. Jahrhunderts ſich mit Händen und Füßen gegen vermehrte
Zulaſſung der Bernauer Konkurrenz ſperren, mochte die Re=
gierung es nicht durchſetzen, daß auf allen Jahrmärkten alle

---

[1] Riedel, I, 11, 109.
[2] Daſelbſt I, 12, 380.

Händler und Handwerker aus andern brandenburgischen Städten gleichmäßig zugelassen werden, die Verfügung, ob Getreide, Wolle, Felle und andere Waaren aus- oder eingeführt werden dürfen, stand im 16. Jahrhundert doch schon unbedingt bei der kurfürst= lichen Regierung. In den Nachbarterritorien dagegen, vor allem in Pommern und im Erzstift sehen wir die Regierungen einen langen Kampf führen, ob die Hauptstädte, Stettin und Magde= burg, oder die Landesregierung oder beide zusammen die Getreide= sperre verhängen dürfen. Die Stadt Braunschweig hat im 16. Jahrhundert noch ganz unabhängig und zwar sehr oft die Getreidesperre verhängt.

In Pommern endigt der Streit 1534—35 durch einen schiedsrichterlichen Vergleich: wenn der Rat in Stettin die Aus= fuhr verbieten will, so muß er es vor Fastnacht thun; dem Herzog bleibt aber das Recht, die Ausfuhrverbote gänzlich aufzuheben oder Ausnahmen zu gestatten[1]. In Magdeburg[2] sehen wir zur Zeit des Kurfürsten Albrecht, daß bald die Stadt die erzstiftische Regierung, bald diese jene auffordert, die Ausfuhr zu verbieten, daß man durch gemeinsame Beratungen zu gemeinsamen Schritten zu kommen sucht; 1538 ist es dann aber schon der erzstiftische Statthalter, der nach einer schlechten Ernte bis nächsten Johannis= termin die Erhebung von ¼ Gulden Ausfuhrzoll pro Wispel einseitig verordnet, um so hinlängliche Vorräte im Lande zu be= halten und doch dem Bauer „seine Nahrung und Besserung nicht ganz zu stopfen". Unter den folgenden brandenburgischen Ad= ministratoren scheint das Recht der Regierung, für Teuerungs= zeiten das ganze Land zu sperren ebenso unzweifelhaft, wie in den meisten andern Territorien. In Brandenburg hatten sich folgende Grundsätze im Laufe des 16. Jahrhunderts heraus= gebildet: Im Winter von Martini bis Purificationis Mariae soll in der Regel überhaupt nicht ausgeführt werden; Schepliß bringt das in Zusammenhang mit dem in älterer Zeit allgemein üb=

---

[1] Thiede, Chronik der Stadt Stettin 464.
[2] Nach dem Magdeburger Staatsarchiv.

lichen Nutzen aller Schiffahrt im Winter. Ferner soll der Bauer
überhaupt nicht ausführen, sondern das der Ritterschaft und den
Prälaten, sowie den Städten überlassen. Für alle Teuerungs=
zeit hat der Kurfürst das Recht der Sperre; aber es werden
Ausnahmen gestattet, so z. B. den altmärkischen Städten See=
hausen, Werben, Osterburg (1536), wohl wegen ihrer Grenzlage
und weil sie eine bedeutende Summe für das Privileg gezahlt
hatten; dann gesteht Markgraf Johann den Frankfurtern ein
ähnliches Vorrecht für seine Gebiete zu (1549). Die Durchfuhr
von nicht märkischem Getreide ist jederzeit gegen Ursprungs=
zeugnisse gestattet (1563), die zu Malz verarbeitete Gerste dürfen
die Frankfurter jederzeit ausführen, auch wenn die Gerste in=
ländische war (1537)[1].

Sehen wir so die Korn ausführenden Territorien Pommern,
Magdeburg und Brandenburg immer nur vorübergehend zu
Ausfuhrverboten schreiten, so ruhten doch diese Verbote auf dem
Gedanken einer territorialen Zusammenfassung der Produktion
und Konsumtion des Landes; und wo die Bedürfnisse andere
waren, schritt man ohne weiteres zu einer stärkeren eventuell
dauernden Abschließung, wie uns Pöhlmann[2] dieselbe für Florenz,
Miaskowski[3] für die schweizer Kantone schildert. In den Nieder=
landen wurde die Ausfuhr von einheimischen Pferden, Waffen,
Kriegsgerätschaften, aber auch von inländischem Getreide, Gold,
Silber, Quecksilber, Kupfer und Messing verboten. Die Hopfen=
ausfuhr war auch in Brandenburg, wie es scheint, viel häufiger
verpönt, als die Getreideausfuhr. Die Verbote der territorialen
Leder= und Viehausfuhr spielen allerwärts eine große Rolle.
Es handelte sich immer um dieselbe Vorstellung: was im Lande
vorhanden ist, wird als ein Ganzes gedacht, das dem Lande in

---

[1] Mylius, Riedel und Scheplitz, Consuetudines Electoratus
et Marchiae Brand. (1617) haben darüber ein ziemlich umfangreiches
Material. Näheres bringt demnächst der 2. Band der Getreidehandelspolitik
der Acta Borussica.

[2] Die Wirtschaftspolitik der Florentiner Renaissance (1878).

[3] Die Agrar=, Alpen= und Forstverfassung der deutschen Schweiz in
ihrer geschichtlichen Entwickelung (1878).

erfter Linie zu gute kommen foll, daß nicht einige wenige be=
reichern, fondern der inländifchen Produktion und Konfumtion
zu billigem Preis dienen foll. Die Maßregeln, die bisher die
Städte zu diefem Zwecke befolgt, werden auf das Territorium
übertragen. Wie bisher die Stadt, fo fperrt jetzt das Terri=
torium, wie die Stadt zeitweife die Einfuhr von fremdem Bier
und Wein, von fremden Induftriewaaren verboten, fo thut es
jetzt das Territorium, wie die Stadt bisher ein künftliches
Differentialzollfyftem gehandhabt, fo machen jetzt die Landfchaften
und Territorien ähnliche Anläufe. Bern droht feinem Oberland
mit einer Korn= und Salzfperre, wenn es nicht alle feine Butter
nach Bern bringe. Wie Nürnberg alles Vieh, das auf 10 Meilen
Umkreis fich der Stadt genähert oder da gezogen ift, auf den
Nürnberger Markt zwingt[1], wie Ulm kein Stück Vieh, das auf
der Gemeindeweide gehütet hat, wieder aus Ulm herausläßt[2],
fo fichert fich Florenz die Viehzufuhr aus allen · unterworfenen
Gebieten, ohne die Wiederausfuhr dahin zu geftatten; — es
nimmt den Befitzern großer Herden, die nach der Maremme
fahren, Bürgfchaft ab, daß fie ihr Vieh, um ein Drittel ver=
mehrt, wieder ins Staatsgebiet zurückbringen. Im Herzogtum
Mailand ift gar jeder Getreidetransport von Ort zu Ort von
amtlicher Erlaubniß abhängig, um die Landfchaft in ihrer Er=
nährung ficher zu ftellen.

Am deutlichften fieht man diefen Übergang der ftädtifchen
zur Territorialpolitik in Deutfchland bei dem Rohftoff für das
wichtigfte induftrielle Gewerbe, bei der Wolle. Als die Krifis
der deutfchen Tuchinduftrie begann, die fremde Konkurrenz immer
bedenklicher wurde, die überall betriebene Lokalinduftrie zu ver=
fallen, in einen konzentrierteren Betrieb an den für die Tuch=
macherei begünftigten Orten überzugehen begann (1450—1550),
da fuchten zuerft noch die Städte die Wollausfuhr zu erfchweren

---

[1] Baader, Nürnberger Polizeiverordnungen 201.
[2] Jäger, Schwäb. Städtewefen 728.

ober zu Gunsten der heimischen Industrie zu regeln[1]. Es zeigte sich rasch die Unmöglichkeit der Durchführung einer solchen lokalen Politik. Das Reich machte hierauf einen vergeblichen Anlauf die Wollausfuhr zu verbieten (1548—1559), um es dann den größeren Territorien zu überlassen. Württemberg, Bayern, Hessen, Sachsen, Brandenburg versuchten nun in immer wiederholten Gesetzen und Ordnungen die Wollausfuhr zu Gunsten der heimischen Industrie zu erschweren; und nicht bloß das: — es wurde teilweise die Tucheinfuhr verboten; der Wollhandel und dann bald die Tuchindustrie des ganzen Landes erhielten eine territoriale Ordnung. Es ist hier nicht der Raum die branden-burgischen Bemühungen nach dieser Richtung darzustellen; sie beginnen schon 1415 und 1456 und enden mit den bekannten Wolledikten 1572—1611, die aber nur einen Teil der mannig-faltigen Kämpfe und Bestrebungen in Bezug auf diesen Gegenstand uns enthüllen[2].

Allen diesen geschilderten Bemühungen lag die Vorstellung zu Grunde, daß der territoriale Handel, die territoriale Industrie, der territoriale Markt ein einheitliches Ganze seien[3]. Aber immer waren es Maßregeln, die nur Gruppen von Unterthanen auf einmal berührten. Die Gesamtheit aller landesherrlichen Unterthanen hingegen wurde aber von dem Münzwesen berührt. Der Übergang von dem städtischen zum territorialen Münzwesen in Deutschland gehört ebenfalls dem 15. bis 17. Jahrhundert an und ist eines der wichtigsten aber unaufgehelltesten Stücke

---

[1] Schmoller, Die Straßburger Tucher- und Weberzunft (1879) 506.

[2] Das Berliner Staatsarchiv enthält reiches Material in dieser Be-ziehung, das ich schon zu einer zusammenhängenden Darstellung aus-gearbeitet habe.

[3] Wie die Vorstellung, daß territoriale Zusammengehörigkeit so viel bedeute, als freien Verkehr im Innern, schon 1451 vorhanden ist, sehen wir aus einer Urkunde dieses Jahres, bei Riedel I, 20, 406, welche den künftigen Anfall von Beeskow und Storkow an Brandenburg hauptsächlich volkswirtschaftlich im Sinne des freien Verkehrs zwischen dem Kurfürstentum und diesen Kreisen ordnen will.

territorialer Landes- und Wirtschaftsbildung. Ich kann den Gang der Entwickelung, wie er sich mir nach umfangreichen, aber freilich keineswegs abgeschlossenen Studien darstellt, kurz so skizzieren.

Auf dem allgemeinen Hintergrunde des kaiserlichen Münz= rechts und eines einheitlichen Reichsmünzfußes entwickelt sich praktisch im Laufe des 12. bis 14. Jahrhunderts ein durchaus lokales Münzwesen, das technisch, finanziell und volkswirtschaft= lich erst dadurch leistungsfähig wird, daß es fast überall aus den Händen der Fürsten in die der Städte übergeht oder unter ihre Kontrolle kommt. Die Städte und ihr lokaler Markt be= dürfen zuerst und am bringlichsten eines guten, geordneten, dauer= haften Münzwesens; sie beseitigen das jährliche Verrufen der umlaufenden Münze; ihnen dankt man den ewigen Pfennig ge= rade auch in Brandenburg, wo die Münze unter Vermittelung des Bismarck'schen Ahnherrn auf die Städte übergeht. Das städtische Geld, das Lübecker, das Braunschweiger, das Erfurter, das Nürnberger, das Kölner ꝛc. war in jener Zeit das relativ vollkommenste; in den Städten war man reich genug, ausgiebig zu münzen; hier hatte man Verständnis genug für den Wert eines leiblich geordneten Münzwesens, für die Schädlichkeit fis= kalischer Münzkünste.

Diese ganze Bewegung aber konnte nur so lange bauern, als der Verkehr ein überwiegend lokaler, sparsamer blieb; der Heller gilt nur, wo er geschlagen ist, war mittelalterliches Rechts= sprichwort; jede fremde Münze, selbst die aus der nächsten Stadt, mußte dem Wechsler oder Hausgenossen, der an seinem Tisch vor dem Münzhause saß, gebracht und dort gegen neue Orts= münze gewechselt werden. Das war teilweise schon im 14., jedenfalls im 15. Jahrhundert nicht mehr möglich. Jedes kleine Münzgebiet wurde von den Nachbarn womöglich mit geringeren Pfennigen überschwemmt. Die Nachteile der Münzlokalisierung fingen an, die Vorteile der städtischen Münzpolitik zu überwiegen; eine unrühmliche Konkurrenz in der Erleichterung des Münz= fußes trat auch zwischen den Städten ein. Es folgen die zahl=

loſen Münzvereine zwiſchen Städten und Fürſten. Fremde, beſſere Münzen, wie der italieniſche und ungariſche Goldgulden, der böhmiſche Groſchen, bringen ein, werden als eine Art Welt= geld gegenüber der wechſelvollen, meiſt ſchlechten lokalen Pfennig= münze behandelt.

Die deutſchen Könige und Kaiſer ſuchen wenigſtens im Südweſten auf eine gewiſſe Münzeinheit hinzuarbeiten; der Gold= gulden gilt als Reichsmünze; die Reichsmünzordnung von 1521 iſt ein von den ſüdweſtdeutſchen Münzbeamten dem Reichsregiment aufgedrängter Entwurf. Aber eine wirkliche Einheit des Münz= weſens vermag das Reich, troß der ſpäteren Reichsmünzordnungen und dem Verſuch, durch die Kreiſe eine Kontrolle über das Münz= weſen der einzelnen Reichsſtände auszuüben, nicht herbeizuführen. Der Sieg gehörte auch hier dem Territorialſtaat. Die kräftigen und energiſchen Territorialregierungen wiſſen den Städten nach und nach ihre Münzrechte zu nehmen, die Münzmeiſter wieder zu landesherrlichen Beamten zu machen, für Gebiete von einigen hundert Quadratmeilen wieder ein einheitliches Münzweſen her= zuſtellen. Von dem Maß, als ihnen dies gelingt, hängt im 16. Jahrhundert ein gut Teil des Verkehrs und der wirtſchaft= lichen Blüte der Länder ab. Die Fürſten, welche wie die ſächſi= ſchen, zugleich ausgiebige Silberbergwerke beſaßen, hatten das leichteſte Spiel dabei; ſie ſtanden aber auch den Verſuchen einheitlicher Reichs= oder Kreismünzpolitik am unfreundlichſten gegenüber.

Die hohenzollernſchen Fürſten ſcheinen in der Mark Branden= burg wenigſtens von 1480 bis 1490 an die Münze wieder an ſich gezogen und gemünzt zu haben, während im deutſchen Ordens= land die Städte überhaupt nie vollſtändig und dauernd in den Beſitz der Münze gekommen waren. Von Berlin wird es als Ausnahme erwähnt, daß es 1540 bis 1542 und dann zum letzten Mal 1621 kleine Münze auf eigene Rechnung geprägt habe. Auch in Pommern macht Bogeslaw Stralſund 1504 die Münz= gerechtigkeit ſtreitig; gegen 1560 hat dieſe Stadt das Recht der Münze verloren. Stettin muß ſich 1530 ſagen laſſen, ſchon der

Vater des Herzogs habe der Stadt aus beweglichen Ursachen das eigene Münzen nicht gestattet.

Die Ausübung des fürstlichen Münzrechts durch die Territorialregierungen selbst war das Entscheidende. Ge= und Verbote, wie sie z. B. Friedrich II. von Brandenburg schon erließ, daß der rheinische Goldgulden so und so zu nehmen, im übrigen aber nach böhmischen Groschen zu rechnen sei, nützten nichts. Es handelte sich darum, an Stelle des städtischen und fremden Geldes ein fürstliches in genügender Menge zu setzen. Joachim I. scheint auch in dieser Beziehung für Brandenburg die Bahn einer energischen Territorialpolitik eröffnet zu haben. Er ließ Goldgulden in Berlin prägen, dann aber auch schwere und leichte Silbermünzen in sieben Münzstätten. Verhandlungen mit Sachsen über eine Münzeinigung führten nicht zum Ziele. Der märkische Münzfuß war leichter; das brandenburgische Münzedikt von 1556 schafft eine neue Münze mit neuer Einteilung, die sich allerdings der Reichsmünze anpaßt. Aber der Gedanke eines geschlossenen territorialen Münzwesens bleibt wie in der Folgezeit herrschend. Es werden nur bestimmte fremde Münzen und zwar nach landesherrlicher Valvation zugelassen. Alle andere territoriale und städtische Münze ist verboten. Es wird immer wieder eingeschärft, daß die neuerdings verbotenen Münzen in bestimmtem Termin zu beseitigen, bei der Münze einzuwechseln seien. Das Verbot der Ausfuhr der eigenen schweren Münze spielt in Brandenburg nicht die Rolle wie in Sachsen, weil diese Ausfuhr bei leichterer Prägung wahrscheinlich nicht so vorkam. Wohl aber wird das Aufkaufen des alten Silbers durch Juden und Schotten und die Ausfuhr desselben wiederholt (1590, 1598) unter Strafe gestellt.

Was früher die Städte allgemein gethan, bezüglich des Verbots fremder Münze, der Ausfuhr der eigenen, des gezwungenen Vorkaufsrechts an altem Gold und Silber und ähnlicher Maßregeln, das machen jetzt naturgemäß die Territorialregierungen nach. Ob und inwieweit sie mit ihren Strafmandaten reichten, das hing natürlich von den Konjunkturen und dem Gehalt der

einzelnen Münzsorte im Verhältnisse zu ihrem Wert in den be=
nachbarten Landen und im Welthandel ab; aber die Absicht war
da, das Landesmünzwesen ganz auf sich zu stellen; es war bei
Haupt und Gliedern die unzweifelhaft herrschende Vorstellung,
es sei Pflicht der Regierung, das Land einheitlich mit einer
guten Münze zu versehen, es auch in dieser Beziehung nach
außen, wenn nicht merkantilistisch, so doch münzpolitisch ab=
zuschließen [1].

Das Landesmünzwesen war die Institution, die neben den
Landesfinanzen am nachdrücklichsten den Ring abschloß, der das
Territorium zu einem volkswirtschaftlichen Körper verband.

Bezüglich der Finanzen wirkte teilweise gerade die ständische
Beteiligung noch mehr centralisierend, als die Thätigkeit der
Fürsten und ihrer Kammerbeamten. Freilich ist auch diese nicht
zu unterschätzen. Wo sparsame, hausväterlich wirtschaftende
Fürsten ihr Kammerwesen in Ordnung hielten und ausdehnten,
wie in Sachsen Kurfürst August, in Brandenburg Markgraf
Johann, da war das von nicht geringer Bedeutung für den
Wohlstand des Landes und die Zusammenfassung der wirtschaft=
lichen Kräfte. Viele der damaligen Fürsten waren Freunde der
Technik und des Maschinenwesens, hielten sich ihre Laboratorien
und Alchimisten, suchten Bergwerke zu errichten, bauten Mühlen,
Glashütten und Salzwerke; da und dort herrschte ein großartiger
Schloß= und Festungsbau mit italienischen Baumeistern, fremden
Künstlern und Handwerkern: das rückte den fürstlichen Haushalt
und das fürstliche Kammerwesen mit seiner wachsenden Beamten=

---

[1] Die deutsche Münzgeschichte ist in unserem Jahrhundert fast nur
von Numismatikern behandelt worden, und ist daher vom rechts= und ver=
waltungsgeschichtlichen Standpunkte ebenso rückständig wie vom wirtschafts=
geschichtlichen. Fast nur die Schriften von Grote machen eine rühmliche
Ausnahme (hauptsächlich die drei Bände Münzstudien), dann Pückerts
Studie über das Münzwesen von Sachsen von 1518—1545 und einige
neuere städtische Münzgeschichten, wie die von Kahn über Straßburg i. E.,
von Kruse über Köln. Vollends die klare Unterscheidung der städtischen,
territorialen und staatlichen Münzpolitik bleibt ein Postulat der künftigen
Münzgeschichte.

zahl schon anders als früher in den Mittelpunkt des territorialen Wirtschaftslebens, hinterließ für Generationen bestimmte Wirkungen, wie z. B. Markgraf Hans in seinem Testament sich nicht umsonst rühmt, daß während seiner Regierung Land und Leute um ein Großes, ja wohl um noch einmal so hoch an Einkommen und Nutzungen gewachsen seien.

Was die territorialen Steuern und ihre Entwickelung betrifft, so ist das bis jetzt für die Steuergeschichte der einzelnen Territorien herausgearbeitete Material leider ein so dürftiges, daß ein vollständiger Überblick noch kaum vorhanden ist[1]. Aber so viel ist doch schon klar, daß der Ausbildung der städtischen Steuersysteme, welche ins 13. bis 15. Jahrhundert fällt, die der territorialen gefolgt ist, daß die langen Kämpfe, welche ein direktes und indirektes Territorialsteuersystem schufen, hauptsächlich dem 15. bis 17. Jahrhundert angehören, und daß diese Systeme die alten städtischen Steuersysteme teils beseitigten, teils wesentlich veränderten, sowie, daß sie zwischen Stadt und Land, zwischen Kreis und Nachbarkreis, zwischen den einzelnen Landschaften des Territoriums Beziehungen und Bande schufen, welche das wirtschaftliche Leben von Grund aus umgestalteten. Schon das mußte von größtem Einfluß sein, daß die ständischen Körperschaften periodisch zusammentraten und bei Verwilligung der Steuern sich gewöhnten, das Land und seinen Wohlstand als ein Ganzes zu betrachten, die Steuern mit Rücksicht hierauf zu verteilen, zu ändern und zu gestalten, daß ständische Kommissare das ganze Land bereisten, an Katastern arbeiteten, die nach gleichen Grundsätzen das Vermögen überall zu fassen suchten, daß der große Kampf um Steuerfreiheit geführt wurde mit Rücksicht darauf, was die Privilegierten mit Leib und Gut sonst dem Lande leisteten. Auf keinem Gebiete wurde der Satz so oft

---

[1] Siehe die unten folgende Abhandlung über die Epochen der preußischen Finanzpolitik, sowie jetzt A. Wagners Finanzwissenschaft, III, 1889, S. 60 ff., dann L. Hoffmanns Geschichte der direkten Steuern in Bayern vom 13.—19. Jahrhundert in meinen Forschungen, Heft 19, 1883, sowie die unten erwähnte magdeburgische Steuergeschichte von H. Bielfeld.

wiederholt, daß die Unterthanen sich als membra unius capitis zu betrachten hätten, als auf dem der Steuern und anderen Lasten, die in natura von den Unterthanen gefordert wurden.

Wie in den Städten die Entwickelung so gewesen zu sein scheint, daß das 13. Jahrhundert hauptsächlich die direkte Vermögenssteuer ausbildete, daß darauf zu Anfang des 14. Jahrhunderts die Umgelder und anderen indirekten Steuern in den Vordergrund traten, um dann wieder im Laufe des 14. und 15. Jahrhunderts ein stärkeres Heranziehen der Vermögenssteuern neben sich zu sehen, so will mich bedünken, sei auch der Gang der territorialen Entwickelung gewesen: dem 14. und 15. Jahrhundert gehört der Kampf um die definitive Einbürgerung der Landbeden, Landschosse und Vermögenssteuern an, die nach Hufen, Viehzahl, Hausstellen und Vermögensschätzung in Nachbildung der älteren städtischen Steuern in roher Weise immer wieder versucht werden, ohne große Resultate zu liefern. Feste regelmäßige Beträge, die jährlich bezahlt werden, aber sehr niedrig sind, kommen neben höheren vor, die alle paar Jahre einmal, für Not- und Kriegszeiten, verwilligt sind.

In das Jahrhundert von 1470 bis 1570 fällt dann der überall nachweisbare Anlauf, ein indirektes territoriales Steuersystem zu schaffen, das mit seiner Entstehung notwendig einen Kampf gegen die städtischen indirekten Steuern und die auf sie sich gründende Handelspolitik erzeugte. Das fürstliche Salzregal, das die Schließung des Landes bedingte, die Bierziesen und Weinumgelder, sowie die Zölle stehen dabei im Vordergrund. Über die Änderungen im Zollwesen, speziell in Brandenburg, berichte ich an anderer Stelle und suche zu zeigen, wie das ältere städtisch und feudal gewordene Zollwesen in der Zeit von 1470 bis 1600 ganz zurücktritt gegen das neue landesherrliche Zollwesen[1], das freilich mehr und mehr, besonders in der traurigen Zeit von 1600 bis 1640, einen rein fiskalischen Charakter erhält, aber doch auch teilweise von volkswirtschaftlichen Gesichts-

---

[1] Siehe über dasselbe die folgende Abhandlung.

punkten getragen ist. Ebenso wichtig war für Brandenburg die
Ausbildung der Biersteuer, die von 1549 an den Mittelpunkt
der ständischen Landesschuldenverwaltung bildet. Nach gleichen
Grundsätzen erhoben, wirkte sie in allen Städten auf eine einheitliche Organisation dieses blühenden, wichtigsten städtischen
Gewerbes. Bei dem großen Absatz des brandenburgischen Bieres
nach außen nötigte die hohe Steuer zu einer milderen Erfassung
der exportierenden Grenzstädte; es kam in den Jahren 1580 bis
1620 schon zu umfangreichen Erörterungen über das Verhältnis
der Biersteuer hier und in den Nachbarstaaten und die Rückwirkung solcher Landessteuern überhaupt auf Handel und
Gewerbeblüte. Die Verwaltung der ständischen Biergeldkasse
gestaltete sich zu einem das ganze Land und hauptsächlich die
einzelnen Stadtkassen umspinnenden Kreditsysteme; wer übriges
Geld hatte, brachte es der Landschaft, welche das nie endende
Deficit damit deckte; jährlich wurden tausende und aber tausende
gekündigt und wieder eingezahlt. Die Schuldenverwaltung wirkte
als Landeskreditkasse, wie früher die Stadtkasse in jeder einzelnen
Stadt. Alle Wohlhabenden des ganzen Landes waren so mit
diesem Centralinstitut in Verbindung, das freilich durch die
Unzulänglichkeit seiner Einnahmen rasch einem furchtbaren
Bankerott zutrieb [1].

Mit der finanziellen und volkswirtschaftlichen Krisis des
30 jährigen Krieges beginnt dann eine neue Epoche des territorialen Steuerwesens, die wir zunächst nicht weiter verfolgen
wollen; sie charakterisiert sich für Brandenburg und andere
Staaten dadurch, daß man bei dem vollständigen Versagen weiterer
Biergelderhöhungen etwa 50 bis 60 Jahre lang versucht, die
direkten Steuern, die Kontributionen und ihre Kataster fort-
zubilden, aber gegen 1670 bis 1700, als der Wohlstand sich
wieder etwas gehoben hatte, wieder ganz überwiegend an die
Ausbildung der indirekten Steuern, der Accisen geht.

---

[1] Isaacsohn, Die Finanzen Joachims II. und das ständische Kreditwerk, Zeitschr. f. preuß. Gesch. XIV, 455. Über die Brauerei und ihre
Besteuerung habe ich selbst ein großes Material gesammelt.

3.

Die Ausbildung der Nationalſtaaten und der Volkswirtſchaft.

Doch greifen wir nicht vor. Auf was es uns ankam, das war ſpeciell an dem Beiſpiel Brandenburgs zu zeigen, wie im Laufe des 15. bis 17. Jahrhunderts die Bildung der deutſchen Territorialſtaaten nicht bloß eine politiſche, ſondern auch eine wirtſchaftliche Notwendigkeit war. Auch anderwärts vollzog ſich ähnliches. Die einzelnen holländiſchen Staaten, die franzöſiſchen Provinzen, die italieniſchen Städteſtaaten ſind analoge Er- ſcheinungen. Es iſt ein hiſtoriſcher Prozeß, der die landſchaft- lichen Gefühle und Erinnerungen ſtärkt, der die geſellſchaftlichen und wirtſchaftlichen Kräfte territorial zuſammenfaßt, der bedeut- ſame landſchaftliche Rechts- und Wirtſchaftsinſtitutionen erzeugt, der die ſolidariſch verbundenen Kräfte und Organe in einen Konkurrenzkampf mit anderen Territorien hineinführt, der zahl- reiche Zollveränderungen, Schiffs- und Warenkonfiskationen, territoriale Handelsſperren und Stapelkämpfe, landſchaftliche Ein- und Ausfuhrverbote im Gefolge hat, während im Innern des Landes die alten Gegenſätze ſich mildern, der Verkehr ein freierer wird.

Zu einer ſo kraftvollen, geſchloſſenen Ausbildung und zu einer ſo ſelbſtändigen und eigenartigen Wirtſchaftspolitik, wie früher die Stadt und ſpäter der moderne Staat, iſt freilich das Terri- torium und die Landſchaft in Deutſchland faſt nirgends gekommen. Naturgemäß: der territoriale Lokalpatriotismus war doch nicht leicht ſo ſtark, wie früher der ſtädtiſche oder ſpäter der ſtaatlich- nationale; die wirtſchaftlichen Zuſtände, die Technik, der Verkehr, die Arbeitsteilung des 15. bis 16. Jahrhunderts bedurften nicht notwendig ſo einheitlicher wirtſchaftlicher Veranſtaltungen, wie früher die Stadt und ſpäter der nationale Staat. Die deutſche Reichsverfaſſung hielt, ſo unvollkommen ſie war, doch die Territorien vielfach von ſelbſtändig wirtſchaftlicher Politik ab.

Wir haben ſchon bemerkt, wie ſehr die geographiſche Lage unb
Abgrenzung der meiſten Territorien jene Entwickelung erſchwerte,
welche einzelne italieniſche oder niederländiſche Landſchaften er=
reichten. Vollenbs im ſübweſtlichen, aber vielfach auch im mitt=
leren Deutſchland waren die Gebiete der einzelnen Stände, die
Grafſchaften, die Reichsſtädte, die Abteien, die Bistümer unb die
ritterſchaftlichen Dörfer ſo klein, daß ſchon dadurch ein Verharren
auf der Stufe der Naturalwirtſchaft unb der Lokalpolitik gegeben
war. Im Norboſten Deutſchlands waren allerbings größere ein=
heitliche Gebiete vorhanden, aber die allgemeine Bevölkerungs=
dichtigkeit, der Kapitalreichtum, Handel unb Verkehr, Verwaltungs=
technik unb Bildung waren hier, auch gegen 1600 nicht ſo ent=
wickelt, wie im weſtlichen unb mittleren Deutſchland, unb daher
blieben dieſe Landſchaften auch in ihren territorial=wirtſchaftlichen
Inſtitutionen weit hinter den größeren ſübweſtdeutſchen zurück;
teilweiſe natürlich auch infolge unfähiger Regenten unb anderer
äußerer Schickſale. Nicht umſonſt klagt die brandenburgiſche
Geh. Ratsordnung von 1604 in ihrem 8. Artikel, daß troß aller
guten Gelegenheit unb aller ſchiffbaren Ströme die Hantierungen
im Lande zurückgingen unb gar erlöſchten; nicht umſonſt führt
ſie es auf den Mangel guter Polizei, b. h. eine zu ſchwache, nach
außen unb innen gebundene Regierungsgewalt zurück. Unb noch
ſchlimmer wurde es im Laufe des großen Krieges, der nicht
bloß die Bevölkerung unb das Kapital vernichtete, ſondern vor
allem auch die Anfänge einer rationellen territorialen Wirt=
ſchaftspolitik hier unb anberwärts begrub, die Erkenntnis, daß
es zu einer ſolchen kommen müſſe, für Jahre unb Jahrzehente
ſchwächte, die lokalen Sonderrechte unb Selbſtherrlichkeiten ſtärkte.

Unb doch war gerade die zweite Hälfte des 16. Jahrhunderts
unb das 17. eine Epoche, die zur wirtſchaftlichen Neugeſtaltung
allen Anlaß bot, ja die ſchon mit Macht über den engen Kreis
des kleinen Territoriums hinauswies auf die Bahn der ſtaatlichen
Zuſammenfaſſung der Kräfte. Ein unermeßlicher Horizont hatte
ſich in Indien unb Amerika dem Welthandel eröffnet; der Beſiß
der Gewürzkolonien unb der neuen Gold= unb Silberländer

verhieß den Staaten, welche es verſtanden, an der Beute teil zu
nehmen, unermeßliche Reichtümer. Aber es war klar, daß nur
mächtige Flotten, große Compagnien oder ſtaatliche Organiſationen
dazu ausreichten. Im Innern vollzogen ſich nicht minder wichtige
wirtſchaftliche Veränderungen: die neuen Poſten ſchufen ein ganz
anderes Verkehrsweſen; der Wechſel und die großen Wechſel=
meſſen, die aufkommenden Banken erzeugten großartige weit=
reichende Kreditſyſteme; die Anfänge der Preſſe erzeugten eine
andere öffentliche Meinung, ein Nachrichtenweſen, das zuſammen
mit der Poſt auch den Verkehr umgeſtalten mußte. Es vollzog
ſich in den einzelnen Ländern eine geographiſche Arbeitsteilung,
welche die alte All= und Vielſeitigkeit der ſtädtiſchen Induſtrie
aufhob; nach Gegenden und Städten gruppierte ſich hier die
Tuchmacherei, dort die Linneninduſtrie, hier die Gerberei, dort
die Metallverarbeitung. Das alte Handwerk fing an zur Haus=
induſtrie, der alte Stapel= und Eigenhandel des reiſenden
Kaufmanns in den Spedition=, Kommiſſions= und Spekulations=
handel überzugehen.

All' das drängte zugleich zu großartiger volkswirtſchaftlicher
Neorganiſation auf breiterer Baſis, wies auf eine ſtaatliche und
nationale Wirtſchaftspolitik hin. Gerade Deutſchland hatte auch
auf dem Gebiete des Verkehrs, der Technik, der Arbeitsteilung, ja
ſogar des Welthandels ſo vielfach glänzende Anfänge, aber weder
ſeine Reichs= und Hanſeſtädte, noch ſeine meiſten Territorialſtaaten
waren fähig, ſie zu entwickeln. Und noch weniger verſtand es
die Reichsgewalt, die im 16. Jahrhundert ausſchließlich be=
ſchäftigt war, den kirchlichen Frieden aufrecht zu erhalten, im
17. nur noch der öſterreichiſch=katholiſchen Hauspolitik diente,
für die großen Aufgaben einer wirtſchaftlichen Zuſammenfaſſung
des Reiches, die eben jetzt hätte beginnen müſſen, handelnd ein=
zutreten. Englands Tücher überſchwemmten den deutſchen Markt,
Schweden und Dänemark organiſierten ſich als nationale See=
und Handelsmächte; Spanien, Portugal und Holland teilten den
Kolonialhandel unter ſich. Überall, nur in Deutſchland nicht,
reckten ſich landſchaftliche Wirtſchaftskörper zu ſtaatlichen aus,

entstanden staatliche Wirtschafts- und Finanzsysteme, welche den
neuen Bedürfnissen gerecht zu werden verstanden. Nur in unserem
Vaterlande versteinerten sich die alten Wirtschaftseinrichtungen
bis zur vollständigen Leblosigkeit; nur in Deutschland ging, was
es noch bis 1620 an Welthandel, an Technik, an Kapitalreichtum, an guten wirtschaftlichen Gewohnheiten, Verbindungen
und Traditionen besessen, mehr und mehr verloren.

Und doch nicht dieser äußere Verlust an Menschen und
Kapital war es, welcher Deutschland um ein bis zwei Jahrhunderte gegenüber den Westmächten zurückbrachte; auch nicht
die Verlegung der Welthandelsstraße vom Mittelmeer nach dem
Ocean war das Wichtigste, sondern die mangelnde volkswirt-
schaftlich-staatliche Organisation, die mangelnde Zusammenfassung
der Kräfte. Was seiner Zeit Mailand, Venedig, Florenz und
Genua, später Spanien und Portugal, jetzt Holland, Frankreich
und England, teilweise auch Dänemark und Schweden reich und
überlegen machte: das war eine staatliche Wirtschaftspolitik,
welche der territorialen so überlegen war, wie diese seiner Zeit
der städtischen. Diese Staaten fingen an, die großen technischen
und wirtschaftlichen Fortschritte der Zeit mit ihren staatlichen
Einrichtungen und ihrer Politik zu verflechten und in wirksame
Verbindung zu bringen. Es entstanden Staaten, welche in ganz
anderer Art als früher, zugleich einheitliche und darum starke,
reiche, mächtige Wirtschaftskörper waren, in welchen ganz anders
als früher die staatliche Organisation der Volkswirtschaft und
diese der staatlichen Politik diente, in welchen ganz anders als
früher die staatliche Finanzwirtschaft das verbindende Mittelglied zwischen dem politischen und wirtschaftlichen Leben bildete.
Nicht bloß um staatliche Armeen, Flotten und Beamte handelte
es sich, sondern um einheitliche Finanz- und Wirtschaftssysteme,
welche die Kräfte von Millionen, welche ganze Länder und ihr
Wirtschaftsleben einheitlich umspannten. Große Staaten hatte es
immer gegeben, aber sie waren wenig durch Verkehr und Arbeitsteilung, fast gar nicht durch einheitliche Wirtschaftseinrichtungen
verbunden gewesen. Jetzt handelte es sich darum, möglichst auf

dem Boden einheitlicher, nationaler und religiöser Gefühle
eine große, in die verschiedensten socialen Klassen gegliederte,
durch Arbeitsteilung komplizierte Gesellschaft für ihren Schutz
nach außen, für ihre Rechtsprechung und Verwaltung nach innen,
für ihr Geld- und Kreditwesen, für ihre Handelsinteressen, für
ihr gesamtes Wirtschaftsleben ebenso zusammenzufassen, wie es
die städtische Regierung im Bereich der Stadt und ihrer nächsten
Umgebung seiner Zeit verstanden hatte. Und das war nicht
etwa eine Laune der Herrschenden; es war das innerste Bedürfnis der höheren Kultur selbst, sich diese vergrößerten und verstärkten Formen socialer und wirtschaftlicher Gemeinschaft zu
schaffen. Mit der wachsenden Gemeinschaft in Sprache, Kunst
und Litteratur, mit dem Erwachen des Nationalgeistes, mit dem
zunehmenden Verkehr und Handel, mit dem durchdringenden
Geld- und Kreditverkehr genügten die alten Formen mittelalterlich loser Verbindung nicht mehr, wurden alle die festen lokalen,
korporativen, ständischen und landschaftlichen Organisationen der
älteren Zeit unerträgliche Hindernisse des wirtschaftlichen Fortschritts. Aus Jammer und Elend, Kampf und Krieg aller Art
heraus, wuchsen in Spanien wie in Frankreich, in Holland wie
in England die Gefühle der Gemeinsamkeit, das Verständnis der
Gesamtinteressen, entsprang das Suchen und Tasten nach neuen,
großartigen, weiterreichenden Formen wirtschaftlicher Gemeinschaft.
Die wirtschaftlichen und politischen Interessen gingen dabei Hand
in Hand. Je kräftiger das Nationalgefühl, die wirtschaftliche
Kraft, die politische Macht irgendwo war, desto energischer setzte
dieser Prozeß ein, der noch mehr eine Zusammenfassung und
Organisierung der Kräfte nach innen bedeutete, als eine Messung
der zusammengefaßten mit den ähnlichen Neubildungen jenseits
der Grenze. Die ganze innere Politik des 17. und 18. Jahrhunderts
faßt sich, was Deutschland betrifft, in Preußen, ebenso aber
in Westeuropa zusammen in dem Gegensatz der Staatswirtschafts-
zur Stadt-, Landschafts- und Ständewirtschaftspolitik; die ganze
äußere Politik faßt sich in dem Gegensatz der gesonderten Lebens-,
Macht- und Wirtschaftsinteressen der neu sich bildenden Staaten

zusammen, deren jeder in der europäischen Völkergesellschaft und auf dem jetzt Amerika und Indien umspannenden Weltmarkt seinen Platz sich erringen und behaupten will. Es handelte sich um politische Machtfragen, die in erster Linie zugleich wirt= schaftliche Organisationsfragen waren. Es handelte sich um die Entstehung wirklicher Volkswirtschaften als einheitlicher Körper, in welchen nicht bloß eine große, nach allen Seiten aus= greifende und sich einmischende staatliche Wirtschaft, sondern der lebendige Pulsschlag eines einheitlichen Geistes, großer einheit= licher Interessen den Mittelpunkt abgab.

Nur wer so den Merkantilismus begreift, wird ihn ver= stehen; er ist in seinem innersten Kern nichts anderes, als Staatsbildung — aber nicht Staatsbildung schlechtweg, sondern Staats= und Volkswirtschaftsbildung zugleich, Staatsbildung in dem modernen Sinne, die staatliche Gemeinschaft zugleich zu einer volkswirtschaftlichen zu machen und ihr so eine erhöhte Bedeutung zu geben. Nicht etwa nur in der Lehre von der Geldvermehrung oder von der Handelsbilanz, nicht nur in Zoll= linien, Schutzzöllen und Schiffahrtsgesetzen liegt das Wesen dieses Systems, sondern in sehr viel mehr: nämlich in der totalen Umbildung der Gesellschaft und ihrer Organisation, sowie des Staates und seiner Einrichtungen, in der Ersetzung der lokalen und landschaftlichen Wirtschaftspolitik durch eine staatliche und nationale. Es fällt damit zusammen, wenn man neuerdings auch bezüglich der Litteratur den Nachweis erbracht hat, daß das allen merkantilistischen Schriftstellern Eigentümliche nicht sowohl in handelspolitischen Maßnahmen zur Edelmetall= vermehrung, als in der Betonung der lebendigen Geldcirkulation besonders im Innern der Staaten liege[1].

Der Kampf gegen den großen Adel, die Städte, die Kor= porationen und Provinzen, die nicht bloß politische, sondern auch wirtschaftliche Verschmelzung dieser Sonderkreise zu einem

---

[1] Das ist doch wohl die Quintessenz des lehrreichen Vortrags von Bidermann, Über den Merkantilismus, Innsbruck 1870.

Ganzen, der Kampf für gleiches Maß und Geld, für ein geordnetes Münz- und Kreditweſen, für gleiches Recht und gleiche
Polizei, für einen freieren und lebendigeren Verkehr im Lande
war es vor allem, was eine Arbeitsteilung und einen Wohlſtand
ganz anderer Art ſchuf, tauſendfache Kräfte entband. Wie die
wirtſchaftliche Territorialpolitik vor allem auf der Überwindung
der ſelbſtändigen Lokal- und Stadtwirtſchaftspolitik, auf der Einſchränkung und Umbildung der betreffenden Lokalinſtitutionen, auf
der wachſenden Macht der territorialen Geſamtintereſſen beruhte,
ſo folgte nun allerwärts der große Jahrhunderte dauernde Kampf
zwiſchen Staat und Landſchaft, Fürſtentum und Provinz, doppelt
ſchwierig, wenn der Staat noch nicht die ganze Nation umfaßte.
Und dieſer Kampf war vor allem zugleich ein wirtſchaftlicher,
es handelte ſich um die Beſeitigung aller älteren Wirtſchafts-
und Finanzeinrichtungen, um die Herausbildung neuer Geſamtintereſſen und neuer einheitlicher Wirtſchaftsinſtitutionen. Es
iſt ein Prozeß, der in Italien und Deutſchland ſeinen vollen
Abſchluß ja erſt in unſeren Tagen fand, der auch in Frankreich
vor 1789 nicht ganz vollendet war, der, wenn wir Schottland
und Irland hinzunehmen, auch für Großbritannien ſich erſt ſpät
vollendete, in der alten Republik der vereinigten Niederlande
ſchon frühe auf halbem Wege ſtehen geblieben war.

Aber die Hauptaktion erfolgte doch im 17. und 18. Jahrhundert und der eigentliche Träger dieſes Prozeſſes iſt jenes
aufgeklärte despotiſche Fürſtentum, deſſen ganze Thätigkeit in
wirtſchaftlichen Maßnahmen ſich konzentrierte, deſſen große Verwaltungsreformen antiſtädtiſch und antiprovinziell vor allem auf
die Bildung einheitlicher großer Wirtſchaftskörper zielten. Sie
trieben merkantiliſtiſche Politik nicht etwa nebenher; nein, alles, was
ſie planten und leiſteten, konnte nur auf dieſer Bahn ſich bewegen.

Ich erwähnte eben, daß in den gegen Mitte des 17. Jahrhunderts allbewunderten Niederlanden Städte und Provinzen
viel von ihrer alten Selbſtändigkeit behielten und gewiß hatte
der kräftige dortige Lokal- und Provinzialgeiſt auch ſeine günſtigen
Folgen, — zur Größe, zur Macht, zum Reichtum führte er aber

doch nur so lange, als er von der entgegengesetzten centralistischen
Bewegung übertroffen wurde. Schon unter den burgundischen
Fürsten und ihrem aufgeklärten Regiment war viel für die wirt=
schaftliche Einheit der Lande geschehen, später war die Provinz
Holland mit Amsterdam so überwiegend an Macht und Wohl=
stand, daß sie häufig allein entschied und in Betracht kam. Vor
allem aber hatte der 80jährige Unabhängigkeitskrieg und das
oranische Fürstenhaus in seinen komplizierten verschiedenen amt=
lichen Stellungen für die entscheidenden volkswirtschaftlichen
Fragen die Staaten zu einer geschlossenen Einheit zusammen=
gefaßt: bestand auch nur 1589—1593 ein Oberadmiralskollegium,
so blieb doch das oranische Haus später an der Spitze der einzel=
staatlichen Admiralitäten, von denen die Flotte, die sämtlichen
Aus= und Eingangszölle, der gesamte Handel auf den Meeren
abhing. Die Kolonialpolitik, die Schiffahrtspolitik, die Maß=
regeln bezüglich des Levantehandels, des Heringsfangs, des
Walfischfangs und alles Derartige waren centralistisch. Ein
Blick in das umfangreiche „Placaet=Boeck der hochmögenden
Herren Staaten=Generael der vereinigte Niederlande" kann uns
belehren, wie sehr in der großen Zeit die Wirtschafts= und
Handelspolitik eine einheitliche egoistisch niederländische war.
Das rasche Sinken der Republik beginnt mit der statthalterlosen
Zeit, hat seine wichtigste Ursache in dem successiven Überwiegen
des kaufmännischen Lokal= und Provinzialgeistes seit 1650—1700[1].

Am deutlichsten springt es bei Betrachtung der französischen
Wirtschaftsgeschichte in die Augen, daß der zunehmende Merkan=
tilismus ebenso sehr oder noch mehr die Umbildung und Einheit
nach innen, als den Abschluß nach außen bedeutete. Ludwig XI.
wirft die großen Häuser von Burgund und Anjou, von Orleans

---

[1] Vergl. über die Niederlande jetzt: Dr. O. Pringsheim, Beiträge
zur wirtschaftlichen Entwickelungsgeschichte der vereinigten Niederlande im
17. und 18. Jahrhundert (in Schmoller, Staats= und socialwissenschaftliche
Forschungen, Heft 44), 1890; der Gegensatz, den Pringsheim zwischen seiner
und meiner Auffassung annimmt, ist nur ein gradueller; ich spreche hier
hauptsächlich von der Zeit bis gegen 1648, er wesentlich von der späteren.

und Bourbon nieder, bekämpft die Engherzigkeit der Korporationen, ſtrebt nach gleichem Maß und Gewicht in Frankreich und ver= bietet die Einfuhr fremder Fabrikate. Das Edikt von 1539, das die Getreidehandelsfreiheit im Innern Frankreichs, haupt= ſächlich zwiſchen den einzelnen Provinzen begründet, geht davon aus, daß in einem einheitlichen politiſchen Körper die Land= ſchaften einander jederzeit helfen und unterſtützen ſollen. Die Erklärung des Handels 1577 und der Gewerbe 1581 zum droit domanial hat nicht ſowohl eine fiskaliſche, als eine centraliſtiſche Bedeutung, wie die Ordonnanzen aus der Zeit des großen Kanzlers Hopitâl überhaupt. Richelieus Brechung aller adeligen Feſtungen hat man oftmals als einen der wichtigſten Schritte für die innere Verkehrsfreiheit Frankreichs gerühmt; ſeine Thätigkeit für eine franzöſiſche Flotte iſt eines der wichtigſten Glieder in der Entwickelung einer ſelbſtändigen Handelspolitik nach außen. Colberts Adminiſtration iſt in erſter Linie ein Kampf gegen die municipalen und provinzialen Gewalten, von denen Chéruel ſagt: ſie waren das eigentliche Hindernis des wirtſchaftlichen Fort= ſchritts, der Verbeſſerung von Handel und Manufakturen. Die Beugung der Städte unter eine gleichmäßige Ordnung, die teil= weiſe Aufhebung der Provinzialſtände, die Herabdrückung der Gewalt der Provinzialgouverneure und ihre Erſetzung durch die Intendanten — das waren Maßregeln, die ebenſo wie ſeine großen Straßen= und Kanalbauten, ſeine Thätigkeit für Poſten und Verſicherungsweſen, für techniſches und künſtleriſches Schul= weſen, für Ausſtellungen und ſtaatliche Muſterbauten, für private und öffentliche Muſterinduſtrieanſtalten, ſeine Korrektur der Fluß= zölle, ſeine Zuſammenfaſſung der innern Provinzen zu einem einheitlichen Zollſyſtem auf das Eine hinzielten: das franzöſiſche Volk im Anſchluß an ſein glänzendes Königtum zu einem ein= heitlichen großartigen kulturpolitiſchen Syſtem mit nationalem Stile zu erheben. Die großen Geſetze Colberts — die ordonnance civile von 1667, das édit général sur les eaux et les forêts von 1669, die ordonnance criminelle von 1670, die ordonnance de commerce von 1673 begründeten die Rechtseinheit, wie die wirtschaftliche Einheit Frankreichs; sie sind auch volkswirtschaftlich wichtiger als die Tarife von 1664 und 1667, welche den Unterschied der pays d'Etats und der pays d'Election ja nicht zu überwinden vermochten.

In Österreich war man bis 1748 über die loseste Verbindung der Provinzen nicht hinausgekommen. Das sollte von nun an, in Nachahmung der preußischen Verwaltung, anders werden. Diese hatte es seit den Tagen des großen Kurfürsten, vor allem aber unter Friedrich Wilhelm I. verstanden, aus den spröbesten Elementen, weit auseinander liegenden, einander fast feindlich gegenüberstehenden Territorien ein finanzielles, wirtschaftliches und militärisches Ganze zu machen, wie es kein zweites auf dem Kontinente gab. Und zwar war dies gelungen, obwohl der Verwaltung zu gleicher Zeit die Aufgabe gestellt gewesen war, innerhalb der einzelnen Territorien das nachzuholen, was man früher versäumt, was manche andere deutsche Landschaften schon gegen 1600 besessen hatten: nämlich eine geschlossene Einheit in finanzieller, rechtlicher und wirtschaftlicher Beziehung innerhalb der einzelnen Provinzen herzustellen. Während man noch eben daran war, in Brandenburg, Pommern, Magdeburg, Ostpreußen und Kleve-Mark die Städte und den Adel der Staatsgewalt zu unterwerfen, eine einheitliche provinzielle Polizei und Verwaltung herzustellen, sollte zugleich dem Komplexe armer Landschaften eine wirklich staatliche und volkswirtschaftliche Einheit gegeben werden, sollte in die europäische Politik eingegriffen werden, sollte diesen nördlichen menschenleeren Territorien ohne Seehandel und Bergwerke, ohne bedeutende Industrie, durch eine selbständige Handels- und Gewerbepolitik eine Stellung neben den alten reichen Großmächten errungen werden. Die Signatur der preußischen Politik von 1680 bis 1786 ist durch die Art bedingt, wie dieser Staat auf schmaler und gespaltener geographischer Basis den großen nationalen Gesichtspunkt deutsch-protestantischer und merkantilistischer Politik in Verbindung brachte mit den überkommenen Aufgaben territorialer Verwaltung, wie er fast nur mit territorialen Mitteln nationale und staatliche

Politik größten Stiles in Krieg und Frieden, in Verwaltung
und Volkswirtſchaft trieb. Es kann das hier nicht im Einzelnen
ausgeführt werden. Hier kam es nur darauf an, anzudeuten, in
welchem engen Zuſammenhang die Reform und Centraliſation
der inneren Verwaltung, die Verwandlung der Territorialwirt=
ſchaften in eine „Volks“wirtſchaft auch in Preußen mit dem
Merkantilſyſtem ſtand, wie innere und äußere Wirtſchaftspolitik
ſich auch hier ergänzten als die unentbehrlichen Beſtandteile
desſelben Syſtems.

4.

**Der Merkantilismus und der wirtſchaftliche Wettkampf der
Staaten im 17. und 18. Jahrhundert.**

Wollen wir bei dieſer äußeren wirtſchaftlichen Politik der
europäiſchen Staaten des 17. und 18. Jahrhunderts, in welcher
man bisher das Weſentliche des Merkantilſyſtemes ſah, noch
einen Moment verweilen, ſo kann es natürlich nicht unſere Auf=
gabe ſein, ſie in ihren einzelnen Äußerungen hier zu ſchildern.
Das Allgemeine dieſer Maßnahmen iſt bekannt genug: man er=
ſchwerte die Einfuhr von Induſtriewaren und beförderte ihre
Herſtellung und ihre Ausfuhr durch Verbot des Exports der
Roh= und Hilfsſtoffe, durch Exportprämien und Handelsverträge;
man beförderte die heimiſche Rhederei, Fiſcherei und Küſten=
ſchiffahrt durch Erſchwerung oder Verbot der fremden Kon=
kurrenz, man behielt den Handel nach den Kolonien und ihre
Verſorgung mit europäiſchen Waaren dem Mutterlande allein
vor, man duldete die Einfuhr von Kolonialprodukten nur direkt
aus den Kolonien, nicht über andere europäiſche Häfen; man
ſuchte möglichſt überall direkte Verkehrsbeziehungen und förderte
ſie durch die mannigfachſten Staatsunterſtützungen, durch große
privilegierte Handelscompagnien. In England beförderte man
zugleich durch Prämien den Getreideexport und die Landwirtſchaft,
in Frankreich erſchwerte man die Cerealienausfuhr zu Gunſten
der Induſtrie, in Holland ſuchte man in der ſpäteren Zeit mög=

lichst große Getreidelager und freiesten Getreidehandel zu Gunsten
des Handels und der Versorgung des Inlandes herzustellen. In
Preußen suchte man durch staatliche Magazine den inländischen
Preis zu beherrschen, durch große Compagnien den Export zu
fördern. Doch wie gesagt, eine Darstellung dieser Maßnahmen
überschritte den Zweck dieser Studie. Das Allgemeine daran ist
bekannt; das Einzelne noch wenig wissenschaftlich genau unter=
sucht. Hier handelt es sich nur darum, den Grundgedanken des
Systems zu verstehen, der sich notwendig verschieden äußerte,
hier in hohen, dort in niedrigen Zöllen, hier in einer Erschwerung,
dort in einer Beförderung des Getreideexports. Der überall be=
folgte Gedanke war der: in die Wagschalen der auf= und ab=
schwankenden Konkurrenzkämpfe mit dem Auslande das Gewicht
der staatlichen Macht je nach den nationalen Interessen zu werfen.

In dem Maße, als die wirtschaftlichen Interessen ganzer
Staaten nach langen Kämpfen der öffentlichen Meinung in ge=
wissen Postulaten einen Mittelpunkt gefunden, konnte und mußte
der Gedanke einer nationalen und staatlichen Wirtschaftspolitik,
eines Schutzes nach außen, einer Unterstützung der großen wirt=
schaftlichen Interessenkämpfe mit dem Auslande durch den Staat
entstehen. Es mußte die Vorstellung eines nationalen Ackerbaues,
eines nationalen Getreidehandels, einer nationalen Industrie,
einer nationalen Schiffahrt und Fischerei, eines nationalen Geld=
und Kreditwesens, einer nationalen Arbeitsteilung, eines nationalen
Handels sich gebildet haben, ehe das Bedürfnis sich zeigte, die
alten städtischen und landschaftlichen Wirtschaftsinstitute in
nationale und staatliche zu verwandeln. Sobald aber das ge=
schehen war, mußte es selbstverständlich erscheinen, die ganze
Macht des Staates auch nach außen hin in den Dienst dieser
großen Gesamtinteressen zu stellen, wie man früher die politische
Macht der Städte und Landschaften dazu verwendet hatte, den
lokalen und territorialen Interessen zu dienen. Das wirtschaft=
liche Leben muß wie alles sociale Leben jederzeit zu kleinern und
größern Gruppen und Gemeinschaften zusammengefaßt seine
Daseinskämpfe führen. Das wird auch in aller Zukunft so sein.

Und in dieser allgemeinen Tendenz war die Praxis und Theorie jener Tage, und ist Friedrich Lists Grundauffassung der Wirklichkeit näher, als die Adam Smiths.

Doch nicht diese allgemeine Tendenz interessiert uns zunächst, sondern wir wollen die bestimmte Art verstehen, wie sie sich damals und warum sie sich damals so zu äußern anfing, warum sie später gegenüber andern Tendenzen so sehr zurücktreten konnte.

Die großen Staaten der ältern Zeit haben keine Handelspolitik im Stile des Merkantilsystems gehabt, nicht weil damals die Utopie eines rein individualistischen Wirtschaftslebens mehr Wirklichkeit besessen hätte, als später, sondern weil sie keine einheitlichen volkswirtschaftlichen Körper waren; sobald sie solche wurden, ging das alte Erbe vor allem der Stadtpolitik auf sie über. Nicht etwa bloß weil plötzlich das Geld und die Geldwirtschaft oder die Industrie oder der Handel in den Tagen Cromwells und Colberts eine ganz andere Rolle spielten, kam man plötzlich darauf, die staatliche Ein= und Ausfuhr, die nationale Schiffahrt, den nationalen Kolonialhandel zu lenken und staatlich zu reglementieren, sondern weil aus den frühern kleinen wirtschaftlichen Gemeinschaften damals gerade große nationale geworden waren, deren ganze erste Kraft und Bedeutung in ihrem psychologischen und socialen Zusammenschluß ruhte, fingen diese an, das nachzuahmen — nicht etwa was Karl V. in Spanien gethan — sondern was alle Städte und Landschaften früherer Zeiten von Tyrus und Sidon, von Athen und Karthago an, was Pisa und Genua, Florenz und Venedig, was die deutschen Hansestädte gethan, auf die breite Grundlage ganzer Staaten und Nationen zu übertragen. Die ganze Vorstellung und Lehre von der Handelsbilanz, wie sie sich damals ausbildete, ist nur die sekundäre Folge einer nach Staaten gruppierenden Auffassung der wirtschaftlichen Vorgänge. Wie man früher Aus= und Einfuhr der Stadt und der Landschaft verfolgte, so suchte man jetzt die des Staates einheitlich zu begreifen, für Verständnis und Schlußfolgerung zusammenzufassen; und diese

Kombinationen lagen da am nächsten, wo wie in England durch
die insulare Lage, durch den mäßigen Umfang des Landes die
staatliche Volkswirtschaft sowie ihre Aus= und Einfuhr, ihr Geld=
und Münzvorrat frühe als ein einheitliches Ganze sich dem be=
obachtenden Blicke darbot [1].

Alles volkswirtschaftliche und politische Leben ruht auf
psychischen Massenbewegungen, auf Massengefühlen und =Vor=
stellungen, die nach gewissen Mittelpunkten hin gravitieren. Frei=
händlerisch konnte eine Zeit anfangen zu denken und zu handeln,
welche die schwere Arbeit der nationalen volkswirtschaftlichen
Entwickelung soweit hinter sich hatte, daß sie ihre besten Resul=
tate als selbstverständlich ansah, den Kampf um sie schon ver=
gessen hatte, welche mit weltbürgerlichem Sinne, mit großen
internationalen Verkehrsinteressen und Instituten, mit einem
humanisierten Völkerrecht, mit einer individualistischen Welt=
litteratur, in den Vorstellungen und Tendenzen einer Weltwirt=
schaft zu leben anfing. Das 17. Jahrhundert rang sich eben vom
Lokalgeist zum Nationalgeist empor; ein Völkerrecht war kaum
entstanden. Die alte Gemeinschaft der katholischen Staaten war
gelöst; alle geistige Kraft konzentrirte sich in dem neuen nationalen
Leben und je stärker und gesünder es pulsierte, sich in seiner
Eigenart da und dort fühlte, desto mehr mußte es sich zugleich
in einem harten Egoismus nach außen abschließen. Jede neu
sich bildende politische Gemeinschaft muß von einem starken und
ausschließenden Gemeinschaftsgefühl getragen sein; das sind die
Wurzeln ihrer Kraft; das Ringen nach Selbständigkeit und Un=
abhängigkeit ist ihr so natürlich, wie der Geist gewaltthätiger
Rivalität, der vor nichts zurückschreckt, um den Rivalen, in dem
man stets den Gegner sieht, zu überholen, zu übervorteilen, ja
zu vernichten. Es ist das Gesetz der Autarkie, von dem die
Handelspolitik jener Tage ausschließlich geleitet war. Es sind
die Jugendjahre der nationalen europäischen Staatenbildung, in

---

[1] Vergleiche die Schrift von Dr. von Heyking, Zur Geschichte der
Handelsbilanztheorie, 1880.

welcher dieses Streben nach Autarkie naturgemäß besonders stark
und einseitig auftrat.

Die Lehre von der natürlichen Harmonie der wirtschaftlichen
Interessen aller Staaten ist so falsch, als die damals gehegte
Ansicht, der wirtschaftliche Vorteil des einen Staates sei immer
der Nachteil des andern. Das Letztere war eine Ansicht, die
nicht bloß in den älteren harten Konkurrenzkämpfen der Städte
und Landschaften untereinander ihre Wurzel hatte, sondern gerade
jetzt dadurch bestärkt wurde, daß der Besitz der Kolonien, der
indischen Gewürzinseln, der amerikanischen Silberländer der
einzelnen Nation nur durch Blut und Kampf zugefallen war.
Es schien unvermeidlich, daß, wo das eine Volk eindringe, das
andere weichen müsse. In Wirklichkeit stehen sich alle socialen
Körper, also auch die wirtschaftlichen, ursprünglich die Städte
und Landschaften, später die Nationen und Staaten, in doppelter
Weise gegenüber, einmal in sich ergänzender Wechselwirkung, und
dann in Verhältnissen der Abhängigkeit, der Ausbeutung, des
Kampfes um die Herrschaft. Und das Letztere ist das ursprüng=
liche, erst langsam und im Laufe der Jahrhunderte und Jahr=
tausende sich mildernde Verhältnis. Auch heute noch suchen die
großen wirtschaftlichen Mächte in jeder internationalen Beziehung
ihre Überlegenheit auszunützen, die schwächern Völker in Ab=
hängigkeit zu erhalten; noch heute droht jedem halbcivilisierten
Volke oder Stamme, bei dem sich die Engländer oder Franzosen
festsetzen, erst eine Art Schuldknechtschaft und ungünstiger Bilanz,
hinter der in einiger Entfernung die politische Annexion und
wirtschaftliche Ausbeutung steht, welche sich dann freilich in eine
wirtschaftliche Erziehung verwandeln kann.

Im 17. und 18. Jahrhundert war das Verhältnis, be=
sonders das wirtschaftliche, der Staaten untereinander ein be=
sonders feindliches und hartes, weil eben die volkswirtschaftlich=
staatlichen Neubildungen zum ersten Male ihre Kräfte versuchten,
weil man zum ersten Male für Handels= und Verkehrszwecke,
für Ackerbau= und Industriezwecke über eine so große politische
Macht verfügte, die nun, recht angewandt, dem einzelnen Staate

einen unbegrenzten Reichtum zu versprechen schien. Zu allen
Zeiten sind politische Macht und wirtschaftlicher Wohlstand in
der Geschichte gerne als Geschwister aufgetreten, aber vielleicht
waren sie niemals so enge verbunden, wie damals. Die Ver=
suchung für die größern Staaten jener Tage, ihre politische
Macht zur Bekämpfung, ja eventuell zur Vernichtung ihrer wirt=
schaftlichen Konkurrenten zu benutzen, war zu groß, als daß sie
ihr nicht unter Verleugnung oder Beugung des Völkerrechts
zunächst immer wieder unterlegen wären. Der kommerzielle Wett=
streit artete schon im Frieden in einen halben Kriegszustand aus,
stürzte die Nationen in immer neue Kriege und gab allen Kriegen
eine Richtung auf Handel, Gewerbe und Kolonialerwerb, wie sie
eine solche aus verschiedenen Gründen in dem Maße weder früher,
noch später besaßen.

Man hat es oft genug gesagt, nach der Epoche der Religions=
kriege sei eine Zeit gefolgt, in welcher wirtschaftliche und handels=
politische Interessen die ganze äußere Politik der Staaten be=
herrscht haben. Und es ist wahr, schon Gustav Adolfs Zug
nach Deutschland war ein Schachzug im Kampf um den Ostsee=
handel. Ebenso waren die späteren Kriege Schwedens, welche
den Erwerb Polens bezweckten, und die aggressiven Tendenzen
Rußlands gegenüber den schwedischen und deutschen Ostsee=
provinzen auf den Erwerb und die Beherrschung des Ostseehandels
gerichtet.

Wie nach Ostindien, in die uralten Bezugsquellen der
orientalischen Waren, der Perlen und Gewürze, zuerst die Portu=
giesen mit Gewalt gedrungen, den arabischen Handel mit uner=
hörter Brutalität vernichtet und allen asiatischen Stämmen und
Staaten das Gesetz auferlegt hatten, nur mit ihnen Handel zu
treiben, so mußten später die Holländer sie zu verdrängen, sich
in gleicher Weise das Monopol des Gewürzhandels zu verschaffen,
mit List und kaufmännischem Talent, unter Umständen aber auch
mit frevelhafter Gewalt= und Mordthat alle andern Europäer
fern und die Völker des Orients im Handel niederzuhalten.
Der heroische religiöse Befreiungskrieg der Niederländer vom

spanischen Joche ist bei Lichte besehen ein fast hundertjähriger
Kolonieeroberungskrieg in Ostindien und ein ebenso langer Kaper=
krieg gegenüber der spanischen Silberflotte und dem spanisch=
amerikanischen Kolonialhandel. Diese von naiven Freihändlern
unserer Tage wegen ihrer ursprünglich niedrigen Zölle ge=
priesenen Niederländer waren von Haus aus die härtesten
kriegerischesten Monopolisten im Sinne des Merkantilsystems, die
es je gegeben. Wie sie in den ostindischen Gewässern kein euro=
päisches oder asiatisches Handelsschiff duldeten ohne holländischen
Paß, der mit Gold aufgewogen werden mußte, wie sie den bel=
gischen Hafen von Antwerpen mit Gewalt und Vertrag ge=
schlossen erhielten, wie sie die preußische Kolonie in Afrika und
unzählige andere allerwärts zerstörten, so verboten sie zu Hause
jedem Heringsfischer, seine Waare wo andershin als auf den
holländischen Markt zu bringen, in fremde Dienste zu treten, die
Gerätschaften der Fischerei in die Fremde zu führen. Wenn sie
anfangs niedrige Aus= und Einfuhrzölle hatten, so wendeten sie
jederzeit beliebige Aus= und Einfuhrverbote an, wenn sie glaubten,
damit holländische Interessen zu fördern; sie legten 1671 die
höchsten Zölle auf französische Waren und gingen im 18. Jahr=
hundert, als sie zu feige geworden waren, für ihre Handelszwecke
Krieg anzufangen, zum schroffsten Schutzsystem über. In der
Zeit ihrer Blüte hatten sie fast immer Krieg und zwar Krieg
zu Handelszwecken; sie wußten mehr als jeder andere Staat im
17. Jahrhundert aus ihren Kriegen immer neue Handelsvorteile
zu ziehen. Ihre harte Monopolsucht hat Englands Navigations=
akte und Colberts Tarife erzeugt, hat England und Frankreich
auf die Bahn kriegerischer, schroff merkantilistischer Handelspolitik
gelockt. Die blutigen und kostspieligen Kriege Englands mit
den Niederlanden waren, sagt Noorden, im letzten Grunde nichts
anderes, als Duelle um den Bestand der englischen Schiffahrts=
akte. Die französische Invasion nach Holland (1672) war die
Antwort auf die unverständigen, maßlosen holländischen Repressa=
lien gegen Colberts Tarife.

Der spanische Erbfolgekrieg war, wie der große Koalitions=

krieg von 1689—1697, in erster Linie ein Kampf Englands und Hollands zusammen gegen die beginnende industrielle und Handels-übermacht Frankreichs, gegen die Gefahr der Vereinigung des französischen Handels mit der spanischen Kolonialmacht[1]. Es war ein Kampf um den gewinnbringenden spanisch-amerikanischen Handel, der bis über die Mitte des 18. Jahrhunderts in erster Linie den Gegensatz von England und Frankreich bestimmte. Die einträgliche Versorgung der spanisch-amerikanischen Kolonien mit den europäischen Manufakten konnte nur entweder durch den großen westindischen Schmuggelhandel oder über Spanien, d. h. die spanischen Hafenstädte, geschehen. Da die spanische Industrie hiervon nur einen geringen Teil lieferte, war die Frage, wen Spanien zulasse, ob und inwieweit und von wem es den Schmuggel dulde, ob Frankreich England oder England Frank-reich in Spanien und Westindien den Rang ablaufe. Der Krieg Englands gegen Spanien 1739 bis 1748, der sich 1744 in einen mit Spanien und Frankreich verwandelte und Frankreich von der Höhe seiner maritimen Entwickelung herabstürzte, hatte in der Hauptsache ebenfalls keinen andern Zweck als den, dem englischen Schmuggelhandel nach dem spanischen Amerika freie Bahn zu schaffen; er wurde als Schmugglerkrieg von der öffent-lichen Meinung allgemein bezeichnet.

Der siebenjährige Krieg hat seinen Ursprung bekanntlich in der Kolonialrivalität Englands und Frankreichs in Nordamerika. Ob der Ohio und Mississippi der romanischen oder germanischen Rasse zu weiterer Ausdehnung und zum Absatzfeld dienen solle, ob die See- und Handelsherrschaft für die nächsten 100 oder 200 Jahre England oder Frankreich zugehören solle, das war die große wirtschaftliche Frage, in die Preußens großer König hinein-gezogen wurde, weil er nicht dulden wollte, daß sein alter Alliierter Frankreich seinen alten Gegner England in Hannover, d. h. in Deutschland, angreife. Weil er so Deutschlands Neu-

---

[1] Vergl. die lehrreiche kleine von J. G. Droysen angeregte Schrift H. Meinbergs, Das Gleichgewichtssystem Wilhelms III. und die englische Handelspolitik. Berlin 1869.

tralität in diesem Handels- und Kolonialkrieg schützen wollte,
wurde er selbst mit hineingezogen, und wenn seine braven Truppen
dann die Franzosen bei Roßbach und anderwärts schlugen, so
entschieden sie zugleich damit die große Frage des Welthandels
und der Kolonialentwickelung. Ohne die Siege der preußischen
Grenadiere und der englischen Flotte gäbe es heute keinen englischen Welthandel und keine Vereinigten Staaten von Amerika.
Am Ohio und Missisippi würde wahrscheinlich, wie in Kalkutta
und Bombay, heute französisch gesprochen.

Von den Erfolgen der Kriege 1689—1763 datirt die englische Handelsherrschaft und Handelsgröße, den Höhepunkt aber
der gewaltsamen Kolonieeroberung und der absichtlichen vom
Handelsneid diktierten Vernichtung der konkurrierenden französischen,
holländischen, deutschen und dänischen Handelsmarine hat Großbritannien erst während der napoleonischen Kriege erreicht. Der
damalige handelspolitische Kampf zwischen England und Frankreich, die schamlosen Brutalitäten der englischen Flotte einerseits,
die Kontinentalsperre andererseits sind das furchtbare Schluß-
drama in dem Zeitalter der handelspolitischen Kriege. Von da
an beginnt ein anderer Geist in die Handelspolitik und die völkerrechtliche Moral einzubringen, wenn auch die alten Traditionen
noch heute nicht überwunden sind und insoweit niemals ganz
überwunden werden können, als es ein selbstständiges national-
wirtschaftliches Leben mit gesonderten wirtschaftlichen National-
interessen giebt.

Wenn so die ganze Zeit von 1600—1800 von Jahre und
Jahrzehnte langen Kriegen erfüllt ist, deren wesentlicher Zweck
ein wirtschaftlicher war, wenn die große Allianz 1689 offen ver-
kündete, ihr wesentlicher Zweck sei die Vernichtung aller französischen Kommerzien, wenn die Alliierten damals ohne jede Rücksicht auf das Völkerrecht schlechthin allen Handel auch der Neutralen nach Frankreich verboten, so zeigt das den Geist der Zeit
in seinem wahren Lichte; die nationale Leidenschaft der wirtschaftlichen Rivalität war allerwärts in einem Grade erwacht,

daß sie nur in diesen Kämpfen ihren vollen Ausdruck und ihre Befriedigung finden konnte. Und es war schon eine Ermäßigung dieser Leidenschaft, wenn man sich in den dazwischen liegenden Friedensjahren damit begnügte, den Kampf statt mit Seeschlachten und Kanonen mit Aus- und Einfuhrverboten, Zolltarifen und Schiffahrtsgesetzen fortzuführen, wenn man in diesen Friedensjahren etwas mehr als in der Kriegszeit auf die Stimme des eben sich ausbildenden Völkerrechts hörte.

Schon der Gedanke des Völkerrechts ist ein Protest gegen die Übertreibung der staatlichen Kämpfe untereinander. Alles Völkerrecht beruht auf der Idee einer sittlichen Gemeinschaft der Völker und Staaten. Seit die europäische Menschheit diese Gemeinschaft nicht mehr im Papsttum und Kaisertum hatte, suchte sie nach einem andern theoretischen Halt und fand ihn im wiedererwachenden Naturrecht. Die einzelnen Gedanken aber, um die man zunächst stritt, für die man Argumente pro et contra im Naturrecht suchte, waren vor allem Erzeugnisse des volkswirtschaftlichen und handelspolitischen Rivalitätsstreits.

Nachdem sich die ersten im großen Stil Kolonien erwerbenden Staaten, Spanien und Portugal, vom Papst die ganze oceanische Welt hatten teilen und als ihr ausschließliches Eigentum zuweisen lassen, stellte das neu erwachende Naturrecht die Lehre vom mare liberum auf. Und wenn Hugo Grotius so 1609 einen Rechtstitel für seine Holländer schuf, sich in den alten portugiesischen und spanischen Besitz einzudrängen, so verteidigten die Engländer, um eben die Konkurrenz der Holländer in Schifffahrt und Fischfang sich vom Halse zu halten, die entgegengesetzte Theorie vom mare clausum, von der ausschließenden Herrschaft Englands über die britischen Meere. Dänemark berief sich für seine drückenden Sundzölle auf das Meereseigentum, wie die alten Ostseemächte unter diesem Titel dem großen Kurfürsten die Schaffung einer Flotte verbieten wollten. Wohl drang langsam der große Grundsatz von der Freiheit der Meere durch, aber zunächst bekannte sich jede Nation zu der Theorie, die ihr Vorteil versprach.

Im Namen des europäischen Gleichgewichts wurden fast alle Kriege der Zeit begonnen. Und wer wollte leugnen, daß dieser Begriff seine Berechtigung hatte und den Grund legte für die friedliche Zukunft einer großen Staatengemeinschaft. Zunächst aber war er das völkerrechtliche Schlagwort, um den großen Mächten jede Willkür und jede Intervention in die Verhältnisse, jede Verfügung über die Schicksale der kleinen zu gestatten; er war der Deckmantel für die stillschweigende Verschwörung der Westmächte, eine neue Macht wie die preußische nicht aufkommen zu lassen, ihren Handel und ihre ganze Volkswirtschaft in Abhängigkeit zu erhalten.

Daß aus dem mittelalterlichen Grundsatz des Consolat del mar, welcher die Konfiskation feindlichen Gutes auch auf befreundetem neutralen Schiffe gestattete, langsam der andere mildere, den kleinen Staaten günstigere sich entwickelte: frei Schiff, frei Gut, ist einer der großen völkerrechtlichen Fortschritte des 18. Jahrhunderts; — aber England hat sich ihm nie gefügt, hat mit unerhörter Dreistigkeit, mit einer Rechtsprechung der Admiralitätsgerichte über die Prisen, die nur vom nationalen Egoismus geleitet war, überall den Handel der Neutralen zu Kriegszeiten zu schädigen, wenn nicht zu vernichten gewußt. Büsch konstatierte 1797, daß England von den letzten 144 Jahren 66 in blutigsten Seekriegen zubrachte; sie galten alle mehr oder weniger einerseits der gewaltsamen Kolonieeroberung, andererseits der Vernichtung des neutralen Handels, d. h. des Handels der kleineren Staaten.

Die Schläge der Engländer liegen uns der Zeit nach am nächsten, sie haben wesentlich auch Deutschland getroffen und deswegen sind wir geneigt — nach heutigem Maßstab messend —, sie am meisten zu mißbilligen. Im ganzen aber waren sie nichts anderes, als was alle stärkeren Handelsmächte sich gegen die schwächeren erlaubten. Und wenn wir an dem ganzen Zeitalter die Übertreibung des handelspolitischen Kampfes tadeln, viel Unrecht und viel Irrtum überall mit unterlaufen sehen, so werden wir doch zugestehen, daß diese Leidenschaften und Fehl-

griffe die notwendige Kehrseite der beginnenden staatlichen Wirtschaftspolitik, der sich ausbildenden nationalen Volkswirtschaften
waren, daß nicht diejenigen Staaten und Regierungen zu loben
sind, welche eine solche Politik nicht befolgten, sondern die, welche
verstanden sie geschickter, energischer, systematischer als die andern
anzuwenden. Denn eben die Regierungen, welche rasch, selbst-
bewußt und kühn die Macht ihrer Flotten und Admiralitäten,
den Apparat ihrer Zoll= und Schiffahrtsgesetze in den Dienst
der nationalen und staatlichen Wirtschaftsinteressen zu stellen verstanden, die erreichten damit den Vorsprung im handelspolitischen
Kampfe, in Reichtum und industrieller Blüte; und wenn sie oft
zu weit gingen, von halbwahren Theorien geleitet waren, durch
Gewalt und Ausbeutung Reichtümer zusammen brachten, so
gaben sie daneben doch dem volkswirtschaftlichen Leben ihrer
Nation die notwendige Unterlage der Macht, der wirtschaftlichen
Bewegung den entsprechenden Schwung, sie verliehen dem
nationalen Streben große Ziele, erzeugten und entbanden Kräfte,
die in den andern, zurückgebliebenen Staaten fehlten oder
schlummerten. Und es ist natürlich, daß das Brutale und Ungerechte in diesen Kämpfen für jede einzelne Nation verschwand
unter dem Schimmer ihres nationalen und volkswirtschaftlichen
Aufschwungs; es ist selbstverständlich, daß jedes einzelne Volk
nur fragte, ob ein Cromwell, ein Colbert im ganzen den
nationalen Wohlstand gefördert, nicht ob er dem Ausland in
einem Punkte Unrecht gethan habe. Und mehr verlangt auch
die historische Gerechtigkeit nicht: sie billigt diejenigen Systeme
der Regierung, welche zu bestimmter Zeit und mit den Mitteln
dieser Zeit nach innen und außen einem Volk das große Ziel
nationaler Größe und sittlicher Gemeinschaft erreichen halfen,
welche die Härten des nationalen und staatlichen Egoismus
gegenüber den Nachbarn geadelt haben durch eine musterhafte
innere Verwaltung.

Jedenfalls aber ist eines klar: dem großen Zuge der europäischen Staatengesellschaft konnte sich das einzelne Gemeinwesen
nicht und am wenigsten ein kleineres aufstrebendes entziehen.

In dieſer Zeit harter nationalwirtſchaftlicher Kämpfe mußte
unbarmherzig zerrieben und vernichtet werden, wer ſich nicht zur
Wehre ſetzte. Schon im 16. Jahrhundert zeigte ſich zum Nach=
teil Deutſchlands, daß ihm die ſtaatliche und handelspolitiſche
Einheit, daß ihm die beginnenden merkantiliſtiſchen Maßregeln
Englands und Frankreichs fehlten. Und noch mehr trat es im
17. Jahrhundert hervor. Nicht nur verdrängten die kriegs= und
flottenmächtigen Weſtmächte die Deutſchen aus den wenigen
Poſitionen, welche ſie in der Kolonialwelt ſich zuerſt erworben.
Auch ihren alten Handel bedrohten ſie mehr und mehr. Aus
einer Stellung nach der andern wurden die Hanſeaten heraus=
geworfen. Eine der großen deutſchen Flußmündungen nach der
andern ging in fremde Hände über: der Rhein kam unter
franzöſiſch=holländiſche und ſpaniſche, die Weſer unter ſchwediſche,
die Elbe unter däniſche, die Oder unter ſchwediſche, die Weichſel
unter polniſche Oberhoheit. Die fremden Zölle an den Fluß=
mündungen gaben dem Flußhandel vielfach abſichtlich den letzten
Stoß. Wie die Holländer den hanſeatiſchen Handel auf ihrem
eigenen Markte durch Differentialzölle vernichtet, wie ſie und die
Engländer den direkten Handel der Deutſchen nach Spanien und
Portugal mit Gewalt und durch Schiffskonfiskationen unmöglich
gemacht, ſo mißbrauchten die Holländer ihre ſteigende Übermacht
auf dem Rhein und in der Oſtſee, um Deutſchland immer künſt=
licher in eine unwürdige Geſchäftsabhängigkeit zu bringen: als
einzige oder wichtigſte Käufer deutſcher Rohprodukte und einzige
Lieferanten der indiſchen Gewürze erreichten ſie eine faſt uner=
trägliche Monopolſtellung, welche durch die unbedingte Abhängig=
keit vom holländiſchen Geld= und Münzmarkt 1600—1750 ihre
ſchärfſte Spitze erhielt. Und was Holland bezüglich der indiſchen
Waren, das war Frankreich bezüglich der Induſtrie= und Kunſt=
produkte. Die Hanſeſtädte, die nicht von holländiſchen „Liegern",
d. h. Geſchäftsführern, beherrſcht wurden, lebten in engliſcher
Schuldknechtſchaft. Dänemark ſuchte durch den Sundzoll, durch
die Elbzölle und durch ſeine Compagnien die deutſche Schiffahrt,
die deutſche Fiſcherei und den deutſchen Handel vollends zu

vernichten. Und alle dieſe Verhältniſſe erreichten ihre für Deutſch=
land härteſte Wendung nicht im 30jährigen Kriege, ſondern erſt
ein, zwei und drei Menſchenalter ſpäter, als die Weſtmächte ihre
neuen ſtaatswirtſchaftlichen Einrichtungen befeſtigt hatten und in
der naiven Freude über ihre See= und Handelsherrſchaft, geſtützt
auf ein brutales Völkerrecht und eine Diplomatie, die mit der
vollendeten Virtuoſität der Ränkekunſt überall den ſchwächeren und
unerfahreneren Völkern nachteilige perfide Handelsverträge abrang,
ſich offen zu der halb wahren, halb falſchen Lehre bekannten,
daß im Handel der Vorteil des einen Staates ſtets der Schaden
des andern ſei und ſein müſſe. In der Zeit von 1670—1750
ertönten in Deutſchland die bitterſten Klagen über dieſe handels=
politiſche Abhängigkeit, über die franzöſiſchen Waren, über die
Hauſierer aus aller Herren Länder; lawinenartig wuchſen die
Klagen über die Erbärmlichkeit der deutſchen Reichsregierung, die
nicht fähig ſei zu helfen. Die Kommerzien, ruft der angeſehenſte
volkswirtſchaftliche Schriftſteller der Zeit, gehen in Deutſchland
ſo, wie man ſich ihrer auf dem Reichstag in Regensburg an=
nimmt. Wie in einem übereinſtimmenden Chore fallen endlich
alle Stimmen, die gelehrten und die populären, zuſammen: Es
giebt nur eine Hilfe: wir müſſen thun, was Holland, Frankreich
und England uns vorgemacht hat, wir müſſen die fremden Waren
ausſchließen, wir müſſen wieder Herr im eigenen Hauſe werden.
Mit unerbittlicher Deutlichkeit hatten die Thatſachen die Lehre
gepredigt, daß in einer Zeit, in welcher die vorangeſchrittenſten
Kulturnationen mit dem ſchroffſten Nationalegoismus, mit allen
Mitteln der Finanzen, der Geſetzgebung und der Gewalt, mit
Schiffahrts= und Sperrgeſetzen, mit Flotten und Admiralitäten,
mit Compagnien und einem ſtaatlich geleiteten und disciplinierten
Handel den kollektiven Kampf ums Daſein führen, unnachſichtlich
zum Ambos werde, wer nicht Hammer ſei.

Die Frage war 1680—1780 in Deutſchland nicht, ob eine
merkantiliſtiſche Politik notwendig und wünſchenswert ſei; darüber
war Einſtimmigkeit, und mit Recht vorhanden. Die Ideale des
Merkantilismus, mochten ſie auch in übertriebener Form, zuge=

ſpitzt zu ſchiefen nationalökonomiſchen Theorien vorgetragen
werden, bedeuteten praktiſch nichts anderes als den energiſchen
Kampf für eine geſunde Staats- und Volkswirtſchaftsbildung,
für eine Überwindung der lokalen und provinzialen Wirtſchaftsinſtitutionen; ſie bedeuteten den Glauben Deutſchlands an ſeine
eigene Zukunft, die Abſchüttelung der immer brückender werdenden
Handelsabhängigkeit vom Ausland, die Erziehung zur volkswirtſchaftlichen Autarkie. Die Siege der preußiſchen Armee dienten
demſelben Zwecke wie die Finanz- und Handelspolitik des
Staates, ſie erhoben — beide zuſammen — Preußen zur europäiſchen Großmacht.

Die Schwierigkeiten der innern wirtſchaftlichen Politik lagen
nur darin, daß der preußiſche Staat — anſtatt der Nation —
eine beſchränkte Anzahl Provinzen umfaßte, daß man mit einem
Schutzſyſtem gegen Frankreich, Holland und England zugleich die
deutſchen Nachbarn ausſperrte. Die Urſache hiervon lag in
unſerer ganzen deutſchen Geſchichte; der preußiſche Staat,
damals noch halb im Zeitalter ſeiner territorialen Entwickelung
und in Jahrhunderte alten Handelsſtreitigkeiten mit Hamburg,
Leipzig und Danzig, mit Polen, Sachſen, und den andern Nachbarterritorien begriffen, mußte dieſen Nachbarn gegenüber von
ſeiner natürlichen Machtüberlegenheit Gebrauch machen, indem
er ein geſchloſſenes Wirtſchaftsſyſtem aus ſeinen Provinzen zu
ſchaffen ſtrebte.

———————

Wir ſind zum Schluß unſerer Bemerkungen über die hiſtoriſche
Bedeutung des Merkantilſyſtems gelangt. Unſere Beweisführung
ruhte auf dem Satze, daß, obwohl das Individuum und die
Familie arbeitet, produziert, handelt und konſumiert, es die größern
ſocialen Gemeinſchaften ſind, welche durch ihr gemeinſames geiſtiges
und praktiſches Verhalten und Wirken alle die wirtſchaftlichen
Einrichtungen nach innen und außen ſchaffen, auf denen die
Wirtſchaftspolitik und ſpeciell die Handelspolitik der verſchiedenen
Zeiten ruht. Wir ſahen, daß das Gefühl und die Erkenntnis
von ſolidariſchen Wirtſchaftsintereſſen nach innen und außen

zugleich notwendig den Egoismus der Gemeinschaft nach außen erzeugt; die Handelspolitik aller Zeiten empfängt von diesem Egoismus ihre Impulse.

Wir haben dann hauptsächlich betont, daß der große Fortschritt der Geschichte darauf beruhe, an die Stelle der kleinen immer größere sociale Gemeinschaften als Träger der Wirtschaftspolitik zu setzen. Das 17. und 18. Jahrhundert erschien uns als die Geburtsstunde der modernen Staaten und der modernen Volkswirtschaften und darum notwendig gekennzeichnet durch eine egoistisch nationale und staatliche Handelspolitik harter und schroffer Art. Ob eine solche Politik im einzelnen das Richtige traf, hing von den Kenntnissen und der Klugheit der staatenlenkenden Persönlichkeiten ab; ob sie im ganzen zu rechtfertigen sei, ob sie im ganzen die Wahrscheinlichkeit des Erfolges für sich habe, das hing damals wie immer von der Frage ab, ob sie als Begleiterin einer großen aufwärts gehenden Strömung des nationalen und wirtschaftlichen Lebens auftrete.

Die Entwickelung des 19. Jahrhunderts über die merkantilistische Politik des 18. hinaus beruht, soweit wir bei der Gedankenreihe einer Stufenfolge größerer socialer Gemeinschaften stehen bleiben, auf der Ausbildung von Staatenbünden, Zoll- und Handelsvereinen, auf der sittlichen und rechtlichen Gemeinschaft aller civilisierten Staaten, wie sie das moderne Völkerrecht durch ein Netz von internationalen Verträgen immer mehr erzeugt.

Daneben aber steht naturgemäß eine andere nicht minder wichtige Kette zusammenhängender Erscheinungen, welche den Gegensatz des 19. zum 17. und 18. Jahrhundert erklärt. Der Kampf der socialen Gemeinschaften untereinander, der immer zeitweise ein kriegerischer, zeitweise ein bloß wirtschaftlicher ist, hat mit den Fortschritten der Gesittung die Tendenz, sich zu veredeln, auf die brutalsten und rohesten Mittel zu verzichten. Die Ahnung von einer Solidarität der Interessen, von einer fördernden Wechselwirkung, von einem Austausch der Güter, bei dem beide rivalisierenden Teile gewinnen, wird stärker; so ist früher der wirtschaftliche Kampf der Städte und Territorien zeitweise gemildert und ermäßigt worden, bis er auf dem Boden der noch größeren socialen Gemeinschaften, der Staaten, über= ging in eine sittliche Wechselwirkung und Verpflichtung, innerhalb der vergrößerten Gemeinschaft den schwächeren Teil zu erziehen und ihn zu fördern.

So haben die weltbürgerlich humanen Ideen des 18. Jahr= hunderts, eben als die Härte des national = wirtschaftlichen Rivalitätskampfes seine bittersten Spitzen erzeugte, eine Umkehr auch bezüglich des handelspolitischen Kampfes der Staaten unter einander zu predigen angefangen. Seit dem Unabhängigkeits= krieg der Vereinigten Staaten, seit der Loslösung der süd= amerikanischen Kolonien vom Mutterland, seit der zunehmenden Unmöglichkeit, die alte harte Kolonialpolitik aufrecht zu erhalten, seit den Fortschritten des Völkerrechts, für die niemand energischer kämpfte, als Friedrich der Große, seit der Lehre von der Gegen= seitigkeit internationaler Handelsgewinne begann die Möglichkeit eines humaneren Kampfes der Nationen um wirtschaftlichen Gewinn. Man wird unzweifelhaft in dieser Bewegung, welche ihren ersten großen Höhepunkt, aber auch ihre einseitige Über= schätzung in der Freihandelsära von 1860 bis 1875 hatte, einen der großen Fortschritte der Menschheit erblicken müssen; man wird sagen können, das 17. und 18. Jahrhundert habe die modernen Volkswirtschaften erzeugt, das 19. Jahrhundert habe ihr Verhalten unter einander humanisiert. Und schon von diesem Gesichtspunkt aus werden wir uns über den Verdacht erheben, als ob wir ohne weiteres die erbitterten Handelskriege, die englischen Kaper= und Kolonial=Eroberungskriege, die Sperr= und Schiffahrtsgesetze des 18. Jahrhunderts als Ideal für unsere Tage aufstellen wollten.

Aber das müssen wir ebenso sehr betonen, die litterarisch= ideologische Bewegung, welche das alte Merkantilsystem angriff, ging von Utopien aus, die als Ferment für die Umbildung der öffentlichen Meinung sehr brauchbar, von der Wirklichkeit aber sehr weit entfernt waren. Klingt es uns heute nicht fast wie eine Ironie des Schicksals, daß dasselbe England, das 1750 bis 1800 mit seinen Tarifen und Seekriegen, vielfach mit un= erhörter Gewaltthat und stets mit dem zähesten Nationalegoismus den Gipfel seiner Welthandelsherrschaft beschritt, zur selben Zeit die Lehre verkündigte, daß nur der Egoismus des Individuums, niemals der der Staaten und Nationen berechtigt sei — die Lehre, welche von einem staatenlosen Konkurrenzkampf aller Individuen aller Länder und von der Harmonie aller nationalen Wirt= schaftsinteressen träumte?   —

Erst der Gegenwart ist es beschieden, vom höheren Stand= punkte aus die beiden Epochen zu überblicken, die Theorien und die Ideale, die wirklichen psychischen Triebfedern und die praktischen Resultate beider Zeitalter gerecht zu würdigen und zu verstehen.

Nachschrift von 1898.

Die vorstehende Studie hat, wenn ich richtig sehe, in ihren Grund= gedanken seit 1884 bei der jüngeren Generation von Nationalökonomen und Historikern ziemlich weitgehende Zustimmung erfahren; manche neuere Ar= beiten lehnen sich an dieselbe, an ihre Einteilung und ihre Erklärung an. Die neuere Forschung in England (Cunningham) und Frankreich (Pigeonneau) ist teils selbständig zu ähnlicher Auffassung gelangt, teils ist sie direkt von dieser Arbeit beeinflußt; Ashley, der hier vor allem in Betracht kommt, hat in seiner zu Universitätsunterrichtszwecken in den Vereinigten Staaten ver= anstalteten Sammlung Economic classics die Studie ins Englische über= setzt (New=York, Macmillan 1896). Wenn K. Bücher in seinem ausgezeichneten Vortrage über die Entstehung der Volkswirtschaft 1890 (in dem schönen Büchlein, das denselben Titel führt, 1893), teilweise eine analoge Ent= wickelungsreihe aufstellte, und in der mit mir darüber entstandenen Kontro= verse versicherte, ganz selbständig zu seinen Aufstellungen gekommen zu sein, so liegt darin nur ein Beweis für die Richtigkeit der hier vorgetragenen Grundgedanken (vergl. meine Anzeige im Jahrb. für G. V. u. B. W. 1893, 1259 ff. und die Erwiderung und Replik 1894, 318 ff.). Soweit Bücher dies ähn= lich abgegränzten Wirtschaftsperioden anders erklärt, ist, was er sagt, mehr eine Ergänzung als eine Korrektur meiner Auffassung. Er suchte eine rein theoretisch wirtschaftliche, einheitliche Ursache der verschiedenen Epochen und kam so zu der Formel: die Haus=, die Stadt= und die Volkswirtschaft (die tauschlose Wirtschaft, die Kundenproduktion und die einen Güterumlauf durch mehrere Hände voraussetzende Produktion) unterscheiden sich durch die Thatsache und Art des wirtschaftlichen Verkehrs der Privatwirtschaften unter=

einander. Indem er diesen Gedanken geistvoll, aber einseitig als die einzige Ursache der Entwickelung hinstellt, gelangt er zu einer geschlossenen, klaren, einfachen Konstruktion, die so wahr ist, als solche Formeln überhaupt sein können, die in ihrer Einfachheit bestrickend wirkt und einer erzählenden, schildernden von aller Konstruktion absehenden Darlegung in den Augen des abstrakten Theoretikers natürlich überlegen ist. Für den Historiker ist sie es wahrscheinlich nicht ebenso. Ich glaube, die eine Betrachtungsweise ist so berechtigt, wie die andere; ich wollte mehr historisch schildern, er einen theoretischen Satz finden und beweisen; ich ging von den socialen Körpern und ihrer Wirtschaftspolitik aus, er von der Arbeitsteilung und dem Verkehr der Einzelnen; ich wollte die Wirtschaftspolitik verschiedener Zeit — also die Politik des Dorfes, der Stadt, des Territoriums, des Staates auf Grund verschiedener wirtschaftlicher Zustände und Erscheinungen — erklären, er die wirtschaftliche Organisation verschiedener Epochen unabhängig von Gemeinde, Territorium und Staat aus rein wirtschaftlichen Ursachen ableiten. Zur erschöpfenden Erklärung gehört das Eine wie das Andere — und wohl noch mancherlei außerdem. Philippovich hat in der zweiten Auflage seines Grundrisses der politischen Ökonomie (1897, S. 20 bis 31) daher auch eine Darlegung gegeben, die Büchers und meine Ausführungen verbindet.

II.

Die Handelssperre zwischen Brandenburg und Pommern im Jahre 1562[1].

Immer wieder werde ich bei meinen Studien über preußische Wirtschafts= und Verwaltungsgeschichte des 17. und. 18. Jahr= hunderts auf das 15. und 16. Jahrhundert zurückgeführt, in dem die Territorialstaaten sich bildeten, den Kampf mit der städtischen Selbstverwaltung und der lokalen Handelspolitik begannen; vieles, wenn nicht das meiste, was die Regierungen im 17. und 18. Jahrhundert erstreben und erreichen, ist im 16. schon geplant und angefangen. Der große Gegensatz, um den sich wirtschaftlich alles dreht, der Gegensatz der Stadtpolitik und der Territorial= politik, ist im 16. und 17. Jahrhundert derselbe, im 18. Jahr= hundert erst beginnt er mehr zurückzutreten. Vor allem auch für die Handelspolitik gilt das; viele der handelspolitischen Fragen, an welchen die preußischen Fürsten von dem großen Kurfürsten bis zu Friedrich dem Großen arbeiteten, sind ganz unverständlich ohne ein Zurückgehen auf das 16. Jahrhundert. Am unzweifel= haftesten gilt das bezüglich der Stapelkämpfe zwischen den großen Stapelplätzen, die einen erheblichen Teil der Handelspolitik des 16. bis 18. Jahrhunderts erfüllen.

---

[1] Zum ersten Mal gedruckt in der Zeitschrift für preußische Geschichte und Landeskunde. 1882.

Von solchen Gedanken geleitet, habe ich in der Absicht, die
Geschichte des Oderhandels etwas genauer kennen zu lernen, im
Herbst 1880 versucht, festzustellen, was das Regierungs- und
das Stadtarchiv zu Frankfurt a. O. mir bieten könnten. Und
unter manchem anderen Wertvollen fand ich auf dem Regierungsarchiv ein Volumen unter dem Titel, Acta betreffend die Schifffahrt auf der Oder zwischen Frankfurth und Stettin, 1551—64
(Wasserbausachen Generalia Nro 72), das in der Hauptsache
die Akten Markgraf Johanns über die brandenburgisch-pommersche
Handelssperre von 1562 enthält. Die betreffenden Urkunden
und Akten sind ganz unbekannt, z. B. in Kletkes Regesten der
Neumark (Märkische Forschungen XIII, 358—59) nicht enthalten; ihr Inhalt ist aber so interessant, er bietet ein typisches
Beispiel einer solchen Handelssperre und ist für die spätere
größere Sperre von 1572 so wichtig, daß ich beschloß, die
wichtigeren Stücke daraus in der Zeitschrift für preußische Geschichte und Landeskunde 1882 abdrucken zu lassen. Als ich
aber daran ging, ein paar erläuternde Worte denselben als Einleitung vorzusetzen, merkte ich, daß es nicht angehe, bloß die
Entstehung und den Verlauf dieser Sperre zu skizzieren; ich
mußte über das brandenburgische Zollwesen bis ins 16. Jahrhundert und über die Handelsbeziehungen und Stapelverhältnisse
Stettins und Frankfurts einiges vorausschicken, wenn meine Erzählung des Hergangs selbst allgemein verständlich werden sollte.
Sie folgt hier wieder als ein Beitrag zur wirtschaftlichen und
handelspolitischen Geschichte der territorialen Epoche.

1.

Das brandenburgische Zollwesen bis 1562.

Die älteren deutschen Zölle waren ursprünglich königliche;
der König hatte das Recht, sie anzuordnen; ihr Ertrag gehörte
dem königlichen Fiskus. Sie waren teils Verkehrsgebühren,
Zölle, die an bestimmten Wegestellen, Brücken, Thoren und dann
in der Regel nach Schiffs- oder Wagenladungen, Pferde- oder

Manneslasten in sehr mäßigen Beträgen von den durchgehenden Waren bezahlt wurden; teils Abgaben von allem feilen Kauf und Verkauf auf dem Markte; es wurden in dem letzteren Fall in der Regel 4 Pfennige vom Pfund (= 240 Pfennige) des Kaufpreises oder 1²/₃ pCt. gegeben. Es war dies der Markt=zoll, der frühe mit dem Marktrecht an Bischöfe, Landesherren und Grundherren verliehen wurde. Auch die übrigen Zölle kamen zu einem großen Teile in den Besitz der Fürsten. Jedoch entwickelte sich damit zunächst kein eigentümliches landesherrliches Zollsystem. Die Landesherrschaften der älteren Zeit waren dazu nicht fähig. Sie konnten diese Rolle erst übernehmen, nachdem die Städte, die städtische Verwaltung und Wirtschaftspolitik auch auf diesem Gebiete tief eingegriffen, das alte königliche Zollwesen vom 13. bis 15. Jahrhundert wesentlich umgestaltet hatten.

Die städtische Wirtschaftspolitik ist gerichtet auf die Aus=bildung eines städtischen Sonderrechts, auf städtische Privilegien und Rechtsvorzüge, die teilweise bei der Gründung schon ihnen erteilt, teilweise später erworben, erkämpft, ertrotzt, das wirt=schaftliche Gedeihen der städtischen Genossenschaft fördern, die Stadt über das umliegende platte Land erheben, das örtliche Gewerbe und den örtlichen Handel in jeder denkbaren Weise be=vorzugen sollten. Das Vorrecht des Marktes, der Münze, der öffentlichen Waage, des Kaufhauses, der Freiheit von Natural=steuern und Naturaldienstleistungen, das Recht der Selbst=verwaltung und Selbstjurisdiktion, das Recht auf Stapel und Niederlage, das Meilen= und Straßenrecht, das Gästerecht, das Wochenmarkts= und Fürkaufsrecht, — das alles waren Glieder einer Kette; jede halbwegs selbstbewußte Stadt führte mit einem Stadtpatriotismus, aber auch mit einem Stadtegoismus, den wir heute gar nicht mehr verstehen, den wirtschaftlichen Kampf ums Dasein, nur auf ihren Wohlstand bedacht, ohne jede Rücksicht auf das platte Land, auf Vorstädte und Nachbar=städte, denen man, wenn es ging, jeden Schaden zufügte, deren Handel man in jeder Beziehung zu beschränken suchte.

In dieses System ihrer Handelspolitik verstanden nun auch die meisten Städte meisterhaft das bestehende Zollwesen einzufügen, das eben damit und in erster Linie dadurch vom 13. bis 15. Jahrhundert etwas wesentlich anderes wurde als es im älteren Mittelalter gewesen.

Zunächst suchte jede Stadt an allen den entfernteren Orten, wo ihre Bürger Handel trieben, differentielle Zollbegünstigungen oder Zollbefreiungen vom Marktzoll und den Verkehrsgebühren zu erreichen. Durch Darlehne und Geschenke, durch Bestechung und Drohung, mit Waffengewalt, wenn es sein mußte, dehnte man das Netz der Befreiungen nach und nach weiter aus, sich auf den der Stadt wichtigen Handelsstraßen freie Bahn schaffend; jede Stadt suchte der anderen zuvorzukommen; bedeutender Handel war nur noch möglich auf Grund dieser Befreiungen, die, je zahlreicher sie wurden, natürlich zugleich das alte königliche oder landesherrliche Zollwesen innerlich aushöhlten. Die Einnahmen schwanden in dem Maß, als die Befreiungen wuchsen; nur die Landleute und kleinere, nicht befreite oder fremde Städte zahlten noch die alten Zölle.

Noch mehr aber schwanden die landesherrlichen Zolleinnahmen dadurch, daß die angeseheneren Städte die Zölle in der Stadt und ihrer nächsten Umgebung mehr oder weniger ganz zu erwerben verstanden. Den Marktzoll erteilten die Fürsten den Städten oft schon bei der Gründung; die anderen überließ man ihnen oder angesehenen reichen Stadtbürgern erst pfandweise gegen Darlehne, später ganz. Und meist auch mußten sie die benachbarten Brücken- und Wegezölle — oft auf viele Meilen weit — zu erwerben. War dies aber so weit, waren die Zöllner erst städtische Beamte, vom Rat abhängig, dann war auch die Handhabung bald eine unabhängige, nur von den städtischen Wirtschafts- und Finanzinteressen diktierte. Der Stadtschreiber Teymler aus Frankfurt a. O. sagt von der alten Zollrolle aus der Zeit der fürstlichen Zollerhebung, die er in seinem Stadtbuch mitteilt: „concordat cum vero originali; ist aber gar wenig diser zeit nutzbar, von es hat sich villeicht aus

nachgeben der Herren (nämlich vom Rat) oder aus verseum-
lichkeit der zolner alles verändert." Es konnte jetzt um so
schroffer innerhalb der Stadt und ihrer nächsten Umgebung das
Prinzip durchgeführt werden, das wir in bescheidenen Anfängen
schon mit der Entstehung der Städte sich ausbilden sehen: ein
differentielles Schutzsystem für den lokalen Handel. Streng
wird allerwärts geschieden zwischen Bürger und Gast, Bürger-
gut und Gastgut. Die Bürger werden vom Markt- und den
anderen Zöllen ganz oder fast ganz befreit; die fremden Stadtbürger, soweit sie nicht durch besondere Rechtstitel Befreiung
oder Erleichterung haben, zahlen mit dem Landmann, der zur
Stadt kommt, die Zölle allein. Es bilden sich die allerkom-
pliziertesten Differentialzollsysteme aus; die Makler-, Niederlags-,
Stätte-, Wägegelder werden in ähnlicher Weise und zu ähnlichem
Zwecke differentiell zur Beförderung des heimischen Handels, zur
Hinderung der fremden unbequemen Konkurrenz benutzt. Nur
das städtische Finanzinteresse nötigt, teilweise auch die Stadtbürger wieder heranzuziehen, aber dann immer mit geringeren
Sätzen als die Fremden. Die scheinbar neu eingeführten indirekten städtischen Steuern auf Wein, Bier, Hering und derartige Waren sind in Wirklichkeit nur Rückgriffe auf die ältere
allgemeine Marktzollpflicht, die so für einzelne Artikel auch gegenüber den Bürgern wieder hergestellt wird.

Diese Entwickelung, die ich bezüglich Brandenburgs auf
Grund aller noch vorhandenen Urkunden verfolgt habe, und die
neuerdings von Dr. Holtze [1] speciell für Berlin-Köln bestätigt
wird, war eine ähnliche in den meisten Teilen Deutschlands.
Ihr Ergebnis war, daß jede, jedenfalls jede größere über
4–5000 Einwohner hinauswachsende Stadt ein handels-
politisches System für sich darstellte, das trotz Hansabund, trotz
Städtevereinigung und territorialer Zusammengehörigkeit jedem
anderen solchen Handelssystem feindlich gegenüberstand, von

---

[1] Die Berliner Handelsbesteuerung und Handelspolitik im 13. und
14. Jahrhundert, Heft 19 der Schriften des Vereins für die Geschichte der
Stadt Berlin. 1881.

territorialen Handelsinteressen, von territorialem Zusammen=
schluß, von der Ausbildung der territorialen Zollsysteme nichts
wissen wollte.

Und doch war natürlich das im 15. Jahrhundert mächtig
aufstrebende Fürstentum gerade auf die Erreichung dieser Ziele
hingewiesen. Der beginnende Kampf mit den Städten, mit der
städtischen Autonomie war überall zugleich ein Kampf gegen die
lokale Handelspolitik der Städte, ein Kampf für ein territoriales
Zollsystem auf Kosten der zahlreichen lokalen Schutzzollsysteme.
Die fürstliche Gewalt mußte, sobald sie ihre Interessen erkannt
hatte, dagegen sein, daß jede Stadt gegen die andere Getreide=
sperren verhängte, daß die eine Stadt beliebig das Bier und
den Wein aus der anderen Stadt verbot, die Bürger der nächsten
Stadt auf dem Jahrmarkt mißhandelte oder von demselben ganz
ausschloß, daß in der städtischen Wochenmarkts= und Fürkaufs=
gesetzgebung der Landmann unbarmherzig mißhandelt wurde.
Für die fürstliche Territorialregierung gab es in erster Linie
Landeseingeborene oder Unterthanen und Landesinteressen, nicht
bloß Stadtbürger und Lokalinteressen; sie war die geborene Vor=
kämpferin für Rechtsgleichheit.

Zunächst freilich war das, was die Fürsten im 15. und
16. Jahrhundert in dieser Beziehung erreichten, nicht sehr viel;
ein guter Teil dieser Aufgabe blieb dem 17. und 18., ein ge=
wisser sogar dem 19. vorbehalten. Teilweise konnten die Fürsten
nur dadurch einigermaßen zum Ziele kommen, daß sie die lokalen
Handelsinteressen ihrer größten Handelsstädte zu den ihrigen
machten, um so den Rest der übrigen lokalen Handelssysteme um
so kräftiger bekämpfen zu können; das hat Sachsen in Bezug
auf Leipzig, Brandenburg in Bezug auf Frankfurt a. O.,
Pommern in Bezug auf Stettin, Ostpreußen in Bezug auf
Königsberg so gemacht. Wir kommen darauf zurück. Zunächst
kommt es nur darauf an, zu zeigen, wie im 15. und 16. Jahr=
hundert das territoriale Zollwesen im Gegensatz zum städtischen
sich entwickeln mußte.

Es tritt in dem bekannten Buche von Johannes Falke

„über die Geschichte des deutschen Zollwesens" (1869) nicht recht klar hervor, kann aber dem aufmerksamen Leser doch auch dort nicht entgehen, daß im 15. und 16. Jahrhundert das Zoll= wesen sich abermals ganz wesentlich umgestaltete und zwar in erster Linie durch die territoriale Fürstengewalt und in Form neuer territorialer Zölle. Schon das verdient Beachtung, daß die meisten Zölle, über die man bis auf unsere Tage gestritten hat, vor allem die Rhein=, Weser=, Elbzölle eigentlich alle erst dem 16. Jahrhundert oder der ersten Hälfte des 17. angehören. Von Marktzöllen ist nicht mehr viel die Rede; soweit sie be= stehen, gehören sie den Städten; soweit die Landesherrschaften dem Marktzoll ähnliche Steuern einführen, heißen sie nicht mehr Zölle. Es ist überall die finanzielle Selbsterhaltung, welche die fürstlichen Gewalten nötigt, entweder mit oder ohne Zustimmung von Kaiser und Kurfürsten an Stelle der fast vollständig ge= schwundenen alten niedrigen gebührenartigen Zölle neue Ver= kehrsabgaben einzuführen, zunächst meist ohne handelspolitische Absichten, nur im finanziellen Interesse. Es sind Zölle, welche die bestehenden Handelswege und =Züge als gegeben annehmen, den damals in großem Aufschwung befindlichen Wagen= und Schiffsverkehr an bequemer Stelle zur Steuerzahlung anhalten wollen; die Tarife werden umfangreicher, steigen auf 30, 40 und mehr Positionen, während sie nach dem 30jährigen Kriege bis auf hunderte anwachsen; nicht mehr nach Pfennigen und Schiffs= und Wagenladungen wird gerechnet, sondern oft gleich nach Groschen und Goldgulden, sowie nach Centnern, Scheffeln, Lasten; dafür begegnen wir auch schon dem Grundsatz, daß jede Ware nur einmal im Territorium Zoll zahlt. Vor allem aber suchen die Regierungen alle die alten Befreiungen für Städte, Adel und Klöster gegenüber den neuen Zöllen zu beseitigen, das neue territoriale Zollwesen durchzuführen, ohne Rücksicht auf städtische Lokal= und Sonderinteressen.

Diese ganze Bewegung, so sehr sie im 30jährigen Kriege entartete, einen großen Teil unseres deutschen Handels auf den großen Strömen durch ihr fiskalisches Übermaß vernichtete, war

an sich natürlich und notwendig. Sie war das notwendige zoll=
politische Ergebnis der Ausbildung des Territorialstaates. Je
größer die einzelnen Territorien waren, desto normaler war die
Entwickelung an sich. Daß die Kurfürsten, an deren Zustimmung
der Kaiser damals bei Erteilung neuer Zollrechte gebunden war,
theoretisch wünschten, so wenig als möglich neue Zölle zuzulassen,
war natürlich; denn jeder neue territoriale Zoll war für die
Nachbarn unangenehm. Jeder einzelne Kurfürst aber war für
sich, für sein Territorium stets überzeugt, daß er unumgänglich
neue Zölle haben müsse. Und es ist vielleicht kein Zufall, daß
die zwei Territorien, welche die Träger aller späteren deutschen
Geschichte wurden, Österreich und Brandenburg, am frühesten
die unbedingte landesherrliche Selbständigkeit im Zollwesen gegen=
über dem Reich und den anderen Kurfürsten behaupteten.

Die Handhabe für die hohenzollernschen Fürsten in dieser
Angelegenheit war das von Kaiser Friedrich III. denselben für
ihre brandenburgischen und fränkischen Lande 1456 erteilte Recht,
die bestehenden Zölle nach Gefallen zu erhöhen, zu verlegen, neue
aufzusetzen, Wein, Bier und anderes, das man in ihren Landen
braucht und durchführt, zu besteuern[1]. Von den Landes=
einwohnern, den Ständen wie den anderen Fürsten lange und
oft bestritten, blieb das Privileg doch ein stets von neuem be=
nutzter Rechtstitel zu selbständigem Vorgehen in Zollsachen.

Den ersten Versuch im großen, ihn zu nutzen, hat Albrecht
Achill 1472 gemacht. Sein Plan war politisch und finanziell
gleichmäßig scharf durchdacht. Der neue Tonnenzoll sollte
ganz unabhängig von allen alten bestehenden Zöllen durch fürst=
liche Beamte in den Städten erhoben werden. Nur eine kleine
Anzahl viel konsumierter Waren, nämlich Fische, Heringe, Wein,
Honig, Schmalz, Talg, Fleisch, Theer und was man sonst in
Tonnen führt, sollte je 3 Groschen pro Tonne geben; das Bier
frei zu lassen, hatte Albrecht schon versprochen, und es war das

---

[1] Riedel, Cod. dipl. brand. II, 5, 18. Ich citiere dieses Quellen=
werk künftig nur R. und füge, um Raum zu sparen, die kurzen Citate oben
in den Text.

politiſch klug, da es das wichtigſte Induſtrie= und Exportprodukt
der brandenburgiſchen Städte war, mit deren Widerwillen man
rechnen mußte. Der Zoll ſollte dadurch mehr oder weniger zu
einem Grenzzoll werden, als er immer nur einmal im Lande
gegeben werden ſollte; wer ihn für eine beſtimmte Warenquantität
gezahlt, erhielt ein Zollzeichen, das ihn für die folgenden Zoll=
ſtellen frei machte. Keinerlei Zollfreiheiten ſollten für dieſen
Zoll gelten. Fürſtliche neue Zollbeamte trafen in den Städten
ein, ihn zu erheben[1].

Bekanntlich widerſetzten ſich die Städte aufs äußerſte dieſem
Plane; es kam zu jahrelangem Hin= und Herſtreiten darüber;
zuletzt willigten die größeren 1476 ein, ihn anzuerkennen, ja ſie
zahlten noch große Summen zu, dafür, daß ſie ſelbſt von dem=
ſelben befreit wurden. Es war ein Reformanlauf, der in ähn=
licher Weiſe an dem ſtädtiſchen Lokalegoismus ſcheiterte, wie der
Plan des Reichsregiments in der Reformationszeit einen Reichs=
grenzzoll einzuführen.

Es iſt naturgemäß, daß wir vor 1472—76, wie auch noch
oftmals nachher und im Laufe des 16. Jahrhunderts vielen
einzelnen Zollvorkommniſſen begegnen, welche ſcheinbar auf das
Gegenteil hinarbeiten: vergebliche Anläufe der Landesherrſchaft
verpfändete Zölle wieder einzulöſen, Beſtätigung oder Erteilung
von Zollfreiheiten, Verleihung von Zöllen an Städte und Grund=
herrſchaften kommen immer noch vor. Die Lokalintereſſen waren
eben noch ſo kräftig, daß ſie immer wieder einzelne kleine Siege
erkämpften. Aber im ganzen befanden ſie ſich doch auf der
Rückzugslinie. Im ganzen verſtand es die landesherrliche Ge=
walt in Brandenburg gerade im 16. Jahrhundert, ſich recht be=
deutende neue Zolleinnahmen zu verſchaffen. Und eben ſie waren
auch die nächſte Urſache zu der Handelsſperre gegen Pommern
von 1562, über die wir hier einiges mitteilen wollen.

---

[1] Von den ſehr zahlreichen Urkunden, die uns von dieſer verſuchten
Zolleinrichtung berichten, iſt die wichtigſte die bei R. I, 14, 357 abgedruckte,
da nur ſie den finanzpolitiſchen Plan erkennen läßt.

Am 10. Mai 1517 erlaubt Kaiser Maximilian dem Kurfürst
Joachim I. von Brandenburg zu Besserung der Wege in seinem
Fürstentum von jedem Fuder Weins, das zu Land oder zu Wasser
ein- oder durchgeführt wird, einen rheinischen Gulden Zollgeld
zu nehmen (R. II, 6, 274—75); am 15. September 1518 erneuerte derselbe Kaiser das hohenzollernsche Zollprivileg von
1456 (R. II, 6, 297); 1530 bestätigt Karl V. die Verleihung
seines Vorgängers von 1517 (R. II, 6, 377). Im übrigen
sucht Joachim I. die adelige Zollfreiheit genau zu bestimmen, wie
z. B. im Landtagsreceß von 1527 (Mylius VI, 1, 19), grundherrlichen Zollerhöhungen, auch wenn sie vom Kaiser gutgeheißen
sind, zu widersprechen, wie z. B. gegenüber der Zollerhöhung der
Grafen von Hohenstein zu Schwedt [1], die städtischen Zollfreiheiten,
wenn es geht, zu kassieren, wie z. B. nach dem Aufstand 1531
in Stendal gegenüber dieser Stadt (R. I, 15, 527), sowie durch
jährliche Vereidigung der Fuhrleute und Kaufleute die Zollerhebung zu verschärfen (R. III, 3, 255 V.O. von 1515
Aug. 24). Von Joachim I. stammt auch 1518 die erneute allgemeine Zollrolle der Mark Brandenburg, über die ich leider
nichts berichten kann, da ich dieselbe noch nicht habe auffinden
können. Der Zoll zu Lenzen muß damals schon sehr einträglich
gewesen sein, da Joachim seinem älteren Sohn 1534 auferlegen
konnte, an Markgraf Hans aus demselben jährlich 1000 Gulden
zu zahlen [2].

Die beiden Brüder Joachim II. und Johann gingen auf
der Bahn der Ausbildung des Zollregals viel weiter als ihr
Vater; jeder hatte nun seine besonderen Interessen, wollte in
seinem Landesteil reichliche Zolleinkünfte haben. Markgraf Hans
erhöhte, sobald er seine Residenz in Küstrin 1534 aufgeschlagen,
die dortigen Zölle (M. F. XIII, 58); um an dem Handel

---

[1] Falke, Geschichte des deutschen Zollwesens 153 verglichen mit R. I,
13, 460.
[2] Märkische Forschungen XIII. Die Urkunden zur Gesch. der Neumark unter Markgraf Johann 29. Ich citiere diese Regestensammlung
künftig: M. F. XIII.

Frankfurts einen Gewinnanteil zu erhalten, erhält er einen Zoll
jenseits der langen Oberbrücke, über welchen die Brüder sich
1536 vertragen (R. III, 3, 432—36), wie sie überhaupt die
verschiedensten Verhandlungen führen und Verabredungen treffen
über Zollwesen, Straßenfahrt und derartige Dinge (M. F. XIII,
59, 80, 88, 91, 101), wobei wir das gegenseitige Interesse des
einen Bruders an der nicht zu starken Erhöhung der Zölle im
Gebiete des andern klar erkennen. Die Nachricht von Buchholtz[1],
daß Joachim für die Zollerhöhung von Lenzen 1542 ein Privileg
erhalten und der Zoll dann 1543 schon 25 000 Dukaten getragen
habe, kann ich urkundlich nicht belegen; es handelt sich wohl
nur um eine faktische Erhöhung. Die kaiserliche Bestätigung
des Rechtes, in Lenzen von jedem ausgehenden Wispel Weizen
und Erbsen einen Goldgulden, vom Roggen einen Gulden Münze
zu erheben, stammt erst aus dem Jahre 1558 (31. März), nachdem die Kurfürsten am 1. März eingestimmt hatten (Falke 153
u. 168). Elf Jahre später, 1569 stimmen Kaiser und Kurfürsten
dann auch zu, aus dem Lenzer Kornzoll einen allgemeinen Korn-
ausfuhrzoll zu Wasser und zu Lande zu machen, den selbst der
Adel geben soll. Johann Georg muß dann dem Adel die freie
Ausfuhr auf der Achse wieder für einige Jahre 1572 einräumen;
aber er kehrt 1578 zu dem alten System zurück, und dieser
Kornzoll, vor allem der zu Lenzen erhobene, blieb das ganze
16. und 17. Jahrhundert das wesentlichste Stück der kurfürstlichen Kammer. Er war zeitweise an Dänemark für 200 000
Reichsthaler verpfändet. Im Jahre 1608—9, als die Hofrentei
144 884 Thaler im ganzen einnahm, trug der Kornzoll 39 799,
der übrige Güterzoll nur 23 612 Thaler; es sind das die beiden
größten Einnahmeposten[2]. So lange die Landwirtschaft und die
Getreideausfuhr blüte, war er eine sichere Finanzquelle.

Die Folge solcher Erhöhungen waren natürlich allgemeine
Klagen der Nachbarstaaten, der Kaufleute aus den benachbarten

[1] Geschichte der Kurmark Brandenburg (1767) III, 416.
[2] Riedel, Der brandenb.-preuß. Staatshaushalt in den beiden letzten
Jahrhunderten (1866). Berlin.

Handelsstädten. Ob die speciellen Klagen über die Erhöhung
der Zölle zu Oberberg durch Joachim II., die Stettin in den
Jahren 1551 und später 1558—62 erhebt, mit dem Kornzoll
oder mit einer anderweitigen Maßregel zusammenhängen, habe
ich nicht feststellen können. Jedenfalls beschränkten sich die Klagen
der Pommern nicht bloß auf die Oberberger Zölle und die Maßregeln Joachims.

Bei einer Verhandlung pommerscher und brandenburgischer
Räte zu Prenzlau 1545 verteidigten die Gesandten Markgraf
Johanns die Oberzölle gegenüber Pommern einmal durch den
Hinweis auf die schweren Dammbauten an der Oder bei Küstrin
und dann durch den auf die erhöhten pommerschen Zölle (R. II,
6, 475). Jeder Brandenburger, der in Pommern ein Pferd
kaufe und ausführe, müsse von 20 Gulden einen geben; der
Pommer, der Vieh, Schweine oder Schafe aus der Mark nach
Pommern bringe, müsse den 16ten Thaler in die Kanzlei geben.
Die pommerschen Räte wußten darauf nur zu antworten, daß
sie darüber keine Instruktion hätten zu verhandeln. Daß Pommern
seine Hafenzölle schon 1498 und 1499 bedeutend erhöht hatte,
ist bekannt; auch später wieder (1555) wird in Pommern allgemein über Zollerhöhungen zu Stettin, Garz, Greifenhagen,
Damm, Stargard und Gollnow geklagt[1]. Um so weniger glaubte
Markgraf Hans zu große Rücksicht auf Pommern nehmen zu
müssen. Im Jahre 1547 versteht er es, durch seine guten Dienste
im schmalkaldischen Kriege bei Karl V. ein Privileg durchzusetzen
(R. I, 24, 261), das später (1577) auch vom Kurfürstenkolleg
als vollendete Thatsache hingenommen und anerkannt wurde;
nach demselben darf der Markgraf von allem im Lande verkauften Vieh ein Marktgeld, von allem durchgeführten einen ein-
maligen Durchgangszoll nehmen, 4 Sgr. vom Pferde, 2 resp. 3
vom Ochsen, 1½ von der Kuh, 1 vom Schwein und Schaf;
dafür soll der Markgraf die Straßen besser unterhalten und

---

[1] Thiede, Fr., Chronik der Stadt Stettin (1849) 498. Ich citiere
diese reiche Sammlung von Urkundenauszügen ferner nur Th.

sichern. Im gleichen Jahre (1547) bemüht sich Johann, die Zustimmung seines Bruders, Sachsens und des Kaisers für die außerordentlich stark erhöhten Wasserzölle zu Küstrin herauszuschlagen. Das Fuder Wein, wovon einige tausend jährlich durchgingen, gab 18 Gr.; ebenso viel die Last Heringe, Honig und Öl; andere gesalzene Fische, Butter, Salz und Waidasche 12, Theer und Pech 6 Gr., der Ballen englischen Tuches einen Gulden (M. F. XIII, 155, Falke 150). Sachsen erklärt dieselben für eine Verdoppelung des nur 5 Meilen entfernten Oberberger Zolles; die Waren in der Oberlausitz, die man von Stettin beziehe, würden zu sehr verteuert. Trotz aller Klagen Pommerns, Polens, Breslaus, Prags, trotz der seit 1548 eintretenden Differenzen mit dem Kaiser blieb es dabei, und der Kaiser stimmte sogar 1557 zu (M. F. XIII, 334). Die Folge war, daß die Stettiner auf dem rechten Oderufer nach Schlesien zu Lande über Landsberg fuhren und auf dem linken Oderufer nur bis gegen Wriezen und Freienwalde zu Schiffe kamen und von da ihre Waren zu Wagen weiter nach Berlin, Leipzig, Frankfurt und anderen Orten brachten, um die Küstriner Zölle zu umgehen. Dagegen protestiert der Markgraf in Stettin, der das als Rechtsverletzung auffaßt (M. F. XIII, 338). Im gleichen Jahre (1558) bestätigt Kaiser Ferdinand die 1518 auch von Kurfürst Joachim beanstandete Erhöhung der Zölle zu Schwedt, die den Grafen von Hohenstein zustanden (R. I, 13, 466). Von allen Seiten erhöhte sich so 1540—60 die Beschwerung der Oderschiffahrt durch neue und erhöhte Zölle.

Die weitere Entwickelung des territorialen brandenburgischen Zollwesens haben wir hier nicht zu verfolgen. Es kam uns nur darauf an, zu zeigen, welche Zollerhöhungen bis 1562 vorlagen, und wie dieselben Stettin und ganz Pommern verletzen konnten. Und wir wollten außerdem zeigen, daß diese Erhöhungen nicht etwa bloß das Produkt zufälliger fiskalischer Einfälle, sondern einer notwendigen politischen Entwickelung waren. Wie das 14. und 15. Jahrhundert die städtischen, so mußte das 16. und 17. Jahrhundert die territorialen Zollsysteme erzeugen. Es geschah

in der Mark dasselbe, was in Pommern, was in allen größeren
Territorien geschah. Daß sich dabei kurzsichtige fürstliche Fiskalität oft einmengte, ist klar; aber der beherrschende Ausgangspunkt waren die Landesinteressen und Landesfinanzen, die freilich
damit in einen notwendigen Interessengegensatz und Kampf teils
mit den Nachbarstaaten und Nachbarstädten, teils mit den eigenen
Städten und dem heimischen Handel gerieten.

Dieser Kampf war die eine Ursache der 1562 zwischen
Pommern und Brandenburg zum Ausbruch kommenden Differenzen; die andere lag in der naturgemäßen Konkurrenz der
beiden wichtigen Handelsstädte der Oder, die sich am schroffsten,
aber doch nicht ausschließlich in dem Kampf um ein bevorzugteres
Stapelrecht aussprach.

2.
Die Stapelrechte an der Oder.

Das Stapel= und Niederlagsrecht hängt in seiner Entstehung unzweifelhaft mit den ältesten Handelseinrichtungen zusammen. Natur und Gewohnheit, Brückenbau und Zollsatzung
hatten überall ein System fester Handelswege geschaffen, das in
der Form des Straßenzwangs dieselben Händler immer wieder
dieselben Wege wies. Und meist bewegten sie sich in älteren
Zeiten, zu Handelskarawanen vereinigt, zu bestimmter Zeit, unter
gemeinsamen Führern nach denselben Zielen; jede Haltestation
der Karawane war an sich schon ein Stapel, eine Marktgelegen-
heit; an den wichtigeren Punkten hielt man regelmäßig ein oder
mehrere Tage, man verpflichtete sich, da feil zu bieten, man gab
Geschenke, erhielt dafür bestimmte Rechte, Verkaufsplätze, Sicherheit und strafrechtlichen Schutz. Das waren die natürlichen
Stapelplätze des Handels. Die Gewohnheit, Stapel zu halten,
d. h. zu rasten, die Waren auszulegen, zu verkaufen, dann erst
weiter zu ziehen oder umzukehren, war unzweifelhaft ebenso alt,
als mannigfach modifiziert. Erst der Wunsch der Stapelplätze,
sich diese einträglichen Handelsübungen für immer zu sichern,
führte zu den Privilegien, die den Stapel einzelnen Orten

speciell verliehen oder garantierten; ohne Zweifel wurde ur=
sprünglich damit nur gesichert, was schon bestand. Aber bald
wurde das Stapelrecht, auch abgesehen von den bestehenden
Handelsgewohnheiten, eine Waffe im Kampf der Städte unter=
einander um den Verkehr; auf derselben Straße konnte der
Stapel von einem Ort zum andern sich verlegen, es konnte sich
ein neuer Stapelort einschieben. Der Verkehr konnte durch
Stapelverleihungen in andere Bahnen gewiesen werden, wenn
zugleich die Straßen geändert, die Handelskarawanen auf
andere Ziele gelenkt, ein bestimmter Handelszug gekürzt oder
verlängert wurde.

Die älteren Stapelprivilegien, besonders die des Nordostens
von Deutschland, enthalten keine genaue Fixierung des recht=
lichen Inhalts; es ist eben von der nederlage, von der Depositio
mercium im allgemeinen die Rede. Es entsprach diese allgemeine
Fassung der Rechtssprache des Mittelalters. Sie entsprach dem
Umstande, daß an den meisten Orten, welche Privilegien er=
hielten, feststehende Handelsgewohnheiten waren, die man als
bekannt voraussetzte und mit dem Wort nederlage zusammen=
faßte. Daß diese Gewohnheiten fast an jedem Orte wieder etwas
andere waren, war zunächst für den Ort, der das Privileg er=
hielt, gleichgültig. Der Kern des Rechtes war ja derselbe: es
handelte sich um die Pflicht an= oder durchkommender Waren,
Markt zu halten. Der Zweck war überall derselbe: der Handel
der Stadt sollte belebt, der Markt der Stadt gut versorgt, den ein=
heimischen Bürgern Gelegenheit zu Gewinn gegeben werden.

Soweit nun die Privilegien des 14. und 15. Jahrhunderts
schon einen näheren Einblick gestatten, sehen wir allerdings, wie
außerordentlich verschieden das Niederlags= oder Stapelrecht auf=
gefaßt wurde. Vielleicht auf den meisten Stapelplätzen bezog
es sich nur auf bestimmte Waren, so z. B. auf Getreide, Holz,
Wein, Eisenwaren, fast nirgends auf alle Waren. Teilweise
bezog es sich nur auf Waren, die in einer bestimmten Art her=
gebracht worden waren, wie z. B. in Thorn das strenge Stapel=
recht gegen Polen und Ungarn nur gegen die zu Wagen von

oben kommenden Waren, nicht gegen die auf Flößen und Schiffen
die Weichsel herabkommenden geübt wurde. Es war ein Recht,
das sich ursprünglich stets konkret an bestimmte Straßen und
die Händler bestimmter Städte anknüpfte, das sich erst nach und
nach generalisierte und dahin ausweitete, daß alle durchziehenden
Händler ihm unterworfen seien, daß alle Straßen auf so und
so viel Meilen in der Nähe, die in gleicher Richtung gehen,
verboten seien, daß die Querstraßen, welche diese Hauptlinien
schneiden, auf weite Entfernung sich in der Stapelstadt sammeln
sollten. Daher in der älteren Zeit jederzeit zahlreiche Aus=
nahmen gegenüber dieser generalisierten Ausweitung des Stapel=
rechtes. Das Stapelrecht bestand ferner an einem Orte nur in
der Pflicht, ein bis drei Tage mit der Ware anzuhalten; wenn
sie dann nicht verkauft war, durfte sie weiter fahren. Am
andern Orte mußte in diesem Fall die Ware wenigstens um=
geladen werden und Niederlagsgebühr zahlen. Am dritten durfte
sie überhaupt nicht weiter, sondern mußte an die Ortsbürger
verkauft werden.

Nur diese außerordentlich mannigfaltigen Begrenzungen und
Ausnahmen erklären es auch, daß in der älteren Zeit eine so
viel größere Zahl von Städten teils Stapelrecht besaßen, teils
vorübergehende Versuche machten, eins, wenn auch in noch so
bescheidenem Umfang, zu erwerben. Ich erwähne in Preußen:
Memel, Königsberg, Elbing, Thorn, Danzig; in Schlesien:
Breslau, Frankenstein, Grottkau, Freiburg, Görlitz; in Böhmen
und Sachsen: Prag, Zittau, Guben, Pirna, Leitmeritz, Dresden,
Brux, Budweis, Bergreichenstein, Eger, Freistadt; in Branden=
burg: Berlin=Köln, Frankfurt a. O., Landsberg a. d. W., Ober=
berg, Eberswalde, Tangermünde, Brandenburg, Spandau; an
der Seeküste: Stettin, Rostock, Lübeck, Hamburg; an der Elbe:
Lüneburg und Magdeburg u. s. w. Schon frühe kommen
natürlich einzelne dieser Rechte mit einem oder mehreren der
andern in Konflikt. Teilweise aber vertrugen sie sich, weil sie,
gewohnheitsrechtlich fixiert, nur mit Ausnahmen und Begrenzungen
ursprünglich verstanden wurden. So haben hauptsächlich die

Seestädte, obwohl sie früh nach dem Stapelrecht strebten und es wahrscheinlich auch früh in beschränktem Umfang übten, nicht gehindert, daß die an ihrem Oberlauf liegenden Städte einen großen direkten Seehandel trieben. Wir wissen aus den Hamburger Zollrollen, daß die Bürger von Stendal und Salzwedel einen großen direkten Seehandel nach Flandern hatten; so fuhren die zahlreichen Magdeburger Flandernfahrer stets in der älteren Zeit an Hamburg vorbei; so hatten die Frankfurter, trotz des Stettiner Stapelrechts, bis ins 16. Jahrhundert das Recht, durch den Baum von Stettin zu fahren. Die kleinen Seeschiffe der älteren Zeit und der hohe Wasserstand der Flüsse erlaubten diesen Handel; die Küstenstädte sind überall jünger in der Entwickelung als die geschützter liegenden oberen Handelsstädte; es ist bekannt, daß der hanseatische Ostseehandel ursprünglich mehr von Soest, Braunschweig, Magdeburg als von Lübeck aus getrieben wurde.

Immer aber lag in dem Nebeneinanderbestehen des Stapelrechts benachbarter Städte notwendig ein Element des Kampfes. Die ganze Handelspolitik des Mittelalters ist von Stapelkämpfen erfüllt, jede Stadt mußte, soweit sie frei war, darnach streben, den Stapel der nächstgelegenen Städte zu beseitigen, um so für ihren Handel freiere Bahn zu bekommen. Und als die sich ausbildenden Territorialstaaten im 15. und 16. Jahrhundert anfingen, in diesen Kampf einzutreten, war die für sie vorgezeichnete Rolle ziemlich einfach und wirkte nach derselben Richtung wie der allerwärts geführte handelspolitische Kampf der Städte unter sich: die kleinen Stapelstädte fielen, die größeren erweiterten und befestigten sich in ihren Befugnissen.

Wenn Magdeburg seinen Vorstädten und den nächsten kleinen Orten an der Elbe, wenn Stettin Garz, Stargard und anderen Orten, oft sogar mit Gewalt der Waffen, die Getreideverschiffung wehrte, wenn Eberswalde und Oderberg gegenüber Berlin-Köln, wenn Guben, Krossen, Landsberg gegenüber Frankfurt a. O. sich in ihren Handelsrechten nicht halten konnten, wenn Leipzig es gelang, auf 15 Meilen alle anderen Messen zu legen, den

Erfurter Stapel durch kaiserliches Privileg aufheben zu lassen, wenn es seiner zähen und energischen Thätigkeit Jahrhunderte lang gelang, den Handel von Halle, Naumburg und zahlreichen anderen benachbarten Orten zu hindern und zu erschweren, so bethätigte sich darin der einfache Satz, daß auch im Handel die größere Macht über die kleinere siegt. Der Kampf wurde mit Chikanen, mit Zöllen, Gebühren, mit Straßenzwang=Privilegien, kurz mit allen möglichen Mitteln geführt. Die kleinen Stapel= rechte verschwanden.

Und die Fürsten hatten im ganzen, soweit beide kämpfenden Städte ihrem Territorium angehörten, kein Interesse, dieses Verschwinden der kleinen Stapelstädte zu erschweren. Wohl griffen sie ab und zu ein, wenn die größeren Städte zu sehr brutale Gewalt übten, um die kleineren Städte, die Schwächeren, zu schützen; aber das Stapelrecht an sich, wie alle specifisch lokalen Sonderrechte, hatte die Fürstengewalt prinzipiell kein Interesse zu verteidigen; jedes fallende Stapelrecht war ein Fort= schritt für den freien Verkehr im Innern des Territoriums; den wegen Aufruhr bestraften Städten wird fast regelmäßig neben anderen, ihre Selbständigkeit stützenden Rechten das Stapelrecht aberkannt; so hat wahrscheinlich Berlin=Köln das seinige 1448 nach dem Aufstande verloren, wie Magdeburg das seinige 1547 vom Kaiser nach seiner Unterwerfung aberkannt wurde.

Den größeren Handelsstädten gegenüber aber waren die Fürsten nicht mächtig genug, diesen Standpunkt energisch und auf die Dauer geltend zu machen, wie Magdeburg sich bald sein Stapelrecht wieder verschaffte, wie Frankfurt a. O. nach dem Zurücktreten seines Stapelrechtes in der Zeit von 1448—1490 es wieder um so energischer geltend zu machen versteht. Außer= dem aber traten im Laufe des 15. und 16. Jahrhunderts die handelspolitischen Stapelkämpfe derselben mit ihren kleinen Nachbarn sehr zurück gegen die großen Stapelkämpfe mit aus= wärtigen Städten. Und wenn Frankfurt mit Breslau und Stettin, wenn Magdeburg mit Hamburg, wenn Leipzig mit Halle und Magdeburg, wenn Königsberg nicht mit den kleinen Land=

städten, sondern mit dem nun polnischen Danzig in Stapel=
streitigkeiten verwickelt war, wenn so die erste Handelsstadt des
Landes mit der des Nachbarterritoriums um die Vorhand im
Handel rang, dann stand natürlich das Landesinteresse auf seite
der ersten Landesstadt, dann handelte es sich um den Kampf des
brandenburgischen mit dem pommerschen und schlesischen Handel.
Dann durfte der Landesherr sich nicht sagen: ja, Frankfurt ist
ja ohnedies die reichste Handelsstadt, also muß ich sie gegen
Stettin oder Breslau preisgeben[1]. Er mußte sein Gewicht in
die Wagschale zu Gunsten des Frankfurter Handels so lange
legen, bis Breslau und Stettin auch seinem Scepter unterworfen
waren. Erst von da an mußte die landesherrliche Politik gegen=
über diesen Stapelrechten eine andere werden, d. h. eine solche,
welche alle drei Stapelrechte zu Gunsten des freien Verkehrs
im Lande bekämpfte. Das war der Fall im 18. Jahrhundert.

Im 16., in welchem wir uns befinden, war die Sachlage
noch die oben geschilderte. Und wir haben damit den allgemeinen
handelspolitischen Hintergrund bezeichnet, auf dem die Frankfurt=
Stettiner Stapelkämpfe des 16. Jahrhunderts verständlich sind.

Frankfurt und Stettin waren im Laufe des 13. bis 15. Jahr=
hunderts zu blühenden Handelsstädten herangewachsen; es war
die Epoche des aufblühenden hanseatischen Bundes, der Blüte

---

[1] Es ist dies das socialpolitische Argument unserer Freihändler gegen
die Schutzzölle; sie schützen, sagen sie, nicht die Schwachen, sondern die
Starken, nämlich nicht die kleinen Handwerker, sondern die großen Fabriken.
Gewiß ist es häufig der Fall, daß die Schutzzölle mehr den Großindustriellen
zu gute kommen; aber, von Mißbräuchen abgesehen, doch nur, weil sie als
Säpfeiler des nationalen Wohlstandes und der nationalen Industrie erscheinen,
und sofern sie den ausländischen Konkurrenten gegenüber die Schwächeren
sind. Nur auf diese letztere Vergleichung kommt es aber im nationalen
Interesse an. Jeder Einzelne erscheint socialpolitisch bald als der Schwächere,
bald als der Stärkere, je nachdem man ihn mit andern vergleicht. Auch
unsere Bauernemancipation könnte man mit dem Argument angreifen, man
habe nicht die Schwachen, sondern nur die Starken geschützt, was der
Hufenbesitzer im Vergleich zum Tagelöhner und Instmann ist. Man hielt
es aber für Pflicht, ihn gegen den Grundherrn zu schützen, ohne Rücksicht
auf anderweite mögliche Vergleichungen.

des Ostseehandels und der reichen Heringsfischerei auf den hanseatischen Bitten. Der Handel mit Korn, Holz und anderen Roh-
produkten, mit Eisen und Kupfer oberabwärts war so groß als
der mit Hering, anderen Fischen, Gewürz, Salz und Tuchen
aufwärts. Der damalige Oberhandel war viel bedeutender als
der Elbhandel. In Frankfurt endigte in der Regel die Schifffahrt; von hier gingen die Waren zu Lande nach Sachsen,
Böhmen, Schlesien und Polen. Die Frankfurter Märkte vermittelten neben Breslau den größten Teil des polnisch-deutschen
Handels. Bis tief ins 15. Jahrhundert wuchs das Selbst-
bewußtsein und die Selbstherrlichkeit der beiden Handelsstädte,
wuchs der Umfang ihrer Rechte und Privilegien, wie der darauf
gegründete Wohlstand.

Ihre Beziehungen zu einander waren dabei in der Regel ganz
gute, ja freundschaftliche. Wenn der Herzog von Pommern
Stettin 1253 das Recht verlieh, daß kein Fremder im Lande
Getreide von der Ernte bis Ostern kaufen dürfe (Th. 112),
wenn die Stadt 1283 das Recht der Niederlage, das Recht des
Widerspruchs gegen jedes herzogliche Getreideausfuhr-Verbot,
sowie das Recht erhielt, die Getreideausfuhr aus Stettin durch
Fremde nur zu dulden, sofern sie dasselbe von Bürgern erkauft
(Th. 134), wenn Stettin sich 1312 privilegieren ließ, daß
nirgends zwischen Stettin und Ukermünde, in Oder, Jasenitz
oder Haff Getreide außer in der Stadt selbst nach der Fremde
verschifft werde, und daß alles Holz aus der nächsten Umgebung
zum Verkauf nach Stettin gebracht werden müsse (Th. 157—58),
wenn es im 15. Jahrhundert zwischen Stettin und Stargard zum
offenen militärischen Kampf, zur Belagerung letzterer Stadt kam
(daf. 317—18), — so sehen wir darin lauter Bethätigungen der
Stettiner Handelspolitik, welche ihre Vorherrschaft in der Nähe
feststellen wollte, aber zu keinem Konflikt mit Frankfurt führte; die
Frankfurter wurden damals in Stettin nicht behelligt; Herzog
Otto von Stettin hatte 1311 den Markgrafen von Brandenburg
versprochen, dat di böm to Stetyn apen scal wesen en und
eren rechten erven und eren steden und manen, ut und

iu to varende on hindernisse ewiliken also dat se eren rechten tollen geven, di von aldere gestan hebbe [1] (R. II, 1, 310).

Ebensowenig brauchte Stettin sich zu beklagen, wenn die Frankfurter das Recht erhielten, an Oberberg vorbeizufahren, wenn denselben 1351 ihre Niederlage bestätigt wurde (R. I, 23, 47), wenn Frankfurt mit Guben, Sommerfeld, Krossen seine Stapel= händel ausfocht (R. II, 2, 421, I, 23, 200). Wir sehen die beiderseitigen Fürsten, wie die Städte gemeinsam bemüht, die Oberschiffahrt für beide Teile unter allen Umständen, selbst in Kriegsfällen sicher zu stellen, so im Friedensvertrag von 1323 (R. I, 23), im Vertrag von 1363 (R. I, 23 Nr. 131), in der Erklärung Markgraf Sigismunds von 1379 (R. II, 3, 71) und Jobsts von 1403 (R. I, 23, 141). Die beiden Städte einigen sich über gemeinsame Behandlung der Verträge zwischen Kauf= leuten und Schiffern, über Haftung der Schiffer, Behandlung der Schiffsknechte (1354, R. I, 23, 72); sie kommen überein, daß die Kauffahrer nur in Frankfurt und Stettin belangt werden dürfen (1398, R. I, 23, 134—35), womit sie gegenseitig ihrer Suprematie über die kleinen Orte das Siegel aufdrücken. Kamen auch in diesen ältern Zeiten mal Streitigkeiten vor, wie 1436, so wurden sie bald wieder gütlich ausgeglichen (Th. 305). Im ganzen war offenbar das gegenseitige Verhältnis so, daß die Stettiner keine Ursache hatten, die Frankfurter abzuhalten, ihren alten selbständigen Handel an Stettin vorbeizutreiben, und die Frankfurter umgekehrt keine Klage über die . Stettiner hatten, wenn sie auch mal weiter als Frankfurt handeln wollten.

Im Laufe des 15. Jahrhunderts aber änderte sich das durch verschiedene Vorkommnisse.

Zunächst gaben die lange dauernden Lehnsstreitigkeiten zwischen Pommern und Brandenburg Veranlassung einmal zu einer langen Unterbrechung und Störung des Oberhandels und dann zu einer Änderung des Stettiner Stapelprivilegs, das,

---

[1] Klöben, Beiträge zur Geschichte des Oberhandels, Stück I (1848) 66.

wenn nicht sofort, so doch später verhängnisvoll für Frankfurt sein sollte. Herzog Otto von Pommern-Stettin war im September 1464 gestorben; Kurfürst Friedrich II. erhob sofort Anspruch auf diesen Teil Pommerns als heimgefallenes Lehen; in der Stadt Stettin war eine Partei, der Bürgermeister Albrecht Gliede an ihrer Spitze, für ihn; die Herzöge Erich II. und Wratislaw von Pommern widersprachen; es kam 1466 zum Soldiner Vertrag, wonach die Hohenzollern zunächst mit der Anerkennung der märkischen Lehnsherrlichkeit zufrieden waren. Nun wollten aber die pommerschen Stände darauf nicht eingehen; auch der Kaiser stellte sich auf die pommersche Seite und versagte dem Soldiner Vertrag seine Genehmigung. Die Herzöge von Pommern ließen sich einseitig in dem Stettiner Lande und der Stadt Stettin huldigen, und dabei erhielt diese Stadt zur Belohnung eine Erweiterung ihres Stapelrechtes (1467) dahin gehend, daß alle Schiffe, Schuten, Kähne, Böte und Geter, welche aus dem frischen Haff zwischen Ziegenort und Svantewitz gesegelt kommen sollten, ohne irgendwo anzuhalten, die Oder hinauf bis vor Stettin innerhalb des Baumes gebracht und daselbst ausgeladen werden, um die Güter in die Stadt zu bringen und die gewöhnliche Niederlage zu halten, und daß alle Güter aus der Mark, Meißen, Sachsen, Böhmen, Polen und andern Oberländern die rechten Straßen halten, nach Stettin, aber nicht weiter gebracht werden sollen, und Niemand mehr bei Stettin vorbeischiffen dürfe bei Strafe der Konfiskation (Th. 334—35). Man betrachtete also hierbei die alten Rechte der brandenburgischen Kaufleute als erloschen oder nahm sie wenigstens nicht ausdrücklich aus; auch neue, ihrem Handel schädliche Zölle wurden pommerscherseits eingeführt, über die sich Kurfürst Friedrich im folgenden Jahre beim König von Polen, der vermitteln wollte, beklagt[1].

Freilich beklagten sich auch die pommerschen Herzöge über Mißhandlungen ihrer Kaufleute in Frankfurt, Oderberg, Arnswalde und anderen Orten; sie bitten, man möge den Ihren ihre

---

[1] Raumer, Cod. dipl. brand. cont. I, 277.

Güter wieder geben und Frieden halten (20. Februar 1467, R.
II, 5, 103). Aber Friedrich II. war trotz sonstiger wichtiger
Geschäfte, die ihn abzogen, nicht gewillt, ohne weiteres nachzugeben; er war zum Kampfe entschlossen und erließ ein allgemeines
Handelsverbot gegen Stettin, was er Herzog Wilhelm von
Sachsen mit der Bitte um Bekanntmachung und Nachachtung in
seinen Landen (4. Juni 1467) zustellte: Wir haben ein gemein
gebot in allen unsern landen ussgeen lassen, dass nymandt
durch unsere lande den von Stetin einicherley kaufmanns-
schatz und waren zufuren noch abfuren oder handel mit in
haben soll. (R. II, 5, 113.) Die Herzöge von Mecklenburg-
Schwerin drohen zu gleicher Zeit Stettin mit dem Abbruch allen
Verkehrs, wenn es den Soldiner Vertrag nicht halte (R. III, 1,
437). Und es scheint so für zwei Jahre (Mai 1467 bis August
1469) eine vollständige Handelssperre stattgefunden zu haben.
Daß dieselbe auf Stettin schwer ruhte, sehen wir schon daraus,
daß die übrigen Hansestädte sich einmischten, daß Lübeck sogar
den brandenburgischen Unterthanen Hantierung und Umschläge
in Lübeck verbot. Den Hamburgern antwortet Friedrich II.
(15. Mai 1468, R. II, 5, 122), wenn seine Amtleute Stettiner
Gut aufhielten, so geschehe es, weil der Handel mit den Stettinern
um redlicher Ursachen willen verboten sei; im übrigen habe
niemand mehr als er gestrebt, die Straßen rein zu halten, den
Kaufmann und Wandersmann zu befrieden und mit den Nachbarn
sich zu vertragen. Die Hansestädte legen sich denn auch (Mai
1469) aufs Bitten bei dem Kurfürsten zu Gunsten Stettins, die
kaiserliche freie Straße wieder unverstoppt zu lassen (R. I, 21,
488). Und den polnischen Gesandten ist es dann im August
1469 gelungen, unabhängig von den Huldigungs- und Lehnsstreitigkeiten den freien Verkehr wieder herzustellen (Raumer I,
284—86, Th. 340—41). Immer aber dauerte die politische
Spannung noch lange fort, und das wirkte auch auf den Handel
zurück; im Jahre 1471 scheinen sich die Stettiner noch nicht
wieder nach Frankfurt getraut zu haben, sonst hätten die Rat-
mannen daselbst nicht Ursache gehabt, sie über die Friedfertigkeit

6*

Markgraf Johanns aufzuklären (R. I, 23, 257); im Jahre 1474
trauen sich die Stettiner und andere pommersche Kaufleute nur
mit einem besondern Geleitsbrief Markgraf Johanns nach der
Mark, der ihnen nur bis Ostern des künftigen Jahres erteilt
wird. Selbst die kriegerischen Händel hörten 1476—79 nicht
auf; erst der Grimnitzer Vertrag von 1529 brachte die Lehnsstreitigkeiten zu einem gewissen Abschluß. Der jahrelang darnieder-
liegende Handel Stettins hatte freilich schon von 1479, von dem
Regierungsantritt des energischen Bogislaw X. an, der mit
Brandenburg nun in den Verträgen von Prenzlau 1479 und
Kyritz 1493 sich einigte, wieder bessere Zeiten gesehen.

Die von 1464—79 dauernden Unruhen mit zeitweiliger vollständiger Sperrung der Oder haben ohne Zweifel Frankfurt
ebenso geschädigt wie Stettin. Es ist daher schon begreiflich,
daß die Stadt 1480 ihren Anteil an der Landbede nicht aufbringen konnte[1], und daß man als Mittel, der Stadt wieder
aufzuhelfen, daran dachte, die Niederlage, die von alters da gewesen, wieder dahin zu bringen. Dieser von Markgraf Johann
bei Gelegenheit einer der Stadt verwilligten Zollerhöhung 1480
gebrauchte Ausdruck (R. I. 23, 277) kann ja nun so gefaßt
werden, wie es gewöhnlich geschieht, daß Frankfurt dies Niederlagsrecht in der Zeit von 1448—80 irgendwie verwirkt gehabt
habe. Immer aber ist es mir wahrscheinlicher, daß damit nur
das faktische, durch das Darniederliegen des Handels bedingte
Verschwinden der Niederlage gemeint war. Denn eine Neuver-
leihung ist nicht nachgewiesen und würde sicher, wenn sie notwendig gewesen wäre, mit der Erlaubnis zur Zollerhöhung von
1480 sich verbunden haben. Später, von 1490 an, ist der rechtliche Bestand des Niederlagsrechts durch zahlreiche Urkunden zu
belegen.

Ehe wir aber ihren Inhalt erwähnen, müssen wir einen
Blick auf die Veränderungen im deutsch-polnischen Handel und
im Lüneburger Salzhandel werfen, beides Momente, welche mit

---

[1] Klöden, Oberhandel Stück III, 39.

den Interessen Stettins und Frankfurts aufs engste verknüpft
waren.

Ein wesentlicher Teil Norddeutschlands wurde im Mittel=
alter von Lüneburg aus mit Salz versorgt, und dazu gehörte
auch die Mark Brandenburg[1]. Die Magdeburgischen Salzwerke
beherrschten nur den Markt in Sachsen, Meißen, der Oberlausitz
und einigen westlich gelegenen Gegenden. Das Lüneburger Salz
galt als das vorzüglichste, und es hatte den leichten Wasser=
transport für sich; vollends seit der Stecknitzkanal von der Elbe
nach Lübeck 1398 fertig geworden und zuerst mit 30 Lüneburger
Salzschiffen befahren worden war, konnte es aufs leichteste nach
Lübeck und von da nach den anderen Ostseehäfen gebracht werden.
Von Stettin ging es oberaufwärts; ein Hauptteil des Stettiner
Handels bestand eben in der Verführung und Verhandlung des
sog. Travesalzes.

Im Laufe des 15. Jahrhunderts scheint nun aber anderes,
wahrscheinlich Magdeburger Salz dem Lüneburger bedeutende
Konkurrenz gemacht und bis nach den Ostseehäfen gedrungen zu
sein. Brandenburg war an dem Gedeihen der Lüneburger Sa=
linen dadurch sehr beteiligt, daß viele brandenburgische Kirchen,
Klöster, Stifte und Hospitäler im Besitze von Lüneburger Salinen=
anteilen waren; ein Umstand, den die Stadt benutzte, um
Friedrich II. zu einem Privilegium, für das sie überdies 1000
Goldgulden baar und von da an 200 jährlich zahlte, zu bewegen
(1441). Der brandenburgische Kurfürst verbot anderes als Lüne=
burger Salz durch seine Lande nach den Seestädten zu führen.
Im Lande selbst aber sollte anderes Salz wohl zugelassen werden
(R. II, 4, 253). Nach den Nachrichten, welche Klöden dem
Staatsarchiv entnommen zu haben angiebt, hätte sich aber zu=

---

[1] Vergleiche über den Salzhandel: Albers, Dr. Joh. W. Urkund=
liche Nachricht von den Handelsprivilegien und der Schutzherrschaft, welche
das Kurhaus Brandenburg vormals der Stadt Lüneburg gewährt hat. 1833.
Klöden, Oberhandel, Stück IV, 41 ff.; Sell über den ehemaligen Salz=
handel und die Salzsiedereien in Pommern, besonders in Stettin, in
Rühs, Pommersche Denkwürdigkeiten I (1803) 53—76.

gleich damit die Abmachung verbunden, daß die Lüneburger von
da an mehr als bisher ihr Salz zu Lande direkt nach der Mark
führen sollten und daß so der Zwischenverdienst der Lübecker und
Stettiner entfallen sollte. Jedenfalls wird in der Zeit von
1464—80, als aller Handel zwischen Stettin und Frankfurt ge=
stört war, dieser direkte Salzbezug sich vermehrt haben. Und
im 16. Jahrhundert fing man auch an, auf der Elbe, Spree
und Havel das Lüneburger Salz nach der Mark Brandenburg
zu verführen.

In den Seestädten begann nun aber zugleich die Konkurrenz
des französischen Bai= oder Boysalzes, das, schon im 15. Jahr=
hundert von hanseatischen Schiffen geholt, für Stettin haupt=
sächlich im 16. eine steigende Bedeutung erreichte und zu einer
für die Stadt einträglichen Industrie Anlaß gab; man versott
das unreine für Speisen und zum Einsalzen unbrauchbare See=
salz, nachdem man es vorher in Brunnenwasser aufgelöst hatte,
nochmal und brachte es so in den Handel [1]. Das war aber
Veranlassung, daß man auch anderwärts im Innern des Landes
damit begann, und so wieder für Stettin eine weitere Kon=
kurrenz erwuchs.

Joachim II. wollte um jeden Preis zu einer eigenen Salz=
gewinnung im Lande kommen; wir wissen, daß er den Mühlen=
meister von Köln=Berlin 1549 beauftragte, ein Salzwerk zu
bauen [2], daß er 1560 zu Belitz ein Salzwerk anrichten wollte
und es auch bereits so weit im Gang hatte, daß er den Gebrauch
fremden Salzes im Lande verbieten zu können meinte (Myl. IV.
2, 1). Wenn es damit dann auch keinen rechten Fortgang hatte,
so war dies doch zunächst nicht so sicher und für Stettin war
Grund vorhanden, den Verlust seines wichtigsten Handelszweiges
zu befürchten. Die Stettiner Salzhändler sahen jedenfalls, von
welchen Absichten die brandenburgische Regierung geleitet war.

Versuche mit dem Versieden des Baisalzes machte dann bald

---

[1] Klöden, Oberhandel, Stück IV. 58.

[2] Fidicin, Histor.=diplom. Beiträge zur Gesch. Berlins IV, 267.

darauf die fürstliche Wittwe in Krossen[1] und jedenfalls sehr be=
deutungsvoll waren die Versuche der schlesisch=österreichischen Re=
gierung, zunächst mit Aufrechthaltung des freien Salzhandels
eine große Baisalzsiederei in Schlesien in Gang zu bringen. Sie
vertrug sich mit der Stadt Frankfurt und Joachim II. 1555 da=
rüber, daß ihr 13 Jahre lang gestattet werde, Baisalz gegen
gewisse Gebühren oberaufwärts von Frankfurt bis Breslau zu
führen[2] und suchte dann diesen Handel zunächst durch Privilegien
an Private in Gang zu bringen, bis sie ihn später selbst in die
Hand nahm. Im Jahr 1560 erhielt Nicolaus Havell, ein Bürger
von Danzig, von Kaiser Ferdinand das Recht, 8000 Last Bai=
salz in die Lausitz einzuführen; sind mehr als 8000 Last nötig,
so will sich die kaiserliche Kammer das vorbehalten[3]. Und im
folgenden Jahre (1561) wußte eine Stettiner Gesellschaft, An=
tonius Schmidt, Steffan Loytz von Danzig und Stettin nebst
Andres Lindholtz aus Berlin sich ein ähnliches Privilegium zur
Verschiffung von Baisalz nach Schlesien auf 15 Jahre zu ver=
schaffen; Joachim II. bestätigte es, weil er der Gesellschaft als
Schuldner hochverpflichtet war, mit dem Zusatz, daß nur sie
Baisalz durch die Mark führen dürften. Das erregte in
Stettin die heftigste Mißstimmung. Damit waren zahlreiche
Stettiner Geschäfte in ihrem bisherigen Erwerbe bedroht. —

Der polnisch=deutsche Handel des 14. und 15. Jahr=
hunderts war für ganz Nordostdeutschland von großer Bedeutung.
Nicht nur hatte Polen selbst einen ziemlichen Bedarf an den
Kulturprodukten des Westens und zahlte dafür mit seinen Roh=
produkten; Polen bildete zugleich den Durchgangspunkt für den
Handel von und nach dem Schwarzen Meer und für den Absatz
der ungarischen Produkte, hauptsächlich von Blei und Kupfer.
Einesteils wurde dieser Handel vom deutschen Ordenslande aus,
von den Thorner Kaufleuten vermittelt, andernteils fiel er Bres=

---

[1] Nach den Akten des Frankfurter Stadtarchivs.
[2] Lünig, Reichsarchiv P. Sp. Cont. IV. 2, 341.
[3] Frankfurter Stadtarchiv III, 158 Nr. 2, Lederband.

lau und Frankfurt auf den Landwegen zu. König Kasimir der
Große, der 1333 bis 1370 das polnische Reich nach allen Seiten
hin hob, und die deutschen Stadtgemeinden in Polen förderte,
gab auch dem Handel, hauptsächlich dem mit dem Ordenslande
einen neuen Aufschwung[1]. In Lemberg[2] reichten sich Armenier,
Russen, Tartaren, Polen, Ungarn und Deutsche die Hand. Die
Polen selbst freilich spielten in diesem Handel, besonders im
14. Jahrhundert, eine mehr passive Rolle. Als aber durch die
Vereinigung Polens mit Litthauen unter Jagello, durch die
langen Kämpfe mit dem Orden und die Siege über ihn das
polnische Selbstgefühl sich hob, scheinen die Polen auch nach
einer aktiveren Rolle im Handel gestrebt zu haben. Die polnischen
Stapelrechte werden im Interesse des einheimischen Handels ausgebildet und strenger gewahrt, so das Krakauer 1372 und 1398,
das von Gnesen, Posen, Warschau 1440, das von Kalisch 1496[3].
Thorn ging zurück, die polnischen Konkurrenzmärkte auf dem
andern Weichselufer, Bromberg und Schulitz, nahmen trotz aller
Verbote des Ordens zu. Die Polen fingen, zumal so lange der
Verkehr mit Danzig wegen der Kämpfe des Ordens mit Polen
im 15. Jahrhundert stockte, energischer an, auf den Landwegen
selbst nach Deutschland zu dringen. Als in den Jahren 1458
bis 1468 die Leipziger Märkte besuchter wurden, sah man in
wachsender Zahl auch Polen dort; sie begnügten sich nicht mehr
wie bisher nach Breslau und Frankfurt zu kommen. Die Oder
pflegten sie auf dem Wege dahin bei Glogau zu überschreiten
und eben das suchten dann Breslau und Frankfurt von 1490
an zu hindern[4].

Ebenso aber drangen sie weiter nördlich direkt bis Stettin
— zum Schaden Frankfurts — vor. Schon 1390 hatte Jagello,
um dem Orden zu schaden, die Handelsstraße von Stettin über

---

[1] Caro, Geschichte Polens II (1863) 544 ff.

[2] Daselbst III, 56—60.

[3] Hirsch, Danziger Handels- u. Gew.-Gesch., 181 u. 183. Klöden,
Oberhandel, Stück III, 50.

[4] Klöden, Oberhandel, Stück III, 47.

Zantoch und Schwerin nach Posen und Krakau in Gang zu bringen gesucht, hatte die deutschen, hauptsächlich die pommerschen Kaufleute für diese Straße in den Zöllen und der Zollbehandlung hoch privilegiert (Th. 229). Der Hochmeister bezeichnete die Wasserfahrt vor Landsberg auf und nieder auf der Warthe und die Wagenfahrt vor Driesen auf und nieder mit dem Ziele auf Stettin als eine schädliche Neuerung, die vor nie gewesen, die dem Orden und der Markgrafschaft Brandenburg großen Schaden bringe; aber, schreibt er dem Rate von Frankfurt, er könne sie nicht hindern. Wenn man die Wasserfahrt wehren wolle, müsse man sie zu Küstrin oder Oberberg wehren (R. I, 23, 129). Aber sie wurde, wie es scheint, nicht gewehrt. Die Wartheschiffahrt kam durch die polnischen Bemühungen im Laufe des 15. Jahrhunderts immer mehr in Gang. Landsberg mit seiner Niederlage erblühte, wurde ein ansehnlicher Getreide-, Holz- und Wollmarkt, über dessen Konkurrenz Frankfurt immer bedenklicher wurde. Aber nicht bloß bis Landsberg fuhren die polnischen Schiffer, sie gingen auch bis Küstrin und von da nach Stettin, was Frankfurt als eine Verletzung seines Niederlagsrechts ansah.

So in seiner Handelsstellung von verschiedenen Seiten bedroht, suchte sich Frankfurt durch stärkere Ausbildung seines Niederlagsrechtes zu helfen. Es schloß 1490 mit Breslau den schon erwähnten, von den beiderseitigen Fürsten genehmigten Vergleich, die Kaufleute aus Polen, Reußen, Preußen, Litthauen und Masuren mit ihren Waren und Gütern von Osten her, die Kaufleute aus deutschen, welschen und niederländischen Landen von Westen her nicht weiter als bis Frankfurt und Breslau kommen zu lassen; daneben wird den Breslauern und Schlesiern der freie Handel über Frankfurt hinaus bis Stettin, Stralsund, Lüneburg, Lübeck, ja nach Brabant und den Niederlanden, den Frankfurtern und anderen Märkern der Handel über Breslau hinaus nach Polen und Litthauen freigestellt. Die Spitze des Vertrags ist gegen das selbständige Vordringen der Polen nach Leipzig, gegen die Überschreitung der Oder bei Glogau und Brieg gerichtet, welchen beiden Städten, um sie wenigstens einiger-

maßen für den entgehenden Transithandel zu entschädigen, ihre
gewöhnlichen Jahrmärkte vorbehalten wurden (R. I, 23, 293).
Es mag dahingestellt bleiben, ob Frankfurt und Breslau damit
sofort ihre Ziele erreichten, jedenfalls suchten sie 1510 eine Bestätigung ihres Rechtes durch Kaiser Maximilian nach; sie erreichten sie auch, sowie eine nochmalige Gutheißung durch die
Landesherren (1511) und hierdurch kühn gemacht, baten die
Frankfurter auch bei Kaiser Max um ein Verbot des direkten
polnischen Handels die Warthe herab nach Stettin: nach dem
Grundsatz, daß die Polen nur nach Breslau und Frankfurt sich
wenden sollten, wünschten sie alle polnischen Waren von Küstrin
zunächst die fünf Meilen aufwärts nach dem Frankfurter Markt
gebracht.

Und es scheint, daß sie auch hierin ihr Ziel erreichten[1].
Jedenfalls wußten sie 1512 Joachim I. zu bestimmen, daß er
unter Berufung auf die Privilegien aus der Zeit Ludwig des
Römers verfügte, daß die Straßen- und Wagenfahrt die Oder
auf- und abwärts gegen Frankfurt gehen müsse (R. I, 23, 372
bis 73). Jedenfalls strebten sie dahin, die ganze Wartheschiff-
fahrt nach Frankfurt zu zwingen[2], was Stettin und Pommern
ebenso verletzen mußte, als Polen.

Der König Sigismund von Polen hatte schon im April
1511 als Antwort auf diese Maßregeln eine vollständige Handelssperre gegen Schlesien verfügt[3]; wahrscheinlich war dieselbe auch
gegen Brandenburg und Frankfurt ausgesprochen und hat bis
zu dem polnisch-brandenburgischen Handelsvertrag von 1514
(R. II, 6, 258) gedauert, der übrigens nur das Verfahren bei
Streitigkeiten im Handel der beiderseitigen Unterthanen ordnet.

Auch zehn Jahre später ist das Verbot König Sigismunds
an seine Unterthanen, mit Waren in die Fremde zu ziehen, ein

---

[1] Ein solches kaiserliches Privileg von 1511 wird von Thiede 529,
von Klöben, Oberhandel, Stück III, 54 und Sell, Geschichte von Pommern
III, 380 erwähnt; ich habe es nirgends finden können.

[2] Vergl. auch Buchholtz III, 349.

[3] Klöben, Oberhandel, Stück III, 55—56.

gleichmäßig und ausschließlich gegen Schlesien und die Mark
gerichtetes (R. I, 23, 426) und wahrscheinlich auf denselben
Gründen beruhendes.

Doch interessiert uns hier nicht sowohl die Wirkung dieser
Verschärfungen des Frankfurter Stapelrechts auf Polen als auf
Stettin. Dort widersetzte man sich der Ableitung des Warthe-
handels von Stettin natürlich aufs äußerste. König Sigismund
von Polen, Schwiegervater des Herzog Bogislaw X. von
Pommern, behauptete das freie Recht der Wartheschiffahrt
energisch, so daß Frankfurt, wie es scheint, zu Lebzeiten
Joachims I. seine Ziele nicht erreichte. (Th. 529.) Erst als
Markgraf Hans in Küstrin residierte, wurde die Frage ernster
und wuchs damit die Spannung zwischen Frankfurt und
Stettin.

Die von Stettiner Kaufleuten auf der Oder und Warthe
an Küstrin vorbei betriebene Schiffahrt war dem Markgrafen,
seit er in Küstrin Hof hielt, ein Dorn im Auge. Konnte er es
dahin bringen, daß die aufwärts gehenden Waren in Küstrin
das Wasser verließen und zu Wagen nach Polen weiter befördert
wurden, so gewann er an Zöllen wie an der Hantierung seiner
Residenz. Dahin war also sein Bestreben gerichtet. (M. F.
XIII, 58.) Deshalb nahm er auch wohl keinen Anstand, den
Frankfurter Klagen nachzugeben, welche sich gegen die Straßenfahrt von Krossen über Landsberg nach Stettin (daf. 88), dann
aber in weiterer Linie gegen das Landsberger Niederlagsrecht
überhaupt richteten. Er versprach im Vergleich mit seinem
Bruder von 1539 (August 19., R. III, 3, 461—69) den Landweg von Stettin nach der Lausitz, Böhmen und Schlesien über
Landsberg, welcher der Wasserstraße über Frankfurt Konkurrenz
machte, als Durchfahrstraße ganz zu verbieten und außerdem
die Niederlage in Landsberg sowie die Schiffahrt von da sehr
einzuschränken. Fremde sollen außer den Polen, die mit Getreide,
Holz, Theer und Asche die Warthe herabkommen, nichts dort
niederlegen, wartheaufwärts sollen auch sie nicht zugelassen
werden; die Landsberger selbst sollen auf alle Schiffahrt, außer

auf die mit Getreide und eigenem Wein, verzichten. Nichts soll zugelassen werden, was der Frankfurter Niederlage schadet.

Es ist aber klar, daß damit viel geschah, was Stettin schadete. Der für Stettin bequeme Landweg nach Schlesien, der die Oderzölle umging, war damit gesperrt; die Warthefahrt aufwärts, welche Stettiner Kaufleute trieben, war gehemmt. Den gleichen Zweck hatte es, wenn Markgraf Johann viele Wassermühlen an der Warthe anlegte oder anlegen ließ (M. F. XIII, 477). Man sieht, er begünstigte die Wartheschiffahrt, die in erster Linie den Stettiner Handel förderte, nicht. Wiederholte polnische und pommersche Gesandtschaften, die eine Änderung herbeiführen wollten, erreichten ihr Ziel nicht. Während man polnischerseits die Zölle auf der Warthe ermäßigte (1540), Mühlen und Wehre beseitigte, geschah in der Neumark das Gegenteil (Th. 529—36).

So steigerte sich die gegenseitige Erbitterung von Jahr zu Jahr und erreichte in den Jahren 1540—60 einen solchen Höhepunkt, daß notwendig schon dadurch die gegenseitige Handhabung des Stapelrechtes von seiten beider Städte sich verschärfte. Im Februar 1551 muß es infolge dieser Stimmung, wie freilich schon öfter, zu einer vorübergehenden „Stopfung" des Oberstroms gekommen sein; Kurfürst Joachim schreibt darüber am 1. Februar 1551 [1] an seinen Bruder und berichtet ihm, daß er gegen diese, der natürlichen und völkerrechtlichen Freiheit des Wasserstroms zuwiderlaufende Maßregel bei Herzog Barnim protestiert, dort aber die Antwort erhalten habe, er solle zuerst seine auf Waidasche und Gewand erhöhten Oderberger Zölle abschaffen; auch über die Hemmung der Wartheschiffahrt klage man in Stettin. Zu einer Tagfahrt habe man sich erboten; er sei aber nicht dafür, ehe die Stettiner die Oderschiffahrt wieder freigäben. Alle weiteren Nachrichten über diese Sperre fehlen. Sie scheint nicht sehr lange gedauert zu haben. Aber sie eröffnete die immer er=

---

[1] Zeitschr. f. preuß. Geschichte XIX, 229 Urk. I. Ich citiere die von mir dort abgedruckten Urkunden weiterhin nur mit Nummer u. Seitenzahl.

bitterteren Maßregeln der beiden Oberstädte gegen einander, von denen uns Thiede nach den Stettiner Akten berichtet. Man begann den Frankfurtern immer größere Schwierigkeiten zu machen, wenn sie ihre Waren direkt durchführen wollten; man hatte sie bisher besonders mit Wein, Rotfässern, Kupfer, Kramwaren und Spezereien nach drei gehaltenen Niederlagstagen durchfahren lassen; sie hatten auch eine direkte Einfuhr von der See her ausgeübt, große Mengen Baisalz an Stettin vorbeigeführt. Das wollte man jetzt unter Berufung auf das Privileg von 1467 nicht mehr dulden. Ebenso aber machten die Frankfurter Schwierigkeiten; man hatte den Stettinern bisher nachgelassen, in Krossen und Guben Wein einzukaufen und zu verführen, ohne in Frankfurt Niederlage zu halten. Man hatte den Stettinern gestattet, nicht bloß auf den Messen und Märkten, sondern gewisse Waren, hauptsächlich Hering, alle Donnerstage und Sonnabende und zwar nicht bloß last=, sondern tonnenweise zu verkaufen. In allem derartigen wurde man schwierig und schwieriger. Es brauchte nur eines kleinen Anlasses, um den offenen Konflikt wiederum und zwar in der schärfsten Weise heraufzubeschwören.

3.

Der wirtschaftliche Streit zwischen Stettin und Frankfurt 1562.

Der ergab sich, als der Frankfurter Rat Anfangs des Jahres 1562 seine marktpolizeilichen Befugnisse gegenüber Stettiner Händlern in einer bisher unerhörten Weise in Anwendung brachte, nämlich eine Anzahl Stettiner Heringstonnen, obwohl sie in Stettin unter Aufsicht vereideter Mäkler gepackt waren, und der Stettiner „Heringsband“, d. h. die Größe der Tonnen, sonst überall für voll und richtig galt, auf dem Markte zu Frankfurt zerschlagen ließ, weil sie nicht das rechte Maß gehabt. Man habe, so hieß es, den Frankfurter Heringsband auf der Kämmerei gefunden, die Tonnen seien nicht demselben gemäß. Dieses Ereignis, die vorausgegangenen Niederlagsplackereien, die Oberzölle und das Salzmonopol für die Loitzen brachten den

Rat von Stettin am 17. Mai zu dem schwerwiegenden Ent=
schlusse: er erklärte die ganze Oderschiffahrt von Stettin auf=
wärts für gesperrt von Johanni an; den Frankfurtern soll jede
Durchhandlung verwehrt sein; sie sollen nur noch von Stettiner
Bürgern kaufen; sie und alle anderen Händler sollen die Oder
nicht mehr benutzen, nur noch auf dem Landweg Waren von
Stettin abführen dürfen. Man dachte so die Frankfurter gleich=
mäßig in ihrem Handel, wie die brandenburgischen Fürsten in
ihren Oderzöllen zu treffen (Urk. III, S. 232).

Die beiden brandenburgischen Fürsten, Kurfürst Joachim
und Markgraf Johann beschlossen eine gemeinsame Konferenz
ihrer Räte, um gemeinsam zu beraten, was hierauf geschehen
könne. Man wählte Frankfurt a. O. als Beratungsort, um zu=
gleich die Anwesenheit der beiderseitigen Räte zu benutzen,
Klagen zu hören und abzuthun, die der dortige Rat über neu=
märkische Dinge hatte. Die ersten Beamten der beiden Brüder,
unter anderen der Kanzler Lambrecht Diestelmeier, der Graf
v. Hohenstein als Landvogt der Ukermark, von neumärkischer
Seite die Kammermeister Störer und Dr. v. Mandelslo trafen
daselbst Anfang Juli zusammen, um hier kurz vor der Zeit des
Margaretenmarktes ihre Beratungen zu halten. Die beiderseitigen
Räte einigten sich am 14. Juli über einen Abschied (Urk. IV,
S. 233). Man beschloß aller weiterer Verhandlung mit Pommern
den äußeren Nachdruck dadurch zu geben, daß man sofort ebenfalls
eine Sperre gegen Stettin verfügte, aber eine vollständige, nicht
auf die Oderschiffahrt beschränkte. Die Pommern sollten wohl
noch zu anderen Zwecken in der Mark verkehren dürfen; alle
Zufuhr nach Stettin und alle Abfuhr von da aber sollte ver=
boten sein. Außerdem beschlossen die beiderseitigen Räte, daß
man sich gemeinsam mit gleichlautenden Beschwerden an den
Kaiser und den König von Polen (Urk. V, S. 235) wenden
solle und verabredeten eine gemeinsame Instruktion für eine Ge=
sandtschaft nach Stettin an Herzog Barnim (Urk. VI, S. 238).

Bei der ganzen Verabredung, die für längere Zeit event.
über ein Jahr gelten sollte, war übrigens die Stellung Johanns

und seiner Räte insofern die ungünstigere, als er notwendig durch diese verstärkte Sperrung zunächst noch mehr als bisher an Zöllen einbüßte, während die ins Auge gefaßte Versorgung des Frankfurter Marktes von der Elbe her durch die Lande Joachims diesem einen entsprechenden Ersatz an Zolleinnahmen in Aussicht stellte. Die Räte Johanns bezogen sich daher schon in Frankfurt auf den Protest, den die markgräfliche Regierung bezüglich der Schiffahrt auf Elbe, Spree und Havel den kaiser= lichen und kurfürstlichen Räten — wahrscheinlich 1555 — zu= gestellt. Damals nämlich hatte der Plan geschwebt, die Oder mit der Spree zu verbinden, was natürlich dem neumärkischen Interesse zuwider war. Es fand nun auch eine weitere Korre= spondenz über diesen Punkt zwischen beiden fürstlichen Brüdern statt (Urk. VII u. VIII, S. 242—43). Johann wünschte, wenn die Oder länger gesperrt und dadurch die Elb= und Spreeschiff= fahrt, sowie der Handel von Frankfurt oberaufwärts wachse, eine Entschädigung durch Teilnahme an den Krossener Zöllen. Sein Bruder suchte ihn zu beruhigen, damit habe es noch weite Wege, die Stettiner würden bald nachgeben.

Ob das geschehen werde, ob die Retorsionsmaßregel ihr Ziel rasch erreiche, war in der That die entscheidende Frage. Wer nach heutigen Verkehrszuständen urteilt, muß erstaunt sein, mit welcher Leichtigkeit man sich hier zuerst von pommerscher, dann von brandenburgischer Seite zu dieser Sperre entschloß. Wer aber etwas tiefer in die ältere Handelsgeschichte und Handels= politik eindringt, der sieht, daß solche Maßregeln außerordentlich zahlreich waren, ich möchte fast sagen, daß die ganze ältere Handelspolitik aus einer fortlaufenden Kette solcher Sperren be= steht. Bei jedem Konflikt sperrte eine Stadt die andere aus, suchte der hanseatische Bund die nordischen Reiche durch Stapel= verlegungen und Handelssperren zu zwingen. Leicht war die Durchführung der oft jahrelang dauernden Sperren schon in der älteren Zeit nicht. Zu verführerisch war der Gewinn, der für einzelne Mitbürger aus der Übertretung erwuchs; rasch waren konkurrierende Städte und Gebiete, gegenüber den Hansestädten

die kleineren nicht in die Hansa aufgenommenen Städte, bereit,
den gesperrten Handel an sich zu reißen. Trotzdem aber war
die Wirkung sehr häufig eine durchschlagende. Und es ist daher
natürlich, daß die Könige und Fürsten auf ihren größeren Gebieten nun nachahmten, was die Städte früher ihnen vorgemacht.
Wir haben mehrere polnische Handelssperren erwähnt; aus der
Geschichte des deutschen Ordens ließen sich zahllose ähnliche anführen; unserer brandenburgisch-pommerschen Sperre war die
ältere von 1467—69 und die von 1551 vorausgegangen, von
der wir berichtet haben.

Zur richtigen Beurteilung dieser Sperren muß man allerdings in Rechnung stellen, daß der damalige Handel im ganzen,
besonders der Handel des 14. und 15. Jahrhunderts, mehr ein
Handel mit Luxuswaren als mit Massenartikeln war, daß die
Verkehrsverknüpfungen, verglichen mit der Gegenwart, immerhin
spärliche waren. Aber doch finden wir, daß zahlreiche Sperren
Hungersnot, Stillstand der Wollindustrie und schwere Handels-
krisen zur Folge hatten. Die furchtbar schneidige Kraft der im
rechten Moment verhängten Sperre lag eben in dieser Wirkung.
Und jedenfalls war im 16. Jahrhundert der Getreide-, Holz-,
und Salzhandel Stettins, der Bankerotte einzelner Häuser von
Millionen aufzuweisen hatte, ein solcher, daß jede Sperre schon
sehr tief griff.

Die Erklärung, daß die ältere Zeit solche Maßregeln ertrug,
liegt zugleich in dem für unsere modernen Vorstellungen fast
verschwindenden Zurücktreten der individuellen gegenüber den
Gesammtinteressen. Ob einzelne Kaufleute darunter litten,
Bankerott machten, darnach fragten die städtischen Räte ziemlich
wenig, wenn sie glaubten, im handelspolitischen Gesamtinteresse
eine Sperre verhängen zu müssen. Und jeden Übertreter straften
sie mit einer Unbarmherzigkeit an Leib und Gut, daß wir davor
schaudern würden; jeden einzelnen Kaufmann, Schiffer und
Frachtführer belegte man mit schweren Eiden, von jedem forderte
man Kautionen, ließ jeden nur mit Pässen ausziehen, auf denen
er, rückkehrend, über jeden Schritt, den er gethan, sich ausweisen

mußte[1]. Die territorialen Staaten hatten bei den analogen territorialen Sperren schon entfernt nicht mehr die Kraft wie die Städte, weil der Gemeingeist ein schwächerer, die Kontrolle eine schwierigere war. Immer aber bot gerade im 16. Jahrhundert die Entwickelung des Zoll- und Geleitswesens, sowie in Brandenburg des Landreiteramts manche Handhabe, das einmal erlassene Verbot auch streng durchzuführen. Das brandenburgische Edikt vom Juli 1562 (Urk. IX S. 243) ergiebt, daß diese Beamten mit der Ausführung betraut, daß auf jede Übertretung die Strafe der Konfiskation von Schiff, Wagen und Gut gesetzt war, sowie daß dasselbe gegen Ende Juli auf der Frankfurter Margaretenmesse, sowie in den übrigen brandenburgischen Grenzstädten bekannt gemacht wurde. Erörterungen über die Durchführung der Sperre, die ich im Frankfurter Stadtarchiv im Vergleich mit der Durchführung der ähnlichen Maßregeln von 1572 fand, ergeben, daß sie 1562 strenge und konsequent gehandhabt wurde.

Am 3. August trafen die brandenburgischen Gesandten in Stettin ein; der ganze Hof und die Kanzlei befanden sich zu Kolwitz; nur mit Mühe konnten sie, obwohl sie wiederholt betonten, eine freundliche Werbung zu haben, eine Audienz bei Herzog Barnim bekommen, dieselbe mündlich vorzutragen; man antwortete ihnen, daß die von Stettin ohne genügsame erhebliche Ursache ihr Edikt vom 17. Mai hätten ausgehen lassen, höre man nicht gern; zunächst müsse man die Stettiner hören. Bei den weiteren Verhandlungen stritt man nun teils über die einzelnen uns schon bekannten materiellen Klagepunkte, und wer dabei der „beschwerte verdruckte" Teil sei, teils über das formelle Verfahren, über das, was die Erbverträge in Streitfällen verlangten 2c. Man erklärte pommerscherseits bei solcher Behandlung könne man sich auf die Weitläufigkeit der Austräge nicht verweisen lassen. Bezüglich der Zölle beriefen sich die brandenburgischen Gesandten

---

[1] Vergl. Schäfer, Die Hansestädte und König Waldemar von Dänemark (1879) S. 485.

auf die kaiserlichen Begnadigungen, bezüglich des Salzprivilegs
erklärten sie, es werde dadurch ja niemand die Schiffung von
Lüneburger Salz verwehrt; der Kurfürst habe den Brief nur
auf des Kaisers Begehr gegeben; ein Teil der Gesellschafter sei
übrigens schon zurückgetreten, so daß dasselbe nicht viel auf sich
hätte. Auch die von Johann gebauten Wehre in der Oder
kamen zur Sprache, wie eine Eingabe eines Stettiner Schiffers
zeigt, (Urk. X S. 245). Schon 1542 und 45 hatten über diese,
wie es scheint, für den Aalfang gebauten Oberwehre und ihre
Beseitigung Verhandlungen zwischen Markgraf Johann und
Pommern stattgefunden (R. II, 6, 475).

Es läßt sich der ganze Gang der Stettiner Verhandlungen
aus unseren Akten nicht klar verfolgen; soviel aber ist klar:
man war infolge der Sperre in Stettin eigentlich schon jetzt
zum Nachgeben bereit, wenn Brandenburg einigermaßen be-
friedigende Erklärungen gab. Man verlangte ein vertrauliches
brandenburgisches Schreiben an den Herzog Barnim, worin erklärt werde, „das iro Chur. und F. G. das, wass notorie
unrecht, alsobald wolten abstellen, als das vorbot das niemand
denn die Loitzen und Lindholtz Boie und Luneburger saltz
auf dem Oderstrom schiffen sol, das auch I. Ch. u. F. G.
wolten beschaffen, das der handelsman in irer Chur. und
F. G. und der Grafen zu Virraden zöllen über den inhalt
der alten zollrollen und neuen Kais. begnadigungen nit be-
schweret, und dass es zu Frankfurt mit dem bande und
sonsten auf der niderlage anders nit dann vor alters solte
gehalten werden." Da aber hierauf die brandenburgischen
Räte zunächst ausweichend antworteten, sie könnten ohne Instruktion
sich nicht darüber erklären, so war kein unmittelbares Resultat
in Stettin zu erzielen. Die brandenburgischen Räte reisten
wieder von Stettin ab. Man war in Berlin und Küstrin ziemlich sicher, daß die Pommern ihrerseits bald kommen würden.
Wir sehen aus der Korrespondenz der beiden fürstlichen Brüder,
die sich über den August, September und Oktober des Jahres
1562 hinzog, daß sie die Sperre erst mal wirken lassen und keine

weitere Konferenz bewilligen wollten, ehe die Stettiner ihr Mandat vom Mai aufgehoben hätten. Der Markgraf verreiste in dieser Zeit nach Wolfenbüttel und verabredete mit seinem Bruder, was bei einer Werbung von Stettinscher Seite zu thun, wie die Antwort Joachims an Johann (Urk. XI S. 246) zeigt.

Die von den Brüdern eingehaltene Taktik war richtig; die Pommern schickten nach einiger Zeit einen Gesandten, der die Verhandlungen wieder in Gang bringen sollte; er wurde mit der Bemerkung abgefertigt, zuerst müßten die Stettiner ihre Sperre aufheben. Und so schwer ihnen das ankam, so sehen wir die pommerschen Herzoge am 16. Oktober doch dazu entschlossen, (Urk. XII S. 247); sie wollten dem Rat von Stettin befehlen, das Mai-Edikt bis zu Simonis und Judae (5. November) aufzuheben, und senden das entsprechende Konzept ein mit der Bitte, daß die brandenburgische Sperre dann den andern oder dritten Tag nach Simonis und Judae ebenfalls abgestellt werde, sowie daß die schon bei den Verhandlungen in Stettin genannten Punkte geregelt würden.

Da Kurfürst Joachim zur Zeit nicht in Berlin anwesend war, seine zurückgelassenen Räte auch bezüglich der Aufhebung des Loitzischen Privilegs noch einige Zweifel hatten, so zog sich der Schriftwechsel über diese Nebenpunkte, den Markgraf Johann mit den Pommern führte, noch bis in die ersten Novembertage hin. Im ganzen aber einigte man sich, tauschte vorher gegenseitig den Wortlaut der Aufhebungsedikte am 5. und 8. November (Urk. XIII u. XIV S. 250) aus und verschob die übrigen Streitpunkte, abgesehen von dem brandenburgischerseits gegebenen Versprechen, es bei den alten Zöllen zu lassen, die Frankfurter zum Abstehen von jeder Niederlagsneuerung zu veranlassen und das Salzprivileg der Loitzen aufzuheben, — auf eine künftige Tagsatzung.

Dieselbe fand im folgenden Jahr, unter Anwesenheit polnischer Gesandter wegen der Wartheschiffahrt, in Prenzlau statt, ohne übrigens zu einem positiven Resultat zu führen, wie auch die in den folgenden Jahren zu demselben Zweck in Freienwalde

und Königsberg gehaltenen Zusammenkünfte ähnlich verliefen
(Th. 530—33). Man kam über die gegenseitigen Beschwerden
nicht hinaus; auf beiden Seiten war die erwachende selbstständige
Territorialpolitik in Zoll-, Handels- und Schiffahrtssachen die
notwendige Ursache der nicht endenden Streitigkeiten.

Zunächst aber war für Frankfurt und für die brandenburgische
Seite erreicht, was man gewollt; man hatte Stettin durch die
Retorsion übertrumpft; Stettin hatte die Abschneidung von aller
brandenburgischen Zufuhr nicht über ein paar Monate ausge-
halten; die Schiffahrt auf der Oder war wieder eröffnet. Die
Frankfurter fuhren wieder durch den Baum von Stettin.

Freilich nicht auf zu lange Zeit. Zehn Jahre nach unserer
Episode beginnen (1572) die viel tiefer greifenden Händel zwischen
Frankfurt und Stettin, die zu einer jahrelangen Sperrung der
Oderschiffahrt und zum Ruin des größten Teils des einst
blühenden Oderhandels führten. Wir haben sie hier nicht mehr
zu schildern[1], sondern nur noch anzudeuten, wie sie direkt mit
der Sperre von 1562 zusammenhängen. Die Stettiner blieben
von 1562 an erbittert, daß sie hatten nachgeben müssen, und
diese Erbitterung steigerte sich durch die Art, wie Frankfurt
seinen Sieg auszubeuten suchte. Vor allem aber entschloß sich,
wie ich in Frankfurter städtischen Berichten aus späterer Zeit
gefunden, die brandenburgische Regierung 1572 deshalb so leicht
wieder zu einer ähnlichen Sperre gegen Stettin, weil der Sieg
1562 so leicht errungen war. Aber in der Hoffnung auf einen
ebenso raschen Sieg täuschte sie sich jetzt (1572) vollständig. Die
Sperre wurde nicht streng genug gehandhabt; Stettin gab nicht
rasch nach, und so waren die Folgen dann für beide Teile ver-

---

[1] Ich habe mehrmals versucht, durch einen meiner Schüler eine mono-
graphische Darstellung des Oderhandels von 1572—1714 herstellen zu lassen.
Es gelang mir bis jetzt nicht. Ich selbst habe in meinem Jahrbuch 1884,
S. 364—66 und 383—89 die Hauptmomente kurz skizziert und Dr. Martin
Spahn hat in seiner Verfassungs- und Wirtschaftsgeschichte des Herzogtums
Pommern von 1478—1625 (m. staats- und socialw. Forschungen, Heft 60),
über den Zollkrieg mit Brandenburg, hauptsächlich von 1511 an bis gegen
1625 berichtet, aber natürlich nur summarisch.

hängnißvoll. Das ganze Aufkommen des Elbhandels und Ham=
burgs, der Bau des Friedrich=Wilhelms=Kanals im 17. Jahr=
hundert, die wirtschaftliche Entwickelung Stettins und Pommerns
bis auf unsere Tage, hängen teilweise hiermit zusammen.

Sollen wir nun daraus, daß die geglückte Sperre von 1562
Anlaß gab zu einer mißglückten, von mancherlei Unheil gefolgten
im Jahre 1572, den Schluß ziehen, daß diese ganze Sperrpolitik
falsch war? Gewiß konnte sie übertrieben werden. Und wenn
aus den zahllosen kurzen Sperren der Städte, Territorien und
Staaten untereinander, wie sie das 13.—16. Jahrhundert kennt,
im 17. und 18. die dauernden Sperren der großen Staaten
hervorgingen, wenn hauptsächlich die englische Regierung 1678
unter dem Druck der egoistischen Interessen der Londoner Kauf=
leute und Industriellen dasjenige Verbot aller französischen
Manufakte erließ, das dann wiederholt erneuert, zu jenem maß=
losen dauernden Einfuhrverbot fast aller fremden Fabrikwaren
in England und Frankreich im 18. Jahrhundert führte, wenn
die anderen Staaten diese Verbote nachahmten und dieselben
teilweise bis in und über die Mitte unseres Jahrhunderts als
höchste Staatsweisheit galten, — so bin ich der letzte, der glaubte,
all das sei richtig gewesen. Mag vielfach das Aus= und Ein=
fuhrverbot in dieser ganzen Zeit das einzige Mittel gewesen sein,
um den Schmuggel zu hindern, mag es zeitweise und für einzelne
Waren am Platz gewesen sein; die ganz allgemeine Sperrpolitik
für die Mehrzahl der Waren und für Generationen ging sicher
weit über Bedürfnis und Zweckmäßigkeit hinaus.

Aber ebenso sicher können wir heute behaupten, daß die
Auffassung der Handelspolitik, welche in allem Handel nur eine
Bethätigung individueller Interessen sieht, welche nur den Kon=
kurrenzkampf der Individuen anerkennt, den der menschlichen
Gemeinschaften übersieht oder in einer optimistischen Träumerei
von der angeblichen Harmonie der Interessen als unberechtigt
verwirft, — die handelspolitische Auffassung, die sich ausschließlich
an die individualistische Aufklärungsphilosophie des vorigen Jahr=
hunderts anschließt, falsch und unhistorisch, ja thöricht und un=

praktisch ist, sofern sie alle früheren und alle gegenwärtigen Be=
mühungen menschlicher Gemeinschaften, sich gegenseitig in ihrem
Handel weh zu thun, für eitel Thorheit oder gar für Unrecht
erklärt. Sie hat darin recht, daß alle sociale Entwickelung zu=
letzt dahin streben muß, solche brutale, stets zahllose Opfer
fordernde Kämpfe nach und nach überflüssig zu machen. Aber
sie übersieht, daß dieses Ziel sich nicht erreichen läßt ohne Organi=
sierung und Kampf der Kollektivinteressen und der socialen Ge=
meinschaften und daß, bis die höheren Formen der socialen Ge=
meinschaft gefunden sind, welche den untergeordneten kleinern
Gemeinschaften den brutalen Konkurrenzkampf verbieten, stets
Kraftproben und Kämpfe vorhergehen müssen. Wie heute aus
den individuellen die kollektiven Lohnkämpfe mit organisierter
Massen=Arbeitseinstellung und Arbeiterausschließung sich entwickeln,
wie aber gerade hieraus neue höhere Formen der Lohnregulierung
erwachsen, wie das Mittelalter handelspolitisch sich charakterisiert
durch den bald milderen bald brutaleren Konkurrenzkampf der
einzelnen Städte untereinander, wie dieser Kampf erst ermäßigt
und beseitigt werden konnte durch die Einfügung der sich be=
kämpfenden Städte in das größere. Ganze eines territorialen
Staates, so mußten vom 16.—19. Jahrhundert die deutschen
Territorien einen handelspolitischen Kampf miteinander führen
und nur dadurch, daß sie ihn mit aller Energie durchkämpften,
daß die kräftigeren und größeren dabei zu aktionsfähigen handels=
politischen Gemeinwesen höherer Art sich entwickelten, hatten
wir im 19. Jahrhundert die Elemente, die in ihrer Gruppierung
um Preußen den deutschen Zollverein schaffen, das deutsche Reich
vorbereiten konnten.

Auch für die Gegenwart gilt dasselbe Gesetz: auch heute
noch muß jeder kräftige Staat einen kollektiven Kampf für seine
nationalen Wirtschaftsinteressen führen, seine nationalen Handels=
interessen verteidigen und zwar unter Umständen auch mit
Retorsions= und Gewaltmaßregeln. Nur wer davon träumt,
daß der ewige Frieden heute schon vorhanden sei, kann blind
dafür sein, wie Rußland und Amerika, Frankreich und England

bei jeder Gelegenheit suchen, uns abzubrängen, uns herauszuwerfen, unsern Handel, unsern Absatz zu Gunsten des ihrigen zu schädigen.

Vielleicht kommen wir auch darüber noch einmal hinaus, wenigstens mehr, als das gegenwärtig am Platz ist. Alles Völkerrecht, alle internationalen Verträge sind Anläufe, einen Zustand des Rechts und der Billigkeit zwischen den Staaten zu schaffen, wie ihn unsere modernen Staatsgewalten zwischen den Städten und Provinzen herbeigeführt. Aber erreicht wird dieses Ziel erst sein, wenn große Völkerbünde das Völkerrecht und ein internationales Verwaltungsrecht ähnlich handhaben werden, wie jetzt die Staatsgewalt das Staats= und Verwaltungsrecht des ein= zelnen Landes, wenn es keine Kriege und keine feindselige Handels= politik zwischen den beteiligten Staaten mehr wird geben können. Bis dahin aber haben wir noch Jahrhunderte, vielleicht Jahr= tausende vor uns. Und bis dahin wird es auch Pflicht jeder Staatsgewalt sein, für die nationalen Industrie= und Handels= interessen gegen die der anderen Nationen unter Umständen in die Arena zu treten und zu kämpfen, — und nicht in einer harten Welt voll nationaler Kämpfe zu träumen von einer prästabilierten Harmonie und damit nur zu erreichen, daß wir von allen anderen Nationen mißhandelt werden.

Von diesem Standpunkt aus ist die kleine Episode aus den handelspolitischen Kämpfen Pommerns und Brandenburgs, die wir hier geschildert, erst recht verständlich. Sie ist nur ein kleines Ereignis, das aber als ein typisches gelten kann, und uns zeigt, wie notwendig in und durch solche Kämpfe die größeren handelspolitischen Gemeinwesen erwuchsen, auf deren jahrhundertelanger teils friedlicher, teils kämpfender Thätigkeit wir heute stehen. Nicht darnach ist ein einzelner derartiger Kampf zu beurteilen, ob er mit einem kleinen Siege, wie der unserige für Brandenburg, endigte, oder ob er zunächst Opfer kostete, wie die Sperre von 1572, sondern darnach, in welchem größeren Zu= sammenhang er stand, notwendig war, wie er rückwirkte auf die sich ausbildenden Institutionen und Traditionen der kollektiven Gemeinschaften.

III.

Die Epochen der preußischen Finanzpolitik

bis zur Gründung des deutschen Reiches [1].

————

Die Epochen der brandenburgisch=preußischen Finanzpolitik scheiden sich leicht und einfach. Die territoriale Geschichte von der Gründung bis zum 30 jährigen Kriege zerfällt in zwei Ab= teilungen. Die erste ist die Zeit der kolonialen Gründung und der überwiegenden Naturalwirtschaft; in Preußen und Branden= burg entstehen auf fast jungfräulichem Boden mit den technischen Mitteln und in den rechtlichen Formen des 12.—14. Jahrhunderts zwei territoriale geschlossene, centralistisch organisierte, rasch auf= blühende deutsche Gemeinwesen, die auf Kampf und Eroberung, Ausbreitung des Christentums und westlicher Kultur gestellt, finanziell in der überwiegend naturalwirtschaftlichen Zins=, Dienst= und Lehnsverfassung ihre große Kraft und ihre Eigen= tümlichkeit haben. Ihre erste Blüte schließt in Brandenburg mit dem Ende der luxemburgischen Herrschaft, in Preußen mit dem Niedergang des Ordens. Verstümmelt, von außen bedrängt, treten die beiden Gebiete vom 15. Jahrhundert an in die Reihe der ˏgrößeren deutschen Territorialfürstentümer mit ständischer

---

[1] Zuerst erschienen im Jahrbuch f. Gesetzgebung, Verwaltung und Volkswirtschaft im deutschen Reiche I, 1877. Hier in mancherlei Partien umgearbeitet und ergänzt.

Verfassung und zunehmender Geldwirtschaft ein; sie bilden, ohne allzu große wirtschaftliche Veränderungen und Vorwärtsbewegung, ziemlich lose mit dem übrigen Deutschland verbunden, das innere lokale und wirtschaftliche Sonderleben und die Einrichtungen des territorialen Staates aus: Städte und Adel stehen als die zwei großen socialen Organisationen dem im ganzen wenig mächtigen Fürstentum gegenüber, das sich in erster Linie auf die Domänen, Forsten und sonstigen Reste des alten Obereigentums und die Regalien stützt, welche einst die Kraft des centralen Regiments ausgemacht hatten; die fürstliche Gewalt muß, weil es eben nur Reste sind, versuchen, sie durch ein territoriales Geldsteuersystem zu ergänzen. Dieser zweite Teil der territorialen Epoche schließt mit der Vereinigung von Brandenburg mit Preußen und mit Cleve=Mark kurz vor dem dreißigjährigen Kriege ab. Durch diese Vereinigung entsteht der Antrieb und die Möglichkeit für die fürstliche Gewalt, über die entartete Aristokratie wieder Herr zu werden.

Die folgende Epoche charakterisiert sich durch den Übergang vom territorialen zum staatlichen Verfassungsleben und durch die successive Ausbildung einer eigentlichen Volkswirtschaft; die mehrfache Vergrößerung und Zusammenschweißungsarbeit des Staates im 17., 18. und 19. Jahrhundert bildet das Fundament dieser Staats= und Wirtschaftsbildung. Sie scheidet sich wieder klar in zwei Teile: der erste umfaßt den Niedergang der ständischen Verfassung durch die aufkommende centrale Fürstenmacht; der aufgeklärte Absolutismus ·stützt sich auf die Masse der mittleren und kleinen Leute, richtet durch die Armee, das Beamtentum und ein geordnetes geldwirtschaftliches Finanzwesen den für jene Zeit centralisiertesten Staat Deutschlands und Osteuropas und eine Art geschlossener preußischer Volkswirtschaft ein; ich sage eine Art, weil die geographische und ethnographische Basis keine nationale, einheitliche, sondern eine durch Zufall und politisches Schicksal aus Deutschland willkürlich herausgeschnittene war. Die merkantilistische Staatspraxis, die Accise in den Städten, die Kontribution auf dem Lande sind

die wichtigsten Züge der damaligen Finanz, die ihren Höhepunkt
unter Friedrich Wilhelm I. und Friedrich II., ihren Niedergang
von 1786—1806 oder 1814 hat.

Der zweite Teil der staatlichen Epoche beginnt mit der
preußischen Neugestaltung 1808 bis 1815, mit der großen
liberalen Gesetzgebung von 1808—1823. Der bureaukratisch-
centralisierte Beamtenstaat vollendet sich; die Provinzen schließen
sich wirklich zu einem einheitlichen Staat zusammen mit freiem
innerem Markt, der bald durch den Zollverein auch die notwendige Ausweitung zum nationalen Markt erhält; Staat und
Gesellschaft kommt durch die Städteordnung, die Neubelebung
der ständischen Einrichtungen und endlich durch die Verfassung
von 1850 über den Absolutismus und den bloßen Beamtenstaat
hinaus; die Geldwirtschaft, der Kredit, die moderne Technik und
der große Verkehr erzeugen ein ganz neues wirtschaftliches und
sociales Leben, das seine definitive Form freilich erst von 1866
und 70 an erhält, in einer Zeit, die wir hier außer Betracht
lassen. Das preußische Finanzwesen der Zeit von 1808—1870
charakterisiert sich durch den großen Sieg der liberalen wirtschaftlichen Aufklärungsphilosophie, welche die Gesetzgebung und
die Neuordnung der Finanzen beherrscht. Die neue Geldwirtschaft, der Sieg größerer ländlicher und städtischer Unternehmungen, die Neubildung der socialen Klassen wurde durch
sie befördert und erleichtert. Freiheit der Person und des Eigentums war die wirtschaftliche Losung; möglichst starke Ausbildung
der direkten Steuern, eine Anlage der indirekten, welche möglichst
wenig den Verkehr hemmte, war die Losung der Finanzpolitik:
ein maßvolles Außenzollsystem, das Zurücktreten der staatlichen
Eigenwirtschaft, die Abstreifung der bureaukratisch-merkantilistischen
Staatspraxis gehörten zu diesem System ebenso wie die möglichste Ausbildung der formalen rechtlichen Seite der staatlichen
Wirtschaft. Immer aber behielt das preußische Finanzwesen
und die davon berührte wirtschaftliche Staatspraxis gegenüber
anderen Staaten noch recht viel aus der vorhergehenden Zeit:
wie z. B. ein großes Domanium, staatliche Forsten und Berg-

werke, die staatliche Bank und die Seehandlung; die Versuche,
alles Eisenbahnwesen dem privaten Unternehmungsgeist aus-
zuliefern, machten bald wieder entgegengesetzter Tendenz Platz;
das Prinzip des Staatsschatzes wurde stets festgehalten; kurz,
die Signatur der preußischen Finanzen von 1808—70 zeigt doch
nicht bloß das Bild liberalen Gehenlassens, sondern ebenso auch
noch, freilich nicht ohne Schwanken und Unterbrechung, das
einer selbstbewußten, starken und führenden, auf Armee und
Beamtentum gestützten, noch nicht den großen Unternehmern und
den privaten Großkapitalisten ausgelieferten Staatsgewalt. Und
dieser preußische Zug ist es, der dann nach der Aufrichtung des
deutschen Reiches naturgemäß zunächst eher noch stärker wurde. —
Doch gehen wir nach diesen paar vorläufig charakterisierenden
Strichen nun zum Einzelnen über, d. h. dazu, die zwei großen
Epochen, oder wenn wir beide in ihre Teile scheiden, die vier
Epochen etwas genauer zu schildern.

1.

Die koloniale Gründung und die ältere centralistische Territorialverfassung.

Brandenburg und Preußen sind die zwei Keile, welche die
deutsche Kultur in das Slavenland im 12. und 13. Jahrhundert
hineingetrieben; beide sind, trotz aller Verschiedenheit der Markenverfassung von dem Ordensstaat, kriegerische Ackerbaukolonien;
in beiden nimmt die Regierung ein Obereigentum über alles
Land in Anspruch, vergiebt die Regierung das Land nur unter
der Bedingung des Kriegsdienstes, sowie anderer staatlicher Frohnen,
z. B. solcher für Wegebau und Burgenbau; in beiden fordert
sie vom städtischen und ländlichen Eigentum einen festen, in
Naturalien oder Geld bestehenden Zins, den Census; in beiden
ist die Regierung überwiegend im Besitze des Zehntens; sie hat
damit große und sichere privatrechtliche, zu einem großen Teil
noch naturalwirtschaftliche Einkünfte, die sie teils selbst benutzt,
teils als Lehen vergiebt. Auf die Thatsache, daß die Belegung

des Landes mit Kriegsdiensten, öffentlichen Frohnen und Zinsen
keine gleichmäßige, sondern sogar sehr verschiedenartige besonders
in Preußen ist, daß in Preußen die Withinge, die preußisch
Freien und die Kölmer, in Brandenburg die Ritterschaft günstigere
Bedingungen erhalten als die Bauern, daß von den Bevorzugten
teilweise nur Militär- und Wachtdienste, kein Census gefordert
wird, brauchen wir hier so wenig einzugehen als auf die andere
Thatsache, daß ein Teil der Lasten von Anfang an nicht der
Landesherrschaft, sondern der Kirche und dem Adel zu gute
kommt. In der Hauptsache ist Kriegsdienst und Zins dem
Ganzen, der Landesherrschaft, dienstbar. In der Zinsverfassung [1]
liegt der Schwerpunkt der Finanzen. Zu dem Census von dem
vergebenen Lande kommt der Zins, den ursprünglich alle Gewerb-
und Handeltreibenden in den Städten von ihren Buden und
Verkaufsstellen, den jeder mit dem Mahlrecht Beliehene von seiner
Mühle an den Markgrafen hier, an den Orden dort zu zahlen
hat. Eine Reihe von Domänen bewirtschaften in Preußen die
Ordensbrüder, in Brandenburg fürstliche Ministerialen und Vögte;
aber sie sind besonders im letzteren Lande nicht allzu bedeutend,
wenn auch der fürstliche Hof bis nach 1200 die alte Gewohnheit
beibehält, von einer Burg zur anderen, von einem großen Domänen-
hof zum anderen zu ziehen und die dort aufgespeicherten Vorräte
zu verzehren. Die Vorräte auf diesen landesherrlichen Burgen
stammen eben so sehr oder noch mehr aus der Zinsverfassung
als der Selbstadministration der Domänen.

Einen viel größeren Umfang als die Domänen hatten die
von der Regierung in Beschlag genommenen Waldungen, und
wenn der Holzverkauf daraus noch nicht allzuviel lieferte, so
zahlten weideberechtigte Dörfer nicht unbedeutende Summen für

---

[1] Töppen, Die Zinsverfassung Preußens unter der Herrschaft des
deutschen Ordens, Zeitschr. f. preuß. Gesch., Bd. 4. Da eine Anführung
aller Litteratur- und Quellenbelege diesen Essay übermäßig beschweren und
ausdehnen würde, so beschränke ich mich darauf, nur einige der wichtigsten
neueren Untersuchungen, auf die ich mich stütze, je an einer Stelle anzuführen.

ben Heidehafer; so ergab die Eichelmast und die Kohlenbrennerei ziemliche Einnahmen, lieferten die angesetzten Zeidler oder Honig= bereiter nicht geringe Zinse. Und teilweise in Zusammenhang mit den Waldungen, teilweise selbständig als Regal in Anspruch genommen, lieferten die Fischwasser, trotz mannigfacher freier Verleihung, erkleckliche Einnahmen.

Daneben kamen nun die Hoheitsrechte: die Justiz war da= mals ein einträgliches Regal; nur in unterster Instanz und auch da nur zu bestimmten Teilen participierten die Richter an den Einnahmen. Die Juden zahlten in Brandenburg dem Mark= grafen ihr Schutzgeld — nach dem Landbuch der Kurmark von 1375 gegen 5000 Thaler heutigen Geldes [1]. Die Münze warf dadurch viel ab, daß sie in Brandenburg alle Jahre neu geprägt wurde; für den Wechsel hatte man zu zahlen. In Preußen wurde die Umprägung im Interesse des Handels von Anfang an auf zehnjährige Perioden beschränkt. Wenn die Stendaler Münze 1369 vom Markgrafen Otto um 5700 Mark Silber (zu etwa 11 Thaler nach Fidicin und Raumer, also um 62,700 Thaler) verkauft wurde, so wird der Zins von diesem Kapital der jähr= lichen Einnahme entsprochen haben. In Brandenburg fehlten aber auch die Steuern nicht. Das Zollregal — das in Preußen wohl ebenfalls in klugem Handelsinteresse fast gar nicht in An= wendung kam — hatte die germanische Welt von den Römern übernommen; es war vom Kaiser auf die Landesfürsten, in der Mark auf die Markgrafen übergegangen; es war mehr oder weniger ein indirektes, aber dem Prinzip nach stabiles Steuer= system geworden; denn es existierten nicht bloß Wege= und Brückenzölle an vielen Stellen, jeder Markt hatte seinen Markt= zoll, jeder Fluß seine Flußzölle. Die Zolleinnahmen waren 1375, b. h. nach der Verschleuderung der Haupteinnahmen, in der Mark die bedeutendste Einnahmequelle, fast 30,000 heutige Thaler.

Auch die direkten Steuern traten nur in Brandenburg, nicht

---

[1] Ich reduciere die älteren Geldangaben so gut ich es vermag, auf Thaler, nicht auf Mark, um die sämtlichen Geldangaben von 1750 bis zur Gegenwart in den bekannten Thalersummen belassen zu können.

in Preußen, in dieser Periode auf und auch hier nur in ihrer
primitivsten Form. Dort war die Kriegsdienst- und Zinsverfassung so ausgebildet, daß Steuern in der älteren Zeit als
überflüssig erschienen. In Brandenburg finden wir im 13. Jahrhundert die Bede als eine Art allgemeiner Vermögenssteuer.
Ob diese ältere Bede auch von der Ritterschaft gezahlt wurde,
darüber wird gestritten. Als mit den Teilungen des Landes
unter den Askaniern die Ansprüche der Fürsten in Bezug auf
die Bede allzu große wurden, scheint das Land dieselbe durch
einmalige etwas größere Zahlungen gleichsam abgekauft zu haben
(1280—1283). Nur in wenigen außerordentlichen Fällen und
nach Anhörung der Angesehensten und Mächtigsten im Lande soll
ferner noch eine Bede (im alten Sinne) bezahlt werden. Eine
neue, viel unbedeutendere (nach Berechnungen, die ich freilich
nicht prüfen kann, ein Zehntel der alten betragende) Bede trat
als regelmäßige Steuer an die Stelle, sollte zwar niemals veräußert werden, wurde es aber dennoch bald.

Alle diese anderen Einnahmen aber waren unbedeutend
gegenüber den Zinsen und Zehnten, den Kriegs- und anderen
Naturalleistungen der Unterthanen. Auf ihnen ruhte die finanzielle und militärische Kraft der Landesherrschaft, die dem rasch
erworbenen Wohlstande der Ritter, Bürger und Bauern ebenbürtig entsprach. Einen genauen Ausdruck dieser finanziellen
Kraft in Zahlen zu geben, ist nicht möglich; aber eine ungefähre
Anschauung vermögen doch die folgenden Notizen zu liefern.
Eine Schätzung aus dem 13. Jahrhundert[1] setzt das Einkommen,
d. h. die Überschüsse, die für Hof- und Centralverwaltung regelmäßig einkamen, für den König von Böhmen auf 100 000 Mark,
für den Erzbischof von Köln und den Markgrafen von Brandenburg auf 50 000, während die anderen größeren deutschen Fürsten
und Erzbischöfe mit 20—30 000 bis herab zu 3—4000 Mark
nachfolgen. Ist dabei die lötige Mark zu etwa 11 Thaler gemeint, so wäre das ein Einkommen für Brandenburg von über

---

[1] Lorenz, Deutsche Geschichte, 1, 382.

¹/₂ Million Thaler; ist die Zahlmark des 13. Jahrhunderts ge=
meint, so ist es etwa die Hälfte dieser Summe. Und nicht
minder ward der Reichtum des Ordens im 14. Jahrhundert ge=
rühmt; welche Bauten hatte er allein in Marienburg ausgeführt,
welche Festen, welche Dämme hatte er gebaut, welche Summen
verwendete er auf immer weitere Kolonisation. Das Einkommen
des Ordens sammelte sich nirgends an einer Stelle, da jedes
einzelne Ordenshaus gleichsam eine wirtschaftliche Existenz für
sich führte, regelmäßig an die Centralkassen nur gewisse Zinse
und dann von Zeit zu Zeit bei Todesfällen des Komturs oder
bei anderen Gelegenheiten der Abrechnung die Überschüsse ab=
lieferte. Die jährlichen Bareinnahmen der einzelnen Ordens=
häuser, ohne Rechnung ihrer großen Naturalbezüge, schwankten
zwischen einigen hundert und einigen tausend Mark (à 5 Thlr.
5 Gr. 1351, à 4 Thlr. 3 Gr. 1407—1410 nach Voßberg); die
Summen, die sie als Überschüsse ablieferten, stiegen, wenn die
Abrechnungsperioden viele Jahre umfaßten, oft bis zu 30 und
40 000 Mark. Die Hauptkasse des Ordens, der große Ordens=
tressel, war nur ein Reservefonds für außerordentliche Ausgaben,
in welchen die zeitweise nach den Abrechnungen festgestellten
Überschüsse und gewisse mäßige, jährliche feste Zinse von einer
Anzahl Ordenshäuser flossen. Die laufenden Ausgaben für die
Centralverwaltung wurden aus der Kammerkasse des Hochmeisters
oder aus dem Tressel des Haupthauses Marienburg bestritten,
die zusammen 1409 z. B. eine Einnahme von 82 109 Mark[1]
(à 4 heutige Thaler = 328 436) hatten. Darnach mag es
ungenau sein, aber es ist wenigstens nicht unglaublich, wenn
Schütz und nach ihm Fischer in seiner deutschen Handels=
geschichte dem Orden in seinem Höhepunkte ein Jahreseinkommen
in Geld von 800 000 rheinischen Gulden, d. h. etwa von 2
Millionen unserer Thaler zuschreiben; ohne Zweifel ist aber hier=
bei das Einkommen von seinen nichtpreußischen Besitzungen ein=
gerechnet. Die ganze Bedeutung einer solchen Einnahme erhellt,

---

[1] Voigt, Geschichte Preußens, 6, 684.

wenn wir uns zugleich erinnern, daß man neuerbings für Venedig
(1423) 1 Mill., für den Papst (1450) 0,5—0,6 Mill., für Mai=
land und Florenz (1450) 0,6 und 0,3 Mill. Dukaten reines
Einkommen rechnet. Der Dukaten hat 3,5 Gramm fein Gold,
ist also etwa unserm 10 Markstück gleich, auch zu 3 Thlr. 10 Gr.
zu rechnen; also für Venedig etwas über 3 Mill. Thlr., für den
Papst und Mailand etwa 1,8 Mill., für Florenz 0,9 Mill. Thlr.

Die Ursachen dieser relativ glücklichen Finanzzustände lagen
in mehreren Umständen. Zwei in sich relativ gut geschlossene
Gebiete, von je gegen 1000 und mehr Quadrat=Meilen, an der
Ostsee und ihren Strömen gelegen, waren durch die Marken= und
Ordensverfassung wirtschaftlich und politisch unter starke centrale
Regierungen gekommen. Sie hatten an dem großen deutschen
Handelsaufschwung, der sich um die Ostsee gliederte, teilgenommen;
die großen nach Osten gerichteten Wander= und Kolonisations=
bewegungen hatten tüchtige Menschen und gut ausgebildete
Institutionen in Fülle dahin gebracht. Diese Kolonien hatten
damit eine große geistig=moralische Spannkraft, und jenen derben
kräftigen Erwerbstrieb, wie sie jeder Kolonie eigen sind, erhalten; .
starke religiöse Motive und Bande verknüpften sich mit Schaffens=
lust und derber Einfachheit, mit rohem Zugreifen und Genießen.
Und erleichtert wurde der Aufschwung durch die Nähe des Mutter=
landes, woher die überlieferten rechtlichen und wirtschaftlichen
Einrichtungen und technischen Eigenschaften kamen und immer
wieder leicht Auffrischung erhielten. Sie trafen hier auf viel
überflüssigen Boden, auf eine kulturell weit zurückstehende
Bevölkerung anderer Rassen, die zurückgedrängt wurde. Der stete
Kampf mit ihr unterhielt die Kräfte.

Deutschland hatte, als es seine Kolonien jenseit der Elbe
eroberte und besiedelte, eine tausendjährige Kulturarbeit hinter
sich; es war auf einem gewissen Höhepunkte des wirtschaftlichen
Lebens angelangt; eine höhere Technik in Gewerbe und Acker=
bau, in Verkehr und Geldwesen hatte Platz gegriffen; Städte
und Großhandel waren im raschesten Aufblühen; Sitte und
Rechtsanschauung der germanischen und der christlich=römischen

Welt hatten einen gewissen Gleichgewichtspunkt gefunden; und mit all diesen überlegenen Mitteln stürzte sich die überschüssige Bevölkerung auf die Slavenlande jenseit der Elbe; Kirche, Klöster und Rittertum bewahrten hier in ernster, beinahe erschöpfender Arbeit lange eine Reinheit, die sie in der alten Heimat längst verloren. Und so gelangen hier rasch Gründungen ganzer Lande und Staaten, durchmaß hier die Volkswirtschaft und das Finanz=wesen einen Weg in Jahrzehnten, zu dem sie zwischen Rhein und Elbe Jahrhunderte gebraucht. Freilich glich das Leben jenseit der Elbe noch lange nicht dem am Rhein. Noch Albrecht Achill meint, die Mark Brandenburg sei höchstens halb so bebaut, wie seine fränkischen Lande. Rohe, unvermittelte Gegensätze standen sich noch gegenüber: Natural= und Geldwirtschaft, Slaven= und Germanentum, Heidentum und Christentum; Sitten und An=schauungen trafen auf engstem Raum aufeinander, die Jahr=hunderte in der historischen Entwickelung auseinander waren. Mehr äußerlich war die Blüte als innerlich. Nur die Not, nur ein tüchtiges Fürstengeschlecht hier, dort das feste harte Regiment jener mönchisch=kriegerischen Beamten des Marienordens hatte es dahin gebracht, daß man so harte Militärlasten willig trug, daß man willig Zins und Zehnten gab, daß man die fis=kalischen Anschauungen der Zeit über Wald und Fischwasser, Mühlrecht und Münze, über Steuer und Zoll so zum Vorteil der Landesherrschaft ohne Murren in die neuen Gebiete hatte eindringen lassen.

Mit dem Moment, da die Gefahren an der Grenze nach=ließen, zerbröckelte auch das scheinbar fest gefügte Finanzwesen. Freilich wirkten die speciellen Schicksale der beiden Lande wesent=lich mit. Wir haben sie hier nicht zu erzählen, sie sind bekannt genug. Nur die wesentlichen Punkte des finanziellen Rückganges, die Hauptmomente der finanziellen Auflösung haben wir zu be=rühren. Wir richten dabei unser Hauptaugenmerk, wie bisher, auf Brandenburg.

Die wesentlichste Ursache, die alle mittelalterlichen politischen Gebilde stets wieder so rasch vernichtete, war der mangelnde

ober zu schwache Staatsgedanke, die Unfähigkeit, staatliches und
privates Leben gehörig auseinander zu halten, den staatlichen
Zwecken und Bedürfnissen eine eigene feste Organisation zu geben.
Das lernen die Völker eben erst in Jahrhunderten, erst nach An=
läufen und Versuchen, die ganze Generationen ins Grab führen.
Durch großen Domänenbesitz hatten die Merowinger, die Karo=
linger, die Ottonen, die Salier und die Staufer große Staats=
bildungen geschaffen, durch Zersplitterung in Privathände waren
diese Gebilde so rasch wieder gesunken. Die Staatshoheitsrechte,
wie sie die Römer ausgebildet und den Germanen überliefert
hatten, gingen in die Hände der Großen und der Kirche, später
in die der Städte und des Adels über und die Folge war, neben
manchen blühenden lokalen Schöpfungen, immer zuletzt die staat=
liche Anarchie, die auf der anderen Seite durch das altgermanische
Freiheitsgefühl, durch die Blutrache und alle jene nur in den
germanischen Wäldern, nicht mehr in Städten und dichtbevölkerten
und bebauten, von Handel und Verkehr durchfurchten Gebieten
möglichen und nur langsam sich umbildenden Sitten mancherlei
Nahrung erhielt. Diesem Zersetzungsprozesse, dieser Verwand=
lung der Hoheitsrechte in nutzbare Privatrechte entging auch die
Mark Brandenburg nicht. Auch hier war man nicht fähig, ge=
wisse staatenbildende Gedanken, die, teils vom Westen gekommen,
teils durch die Not diktiert, bei der Gründung maßgebend ge=
wesen waren, auf die Dauer festzuhalten. Das Fürstentum selbst
erschien ja, wie noch Jahrhunderte lang, als ein Privatbesitz
der fürstlichen Familie, den man teilte wie andere Vermögens=
stücke; und wenn nun die Einkünfte nicht reichten, so veräußerte
man Steuer= und Zollrechte, verkaufte die Münze und die
Domänen, verpfändete Jurisdiktions= und Steuereinsammlungs=
rechte. Im Ordenslande hatte man schon im 14. Jahrhunderte
mannigfach die Kriegsdienstpflicht gegen Kapitalsummen abkaufen
lassen. Das Resultat war hier wie anderwärts zuletzt dasselbe:
reiche autonome Städte und trotzige Grundherrschaften standen
einer verarmten Landesherrschaft gegenüber. Schon 1337 hatte
der Landesherr in der Neumark nicht die Hälfte der städtischen

Bede mehr; zur Zeit Karls IV. hatte er sie im Teltow noch von 14 der 90 vorhandenen Dörfer, in der Zauche noch von 6 statt von 104, im Havelland noch von 3 statt von 104. Der Zins und Zehnte, die ursprünglichen Haupteinnahmen, war mindestens ebenso dahingeschwunden. In seiner privatrechtlich fixierten Form war der Zins ursprünglich ein gutes Mittel gewesen, Kolonisten zu locken; jeder wußte klar, was er gab, hatte keine Erhöhung zu fürchten; später war Zins und Zehnte um so leichter verkauft und verpfändet, war ihre Weggabe zu Lehen immer und immer wieder das einzige Mittel, widerspenstige Vasallen in der Not zu ihrer Pflicht zurück zu führen.

Der Kredit war noch wenig oder gar nicht entwickelt; die Bedürfnisse der Fürsten und Regierungen aber vielleicht noch wechselvoller als heute. Da war in jedem Augenblicke der Not nicht anders zu helfen, als durch den Verkauf oder durch eine Verpfändung, die dem Verkaufe gleich kam; ein großer Teil der Ämter, die Vogtstellen, die Stellen der Heidereiter und Landreiter wurden dem verliehen, der Vorschüsse geben konnte und der sich nun durch zehnfache Ausnutzung seines Amtes bezahlt machte, der sich häufig wohlweislich die Unentlaßbarkeit vor Bezahlung seiner Forderungen ausbedang. Als die Hohenzollern in die Mark kamen, waren wohl neun Zehntel aller landesherrlichen Einkünfte verpfändet und verkauft. Die besitzenden Klassen hatten um Schleuderpreise mit maßlosem Gewinne den Staat, wenn wir von einem solchen schon sprechen dürfen, ausgekauft.

Immer wäre dieser Prozeß hier wie anderwärts nicht so rasch verlaufen, wenn der Verwaltungsapparat ein vollkommenerer, wenn die formalen Mittel, mit denen man damals eine Finanzwirtschaft führte, schon entwickelter gewesen wären.

Ein wesentlicher Teil der Einkünfte bestand neben den Geldeinnahmen in Naturalien. Nun ist selbst heute noch jede große Naturalverwaltung größeren Mißbräuchen ausgesetzt, als eine bloße Geldverwaltung; aber noch viel mehr war dies damals der Fall, wo die Bevölkerung viel sparsamer, die Vorgesetzten ferner waren, die formalen Kontrollen fast ganz fehlten. Was

der Heidereiter an Holz schlug, an Kohlenbrennern zuließ, wer
wollte das beaufsichtigen? Was der Vogt, was der Amtmann an
Zehnten und Naturalzinsen, an Fischen und Hühnern, an Wolle
und Flachs einbrachte, was er davon für sich und seine Ver=
waltung brauchte, wie war das zu beaufsichtigen? Das altger=
manische Leben hatte solch große komplizierte Verwaltungen nicht
gekannt; die Öffentlichkeit in der Volksgemeinde hatte ausgereicht,
die publica fides im Privatverkehr aufrecht zu erhalten, Recht
und Eigentum leiblich zu schützen. Mit diesen alten Mitteln
reichte man nun für eine große öffentliche Verwaltung nicht mehr
aus. Wohl suchte man das Wichtigste in Urkunden zu fixieren;
aber wie oft gingen sie verloren, wie wenig genügte ihr dürftiger
Inhalt; ein großer Teil der Beamten und Unterthanen konnte
nicht lesen und schreiben. Mit Kerbhölzern half man sich, wo
doch nur eine genaue Buchführung ausreichte. Das Bedürfnis
drängte dazu, Urbarien, Güter= und Einnahmeverzeichnisse zu
fertigen; wir haben von der Neumark das Landbuch Ludwig des
Älteren von 1337, von der Kurmark das von Karl IV. ange=
legte von 1375. Aber gerade sie zeigen, daß es, als man sie
endlich anlegte, bereits zu spät war, daß da die besten Ein=
nahmen schon verschwunden waren. Wir können uns heute kaum
mehr annähernd eine Vorstellung machen, wie das mangelnde
oder zu sparsame Schrifttum die Besitz= und Rechtstitel aller
Art unsicher, die Finanzwirtschaft schwierig, die Ehrlichkeit und
Pflichttreue in der Verwaltung selten machte.

Der Ordensstaat hatte seine Mönchsbrüder; er hatte auch
unter seinen Rittern manche, die lesen und schreiben konnten; die
Thatsache, daß er früher als andere Territorien Verzeichnisse an=
legte, seine Zinse und Zehnten genau buchte, machte einen guten
Teil seiner finanziellen Überlegenheit aus. Er hatte auch ein
besonderes Aufsichtsinstitut; die Visitierer der älteren Zeit haben
auch das Finanzwesen in Ordnung gehalten. Freilich kam es
sehr frühe auf, daß die Komture nicht mehr regelmäßig Rech=
nung ablegten und die Überschüsse abführten, sondern daß dies
nur beim Tode jedes Komturs geschah. Dadurch erlangte jeder

Komtureibezirk, jedes Ordenshaus, erlangten noch mehr die großen Abteilungen des Ordens, wie z. B. die unter dem Deutsch= meister stehenden Besitzungen, eine finanzielle Selbstständigkeit, eine Widerstandskraft gegen finanzielle Opfer und Zumutungen, die ganz wesentlich zum Falle des Ordens im 15. Jahrhundert beitrug, als die Disciplin sich gelockert, das Fraktionswesen und die Unbotmäßigkeit die Ordensbrüder ergriffen hatte. Und in Brandenburg war es nicht besser, seit der Adel mehr und mehr die Schulzen=, die Steuererhebungsrechte, das Dorfgericht gekauft, seit er mehr und mehr die Vogteien als harter Gläubiger des Fürsten inne hatte. Wie war von solchen Vögten und Haupt= leuten, auf deren Vorschüsse man angewiesen war, eine gewissen= hafte Finanzverwaltung zu erwarten, wie mußte man ihnen gegenüber nachsichtig sein in Rechnungslegung und Visitationen, in Berechnung der Aufwendung, die sie angeblich gemacht?

Überall übrigens, nicht bloß in Brandenburg und Preußen, erfolgten ähnliche Mißstände und finanzielle Bankerotte infolge des noch fehlenden Kontrollapparates, der mangelhaften Rechnungs= legung, der mangelnden Schriftlichkeit. Die ganze folgende Periode hindurch sehen wir in Brandenburg und Preußen noch ähnliche Mißstände, wenn auch nicht mehr ganz so stark.

Wir schließen diese älteste Periode des brandenburgisch= preußischen Finanzwesens mit der Frage, wie es kam, daß man sich in diesem finanziellen Ruin nicht besser mit Steuern half, die doch, wie erwähnt, bereits existierten?

Den Gedanken der Steuerpflicht haben die Germanen von der römischen Kultur empfangen; ja sie empfingen von ihr mehr als das, wenigstens im Frankenreich erhielt sich, wo die Romanen zahlreicher wohnten, das alte Steuersystem; es drangen fiskalische Anschauungen verschiedener Art, besonders das Zollregal, als Ausgangspunkt verschiedener indirekter Steuern in alle neu= gebildeten germanischen Staaten ein. Aber gegen eigentliche Steuern, gegen dauernde, Jahr für Jahr wiederkehrende Ab= gaben von bestimmter Größe lehnte sich die altgermanische Sitte immer wieder auf. Wohl hat Droysen Recht, wenn er sagt:

Das Steuerrecht lag in dem Begriff des Fürstentums, des Staates. So lange das Reich Staat war, befahl der Kaiser ein subsidium, eine collecta (Pertz Leg. II., 151, 213). Mit Recht erinnert er daran, daß die Markgrafen von Brandenburg ein unzweifelhaftes Steuerrecht in Anspruch nahmen: Petitio sive precaria exactoria, quam in terra sive territorio Marchiae dignoscimus habere. Auch Nitzsch hat sicher Recht, wenn er den Satz aufstellt, im 12. und 13. Jahrhundert wäre für Deutschland der Zeitpunkt eingetreten gewesen, in dem das Kaisertum, rein vom volkswirtschaftlichen Standpunkt aus betrachtet, die öffentliche Gewalt auf ein Geldsteuersystem hätte begründen müssen. Da und dort, in Städten und Territorien, in der Bede der Mark Brandenburg sehen wir ja den Beweis dafür. Andere Staaten analoger Entwickelung deuten ebenfalls darauf hin; ich erinnere an die englischen Schildgelder, den sogenannten Fünfzehnten und andere Steuern, die England im 12. und 13. Jahrhundert schon kannte, deren willkürliche Erhebung schon die magna charta beseitigen wollte. — Aber hier, wie auf allen anderen socialpolitischen Gebieten, eröffnet sich der historischen Betrachtung die Erkenntnis, daß die Völker sich an neue bisher ungewohnte Formen des gemeinsamen Lebens erst in Jahrhunderten, erst durch viele tastende und unsichere Versuche hindurch gewöhnen. Immer noch wollte in Deutschland der Gedanke nicht weichen, daß es schimpflich sei, Steuern zu zahlen; mit dem Beginn der Steuern in Städten und Territorien ertönte die bittere Klage, man müsse für alles zahlen und zinsen, wenn es ginge, auch für Sonnenschein, Wind und Regen (Grimm, Rechtsaltertümer S. 248). Wir wissen wohl — schreibt noch Albrecht Achill — man spricht, Steuer sei nicht recht. Der Adel und die Prälaten meinten genug zu thun, daß sie mit Blut und Rat dem Fürsten dienten; ein weiteres sei Sache der Hörigen, die ihrem Grundherrn zu zinsen hätten. Höchstens zu freiwilligen Geschenken wollten sie sich verstehen; das ist der Grundgedanke des ständischen Steuerbewilligungsrechtes. Und es war natürlich, daß man so dachte. Die Steuern, die man gab, kamen zu häufig

in Hände, die sie mißbrauchten; die Fürsten fühlten sich noch zu
oft nicht als die Vertreter des Ganzen, sondern als Privat=
personen; wenn man ihnen etwas zahlte, wollte man sicher wissen,
was man dafür erhielt. Wenn in dem Wesen der Steuer die
gemeinsame und unbeschränkte Pflicht aller liegt, das zur Er=
haltung des Gemeinwesens Erforderliche beizutragen, so setzt das
eine abstrakte Gedankenausbildung voraus, zu der die handgreif=
liche Anschaulichkeit jener Tage nur schwer kam, und um so
schwerer kam, je unvollendeter der staatliche Organismus war,
für den man zahlen sollte. Eine starke Fürstengewalt konnte
wohl dazu zwingen; das Bewußtsein des Volkes aber, daß sie
das Recht habe Steuern zu fordern, das konnte erst im Laufe
der Jahrhunderte sich ausbilden, und zwar eben in dem Maße,
als die Staatsgewalt mehr leistete und in rechtlichen Formen
die Finanzwirtschaft führte. In Deutschland faßte der Gedanke
der Steuerpflicht um so schwerer Wurzel, als es einen einheit=
lichen Staat seit dem Untergang der Staufer nicht mehr gab.
Das Gegenbild hierzu sehen wir in England, wo der normännische
Lehensstaat ein festes fürstliches Regiment geschaffen hatte. Da
sehen wir rasch Lehenssteuern, direkte Kopf= und Klassensteuern,
Steuern vom beweglichen Vermögen, Konsumtionsabgaben und
steuerartige Naturalleistungen sich ausbilden, aber diese tastenden
Versuche treten so unvollkommen, so brutal auf, daß sie dadurch
wieder für Jahrzehnte und Jahrhunderte in Frage gestellt werden;
die dauernde Ausbildung des Steuerwesens ist daher kaum eine
raschere dort; die Tudors leben wieder mehr von ihren Domänen,
ihren Geldstrafen, ihren Regalien und Zöllen als von Steuern.

In Brandenburg und Preußen hatte die privatrechtliche, den
Gefühlen und Ideen der damaligen Menschen gemäßere Form
der Zinsverfassung eine frühe Entwickelung der Steuern über=
flüssig gemacht. Nachdem aber dieser Besitz verschwunden war,
nachdem in Preußen die Not, die Verschuldung, die Widerspen=
stigkeit der nichtpreußischen Ordenshäuser eine furchtbare Finanz=
kalamität geschaffen, da griff man natürlich auch zu Steuern,
aber man stieß dabei auf so viele Schwierigkeiten, auf so viel

ständische Abneigung, daß nichts dabei herauskam. Nur mit
äußerster Mühe konnte man nach dem Unglückstag von Tannen=
berg im Ordensland den ersten Schoß 1411 erheben. Nur höchst
selten hatten die Brandenburger ihren luxemburgischen Herren
Steuern gezahlt; als die Hohenzollern ins Land kamen, hatten
sie fast aufs neue die Idee der Steuerpflicht wieder zu begründen
und einzuführen.

2.
Der ständische Territorialstaat.

Das 15., 16. und der Anfang des 17. Jahrhunderts sind
auch für Brandenburg und Preußen die Zeit des ständischen
Territorialstaates.

Nachdem das Gelingen jeder Reichsreform immer unabseh=
barer geworden, die Städtebündnisse den Fürsten erlegen waren,
knüpfte das kräftige politische Leben allerwärts in Deutschland
an die Territorialfürsten an. Und es sind ja eine Reihe tüchtiger,
energischer Charaktere, die im 15. und 16. Jahrhundert aus
dem Wirrwarr von Hoheits= und Privatrechten, von feudalen
Lehnssplittern, Allodien und Regalien wirkliche Anfänge kleiner
Staaten gegründet haben. Am leichtesten gelang das im Osten
Deutschlands, trotz seiner roheren Kultur, seiner gegenüber den
Rheinlanden unentwickelteren Technik und wirtschaftlichen Ent=
wickelung, weil hier vom Mittelalter her größere Gebiete unter
einem Herrn geblieben waren. Die Territorialfürsten haben die
Universitäten gegründet und der Reformation den festen Boden
gegeben, sie haben, gedrängt freilich und auch mannigfach unter=
stützt von Adel und Städten, die ständischen Verfassungen be=
gründet, sie haben, gestützt auf ein neues, juristisch geschultes
Beamtentum, die Verwaltung neu geordnet, die neuen Gerichte
und Domänenkammern ins Leben gerufen, sie haben begonnen,
ihre Territorien volkswirtschaftlich als ein Ganzes zusammen
zu fassen, sie haben die ersten territorialen Steuersysteme ge=
schaffen, sie haben daneben besonders in Form der Regalien=

wirtschaft und nicht ohne Mißbräuche begonnen, die notwendige und heilsame Rolle zu übernehmen, die später in der Epoche des aufgeklärten Despotismus mit mehr Erfolg die größeren deutschen Staaten, England und Frankreich nachahmend, für Belebung der Industrie, des Bergbaues, der Kunst und der Technik spielten.

In Brandenburg sind es vor allem die hohenzollernschen Fürsten der ersten 120 Jahre, von denen als Territorialfürsten Rühmliches zu melden ist. Mit Joachim I. erreicht die aufwärts gehende Bewegung ihren Höhepunkt, um dann unter weniger begabten, teilweise schwachen Fürsten auch im Finanzwesen einer schlimmen Verschuldung, einem Übergang der territorialen Steuern in ständische Hände und damit einer Verknöcherung und Mißbildung Platz zu machen, die ihren klaren Ausdruck in der kläglichen Rolle findet, welche Brandenburg im 30 jährigen Kriege spielt.

Durch ihre Festigkeit und Geschicklichkeit und dabei in aller Form Rechtens auf Grund ständischer Beschlüsse erreichten die ersten Hohenzollern die Wiedereinführung der Bede als allgemeine Vermögenssteuer sowie nach schweren, teilweise blutigen Kämpfen, besonders mit den Städten, die Durchführung einer territorialen indirekten Steuer, des Biergeldes. Fast Jahr für Jahr wurde im 15. Jahrhundert eine volle oder halbe Bede bewilligt. Kotelmann[1] berechnet, diese Vermögenssteuer habe auf alle einzelnen Jahre verteilt unter Friedrich I. 4000, unter Friedrich II. 1440/56 6700, 1456/70 13,400, unter Albrecht Achill 11,250 damalige Goldgulden[2] betragen, unter dem letzteren etwas weniger, weil die 9000 Schock Groschen der ganzen Bede in der immer schlechter geprägten Münze weniger wert geworden seien.

---

[1] Die Finanzen Albrecht Achills, Zeitschrift für preuß. Gesch. 3, 417.

[2] Der deutsche Goldgulden ist 1400 etwa 3,2, 1500 2,5 Gramm feines Gold, also gegenüber dem italienischen Goldgulden oder Dukaten 1500 ein Gramm leichter; er steht 1500—1550 dem halben Guldiner von 27—28 Gramm fein Silber gleich, ist also im 14 Thalerfuß nicht ganz 2 Thaler. Das Schock Groschen beträgt 60 Gr.; der Groschen hat 1300 — 1350 etwa 4,5—3,8, 1500 etwa 1—1,3 Gramm fein Silber, das 10 Gr.-Stück des Münzfußes von 1857 hatte 5,5 Gramm.

In den Städten ruhte die Steuer auf eidlichen Vermögens-
angaben; der Rat nahm das Recht in Anspruch, den zu gering
veranschlagten Besitz nach der Schätzung der Eigentümer zu übernehmen. Freilich war diese Veranlagungsart bald den Städten
ganz überlassen; sie zahlten die festen Aversalsummen, zu denen
sie veranlagt waren, kauften oft auch durch große Kaufsummen
die Bedepflicht ganz ab. Auf dem Lande aber hielt man sich
an den Hufenzins als Grundlage der Bede, wobei ein Wispel
Hartkorn, zwei Wispel Hafer oder ein Pfund brandenb. Silbers
oder 240 Pfennig seit alter Zeit als gleich betrachtet, als ein
„frustrum" gerechnet wurden. Auch die Kossäthen, Krüger,
Müller, Schäfer und Fischer belegte man später nicht mehr nach
ihrem Vermögen, sondern berechnete ihnen nach dem grundherrlichen Zins, den sie gaben, gewisse frustra oder vielmehr
Teile davon. Es war die technische Schwierigkeit der Einschätzung, Katasterfortführung und Richtighaltung, die zu diesen
das Wesen einer Vermögenssteuer wesentlich beschränkenden Aus-
hilfen führte.

Außer der Bede wußten die Hohenzollern der ersten 100 Jahre
auch die Militär- und andere Naturalpflichten des Adels und
der Städte wieder mehr auszunutzen als die früheren Fürsten.
Die Städte hatten den Landesherrn oft zu beherbergen, sie
reichten ihm bei vielen Gelegenheiten wertvolle Geschenke, stellten
Söldner und Haubitzen. Kotelmann meint, besonders die Städte
hätten unter Albrecht Achill nicht selten weit mehr in dieser
Form, als in Form der Landbede geleistet. Im 16. Jahrhundert
wußten sie sich auch dem wieder mehr zu entziehen; der Lehns-
dienst des Adels sank ohnedies bis gegen 1600 zur bloßen wert-
losen Form herab, obwohl man die Musterrollen zu Anfang
des 17. Jahrhunderts revidierte und durch Musterungen das alte
Institut zu beleben suchte.

Um die Einführung indirekter Steuern für das ganze
Territorium kämpfte Albrecht Achill und sein Sohn 16 Jahre
lang, von 1472—1488. Schon 1456 hatte sich Albrecht vom
Kaiser ein Privilegium erteilen lassen, in seinen Landen neue

Zölle und Ziesen auf Wein, Bier und andere Verbrauchsgegen-
stände einzuführen und die vorhandenen zu erhöhen. Er schlug
nun, als es sich 1472 um die Übernahme von 100,000 Goldgulden Schulden durch die Stände handelte, eine Brau- und
Ausschanksteuer von Bier und Wein vor. Er konnte nicht durchbringen. Die neuen Zölle, die er trotzdem einzuführen sich berechtigt glaubte, führten zu förmlichem Aufstand. Umsonst er-
stritt sich der Kurfürst vor einem ständischen Gericht sein Recht
auf diese Zölle. Endlich im Jahre 1488 bewilligten die Stände
die Bierziese auf 7 Jahre; die Tonne sollte 12 Pfennige[1]
zahlen. Auch jetzt wieder kam es über der Einführung in den
altmärkischen Städten zu schlimmen Bewegungen, ja in Stendal
zu einem Aufstand, der der Stadt ihre Privilegien kostete. Von
da ab aber blieb die Bierziese ein wichtiger Teil des märkischen
Steuersystems. Schon 1513 ist von alter und neuer Ziese die
Rede. Und das 1549 bewilligte neue Biergeld ist nach meiner
Berechnung etwa achtmal so hoch, als die Ziese von 1488, die
daneben fortbestand. Bemessen wurde diese Steuer von dem im
Lande gebrauten Bier nach dem Malz, das zur Mühle kam.

Auch die Zölle dauerten in ihrem erhöhten Betrag und an
den neuen Zollstellen fort. Besonders der Ausfuhrzoll in Lenzen
(ein Goldgulden vom Wispel Getreide) wurde sehr einträglich.
Eine Zollrolle von 1518, die bis 1632 galt, suchte einigermaßen
Ordnung in die Tarifsätze zu bringen; die Land- und Wasser-
zollrollen von 1632 enthielten dann viel höhere Sätze, wie überhaupt die Finanznot im dreißigjährigen Kriege erst zu jener unvernünftigen planlosen Erhöhung aller Zölle führte, welche den
Verkehr allerwärts fast vernichtete, die unsinnigsten Handelsumwege
nötig machte.

Trotz dieser öffentlich-rechtlichen Einkünfte aber blieb die

---

[1] Der brandenburgische Pfennig hatte nach E. Bahrfeldt, Das
Münzwesen der Mark Brandenburg von 1415—1640 (1895, S. 529)
$\frac{65{,}714}{720}$ Gramm fein Silber, also 0,09 oder fast 1 Zehntel Gramm f.; 12 Pfg.
hatten also 1,08 Gramm, waren 20 heutigen Pfennigen gleich.

Domänen- und Forstverwaltung der Mittelpunkt der Finanzen, oder vielmehr wurde sie es erst. Die deutschen Fürsten jener Tage betrachteten sich selbst als große Grundbesitzer und Grundherren; in Brandenburg hatten die sparsamen haushälterischen Hohenzollern bald wieder wenigstens einen Teil der veräußerten Domänenstücke eingelöst; in Preußen bemühten sich die fürstlichen Hochmeister und ersten Herzöge rasch einen möglichst großen Teil der Domänen für ihre Hofhaltung in direkte Nutzung zu erhalten. Der große Waldbesitz wurde mit dichterer Bevölkerung etwas wertvoller. Die Reformation vermehrte in Brandenburg den fiskalischen Land- und Waldbesitz immerhin etwas, wenn auch der größere Teil der Kloster- und Kirchengüter an die Universitäten, Schulen und Städte, sowie an den Adel kam, der in der verschiedensten Form Ansprüche darauf erhob und sie geltend zu machen wußte.

Die Administration der Domänen war noch unvollkommen genug, aber immer etwas besser als früher. An die Spitze des gesamten Domänenwesens trat auch in Brandenburg eine kollegialische, von der übrigen Regierung geschiedene Amtskammer, zuerst in Küstrin unter der Verwaltung des Markgrafen Hans, später auch in Berlin. Es war ein Fortschritt, den nach dem Vorgang Maximilians die meisten deutschen Staaten vollzogen. Mit der kollegialischen Behandlung der Geschäfte begann eine ganz andere Stetigkeit und Tradition, eine ganz andere Möglichkeit der Kontrolle. Nicht umsonst sieht Melchior von Offa (1556) darin eine der wichtigsten Verbesserungen des Finanzwesens. Andere wesentliche Fortschritte hatte schon Albrecht Achill in der Domänenverwaltung angebahnt. Er hatte eine Art von Voranschlägen und Übersichten anfertigen lassen, nach denen er sich selbst richtete und nach denen die Beamten wirtschaften mußten. Er hatte die Rechnungslegung geordnet und, was ein großer Fortschritt war, an bestimmte Termine geknüpft; hatte doch selbst eine Stadt wie Nürnberg erst seit Anfang des 15. Jahrhunderts an Stelle der beliebigen bald kürzeren, bald längeren Rechnungstermine feste Jahrestermine gesetzt. Albrecht Achill

hatte begonnen, alle Naturalien in Geld anschlagen zu lassen, um
so eine einheitliche Rechnung aufstellen zu können. Er hatte
vorgeschrieben, daß möglichst alle wichtigen Amtshandlungen in
Gegenwart zweier Beamten vorgenommen würden, hatte nach
fränkischem Vorbild für die Amtleute, Kastner und Zöllner
kontrollierende Gegenschreiber eingeführt; wenn er bei den letzten
verordnet, man solle Priester dazu nehmen, so kann dies nur
den Sinn haben, schriftkundige Personen zu wählen. Den
Rechnungen sollten genaue Einnahmeverzeichnisse und Quittungen
beigelegt werden. Eine genaue Hoforordnung regelte die Thätigkeit der höheren Beamten. Und mit dieser schriftlichen Ordnung
des Verwaltungslebens war viel gewonnen. Die Land- und
Amtsbücher wurden dann im 16. Jahrhundert allgemein, wie
die Hof- und Amtskammerordnungen, die Forst- und Fischerei-
ordnungen. Mit dieser Feststellung des Verwaltungsrechtes war
wenigstens einiger Anhalt für die Verantwortlichkeit der Beamten,
für die Visitationen durch die Amtskammerräte, sowie für die
Rechnungslegung gewonnen. Von einer Ordnung des Haushaltes
im modernen Sinne war freilich mit alledem auch jetzt noch nicht
die Rede. Neben den regelmäßigen Lieferungen von Getreide
und Vieh, Butter und Geflügel, welche die einzelnen Ämter nach
Hofe zu machen hatten, kamen häufig außerordentliche Anweisungen und Zahlungsmandate an die Hauptleute und Kastner,
von denen man in der Amtskammer nichts erfuhr. Der Bedarf
des Marstalls und der Hofküche war gar groß und wechselnd.
Einzelne Personen, denen man etwas zuwenden wollte, wurden
nicht an die Centralkassen, sondern an die einzelnen Ämter gewiesen; an der Quelle der Einkünfte war man sicherer, zu etwas
zu kommen. Das Personal, das die Kammerämter auf fiskalische
Rechnung verwaltete, war übergroß: da war neben dem Amts-
hauptmann und Rentmeister: der Kornschreiber, der Amts-
aktuarius, der Gerichtsvogt, mehrere Landreiter, der Schließvogt,
oft ein besonderer Scharfrichter, dann der Schäfer, der Brauer,
die Hofmuhme, die Hofmeister auf den Vorwerken und endlich
das übrige Unterpersonal. Allen diesen Leuten wurde Vieh aus-

gefüttert, alle erhielten die verschiedenften Deputate, hatten Obst=
und Küchengärten. Auf jedem Amte baute man beliebig auf
Regimentsunkoften. Und ähnlich, nur in viel großartigerem
Stile, wurde die Hofhaltung geführt. Unzählige Beamte er=
hielten Futter und Mahl, oft auch Kleidung und andere Dinge
bei Hofe; es gab Beamte, denen bis zu 24 Pferde ausgefüttert
wurden. Fremde Gesandte wurden von der Landesgrenze an auf
fürftliche Koften bewirtet. Manchen Domänenämtern legte man,
um für diese enorme Haushaltung die Vorräte zu erhalten, und
weil man eben gewöhnt war, alles von den Ämtern zu beziehen,
Lieferungen von Wein, Bier, Bettzeug, Leinwand, Garten=
gewächsen und ähnlichem auf, die sie selbst wieder einkaufen
mußten. Wie schwierig war da eine genaue Rechnungsführung
und =Legung. Immer aber war es ein Fortschritt, daß man in
Brandenburg seit dem 16. Jahrhundert wenigftens zwischen den
regelmäßigen Hofausgaben und den mehr persönlichen unregel=
mäßigen Ausgaben des Fürften unterschied. Man trennte die
Kammerkasse oder Schatulle, in welche die Überschüsse der Forst=
verwaltung, gewisse Zölle, die Judengelder und Münzeinkünfte
flossen, als die mehr dem persönlichen Belieben des Fürften
überlassene Kasse von der Hofrentei, d. h. der fürftlichen Amts=
kasse, die der kurmärkischen Amtskammer unterstellt war; in sie
flossen die Überschüsse der kurmärkischen Ämter und der neu=
märkischen Landrentei, die Urbeden der Städte, die Bierziese und
die Landsteuern, die Lehnwaare und Schleusengelder, kurz alle
übrigen Einnahmen, soweit sie überhaupt dem Fürften zustanden.

Die Gesamteinnahmen, d. h. wieder die für Hof= und
Centralverwaltung verfügbaren Überschüsse waren, als die Hohen=
zollern in die Mark kamen, fast gleich Null gewesen, wie wir
bereits erwähnt. Nur mit Mühe und unter Aufwendung vieler
Mittel brachte es Friedrich I. dahin, daß der dürftige Hofhalt
seines Sohnes beftritten werden konnte. Im Jahre 1440 war
die Jahreseinnahme etwa 30,000 Goldgulden [1] (also etwa

---

[1] Es war damals noch 2,1—2,9 Gramm fein Gold, also etwa = 2½
[heutige] Thaler.

75 000 heutige Thaler). Vor allen Albrecht Achilles hob nun das Finanzwesen hier wie in seiner süddeutschen Heimat. Äußerst sparsam und haushälterisch, trotz seines glänzenden Rittertums, brauchte er jährlich für sich und seinen Hof nur 10—11,000 Gold=gulden; er übernahm von seinem Vater eine Million Gulden Schulden, gab für seine Kriege Hunderttausende aus, aber er brachte seine süddeutschen Einnahmen doch zuletzt auf 60 bis 65,000 Gulden, die brandenburgischen auf etwa 50,000, von denen etwa $^1/_5$ auf eigentliche Steuern fallen. Er kam also auf jährlich 115,000 Goldgulden oder etwa 250,000 Thaler. Daneben hatte Albrecht Achill viele Güter gekauft und einen Schatz von 400,000 Gulden in Silbergeschirr, Edelsteinen und baar Geld hinterlassen. Die brandenburgischen Einnahmen (ohne die fränkischen) stiegen dann unter den nächsten Regenten noch bedeutend und erreichten unter Joachim I., dem letzten der haus=hälterischen Regenten, 80,000 Gulden oder 150,000 heutige Thaler. Aber von da an ist das regelmäßige Einkommen der brandenburgischen Kurfürsten bis zum Anfall von Preußen und Cleve=Mark kaum mehr gewachsen. Ohne besondere Steuer=verwilligungen nahm Johann Sigismund etwa 140,000 damalige Thaler ein[1], die zu 1 Thaler 15—20 Sgr. gerechnet das Ein=kommen von Joachim I. nicht allzuweit übertreffen. Unter Georg Wilhelm erreichte das regelmäßige Einkommen 1620—1625

---

[1] Riedel, Der brandenb.=preuß. Staatshaushalt in den beiden letzten Jahrhunderten, 1886, S. 19. Der Wert dieses Buches besteht darin, daß der Verfasser zum erstenmal alle Staatsrechnungen von 1605—1806 nach ihren Jahresresultaten zu einer einheitlichen vergleichbaren Statistik zu=sammengefaßt hat. Die aus dieser Zeit von uns gemachten Angaben fußen wesentlich auf Riedel. Wenn man jetzt öfter seine Zahlen als unzuverlässige bezeichnet hat, so scheint mir dies zu weit zu gehen; so weit ich sehen kann, hat er aus den Rechnungen nur zuverlässig die einzelnen Angaben ent=nommen. Aber bei dem tieferen Eindringen in das Studium der Finanzen wird man häufig finden, daß die einzelne Rechnungszahl aus formalen rechnungstechnischen Gründen nicht die Wahrheit enthält, die man sucht, daß in anderen Aktenstücken andere Zahlen zu finden sind, die man Ursache hat, für richtiger zu halten. Vergl. darüber meine Ausführungen in den Forschungen zur brandenb.=preußischen Geschichte, V, 611.

dann allerdings schon 264,000 damalige Thaler; aber man weiß
nicht, ob auf diese Summe nicht die Münzverschlechterung der
zwanziger Jahre von Einfluß war; jedenfalls sind die Einkünfte
der neuerworbenen Lande dabei. Mit den damals freilich selten
genug den Kurfürsten bewilligten außerordentlichen Steuern und
anderen außerordentlichen Zuschüssen waren die Einnahmen höhere;
so berechnet Riebel das gesamte Einkommen Johann Sigismunds
für 7 Jahre durchschnittlich zu 280,000 dam. Thaler, darunter
sind aber für die 7 Jahre beinahe eine Million an „auf=
gebrachtem Geld", d. h. Schulden und verschiedene außerordent=
lich bewilligte Steuern. Die regelmäßig gezahlten wichtigeren
brandenburgischen Steuern, der Hufenschoß, das Städtegeld und
das neue Biergeld flossen damals nicht mehr in die fürstliche,
sondern in die ständischen Kassen, aus denen die Zinsen für die
von den Ständen übernommenen Schulden bezahlt wurden. Wie
groß die Einnahme dieser Kassen gewesen sei, kann ich nicht an=
geben. Ganz gering kann sie aber gegen 1600, als die Schulden
bereits mehrere Millionen umfaßten, nicht gewesen sein. Im
Jahre 1623 waren nach Krug[1] die auf dem neuen Biergeld
haftenden Schulden allein über zwei Millionen; freilich wird
hinzugefügt, daß die Einkünfte nicht zur Verzinsung, geschweige
denn zur Abtragung der Schuld reichten. Aber 50—60,000
damalige Thaler dürften doch wohl als Einnahme des Kredit=
werks und damit als Steuerertrag Brandenburgs angenommen
werden. Darnach wären die Steuern nicht mehr ¹/₅ der Ge=
samteinkünfte des Landes gewesen, wie unter Albrecht Achill,
sondern etwa ¹/₃.

Wollen wir nun die Bedeutung dieser Zahlen etwas
würdigen, so ist zunächst klar, daß die brandenburgischen Fürsten
des 15. und 16. Jahrhunderts vor dem Erwerb der neuen
Provinzen wesentlich hinter ihren askanischen Vorfahren und
hinter der finanziellen Macht des Ordens in seiner besseren Zeit
zurückstanden. Um sie dann mit ihrer Zeit zu vergleichen, sei

---

[1] Geschichte der preußischen Staatsschulden (1861 erst durch Bergius
veröffentlicht), S. 11.

an den bekannten Ausspruch Luthers über die Einkommens-
verhältnisse seiner Zeit erinnert: 40 Gulden ein guter Bürger
oder Bauer, 400 ein stattlicher Ritter, 4000 ein reicher Graf,
40,000 ein namhafter Fürst, 400,000 ein mächtiger König.
Der Kurfürst von Sachsen (ernestinischer Linie) nahm vor der
Kapitulation von Wittenberg im ganzen etwa 100,000 Gulden,
in einzelnen Jahren wohl auch mehr ein, seine Bergwerke trugen
oft allein bis zu 50 und 60,000 Gulden; er war unstreitig einer
der reicheren Fürsten im Reich. Darnach können wir die damalige Macht Brandenburgs ungefähr beurteilen; die Hohenzollern
waren vor 1600 wohlhabende Fürsten des deutschen Reiches,
aber an die wirklichen Mächte der Zeit reichten sie noch lange
nicht heran. Die Stadt Antwerpen soll vor der Zerstörung
durch die Spanier 1,726,000 Gulden Einkommen besessen haben;
ein Verzeichnis der Einkünfte Karls V. giebt dieselben zu
4,586,000 Dukaten, die einzelner seiner spanischen Großen bis
zu 50,000 Dukaten an. Der dabei gemeinte Dukaten wird den
deutschen Goldgulden um fast ein Gramm Gold übertroffen haben.

Auch was die Ausbildung des Steuerwesens und der ganzen
formalen Seite des Finanzwesens betrifft, stand Brandenburg
gegen 1600, soweit ich es übersehen kann, nicht gerade voran;
unter den ersten Hohenzollern hatten fränkische Einrichtungen
vielfach als Vorbild gedient, fränkische Beamte die wesentlichsten
Dienste geleistet. Aber im 16. Jahrhundert war keine entsprechende Weiterbildung erfolgt. Jedenfalls stehen manche
Steuerreformen des 16. Jahrhunderts weit über dem, was man
damals in Brandenburg — und in Preußen — kannte; ich erinnere nur an die schlesische Vermögenssteuer, deren Anlage uns
Kries und an die böhmische, deren Ausführung uns Gindely so
trefflich geschildert hat. Das waren Katastrierungsarbeiten, die,
so unvollkommen sie an sich waren, doch einen großen Fortschritt
in der deutschen Steuergeschichte repräsentieren. Und ein solcher
ist für Brandenburg seit dem Tode Joachims I. nicht mehr zu
verzeichnen. Im Gegenteil, es begannen nun eine Reihe von
Übelstanden sich mehr und mehr geltend zu machen.

Die wesentlichsten hängen mit der Ausbildung des Kredits und der ständischen Verfassung zusammen.

In den größeren Städten hatten die verschiedenen Formen des öffentlichen Kredits sich schon im 13. und 14. Jahrhundert so weit ausgebildet, daß dieses außerordentlich ergiebige und wirksame Hülfsmittel für große politische Pläne, diese den besitzenden Klassen stets bequemste Kapitalanlage schon damals zu ebenso großen Erfolgen als zu kläglichen städtischen Finanzkalamitäten und Bankerotten führte. Dieselbe Einwirkung des Kreditwesens sehen wir nun im 15. und 16. Jahrhundert in den Territorien und im Finanzwesen der Fürsten. Die Verschuldung der Fürsten wie der Privaten war zu Anfang des 17. Jahrhunderts eine so allgemeine, daß die Sistierung der Zinsenzahlung im 30jährigen Kriege fast allerwärts eintrat, daß nach demselben noch die Reichs= wie die Landesgesetzgebung zu jahrelangen Moratorien griff[1].

Die Hohenzollern des 15. Jahrhunderts hatten bereits in bedeutsamer Weise den Kredit für ihre Politik benutzt, wenngleich das Märchen falsch ist, sie seien als Gläubiger des Königs Sigismund in den Besitz Brandenburgs gekommen. Sie machten große Schulden, aber sie zahlten sie auch wieder ab, besonders Albrecht Achilles verstand sich darauf. Sein Finanzminister Ludwig von Eyb, „ein klein Männlein, aber von hoher Vernunft", hatte erklärt, ein Fürst müßte mit einem Drittel seiner Einkünfte reichen, ein zweites Drittel für außerordentliche Fälle zurücklegen und mit einem dritten die Schulden abzahlen. Aber solche Grundsätze waren damals selten. Die Schulden wuchsen den Fürsten allerwärts über den Kopf. Und das einzige Auskunftsmittel blieb gewöhnlich das, sich an die

---

[1] Das ältere Kreditwesen schildert jetzt A. von Kostanecki, Der öffentliche Kredit im Mittelalter (1889 in meinen staats= u. socialwissensch. Forschungen, Heft 37), das des 16. Jahrhunderts R. Ehrenberg, Das Zeitalter der Fugger (1896) und das der Zeit nach 1648 E. Gothein, Die deutschen Kreditverhältnisse und der dreißigjährige Krieg (1893, Sammlung staatswissenschaftlicher Schriften von Brentano und Leser, Nr. 3).

Stände mit dem Verlangen zu wenden, einen Teil der ja oft im
Interesse des Landes gemachten Schulden als die ihrigen anzuerkennen. Im Jahre 1472 übernahmen die brandenburgischen
Stände 100,000 Gulden[1] Schulden und das wiederholte sich
nun häufiger; 1542 übernahmen sie 519,000 Gulden; 1564
wurden auf das Biergeld 950,000 Gulden fundiert; beim Tode
Joachims II. waren 3,689,980 Guldenthaler Schulden vorhanden,
von denen die Stände den größten Teil übernahmen. Der Hofhalt war seit Joachims II. Regierung um so viel prächtiger
geworden: Turniere, Jagden, Wettrennen, Kämpfe von Löwen,
Bären, Auerochsen und andere Kurzweil sollten das Hofleben in
den neugebauten Schlössern unterhaltender, den immer noch rohen
Adel des Landes mit westdeutscher Bildung vertrauter machen.
Um die vollständig verfallene Militärverfassung, deren man in
der langen Friedenszeit ja notdürftig entraten konnte, gleichsam
zu ersetzen, baute man mit italienischen Baumeistern teuere
Festungen, welche dann freilich im 30jährigen Kriege als die
einzigen festen Zufluchtsorte sich praktisch erwiesen. Auf den
Reichstagen wurde allgemein von den Fürsten jener Tage so viel
pokuliert und gespielt, daß man zuletzt Pferde und Kleider bei
reichsstädtischen Kaufleuten versetzen mußte, und diese ließen sich
mit enormen Wucherzinsen bezahlen. Freilich kosteten auch ernst-
hafte politische Zwecke große Summen, wie z. B. die Anbringung
der brandenburgischen Prinzen auf die Bistümer Magdeburg,
Brandenburg, Lebus und die Gesandtschaften nach Königsberg
und Polen, um dort die Mitbelehnung für Preußen zu erhalten.
Aber die Folge war auch, daß man oft die Städte um eine
Bürgschaft für 30,000 oder 50,000 Gulden ersuchen mußte, daß
1548 kein Amt mehr da war, auf das 12,000 Gulden als

[1] Bis gegen 1500 sind unter Gulden stets Goldgulden verstanden;
von da bis 1559 steht der Goldgulden dem silbernen „Guldiner" so ziemlich gleich. Von 1550 ab tritt der Goldgulden aus dem Verkehr zurück;
der grobe silberne Guldiner beherrscht als Reichsthaler, Speciesthaler, Guldenthaler den Verkehr und die Rechenweise; er hat von 1566 an 25,9 Gramm
fein Silber, ist etwas über 1½ der späteren preußischen Thaler, welche 16,7
bis 16,6 Gramm fein Silber haben.

Heiratsgut für die zweite Gemahlin Joachims II. sicher gestellt
werden konnten, daß mehrmals der Kammerrat und Rentmeister
Mathias sich selbst als Bürgen für seinen Herrn verschreiben,
seine eigenen Kleinodien beim Juden Lippold versetzen mußte,
um Geld zu schaffen; fast alles Kirchengut, was der Kammer
infolge der Reformation zu gute kam, wurde sofort gegen bare
Vorschüsse gegeben. Die eingesetzten Stiftsverwalter, die sie
geleistet, wurden reich; die Kammer hatte zunächst nicht allzuviel davon.

Das ging nun freilich nicht so fort; unter Georg Wilhelm
lebte der brandenburgische Hof ein verhältnismäßig sparsames
Stilleben, aber der zunehmende Luxus der Zeit drang doch auch
bis Berlin; teure Feste fehlten auch jetzt und in der Folgezeit
nicht. Und im ganzen hörte die Finanzkalamität nicht auf,
bis der große Kurfürst wenigstens einigermaßen Wandel schaffte.
Im Jahre 1623 ruhten, abgesehen von allen Schulden, die die
Stände übernommen und die Millionen betrugen, über zwei
Millionen damaliger Thaler Schulden auf den brandenburgischen
Domänen.

Den Hauptvorteil von dieser Finanznot zogen die Stände.
Ihr Bemühen war, das wird sich nicht leugnen lassen, oft auf
das wirkliche Beste des Landes gerichtet, sie hatten oftmals, mehr
als die Fürsten, ein einheitliches landschaftliches Bewußtsein
gezeigt, suchten oft neben dem städtischen und adeligen Interesse
das des Landes und Volkes gegen fürstliche Mißbräuche zu verteidigen. Ihre Ansprüche, mitzuraten und mitzuthaten, waren
das natürliche Ergebnis jener politischen Strömung von unten
nach oben, die in jedem Lande mit einer gewissen Kultur eintritt.
Die ständische Verfassung führte zum ersten rohen Versuch einer
konstitutionellen Regierung. Aber sie entartete rasch, und das
letzte Ergebnis war, daß die Stände nur noch für sich, für ihren
Beutel sorgen wollten. Diese Wendung erfolgte überall um so
schneller und in um so häßlicherer Gestalt, je unfähiger die Fürsten
waren. In Cleve = Mark und Preußen hatte nun gar längere

Geisteskrankheit der Fürsten die Zügel des Regiments ganz am Boden schleifen lassen. In Brandenburg hatte die Verschwendung Joachims II., die Schwäche mehrerer seiner Nachfolger den Ständen Anlaß geboten, die Regierung mehr oder weniger an sich zu reißen. Sie hatten „den Strick in der Hand", ihr Werk war eine feudale Klassenherrschaft, die sich vor allem auch im Finanzwesen zeigte.

Die Steuerreformen wurden successiv andere; statt der alten Vermögenssteuern hören wir in Brandenburg von einem Hufen- und Giebelschoß, in Ostpreußen von einem Hufengeld, von Kopfschössen, von Horn- und Klauenschössen, in Cleve von einer Schornsteinsteuer und Kopfgeldern. Nur vereinzelt ist daneben von Lehenpferdegeldern die Rede. Die Tendenz ist überall die-selbe: statt des Vermögens wird der Kopf, der Viehbesitz, der Hausbesitz, der Schornstein, die Hufe als solche besteuert; der reiche wie der arme Mann, das gute und das schlechte Vieh, das große und das kleine Haus, die schlechteste Hufe im Sand wie die beste im Weizenacker zahlt dabei gleich viel; oder wenn noch einige Abstufungen gemacht werden, so sind sie unbedeutend genug. Es ist eine Entwickelung, die analog auch in anderen europäischen Staaten zu beobachten ist, z. B. in England, wo man wiederholt statt der sogenannten Subsidie, d. h. der Ver-mögenssteuer, zu einer Herdsteuer, zu Klassen- und Kopfsteuern, endlich sogar zu Geburts-, Heirats- und Leichensteuern im 16. und 17. Jahrhundert griff. Die eine Ursache, die dazu trieb, ist eine finanziell-technische: das Vermögen ist unendlich schwer richtig und gerecht zu erfassen, der Haus-, der Viehbesitz, die Hufen-, die Kopfzahl ist leicht und sicher zu zählen, die Steuer also — das Prinzip zugegeben — im ganzen leichter gerecht zu verteilen. Es ist dieselbe Schwierigkeit, die in der ersten Hälfte des 19. Jahrhunderts von den Vermögens- und Einkommen-steuern ab auf die einzelnen Ertragssteuern geführt hat. Die Hauptsache aber war für die damaligen Stände, daß sie durch diese Vereinfachung zugleich die Steuerlast von den Besitzenden

ab auf die unteren Klassen in Stadt und Land wälzten[1]. Der
Adel hatte daran auch da, wo er die Steuerfreiheit genoß, wie
in Brandenburg — in Preußen war dies nicht der Fall — ein
großes Interesse: denn bei dem fortschreitenden Bauernlegen war
er nicht immer sicher, jede zum Rittergut geschlagene Hufe auch
sofort durch die Schliche und Praktiken, die mit der Zeit sicher
eintraten, steuerfrei zu machen. Außerdem sprach noch eines
für diese Art von Steuern; sie erschienen bei den wenigen und
leichten Vorarbeiten, deren sie bedurften, nicht als etwas kon-
stantes und dauerndes. Und darauf legten die Stände großen
Wert. Jede Steuer sollte als eine außerordentliche Gnade und
Güte der Stände gegenüber den Fürsten sich darstellen. Man
hielt streng an der angeblichen Vorstellung fest, daß sie bald
wieder wegfalle; man wollte keinesfalls für die Zukunft gebunden
sein. Noch bei Seckendorf herrscht ja diese Auffassung der
Steuer als einer außerordentlichen vorübergehenden Staatseinnahme vor. Das hatte in einzelnen Territorien und Staaten,
wozu allerdings Brandenburg nicht gerade, wohl aber Preußen
und Cleve-Mark gehörte, die Folge, daß jener bunte Wechsel der
Steuerarten eintrat, man dies Jahr einen Kopfschoß, das andere
Jahr einen Hufenschoß, das dritte einen Klauenschoß und das
vierte eine Konsumtionssteuer verwilligte, ein Wechsel, den wir
heute kaum begreiflich finden und der volkswirtschaftlich und
finanziell nur ungünstig wirken konnte. Aber auch wo man
nicht so wechselte, unterblieb jede Fortbildung, jede Verbesserung
dieser Steuern, man mied ängstlich jede tiefergreifende kostspielige
Katasterarbeit, die Jahre in Anspruch nahm; jede genaue Einschätzung, jede Revision der Steuerrollen erschien als etwas, was
nicht die Kosten verlohne; es bildete sich keine Übung in den
Kataster- und Fortschreibungsarbeiten. Die vorhandenen Kataster
blieben schlecht, lückenhaft, eine ungleiche und ungerechte Belastung herbeiführend.

---

[1] Über die analogen Tendenzen in den Reichsstädten vergl. H a r t u n g,
Die Belastung des Augsburger Großkapitals durch die Vermögenssteuer des
16. Jahrhunderts; mein Jahrbuch 1895, 1165 ff.

Freilich war es für viele Steuern nur täuschender Schein, daß sie vorübergehend seien; besonders soweit die Stände insgesamt oder einzelne Teile derselben, die Landschaften, die Kreise und die Städte das Steuerwesen ganz in die Hand bekommen hatten, bildete sich ein relatives ganz stabiles Steuerwesen aus. Daß es zu dieser ständischen Steuerverwaltung kam, dazu hatten verschiedene Gründe mitgewirkt.

Die Städte hatten als Sitze einer älteren Kultur überhaupt örtliche Steuersysteme früher ausgebildet, als die territorialen Steuerforderungen an sie herantraten. Die Fürsten waren zufrieden, feste Steuersummen von ihnen zu erhalten. Als Albrecht Achill 1472 mit den Ständen über die Tilgung von 100,000 Gulden Schulden verhandelte, hatte er den Städten zugestanden, Ungeld und Kopfsteuern in ihren Mauern zu erheben, obwohl unter den Plänen fürstlicher Reform, wie er sie z. B. mit dem König von Dänemark verabredete, der obenan stand, daß die Städte nicht mehr frei über Zoll und Steuern sollten beschließen dürfen. Bei der Übernahme von Schulden war man ohnedies häufig zufrieden, von jedem Korpus der Stände, von jeder Landschaft die Tragung eines bestimmten Teiles der Schulden zu erlangen, und mußte es ihnen dann überlassen, wie sie die Abzahlung nun machen, das Geld aufbringen wollten. So stellte sich für die Mark Brandenburg[1] und ähnlich für die rheinischen Lande ein oftmals bestrittenes, zuletzt aber ganz genau fixiertes Repartitionsverhältnis fest, nachdem alle oder fast alle Lasten umgelegt wurden. Um die Unterverteilung kümmerte sich dann die fürstliche Regierung nicht weiter. Und so entstanden statt eines staatlichen unzählige lokale Steuersysteme, in denen feudaler Klassenübermut und städtisches Cliquenregiment ihre frivolsten Orgien feierten. Am weitesten ging das in Pommern, wo das jus subcollectandi jeder ritterschaftlichen Familie unbestritten zustand, jede also für sich, d. h.

[1] Über die Verteilung der Steuern in Brandenburg im 16. bis 17. Jahrhundert siehe jetzt auch Breysig, Der brandenb. Staatshaushalt in der zweiten Hälfte des 17. Jahrhunderts. Mein Jahrbuch 1892, 136—142.

unter ihre Bauern, die im ganzen nach der Hufenzahl umgelegte
Steuer beliebig verteilen konnte.

Aber nicht bloß die Verteilung der Steuern im Detail kam
so ganz in die ständische Gewalt, auch die obere Leitung ging
teilweise in ihre Hände über. Es hing das mit dem Umstand
zusammen, daß man jede einzelne bewilligte und erhobene Steuer
als für irgend einen konkreten Zweck bestimmt ansah, die be=
treffende Summe diesem Zwecke möglichst direkt zuführte; das
entsprach den konkreten Anschauungen der Zeit, dem damaligen
wirtschaftlichen Bewußtsein und den häufigen Mißbräuchen der
fürstlichen Verwaltung. Wir finden dies im Finanzwesen aller
europäischen Staaten ziemlich gleichmäßig, vor allem auch in
England, wo im 17. Jahrhundert noch fast jeder Zoll und jeder
Zuschlag zu einem Zoll selbständig und direkt irgend einem staat=
lichen Zwecke gewidmet war. Die Verwaltung wurde freilich
dadurch unendlich kompliziert und schwerfällig. Wo die Stände
nun mit Mißtrauen der Regierung gegenüberstanden und mächtig
genug dazu waren, wie in Brandenburg, Preußen und Cleve=
Mark, da führte diese Tendenz leicht zu einer Reihe ständischer
Verwaltungszweige neben den fürstlichen; so war in Cleve=Mark
die ganze Militärverwaltung ständisch, in Preußen war so ziem=
lich das ganze Regiment ständisch, in Brandenburg war wenigstens
die Verwaltung der von den Ständen übernommenen Schulden
seit Mitte des 16. Jahrhunderts ganz an die drei Kassen des
ständischen Kreditwerks übergegangen. Dieses war ein vom
fürstlichen Regiment ganz unabhängiges ständisches Institut, das
auch für anderweite Zwecke Geld erhob, eine Art ständischer
Nebenregierung neben der fürstlichen bildete. Freilich ging auch
in dieser Beziehung das brandenburgische Ständetum nicht so
weit als das rheinische, das noch unter dem großen Kurfürsten
wiederholt sich das Recht ertrotzte, Steuern für geheime Zwecke
erheben zu dürfen, und mit diesen Mitteln offenen Landesverrat
trieb. Aber es erhob immerhin ganz selbständig den Hufen=
und Giebelschoß, den Städteschoß und das neue Biergeld, deren
Beträge wir schon vorhin wenigstens ungefähr zu schätzen und

damit in ihrer Bedeutung für das gesamte Finanzwesen zu würdigen suchten.

Die staatliche Wirtschaft der Territorien, aus denen dann nach dem 30 jährigen Krieg der preußische Staat erwachsen ist, zeigt uns so manche einzelne Fortschritte gegen die frühere Zeit; man hat wenigstens angefangen, mit Steuern Erfahrungen zu machen, man hat die Verwaltung der Domänen und Forsten, der Zölle und Regalien etwas verbessert; aber im ganzen sind die Zustände doch unerquicklich und der rechten Entwickelung nicht fähig. Ein verknöchertes Ständetum hat die direkten Steuern in der entsetzlichsten Weise mißgebildet, das städtische Leben stagniert, der feudale, meist noch rohe und kurzsichtige Landadel hat seine Rechte über die Bauern und seinen Einfluß auf die Centralregierung zu steigern gewußt; die feudale Miß= bildung ist im Wachsen. Das Fürstentum kann seine wahren Pflichten nicht erkennen und erfassen, weil der Boden, auf dem es steht, zu eng und zu klein ist, und es sich in ein Genuß= und Jagdleben verliert, wie es dem großen Grundbesitzer und nicht dem Fürsten ansteht. Wehrlos, ohne kräftige militärische Organi= sation, lagen die deutschen Lande in dem großen Kriege als eine Beute fremder Heere da. Übermäßig verschuldet standen Fürsten und Stände ohnmächtig gegenüber einem Brande, der ganz Deutschland zu verzehren schien. Allerwärts ertönte das Winseln und Heulen, das Klagen und Jammerschlagen derer, die keine Zinse und keine Gehalte mehr erhielten, die durch Krieg und Raub, Schändung und Brandstiftung Hab und Gut, Gesundheit und Ehre verloren hatten.

3.

Der Neubau des brandenburgisch=preußischen Staates von 1640 ab; das Geldsteuersystem von 1640—1806.

Nur einem großen Manne konnte es gelingen, in der Ver= einigung mehrerer solcher, noch dazu weit auseinander liegender und sich bitter hassender Territorien nicht den Untergang, sondern

die Veranlassung und den Sporn zu finden, aus diesen Bruch=
stücken den deutschen Staat der Zukunft zu schaffen. Der große
Kurfürst errichtete in schwerem Kampf mit den Ständen und
dem Lokal= und Territorialpatriotismus zunächst wenigstens eine
einheitliche Armee. Dieser folgte das einheitliche Beamtentum,
die einheitliche Verwaltung, das einheitliche Finanzwesen:
Schöpfungen, die unter Friedrich Wilhelm I. ihren Abschluß er=
hielten. Aus einem Konglomerat von Ländern und Länderfetzen
der verschiedenartigsten Abstammung und Sitte, des verschieden=
artigsten Rechtes war in 100 Jahren trotz der ungünstigsten geo=
graphischen Lage der einzige festgefügte Staat Deutschlands und
neben Frankreich der centralisierteste Staat Europas erwachsen. An
Stelle von einem Dutzend verrotteter ständischer Verfassungen
war ein aufgeklärter Despotismus getreten, dessen Neuerungs=
sucht und Reformeifer nur durch die taktvolle Vorsicht ermäßigt
wurde, stets das Mögliche im Auge zu behalten. Der Umfang
des Staates wuchs

von 1459	☐ Meilen	im	Jahre	1640
auf 2043	„	„	„	1688
„ 2186	„	„	„	1740
„ 3456	„	„	„	1786
„ 5368	„	„	„	1796
„ 6023	„	„	„	1806

Die Bevölkerung stieg von einer auf über 10 Millionen in
dieser Zeit (1688 1,5 Millionen, 1713 1,65, 1740 2,24, 1786
5,43, 1796 8,7, 1806 10,77 Millionen), von 5—700 bis zu
1732 Menschen auf der Quadratmeile. Friedrich der Große er=
hob den Staat zur europäischen Großmacht; ohne relativ glänzende
Finanzen wäre auch seinem Genie das nicht möglich gewesen.

Die Leistung der preußischen Finanzwirtschaft in dieser
Epoche wird um so größer, wenn man erwägt, in welchem Zu=
stand sie sich 1640 befand und was praktisch von ihr besonders
während der ersten Reformarbeit gefordert wurde. Nicht ja in
Zeiten der Ruhe und des Stillebens, nicht unter Zuhilfenahme

sparsamer Neutralität wurden die wichtigsten Umbildungen unter dem großen Kurfürsten vollzogen oder wenigstens begonnen.

Als der jugendliche Friedrich Wilhelm 1640 die Regierung unter den trübsten Anzeichen übernahm, waren die vor dem Kriege auf über 260 000 damalige Thaler [1] verzeichneten Einnahmen zwar nach einem Überschlag Breysigs gegen 440 000 Th. [2], wozu dann noch die Einnahmen aus den neuen Erwerbungen Pommern, Halberstadt, Minden und später Magdeburg kamen. Aber die Aufgaben und Ausgaben waren so groß, die Not in dem ersten Jahrzehnt nach 1640 so empfindlich, daß man für die nächsten Tagesausgaben weitere Ämter verpfänden mußte; wiederholt lieh man vom Berliner Magistrat 15 Thaler für die Hofküche, um nur wieder ein oder zwei Tage kochen zu können. Und das dauerte lange noch fort. Nach dem schwedisch-polnischen Kriege konnte Schwerin nur mit äußerster Mühe den Bedarf für die Hofhaltung schaffen, als der Kurfürst nach Königsberg kam. Es ist so gut wie gar nichts mehr zu versetzen, schrieb er dem Kurfürsten. Die Schulden waren allenthalben übermäßig. Das ständische Kreditwerk war, trotz sehr bedeutender Erhöhungen des Biergeldes und trotz der halb freiwilligen, halb gezwungenen Kapitalreduktionen bis auf 20 und 25 Prozent der Schulden bankerott und blieb es, bis die kurfürstliche Regierung (1664—1673) eingriff und Ordnung schaffte. Die brandenburgischen Domänenschulden hatten, wie bereits erwähnt, schon 1620 2 Millionen betragen und seither waren sie bedeutend gestiegen. Das Hauptstück der Rentei, der Zoll von Lenzen, war an Dänemark für

---

[1] Der Reichsthaler, der 1620 etwa noch auf 1 Thlr. 15 Sgr. zu setzen ist, sinkt nach dem Zinnaischen Münzfuß von 1667 auf gerade 1 Thlr. 10 Sgr., nach dem Leipziger von 1690 auf 1 Thlr. 5 Sgr., um mit dem Graumannischen Münzfuß 1750 auf einen heutigen Thaler zu kommen. Die Angaben von hier an sind stets die zeitgenössischen im damaligen Gelde. Soweit im 17. und 18. Jahrhundert Gulden genannt sind, werden darunter 60 Kreuzer verstanden, während der Reichs- oder Speciesthaler seit 1624 bis auf 90 Kr. gestiegen war; so ist seitdem der Reichs- oder Speciesthaler gleich 1½ Gulden resp. der Gulden gleich ⅔ eines Thalers.

[2] Vergl. Breysig, Kurt, a. a. O. S. 7.

200 000 Reichsthaler verpfändet. Der Kanzler Schwarzenberg
hatte für 400 000 Reichsthaler Ämter inne. Dem Rat von
Lüneburg schuldete man 160 000 Reichsthaler, dem Kaiser an
rückständigen Kreis= und Reichssteuern 572 483 rheinische Gulden.
In Preußen war der fiskalische Besitz 1648 48 354 Hufen; daß
sie nur 5940 Thaler eintrugen, war neben der bodenlosen stän=
dischen Administration Folge der Schulden, die auf den einzelnen
Ämtern hafteten. Manches hatte sich schon wieder gebessert, als
infolge des schwedisch=polnischen Krieges (1656 — 1660) dort
wieder für 16 Tonnen Goldes (à 100 000 Reichsthaler) Domänen
versetzt wurden. Die Domänenschulden in Cleve=Mark hatten
1632 die Summe von 7—800 000 Reichsthalern, 1649 die von
1¹/₂ Millionen erreicht, ungerechnet die Höfysersche Schuld, die
wie ein Damoklesschwert über dem Lande hing, von Holland
absichtlich immer höher getrieben, um bei günstiger Gelegenheit
das ganze Land dafür in Pfand zu nehmen. Diese Schuld war
seiner Zeit im Betrag von 100 000 Reichsthalern bei dem
holländischen Generalempfänger Peter Höfyser unter Garantie
der Generalstaaten aufgenommen worden, um den Besitz von
Cleve=Mark antreten zu können und zu sichern. Maßlose Mäkler=
gebühren, die Höfyser nie gezahlt, aber angerechnet hatte, die
Schlagung aller rückständigen Zinsen zum Kapital (Höfyser be=
rechnete dabei 7 Prozent, während er das Geld, um die Zinsen
zu zahlen, zu 5 Prozent erhielt) und andere Nebenumstände,
wiederholte neue Verträge über Stundung oder auch über Kapital=
zahlungen, die man dann nicht erfüllen konnte und die deswegen
die Lage verschlimmerten, brachten es dahin, daß die Schuld zu=
letzt auf 5—6 Millionen anstieg, ein ächtes Bild der damaligen
Kreditverhältnisse. Es gehört zu den geschickten diplomatischen
Kunststücken des großen Kurfürsten, daß er 1677 einen Verzicht
Hollands auf diese Schuld wie auf andere Forderungen, im
ganzen zu 12 Millionen, durchsetzte, wie er auch einen Verzicht
des Kaisers auf alle rückständigen Kreis= und Reichssteuern er=
langte. Freilich zahlte er auch genug, wie z. B. sehr rasch den
Betrag der schwedischen Entschädigungsgelder, der auf ihn fiel;

etwa ein Zehntel der ganzen Summe hatte Brandenburg zu tragen, 774 521 Gulden (802 000 heutige Thaler). Außerordentlich waren dann die Leistungen im schwedisch-polnischen Kriege. Brandenburg allein soll nach der Berechnung Orlichs 4 Mill. Thaler in Geld und ebensoviel in Naturalien (1655—1660) geliefert haben. Cleve-Mark hatte in 5 Jahren 1½ Millionen Thaler in Geld gezahlt; 20 000 Mann waren dort geworben, ausgerüstet und zeitweilig verpflegt worden. Die Lande waren aber auch namenlos erschöpft, die Klagen ertönten lauter als je. Es war natürlich, daß mit solchen Anstrengungen auch die Reformanläufe immer wieder gehemmt, die Domäneneinlösung und die Gehaltszahlungen sistiert wurden. Immer aber sind die Zustände von 1670 an schon viel besser; die Anlehen, die der Kurfürst z. B. 1674—1688 für die Kriegskasse machte, sind ziemlich mäßig, nicht mehr als 6—700 000 Thaler.

Als Friedrich Wilhelm die Augen schloß, war das feste Staatseinkommen auf 3 289 000 Thlr. gewachsen, den siebenfachen Betrag von 1640 (Breysig). Ohne diese Erfolge seiner Finanzpolitik hätte er nicht im polnisch-schwedischen Kriege die Balance zwischen den zwei Parteien halten, nicht die Souveränität Preußens erwerben, nicht später in die großen Kriege von 1672—79 entscheidend eingreifen, sich nicht neben Frankreich, Holland und Österreich zu einem einflußreichen Gliede im Rate Europas machen können. Er hätte nicht in seinen Territorien den alten Verfassungszustand, den man fast als Adelsrepublik bezeichnen konnte, beseitigt, und übergeführt in einen solchen, wobei die monarchische Gewalt zum Ausschlag gebenden Faktor, die Stände zu Provinzialorganen mit mäßigen Einfluß geworden waren. Er hätte nicht die Berliner Regierung zu einem festen Centralorgan des jungen Staates gemacht.

Ohne seine Finanzpolitik wäre es auch in der Folgezeit nicht weiter aufwärts gegangen. Auch unter seinem Sohne stieg die gesamte reine Einnahme auf 3 414 000 Thlr. trotz aller großen Ausgaben der Zeit von 1688—1713. Unter Friedrich I. empfing Preußen für seine Teilnahme an den Kriegen der Groß-

mächte 14 Millionen Subsidien, aber die Ausgaben stiegen auch
nach allen Seiten. Die Feldzüge am Rhein kosteten mehrere
Millionen, die Königskrone soll mit all den Festlichkeiten, die
sich daran knüpften, auf 6 Millionen gekommen sein. In einem
einzigen Jahre (1712/13) kaufte der König für 171 426 Thaler
Juwelen und Gold- und Silberarbeiten. Sein Günstling Wartenberg hatte ein Gehalt von 123 000 Thalern. Wie die stehende
Armee große Summen verschlang, so war es auch nicht billig,
die Kunst und Litteratur in der Mark heimisch zu machen und
dem Berliner geistigen Leben eine führende Rolle in Deutschland
zu verschaffen.

Von 1713 bis 1740 stieg die reine Staatseinnahme von
3,4 auf 7; bis 1786 auf 23 Mill. Th. Wir kommen darauf
zurück. Wir fragen zunächst: wie war das, und wie war mit
dieser Steigerung der Einnahmen die kühne, feste, sichere Politik des
aufstrebenden Staates möglich? Die Antwort ist keine einfache.
Wir kommen nachher auf die Wiederherstellung des Domaniums
und seine Verwaltung, auf die anderen Staatseinnahmen und
finanziellen Fortschritte. Wir fassen zunächst die erste große und
wichtige Thatsache ins Auge, daß man trotz aller Schwierigkeiten,
trotz der Armut und der naturalwirtschaftlich feudalen Zurück-
gebliebenheit der meisten Territorien verstand, ein relativ gut
fungierendes, sichere und erhebliche Einnahmen lieferndes Geldsteuersystem zu schaffen. Freilich hatte der dreißigjährige Krieg
die meisten deutschen Territorien unter entsetzlichen Drangsalen
an die unbequeme Pflicht, hohe Steuern zu zahlen, gewöhnt. Der
Name der Kontribution ist damals entstanden.

So nannte man alles, was an Geld oder Naturalien für
die Unterhaltung der Truppen vom Lande gezahlt werden mußte.
Die Lehnsverfassung versagte längst ihre Dienste, wie das allgemeine Landesaufgebot. Gemietete Soldtruppen, nach den Lands-
knechtstraditionen organisiert, von Hauptleuten und Obristen meist
auf ihre Kosten geworben, als gute Unternehmung an die Fürsten
vermietet und von einem fürstlichen Kriegskommissarius beauf-
sichtigt, bildeten die einzigen leistungsfähigen Truppen der Zeit.

Aus solchen ist unter allmähliger Umbildung der Privatunternehmung der Obristen in ein öffentlich-rechtliches Institut die
preußische Armee erwachsen. Aus Soldtruppen, die man bisher
für Monate, höchstens ein bis zwei Jahre gemietet, wurde der
miles perpetuus, um dessen Unterhaltung der Kurfürst Jahrzehnte lang die schwersten Kämpfe mit seinen Ständen führte.
Aber er brachte es auch zuletzt dahin, daß man willig die
Naturaleinquartierung trug und die notwendigen Naturallieferungen machte, daß die Stände Jahr für Jahr so ziemlich
gleiche Summen als Kontribution verwilligten. Es entstand so
langsam die Rechtsüberzeugung von der ewigen Dauer der Steuern;
die ständischen Bewilligungen kamen fast unmerklich in Abgang.
Der aufgeklärte Despotismus suchte aber dafür auch von Friedrich
Wilhelm I. an in guten wie in schlimmen Tagen möglichst mit
derselben Kontributionssumme auszukommen.

Der Name der Kontribution kommt in der Mark wohl zuerst 1610 vor; man benutzte zur Umlage die alten Schoß-Kataster.
Stadt und Land, Landschaft, Kreis und Dorf wurden nach den
hergebrachten Verhältniszahlen, die man als ein unerschütterliches
jus quaesitum betrachtete, belegt. Die Obristen oder Kriegskommissare verhandelten ursprünglich über die Leistungen und
Zahlungen direkt mit den Lokalbehörden, die spätere Kreis-
verfassung hat damit ein Hauptmotiv ihrer Ausbildung empfangen.
Auch noch während der ganzen Regierung des großen Kurfürsten
führte eine ständische Bewilligung nicht zu einer Ansammlung
der Kontribution in einer Centralkasse (eine Generalfeldkriegskasse
existiert seit 1676, eine allgemeine Generalkriegskasse erst seit
Friedrich I.), sondern nur zu einer Anweisung der Kontribution
der einzelnen Kreise und Landschaften an die Regimenter. Erst
mit der Ausbildung der Accise wurden die Kriegskassen der
einzelnen Provinzen fürstliche Kassen, aus welchen neben dem
Militär die Kriegskommissariate und manches andere dem Gebiete der inneren Landespolizei Angehörige bezahlt wurde. Als
jährliche Kontribution läßt sich für die spätere Zeit des großen
Kurfürsten etwa annehmen: für Brandenburg 3—400 000 Thlr.,

für Pommern 144 000, für Magdeburg 156 000, für Cleve-
Mark 190—248 000, für Ostpreußen 2—400 000 Thaler. Die
gesamten Kriegsgefälle (d. h. die Kontribution und die Accise,
soweit sie in den Städten an ihre Stelle getreten war) betrugen
1688 1 620 000, 1713 2 500 000 damalige Thaler.

.   Die prinzipale Forderung Friedrich Wilhelms an die Stände
war die Zahlung der Summen gewesen; die Art der Aufbringung
mußte er ihrer Bestimmung zunächst überlassen. Wo man nicht,
wie teilweise in Preußen, einzelne neue Steuern einführte,
wurden, wie erwähnt, überall die alten Schoß- oder Hufenkataster
zu Grunde gelegt. So in Brandenburg ein Kataster von 1624,
der 1643 seine definitive Form erhielt. Soweit die Stände, d. h.
der Abel, auf dem Landtage über die Erhebungsmodalitäten verhandelten, war ihr einziges Ziel das, sich möglichst frei zu machen.
Die Verteilung auf die Dörfer der einzelnen Kreise wurde auf
den Kreistagen beschlossen. In Pommern wurde die Hufen-
matrikel von 1628 zu Grunde gelegt, in der städtische Häuser,
Mühlen und Krüge mit dem Landbesitz zusammen als fiktive
Hufen aufgeführt waren. Am schlimmsten waren die alten
Matrikeln in Cleve-Mark, wo besonders über das Verhältnis,
nach welchem Städte und Ritterschaft zahlen sollten, seit dem
16. Jahrhundert ein erbitterter Kampf geführt wurde. Eine
freilich nur vorübergehende Einigung hatte 1612 zu einer Feststellung geführt, wonach die reichen Städte ein Sechstel der
Steuersumme zahlen sollten, alles Übrige hatten nicht die Ritter,
sondern die armen Leute, die Pächter, Hausleute und Bauern
des platten Landes zu tragen. Ganze Städte zahlten hiernach
nicht mehr als ein einziger größerer Bauer, dessen Kontribution
in Jahren reichlicher Bewilligung bis zu 60—70 Thalern stieg.
Die reichsten Leute in Hamm und Cleve gaben 5—6 Thaler,
wenn der ärmste Bauer auf dem Lande 15 Thaler zahlte. Vergeblich hatte 1625 die brandenburgische Regierung versucht, die
Kontribution nach der Morgenzahl statt nach der Matrikel von
1612 einzutragen. Im Jahre 1632 muß die Regierung versprechen, jedem, der Überbürdung nachweise, einen Nachlaß zu

gewähren; aber auf die wiederholten Vorschläge einer wirklichen Revision ging man vor 1640 so wenig ein, wie nachher.

Noch viel schlimmer aber als die Oberausteilung war fast allerwärts die Unterausteilung. Auch hier konnte man sich zu Revisionen der Kataster beinahe nirgends, wenigstens nirgends zum Besten der überbürdeten ärmeren Klassen entschließen. In den brandenburgischen Städten wurden die Schösse eingetrieben, als ob der große Krieg nicht die Hälfte der Häuser unbewohnt, die andere halb verfallen gemacht hätte. Von Berlin wird er= zählt, daß man den Exekutionswagen mit den den Säumigen abgepfändeten Habseligkeiten unaufhörlich durch die Straßen fahren sah, gefolgt von den Gepfändeten, die bitterlich weinten und ihre Hände rangen. Die aufgeschwollenen Steuerreste, die man von der Stelle, auf dem Lande von der Hufe als solcher forderte, waren ein Haupthindernis der Wiederbebauung und Wieder= besetzung der Häuser und Ländereien. Die Steuerexekution wurde, soweit die Macht des Kurfürsten reichte, mehr und mehr mit unerbittlicher Strenge, meist unter militärischer Hülfe aus= geführt. Die eigene Not und die Renitenz vieler Steuerzahlenden zwang ihn dazu. War es doch Sitte der ständischen Steuer= verwaltung gewesen, besonders reichen und angesehenen Herren von Adel jahrelang die Steuern nicht abzufordern, soweit sie überhaupt solche zu zahlen hatten. Besonders in Preußen, wo der Adel keine eigentlichen Steuerprivilegien besaß, hatte dies Unwesen gewuchert und zur Folge gehabt, daß meist nur die Hälfte der verwilligten Steuern eingingen. Der Kurfürst sah sich daher zur Einsetzung fürstlicher Steuererheber genötigt; später folgte der vollständige Übergang des Steuerwesens aus den Händen der ständischen Beamten in die des Kommissariats. Zu= nächst aber waren die großen Ausfälle und Steuerrückstände, der vollständige Mangel eines geordneten Remissionswesens für die Fälle des Brandschadens und Hagelschlages neben der notwendig täglich strengeren Exekution, neben der Schlechtigkeit der Kataster und den Steuerfreiheiten des Adels die Hauptursache, die her= gebrachte Art der Kontributionserhebung verhaßt, ja beinahe unerträglich zu machen. Ein amtlicher Bericht aus jenen Tagen sagt: „Durch diese nach Unverstand, nach Gunst, nach Haß und nur zu oft zu merklichem eigenen Nutzen angelegten und ausgeschriebenen, darauf ungerechtfertigst abgemahnten, sonderlich durch die Militärexekutionen unbarmherzig erpreßten Kriegskontributionen sind viele tausend Land= und Stadtleute von Brod und Nahrung, von Haus und Hof an den Bettelstab und ins Elend getrieben."

Nun gab es ja einen einfachen Ausweg: die Steuerreform, die Reform der alten Kataster und Matrikeln. Und gar mannigfach wird in der gelehrten Litteratur darauf hingewiesen, mit aller Leidenschaft forderte sie die populäre Litteratur. Schon Bodinus hatte gesagt, man müsse nicht die Personen, die capita, sondern das Vermögen, die bona subditorum, besteuern. Caspar Klock wurde aus einem Verteidiger der ständischen Steuerfreiheiten ein Gegner derselben, der für Revision der Kataster eintrat. Aber neben diesen Stimmen, die die neue Zeit einleiten und dem aufgeklärten Despotismus und der Rechtsgleichheit die Wege bahnen, waren die Juristen, die das Hergebrachte mit ihren Argumenten stützten, doch noch allzu zahlreich und einflußreich. Und da alle Interessen der Privilegierten mit der schiefen privatrechtlichen Auffassung der hergebrachten Kataster und Steuerlasten übereinstimmten, so mißlangen alle Anläufe zur Reform der Matrikeln und Kataster entweder schon in der Geburt, oder führten sie zu keinem nennenswerten Resultate. Das war in Brandenburg=Preußen der Fall, wie in anderen deutschen Staaten. Überall klagte und verhandelte man über die Katasterreformen und kam in Jahren und Jahrzehnten zu keinem Resultate; fast überall galten Kataster, die aus dem 16. Jahrhunderte stammten. In Böhmen gelangte man endlich auf dem Landtage von 1651/52 zu einem ernsten Versuche, die onera publica in Gott gefällige Gleichheit zu bringen. In Schlesien behalf man sich bis ins 18. Jahrhundert mit dem 1524 angefertigten Kataster. Auch in England hatte sich wiederholt die einmal gemachte Steuereinschätzung als ein noli me tangere erwiesen, war keine durch=

greifende Revision eines bestehenden Katasters recht gelungen. Die Einschätzung für den Fünfzehnten vom beweglichen Vermögen von 1334 blieb stabil; ähnlich die unter dem Namen der „subsidie" gemachte Vermögensschätzung im 16. Jahrhundert und dann wieder die von Cromwell an ihre Stelle gesetzten Monatsanlagen und endlich die 1692 eingeführte, später als landtax bekannte Vermögenssteuer. Alle erstarrten in ihrem unbeweglich gewordenen, höchstens von Zeit zu Zeit an einzelnen Stellen reducierten Kataster.

Der große Kurfürst hat von Anfang an und immer wieder versucht, die Stände dahin zu bringen, die Steuern mit gleichen Schultern zu tragen, modi generales der Steuererhebung einzuführen. Er hatte dabei die Reform der direkten Steuern ebenso im Auge, wie die teilweise Ersetzung derselben durch indirekte, durch die Accise, auf die wir nachher kommen. Hauptsächlich hatte ihm ein Reformplan des Geh. Rats Pfuel „zur Verbesserung und Aufnehmung des kurfürstlichen Estats" (1647) sehr eingeleuchtet; er ließ ihn dem geheimen Rate und den Ständen mitteilen. Es ist charakteristisch für die Schwierigkeiten der Reform, wie das Gutachten der Geheimen Räte ausfiel; die feudale Anschauung beherrscht sie noch, daß eine unbedingte Steuerpflicht nur Sache des Hörigen sei; sie empfahlen, bei der alten Matrikel zu bleiben; Einschätzungen seien unmöglich: „wie will man denn, heißt es, Jemanden, der das Seine zu thun und als getreuer Patriot die Last des Vaterlandes mit zu tragen bereit ist, zwingen, sein ganzes Vermögen zu entdecken, als wären Euer Kurfürstl. Durchlaucht getreue Unterthanen Hörige und Leibeigene? Unser Bemühen ist immer gewesen, gute Vertraulichkeit und Korrespondenz zwischen der gnädigen Herrschaft und den Landständen zu erhalten, aber solchem unserem Intent laufen jene Ratschläge ex diametro entgegen; denn es ist sehr hart, einen liberum et ingenuum hominem so rübement zu tractiren und ad pandenda patrimonii sui arcana zu zwingen [1]?"

Der Plan fiel, wie so manche andere. Die Unmöglichkeit
der Reform führte mit am allermeisten dazu, für die Städte
wenigstens eine andere Steuer einzuführen, sie im Steuersystem
ganz vom platten Lande zu trennen. Aber einmal wurde die
Accise zunächst nur in den mittleren Provinzen eingeführt und
dann blieb das Bedürfnis der Änderung für das platte Land
dasselbe. Die Bemühungen hörten auch nicht auf, obwohl sie
unter dem großen Kurfürsten und seinem Nachfolger nicht viel
erreichten. Meist kam man über eine oberflächliche rechtliche
Prüfung der Steuerfreiheiten, über Entlastungen einzelner über-
bürdeter Kreise und Dörfer nicht hinaus.

In der Kurmark wurde 1680 eine Revision innerhalb der
einzelnen Kreise vorgenommen, die dann in der Hauptsache unverändert die Grundlage der ländlichen Steuern bis 1861 bildete.
Die Veranlagung richtet sich in einzelnen Kreisen nach der Hufenzahl (dabei ist die Hufengröße sehr verschieden), in anderen nach
der Aussaat; meist sind drei bis vier Bodenklassen unterschieden.
In einzelnen Kreisen kommt dazu eine Vieh-, Hopfen- und Mast-
steuer, eine Steuer von verkauftem Brennholz. Überall sind die
Kossäthen, Braukrüge, Schenkkrüge, Landhandwerker, Müller und
Hirten noch besonders mit einem jährlichen Betrage herangezogen.
Nach einer Berechnung von 1722 zahlte die Durchschnittshufe
im Beeskow-Storkowschen Kreise 2 Thlr. 19 Gr., in der Altmark 15 Thlr. 17 Gr. Man empfand im 18. Jahrhundert die
große Unvollkommenheit dieses wirren Katasters wohl; „eine
Peraequation, schreibt der Finanzminister Roden, wäre sehr
nötig und nützlich". Aber man wagte nicht mehr daran zu
rühren, nachdem Friedrich Wilhelm I. dem Adel wenigstens noch
die Lehnpferdegelder unter Allodifikation der Lehen aufgelegt
hatte. In Cleve-Mark gelangte man nach endlosen Verhandlungen 1666 wenigstens zu einem gerechteren Repartitionsverhältnis zwischen Stadt und Land; sonst blieb es in der Hauptsache beim Alten, was doppelt drückend war, da hier die Kontribution pro Magdeburgische Hufe bis zu 28 Rthlr. in der
Mark, bis zu 21 in Cleve durchschnittlich stieg. In Magdeburg

ordnete der Kurfürst gleich 1682 eine Revision des Katasters für das platte Land an, die auch durchgeführt wurde, und ihren Abschluß in dem Kataster fand, das 1690 zum ersten Mal angewandt, 1692, 1702 und 1730 nochmals revidiert wurde. Die Steuer ist, wie alle die damaligen ländlichen Steuern, keine Grundsteuer im heutigen Sinne, sondern ein Vermögens- und Einkommensteuersystem. Das Ackerland zahlt in vier Klassen nach der Aussaat, die Häuser nach der Giebelzahl, der Viehstand nach der Kopfzahl, die Garten-, Wiesen-, Holz-, Mast-, Fischerei-, Hopfen-, Rohr-, Weinbergs-Nutzung, die Steinbrüche, der Zehnten, die Brauerei, die Salzwerke und ähnliches zahlen von jedem katastermäßig profitierten Thaler ihren Steuerbeitrag[1]. In Pommern wurde 1673 die sogenannte Lustrationsmatrikel angefertigt, d. h. in der Matrikel, welche die steuerpflichtigen Bauern, nur nach ritterschaftlichen Familien angesetzt, enthielt, wurde eine Anzahl Hufen wegen Versandung, Kriegsverwüstung, Unauffindbarkeit und ähnlicher Ursachen gestrichen. Ähnlich verlief die Revision von 1680; die von 1684, welche mit Zustimmung und Teilnahme der Stände durchgeführt wurde und nochmals angebliche Überbürdungen beseitigen sollte, strich überall die Krüger, Müller und die bisher noch steuerbaren kleinen Stücke, d. h. die Pertinenzen der Rittergüter. Der Adel hatte nun statt für 21 550 nur noch für 16 318 Hufen die Kontribution abzuführen; d. h. die Städte hatten um so mehr zu zahlen, so schwer ihnen das fiel. Einige Besserung brachte hingegen jedenfalls die unter Friedrich Wilhelm I. von dem General Blankensee ausgeführte neue Klassifikation, die bis 1861 maßgebend blieb. Zu Anfang des 18. Jahrhunderts zahlte die alte pommersche Bauernhufe, die beste wie die schlechteste, zwischen 6 und 7 Thaler, wozu aber 8—10 Thaler gutsherrliches Dienstgeld kamen; pro Magdeburgische Hufe betrug die Kontribution etwas über 14 Rthlr. Nirgends waren die Klagen über entsetzlichen Steuerdruck und

---

[1] Vergl. darüber jetzt: Harald Bielfeld, Geschichte des Magdeburgischen Steuerwesens von der Reformationszeit bis ins 18. Jahrhundert (1888, Heft 32 meiner staats- und socialwissenschaftlichen Forschungen).

Bauernschinderei, aber auch der Widerstand gegen jede Reform größer[1].

In Preußen hatte man 1684 und 1690 Kommissionen mit eingehenden Instruktionen eingesetzt; das erste Mal war eine mehr rechtliche Untersuchung beabsichtigt, das zweite Mal eine Klassifikation der bisher absolut gleichmäßig besteuerten Hufen. Beide Kommissionen waren vollständig resultatlos. Die Stände zogen vor, die Kopf-, Klauen- und Hornschösse, das Mastgeld und die Tranksteuer als Haupteinnahmequelle zu belassen.

Erst als das Ständetum machtlos am Boden lag, erst unter Friedrich Wilhelm I. gelang die erste tiefgreifende und in ihrer Art vollendete ländliche Steuerreform und zwar eben in Ostpreußen. Auch jetzt nicht ohne harten Zusammenstoß mit dem Adel, dem der König in der Entrüstung über seinen Egoismus eben in dieser Sache die berühmt gewordenen Worte entgegenschleuderte, daß er die Autorität der Junker brechen und die Krone als einen Rocher de bronce ihrer Willkür gegenüber stabilieren werde. Zu klar hatte Graf Waldburg die bodenlose Wirtschaft, die zahllosen Fälschungen und Defraudationen im bisherigen Steuerwesen aufgedeckt; er hatte aufs neue daran erinnert, daß die reichste und ärmste Hufe gleich viel zahle, daß tausende von Hufen verschwiegen würden, daß der Adel kein Vieh halte und die Bauernfrohnen so maßlos überspanne, um dem Horn- und Klauenschoß zu entgehen, daß die Kopf- und Viehkonsignationen, die die Schoßeinnehmer jährlich verfertigten, sich nicht nach der wirklichen Zahl, sondern nur nach der Höhe der allgemein üblichen Bestechungen richteten, und die zur Kontrolle eingesetzten ständischen Organe weit entfernt seien, dem zu steuern.

Der Generalhufenschoß[2], der an die Stelle der bisherigen

---

[1] Über die pommersche und ostpreußische Grundsteuerreform siehe jetzt: C. A. Zakrzewski, Die wichtigeren preußischen Reformen der direkten ländlichen Steuern im 18. Jahrhundert (1897, Heft 29 meiner staats- und socialw. Forschungen).

[2] Vergl. meine Abhandlung über die Verwaltung Ostpreußens unter Friedrich Wilhelm I. in der historischen Zeitschrift, Bd. 30.

vom platten Lande gezahlten sämtlichen Steuern trat, ging von einer Größenermittelung, Bonitierung und Ertragsberechnung jedes abligen, kölmer und Bauerngutes aus und setzte unter Verhandlung mit dem Besitzer und unter Rücksicht auf die bisher gezahlten Steuern die künftig zu zahlende Summe fest. Die Handwerker, Krüger, Amtsschreiber und andere auf dem Domanium angesessene, mit der Grundsteuer nicht zu fassende Leute wurden nach dem bisherigen Kopf= und Hornschoß mäßig mit herangezogen. Ein großer Teil des Adels zahlte das Sechs= und Mehrfache an Steuer, was er bisher gegeben; nicht weniger als 34 681 verschwiegene Hufen wuchsen dem Kataster durch die Reform zu. Nahezu 300 000 Thaler zahlte nun die Provinz, die beseitigten Steuern hatten 200—281 000 Thaler betragen; die mittleren und kleinen Leute waren dabei bedeutend erleichtert. Es war die erste ländliche Steuerreform Preußens im großen Stile, die trotz einzelner Unvollkommenheiten und Härten gelungen ist. Sie war es auch, die neben den österreichischen Vorarbeiten den großen Neukatastrierungen in Schlesien (1742) und Westpreußen (1772) zum Muster diente. Auch hier wurde der Adel zur Steuer herangezogen. Die drei erwähnten Provinzen hatten damit erreicht, was den anderen erst nach der Mitte des 19. Jahrhunderts zu Teil wurde: eine relativ gerechte, gleichmäßige Steuerbelegung der ländlichen Wirtschaften. — Die Gesamtsummen, die diese wie die anderen Provinzen zu zahlen hatten, wurden ein für allemal nach gewissen allgemeinen Gesichtspunkten festgesetzt. Die Steuern waren Repartitionssteuern, wie die französische Taille und die englische Landtaxe. Die Kreisausgaben wie bestimmte Zuschläge für das sehr gut geregelte Remissionswesen wurden nach demselben Maßstab erhoben. Die gesamte Kontribution des platten Landes trug 1806 5,8 Mill. Thaler ein, während die städtische Accise etwa 9½ Mill. lieferte. Sie war nicht bloß der einträglichere, sondern auch der technisch entwickeltere, eigentümlichere Teil des altpreußischen Steuersystemes.

Sie [1] war ursprünglich nur ein Bestandteil der Kontributions=
verfassung gewesen. Einzelne Landschaften der Kurmark hatten
versuchsweise unter Zustimmung des Kurfürsten 1641 diesen Be=
steuerungsmodus statt der Aufbringung nach den Matrikeln an=
gewandt. Einige Städte hatten sie dann beibehalten; in anderen
wurde sie wieder abgeschafft; der Adel setzte sich mehr und mehr
in Opposition zu diesem neuen Besteuerungsmodus, bei dem er
jedenfalls indirekt mit steuern mußte; in den Städten dagegen,
wo die Höhe und Verteilung der Kontributionslast mit jedem
Jahr unerträglicher wurde, bildete sich eine von Jahr zu Jahr
größere Neigung für diese überwiegend indirekte Besteuerung aus,
die sich da und dort bis zu Tumulten gegen die wenigstens teil=
weise widerstrebenden Magistrate steigerte. Der Kurfürst war
stets für die Accise eingenommen gewesen. Zum entscheidenden
Kampfe kam es 1667, als der Kurfürst wieder die allgemeine
Einführung einer Verbrauchssteuer statt der bisherigen Auf=
bringung der Kontribution verlangte. Der Adel erklärte, dann
behalte er von seinen Vorrechten nichts als den Namen, dann
stehe er dem Bürger und Bauer gleich. Der Kurfürst schwankte
erst, entschloß sich aber dann auf erneute städtische Petitionen
doch den Städten die Einführung der Accise freizustellen und
das platte Land bei der bisherigen Steuer zu lassen. Man hatte
im Momente wohl keine klare Vorstellung, wie sehr durch diese
Trennung für über 100 Jahre Stadt und Land geschieden wurden.
Die kurfürstliche Regierung hatte politisch zunächst noch den
Vorteil, daß von nun an die ständischen Interessen noch mehr
als bisher in sich geteilt waren.

Die Acciseordnung von 1667 wurde fakultativ für alle
Städte der Kurmark eingeführt; dieselbe wurde 1680 und 1684
reformiert und weiter ausgebildet. An dem System ist dann
von da an wenig geändert worden. Wir können die branden=
burgisch=preußische Accise als ein System von Steuern bezeichnen,

---

[1] Gliemann, Einführung der Accise in Preußen. Tübinger Zeitschr.
für Staatsw. 1873.

das, ausschließlich auf die Städte beschränkt, neben einer mäßigen Grund-, Gewerbe- und Kopfsteuer wesentlich indirekte Steuern, und zwar solche auf Getränke, Getreide, Fleisch, Viktualien und Kaufmannswaren umfaßte; die Erhebung fand in verschiedener Weise, teils beim Einbringen in die Stadt, teils bei der Produktion, teils beim Verkaufe statt. Die einzelnen Steuersätze waren relativ sehr niedrig, aber dafür um so zahlreicher auf möglichst viele Artikel und Waren ausgedehnt.

Die Kontribution, die bisher die einzelne Stadt bezahlt, wie andere Bedürfnisse, konnten successive aus der Accise bestritten, die alten direkten und indirekten Steuern in den Städten beseitigt und diesen Beiträge aus der Accise verwilligt werden. In den Magdeburgischen Städten wurde die Accise schon 1680, in den pommerschen gegen 1700, in den übrigen Provinzen nach 1713 eingeführt. In Cleve-Mark kostete es nochmals einen schweren Kampf mit den Lokalbehörden, die freilich nicht ein direktes Steuersystem gegen die Accise, sondern nur ihre, die unteren Klassen sehr überlastenden, den Kaufmann schonenden, auf weniger Artikel sich erstreckenden Lokalaccisen gegen das staatliche Accisesystem der Brandenburger verteidigten.

Es ist ein eigen Ding, daß dieses Accisesystem, das nach 1806 als der Inbegriff unvernünftiger Steueranlage und unbequemer Hinderung alles Verkehrs galt, im 17. Jahrhundert als die ersehnteste Reform von der öffentlichen Meinung, der gelehrten Litteratur der Zeit und allen aufgeklärteren Beamten, in einzelnen Eingaben sogar als eine gleichsam göttliche Inspiration gepriesen wurde; die Berichte über ihre Wirkungen sind davon erfüllt, daß sie vor allem dem zerrütteten Wohlstande der Städte wieder aufgeholfen, die Baulust und gewerbliche Thätigkeit geweckt hätten.

Um diesen Gegensatz richtig zu würdigen, ist zunächst nicht zu vergessen, daß jederzeit das, was in der Mode ist, übertrieben gelobt, das, was sich ausgelebt und von Neuem verdrängt wird, übertrieben getadelt wird. Die Menge der Menschen lebt von Schlagwörtern, an die sie ohne Prüfung nur Licht und Segen

knüpft. Ein solches Schlagwort war damals die Accise; man
schwärmte für sie, wie man später für Beseitigung aller indirekten
Steuern oder in der ersten Hälfte unseres Jahrhunderts für eine
einzige Einkommensteuer schwärmte. Phantasierende Theoretiker
priesen damals ähnlich die Universalaccise zur Beseitigung aller
übrigen Steuern an, wie man heute die Einkommensteuer als
Universalmittel preist. In den verschiedenen Ländern, wo man
Versuche mit der Accise machte, wurde freilich mit diesem Namen
ziemlich verschiedenes bezeichnet. Nicht einmal durchaus indirekte
Steuern oder Konsumtionssteuern verstand man darunter; Preußen
zeigt eben das Gegenteil; noch weniger etwa bloß städtische
Steuern; meist wurde die Accise auch auf dem platten Lande
eingeführt. Und vollends im Detail wie in der praktischen Aus=
führung wurde die Accise auf das verschiedenartigste gehandhabt.
Aber trotz all dieser Verschiedenheit lobte man sie; so ziemlich
allerwärts entstand eine dahin drängende Bewegung.

Ich möchte das Gemeinsame, was der ganzen Accise=
bewegung in Deutschland, fast könnte man sagen in Europa, zu
Grunde liegt, etwa so erklären: Man war längst in die Epoche
territorialer oder staatlicher Geldsteuern eingetreten, man hatte
einzelne tastende Versuche mit direkten Schatzungen wie mit
indirekten Konsumtionssteuern gemacht; es traten nun sehr viel
größere Anforderungen an das Steuersystem heran. Das eng=
lische Budget war von einer halben Million Pfund unter
Elisabeth auf über 7¹/₂ Mill. unter Wilhelm von Oranien, auf über
40 Mill. gegen 1800 gestiegen. Die französische Taille hat unter
Franz I. noch 9, unter Richelieu schon 44 Mill. Livres betragen.
Das preußische Staatsbudget war von 1620—1740 von ¹/₄ Mill.
auf gegen 7 Mill. Thaler gestiegen. Die Ursachen waren allenthalben
dieselben; es ist die Zeit, in welcher die modernen·Flotten und
Heere, in welcher der moderne Staat entstanden ist. Man ver=
suchte an allen Einnahmequellen herum; es zeigte sich dabei von
1600 — 1700 fast allerwärts die rechtliche und finanztechnische
Unmöglichkeit, die direkten Schösse, die durch die feudale Klassen=
herrschaft in eine Sackgasse ohne Ausweg sich verloren hatten,

zu reformieren. Die Konsumtionsabgaben waren in den Städten längst viel entwickelter; ihre unvermerkte Erhebung schmeichelte der immer noch bestehenden Abneigung gegen alles Steuerzahlen; sie trafen jedenfalls die einflußreichsten privilegierten Klassen der Gesellschaft weniger hart, als die Masse der Bevölkerung. Die technische Ausbildung der Konsumtionssteuern war viel weiter und mußte viel weiter sein, als die der direkten Steuern; ein Gesetz über Getränkesteuer ist leichter zu geben und zu hand=haben, als ein Gesetz über Vermögens = und Einkommensteuer; viel schlechtere und ungebildetere Verwaltungsorgane reichen bei der ersteren aus; alle indirekten Steuern haben ein einfaches, klar erkennbares Steuerobjekt, die direkten stets ein zweifelhaftes, nur durch unparteiische Schätzungen und Revisionen halbwegs gerecht festzustellendes. Diese Gründe zusammen erweckten damals das günstige Vorurteil für die indirekten Steuern.

Das reiche Holland war das Vorbild. In dem dicht=bevölkerten, hochkultivierten Lande war selbst auf dem Lande die Einhebung der Accisen nicht schwer. In England hatte das Parlament, das den Stuarts die Accise verweigert, sie dann in der Revolution eingeführt; der Ertrag war schon unter Wilhelm von Oranien 1½ Millionen Pfund Sterling und stieg bis 1810 auf 25 Millionen Pfund Sterling. In Deutschland hatte die Not des dreißigjährigen Krieges vollends die direkten Steuern von ihrer schlimmsten Seite gezeigt; sie hatten vielfach ganz versagt, während die während des Krieges so maßlos erhöhten Zölle und Licenten immer noch erkleckliche Summen eintrugen. Seckendorf meint, Accisen und Licenten seien den Schätzungen weit vorzuziehen. Die „entdeckte Goldgrube in der Accise" (1685) preist die sanftmütige Accise gegenüber der gewalt=thätigen Kontribution. Eine ganze Acciselitteratur entstand. Selbst die gegnerischen Schriften wenden sich nicht sowohl gegen die Accise, als gegen die alleinige Anwendung der Accise, die Universalaccise, wie sie in England dann Walpole vergeblich einzuführen suchte. Und in dem Chorus der Acciseanhänger steht selbst Montesquieu, der die Freiheit mit den Konsumtions=

steuern in Zusammenhang bringt: L'impôt par tête est plus
naturel à la servitude, l'impôt sur les marchandises est plus
naturel à la liberté. Man hatte damals eben keine andere
Wahl, als die: Maßlos ungerechte, durch Privilegien durch=
löcherte, kopfsteuerartig wirkende direkte Steuern oder die Accise.
Die Härte der direkten Steuern hatte man nun lange genug
erprobt; man wollte etwas Neues und das war die Accise, d. h.
der Versuch, in viel breiterer und systematischerer Weise als
bisher für ganze Territorien den Schwerpunkt der Finanzen auf
die indirekten Steuern zu verlegen, — das für ganze Staaten
zu versuchen, was längst in den autonomen Städten mit Erfolg
geschehen war.

In Sachsen hatte man 1641 eine Accise, „eine durch=
gehende Anlage auf alle Waaren im Lande, sie haben Namen,
wie sie wollen", gelegt, die später mannigfach verändert in der
General=Konsumtions=Accis=Ordnung von 1707 ihren Abschluß
fand. In Hannover wurde 1686 das ganze Land einer Accise
unterworfen, die die vorzüglichsten Nahrungsmittel, Brot, Fleisch,
Bier und die Kleidung in ziemlich hohen Prozenten belegte,
Getreide aber als Handelsartikel, sowie die sonstigen Rohstoffe
und Fabrikate freiließ. In Süddeutschland wurden unter dem
Drucke derselben geistigen Strömung wenigstens ziemlich all=
gemein die Bier= und Fleischaufschläge erhöht. In Württem=
berg hatte man, da dort kein feudaler Widerstand sich der
Reform entgegensetzte, die direkte Vermögensteuer 1629, 1652
und vor allem 1713—1726 neu katastriert, und doch reichte
das nicht. Man griff unter dem Drucke der Kriegsnachwehen
und =Lasten zu Kopfsteuern, zu Ausdehnung und wiederholter
Steigerung der Accise, des Ungeldes (der Weinsteuer), der
Sporteln, zur Einführung des Stempelpapiers (1719). In der
Kurpfalz wurden durch die Acciseordnung von 1701 die Sätze
der Ordnung von 1672 wesentlich erhöht. Doch war der
Erfolg dort kein günstiger. Die Accise wurde 1718 wieder be=
seitigt. Ähnlich ging es in Schlesien. Man hatte dort nach
vergeblichen Versuchen, das Kataster von 1524 zu reformieren,

endlich auch 1705 zu einer Stadt und Land umfassenden Accise
gegriffen. Sie lieferte viel weniger, als man erwartete, die rasche
Vermehrung der Beamten führte bei dem schlaffen, noch halb
ständischen Regiment nur zu Klagen über Vermehrung der Aus=
gaben und über Nepotismus. Man mußte die alte, direkte
Steuer doch beibehalten und entschloß sich endlich, die Accise
wieder ganz fallen zu lassen und an eine 1740 noch nicht voll=
endete, aber von Friedrich dem Großen dann benutzte Kataster=
revision zu gehen. Die bald darauf eingeführte preußische Accise
aber trug man im ganzen leicht und ohne Murren.

Wir sehen daraus, daß es vor allem auf die Ausführung
ankam. In Preußen erwuchs das tüchtige pflichttreue Beamten=
tum vor allem mit und durch die Accise; die Accisebehörden
wurden die Landespolizeibehörden; die notwendige Leitung des
Gewerbewesens lag in den Händen des Steuerkommissars, wurde
erst möglich durch ihn und die kollegalischen Kommissariate.
Der schutzzöllnerische Abschluß des Landes nach außen, der
damals unbedingt notwendig war und heilsam wirkte, war bei
der damaligen zerrissenen Lage des Staates und der privat=
rechtlichen Erstarrung des Zollwesens und der Zollfreiheiten nur
möglich durch das städtische Accisesystem. Die schroffe Trennung
von Stadt und Land, die möglichst weitgehende Beseitigung
jeder ländlichen Industrie, die mit der Einführung der preußi=
schen Accise erfolgte, wirkte natürlich auch schon damals da und
dort störend, aber es lag dem Bewußtsein und dem Bedürfnisse
der Zeit noch viel ferner als heute, daß es ungerecht und
hemmend sei, auf dem Lande alle Gewerbe zu verbieten; im
Gegenteil, die mittelalterliche Tradition wies darauf hin, und
nach dem Elend des dreißigjährigen Krieges lag darin eine
nicht ganz ungerechtfertigte künstliche Beförderung des städtischen
und gewerblichen Lebens. Außerdem war in Brandenburg und
Preußen das Verbot des Landhandwerkes deswegen erträglicher
als anderwärts, weil es dort auch vorher kaum eine Industrie
auf dem Lande gegeben hatte. Anders war es dann freilich
am Rhein und in Schlesien, wo das Landhandwerk viel ent=

wickelter war, niemals so beseitigt werden konnte und wo deshalb die städtische Accise auch viel weniger eintrug. Auch
andere Schattenseiten der Accise, wie die Hemmung des Verkehrs, die hohen Erhebungskosten, Durchstechereien ungetreuer
Beamter und Ähnliches fehlten von Anfang an nicht und wurden
auch von den Gegnern in der Litteratur und ständischen Versammlungen mehrfach betont. Aber die überwiegende öffentliche
Meinung wollte es übersehen; der Verkehr war noch so gering,
die Beziehungen jeder einzelnen Stadt zur nächsten ländlichen
Umgebung überwogen noch jeden andern Handel so, daß die
Störung nicht sehr groß war. Gegenüber den Schattenseiten
empfand man es nur als Erleichterung, daß die militärischen
Exekutionen und maßlosen Steuerrückstände wegfielen, daß ohne
sichtbaren Druck Überschüsse erzielt wurden, die auch den Städten,
die dem Aufblühen des ganzen Landes zu gute kamen; man
empfand es vor allem — und hatte darin ganz recht —, daß
die neue Steuerverteilung gerechter war als die bisherige.
Man konnte nicht wissen und in Rechnung bringen, daß ein
späteres Jahrhundert eine noch gerechtere Verteilung der Steuern
fordere, daß eine spätere Entwickelung der Volkswirtschaft die
Kontrollen des Verkehrs, die mit der Accise sich verbanden,
unerträglich finden werde; man empfand, wenn man die
preußische Accise mit denen anderer Länder verglich, daß es
gerechter sei, die Lebensmittel nur mäßig, dafür aber alle
möglichen Waren mit niedrigen Sätzen zu belegen, auch den
reichen Kaufmann nicht frei ausgehen zu lassen, als diesen zu
schonen und Fleisch und Brot übermäßig zu belegen.

Die preußisch-brandenburgische Accise war so von Anfang
an keine absolut vollkommene Steuer; aber sie war unter den
im 17. und 18. Jahrhundert möglichen Wegen der Steuerreform
der, welcher am leichtesten anzubahnen war, am sichersten zum
Ziele führte, den damaligen wirtschaftlichen, socialen und politischen Zuständen am meisten entsprach.

4.

Die übrigen Staatseinnahmen 1640—1806: Regalien, Staatsbetriebe, Domänen, Staatsschulden und Staatsschatz; Friedrich Wilhelm I. als Finanzmann.

Kontribution und Accise waren die beiden sich ergänzenden Steuern des altpreußischen Staates; beide unvollkommen genug, waren sie doch den Verhältnissen angepaßt, waren sie ein großer Fortschritt gegen die Steuern der vorhergehenden Epoche; sie waren zusammen so einträglich, um Preußen vor so manchen Abwegen zu bewahren, auf die der aufgeklärte Despotismus in anderen Staaten kam. Kopfsteuern wurden nur in unbedeutendem Betrage einigemal vom großen Kurfürsten und seinem Sohne erhoben. Die Stempelsteuer, die Gebühren, die für die Anstellung gezahlt wurden, waren von mäßigem Betrage. Hauptsächlich aber erfolgte jene mißbräuchliche Anwendung der Regalien, die wir sonst vom 16. bis 18. Jahrhundert so vielfach beobachten, nicht oder wenigstens in viel geringerem Maße als anderwärts.

Im Kampfe mit den Ständen hatte die fürstliche Gewalt allerwärts nach Einnahmen gesucht, die ihr ohne ständische Zustimmung von Rechts wegen zukämen. Die Regalien waren nach der Auffassung der Zeit fürstliche Reservatrechte; das tiefere Eindringen des römischen Rechtes im 16. Jahrhundert erleichterte den Hofjuristen eine kräftigere Geltendmachung derselben; die Litteratur der Zeit kämpfte in dieser Richtung; Obrecht (1574 bis 1612) ist der theoretische Hauptvertreter der Regalwirtschaft, wie sie Roscher als Übergang von der Domänen= zur Steuerwirtschaft charakterisiert. Kaspar Klock zählt nicht weniger als 400 Regalien auf. Es lag in dieser Richtung etwas, das der Berechtigung nicht entbehrte. In dem Kampfe für die Regalien kämpfte die wiedererwachte staatliche Gewalt gegen die Fesseln eines unbillig gehandhabten feudalen Steuerbewilligungsrechtes und gegen die Usurpation staatlicher Rechte durch Adel und

Lokalgewalten. Aber faſt überall verlor ſie, weil ſie Geld um
jeden Preis brauchte und Steuern nicht einzuführen vermochte,
das wahre Ziel aus dem Auge und gebrauchte ihr Recht, Ge=
bühren zu fordern, zu ſtrafen, ausſchließende Rechte zu erteilen,
nur noch von dem Geſichtspunkte fiskaliſcher Einträglichkeit oder
willkürlicher Begünſtigung aus.

Bekannt iſt, wie man die Strafgewalt zur Finanzquelle
machte; in England hatte ſchon die normanniſche Militärmonarchie
damit begonnen, dann hatten die Tudors den unbotmäßigen Adel
damit ſich unterworfen, hauptſächlich die Güterkonfiskation im
großen getrieben; zuletzt hatte die Sternkammer dasſelbe ver=
ſucht. In Schweden waren zeitweiſe die jährlichen Strafgelder
einträglicher als die Steuern. Colbert hatte in kurzer Zeit die
Finanzverwaltung dadurch zu reinigen geſucht, daß er verdächtigen
höheren Finanzbeamten 70 Millionen Livres abnahm. In
Brandenburg hatte Kurfürſt Friedrich II. ſich in ſeiner Finanz=
not damit geholfen. Albrecht Achill pflegte zu ſagen, ſein ſeliger
Bruder habe ſich davon genährt. Mehr als 4000 Goldgulden
betrug aber die Einnahme von Strafgeldern durchſchnittlich auch
damals nicht. Wichtig aber iſt, daß die Einführung der pro-
curatores fisci unter Kurfürſt Friedrich II. damit zuſammenhing.

In einem großen Teil des nordöſtlichen Europas drehte ſich
im 17. und 18. Jahrhundert die innere Politik darum, ob der
Krone ihr großes Domanium bleibe oder ob der Adel ſich in den
überwiegenden Beſitz der großen Güter ſetze. Mit Liſt und
Gewalt, mit politiſchen und wirtſchaftlichen Mitteln, mit Pro=
zeſſen und Rechtstiteln aller Art wurde um die große Beute und
damit um die Herrſchaft geſtritten. Auch in Preußen gelang es
dem Adel vielfach, ſich in den Beſitz früherer Domänen zu ſetzen,
und es iſt in dieſem Zuſammenhang, daß die Regierungen die
Ordnung des Rechtsweges zu ändern, die Verwaltungsjuſtiz aus=
zudehnen ſuchten. Der große Kurfürſt und Friedrich Wilhelm I.
haben eine ziemliche Zahl fiskaliſcher Prozeſſe gegen den Adel
geführt, der Domänen pfandweiſe inne hatte und ſie nicht heraus=
geben wollte. Friedrich der Große ließ noch 1772 dem weſt=

preußischen Adel androhen, daß er alle Güter konfiscieren werde, die bei der Katastrierung nicht ordentlich und in ihrer ganzen Größe angemeldet würden. Aber eine systematische Einnahmequelle wurde nicht mehr daraus gemacht. Friedrich Wilhelm I. folgte dem Rate seines Freundes Leopold von Dessau nicht, es zu machen wie er, d. h. so ziemlich alle Rittergüter des Landes dem Domanium einzuverleiben. Und vollends Friedrich II. stand im Vollbewußtsein seiner königlichen Macht seinem Landadel nicht mehr eifersüchtig wie seine Vorfahren gegenüber. Er ließ absichtlich alle älteren fiskalischen Prozesse zwischen dem Domänenfiskus und dem Adel (1740) fallen, um den Besitzstand des Adels zu erhalten.

Der Verkauf von Ämtern und Würden blühte in Frankreich am meisten; schon 1614 hatte man für 200, 1664 bereits für 800 Mill. Livres Ämter verkauft. In den Jahren 1691—1709 wurden 40,000 neue Ämter geschaffen, deren Hauptzweck der Verkauf war. In Preußen wurden auch wohl zeitweise einzelne Ämter dem gegeben, der etwas mehr als die herkömmliche Gebühr dafür bot; aber nie wurden Ämter geschaffen, um sie zu verkaufen; stets wurde die persönliche Qualität der Bewerber neben ihrem Gebot in Betracht gezogen.

In Frankreich hatte man im 16. Jahrhundert allen Gewerbebetrieb für droit domanial erklärt. Man gründete darauf das Recht, Staatsgewerbe zu treiben, und jeden, der nicht innerhalb einer staatlich zugelassenen Zunft arbeitete, zu konzessionieren, sowie ihm unter Umständen ausschließliche Rechte zu erteilen. Ähnliche Anschauungen drangen überall durch; es fragte sich nur, welchen Gebrauch man davon machte. In den italienischen Staaten wurde der Kornhandel im großen allgemein als Regal betrieben. In Spanien, Portugal, England, Holland und Frankreich wurde der Kolonialhandel ganz oder teilweise dem Staate oder großen Compagnieen vorbehalten. Vielleicht am allerweitesten in dem Vorbehalt ausschließlicher Gewerberechte für sich und die von ihr Beliehenen ging die englische Regierung unter Elisabeth. Die damalige Regalisierung betraf Korinthen, Eisen, Pulver,

Karten, Kalbleber, Felle, Segeltuch, Pottasche, Weinessig, Thran, Steinkohlen, Stahl, Branntwein, Bürsten, Flaschen, Töpfe, Salpeter, Blei, Öl, Galmei, Spiegel, Papier, Stärke, Zinn, Schwefel, Tuch, Sardellen, Bier, Kanonen, Horn, Leder, spanische Wolle und irisches Garn. Man ist versucht, zu fragen, was da noch für den freien Verkehr übrig blieb; und doch blühte die englische Volkswirtschaft unter der jungfräulichen Königin wie nie zuvor. Darin liegt eben der Beweis, daß diese Regale, Monopole und Staatsbetriebe, obwohl nicht frei von groben Mißbräuchen und schweren Mißständen, obwohl oftmals nicht durch das Staatsinteresse, sondern durch Koterieeinflüsse und Günstlingswirtschaft hervorgerufen, doch auch ihre zeitgemäße und nützliche Seite hatten. Teilweise liegt ihre Rechtfertigung freilich nur in dem finanziellen Gesichtspunkte: die notwendigen Mittel für eine große und heilsame Regierung, wie sie sicher der Elisabeth nachzurühmen ist, waren eben nicht anders zu schaffen, so lange Volk und Stände jeder Steuerzahlung so widerstrebten. Dann aber war der Staatsbetrieb oder die konzessionierte Privatunternehmung an vielen Stellen technisch nicht leistungsunfähiger als der freie Privatbetrieb, ähnlich wie wir es heute in Bezug auf Tabak, auf Bergwerke, Post- und Eisenbahnen, Gas- und Wasserwerke sehen. An anderen Stellen aber waren sie sogar der Privatunternehmung weit vorzuziehen. Der Staatsbetrieb war teilweise nötig, weil es an einem bürgerlichen, tüchtigen Unternehmerstand fehlte, weil die Bergwerke, der Salzhandel, der Kornhandel, die Kolonialunternehmungen weit über dem Niveau der damaligen Privatkapitalien lagen, weil die Bedingungen der Öffentlichkeit und der kontrollierenden Mitbewerbung damals viel mehr fehlten, weil ein faktisches Monopol aber immer noch besser in Händen ist, welche der publica fides genießen und ein Bewußtsein öffentlicher Pflichten haben, als in solchen, die nur gewinnen wollen. Vielfach waren auch die damaligen regalisierten, vom Staate betriebenen oder an Private verliehenen Gewerbebetriebe gar nichts anderes, als heute gewerbliche Unternehmungen mit Patentrecht.

In den deutschen Territorialstaaten fing man im 16. Jahr=
hundert ziemlich allgemein an, das Forst= und Jagdregal, das
Bergwerks= und Wasserregal möglichst auszudehnen, auf Berg=
bau, Hütten= und Salinenwesen sein Auge zu richten. Die fürst=
lichen Einnahmen hatten eben solchen Vorteil davon, wie die
volkswirtschaftliche Entwickelung der Länder. Besonders Sachsen
zeichnete sich in dieser Beziehung aus, wie wir darüber durch die
Untersuchungen von Kius und Falke näher unterrichtet sind. In
Brandenburg machte Joachim II. einen vergeblichen Versuch,
fiskalische Salzwerke im Lande anzulegen, um die Salzeinfuhr
zu verbieten; 1602 wurde eine fürstliche Glashütte errichtet.
Aber im ganzen geschah doch nicht viel der Art. Dagegen sehen
wir den großen Kurfürsten und seine Nachfolger mannigfach als
gewerbliche Unternehmer auftreten und fremde Gewerbetreibende
durch Monopole und Privilegien ins Land ziehen. Die fis=
kalische Glasindustrie wurde ausgedehnt und zu einer Spiegel=
manufaktur erweitert. Kupfer= und Messinghämmer, Eisen= und
Stahlwerke wurden auf staatliche Kosten angelegt und die Ein=
fuhr der entsprechenden Waren verboten oder erschwert, kurfürst=
lichen Faktoren der Vertrieb der betreffenden Produkte übergeben.
Trotzdem, daß man Salz noch nicht im Lande produzierte, suchte
der Kurfürst durch fiskalischen Vertrieb von Lüneburger Salz
sich eine Einnahme zu verschaffen; als die großen Magdeburgischen
Salzwerke an Brandenburg kamen, und als in diesen unter
Friedrich I. eine Reihe großer, ihrer Zeit voraus eilender Ver=
besserungen eingerichtet waren, da konnte Friedrich Wilhelm das
Salzmonopol so ziemlich auf den ganzen Staat mit Gewinn
ausdehnen, ja einen bedeutenden Salzexport ins Ausland durch=
setzen[1]. Das blieb so das ganze 18. Jahrhundert; zuletzt hat
Stein die Salzadministration wesentlich verbessert; die Einnahmen
beliefen sich gegen 1800 auf 2½ bis 4½ Millionen Thaler.
Eine musterhafte, bald weit über die preußischen Grenzen sich

---

[1] Vergl. jetzt über die Salinenpolitik meine Untersuchung im Jahr=
buch 1887, 839—882.

11*

ausdehnende und keineswegs engherzig fiskalisch verwaltete Post
hat ebenfalls der große Kurfürst eingerichtet. Sie galt bald in
ganz Deutschland als Muster und lieferte, obwohl bis 1740 in
keiner Weise fiskalisch ausgenützt, immerhin nicht unbedeutende
Überschüsse: 1685 39,213 Rthlr., 1712 137,450, 1740 220,000,
Rthlr., während die englische Post 1660 12,000 Pfund Sterling,
1699 90,504 Pfd. Sterling eintrug. Ein staatliches Vorrecht
nahm die Post eigentlich erst von 1700 an oder vielmehr durch
die Postordnung von 1712 in Anspruch, worin ein schwerwiegender Beweis ihrer guten Verwaltung liegt. Wenn wir uns
erinnern, daß die Posten im 17. und 18. Jahrhundert ähnlich
wirkten, wie heute die Eisenbahnen, — Just. Möser meint, daß
die Posten ganz erstaunliche Folgen nach sich gezogen und die
Welt in manchen Sachen fast in andere Formen gegossen haben —,
so werden wir ermessen, was der preußische Staat an seiner
Post hatte. Ihre Musterhaftigkeit aber dankte sie nach dem ein-
stimmigen Urteil aller genaueren Kenner der Postgeschichte der
staatlichen, einheitlichen, straffen Leitung in Verbindung mit der
Sparsamkeit und Tüchtigkeit der damaligen preußischen Verwaltung überhaupt.

Ausschließende Konzessionen an Private hatte der große
Kurfürst zuerst an Tabaksfabrikanten gegeben, dann erhielten
solche hauptsächlich französische Emigranten; die Gewebeindustrie,
Tapetenfabrikation, Gold- und Silberspinnerei wurde so und
durch Unterstützung mit staatlichen Kapitalien im Lande befördert.
Die Konzessionen lauteten oftmals nur auf eine Reihe von
Jahren. Friedrich der Große sprach es als festen Grundsatz
aus, jede der von ihm privilegierten Fabriken genau zu verfolgen und ihr ihre Vorrechte zu entziehen, sobald sie sich
herausgearbeitet und Einiges verdient habe. Eine Reihe der
wichtigsten, heute noch blühenden Industrieen wurde so ins Leben
gerufen, und wenn auch daneben viele Fehler gemacht, aus
Irrtum einzelne Schwindler begünstigt, Manufakturen durch
Einfuhrverbote gefördert wurden, die nachher wieder verfielen,
wenn oftmals nicht bloß mit Unrecht, sondern auch mit Recht

über Monopole geklagt wurde: im ganzen war das System
doch den damaligen volkswirtschaftlichen Zuständen entsprechend.
Preußen war hinter England, Frankreich und Holland um ein
oder zwei Jahrhunderte zurück und konnte nur durch Zusammen=
fassung und Anspornung aller Kräfte ihnen nachkommen.

Auch die rein staatlichen Gewerbsunternehmungen unter
Friedrich dem Großen waren in der Hauptsache gerechtfertigt.
Seine Bergwerks = und Hüttenverwaltung hat die Grundlage
für die ganze heutige preußische Großindustrie dieser Art gelegt.
Der große Getreidehandel, den der Staat trieb, war mit keinem
Verbot privaten Handels direkt verbunden. Aber es gab damals
kaum einen nennenswerten Privatkornhandel, während für den
Staat sein großer Domänenbesitz, dessen Pächte teilweise noch in
Getreide abgeführt wurden, einerseits, die Armeebedürfnisse
andererseits Anlaß zu einer großen Getreidemagazinierung boten.
Diese Magazine wurden dann weiter dazu benutzt, in übermäßig
billigen Jahren einzukaufen, in übermäßig teueren zu verkaufen
und so das Getreide nicht über ein gewisses Maß im Preise
schwanken zu lassen. Das war eine ebensosehr für den Land=
wirt, als für die übrigen Klassen der Bevölkerung außer=
ordentlich wohlthätige Maßregel. Die verheerenden Wirkungen
großer Teuerungen, die wir heute freilich, dank dem Privat=
handel, auch nicht mehr kennen, blieben so dem preußischen
Staate fern. Mit seinen Bankplänen fiel Friedrich zuerst in
unwürdige Hände; aber dann gereichte die Bank von 1765 an
der gewerblichen und Handelsentwickelung doch sicher zum Vor=
teile. Daß die verschiedenen Seehandlungscompagnieen nicht alle
blühten, war zu einem großen Teile nicht Folge fehlerhafter
Pläne, sondern des siebenjährigen Krieges und der holländischen
Eifersucht; an der letzteren war schon der erste ähnliche Versuch
unter dem großen Kurfürsten hauptsächlich gescheitert. Der richtige
Gedanke des Königs war, Preußen dadurch einen direkten An=
teil am Welthandel zu verschaffen, die Abhängigkeit von Holland
und England zu beseitigen, den preußischen Produkten einen
direkten Absatz in den Kolonieen, im Mittelmeer, in Amerika

zu verschaffen. Auch die Handelsverträge, die er abschloß, zielten dahin. Und wenn die gesamte preußische Aus = und Einfuhr von Ranke und J. G. Hoffmann so angegeben wird:

		Ausfuhr:	Einfuhr:
1752	Alte Provinzen 12,6 Mill. Thaler	9,4 Mill. Thaler
	Schlesien 9,9 =	7,5 = =
1795/96	= . . 51,5 = =	53,3 = =

so wird man nicht wohl leugnen können, daß ein außerordent= licher Fortschritt stattgefunden; die Industrie hatte sich glänzend gehoben; Preußen war ein wohlhabendes Land geworden. Den Wert der abgesetzten preußischen Fabrikate berechnete man 1781 auf 25, 1785 auf 30, 1793 auf 37 Mill.; von letzteren gingen 15 Millionen ins Ausland (Viebahn).

Von bloß finanziellem Standpunkt sind die Lotterie, das Tabaksmonopol, die Kaffeebrennerei und die Münzverschlechterung während des siebenjährigen Krieges zu betrachten. Letztere war durch die Not des Krieges herbeigeführt und wurde nach dem= selben rasch wieder beseitigt. Die Lotterie blieb auch nach Friedrichs Tode und trug gegen 1800 jährlich 6—800 000 Thaler ein. Die staatliche Kaffeebrennerei, verbunden mit dem staatlichen Monopol des Kaffeehandels, hat am meisten dazu beigetragen, Friedrichs spätere Finanzmaßregeln verhaßt zu machen; sie war ein sehr ungeschicktes Experiment, vor allem weil sie nichts ein= trug. Dagegen war die Einführung des Tabaksmonopols nur die Übertragung einer Steuereinrichtung, die damals in einer Reihe europäischer Staaten bestand, in Frankreich z. B. 1750 dem Staate schon 25 Mill. Livres eintrug. Nachdem die Ge= sellschaft, welche das Geschäft übernommen, Bankerott gemacht hatte und die Verwaltung königlich geworden war, stieg der Reinertrag auf durchschnittlich über eine Million Thaler; der Tabaksbau nahm dabei sehr im Lande zu; der verkaufte Tabak war gut und in den ordinären Sorten auch billig; nur auf dem feineren Tabak ruhte eine hohe Steuer. Die Aufhebung des Tabaksmonopols nach dem Tode Friedrichs des Großen war um so weniger gerechtfertigt, als man es später wieder ein=

führte, obwohl man die Mahlaccise und andere Steuern dafür
erhöht hatte. Es war eine Konzession an die Mißstimmung des
Publikums über die ganze sogenannte Regie, d. h. die französi=
schen Beamten, die seit dem siebenjährigen Kriege die Accise
wie die Monopole verwalteten. Daß Friedrich hierzu Franzosen
massenhaft ins Land rief, daß er sie nun in schroffer Weise
alten, verdienten Beamten vorzog, war vielleicht unrichtig;
jedoch leiteten ihn richtige technisch=finanzielle Erwägungen, und
man darf nicht vergessen, daß 1766 nicht dieselben deutsch=
nationalen Empfindungen vorherrschten wie später. Immer
mögen dabei viele Mißgriffe in der Wahl der Personen und
der Maßregeln vorgekommen sein. Friedrich II. hat selbst
später einen großen Teil der französischen Beamten weggejagt.
Die Persönlichkeit de Launays aber, der zuletzt allein an der
Spitze der sogenannten Regie stand, scheint mir die Behandlung
nicht verdient zu haben, die ihm unter Friedrich Wilhelm II.
widerfuhr. Seine Ankläger, Richter und Nachfolger waren un=
fähige Menschen, ihre Denkschriften stehen weit unter der Recht=
fertigungsschrift de Launays. Nur ein einseitiger Doktrinär,
wie Mirabeau, konnte das übersehen[1].

In Bezug auf die übrigen Staatseinnahmen in der Epoche
von 1640—1806 will ich kurz sein. Am wichtigsten waren die
Domänen und Forsten. Man hatte unter dem großen Kur=
fürsten noch unsicher zwischen der Verpachtung und Administration
der Domänenämter hin und her geschwankt. Ein ordentlicher
Stand von Pächtern fehlte noch; Erfahrungen mußten erst ge=
sammelt werden. Unter Friedrich I. kam dann ein Plan zur
teilweisen Ausführung, der geistreich und social bedeutsam ge=
dacht war, in den Händen einer leichtfertigen und verschwenderi=
schen Hofpartei aber nur zu schlechten Resultaten führte: der
Plan der Vererbpachtung der Domänen. Es fehlte an tüchtigen
Erbpächtern; statt in kleinen Bauerngütern wurden die Domänen

[1] Vergleiche darüber meine akademische Rede über die Einführung
der französischen Regie. Sitzungsberichte der Akademie der Wissenschaften
vom 26. Januar 1888.

in großen Stücken und vielfach an zahlungsunfähige Abenteurer weggegeben, die Kaufgelder wurden in dem Strudel des Hoflebens verschleudert. Alle besseren Elemente des Hofes und der Verwaltung sammelten sich um den damaligen Kronprinzen zum Sturze des Dreigräfenministeriums; und mit ihm fiel die Vererbpachtung, in der Friedrich Wilhelm eine unstatthafte Veräußerung des Staatsvermögens sah. Dieser Fürst stellte auch in der Domänenfrage den staatlichen Gesichtspunkt so voran, daß er ohne weiteres die sogenannten Schatullgüter, die zur Disposition des Königs bisher gesondert verwaltet wurden, den Domänenkammern übergab, sie wie das ganze übrige Domanium für unveräußerliches Staatsgut erklärte, ein Beispiel, dem viele deutschen Fürsten des 19. Jahrhunderts noch nicht fähig waren zu folgen. Friedrich Wilhelm brachte das Schwanken in der Domänenverwaltung dadurch zu einem festen Abschluß, daß er überall die sogenannte Generalpacht einführte, die in der Hauptsache bis auf den heutigen Tag in Preußen üblich geblieben ist. Ein ganzes Amt, nicht die einzelnen Teile desselben, wird dabei an einen Pächter, den Amtmann, mit allen Pertinenzen, Polizei- und Jurisdiktionsrechten, Vorwerken und Bauerndörfern, mit allen Abgaben und Frohnen, mit Mühle und Brauerei gegen Zahlung einer festen Pachtsumme ausgegeben. Friedrich Wilhelm I. legte besonderen Wert auf das System, weil er auf feste Summen für seinen Etat wollte rechnen können, wie das auch bei der damals in anderen Ländern so vielfach üblichen Steuerverpachtung ein wesentlicher Gesichtspunkt war. Soweit der Generalpächter öffentliche Funktionen handhabte, Polizeibeamter und Arbeitgeber zugleich war, die Frohnen übermäßig anspannen konnte, verbanden sich mit dieser Art der Domänenverwaltung wohl auch manche Schattenseiten; aber nicht nur suchte hiergegen eine genaue Fixierung aller Rechtsverhältnisse, besonders der Frohnen, eine strenge Kontrolle und Bereisung der Ämter zu schützen — die Domänenbauern waren anerkanntermaßen in besserer Lage als die ritterschaftlichen —, sondern es standen diesen Schattenseiten neben den finanziellen

auch bedeutsame volkswirtschaftliche Lichtseiten gegenüber. Die
Domänenpachtungen, aus denen Friedrich Wilhelm I. in Ostpreußen alle Adeligen herauswarf, um sie durch Bürgerliche zu
ersetzen, wurden die hohe Schule für alle fähigeren Landwirte,
sie wurden das Hauptmittel des agrarischen Fortschrittes, sie erzogen einen wohlhabenden, bürgerlichen Unternehmer- und
Mittelstand, der weit über dem Niveau des damaligen spieß-
bürgerlichen Handwerkertums, fleißig, sparsam und thätig, eine
äußerst wohlthätige sociale Ergänzung des Adels bildete, dem
er an Intelligenz und bald auch an Wohlstand gleichstand, ohne
seine Unarten zu teilen. Der preußische Beamtenstand und
Offiziersstand dankt diesen Domänenpächterfamilien sehr viele
fähige Elemente. Wohl der größte Teil der heutigen bürgerlichen oder neugeadelten Rittergutsbesitzer stammt daher.

Seit die Verpachtung der Domänen durchgeführt war, hatte
sich auch die alte Verknüpfung der Naturalwirtschaft des Hofes
mit der Domänenwirtschaft gelöst. Aber fast ein Jahrhundert
lang hatte es gedauert, bis man dieses Ziel erreicht. Seit der
Errichtung des freilich nur vorübergehenden Staatskammerrates
(1651) hatte der große Kurfürst dahin gestrebt; am 14. Juni
1652 schrieb er an die Berliner Amtskammer: „Und sind wir
also im Werke begriffen, unseren Hofstaat also zu reducieren,
daß hinführo alle unsere Diener mit einem gewissen Gelde
richtig gezahlt, und dagegen alle Deputatstücke aufzuheben."
Aber es war nicht möglich durchzudringen. Die festgewurzelten
alten Gewohnheiten und die oftmalige Not des Augenblickes
waren stärker. Die Beamten wollten ihren Tisch bei Hofe nicht
aufgeben; wenn der Hof nicht zu leben hatte, requirierte man
wieder Naturalien bei diesem oder jenem Domänenamte. Bis
gegen 1713 waren sehr viele Staatsbeamte zugleich Hofbeamte
und beanspruchten als solche Wohnung, Pferdefutter und
Deputatstücke. Fast alle Kanzleien waren bis weit ins 18. Jahrhundert im Schlosse; noch unter Friedrich Wilhelm I. erhielt
das Generaldirektorium, wenn es Mittags 12 Uhr mit seinen
Geschäften nicht fertig war, ein gutes Mittagessen aus der

Hofküche. Freie Arzneimittel aus der Hofapotheke hatte noch spät im 18. Jahrhundert halb Berlin. Immerhin aber war unter dem großen Kurfürsten schon manches besser geworden; er hatte 1673 eine besondere Hofstaatsrentei für den Unterhalt des Hofes errichtet; zunächst aber ward diese Kasse nicht auf Geld= überschüsse anderer Kassen, sondern auf die Zuweisung be= stimmter Ämter und Einnahmequellen, die ihr nun untergeben waren, gegründet; so klebte man am Hergebrachten; erst 1681 hatte man diese Ämter wieder den Amtskammern zurückgegeben, und damit erst begann die volle Selbständigkeit der Hofwirt= schaft. Danckelman wirkte in gleicher Richtung[1]. Aber als der Oberkammerherr und Obermarschall von Wartenberg nicht bloß über die Hofstaatskasse, sondern zugleich über die gesamten Finanzen und Staatskassen schaltete, trat wieder eine voll= ständige Vermischung von Hof= und Staatsbedürfnissen ein. In schroffer Reaktion gegen diesen letzten Rückfall in die Ver= bindung der Hof = und Staatswirtschaft schied nun Friedrich Wilhelm I. streng, und seither hat man am preußischen Hofe sparsam gewirtschaftet, seither konnte man das Domäneneinkommen genau buchen, verrechnen und kontrollieren. Der Ertrag der Domänen war schon unter dem großen Kurfürsten durch Ein= lösungen, bessere Ordnung der ganzen Verwaltung und Ver= pachtungsversuche wesentlich gehoben worden. Bei seinem Tode trugen sie im ganzen (freilich einschließlich der Zölle, der Forsten, der Post, der Münze und aller derartigen, zu den Domänen gerechneten Einkünfte) 800—850 000 damalige Thaler, während die Steuern etwa gerade das Doppelte eintrugen. Unter seinem Sohne war es vor allem Kraut, dem durch seine emsige Thätigkeit und Strenge die Hebung der Einkünfte gelang, allein z. B. in den

---

[1] Siehe darüber jetzt den ersten Band der „Urkunden und Aktenstücke zur Geschichte der inneren Politik des Kurfürsten Friedrich Wilhelm von Brandenburg"; er enthält von der „Geschichte der brandenburgischen Finanzen in der Zeit von 1640 bis 1697" die Centralstellen der Kammerverwaltung, die Amtskammer, das Kassenwesen und die Domänen der Kurmark, be= arbeitet von Kurt Breysig, 1895.

Jahren 1796—97 um gegen 150000 Thaler; 1713 betrugen
die Domäneneinkünfte 1,3 Million Thaler. Unter Friedrich
Wilhelm I., der einzelne Steuern seines Vaters beseitigte, die
Accisesätze nicht sehr bedeutend erhöhte, überhaupt die Steuer=
last von gegen 2 Thaler pro Kopf trotz seines fiskalischen Sinnes
nicht schwerer machen wollte, geschah am meisten für einen ge=
steigerten Domänenertrag. Die Schulden wurden vollständig
abgestoßen, unzählige Verbesserungen im einzelnen, große Er=
werbungen im ganzen gemacht, das Pachtwesen wurde in der
erwähnten Weise auf Grund genauester Anschläge geregelt[1]; der
Gesamtreinertrag stieg auf 3,3 Millionen. Steuern und Do=
mänen hielten sich nun fast die Wage, was weder vorher noch
nachher je der Fall war. Später hat sich das preußische
Staatskammergut wohl kaum mehr wesentlich vergrößert, sondern
ist nur durch die Zunahme der Bevölkerung, durch das Steigen
der Produkten= und Holzpreise im Ertrage, 1786 bis zu 5,7,
1806 bis zu 8,7 Millionen gestiegen. Das entspräche einem
Vermögen von etwa 160—180 Millionen Thalern. Am aus=
gedehntesten war der fiskalische Besitz in Ostpreußen, wo er ein
Drittel bis zur Hälfte des Landes umfaßte (1648 schon 48354
von etwa 120000 Hufen). Im Jahre 1808 berechnete der
Minister von Schrötter den Wert der Domänen in Ostpreußen
und Litauen auf 15²/₃ Millionen, Geh. Rat von Borgsted die
in Pommern und der Neumark auf 16—17 Millionen, die in
Westpreußen wurden auf ungefähr 6 Millionen angeschlagen;
die in der Kurmark waren im Juni 1807 auf 11,9 Millionen
Thaler berechnet, während die kurmärkischen Rittergüter 15590000
Thaler wert sein sollten; die schlesischen Domänen waren ver=
hältnismäßig nicht so bedeutend[2]. Im Jahre 1810 nahm
Hardenberg, unter dem Druck sehr ungünstiger Preisverhältnisse,
den Wert sämtlicher Domänen, Forsten und säkularisierten

---

[1] Siehe darüber jetzt Stadelmann, R., Preußens Könige in ihrer
Thätigkeit für die Landeskultur, 3 Bde., 1878 ff., und über die Domänen=
verwaltung im 17. Jahrhundert Breysig, Jahrb. 1892, 12—13 ff.

[2] Siehe Pertz, Leben Steins, 2, 614.

Kirchengüter des auf die Hälfte reducierten Staates zu 97 bis 98 Millionen Thaler an (Naſſe).

Um den Wert eines ſolchen Beſitzes zu würdigen, möchte ich dem einſeitigen, faſt albernen Satze von Adam Smith, daß das Einkommen aus Staatsgütern in jeder civiliſierten Monarchie die Geſellſchaft mehr als jede andere Einnahme der Krone koſte, den ebenfalls einſeitigen, aber viel wahreren und geiſtreicheren Ausſpruch Lorenz von Steins gegenüberſtellen, der ſagt: „Die Einnahme aus den Domänen iſt die wirtſchaftliche Baſis des ſelbſtändigen Königtums und mit ihm der ſelbſtändigen äußern und innern Staatenbildung; benn ſie wird die Grundlage der materiellen Unabhängigkeit der Könige gegenüber der Herrſchaft und Gewalt der mächtigen ſtändiſchen Körperſchaften. Die Domäne dauert daher fort und wird dauern, ſo lange es ein Königtum giebt, denn beide ſind nicht bloß hiſtoriſch, ſondern organiſch miteinander korreſpondierende Begriffe.“ In Bezug auf die Forſten wirtſchaftete der Staat damals wie heute beſſer als die Privaten; in Bezug auf die eigentlichen Domänen wird die Privatwirtſchaft, ſobald dieſelben verpachtet ſind, gar nicht aus= geſchloſſen; es war für den preußiſchen Staat, der ſeinen Domänenbeſitz durch Koloniſation wüſter Ländereien und Auskauf heruntergekommener Rittergutsbeſitzer damals vergrößerte, nur die Frage, ob das Pachtſyſtem beſſere Reſultate lieferte, als die Wirtſchaft der Rittergutsbeſitzer, ob die Grundrente beſſer in den Händen des Staates oder abliger Familien war. Und da kann, glaube ich, über die Antwort kein Zweifel ſein; das Domänenpachtſyſtem hob die Landwirtſchaft, wie es das Los der Bauern beſſerte und die Zahl der kleinen Wirte vermehrte. Endlich aber handelte es ſich für Preußen darum, ob der Staat, der alle ſeine Kräfte bis zum äußerſten anſpannen wollte und mußte, lieber die ſchon ſehr hohen Steuern oder das Domänen= einkommen ſteigerte und damit zugleich für die Zeiten der Not einen Reſervefonds ſich ſicherte, wie er auch beim höchſten Patriotismus der Bürger niemals im Vermögen der einzelnen Privaten liegt. Der aufgeklärte Despotismus konnte, ohne ſeine

Existenz zu gefährden, die Steuern nicht weiter emporschrauben; es war also für Friedrich Wilhelm I., wenn er die über alle Verhältnisse große Armee schaffen wollte, die Preußen dann zur Großmacht erhob, kein anderer Weg offen, als der der Aus= dehnung der Domänen. Und hätte Preußen diese Domänen nicht besessen, es hätte die harte Zeit von 1806—15 noch weniger ertragen, die Neuordnung seiner Finanzen wäre ihm 1815—25 noch schwieriger geworden, als sie es ohnedem wurde.

Übrigens hätten weder die Domänen, noch die andern regelmäßigen Staatseinkünfte, die wir bisher besprachen, die Möglichkeit geboten, den preußischen Staat zu einer Großmacht zu erheben, welche kühn und entscheidend in die Geschicke Europas eingriff, wenn man es nicht zugleich verstanden hätte, über das größeste Problem, das jeder staatlichen Finanz gestellt ist, nämlich zeitweise die Ausgaben verdoppeln oder verdreifachen zu können, Herr zu werden. Die Ungleichmäßigkeit der notwendigen Aus= gaben von Jahr zu Jahr war seit den Tagen der Alten immer wieder der schwierigste Punkt für jede Finanzleitung. Und es hat nie einen andern Ausweg gegeben als den Staatsschatz und den Staatskredit. Nur mit diesen beiden Mitteln ist die rasche An= passung der staatlichen Aktion an die Bedürfnisse des Augenblicks, sind große rasche Entschließungen und Schläge möglich. Und während im Altertum und Mittelalter der Staatsschatz die Hauptrolle gespielt, war es seit dem 14—15 Jahrhundert der öffentliche Kredit, mit dem erst die Städte, dann die Staaten hauptsächlich operierten. Zumal seit dem 16. Jahrhundert hingen fast alle großen staat= lichen Leistungen vom Kredit ab: Karl V. bereits konnte keinen Schritt thun ohne die Zustimmung und Hilfe einiger großen Bankiers; Frankreich, Holland, England erreichten ihre Macht= stellung nur mit Hilfe des Kredits. Freilich hatte dieser öffent= liche Kredit auch seine schweren Bedenken: falsch gebraucht oder ohne Erfolg angewandt, zerrüttete und lähmte er die Staats= finanzen; überall erzeugte er eine Abhängigkeit der Regierung von fremden oder einheimischen Geldmächten und schuf damit große Gefahren für die Selbständigkeit des Staates und die Gerechtig=

keit der Staatsleitung. Von dieser Entwickelung an datiert es,
daß die eigene oder fremde hohe Finanzwelt eine Art Mit=
regierung beansprucht und die Regierungsgewalt für ihre
egoistischen Zwecke ausnützt. Sie will stets nicht bloß un=
erhört großen Gewinn machen, sondern politisch und social
herrschen, die Verwaltungs= und Wirtschaftspolitik nach ihren
egoistischen Zwecken einrichten.

In Deutschland waren alle Städte und so ziemlich alle
Regierungen nach dem dreißigjährigen Kriege bankerott. Die
Versuche des großen Kurfürsten, nach und nach seine Schulden
abzuwickeln, haben wir schon erwähnt. Und es ist nun der
charakteristische Zug der preußischen Finanzleitung geblieben,
daß sie in der Hauptsache bis 1806 an dem Prinzip festhielt,
keine oder so wenig als möglich Schulden zu machen, die
Schulden aller öffentlichen Korporationen, der Städte und Pro=
vinzen ganz oder überwiegend zurückzuzahlen, soweit man alte
Kreditinstitute, wie das kurmärkische ständische Kreditwerk, bei=
behielt, sie doch nur in beschränkter Weise zu benutzen und zu
entwickeln. Vor allem Friedrich Wilhelm I. haßte in seiner
biederen, altväterischen Weise jeden öffentlichen Kredit, er be=
trachtete alle Staatsgläubiger als Zudringlinge, die mit ihm
aus der Schüssel essen wollten. Dafür aber schuf er den preußi=
schen Staatsschatz. Er hatte 1713 nicht ganz eine Million
Thaler in den öffentlichen Kassen gefunden und hinterließ 1740
allein in den beiden Tresors über 10 Mill., die bis zum Jahre
1742, am Ende des ersten schlesischen Krieges, auf 3 zusammen=
geschmolzen waren. Der zweite schlesische Krieg kostete 12 Mill.,
wovon der Staatsschatz 7, den Rest Kontributionen und Ver=
waltungsüberschüsse deckten; beim Ausbruch des siebenjährigen
Krieges waren 14, beim Schluße desselben 16,2, beim Tode
König Friedrichs II. 54 Mill. Thaler im Staatsschatz[1]. In
den letzten neun Jahren seiner Regierung erzielte der König bei

---

[1] Vergleiche historische Zeitschrift, Bd. 65 (N. F. Bd. 29), S. 275—276
und Kofer, Der preußische Staatsschatz von 1740—1756, Brandenb.=
preußische Forschungen, Bd. IV, S. 207—229.

23—24 Mill. Thalern reiner Einnahme eine durchschnittliche jährliche Ersparnis von 2,6 Mill. Friedrich Wilhelm II. hat auch 8 Mill. in den Staatsschatz gelegt, ihn aber doch bis 1795 aufgebraucht. Seine ganze Politik war von dieser Er= schöpfung des Schatzes bestimmt[1]. Bis zum Jahre 1805—1806 scheinen sich die Mittel des Staatsschatzes wieder bis auf gegen 13 (andere sagen 17) Mill. gehoben zu haben.

So wenig diese Ersparnisse 1786—1806 ausgemacht hatten, so bedeutungsvoll waren sie für das ganze 18. Jahrhundert. Man könnte sagen, sie hätten am meisten die Eigentümlichkeit der preußischen Finanz im Vergleich mit jener der anderen größeren Staaten damals ausgemacht. Eine größere Inanspruch= nahme des Kredits im eigenen Lande wäre kaum möglich gewesen, hätte jedenfalls dem Königtum einen Teil seiner Selbständigkeit gekostet. Und fremder Kredit wäre noch schlimmer gewesen. Die Absicht, einen Staatsschatz zu sammeln, nötigt zugleich zu dieser peinlichen Sparsamkeit, ohne die jede Staatsfinanz= verwaltung so leicht zur lässigen Verschwendung und zur Korruption führt.

Der eigentliche Begründer und Organisator dieser Spar= samkeit war Friedrich Wilhelm I., wie unter ihm überhaupt die finanziellen Reformtendenzen ihren Höhepunkt hatten. Er hat der Domänenverwaltung die Einrichtung gegeben, die sie bis 1806 behielt, hat die größten ländlichen Steuerreformen durchgeführt und die Accise auf den ganzen damaligen Staat ausgedehnt und ihr die verwaltungsmäßige und technische Ge= staltung gegeben, die auch von der französischen Regie nur modifiziert, nicht von Grund aus geändert wurde. Hauptsächlich aber hat er die Finanzbehörden und das Personal geschaffen, welche nun für ein Jahrhundert das Gerüst dieses Finanz= mechanismus ausmachten: in Berlin das Generaldirektorium, in den Provinzen die Kriegs= und Domänenkammern, die nun

---

[1] A. Naudé, Der preußische Staatsschatz unter König Friedrich Wilhelm II. und seine Erschöpfung, Brandenb.=preußische Forschungen V, S. 203—256.

die Steuern, die Domänen und die Landespolizei verwalteten.
Er hat das Landratsamt zu dem in den mittleren Provinzen
gemacht, was es dann unter seinem Sohne für den ganzen
Staat wurde, wie er dem Amte des Steuerkommissars seine
definitive Gestalt gab. Er hat die richtige Verteilung der
lokalen, im Interesse der Kriegsverwaltung zu tragenden Natural-
lasten durch Bildung von städtischen Serviskassen und -Kom-
missionen, von provinziellen Marsch- und Molestienkassen herbeigeführt. Er hat die Verwaltung der Forsten von dem Niveau
der bloßen Jägerei auf das einer den Domänen, wenn nicht
gleich-, doch nahestehenden staatlichen Einnahmequelle gehoben,
indem er die selbständige Stellung der Forstbehörden aufhob
und die betreffenden höheren Beamten den kollegialischen Domänenkammern einfügte. Er hat die mit namenlosen Mißbräuchen behaftete staatliche Bauverwaltung total umgebildet,
indem er sie selbständig machte, d. h. allen Lokalbeamten und
Domänenämtern das Bauen auf Amtsrechnung verbot, die entsprechenden technischen Beamten und Bauschreiber bei den Oberbehörden anstellte und diesen das Bauwesen in die Hand gab.
Nur nach genaueren Voranschlägen und je nach der Größe des
Baues mit Zustimmung der entsprechenden Oberbehörden durfte
künftig irgend ein staatlicher oder städtischer Bau vorgenommen
werden.

Friedrich Wilhelm hat für alle Finanzorgane eine strenge
regelmäßige Kontrolle durch besondere Beamte oder die Vorgesetzten herbeigeführt; er hat den Grundsatz mit Strenge durchgeführt, daß für jede Verwaltung genaue Etats aufgestellt und
von den Oberbehörden, bei den wichtigeren von ihm selbst geprüft und genehmigt sein mußten, ehe irgend eine Ausgabe gemacht werde. Jede Überschreitung des Etats wurde unnachsicht-
lich geſtraft. Wie die genauesten Voranschläge jeder Verpachtung
vorausgingen, so bildeten Ertragsberechnungen die Voraussetzung
jedes Domänenkaufs. Die Rechnungsschemata wurden im
ganzen Staate, für Staats- und Gemeindebehörde gleichmäßig
vorgeschrieben, das Erfordernis von Rechnungsbelegen für jeden

Posten strenge aufgestellt, bei jeder Kriegs = und Domänen=
kammer eine provinziale Rechenkammer, in Berlin eine solche
beim Generaldirektorium errichtet. Es begann damit jene
Sparsamkeit und Genauigkeit, jene unerbittliche pedantische
Strenge gegen jede kleinste Verschwendung öffentlicher Mittel,
die seither den preußischen Finanzen eigen ist, — das Ärgernis
für alle nachlässigen und bequemen Beamten, oftmals der Spott
kleinstaatlicher, an ein bequemes Gehenlassen und willkürliches
Schalten gewöhnter Finanzleute, — sicher aber eine der Haupt=
ursachen, daß der preußische Staat mit kleinen Mitteln so weit kam.

5.
Finanzielles Gesamtergebnis von 1640—1806; Friedrich d. Gr. und der Zustand von 1786—1806.

Überblicken wir nun nochmal kurz die Licht= und Schatten=
seiten dieses altpreußischen Finanzsystems, so ist natürlich zu=
zugeben, daß es niemals, selbst in seiner besten Zeit nicht, voll=
endet war: es trug nach allen Seiten den Stempel seines
Ursprungs an sich. Man kann ihm nur gerecht werden, wenn
man es mit den deutschen Finanzverwaltungen des 16. und
17. Jahrhunderts und etwa mit den zeitgenössischen Einrichtungen
anderer Staaten vergleicht, nie aber, wenn man heutige Finanz=
institutionen der Großstaaten zum Maßstab nimmt. Man muß
sich erinnern, um welche gesellschaftlichen und wirtschaftlichen
Zustände es sich von 1640—1800 im deutschen Nordosten handelte;
eine rohe Naturalwirtschaft mit brutaler feudaler Klassen=
herrschaft herrschte auf dem Lande; die Städte waren verarmt,
eine korrupte Oligarchie herrschte in ihnen. Die große Masse
des Volkes und der kleinen Leute lebte ohne viel eigenes Nach=
denken in dumpfem Drucke dahin; nur das eine Gefühl war
nach und nach in diesen Kreisen erwacht, daß das Fürstentum
der einzige Schutz und die einzige Rettung gegenüber einer ver=
kommenen Aristokratie war. In erschöpfendem Kampfe hatte
das centralisierende Fürsten= und Beamtentum im 17. Jahrhundert

dem Landadel die politische Macht genommen, aus einer Summe
territorialer Duodezabelsrepubliken einen wirklichen Staat ge=
macht, im 18. Jahrhundert aus einem freihändlerischen, Getreide
und Wolle exportierenden Agrarstaat ein auf Industriebeförderung,
innerem Verkehr und geordneter Geldwirtschaft ruhendes Gemein=
wesen hergestellt. Bei dieser unendlich schwierigen Umbildung
und während man zugleich die Hilfe der in ihren größten
Interessen verletzten höheren Kreise nicht entbehren konnte,
während man die großen inneren Umbildungen stets wieder mit
einer großen auswärtigen Aktion verbinden mußte, konnte trotz
allem Radikalismus rationalistischer Aufklärung, trotz aller
scheinbaren Allmacht des Staates nicht davon die Rede sein,
daß man alle Privilegien der Feudalaristokratie aufhob, alle
Sonderrechte der Städte, Provinzen und Lande beseitigte. In
der Not des Tages hatte man Stück für Stück an dem neuen
Bau aufgeführt, überall so viel möglich Bestehendes daneben
erhalten. Nur zeitweise hatte man die ganze Kraft des Staates
auf innere und Finanzreform konzentrieren können. Immer hatte
man, weil die Mittel knapp, das Land arm und die Ziele groß
und kühn waren, nur mit Anspannung aller Kräfte, mit einer
äußersten Konzentrierung der wirtschaftlichen Mittel in der
staatlichen Wirtschaft verfahren können. Diese Finanzwirtschaft
offenbart daher die Züge des Despotismus und einer harten
Fiskalität demjenigen, welcher an die humane und konstitutionelle
Form und die wirtschaftliche Selbständigkeit der Individuen des
19. Jahrhunderts gewöhnt ist. Auch konnte diese absolute
Königsgewalt des 18. Jahrhunderts nicht frei sein von groben
einzelnen Fehlgriffen in den Personen und in der Sache. Es
ist leicht, zahlreiche Finanzexperimente nachzuweisen, die verfehlt
und schädlich waren. Die Acciseerhöhungen und andere Maß=
nahmen, die Friedrich Wilhelm I. unter dem Einfluß des be=
rüchtigten Eckardt in seinen letzten Lebensjahren verfügte, ge=
hören dahin, wie die überzahlreichen Verbote der Einfuhr, die
Übertreibungen des sogen. Transitosystems, welche Friedrich d. Gr.
meist gegen den Rat de Launays anordnete. Es fragt sich

nur, ob derartiges Ausnahme oder Regel war, ob es nicht die notwendige Begleiterscheinung der im ganzen doch damals so heilsamen absoluten Gewalt war, und ob die Länder mit anderen Verfassungen im 18. Jahrhundert nicht ebenso große Mißstände im einzelnen zeigten.

Auch die wesentlichen und großen Einrichtungen der preußischen Finanz sind natürlich keine Musterbilder für die Gegenwart. Die Accise hatte manche Mängel, die ländlichen Kataster waren teilweise noch entsetzlich, die Steuerfreiheiten des Adels dauerten in mehreren Provinzen noch fort. Das Kassenwesen war noch nicht einheitlich geregelt. Es existierte noch keine Centralkasse, in der sich sämtliche Ausgaben und Einnahmen einheitlich überblicken ließen. Aber im großen und ganzen ist dieses Finanz- wesen doch eine der größten Leistungen hohenzollernscher Staats- kunst. Im Drange nach großen und unendlich schwierigen Zielen war mit den Mitteln, die Zeit und Verhältnisse an die Hand gaben, nahezu das Höchste geleistet. In vollendeter Weise griffen die Räder der Finanzpolitik in das volkswirtschaftliche Getriebe und in die militärische Maschine des Staates ein. Das Accisewesen war zugleich das Mittel, die für die damaligen Bedürfnisse des Landes richtige Volkswirtschaftspolitik zu verfolgen und schloß doch keine solche Überlastung der unteren Klassen mit Steuern ein, wie die englische Accise des 18. Jahrhunderts. Unendlich hoch stand die preußische Kontribution über den namen- losen Mißbräuchen der französischen Taille. Die Monopole und Gewerbsprivilegien standen im Dienst des Ganzen und wurden nicht an Günstlinge verschwendet, wie in England unter Elisabeth. Die Steuerverwaltung lag in der Hand pflichttreuer Beamter, nicht in der adeliger Herren und eines gewissenlosen Nepotismus, der es gegen 1700 in Österreich dahin brachte, daß, wie ein venetianischer Gesandter schreibt, von 14 Millionen Gulden, die eingehen sollten, nur 4 in die Centralkassen gelangten — nicht in der Hand reicher Steuerpächter, wie in Frankreich, wo z. B. 1646 von 79 erhobenen Millionen nur 33 dem Staate zu gute kamen. Es wurden dem einzelnen große Opfer zugemutet, aber sie

wurden nach einem Systeme verteilt, das die Zeit als relativ
gerecht empfand; hauptsächlich aber mußte das Bewußtsein ver=
söhnend wirken, daß diese Opfer nicht der Frivolität eines
gewissenlosen Hofes oder genußsüchtigen Abels, sondern stets
dem großen Zwecke des Ganzen gebracht wurden, daß dieser
preußische Staat gut verwaltet und gut regiert, weit über den
sämtlichen anderen deutschen Staaten stehe. Nicht umsonst
priesen die sämtlichen älteren Kameralisten wie Gasser, Rohr,
Zincken und Justi Preußen als ihren Musterstaat.

    Die folgende kleine Übersicht, der hauptsächlich Riedel und
Breysig zu Grunde liegt, mag uns das äußere Gesamtresultat
der finanziellen Entwickelung Preußens von 1640—1806 noch=
mals kurz vor Augen führen, uns zeigen, über welche Mittel der
aufstrebende Staat im gewöhnlichen Lauf der Dinge zu verfügen
hatte. Die Angaben sind in zeitgenössischem Gelbe gemacht,
d. h. die Thaler sind vor 1750 etwas mehr wert als die heutigen.

	Domänen-einkünfte	Steuern	Gesamtes reines Staats-einkommen	Aufwand für Militär-zwecke	Größe der Armee	Staatsschatz	Bevölkerung
	Mill. Thlr.	Mill. Thlr.	Mill. Thlr.	Mill. Thlr.	Mann	Mill. Thlr.	Mill.
1640	0,04	—	—	—	—	—	—
1688	0,85	1,62	3,3	—	30,000	—	1,5
1713	1,6	2,4	3,4	2½	38,000	—	1,6
1740	3,3	3,6	7	5—6	72,000	10	2.2
1786	6—7	10—11	23	12—13	195,000	54	5,4
1806 { Riedel	7—8	16	27	16—17	250,000	17	10,7
Krug Dieterici	8,7	20	31	—	—	—	—

Die Einnahmen sind die reinen, sie enthalten nur die für die
Centralverwaltung, Hof, Militär und andere allgemeine Zwecke
disponiblen Überschüsse; anders wurden die Staatsrechnungen
damals nicht geführt, also können keine anderen Aufstellungen
gemacht werden; aber natürlich ist das, was bei dem einzelnen
Einkommenszweig nun für eine Hauptzusammenstellung abzuziehen
sei, selbst wieder zweifelhaft und daher sind Verschiedenheiten

möglich, wie wir sie für 1805/6 bei Riedel und Dieterici (Krug) finden; Duncker giebt gar das Einkommen dieses Jahres zu 35 Millionen an, was aber auch kein vollständig rohes Staats=einkommen in dem Sinne ist, wie es heute berechnet wird.

Aber eigentlich viel mehr noch, als aus diesen durchschnitt=lichen jährlichen Einnahmen und Ausgaben, lernen wir die preußischen Finanzen aus dem kennen, was sie für außerordent=liche Zwecke leisteten.

Unter Friedrich Wilhelm I. wurden, wie bereits erwähnt, endlich all die verpfändeten Domänen eingelöst, die Schulden sämtlicher Städte abgestoßen und hierfür Millionen aus Staatsmitteln bezahlt; 1713—1732 wurden allein für fünf Millionen Thaler neue Domänen angekauft und 2½ Millionen für Festungsbauten, zwei Millionen für Civilbauten ausgegeben; für die Erwerbung Vorpommerns zahlte der König zwei Millionen, für das sogen. Retablissement Ostpreußens im ganzen gegen sechs Millionen; der Schatz, den er hinterließ, betrug, wie er=wähnt, zehn Millionen; Hunderttausende wurden auf den Bau neuer Dörfer, Vorwerke, Mühlen und Städte, auf die Kolonisation überhaupt unter Friedrich Wilhelm I. und dann unter seinem Sohne verwendet. Beheim=Schwarzbach berechnet, daß Friedrich der Große allein in den letzten 20 Jahren seines Lebens direkt oder indirekt für Ansetzung von Kolonisten 25 Millionen Thaler ausgegeben habe; dann war die von 1713—1786 hierauf ver=wendete Summe sicher die doppelte. Und was gaben beide Könige danebene für Handel und Industrie, Kanalbau, Wasser=regulierungen, direkte Beförderung der Landwirtschaft aus. Die Berechnungen Herzbergs und anderer über die Zeit Friedrichs II. sind bekannt genug: für die Kurmark soll der König einschließlich dessen, was den Städten und der Kolonisation zu gute kam, 20 Millionen Thaler verwendet haben, für Pommern von 1763 bis 1784 beinahe fünf, für Schlesien in derselben Zeit über sechs Millionen, für Westpreußen in den Jahren 1772—1784 drei Millionen Thaler. Die glänzendste finanzielle Leistung Friedrichs des Großen ist aber doch die Art, wie er seine Kriege, hauptsächlich den siebenjährigen, führte. Während dieses ganzen Krieges beliefen sich die Einnahmen der Centralkriegskasse auf 78 Millionen Thaler, deren Grundstock aus dem Schatz zu Anfang des Krieges, den englischen Hilfsgeldern (etwa 16 Millionen), dem Münzgewinn und fremden Kontributionen sich zusammensetzte; dann wurden die gesamten ordentlichen Staatseinkünfte für den Krieg verwendet, alle Zahlungen wurden sistiert, die Beamten erhielten statt des Gehaltes Anweisungen, die erst nach dem Kriege eingelöst wurden; endlich wurden die Mittel der feindlichen Territorien möglichst herangezogen. Mecklenburg und Sachsen litten darunter wohl am meisten; ersteres berechnete seine Leistungen auf 17 Millionen Thaler, Sachsen auf 70 Millionen, ohne die schwere Verschuldung des Landes. Zu Ende des Krieges waren die preußischen Provinzen freilich zu einem erheblichen Teil in einem entsetzlichen Zustand; die Menschen-, Vieh-, Kapitalverluste waren übermäßige: ein Drittel der Berliner lebte von Armenunterstützung; in der Neumark gab es notorisch fast kein Vieh mehr, tausende von Häusern und Hütten waren niedergebrannt; eine volkswirtschaftliche Krisis der schlimmsten Art folgte dem Frieden und dauerte noch mehrere Jahre. Aber der König hatte, als er den Frieden schloß, noch sehr große disponible bare Mittel zur Verfügung und fast keine oder keine nennenswerten Schulden. Mit diesen Mitteln konnte er in so großartiger Weise helfen; 1766 hatte er z. B. in Schlesien 8000, in der Neumark 6500 Häuser aufgebaut; eine Million war gleich wieder zur Neubildung eines Schatzes verwendet worden, der bei seinem Tode 54 Millionen betrug. Und seine Gegner gingen, wie auch das ihm befreundete England aus dem Kriege mit übermäßigen Schulden hervor; die Frankreichs waren auf 2000 Millionen Livres gestiegen, die Österreichs auf 150 Millionen Gulden; die Englands hatten von 1755—1763 von 72 auf 146 Millionen Pfd. Sterling zugenommen. Schweden stand dem Bankerott nahe, Frankreich war nicht weit davon entfernt. Das kleine Sachsen hatte gegen 40 Millionen Thaler Schulden.

Aber das war nicht das Schlimmste für alle diese Staaten;

das Wichtigste war, daß von nun an ganz andere Macht=
verhältnisse in Europa existierten, aller Einwohnerzahl, aller Zahl
der Quadratmeilen und der Staatseinahmen zum Trotz. Das
feudal=katholische Frankreich mit seinen 20 Millionen Menschen,
mit seinen Staatsausgaben, die von 1740—1784 von etwa
200 auf 600 Millionen Livres gestiegen waren, wollte noch
immer Europa beherrschen, wie in den Tagen Ludwigs XIV.;
das italienisch=ungarisch katholische Österreich, drei= bis viermal
so groß wie Preußen und fünf= bis sechsmal so bevölkert, konnte
nicht vergessen, daß es zu Anfang des Jahrhunderts nach dem
Erwerb Ungarns, Neapels, Mailands und Belgiens auf dem
Höhepunkt seiner Macht gewesen war; es hatte aber auch in
dem Bewußtsein dieser Größe vor 1740 nicht gelernt, irgendwie
aus seinem alten Schlendrian herauszutreten. Das halb
barbarische, rasch gewachsene und emporgekommene Rußland,
dessen Einkünfte Peter der Große auf das Fünffache gesteigert
hatte — man schätzte sie 1770 auf 28 Millionen Thaler —
hatte mit jugendlichem Ungestüm an dem Kampfe gegen Preußen
teilgenommen und schien so zeitweise schon damals west=
europäischer Gesittung gefährlich zu werden. Großbritannien,
die protestantische Weltmacht mit ihren 11 Millionen Ein=
wohnern, mit ihren 1700—1788 von 5½ auf gegen 30 Millionen
Pfd. Sterling gewachsenen Staatsausgaben war damals zu sehr
im fernen Westen und Osten beschäftigt, um den europäischen
Dingen die gehörige Aufmerksamkeit zuzuwenden. Und in dieser
Staatengesellschaft stand jetzt das kleine Preußen mit seinen
5 Millionen Einwohnern nicht nur ebenbürtig da; nein, es
hatte eine führende Rolle übernommen; es gab mit seinem
protestantisch=deutschen Charakter, mit seiner kontinentalen Lage,
mit seiner fortschrittlich rationellen Verwaltung, mit seiner
modernen Kriegsorganisation der ganzen europäischen Entwickelung
eine andere Richtung. Die Geburtskrisis eines neuen Deutsch=
lands war nun glücklich überstanden.

Das Größte, was ein Fürst als Feldherr, als Staatmann
und Finanzmann leisten konnte, war hier geleistet. Aber freilich

das Riesenziel war auch nur erreicht um den Preis einer
Konzentration der Kräfte in einer Hand, um den Preis einer
Überanspannung der Kräfte für eine kurze Zeit, die lähmend
wirken mußte.

Das preußische Königtum hatte die Aufgabe gehabt, aus
der Anarchie feudaler und lokaler Gewalten wieder eine einheitliche deutsche Staatsgewalt zu bilden und ihr Achtung nach
innen und außen zu verschaffen; sie hatte dieses Ziel mit Hilfe
einer nur von ihr abhängigen und angestellten, in der Hauptsache auf ihre Bildung und Tüchtigkeit gestützten Offiziers- und
Beamtenaristokratie erreicht, die als eine ecclesia militans, als
eine Fortschrittspartei im Staate nach und nach auch die übrigen
socialen Kreise mit ihren Sitten und Anschauungen durchbrungen
hatte. Gesellschaft und Volkswirtschaft hatten sich der führenden
Macht des aufgeklärten Despotismus untergeordnet, hatten die
veränderten Formen angenommen, die den Übergang zur Rechts-
und Steuergleichheit, zur heutigen bürgerlichen Gesellschaft
bildeten. In der Zeit nun, die alle Kräfte des Staates nach
außen führte, mußte die innere Reform ruhen, mußte die höchste
und möglichst einheitliche Leistungsfähigkeit und Handlungs-
fähigkeit des Staatsorganismus als das einzige Ziel erscheinen.
Es trat jene höchste Centralisation ein, die das Größeste leistete,
aber um den Preis der persönlichen Erschöpfung des Königs,
der Erschöpfung des Staates, der Armee und des Beamtentums.
Ich meine dabei nicht sowohl die materielle als die geistige
Erschöpfung. Materiell hat sich das Land verhältnismäßig rasch
erholt; die Bedingungen hierfür fehlten nicht; ja es will mir
scheinen, als ob das elementare Triebleben, das zu Besitz und
Erwerb anspornt, mit der politisch-staatlichen Erschlaffung gerade
sich gehoben hätte. Aber die großen Impulse der Reform, jene
sittlichen Kräfte, die den Staat geschaffen und auf die Höhe geführt, sie waren zunächst erschöpft und mußten erschöpft sein.
Das Leben der Völker wie der einzelnen kann nur im wechselnden Gebrauch der Organe und Kräfte voranschreiten.

Der König hatte im Kriege gelernt, nur sich selbst zu ver-

trauen; die alten Minister seines Vaters, vor denen er noch
Achtung gehabt, waren nun fast alle tot, seine eigenen Zeit=
genossen waren ihm keine ebenbürtigen Räte, sondern nur
subalterne Gehilfen. Sein Dienst war keine Schule für große
Talente, sondern für gefügige sichere Werkzeuge. Das General=
direktorium verlor sein altes Ansehen, es zerfiel in seine De=
partements, es erfuhr vom Wichtigsten oft nichts mehr; alle
Einheit des Staates ruhte nur noch im Kabinett und Kopf des
Königs. Friedrich fürchtete neue erschöpfende Kriege; für sie
schlagfertig zu sein, für sie Land und Leute wieder in Stand
zu setzen, war das Augenmerk seiner späteren Jahre. Dazu
war die Kabinettsregierung kein schlechtes Mittel; aber der Ver=
waltungsapparat verkümmerte darüber. Das Kassenwesen geriet
durch die Art, wie der König alle auf irgend einem Punkte
möglichen Überschüsse direkt seiner Dispositionskasse, die zuletzt
über 5 Millionen Thaler einnahm, zuführen ließ, in vollständigen
Wirrwarr. Niemand übersah mehr den Stand der Finanzen
außer dem König; alles Wichtige machte er mit einzelnen ver=
trauten Beamten ab, statt der ganzen Verwaltung feste, große
Impulse zu geben. Die Heimlichkeit wurde in einer Weise zum
Prinzip erhoben, daß die Ordnung aufhörte, wie z. B. eine
Reihe der wichtigen Centralkassen von der Kontrolle der Ober=
rechenkammer deswegen befreit wurden. Weil der König von
sich das Höchste forderte, so glaubte er es auch von seinen Be=
amten fordern zu können; weil er sich oft getäuscht fand, so ver=
achtete und mißhandelte er die Beamten, wenigstens den weitaus
größten Teil derselben. Das Einkommen der Offiziere, Soldaten
und Beamten wurde in einer Weise beschnitten, daß die alte
Integrität sich nicht erhalten konnte. Die Mehrzahl seiner
Diener wurde freilich durch das Gefühl, einem großen Manne
zu gehorchen, aufrecht erhalten; daneben wirkte die Furcht vor
seiner unnachsichtlichen Strenge und seinem überall hindringenden
Blicke. Aber das Gefühl, das früher die Beamten durch=
drungen hatte, für große Prinzipien zu kämpfen, verlor sich.
Die Routine begann zu überwiegen. Man zehrte von der großen

Vergangenheit; man vergaß, daß der Geist, der in diesem
Staatswesen geherrscht, so Großes geleistet; es setzte sich jetzt
die Meinung fest, die zufälligen äußern Formen, der Stock und
der Zopf in der Armee, die Art der Akten= und Buchführung
in der Schreibstube, die äußerliche Art der Steuererhebung, der
Maßregelung des Bürgers durch den Steuerkommissar seien die
wahren Ursachen der preußischen Größe. Die verfehlten über=
stürzten Versuche, die Friedrich in der Finanzverwaltung mit
Italienern und Franzosen machte, verstärkten nur diesen falschen
Glauben.

Friedrich pflegte den General von Retzow, der seit dem
Tode Graumanns das Münzwesen besorgte und mit den Münz=
juden Ephraim und Hitzig der Ratgeber für die Münzverschlech=
terung des siebenjährigen Krieges gewesen war, seinen kleinen
Colbert zu nennen. Hätte er wirklich einen Colbert neben sich
gehabt, er würde sicher die Zölle im Innern des Landes be=
seitigt, die Accise zu einem den Verkehr weniger hemmenden
indirekten Steuersystem umgebildet, an der Steuerfreiheit des
Adels gerüttelt haben. So geschah von all dem nichts; es
bildete sich nur in weiten Kreisen unter dem Druck der harten,
sparsamen Verwaltung des Königs und unter dem Einfluß der
neuen englisch=französischen staatswissenschaftlichen Doktrinen die
Überzeugung, daß das System auf die Dauer nicht haltbar sei.
Diese Doktrinen, für die besonders der jüngere Mirabeau
damals am Berliner Hofe Propaganda machte, kamen in ge=
wissem Sinne für Preußen zu früh; sie waren das Produkt
der englisch=französischen Entwickelung, die 100—200 Jahre
älter war. Die Zeit Elisabeths und Ludwigs XIV. ist die,
welche politisch und volkswirtschaftlich mit der Epoche Friedrichs
des Großen gleichgestellt werden muß. Ohne eine Spur histori=
schen Sinnes griffen die Physiokraten und bald darauf die
Smithianer das altpreußische Finanzwesen als bloßen Irrtum
und Unsinn an. Um so hartnäckiger verteidigte das alte Be=
amtentum, verteidigte selbst der von Mirabeau seiner Zeit

empfohlene Minister Struensee das System, dessen praktische Brauchbarkeit neben allen Schwächen nicht zu leugnen war.

Die Folge unter dem human=sentimentalen Friedrich Wilhelm II. und dem vorsichtig=ängstlichen Friedrich Wilhelm III. war, daß alles in der Hauptsache beim alten blieb, obwohl man bis in die höchsten Kreise hinauf den festen Glauben an das System verloren hatte, im einzelnen unsicher hin= und her experimentierte, bald dem feudalen Abel nachgab, der physio= kratisch war, weil er sich über die Woll= und Getreideausfuhr= verbote ärgerte, bald wieder das bürgerliche Element durch Fest= haltung des Schutzsystems befriedigte. Es wurde Vieles im einzelnen besser, es wurden zahlreiche Reformanläufe genommen; aber es war kein System darin. Und wenn z. B. Friedrich Wilhelm II. überall die Gehalte verbesserte, an Stelle der alten Härte gegen Beamte und Offiziere eine freundliche Humanität treten ließ, so gewannen die Einzelnen damit, der Staat nicht; man kann an einem alten Hause nicht die Klammern einfach aufschneiden, die es zusammenhalten, — dadurch entsteht kein neues Gebäude. Man hob die unbedeutende Accise= und Zoll= freiheit des Abels auf, an seine eigentlichen Privilegien aber wagte man nicht zu rühren. Man ärgerte die Minister des Generaldirektoriums dadurch, daß man einen Routinier der alten Schule, den Minister Graf Schulenburg[1], zum General= kontrolleur und damit gleichsam zu ihrem Vorgesetzten machte; aber die Einheit in der staatlichen Aktion war damit so wenig erreicht, als durch Anstellung bürgerlicher Kabinettsräte, die durch liberale und humane Kabinettsordres den feudalen Ministern

---

[1] Über ihn siehe jetzt W. Naudé in den brandenb.=preußischen Forschungen, 9, 592. Die eingehenden Untersuchungen Naudés über ihn harren noch der Veröffentlichung; sie werden wohl zeigen, daß die bitter harten Urteile Steins und Wöllners übertrieben waren; ersterer nennt ihn einen Hohlkopf, der den Schein der Ehrlichkeit für sich hatte; Wöllner be= zichtigt ihn gemeiner Ausnutzung seiner Macht zu persönlicher Bereicherung. Mein Urteil über ihn (Jahrb. 1886, S. 41) gründet sich mehr auf seine Thätigkeit in Magdeburg, als in Berlin.

Nadelstiche versetzten, aber doch nicht wirkliche Premierminister waren.

Die neuerworbenen Provinzen trugen fast nichts ein, teils weil man unter der Günstlingswirtschaft der letzten Jahre Friedrich Wilhelms II. in bodenlosem Leichtsinn die Domänen verschleudert und verschenkt hatte, teils weil man in humaner Weise rasch möglichst viel für sie thun wollte. Die Armee ward vergrößert und kostete sehr viel mehr; man führte Kriege aus ritterlichen Gefühlen, die nichts einbrachten; 1797 war der Staatsschatz geleert, und 48 Millionen Thaler Schulden vorhanden (von denen 12 auf Friedrich dem Großen zurückgehen); man erhöhte die Accise wieder einmal. Dabei wuchs mit der Bildung das Räsonnieren, das Besserwissenwollen in Armee und Beamtentum; die Bande lockerten sich, die Korruption in allen Beamtenkreisen war bereits offenkundig, die Bücher des Ober- zollrat von Held hatten es aller Welt erzählt, wie es in Preußen aussehe. Die Staatsmaschine aber ging in der Hauptsache ihren alten Gang. Friedrich Wilhelm III. sah ein, daß sie nichts mehr tauge, daß auf das Heer kein voller Verlaß mehr sei, aber er war vor dem Unglück nicht stark genug, im großen ein- zugreifen.

Dennoch ist die Vorstellung eine total falsche, als ob vor 1806 alles faul gewesen, als ob es überall nötig gewesen wäre auf ganz neuem Boden einen vollständig neuen Anfang zu machen. Das Schlimmste waren nicht die alten Formen der Verwaltung, sondern die moralische Fäulnis, die erst durch die Stagnation, dann durch eine frivole negative Kritik in alle Poren des Staatslebens gedrungen war. Daneben aber waren so viel gute Traditionen und Einrichtungen vorhanden, daß ein Mann wie Stein, wenn er zehn Jahre früher erster Minister geworden wäre und eine Mehrzahl gleichgesinnter Kollegen neben sich gehabt hätte, ganz gut ohne einen so großen Bruch mit der Vergangenheit Staat, Armee und Finanzen hätte reformieren können. Vor allem ist die Vorstellung falsch, als ob etwa das Finanzsystem von 1786—1806 so schädlich gewesen wäre, daß es die Zunahme des Volkswohlstandes aufgehalten hätte. Im Gegenteil, gerade in dieser Zeit stieg die Bevölkerung, der Vieh= stand, die Aus= und Einfuhr des Landes wie nie zuvor. Allein die Getreideausfuhr von Danzig nach England hatte sich von 1790—1801 vervierfacht. In den Jahren 1769 —1774 waren jährlich 2 —300 preußische Schiffe durch den Sund gefahren, 1798 waren es 1621, 1804 2012. Der preußisch = danzigsche Export nach England war von etwa 100 000 £ Wert im An= fang des 18. Jahrhunderts bis auf 199 623 £ im Jahre 1740, auf 318 272 im Jahre 1780, auf 688 348 im Jahre 1790, auf 1 733 946 im Jahre 1800 und endlich auf 2 220 031 £ im Jahre 1805 gestiegen (Gülich). Die preußischen Provinzen ver= sorgten einen guten Teil Rußlands mit Tuch, Spanien und seine Kolonien fast allein mit Linnen. Das Kreditwesen hatte sich gehoben, in den Städten begann das Bankier= und Wechsel= geschäft zu blühen, auf dem Lande thaten die Pfandbriefinstitute ihre Dienste, teilweise nur zu sehr. Die Güterpreise gingen seit 1780 fast schwindelhaft in die Höhe, Luxus und Wohlleben in Gegenden verbreitend, die bisher selbst in den höhern Kreisen eine kümmerliche Einfachheit gezeigt hatten. Was bei dieser Entwickelung vielleicht zu beklagen schien, war, daß Luxus und Genußsucht infolge der allgemeinen moralischen Lässigkeit der Zeit noch mehr stiegen als Sparsamkeit und Arbeitsamkeit, daß ein gewisser moralischer Auflösungsprozeß sich auch hier geltend machte. Die überlieferten Sitten, die alten moralischen Mächte hatten ihre Kraft verloren, ohne daß das Neue sich schon fest herausgebildet hatte; die Keime dazu waren freilich vorhanden und wurden eben durch eine große ernste Zeit zur Reife gebracht.

6.

Die Neugestaltung der Finanzen 1806—1840.

Ich habe hier das Unglück von 1806 nicht zu schildern; aber einige Zahlenangaben möchte ich doch über die 1806—1815 notwendigen finanziellen Anstrengungen und über den volkswirtschaftlichen Ruin des Landes durch die Napoleonischen Kriege machen, damit man ungefähr ermessen kann, unter welchen Schwierigkeiten der totale Neubau des preußischen Finanzwesens stattfand.

Als der Krieg 1806 ausbrach, war der Zustand der Finanzen nicht gerade schlecht; die Schulden betrugen 53 Millionen Thaler, aber man hatte seit 10 Jahren 22 Millionen getilgt; im Staats= schatz, der 1797 leer gewesen war, lagen wieder 13—17 Millionen; die Rettung der Kassenbestände nach der Schlacht bei Jena gab dann auch die Möglichkeit, den Krieg bis zum Tilsiter Frieden fortzusetzen. Die laufenden Einnahmen stellten sich höher als je; der Kredit war noch gut; einige Millionen Tresorscheine wurden willig aufgenommen; ein Anlehen von 7—8 Millionen rechnete man in Leipzig und Kassel machen zu können.

Die französischen Siege vernichteten diese Hoffnung. Der Staat wurde auf die Hälfte reduziert; es blieb ihm eine Jahres= einnahme von etwa 16—17 Millionen Thaler. Napoleon zog vom Oktober 1806 bis Oktober 1808, dem Termin, zu welchem die französischen Truppen in der Hauptsache abmarschierten, über eine Milliarde Franken an Kontribution, Lieferungen, kon= fisziertem Staatsvermögen, mit Beschlag belegten preußischen Staatseinkünften aus dem Lande[1]. Allein die baren französi= schen Einnahmen aus Preußen in dieser Zeit waren 474 Mil= lionen Franken. Niemals, sagt der von Napoleon zum General= administrator der preußischen Finanzen bestellte Bignon, hatte bis dahin eine fremde Occupation so grausam einen Staat ge= drückt, wie die Frankreichs Preußen drückte. Und nun mußte das verarmte, reducierte, durch die Kontinentalsperre vollends in seinem Verkehr gelähmte Land noch weitere 120 Millionen Franken versprechen, 10 000 Mann französischer Truppen in seinen Festungen zu verpflegen übernehmen, nur um die übrige französische Armee loszuwerden. Der größere Teil dieser Summe

---

[1] Duncker, Zeitschrift für preußische Geschichte, 8, 218; jetzt auch M. Duncker, Aus der Zeit Friedrich d. Gr. und Friedrich Wilhelm I. (1876) S. 503 ff.

war, freilich mit unendlichen Schwierigkeiten, mit Anspannung aller Kräfte bezahlt, als der Vertrag im März 1812 über den gemeinsamen Feldzug gegen Rußland zustande kam. Preußen mußte sich jetzt dazu hergeben, Kantonnementsbezirk, Operations=basis und Gesamtmagazin für eine Armee von 500 000 Mann zu werden: es mußte die übertriebensten Lieferungen an Rind=vieh, Pferden, Wagen machen, sich Erpressungen aller Art ge=fallen lassen. Duncker berechnet, daß vom Oktober 1808 bis zum Umschwung im Jahre 1813 Frankreich mindestens nochmals 583 Millionen Franken aus dem damaligen Preußen gezogen habe. Und welche Opfer hatte das Land unterdessen für die eigene Regierung gebracht, welche brachte es noch, als der Verzweiflungskampf 1813 begann, als eine Bevölkerung von 5 Millionen eine Armee von 250 000 Mann ins Feld stellte — die größte militärische Leistung der neueren Zeit —, als 45 372 Freiwillige zu den Waffen eilten, von welchen sich 19 567 selbst ausrüsteten, als das verarmte Volk seine letzten Ersparnisse auf dem Altar des Vaterlandes niederlegte, als es in den patriotischen Kreisen für Schande galt, noch Silbergeschirr zu besitzen.

Wir sind über die Staatsrechnungen jener Jahre, wenn solche überhaupt existieren, nicht unterrichtet. Ein späterer Bericht der Staatsschuldenverwaltung [1] berechnet den gesamten außerordentlichen Staatsaufwand der Jahre 1806—1815 ein=schließlich der in den folgenden Jahren bis 1820 infolge der Kriege noch zu machenden Aufwendungen zu 287,6 Millionen Thaler, wovon 144,4 auf die Zeit bis Anfang 1813, 61,6 auf die Jahre 1813—1815 und der Rest mit 81 Millionen auf die Zeit 1815—1820 fallen. Von diesem außerordentlichen Auf=wand wurden nach demselben Bericht 25 Millionen durch Do=mänenverkäufe, 65½ Millionen durch Kontributionen feindlicher Länder, 50 Millionen durch Ersatz für Verpflegung befreundeter Truppen, 23,5 Millionen durch außerordentliche Besteuerung

---

[1] Weber, Handbuch der staatsw. Statistik (1840), S. 679.

aufgebracht; das sind zusammen 165 Millionen. Der Rest
wuchs der Staatsschuld zu. Sie betrug Ende 1812 schon
131,7 Millionen; beim formellen Abschluß 1820 gab man sie,
abgesehen von 25,9 Millionen unter Staatsgarantie stehender
Provinzialschulden und 11,2 Millionen unverzinslicher Schulden,
zu 180 Millionen an; Richter[1] berechnet den wirklichen Schulden=
stand für jene Zeit zu 232 Millionen. Wie der Kredit des
erschöpften Landes beschaffen war, ersehen wir daraus, daß man
1817 Mühe hatte, in England ein fünfprozentiges Anlehen zum
Kurs von 72 abzuschließen, das dazu dienen sollte, eine Reihe
der bedürftigsten Staatsgläubiger zu bezahlen. Die vierprozen=
tigen preußischen Staatsschuldscheine, die in den schlimmsten
Tagen des Jahres 1813 auf 25 herabgegangen waren, standen
im Sommer 1818 erst 65—67.

Der volkswirtschaftliche Zustand des Landes wird sich er=
messen lassen, wenn ich an folgende Zahlen erinnere: der Kriegs=
schaden für Schlesien wurde bis zum Dezember 1807 schon zu 47¹/₂
Millionen Thaler berechnet, Ostpreußen hat allein 1807 22 Prozent
seiner Pferde, 27 Prozent seines Rindviehbestandes im Wert
von 23 Millionen Thalern verloren, an Naturalien, verwüsteten
Gebäuden, Geld und anderen Leistungen 75 Millionen Schaden
gehabt. Den gesamten Kapitalverlust Ostpreußens für die Jahre
1807—1815 berechnet Schubert zu 150, für Westpreußen zu
120 Millionen[2]. Die landwirtschaftliche Krisis von 1820—
1830, hauptsächlich durch überreiche Ernten hervorgerufen, ver=
schlimmerte die Lage der Grundbesitzer im Nordosten Deutsch=
lands sehr. Die Verschuldung hatte bis 1806 durch die über=
mäßige Spekulation, von da bis 1815 durch den Krieg, zuletzt
durch die Notstände zugenommen; die landschaftlichen Kredit=
institute waren in großer Verlegenheit; Güter, die 1805 zu
150—180 000 Thaler verkauft worden waren, galten 1820
30—40 000 Thaler. Auf den halben Wert waren die Güter

---

[1] Das preußische Staatsschuldenwesen (1869), S. 46.
[2] Reden, Statist. Zeitschrift 1, 27.

auch im Magdeburgischen und Halberstädtischen gesunken. In Westpreußen ging etwa die Hälfte der großen Güter in andere Hände über[1]. Der Viehstand betrug in auf Rindvieh reducierten Viehwerten pro ☐ Meile in:

1802	Westpreußen	. 1441,		Pommern	. 1611,
	Ostpreußen	. . 1852,		"	—
	Lithauen	. . 1972,		"	—
1816	Prov. Preußen	1221,		"	. 1186,
1831	" "	1461,		"	. 1350,
1802	Posen . 1625,	Kurmark	. 2047,	Schlesien	. 1795,
	" —	Neumark	. 1580,	"	—
1816	" . 925,	Provinz ⎰ 1340,		"	. 1510,
1831	" . 1438,	Brandenburg ⎱ 1359,		"	. 1775.

Die Bevölkerung hatte in Ostpreußen von 1368 auf 1166 (1814) Menschen pro ☐ Meile, in Schlesien von 2786 auf 2542, sonst aber kaum abgenommen. Die Zahl der Seeschiffe, die Preußen besaß, war 1805 1102 mit 106 894 Lasten gewesen, 1825 waren es 576 mit 58 007. Der preußische Export nach Großbritannien war von über 2 Millionen Pfund Sterling 1805 auf 7—500 000 Pfund Sterling in den Jahren 1815— 1825 zurückgegangen. Es war keine leichte Aufgabe, dem so verarmten Lande wesentlich höhere Steuerlasten als vor 1806 aufzulegen, die zahllosen verschiedenen Steuersysteme der neuen und alten Provinzen in ein einheitliches zu verwandeln und dabei das hergebrachte mit tausend Wurzeln in den alten Provinzen festgewachsene Finanzsystem von Grund aus zu reformieren.

Als der Ausgangspunkt aller Reform galt längst der Gedanke, daß die Accise unhaltbar sei. Friedrich der Große schon hatte geglaubt, daß sie zu wenig trage und von den Kriegs- und Domänenkammern zu lässig verwaltet werde; deswegen hatte er die Franzosen ins Land gerufen, die eine sehr straffe Disciplin einführten, damit aber auch die Verwaltungskosten sehr bedeutend erhöhten, so daß die Mehrerträge nicht allzu bedeutend waren. In den westlichen Landesteilen, die ein viel stärkeres

---

[1] Lengerke, Provinz Preußen (1852), S. 126.

Schmoller, Umrisse. 13

Landhandwerk hatten, die viel weniger abgerundet mit ihren ausgedehnten Grenzen das Accisesystem von jeher schwerer ertragen hatten, die stets geklagt hatten, daß der Verkehr durch dasselbe in die benachbarten Grenzstädte und Dörfer gedrängt werde, hatte man 1767 an Stelle derselben eine klassifizierte Personensteuer gesetzt; sie bewährte sich aber nicht, die meisten Städte verlangten doch die Accise zurück; 1777 wurde das alte System wiederhergestellt. Stein griff für die Grafschaft Mark auf diesen Plan zurück. Die Accise wurde aber nicht ganz beseitigt, sondern nur auf Gemahl, Getreide, Fleisch, Getränke und Brennstoffe beschränkt; der Rest des Steuerquantums wurde von Stadt und Land übernommen, im übrigen der Verkehr und Gewerbebetrieb auch für das platte Land frei gegeben (1791). Der Erfolg war nach Steins Ansicht ein durchaus günstiger; die Maßregel wurde später noch weiter ausgedehnt[1]. In die fränkischen Lande wurde die Accise nicht eingeführt, auch in die neu erworbenen polnischen Gebiete nur in beschränkter Weise. Bei der Einrichtung der Entschädigungsprovinzen (1803) war Stein gegen die Einführung der altpreußischen Accise, Struensee aber dafür. Nach Steins Eintritt in das Ministerium ging man rasch daran, das seit Jahren in Vorbereitung begriffene Edikt wegen Aufhebung der Landbinnenzölle in den mittleren Provinzen fertig zu machen und zu publizieren (26. Oktober 1805), ließ auch gleich einen Plan zur Reform der Accise ausarbeiten. Als 1805 der Krieg drohte, schlug Stein wieder vor, die Getränkefabrikation, das Schlachten und Weißbacken auch auf dem Lande zu besteuern, damit Gleichheit der Besteuerung im ganzen Staate herzustellen und die Industrie durch Zulassung auf dem Lande zu beleben. Es kam aber nicht dazu.

Es war kein Zweifel, das alte Zoll- und Accisesystem hatte sich überlebt, wie das Übermaß einer staatlichen Regulierung und Beeinflussung der Industrie vollends in den Händen einer alt und pedantisch gewordenen Bureaukratie nicht mehr die

---

[1] Perß, Leben Steins, 1. 77 und 224.

Berechtigung hatte, die sie von 1650 — 1750 gehabt. Immer dringender wurde mit fortschreitender Kultur das Bedürfnis, die Gewerbe auch auf dem Lande zuzulassen. Dazu kamen die veralteten Formen, in denen sich das preußische Accise = und Zollwesen bewegte; je rascher der Staat sich unter wenig fähigen Regierungen ausgedehnt, desto schlimmer war es geworden. Es war keine Ordnung, keine Einheit, keine Übersichtlichkeit in den Zoll= und Accisetarifen, die teils nach Provinzen und Landes= teilen, teils nach Objekten abgefaßt waren; von Stadt zu Stadt und von Provinz zu Provinz zahlte man und nicht etwa einen einheitlichen Satz für jede Ware; da gab es neben dem Zoll oder der Accise Nachschußgelder, Zettel=, Niederlage=, Krahnen=, Plombagegelder. Niemand kam recht daraus, weder Publikum noch Beamte; und wenn man endlich glaubte, im klaren zu sein, wurde man durch die häufigen Änderungen der Tarife wieder enttäuscht; selbst ein mittelmäßiger Kaufmann mußte sich für die Accise einen eigenen Ladendiener halten. Die 8000 Accise= und Zollbeamten verzehrten etwa 12 Prozent der Einnahmen. Und doch waren das in der Hauptsache Übelstände, die ohne Änderung des Systems zu beseitigen waren, die in England vor Konsolidierung der Zölle ziemlich ähnlich gewesen waren. Man konnte Hunderte von den 2775 belegten Artikeln frei lassen, ohne die Einnahme wesentlich zu beschränken; es trugen z. B. Ge= treide, Mehl, Malz, Branntwein, Schrotmehl und Hülsenfrüchte zusammen etwa 38, die Kolonialwaren etwa 19 Prozent der Gesamtaccise (Viebahn). Eine Kabinettsordre von 1802 hatte Struensee ausdrücklich auf die nachteilige Kompliziertheit hin= gewiesen, die das System nach und nach erhalten hatte, und eine Vereinfachung verlangt.

Damit aber wäre der jüngeren Generation der Beamten schon nicht mehr genug gethan gewesen. Die physiokratischen Theorien hatten schon beim Tode des großen Königs den voll= ständigen Bruch mit dem Schutzsystem und mit allen indirekten Steuern verlangt; sie hatten gewichtige Anhänger — auch Krug gehörte dazu. Und noch mehr zündeten die Lehren von Adam

13*

Smith; Kraus wurde ihr begeistertster Verkündiger. Das un=
zweifelhafte praktische Reformbedürfnis, wie die unbehülfliche
Schwerfälligkeit und breite technologische Vielwisserei der deutschen
Kameralistik trieb die jungen strebsamen Köpfe ausschließlich in
die Arme der neuen humanen, rationalistischen und geschmackvoll
vorgetragenen Theorien. Wirklich große Geister, wie Stein
oder Niebuhr, wußten schon damals freilich den wahren Gehalt
der neuen Theorien von ihrem schimmernden Glanz und ihren
Übertreibungen zu scheiden. Aber die Mehrzahl der mittel=
mäßigen Köpfe schwur ohne weitere Prüfung unbedingt zu dem
neuen Dogma; selbst ein so tüchtiger Mann wie Schön, ein so
feiner und kluger Kopf wie Hardenberg ließ sich unbedingt
blenden.

Während des Steinschen Reformministeriums vom September
1807 bis November 1808 stand neben den großen inneren Re=
formen die Sorge für die Abzahlung der französischen Kon=
tribution, die Sorge für die finanziellen Mittel, die man von
Tag zu Tag brauchte, in erster Reihe. Man beschloß, die
Domänen zu veräußern, man führte in Ostpreußen und Lithauen,
dann auch in Westpreußen eine progressive Einkommensteuer zur
Bestreitung des auf die Provinzen gelegten Kriegsschadens ein[1].
Aber an eine prinzipielle Neugestaltung des Staatshaushalts
konnte noch nicht gegangen werden.

Noch viel weniger geschah unter Altenstein (November 1808
bis Juni 1810) etwas Bedeutendes in der Reform der Finanzen.
Doch scheint man bei den Vorarbeiten unter seinem Ministerium
noch an dem allgemeinen Gedanken Steins festgehalten zu haben,
daß vor allem die Konsumtionssteuern verbessert und eine Ein=
kommensteuer eingeführt werden müsse[2]. Die Unfähigkeit, selbst
für die nächstliegenden Bedürfnisse Rat zu schaffen, stürzte be=
kanntlich Altenstein und führte Hardenberg in die allmächtige

---

[1] Pertz, Leben Steins, 2, 55.
[2] Nasse, Die preußische Finanz= und Ministerkrisis im Jahre 1810.
Histor. Zeitschr. 26, 292.

Stellung eines Staatskanzlers, die er bis zu seinem Tode innebehielt.

Die Finanzpläne, mit denen er gegen Altenstein auftrat, beziehen sich vor allem auf die damalige Notlage und die Ab=zahlung der französischen Kontribution, wobei eine übermäßige Ausgabe von Tresorscheinen, unmögliche, freiwillige und Zwangs=anlehen im In= und Ausland und ein mit einer gesunden Finanzpolitik unverträglicher Verkauf der Grundsteuer ins Auge gefaßt waren. Die Pläne erstreckten sich aber auch schon auf eine Ausdehnung der Accise über das platte Land und eine Ge=werbepatentsteuer und sprechen sich gegen die Einkommensteuer als hart, inquisitorisch und durch die „Opinion“ verworfen aus. So verschiedene Männer wie Stein, Niebuhr und Schön er=klärten sich sofort nachdrücklich gegen diese Pläne; die beiden letzteren wurden durch ihre prinzipielle Meinungsverschiedenheit veranlaßt, nicht in das Ministerium einzutreten. Niebuhr wollte die Einkommensteuer wenigstens vorübergehend zur Tragung der Kriegskosten beibehalten wissen, und beklagte ihre Suspension; Stein erklärt sie für die billigste Abgabe, da sie alle Staats=bürger und alle Quellen des Nationalwohlstandes gleichmäßig treffe. Auf die „Opinion“ dürfe man in Preußen keine Rück=sicht nehmen. Es herrsche da — er meint damit vor allem den kurmärkischen Adel — ein tief eingewurzelter Egoismus, halbe Bildung, Ungebundenheit, vereinigt mit der nordischen Gemüt=losigkeit und Roheit. Auch mit der unbedingten plötzlichen Frei=lassung aller Industrie und alles Handels auf dem platten Lande gegen Einführung einer Patentsteuer ist Stein jetzt nicht einverstanden; die Städte würden zu hart und zu plötzlich da=durch getroffen.

Es zeigt sich da der wesentlichste Unterschied zwischen dem großen praktischen Staatsmann und dem theoretisierenden Diplo=maten. Auch Stein dachte groß von der Gewerbe= und Handels=freiheit und hatte sie als Ziel im Auge; aber wie er dem Bauernstand keine plötzliche unbedingte Verfügungsfreiheit über seinen Grund und Boden geben wollte, weil er wohl mußte,

daß er dann vom Kapital und Großgrundbesitz ausgekauft werde,
wie er gegen die feudalen Junker Schlesiens die Wollausfuhr=
schranken wiederherstellte, überhaupt ein maßvolles Schutzsystem
unter Umständen verteidigte, so wollte er auch keine Beseitigung,
sondern eine Reform der Zünfte, eine unbedingte Gewerbefreiheit
nur für die Bäcker, Fleischer und Verkäufer der notwendigsten
Lebensmittel. Harbenberg hatte sich mit allen diesen Fragen,
wie auch mit Finanzangelegenheiten weniger eingehend beschäftigt.
Was er vorschlug, war einfach ein Reflex dessen, was die ge=
bildete Meinung damals forderte, gemischt mit klugen Konni=
venzen aller Art. Er hatte die politische Seite der Bauern=
emancipation und der Gewerbefreiheit wohl mit der Begeisterung
aufgefaßt, deren er fähig war; er hat seinen allgemeinen liberalen
Ideen mit Fähigkeit und Ausdauer gedient: aber er hatte im
einzelnen der Volkswirtschafts= und Finanzpolitik weder die
Kenntnisse und den praktischen Blick, noch die feste Überzeugung,
die nötig gewesen wären. Es wäre ein unsagbares Glück für
Preußen gewesen, wenn ein wirklicher Kenner der Finanzfragen,
der zugleich Mut und Charakter besessen hätte, wie Niebuhr,
und mit Harbenberg auskam, wie später Bülow, damals schon
die Finanzen unter Harbenberg übernommen hätte.

Harbenberg[1] fügte sich übrigens zunächst in seinen Finanz=
maßregeln wenigstens teilweise der Ansicht seiner Gegner; er
ließ die Papiergeldausgabe und den Abkauf der Grundsteuer
fallen und fand sich bereit, die von Niebuhr geforderte Aus=
dehnung und Ausgleichung der Grundsteuer zu versprechen.
Aber freilich er versprach es zunächst bloß, das Finanzgesetz
vom 28. Oktober 1810 ist mehr ein Programm, als ein Steuer=
gesetz; es verspricht neben der Beseitigung der Grundsteuer=

---

[1] Über die Zeit von 1806—1816 siehe jetzt das fleißige Buch von
K. Mamroth, Geschichte der preußischen Staatsbesteuerung 1806—1816,
1890, das freilich mehr Materialsammlung als Geschichte ist. Über die
Epoche von 1810—1820 das ähnlichen Charakter tragende Werk von C.
Dieterici, Zur Geschichte der Steuerreform in Preußen von 1810 bis
1820, 1875.

privilegien die der alten Naturallieferungen, des Vorspanns,
der Bann= und Zwangsgerechtigkeiten, es verspricht den Verkauf
der Domänen und die Säkularisation eines Teils der geistlichen
Güter, die Fundierung der Staatsschuld und eine National=
repräsentation. Direkt eingeführt wurden einige Luxussteuern
auf Hunde, Dienstboten, Wagen und Pferde, die nichts ein=
trugen. Mit ziemlich radikaler Gewerbefreiheit, der alle Aus=
führungsbestimmungen fehlten und die einen Sturm von Be=
schwerden erzeugte, wurde eine Nachahmung der französischen
Patentsteuer auf Preußen übertragen; endlich und hauptsächlich
wurde mit vollständiger Gleichstellung von Stadt und Land die
alte Accise (freilich nur auf dem Papier) beseitigt und ein
Konsumtionssteuersystem beliebt, das etwa 20 Artikel belegte,
in der Mahlsteuer aber seinen Schwerpunkt hatte. Gerade
diese letztere Steuer erregte auf dem platten Lande des Ostens
mit seinen zerstreuten Wohnungen, wo nach der Freigebung des
Mühlenwesens vom 20. März 1808 unzählige Handmühlen
wieder angeschafft und viele Windmühlen gebaut worden waren,
einen wahren Sturm der Entrüstung. Das Gesetz war einfach
unausführbar, vor allem wegen dieser hohen Mahlsteuer.

Das anderweite Edikt über die Finanzen vom 7. September
1811 hob die Konsumtionssteuern für das platte Land und die
kleinen Städte teils auf, teils setzte sie sie herab (so die Ge=
tränkesteuern); die Stelle des Ausfalls sollte eine Personalsteuer
oder vielmehr eine reine Kopfsteuer decken. In der Hauptsache
aber blieb es mit der Accise beim alten; die Ausführung der
neuen Gesetze kam ins Stocken; die Accise der stets preußisch
gebliebenen Landesteile trug in den Jahren 1811—1816 jährlich
4—8 Millionen Thaler, die ländlichen Konsumtions= resp. Per=
sonalsteuern trugen nur ½—1 Million. Im Jahre 1812 mußte
sich Hardenberg sogar entschließen, die Steuer wenigstens pro=
visorisch einzuführen, die eben einer seiner Anhänger und Räte,
nämlich Raumer, in Bezug auf die englische Erfahrung ein für
immer schreckendes Beispiel der radikalen Untauglichkeit, einen
redenden Beweis von der Falschheit verführerischer Theorien

öffentlich genannt hatte. Es wurde durch das Gesetz vom 24. Mai 1812 freilich nur vorübergehend eine Vermögens= steuer von 3 Prozent, und eine Einkommensteuer von unfundiertem Einkommen von 1—5 Prozent eingeführt. Man erwartete einen Ertrag von 25 Millionen und erhielt nur 4½. J. G. Hoff= mann, der immer ein Gegner dieser Steuerart war, hat sich damals noch schroffer gegen die Vermögens= als gegen die Ein= kommensteuer ausgesprochen. Der scheinbare, durch die damalige Lage des Landes übrigens ganz erklärliche Mißerfolg im Ertrag der Steuer wurde für ihn wie andere später ein Hauptargument gegen die Einkommensteuer.

Nach dem Frieden war es der Neffe Hardenbergs, Graf von Bülow, früher westfälischer Finanzminister, dem zunächst die Finanzreform in die Hände gegeben war. Er scheint ein Talent ähnlich wie Hardenberg selbst gewesen zu sein, klug, beweglich, den Umständen sich anpassend. Ganz den neuen Zeit= ideen über Handel und gerechte Besteuerung huldigend, energisch und zu raschen Projekten geneigt, rasch im Erfassen und Über= blicken, von staatsmännischem Geist, beherrschte er doch das Einzelne nicht solide genug. Reizbar gegen jeden Widerspruch, hat er in Westfalen, wie nachher in Preußen, durch seine Finanz= pläne erst geblendet und ist doch bald dem Widerspruch erlegen[1]. Seine Anschauungen über das Finanzwesen brachte er aus West= falen mit und dort waren es die französischen Muster gewesen, die man nachgeahmt hatte. Es ist daher nötig, wenigstens einen Blick auf das französische Steuersystem der ersten Republik und des Kaiserreichs zu werfen.

Die Revolution wollte das ganze alte Steuersystem be= seitigen, besonders die von den Physiokraten verdammten in= direkten, von ihnen zuerst mit diesem Namen bezeichneten

---

[1] Vergl. den Artikel Ludwig Friedrich Victor Hans Graf von Bülow, verfaßt von Caro in der Allg. deutschen Biographie; daneben F. u. P. Goldschmidt, Das Leben des Staatsrats Kunth, sowie die Schriften von Mamroth und C. Dieterici. Die Finanzakten des Geh. Berl. Staats= archivs von 1814—1820, aus welchen seine Thätigkeit ersichtlich ist, habe ich zu einem erheblichen Teile durchgesehen.

Steuern; sie wollte mit der Grundsteuer (vom 23. November 1790) den wirklichen impôt unique der Theorie durchführen. Aber bald zeigte sich die Unzulänglichkeit und Ungerechtigkeit einer solchen einzigen Grundsteuer. Man beließ das Enregistrement und führte die contribution mobilière ein, die alles Einkommen erfassen sollte, das nicht durch die contribution foncière erreicht wurde. Da man aber auch diese Steuer möglichst auf objektive, klar erfaßbare Merkmale gründen wollte, so griff man auch hier auf Gedanken des ancien régime zurück und legte sie in der Hauptsache nach dem Arbeitslohn, der Zahl der Dienstboten und der Miete um. Nur eine kleine Entschädigung für die aufgehobenen indirekten Steuern sollte daneben die Patentsteuer sein.

Als nach den Schreckensjahren die Ruhe wieder hergestellt war, sollte vor allem den besitzenden und unternehmenden Klassen wieder Ruhe verschafft und Vertrauen eingeflößt werden; die indirekten Steuern wurden zahlreich und in hohen Beträgen wieder eingeführt, die direkten neu geordnet, eine sogenannte Thür- und Fenstersteuer hinzugefügt. Der Charakter dieser ganzen Gesetzgebung ist einfach der, alle Steuern möglichst den indirekten zu nähern, d. h. sie alle, auch die sämtlichen direkten Steuern, an möglichst klare, unbestreitbare, objektive Merkmale zu knüpfen, ohne jede Rücksicht auf die materielle Gerechtigkeit eine höchstmögliche formelle Gerechtigkeit in der Anlage und Verteilung zu erreichen, jeden möglichst genau im voraus wissen zu lassen, was er zu zahlen habe. Das ist bis heute das Geheimnis, warum relativ so hohe Steuern so willig in Frankreich getragen werden, warum kein Staat der Einkommensteuer mehr widerstrebt als Frankreich. Diese Richtung verwandelt eigentlich alle Steuern in Gebühren, die der Unternehmer als feste Größen in seine Berechnung zieht; sie führt, wenn man den Nachdruck auf die direkten Steuern legt, zu einem ausgebildeten Ertragssteuersystem, wie es die meisten von französischen Ideen beeinflußten deutschen Staaten nun im Gegensatz zu England ausbildeten.

Es kam nun aber noch ein wichtiges, theoretisches Motiv hinzu, die Ertragssteuern als die einzig richtigen Steuern der Zukunft erscheinen zu lassen. Man schwärmte seit Ad. Smith dafür, die Steuergesetzgebung auf die wirklichen oder angeblichen Gesetze der Nationalökonomie zu gründen. Die Theorie lehrte weiter, es gebe drei „Quellen" des Einkommens: Grundbesitz, Kapital und Arbeit; es ist das ein Bild, das richtig verstanden, eine gewisse Wahrheit, sowie es aber gewöhnlich aufgefaßt wurde, eine Summe von falschen Vorstellungen enthält. Der weitere, scheinbar sehr annehmbare Schluß war der: man muß das Einkommen bei seinen Quellen erfassen; soweit diese ganz selbständig und getrennt zur Erscheinung kommen, müssen auch die Steuern auf sie getrennte sein. Damit glaubte man in der That die Steuergesetzgebung auf nationalökonomische Weisheit gegründet zu haben. Eine Grundsteuer, Häusersteuer, Gewerbesteuer, so wenig sie direkt den Einkommensquellen entsprachen, schienen doch sich diesem Prinzip zu nähern. Dabei hatte Ad. Smith die Einkommensteuer für willkürlich und für unausführbar erklärt, ohne eine Inquisition, die unerträglicher als irgend eine Steuer sei. In England war man zu praktisch, um sich an solche Gelehrtenweisheit zu kehren, aber der theoretische Hang der Deutschen verführte Nationalökonomen und Staatsmänner, auf die Worte des Meisters zu schwören. „Das natürliche Recht der Individuen auf Steuergleichheit führt von selbst auf die abgesonderte Besteuerung der Gebäude, Gewerbe und Grundstücke", lehrt Krehl 1819 und preist Österreich, Preußen, Bayern, Baden, Darmstadt und Nassau, daß sie durch ihre neueren Steuerreformen das anerkannt hätten.

In mehreren deutschen Staaten hatte man freilich schon im 18. Jahrhundert die alte Vermögenssteuer verlassen und sie zu getrennten Ertragssteuern umgebildet, war also nicht bloß durch theoretische Erwägungen und Nachahmung des französischen Vorbildes dazu gekommen. Die Trennung hatte ja auch ihre guten Seiten. Die Kataster konnten dadurch besser ausgebildet, die objektiven Merkmale der Besteuerung besser erfaßt werden. Die formale Ausbildung einzelner Teile des Steuersystems gewann dadurch. Für die materielle Gerechtigkeit, die in der Einkommens- und Vermögenssteuer liegt, war der politische und wirtschaftliche Sinn in den damaligen deutschen Staaten noch nicht reif genug. Die Ertragssteuern sind so als ein Übergangsstabium wohl zu begreifen und zu rechtfertigen. Sie haben heute noch ihre günstigen Seiten und können in mäßigem, gleich bleibendem Betrag als gebührenartige Steuern verteidigt werden. Sie werden trotz ihrer Unvollkommenheit, vielleicht noch für einige Zeiten als Hauptsteuern sich da erhalten können, wo sie zu einem ein- heitlichen System unter sich zusammenhängender, alle Hauptzweige des Einkommens erfassender direkter Steuern ausgebildet wurden. Aber sie waren auch da von Anfang an um so unvollkommener, wo sie jeden Zusammenhang unter sich verloren, wo nur noch bestimmte Kategorien des sichtbaren Eigentums und bestimmte Geschäfte, nicht mehr die Staatsbürger als steuernde Subjekte erschienen.

In Preußen zeigt sich die Hinneigung zu den Ertragssteuern schon damit, daß plötzlich die ländlichen Kontributionen, die in Wahrheit eine Verbindung von Vermögens- und Einkommen- oder Kopfsteuern gewesen waren, in der Gesetzessprache schlecht- weg Grundsteuern genannt wurden. Die Gewerbesteuer war 1810 eingeführt, an eine Einkommensteuer dachte man nicht mehr. Aber trotzdem schlug Bülow in seinem Reformplan[1] über die Neueinrichtung des ganzen Finanzwesens vom 14. Januar 1817 vor, die Grundsteuer, die nun doch als der Mittelpunkt des ganzen direkten Steuersystems erschien, in der Hauptsache für jetzt un- berührt zu lassen; er wollte weder an ein neues Kataster gehen, noch die Grundsteuerprivilegien beseitigen, wie man 1810 ver- sprochen, und wie um so mehr angezeigt war, als die rheinischen Lande eben diesen Proceß der Ausgleichung durchgemacht hatten. Nur die Städte und ihre Häuser sollten zunächst herangezogen,

---

[1] Das Folgende wesentlich nach C. Dieterici, Die Geschichte der Steuerreform 2c.

einzelne Überlastungen beseitigt, sonst aber die Grundsteuer=
regulierung für provinzialständische Beratungen zurückgestellt
werden.

Sonst schlug der Plan Bülows ein maßvolles Außenzoll=
system bei möglichster innerer Freiheit des Verkehrs vor; das ist
der beste, in seiner Art ausgezeichnete, aber weniger auf Bülow
als auf Maaßen zurückzuführende Teil seiner Vorschläge, der
im Zollgesetz vom 26. Mai 1818 und in der Gesetzgebung des
Zollvereins seinen Abschluß fand. Bei der Bekanntheit dieses
Gegenstandes brauche ich kein Wort darüber hinzuzufügen. Mit
diesem Vorschlag verband sich naturgemäß der alte, oft wieder=
holte Plan, die Accise zu beseitigen; an ihre Stelle sollten in
Stadt und Land eine Fleischsteuer, die etwa 7 Prozent des
Wertes, eine Mahlsteuer, die etwa 8 Prozent, eine Tabaks= und
Biersteuer, die 15 Prozent, und eine Branntweinsteuer, die 28
bis 30 Prozent des Wertes der Waren ausgemacht hätten, treten.
Die Gewerbesteuer, der Stempel, die Salzregie sollten in der
Hauptsache unverändert bleiben.

Die Pläne Bülows erfuhren nun im Staatsrat, mit Aus=
nahme der Vorschläge für das Zollsystem eine vernichtende Kritik.
Die Kommission, Wilhelm von Humboldt an der Spitze, ver=
mißte in ihrem Bericht vor allem einen einheitlichen, systematischen
großartigen Plan, sie fragte, wie man die indirekten Steuern
einheitlich im Staate ordnen könne, ohne jede Rücksicht auf die
direkten Steuern, die man unberührt lassen wolle; sie erinnerte
daran, daß die Grundsteuer in Brandenburg 10 Prozent, in West=
falen und am Niederrhein 62—63 Prozent aller übrigen Steuern
ausmache; es entstehe, so führte sie aus, durch Bülows Pläne
eine zu ungleiche und ungerechte Belastung der Provinzen. Sie
gab zu, daß man zu einer Reform der Grundsteuer mehr als
zehn Jahre brauche; aber die Grundsätze der Reform könne man
immer einstweilen aussprechen und dann die Ausführung nach
und nach eintreten lassen. Von den neuen indirekten Steuern,
die zehn Millionen bringen sollten, griff sie in ihrer überwiegen=
den Abneigung gegen alle indirekten Steuern, vor allem die

Mahl= und Fleischsteuer an, die zusammen gegen sieben Millionen bringen sollten. Sie fand die erstere gehässig und ungerecht, in keinem Lande der Welt in der Art bestehend, die letztere unzweck= mäßig, so wie sie vorgeschlagen war, der reinen Kopfsteuer sich nähernd, beide besonders auf dem platten Lande kaum ausführ= bar. Sie betonte, daß die ganze Reform in Zusammenhang mit der Verfassungsangelegenheit gebracht werden müsse; besonders Humboldt verlangte offen, die ganze Steuerverfassung, nicht bloß die Grundsteuer, müsse den Ständen vorgelegt werden.

Die Kritik war nicht unverdient, die Nachgiebigkeit gegen die feudalen und centrifugalen Strömungen der Zeit trat zu nackt hervor. Die Vorlage war zu sehr nur von praktischen Gesichtspunkten beherrscht, war zu sehr nur die des geschickten Routiniers, der nach Dieterici jahrelang ohne allen Staatshaus= halt (soll wohl heißen ohne Etat), jedenfalls ohne großen leiten= den Gesichtspunkt die Finanzverwaltung führte. Die Kritiker freilich machten es sich insofern leicht, als sie keine Gegenvorschläge machten; gegenüber ihrer etwas doktrinären Abneigung gegen die indirekten Steuern wies Bülow auf die Geschichte Englands und Frankreichs, auf die unendliche Schwierigkeit, die direkten Steuern über ein gewisses Maß hinauf zu schrauben, hin. Immerhin aber war die sofortige Folge der Opposition im Staatsrat, daß man im Finanzministerium auf Pläne einging, wie sie Ladenberg schon 1815, und J. G. Hoffmann jetzt (Oktober 1817) genauer ausarbeitete, auf Pläne, die Mahl= und Fleischsteuer durch eine direkte Personensteuer zu ersetzen. Das war, wenn man prinzipiell von der Einkommensteuer nichts wissen wollte, immer ein glück= licher Ausweg.

Die Konflikte hatten dazu geführt, daß Graf Bülow das Finanzministerium an Klewitz abgab, als neuer Handelsminister nur noch bei dem Zollwesen mitzuwirken hatte. Der König, Hardenberg und die lauten Wünsche vor allem der rheinischen Lande drängten zunächst auf eine rasche Ordnung des Zollwesens; das Zollgesetz wurde am 26. Mai 1818 vom König unter= zeichnet, bald darauf veröffentlicht und vom 1. Januar 1819 an

in Kraft gesetzt. Eine Befragung von Notabeln in den Provinzen über die sonstigen Steuerprojekte hatte zu keinem Resultat
irgend welcher Art geführt; Klewitz und Bülow schrieben am
20. Februar 1818 an den Staatskanzler, sie erschwere nur die
Entscheidung. Aber man mußte sie endlich doch treffen. Die
vom Staatsrat nicht beanstandeten Konsumtionssteuern auf
Branntwein, Bier, Wein und Tabak erhielten nach nochmaliger
Beratung im Staatsrat ihre gesetzliche Sanktionierung am 8. Mai
1819. Man konnte und wollte auf die Entscheidung der übrigen
prinzipiellen Fragen nicht mehr warten, so sehr man anfangs
bestrebt gewesen war, mit der ganzen Reform auf einmal vorzugehen. Über die Thätigkeit und Absichten von Klewitz in
dieser Zeit werden wir weder durch Dieterici noch durch die
sonstige Litteratur über diesen Minister eingehender unterrichtet.
Ballieu sagt in der Notiz über sein Leben nur, daß er die indirekte der direkten Besteuerung vorgezogen habe, Dieterici, daß
er im Anfang ganz in Bülows Sinn die Steuerpläne betrieb.
Welche Stellung er in der vom König eingesetzten neuen Steuer-
kommission einnahm, wie man hier auf die Berücksichtigung der
ungleichen Grundsteuer durch eine gleich näher zu erklärende
Quotisation der Provinzen kam, wie der Plan einer Personalsteuer zu einem Vorschlag, die Mahl- und Schlachtsteuer alter-
nativ mit einer Klassensteuer zu verbinden, sich umbildete, erfahren wir aus der bisherigen Litteratur nicht.

Wir werden nur unterrichtet, daß zu Anfang des Jahres 1820
die Arbeiten, die sich auf die Ordnung des Staatsschuldenwesens
und die Festsetzung des Staatshaushaltsetats bezogen, zugleich
mit dem Steuerprojekte fertig waren, und daß Hardenberg versuchte, das letztere wie die ersteren sofort vom Könige unterzeichnen zu lassen, während es doch nach den bestehenden Bestimmungen einer nochmaligen Beratung im Staatsministerium und
im Staatsrat unterliegen mußte. Da der König in seiner gewissenhaften Weise nicht hierauf einging, so erfolgte eine solche also
nochmals und es ist dabei wenigstens eine sehr wichtige Änderung
beschlossen worden, die Verwerfung der Quotisation.

Der Gesetzentwurf über das Abgabenwesen im ganzen ent=
hielt den Vorschlag, daß die im Verhältnis zu ihrer Bevölkerung
mit Grundsteuer überlasteten Provinzen entsprechend weniger
Mahl= und Schlachtsteuer und Klassensteuer zahlen sollten. Im
ganzen sollten von den im Etat geforderten 50 Millionen durch
diese beiden Steuern 8—9 Millionen aufgebracht werden, zwei
Millionen durch die Mahl= und Schlachtsteuer in etwa 132
Städten, 6,8 Millionen durch die Klassensteuer des übrigen Landes,
während die Grundsteuer 10,1 Millionen, die Gewerbesteuer 1,6,
die Zölle und indirekten Steuern 16,4, das Salzmonopol 3,8
und die Domänen ohne Civilliste 5,8 Millionen bringen sollten.
Die zur Quotisation gelangende Summe betrug 24 Millionen;
sie sollte nach der Bevölkerung auf die Provinzen verteilt, jeder
Provinz auf ihre Schuldigkeit das abgerechnet werden, was die
Grundsteuer und die indirekten Steuern lieferten. Den Rest hatte
sie dann durch die provinziell verschiedene hohe Klassen= und
Mahl= und Schlachtsteuer zu berichtigen. In der Denkschrift
Hoffmanns[1], mit welcher die Entwürfe dem Staatsrat vorgelegt
wurden, wird davon ausgegangen, daß außer den schon fest
stehenden Einnahmen noch etwa zehn Millionen nötig seien. Die
Summe erscheine zu hoch, um sie durch eine Kopfsteuer auf=
zubringen; es würde dadurch ein zu ungleicher Druck entstehen.
Auf der anderen Seite habe sich eine Einkommensteuer als ganz
unpraktisch und zu gehässig gezeigt. Darin stimmte auch der
Bericht des Staatsministeriums vollständig ein: der größte Teil
der Menschen vermöge sein Einkommen gar nicht anzugeben;
jeder habe ein Interesse, es zu verheimlichen, alle Einkommen=
steuern hätten ein unerwartet geringes Resultat ergeben. Also,
schließt Hoffmann, müsse man eine klassifizierte Personensteuer
wählen, die die Mitte zwischen Kopf= und Einkommensteuer halte,
einträglicher und erträglicher sei, als jene, aber nicht zur Chikane
führe, da sie sich an die klaren, äußeren Merkmale halte, die
die bürgerliche Gesellschaft in wenige Klassen scheide: Ritterguts=

---

[1] Bei Dieterici S. 263 ff.

besitzer, Freigutsbesitzer, Bauern und Tagelöhner. In den Städten
solle aber die Mahl= und Schlachtsteuer die Klassensteuer ersetzen,
weil hier diese sociale Schichtung mit ihren Merkmalen mehr
verwischt sei, und der Wechsel der Wohnungen die Anlage und
Erhebung erschwere, während dort umgekehrt eine indirekte Steuer
auf Mehl und Fleisch ebenso leicht von Bäckern und Fleischern
zu erheben sei, als sie auf dem Lande von allen einzelnen, die
selbst schlachten und mahlen lassen, schwer einzuziehen sei. Die
Mahl= und Schlachtsteuer bestehe in einem großen Teil der
Monarchie, die Aufhebung würde dem Publikum keinen Gewinn
bringen; die Verkehrshinderung sei mäßig, die Thorkontrolle
wenig belästigend, der Zustand jedenfalls mit dem früheren nicht
zu vergleichen. Die neue Gewerbesteuer war für die ärmeren
Gewerbetreibenden beseitigt, sie sollte nur noch als ein mäßiger
Zuschlag zur Klassensteuer für diejenigen Gewerbetreibenden auf=
treten, die als besonders zahlungsfähig erschienen. Das Ge=
heimnis des Finanzwesens sei: zu nehmen, ohne daß es empfind=
lich schmerze. Die Verteilung werde dann durch das Leben selbst
gerechtfertigt.

Schon im Staatsministerium hatte der praktische Sinn
Bülows sich der Quotisation nach Provinzen, der politischen
Gefahr, das ganze Steuersystem vielleicht für immer dadurch in
provinzielle Gegensätze zerfallen zu lassen, widersetzt. In der
Kommission des Staatsrats betonte man die Gefahren und
Schattenseiten der Quotisation ebenfalls, im Plenum verwarf
man sie mit großer Majorität. Die größten Ungerechtigkeiten
der Grundsteuer, so führte man aus, lägen innerhalb der Pro=
vinzen, man müßte also auch in jeder Provinz die Klassensteuer=
sätze wieder verschieden ansetzen und dazu könne kein allgemeines
Gesetz die richtige Anleitung geben; die östlichen Provinzen
brächten teilweise weniger Grundsteuer im ganzen auf, weil viele
einzelne Grundbesitzer steuerfrei seien; das Resultat der Quoti=
sation wäre, daß der pommerische Bauer viel höhere Klassensteuer
zahlen müßte als der rheinische, weil der pommerische Adel
nichts oder sehr wenig zahle. Nach der Quotisation müßten in

Schlesien auf den Kopf 16 Sgr., in Sachsen 2 Sgr. durch=
schnittlich Klassensteuer bezahlt werden; das würde bei der
sonstigen Gleichheit des Wohlstandes vielmehr als Ungerechtigkeit
empfunden. Die Klassensteuer würde überhaupt in den östlichen
Provinzen am höchsten werden, wo es an einem Mittelstand, der
die Klassensteuer gut zahlen könne und sie einträglich mache, am
meisten fehle. Man müsse die Ausgleichung darin suchen, daß
die weniger Grundsteuer zahlenden östlichen Provinzen mehr an
Branntwein= und Biersteuer zahlten.

Aber auch nach Beseitigung der Quotisation erhob sich im
Plenum des Staatsrats nochmals eine bedeutsame Opposition;
die Frage, ob nicht der Etat, nachdem er bereits aus Sparsam=
keit von 55 auf 50 Millionen herabgesetzt war, um weitere fünf
Millionen zu ermäßigen sei, wurde wiederholt angeregt; Alten=
stein, als jetziger Präsident, hatte in fügsamer Anlehnung an
Hardenberg alle Mühe, eine Debatte hierüber als geschäfts=
ordnungswidrig zu vermeiden, konnte aber nicht hindern, daß
bei der Schlußabstimmung, die die Entwürfe im ganzen guthieß,
eine Reihe bedeutsamer Separatvoten abgegeben wurden. Prinz
Wilhelm, der spätere Kaiser, legte in dem seinigen seinem Vater
die Frage vor, ob es nicht doch noch möglich sei, die neuen Steuern
zu umgehen oder zu ermäßigen, sowie die reicheren Klassen der
Nation und die höher besoldeten Beamten zur Erleichterung des
ärmeren Volkes mehr heranzuziehen. Und doch hatte der Staats=
rat den höchsten Satz der Klassensteuer bereits verdoppelt, von
24 auf 48 Thaler heraufgesetzt. Ancillon griff die Klassen=
steuer an ihren schwachen Punkten an; sie sei gehässig wie eine
Kopfsteuer, belaste verhältnismäßig die armen Klassen weit mehr
als die reicheren, und öffne der Willkür das Thor, da die
Merkmale der Klassenunterscheidung keine festen seien. Auch
Vincke, drei weitere Prinzen, Wittgenstein, Knesebeck, Brockhausen
und als Gegner der ganzen Wendung, die die Finanzpläne ge=
nommen hatten, natürlich Bülow waren unter den Separat=
votanten.

Eine Folge aber hatten diese abweichenden Meinungen nicht.

Schmoller, Umrisse.   14

Die Gesetze über das Abgabenwesen, die Klassensteuer, die Mahl-
und Schlachtsteuer und die Gewerbesteuer wurden am 30. Mai 1820
veröffentlicht und nun ausgeführt. Das Gesetz über die Münz-
verfassung in den preußischen Staaten vom 30. September 1821,
das Stempelgesetz vom 7. März 1822, die Verordnung über die
Branntweinmaischsteuer vom 10. Januar 1824 und die Zoll-
vereinsverträge von 1828—1833 schließen in der Hauptsache
die große materielle Finanzreform Preußens nach den Freiheits-
kriegen.

Auch die formelle Reform war bedeutsam genug: an Stelle
des alten Generaldirektoriums mit seinen kollegialischen Provinzial-
und Fachabteilungen waren wenigstens dem Prinzip nach die
wenigen Fachministerien je mit einem verantwortlichen Chef an
die Spitze getreten. Das Finanzministerium hatte freilich eigene
Schicksale. Nachdem Hardenberg es zuerst als Staatskanzler
selbst verwaltet, trat er es schon 1813 an einen besonderen
Minister, an seinen Neffen Bülow ab, schuf aber durch die
Verordnung vom 3. November 1817 die Generalkontrolle der
Finanzen für das gesamte Etats-, Kassen- und Rechnungswesen
und die Staatsbuchhaltung; es sollte an höchster Stelle in der
Hand des Staatskanzlers mit der Staatsbuchhaltung die fortwährend Klarheit über die augenblickliche Lage der Finanzen
gegeben, durch die Feststellung der Etats mit den Ressort-
ministern die finanzielle Leitung aller Verwaltungszweige einheitlich konzentriert werden. Mochte der Finanzminister dadurch
zu einem subalternen Gehilfen des Staatskanzlers herabsinken,
es ging, so lange dieser eine wirkliche Initiative besaß; da sie
aber dem alternden von allen Seiten bedrängten Hardenberg
mehr und mehr abging, so war es natürlich, daß er bald
wieder seine eigenen Gedanken umstieß und einen besonderen
Chef der Generalkontrolle anstellte. Nun hatte Klewitz statt
eines zwei vorgesetzte Minister; der wirkliche Finanzminister
hatte, da die Ressortminister nicht von ihm die Etatsver-
willigungen brauchten, keinen Einfluß auf das Ganze der Finanzverwaltung. Auch weitere Zweige der Finanzen waren durch

die Kabinettsorbre vom 3. November 1817 abgetrennt worden,
nämlich die Verwaltung der sämtlichen außerordentlichen Einnahmen und Ausgaben des Schatzes, des Staatsschuldenwesens,
der Seehandlung, der Generalsalzbirektion, der Lotterie, der
Münze, des Berg- und Hüttenwesens. Auch die Geschäfte der
Bank wurden einem besonderen Chef übertragen. Das Staatsschuldenwesen wurde 17. Januar 1820, um die Staatsgläubiger
ganz sicher zu stellen, einer ganz selbständigen, kollegialischen
Behörde übertragen; das Postwesen erhielt einen besonderen
Minister. Es war ein Rückfall in die Zerfahrenheit, wie sie vor
1806 existiert hatte. Es konnte auch nicht so bleiben. Mit der
Auflösung des Schatzministeriums 1823 erhielt das Finanzministerium wieder einige ihm entzogene Zweige; 1825 erhielt
es vom Handelsministerium das Kalender- und Stempelwesen
zurück, 1829 wurde ihm die Salzbirektion wieder unterstellt.
Hauptsächlich aber mußte Motz, als er dem durch die Konflikte
mit dem Kontrollminister mürbe gemachten Klewitz 1825 folgte,
es dahin zu bringen, daß diese sogenannte Generalkontrolle beseitigt und in eine bloße Staatsbuchhalterei verwandelt wurde
(29. Mai 1826), deren zweiter Chef der Finanzminister war,
die diesem nicht mehr Etats- und Finanzmaßregeln aufdrängen
konnte, welche er nicht vertreten zu können glaubte[1]. Motz
brachte es dann auch endlich durch das Regulativ vom 17. März
1828 über die Einrichtung des Kassenwesens zu einer moderneren
und einheitlicheren Gestaltung dieses Geschäftszweiges. Die
Einheitlichkeit des Staatshaushaltes, auf deren Herbeiführung
durch Beseitigung der zehn selbständigen Hauptkassen Berlins
Stein schon so großen Wert gelegt hatte[2], wurde damit endlich
erreicht. Zwar die französische Einrichtung, die als Vorbild
diente, die gesamten Bruttoeinnahmen des Staates rechnerisch
in einer Staatshauptkasse zu vereinigen, alle Ausgaben die
Provinzial- und Lokal-, sowie die Ressortkassen nur im Auftrage

---

[1] F. Ch. A. Motz, Eine Biographie (1832), S. 212—226.
[2] Im Plan zur interimistischen verbesserten Einrichtung des Geschäftsganges vom 25. August 1808. Perz 2, 127.

dieser leisten zu lassen, fand auch jetzt noch, wie unter Klewitz, zu viele am alten hängende Gegner; aber die Überschüsse der Verwaltungszweige wurden nun doch stets sofort in der General= kasse gesammelt; die Übersicht über die vorhandenen Mittel und den nächsten Bedarf der einzelnen Verwaltungszweige wurde damit erleichtert und erreicht. Das Kassenwesen brauchte nun, wie es in einer amtlichen Darlegung heißt, den Vergleich mit den gleichartigen Institutionen anderer Länder nicht mehr zu scheuen. Und das Gleiche, wenn nicht mehr, konnte man seit 1824, seit der Reuorganisation der Oberrechnungskammer durch ihre Instruktion vom 24. Dezember dieses Jahres, von dem Rechnungswesen und seiner Kontrolle sagen. Die Oberrechen= kammer war zwar aus der ziemlich erniedrigenden Stellung, in die sie Friedrich II. versetzt, schon durch die Instruktion vom 2. November 1786 wieder emporgehoben worden; sie hatte eine gewisse Selbständigkeit erreicht, alle ihr bisher entzogenen Rech= nungen der Hauptkassen wurden ihr damals wieder zur Prüfung, und nicht bloß zur kalkulatorischen, sondern auch zur sachlichen überwiesen; es wurde ihre Thätigkeit ungeheuer aus= gedehnt, nämlich auf die Rechnungen sämtlicher Kassen, die unter öffentlicher Administration stehen. Am 4. November 1796 war dann ihre Unterordnung unter das Generaldirektorium beseitigt worden; ihr Präsident hatte von da dem König direkt zu be= richten. Im Jahre 1808 (16. Dezember) wurde sie betreffs des formalen Geschäftsganges den Ministern, im Jahre 1810 (27. Oktober) dem Staatskanzler untergeben. Die Instruktion vom 18. Dezember 1824 bezeichnet sie wieder als ein schlechthin selbständiges, dem Könige selbst untergeordnetes Kollegium, dessen Erinnerungen auch die Minister Genüge zu leisten haben. Ihre Thätigkeit für Preußen und das Deutsche Reich bewegt sich in der Hauptsache bis auf die heutigen Tage in den Bahnen, die ihr damals vorgezeichnet wurden; nur hat natürlich das konstitutionelle System ihr eine andere prinzipielle Stellung ge= geben, als sie früher hatte.

7.

Beurteilung des neuen Finanzsystems; Fortsetzung desselben bis 1866.

Wenn ich damit glaube die Hauptpunkte der materiellen und formellen Finanzreform Preußens von 1808 — 1830 kurz hervorgehoben zu haben, so muß ich nun noch ein kurzes Wort der Beurteilung hinzufügen.

Das Werk war so wenig als das altpreußische Finanz=system ein vollendetes. Es war wie dieses und wie jedes praktische Finanzsystem eben so sehr ein Werk der Not, des drängenden Staatsbedürfnisses, der Rücksicht auf hergebrachte finanzielle Einrichtungen, auf bestehende Vorurteile und Klassen=privilegien, der Rücksicht auf anderweite politische Zwecke, als der theoretischen Einsicht und des geläuterten Willens. Es ent=stand aus einem Kompromiß zwischen verschiedenen Strömungen. Kein einheitlicher Baumeister hat das Gebäude entworfen und ausgeführt; so große Staatsmänner, so kluge Köpfe, so edle Beamte und gewiegte Kenner des praktischen und theoretischen Finanzwesens daran arbeiteten, das gerade war zu beklagen, daß die einheitliche Leitung fehlte, daß keine große Initiative da war; weder der König, noch Hardenberg, noch später Klewitz hatte eigene selbständige Gedanken über das Ganze und das Einzelne der finanziellen Reform. Beamte in relativ untergeordneter Stellung, wie Maaßen und Hoffmann, bildeten, ersterer für die Zollgesetzgebung, letzterer für die inneren Steuern die treibenden, aber von allen möglichen Einflüssen gehemmten Kräfte. Maaßen, in einem rheinischen Pfarrhaus gebildet, ursprünglich gelehrter Jurist und Archivbeamter, trat erst im 34. Jahre zu der Finanzverwaltung über; sein Hauptverdienst in der Kommission des Staatsrats und als Generalsteuerdirektor war einerseits seine außerordentlich geschickte und behutsame, liebenswürdige und doch zähe Art, das von ihm als richtig er=kannte Ziel einer liberalen Zollgesetzgebung durch alle Klippen der Parteimeinungen hindurch festzuhalten und zu erreichen,

andererseits seine taktvolle, unermüdliche Geschicklichkeit, diese
neue Zollgesetzgebung praktisch durchzuführen und zum Zollverein
weiter zu bilden. Das blieb auch der Mittelpunkt seiner
späteren Ministerthätigkeit von 1830—1834.

J. G. Hoffmann hatte als Fabrikdirektor und Obermühlen-
bauinspektor das praktische Leben kennen gelernt, wie er bereits
als theoretischer Lehrer in Königsberg und Berlin sich versucht
hatte, als er, 48 Jahre alt, 1813 bei Hardenberg als vor-
tragender Rat eintrat. Er war ein Mann von zu umfassender
Bildung und zu zahlreichen praktischen Kenntnissen, um nicht
die Einseitigkeit der theoretisch = dogmatischen Wirtschaftslehre,
der er doch im ganzen ebenfalls anhing, zu durchschauen; er
war erfüllt von den human=idealistischen, fast sentimentalen Ge=
fühlen der Aufklärung; aber es war keine große staatsmännische,
reformatorische Ader in ihm; über der Fülle seiner statistischen
Kenntnisse übersah er den historischen Fortschritt, verlor sich in
eine kleinmeisterliche Auffassung der Dinge, so daß man das
boshafte Wort Talleyrands über ihn: qui est donc ce petit
homme, qui compte les têtes et perd la sienne, wenigstens
begreifen kann. Seine Ausführungen haben etwas von der
greisenhaften Beschaulichkeit des Alters. Es tritt nirgends ein
fester, großer Wille hervor. Er konnte für alles Bestehende ein
beschönigendes Wort finden; die Steuern scheinen ihm stets
durch die Gewalt der Mächtigen diktiert; der Gedanke der
Steuerüberwälzung hat den einer gerechten Verteilung der
Steuern bei ihm fast vollständig verdrängt; die nicht zahlen zu
lassen, die es am leichtesten tragen, sondern die es am leichtesten
für den Moment vorschießen können, scheint ihm das Richtige.
Die klare formale Anknüpfung der Steuerpflicht an leicht er=
kennbare, objektive Merkmale, die freilich ihre Vorteile hat, ist
ihm viel wichtiger, als eine materiell gute Steuergesetzgebung.

So wurden die Steuerfreiheiten des Adels, die schlechten
veralteten Grundsteuerkataster, die zu starke Belastung der unteren
Klassen durch die Mahl= und Klassensteuer entschuldigt. Die
feudale Reaktion hatte erwünschten Vorwand, sich in die theoreti=

ſchen Irrtümer des humanen, ehrenhaften Beamten zu kleiden. Die Klaſſenſteuer iſt J. G. Hoffmanns Werk und Verdienſt. Ihr danken wir es, daß Preußen 1851 eine Einkommenſteuer erhielt, die, 1873 und 1891 weſentlich verbeſſert, immer mehr in den Mittelpunkt des preußiſchen Staatsſyſtems rückt, und in ihrem Fortſchritt die Unvollkommenheiten des Ertragsſteuerſyſtems immer klarer zur Anſchauung bringt. Aber das 1820 durch die Klaſſenſteuer mit den Ertragsſteuern eingegangene Kompromiß iſt auch die Urſache, daß das preußiſche Ertragsſteuerſyſtem als ſolches, trotz einiger teilweiſen Verbeſſerungen, unvollkommener blieb, als das mancher deutſchen Kleinſtaaten. Es war erſt der Reform des Finanzminiſters Miquel vorbehalten, hier den rechten Ausweg zu finden, wie auch die Verkümmerung der Kreis- und Kommunalſteuern durch die Abgabengeſetzgebung von 1820 erſt nach und nach und in der Hauptſache heute noch nicht ganz ſich heben konnte. Die letztere war eine natürliche Nachwirkung einer Epoche, die keine Selbſtverwaltung mehr gekannt hatte.

So ſind auch manche andere Schattenſeiten des Finanzſyſtems von 1820 als Nachwirkungen älterer Zuſtände, wenn nicht zu verteidigen, ſo doch zu begreifen. Wir ſprachen ſchon von den feudalen Einflüſſen, nicht minder ſtark waren die büreaukratiſchen. Man kam über die Mißbräuche und Schattenſeiten des alten Syſtems nicht auf einmal hinaus. Man hatte die alte Heimlichkeit der Finanzverwaltung, die in der Zeit von 1640—1786 durch den Kampf des Abſolutismus mit äußeren und inneren Feinden wohl berechtigt war, zu einem auf Selbſtverwaltung und Teilnahme des Volkes ſich ſtützenden Regierungsſyſtem aber nicht mehr paßt, durch Publikation des Etats von 1820/1822 und des Staatsſchuldenſtandes von 1820 über Bord geworfen. Aber man war doch ängſtlich die volle Wahrheit zu ſagen, publizierte erſt 1829 wieder einen neuen Staatshaushaltsetat und gab von da an regelmäßig Zahlen in die Öffentlichkeit, denen man leicht nachweiſen konnte, daß ſie mit der Wirklichkeit nicht ganz ſtimmten. Die Einheit der finanziellen Leitung ließ,

wie wir sahen, sehr viel zu wünschen übrig. Wiederholt schien
es, als ob die Vielköpfigkeit des alten Generaldirektoriums
wiedergekehrt sei. Es waren gar viele alte Herren bis 1840
in den höchsten Stellen. Man war in vielem ängstlich, klebte
hartnäckig am alten. Und nach 1840 ließen es die ständischen
und Verfassungsangelegenheiten nicht recht zu finanziellen Ver=
besserungen kommen. Man versäumte, in großartiger Weise den
Eisenbahnbau in die Hand zu nehmen, man trieb von 1845 an
einer Reihe von Deficits und einer für Preußen immerhin be=
deutenden Erhöhung der Staatsschulden entgegen, weil man
nicht oder erst spät wagte, die Steuern zu erhöhen, die wichtigeren
Steuern auch so angelegt waren, daß sie nur schwer die jeweilige
Erhöhung ertrugen, die in schlimmen Tagen doch immer nötig
ist[1]. Das ganze Finanzsystem, das 1818—30 begründet wurde,
war der Friedensliebe und ängstlichen Zurückhaltung in der
äußeren Politik angepaßt, welche damals ein Gebot der Not,
später aber ein Symptom der Schwäche waren.

Aber trotzdem bleibt diese Finanzreform im ganzen ein
Werk der preußischen Gesetzgebung, auf das sie stolz sein kann,
das den alten Ruhm der preußischen Finanzkunst eher befestigt
als erschüttert hat.

Aus einem kaum zu beschreibenden Wirrwar unzähliger
verschiedenartiger Steuersysteme, die das neue preußische Staats=
gebiet umfaßte, war in relativ kurzer Zeit ein einheitliches,
klares System herausgebildet. Die unerträglich gewordenen
Seiten des alten Finanzsystems waren beseitigt und doch hatte
man, z. B. gerade in der Mahl= und Schlachtsteuer und in der
Grundsteuer gebührende, ja allzu reichliche Rücksicht auf Be=
stehendes genommen. Die neuen staatswirtschaftlichen Doktrinen
hatten auf kein anderes großes Steuersystem einen solchen Ein=
fluß als auf das preußische. Und so viel Irrtum und Ein=
seitigkeit mit diesen Theorien verbunden war, so sehr ein über=

[1] Darüber hauptsächlich handelt Nasse, Das preußische Steuer=
system, 1861.

mäßig doktrinärer Einfluß in der Hardenbergschen Gesetzgebung
da und dort zu Tage tritt, so gab es doch damals keinen
anderen Fortschritt als unter Führung dieser Theorien; sie vereinigten mehr oder weniger die besten und klarsten Köpfe der
Zeit, ihr Kern war dem innersten Bedürfnis der Zeit ent-
sprungen. Und selbst soweit sie Irrtümer enthielten, war es
für die öffentliche Meinung und die weitere reale Entwickelung
von durchschlagender Bedeutung, daß selbst die Rheinländer sich
damit brüsteten, eine Steuergesetzgebung zu haben, die geläuterten staatswirtschaftlichen Theorien mehr entspreche, als die
jedes anderen Landes.

Die indirekten Steuern hatten vor 1806 über zwei Drittel
der Steuern ausgemacht, jetzt hatten die direkten sich den
indirekten an Ertrag wesentlich genähert. Die direkte Besteuerung hatte in keinem anderen der großen Staaten einen
verhältnismäßig solchen Umfang, wie damals in Preußen, einen
größeren sogar als später, weil der Gesamtertrag der indirekten
Steuern etwas stärker zunahm, als der der direkten. Die Getränkesteuern waren durchaus auf die Produktion gelegt, um
den weiteren Verkehr möglichst frei zu lassen. Und wie niedrig
waren diese Getränkesteuern und sind es noch heute gegenüber
den französischen und englischen Steuern. Was hatte z. B. die
Rheinprovinz gewonnen, die französischen droits réunis los geworden zu sein. Benzenberg berechnet, daß das Gebräu Bier 1812
25, 1820 8 Thaler zahlte, das Maß Branntwein damals 17,
jetzt 4½ Stüber, das Stückfaß Wein durchschnittlich früher
250, jetzt 15—20 Thaler. Nasse berechnet 1860, daß die preußischen Getränkesteuern auf den Kopf 14—15 Sgr., die französischen 36½, die englischen 145 Sgr. tragen. Freilich die
Wein- und Tabaksteuer war dafür stets in Preußen kaum der
Erhebung wert und die erstere ist darum mit Recht neuerdings
ganz gefallen. Aber die Branntweinsteuer hat, ähnlich wie
später die Rübensteuer, neben bedeutenden Erträgen, die sie
lieferte, zugleich das Verdienst, die technischen Fortschritte
wesentlich befördert zu haben. Das einzig wichtige Staats-

steuermonopol, das Preußen behielt, war das Salz und auch dieses konnte als solches neuerdings fallen.

Der Geist der rücksichtslosen Fiskalität, den man dem fridericianischen System nicht ganz ohne Recht gemacht hatte, war gänzlich verschwunden. Von dem Herben und Streng= fiskalischen, was in der französischen Gesetzgebung über die Ver= brauchssteuern liegt, ist nichts in dem mit einem gewissen Geist der Milde geschriebenen Gesetz vom 8. Februar 1819, sagt Benzenberg. Der Gedanke der volkswirtschaftlichen Entwickelung, der Förderung der Landwirtschaft, der Gewerbe und des Handels steht überall im Vordergrund. Das Zollgesetz und der Zollverein schufen ein großes einheitliches Verkehrsgebiet, wie es Deutschland noch nie gekannt. Der Zolltarif war den in den verschiedenen Provinzen ziemlich verschiedenen volkswirt= schaftlichen Bedürfnissen und den übermäßig zahlreichen und schwer zu bewachenden Grenzen meisterhaft angepaßt. Der Wunsch, den Schmuggel möglichst zu verhüten, die Absicht, ein bestimmtes Einkommen zu erzielen und bei relativ freiem Ver= kehr die einheimische Industrie maßvoll zu schützen, hatten zu= sammengewirkt, den liberalsten Tarif Europas zu schaffen, eine Zollpolitik zu eröffnen, die trotz mancher kleiner Schwankungen, trotz mancher Korrekturen, deren sie im einzelnen bedurfte, sich bis auf den heutigen Tag bewährt hat. Daß Preußen im Zoll= verein bei der Teilung der Revenuen nach Köpfen aus politischem und volkswirtschaftlichem Interesse bedeutende finanzielle Opfer brachte, war nur den Tendenzen entsprechend, die im ganzen die Neuordnung der Finanzen beherrschten.

Was die Staatsausgaben betrifft, so waren sie ja viel be= deutender als früher. Der Nettoetat war von 30 auf 50 Mill. gestiegen, während das Land nicht ganz so groß war wie vor 1806, die Bevölkerung damals wie jetzt etwas über 10 Millionen zählte. Es waren allerdings reichere Gegenden hinzu=, haupt= sächlich arme weggekommen; aber was hatte das Land auch seither gelitten, wie war das Staatsvermögen durch Domänen= verkäufe, Ablösung und anderes vermindert, die Staatsschuld

vermehrt! Statt etwa 20 Millionen zahlte man 35 bis 40 Mill.
Steuern, statt 2 Thaler 3—4 Thaler auf den Kopf. Und
trösteten die einen, wie Benzenberg, Frankreich zahle das
Doppelte auf den Kopf an Steuern, so berechnete Hansemann[1]
1833, daß die sämtlichen Staats- und Gemeindesteuern von dem
Reinertrag der Grundgüter in Preußen 84, in Frankreich
56 Prozent, von dem freilich auf sehr schwankender Grundlage
von ihm berechneten Hauptnationalvermögen in Preußen 3,83
Prozent, in Frankreich 2,67 Prozent ausmachten. Und in der
That, die Last war keine ganz leichte. Aber nicht darauf kommt
es zuletzt an, sondern darauf, ob ein Staat, der viel von seinen
Bürgern fordert, dafür Entsprechendes leistet, ob das Gefühl
im Volke sich verbreitet, der Staat müsse so viel haben, er
fordere es in möglichst gerechter Weise, er verwalte mit Ordnung
und Sparsamkeit, er erlaube sich nie irgend einen Mißbrauch
mit Staatsgeldern. Glaubt das Volk daran, und im großen
und ganzen hat das preußische Volk diesen Glauben nie verloren, — so kann es auch bedeutende finanzielle Opfer bringen.
Die wichtigste Ausgabe war die für die Armee; das Kriegsministerium brauchte nach dem Etat von 1820 etwa 22—23
Millionen Thaler jährlich. Es war natürlich, zumal in den
neuen Provinzen, daß man darüber mannigfache Klagen hörte.
Hansemann berechnete, die französische Armee koste auf den
Kopf 1 Thlr. 9 Sgr., die preußische über 2 Thlr. Benzenberg
meint, die preußischen Offiziersgehalte seien, außer den niederländischen, die höchsten in Europa, die dreijährige Dienstzeit
ließe sich abkürzen und so ein oder zwei Millionen sparen. Die
allgemeine Wehrpflicht machte an die gebildeten und besitzenden
Klassen ganz andere Ansprüche als das alte von Privilegien
durchlöcherte Kantonsystem. Aber war dies nicht gerade ein
Vorzug? Waren dagegen nicht viele unangenehme Naturalleistungen für die Armee, die man bis 1806 gefordert, weggefallen? Mußte man nicht zugeben, daß die preußische Armee

---

[1] Preußen und Frankreich 1833.

im 18. Jahrhundert neben diesen zahlreichen Naturalleistungen auf den Kopf der Bevölkerung teilweise über 2 Thlr. gekostet, die damals eine größere Kaufkraft gehabt hatten, daß das Armeebudget zeitweise 80 Prozent des Nettoetats erfordert hatte und jetzt zum erstenmal, freilich teilweise infolge der Schulden, unter die Hälfte des Etats herabsank? Mußte man nicht zugeben, daß die hohen Offiziersgehalte mit den Mißbräuchen der alten Compagniewirtschaft, die, wie man sagte, jedem Hauptmann ein Einkommen von mindestens 1000 Dukaten verschafft hatte, sich nicht vergleichen lasse? Und beruhte nicht auf dieser Armee, dieser Wehrpflicht die Wiederherstellung und die Zukunft des Staates? Die Klagen verstummten bald, um dann erst wieder bei der Armeereorganisation zu erwachen und sich auch dann wieder als unberechtigt zu erweisen.

Wie die preußische Kriegsverfassung, so fand man in den neuen preußischen Provinzen auch die preußische Verwaltung nicht billig. Und sie war es auch nicht gerade. Das System der Präfekten und unbezahlten Maires war billiger als das der preußischen Regierungen und bezahlten Bürgermeister; Benzenberg meint, die französische Verwaltung sei pro Kopf auf 2 gGr. 8 Pf., die preußische auf 8 gGr. gekommen; Hansemann findet für die ganze innere Verwaltung (incl. der Gemeinde) die Kostengegensätze so: 4 Sgr. 7 Pf. für Frankreich, 10 Sgr. 5 Pf. für Preußen pro Kopf.

Aber Benzenberg ist so gerecht hinzuzufügen, daß Preußen dafür an anderen Dingen spare, z. B. für den Monarchen 1 Million verwende, wo es nach dem Verhältnis anderer Staaten 3—4 Millionen verwenden müßte. Auch Hansemann kann nicht leugnen, daß Frankreich für seine damalige Staatsschuld schon das Doppelte auf den Kopf ausgebe. Man erkannte damals schon in den gebildeteren Kreisen des Volkes, daß eine tüchtige Armee mit gesunder Wehrverfassung mit 2 Thalern auf den Kopf billiger sei, als eine schlechte mit 1 Thaler, daß eine Verwaltungsmaschine, die ein paar Groschen mehr kostet, nicht zu teuer ist, wenn sie für Millionen mehr leistet. Und in allen

Nebendingen war man so sparsam als möglich gewesen; man hatte 5 Millionen Verwaltungsausgaben am Etat abgesetzt, man wurde noch sparsamer, als 1822—1825 die großen Ausfälle in der Domänen- und Forstverwaltung sich ergaben. Man that lange für Kunst und Litteratur, für Landesmelioration und Verkehrsmittel eher zu wenig als zu viel.

Die Hauptveränderung des Etats nicht sowohl gegenüber 1806 als gegenüber der fridericianischen Zeit war, daß man ein Fünftel der Einnahmen zu Verzinsung und Tilgung der Staatsschulden brauchte, daß man in die Reihe der verschuldeten Staaten eingetreten war. Noch 1806 hatte der Staat auf 2,5 Millionen Passiv- 8,7 Millionen Aktivrente besessen; die Staatsschuld hatte 5 Thaler auf den Kopf betragen. Jetzt betrug sie nach Richters die amtlichen Etats berichtigender Berechnung etwa 20 Thaler. Die jährliche Passivrente des Staates überschritt die Aktivrente aus eigenem Vermögen um 3,7 Mill. Aber diese Schuld war die unvermeidliche Folge der napoleonischen Kriege, war in einer Zeit der äußersten Not gemacht, aus der die besten Traditionen des Staates erwuchsen, in der die Verjüngung des Staates sich vollzog. Und kam man etwa dadurch auf die abschüssige Bahn einer leichtsinnigen Finanzwirtschaft? Kam man in schlimme Abhängigkeit von den großen europäischen Banken und Finanzhäusern? Nein, gewiß nicht. Man kann freilich manches, was damals bei der Neuordnung der Finanzen in Bezug auf den Staatskredit geschah, zumal wenn man sich auf den Standpunkt fortschrittlich konstitutioneller Staatsweisheit stellt, bekritteln. Aber dieser Standpunkt ist für die Beurteilung der damaligen Zeit, der damaligen Beamten und Theorien eben nicht der richtige.

Man hatte bei der Ordnung der Staatsschulden schon 1810 zu Zwangskonvertierungen gegriffen und verfuhr auch später bis zur definitiven Regulierung der Schulden so. Man hat die Versprechungen über Auslosung und Rückzahlung im einzelnen oft nicht halten können, auch später nicht immer wörtlich gehalten. Die 180 Millionen Staatsschulden, zu denen man sich

1820 öffentlich bekannte, waren mehr nur ein für die öffentliche Meinung bestimmter Überschlag, daß so hoch die fundierte Schuld nach Abwickelung aller Rückstände sich belaufen werde, als eine genaue Nachricht über den wirklichen Stand der Angelegenheit. Die Versprechungen, die man in Bezug auf die Staatsschulden 1820 machte, umging man nachher öfters direkt oder indirekt. Neben den nicht ohne Genehmigung von Reichsständen zu vermehrenden Staatsschulden machte die Generalstaatskasse Schulden, auf die man das Gesetz von 1820 nicht anwendete. Aber im ganzen erfüllte der preußische Staat doch seine Verbindlichkeiten mit Loyalität und Pflichttreue; im großen und ganzen war der Etat und der Schuldenstatus von 1820 richtig. Was man verheimlichte, wie z. B. daß für 1820/22 ein Deficit von 27 Mill. zu decken sei, geschah, um den mutlosen Kredit im Lande überhaupt zu heben. Die in zahllose einzelne Posten mit den verschiedensten Bedingungen zerfallende Staatsschuld war der Hauptsache nach in eine unkündbare 4prozentige einheitliche Schuld verwandelt, deren Verzinsung und Tilgung ganz sicher gestellt, den Kurs bald so hob, daß man zu Konvertierungen der noch vorhandenen 5prozentigen Schulden in 4prozentige (1830), der 4prozentigen in 3½prozentige (1838) schreiten konnte. Das Papiergeld, die Kassenscheine wurden zwar einige Male vermehrt, 1851 bis zu 30 Millionen Thaler; aber immer blieb dieser Betrag weit hinter dem zurück, was andere Staaten ausgaben. Von einer leichtsinnigen Papiergeldwirtschaft war man stets in Preußen weit entfernt.

Die Ordnung der Staatsschuld und die anderen Finanzreformen stellten bald das 1815—1825 allerdings stark angegriffene Gleichgewicht des Staatshaushaltes vollständig her, ja führten von Anfang und noch mehr von Mitte der dreißiger Jahre zu solch blühenden Finanzen, daß man schon 1840 den Provinzialständen mitteilen konnte, es seien seit 1820 62,7 Millionen Schulden gedeckt und in den letzten neun Jahren 61 Millionen zu außerordentlichen Zwecken verwendet worden. Im Jahre 1842 wurde ein Steuererlaß von 2 Millionen jährlich durch Reduktion des Salzpreises von 15 auf 12 Rthlr. für die Tonne möglich. Erst von Ende des Jahres 1845 an führte die Überschwemmung und Theuerung, dann die Revolution und Umbildung des Staates zu einer Anzahl Deficits und zu neuen Staatsanlehen. Aber bald trat die alte günstige Finanzlage wieder ein. Die Militärreorganisation war 1859—1866 möglich ohne wesentliche Erhöhung der Steuern. Man sparte zwar in anderer Beziehung, aber unterdessen verdoppelte und vervierfachte sich das Staatsvermögen, Überschüsse ergaben sich auf Überschüsse. Und wesentlich unter ihrer Hilfe vollzogen sich die großen politischen Ereignisse des Jahrzehntes von 1864—1874.

Es würde mich zu weit führen, die neuere preußische Finanz= geschichte hier auch nur im Umriß zu erzählen. Ich muß mir versagen, auf die Änderungen des Staatshaushaltes einzugehen, die seit der konstitutionellen Zeit erfolgten, wie ich mich hier auf eine Kritik der preußischen Finanzleitung in den jüngsten 25 Jahren nicht einlassen kann. Nur über das allgemeine Zahlen= ergebnis der finanziellen Entwickelung Preußens möchte ich noch ein Wort hinzufügen, will aber auch in dieser Beziehung, um kurz sein zu können, mit dem Jahre 1865 abschneiden. Die Ereignisse von 1866 haben durch den Übergang wichtiger Ver= waltungszweige und Steuern auf den norddeutschen Bund und das Reich ein total anderes Budget geschaffen und eine Ver= gleichung mit der früheren Zeit würde zu viele Erläuterungen nötig machen. Bis 1865, freilich eigentlich auch bis 1879 und 1890, ist an den prinzipiellen Grundlagen des Steuersystems von 1818—1820 wenig geändert worden. Die Klassensteuer wurde 1. Mai 1851 für die Einkommen über 1000 Rthlr. in eine klassifizierte Einkommensteuer verwandelt; die Grundsteuer wurde 21. Mai 1861 reguliert, die Freiheiten aufgehoben, eine besondere Gebäudesteuer aus ihr ausgeschieden und um deren Betrag die bisherige Einnahme erhöht; die Gewerbesteuer wurde 19. Juli 1861 etwas modifiziert und durch die Eisenbahnabgabe (10. Mai 1853) vervollständigt. Zu den indirekten Steuern kam die Rübensteuer hinzu, die Branntweinsteuer wurde 1824

für mehlhaltige Stoffe in eine Maischsteuer verwandelt und diese
successive, entsprechend dem technischen Fortschritt, ·erhöht. Die
Zölle wurden in den vierziger Jahren etwas herauf=, in den
sechziger Jahren ziemlich herabgesetzt; eine wesentliche prinzipielle
Änderung aber lag in all dem nicht.

Die Vergleichung der Zeit vor 1848 und nachher ist nun da=
durch erschwert, daß die Etats bis dahin, wie früher, sogenannte
Nettobudgets sind, die Erhebungs= und Betriebskosten nicht ent=
halten, während sie von da an wenigstens bei den wichtigeren
Staatsgewerben, sowie bei den Steuern und Domänen das
sogenannte Bruttobudget geben. Da der offizielle Etat von 1849
allein auch noch ein Nettobudget unter Vergleichung mit dem
Jahre 1829 giebt, so seien für die Übersicht die folgenden Jahre,
und zwar nach ihren Etats, nicht nach ihren Rechnungen gewählt.
·Teils besitzen wir letztere gar nicht, teils sind sie zur Vergleichung
nicht so passend, weil sie des Zufälligen mehr enthalten, als die
nach Durchschnitten aufgestellten Etats. Die eingeklammerten
Zahlen sind nach möglichst genauen Anhaltspunkten berechnete
Schätzungen.

	Etatsmäßige Nettoeinnahme und Ausgabe	Etatsmäßige Bruttoeinnahme und Ausgabe	Bevölkerung
1820/22	50 Mill. Thlr.,	(81) Mill. Thlr.,	11,7 Mill.
1829	50 „ „	(83) „ „	12,7 „
1849	63 „ „	94 „ „	16,3 „
1865	(91) „ „	150 [1] „ „	19,1 „

Der Etat hat sich also in den 45 Jahren ziemlich ähnlich
wie die Bevölkerung gehoben; beide haben sich nicht ganz ver=
doppelt. In dem Bruttobudget stecken 1849 22,4, 1865 46,2
Millionen reine Betriebs= und Erhebungskosten, dann etwa 4,4,
resp. 10 Millionen Gerichtssporteln und einige selbständige Ein=
nahmen der anderen Ministerien. Der Bruttoetat der See=

---

[1] Eheberg in Conrads Handwörterbuch der Staatswissenschaften III,
·455 im Artikel Finanzen giebt für 1865 168 Millionen Thaler, für 1884
361 Mill. Thlr., für 1890 478 Mill. Thaler an.

haudlung und der Bank ist auch 1849 und 1865 nicht mit ein=
gestellt, sonst würde die Summe noch größer sein.

Wenn der Nettoetat etwa um 41 Millionen gewachsen ist,
so kommt davon weitaus der größte Posten auf die Militär=
reorganisation, die den Militäretat von 22,8 Millionen (1820/22)
und 25,6 Millionen (1848) auf etwa 40, in Wahrheit auf etwas
mehr, mit der Marine auf 44—46 Millionen (1865) hob. Das
ist eine Vermehrung von über 20 Millionen. Die Justiz er=
forderte etwa 5 Millionen mehr, das Handelsministerium und
die Verzinsung und Tilgung der Schuld je eine ähnliche Summe,
so daß für die innere Verwaltung, für Schul=, Kultus= und
Medizinalzwecke und Landwirtschaft der Mehrbedarf bis 1865
ein sehr geringer war.

Der Nettoertrag der Steuern einschließlich des Salzmonopols
stieg von 38,8 (1820/22) auf 69,4 Millionen (1865), der der
indirekten allein von 22,4 auf 41,2 Millionen. Die hinzu=
gekommene Rübensteuer gab 4,4 Millionen, die Branntwein= und
Braumalzsteuer statt 5 8,7 Millionen, die Stempelsteuer statt
3,5 5,2 Millionen, die Zölle statt 8 12 Millionen, das Salz=
monopol statt 3,8 6,7 Millionen. Von den direkten Steuern
war die Grundsteuer in der Hauptsache dieselbe geblieben, ab=
gesehen davon, daß 3½ Millionen Gebäudesteuer hinzugekommen
waren. Die Gewerbesteuer war entsprechend der industriellen
Entwickelung auf das Dreifache angewachsen (von 1,6 auf
4,8 Millionen einschließlich der Eisenbahnabgabe), die Klassen=
und Einkommensteuer hatte sich gerade verdoppelt, von 6,8 auf
12,8 Millionen. Das günstige Verhältnis der direkten zu den
indirekten Steuern war also in der Hauptsache geblieben.

Neben den Steuern blieb nun das Einkommen des Staates
aus eigenem Vermögen immer bedeutungsvoll, ja es stieg sogar
viel stärker als die Einnahme aus Steuern, obwohl 1820 bis
1833 für 23,81, 1833—1848 für 20,74, 1848—1865 für 22,91
Millionen Thaler Domänen verkauft und Ablösungsgelder ein=
gezogen und zur Schuldentilgung verwendet wurden. Richter,
dem wir diese Zahlen entlehnen, macht über die Zinsrente, die

der Staat zu zahlen hatte, verglichen mit der Rente aus eigenem Vermögen, folgende Berechnung:

	Schuldkapital im ganzen	Schuldkapital auf den Kopf der Bevölkerung	Zinsrente	Der Staat muß im ganzen Pro- zente zahlen	Rente des Staates v. eigenem Vermögen
1806	53 Mill.	5 Rthlr.	2,5 Mill.	5	8,7 Mill.
1820/22	232 „	20 „	9,7 „	4,18	6 „
1833	216 „	16 „	7,4 „	3,42	5 „
1848	158 „	9²/₈ „	5,0 „	3,17	6,2 „
1866	290 „	15 „	11,7 „	4,06	23,2 „

Eine Rente von 23,2 Millionen entspricht einem Vermögen von etwa 460 Millionen Thalern, woneben 1865 noch ein Staatsschatz von 20 Millionen und ein Betriebsfonds der Generalstaatskasse von 7 Millionen vorhanden war; es stand also ein Vermögen von nahezu 500 Millionen den 290 Millionen Schulden gegenüber. Die Domänen lieferten trotz der Veräußerungen jetzt wieder dieselbe Rente wie vor 30 und 40 Jahren, die Forsten gaben infolge der gestiegenen Holzpreise einen drei- und vierfachen Ertrag (1865 beinahe 5 Millionen). Die Rente aus Bergwerken, Hütten und Salinen war von nicht ¹/₂ Million im Jahre 1820 auf 1 Million 1848 und 3 Millionen 1865 gewachsen; die der Staatsbahnen betrug 1865 7,7 Millionen. Für das Jahr 1874 ist der etatsmäßige Reinertrag des Staatsvermögens gar schon auf 41 Millionen, d. h. so hoch, wie das Gesamtergebnis der direkten Steuern gewachsen. Kein anderer europäischer Großstaat hat entfernt ein solches Vermögen, ein so günstiges Verhältnis von Schulden und eigenem Besitz. Keiner hat aber auch so stark an seinen Schulden getilgt (Preußen hat 1820—1865 etwa 180—190 Millionen Schulden, 1870—1875 146 Millionen Thaler getilgt), keiner hat unter seinen Schulden so viele, die bloß von produktiven Eisenbahnbauten und Erwerbungen herrühren. Das Anlagekapital der preußischen Staatsbahnen betrug 1865 118 Millionen, der Besitz des Staates an Aktien und Prioritäten 16 Millionen.

Nun ergiebt sich allerdings aus einem solchen Besitz und

seiner Verwaltung manche Schwierigkeit für das konstitutionelle Leben. Er giebt der Regierung eine seltene Macht und seltenen Einfluß, die man nicht ohne begründete Scheu wechselnden Parteiministerien in die Hand wird legen können. Aber man vergesse doch nicht, daß das konstitutionelle Leben nicht Selbst= zweck, sondern nur ein Mittel zum Zweck ist, daß wir eine Regierung wechselnder Parteiministerien nicht haben und wohl nicht leicht erhalten. Die Frage darf nicht sein, fördert oder erleichtert ein solcher Besitz das Hinsteuern auf eine kon= stitutionelle Schablone, sondern ist damit dem Staate und seinen höchsten Zwecken, ist damit der Gesellschaft, ist damit einer guten Verwaltung gedient? Und diese Fragen sind, glaube ich, zu bejahen. Ein eigenes Vermögen ist für den Staat unter den heutigen Rechtsverhältnissen und bei der heutigen Neigung und Möglichkeit, Steuern zu zahlen und zu erhalten, immer noch von ganz anderem Wert, als die Hoffnung auf Zahlungen der Staatsbürger. Die für England seiner Zeit wahre, gedankenlos auf andere Länder übertragene Lehre, daß der Staat stets schlechter Geschäfte führe, als Private, ist für uns, unsere Verhältnisse und Beamten längst als falsch erwiesen. Unsere Eisenbahnen und Bergwerke, Forsten und Salinen werden durch die Beamten des Staates so gut oder besser verwaltet, als durch Privatbeamte von Aktiengesellschaften. Wie unser Staatsschatz einfach die Folge hat, den Staat gegen einen ge= wissen Zinsenverlust vor dem kolossalen Verluste zu bewahren, den er stets bei der raschen Begebung von Anlehen im ersten Moment eines Krieges erfährt, wie er vor allem der Börse und den besitzenden Klassen die übermäßigen Gewinne, die in solcher Zeit gemacht werden, entzieht, so ist der ganze Gegensatz von einem hochverschuldeten und einem reichen, vermögenden Staat in socialer[1] Beziehung von der größten Tragweite. Je höher die Staatsschulden sind, desto leichter erwerben und leben die

---

[1] Siehe Nasse, Die privatwirtschaftlichen Einnahmequellen des preußischen Staates, Concordia, 1874, Nr. 8.

besitzenden Klassen auf Kosten des Ganzen, je größer der Staats-
besitz ist, desto milder ist der sociale Gegensatz, weil ein großer
Teil des Reichtums der Gesamtheit, nicht der Geldaristokratie
gehört, weil an ihre Stelle als Verwalterin dieses Besitzes ein
Beamtentum tritt, das ihr an Bildung gleich oder überlegen ist,
an Besitz den unteren Klassen nahe steht. Nicht umsonst haben
die politischen Denker des Altertums die Zeiten gepriesen, in
denen der Staat reich und die Bürger arm waren, nicht umsonst
sollte die mit unwiderleglicher Klarheit von der Geschichte ge-
predigte Lehre sein, daß der übermäßige Reichtum einzelner und
die Armut des Staates in der Regel dem Untergange der
Staaten vorausging. Nicht umsonst sollten wir aus der ver-
gleichenden Finanzstatistik ersehen, was andere Staaten an
Steuern zahlen gegenüber Preußen; und das ist vor allem durch
die großen privatwirtschaftlichen Einnahmen Preußens bedingt.

Man zahlte in Preußen 1865 nach einem halben Jahrhundert des größten volkswirtschaftlichen Aufschwunges, den die
Welt je erlebt, ganz dieselbe Summe Steuern, wie 1820—1830,
nicht ganz 4 Rthlr. auf den Kopf; auch die Berechnungen der
siebziger Jahre[1] ergeben für Preußen ein ähnliches Resultat,
d. h. eine Steuerbelastung für den Kopf von 17 Mark, während
sie von Frankreich 49, für Großbritannien 41,6, für Österreich
29,2 (Ungarn 15,4), für Rußland 14,7 Mark beträgt. Ich
glaube, daß es nicht zu viel gesagt ist, wenn man behauptet,
es wären heute 8—10 Rthlr. so leicht zu tragen, wie damals
4 Rthlr.; die Steuerlasten haben sich also gegenüber dem Einkommen der Nation auf die Hälfte oder noch mehr ermäßigt.

Und dabei hat dieser preußische Staat, der 1808—1813 5,
1815 10 Millionen Einwohner zählte, sich zu dem über 50 Mill.
zählenden deutschen Reich erweitert, hat sich selbst und dem
Reich eine vollständig andere Stellung im Verhältnis der europäischen Großmächte errungen. Aus der finanziell schwächsten
ist er bis in die 70er Jahre ein den übrigen großen Staaten

---

[1] Siehe z. B. Goth. Kalender pro 1874, S. 885.

ebenbürtiger geworden, wie uns die folgende kleine Tabelle zum
Schluſſe lehren mag. Die Zahlen für 1873 ſind die von dem
Geographen und Statiſtiker Wagner nach den Etats für 1873 als
ſogenannte Ausgabenettobudgets berechneten und im Gothaiſchen
Kalender von 1874 veröffentlichten. Für Preußen habe ich eine
im Verhältnis der Bevölkerung berechnete Quote des Reichs=
budgets hinzugefügt. Die zur Vergleichung herangezogenen
Czörnigſchen Ausgabebudgets für 1862 ſind ſogenannte puri=
fizierte Bruttobudgets, die ich unter Abzug von 20 Prozent für
die Erhebungs= und Betriebskoſten und unter Umrechnung auf
Mark beifüge. Außerdem mag es geſtattet ſein, noch entſprechende
Zahlen oder Schätzungen für die Zeit von 1820—1830 einzu=
ſtellen; ſie ſind für Preußen dem offiziellen Etat entnommen,
ſonſt nach den Notizen von Kolb und anderen als Nettobudgets
berechnet. Es ſtellen ſich ſo die Nettobudgets in Millionen
Mark:

	1820—30	1862	1873
von Großbritannien	1120	1132	1270
„ Frankreich	616	1064	1662
„ Rußland	384	794	1451
„ Öſterreich=Ungarn	266	732	736
„ Preußen	150	352	583 / 219

Verhältnis=
mäßiger Anteil
am Reichsbudget

zuſammen 802

„ dem Deutſchen Reich und
den dasſelbe bildenden
Staaten zuſammen 1911

Und doch liegt die Bedeutung Preußens und Deutſchlands
nicht in der Höhe ihrer Budgets. Wir können uns nicht rühmen,
das volkswirtſchaftlich entwickeltſte Land Europas zu ſein, wir
haben nicht die jugendliche Elaſtizität, durch die ſich Rußland
auszeichnet. Aber wir ſind ſicher das Land mit der beſten
Wehrverfaſſung, der geringſten Schuldenlaſt, dem mäßigſten
Steuerdruck, dem humanſten Steuerſyſtem, dem größten Staats=
beſitz. Und wenn uns ſeit den 70er Jahren große volkswirt=

schaftliche Krisen nicht erspart blieben, wenn unsere socialen
Verhältnisse mannigfach ungesund und getrübt sind, so ist es doch
das Wahrscheinlichere, daß wir erst am Anfang einer großen
Zukunft stehen, daß wir mit den politischen Institutionen, die
wir uns endlich als feste Basis unseres ganzen Daseins errungen,
den großen Aufgaben, die uns erwarten, gewachsen sind. Und
wenn uns etwas dazu wesentlich helfen wird, so ist es die Finanzlage Preußens und des deutschen Reiches.

Daß sie durch die Veränderungen von 1870—1898 eher
noch eine stärkere geworden sei, als sie 1860—1870 war, wird
wohl kaum zu bestreiten sein. Denn, um nur das zum Schlusse
beizufügen, es sind die Zoll- und indirekten Steuereinnahmen
sehr viel ergiebiger gemacht, das Staatsvermögen hat sich durch
die Eisenbahnverstaatlichungen ganz außerordentlich vermehrt; die
direkten Steuern sind durch die Einkommens- und Vermögenssteuern in gerechter und ausgiebiger Weise reformiert; das Gemeinde-
steuerwesen ist auf gesunde Basis in Preußen gestellt worden,
die Überweisung der Grund-, Gebäude- und Gewerbesteuern an
die Kommunen ist ein großer Fortschritt. Wenn daneben die
Reichs-, Staats- und Gemeindeschulden sehr zugenommen haben,
wenn die Verwaltung Bismarcks die entgegengesetzte Richtung
in Bezug auf das Verhältnis der direkten zu den indirekten
Steuern befolgte wie die Hardenbergs, wenn viele Probleme,
z. B. die richtige Einfügung der Eisenbahneinnahmen in das
Ganze der staatlichen Finanzen, noch ungelöst sind, wenn viele
möglichen Steuerreformen noch ausstehen, wenn die Kunst der
preußischen Finanzminister von 1865—1890 keine sehr große
war, — so können wir doch auch heute noch sagen, die Finanzlage Preußens und des deutschen Reiches sei zu Ende des Jahrhunderts eine so gesunde wie 1840 und 1870, sie ruhe auf
ähnlicher Grundlage wie damals, zeichne sich noch wie im 18.
Jahrhundert und in der ersten Hälfte des 19. durch ein großes
gut verwaltetes Staatsvermögen und erträgliche Höhe, sowie im
ganzen durch eine mit der Zeit vorangeschrittene und reformierte
Anlage der Steuern aus. Sie ist nicht in einer Lage, welche

die wünschenswerten weiteren Reformen erschwerte und unmöglich machte.

Doch genug! Ich wollte ja über die Zeit von 1865 bis zur Gegenwart nicht handeln.

8.
Allgemeine Ergebnisse.

Die vorstehende Erzählung hatte zunächst den Zweck, in kurzem Umriß ein zutreffendes Bild der Finanzentwickelung Preußens bis 1866 zu entwerfen, durch die kurze Zusammenfassung das Wesentliche der Erscheinungen und die wichtigsten Ursachen hervortreten zu lassen, durch die Einordnung des stets in Fluß begriffenen Lebens in ein historisches Schema die verschiedenen Epochen für sich und in ihrer Wechselwirkung, jede einzelne in ihrer zeitweiligen Berechtigung verständlich zu machen.

Diese Erzählung kann aber auch, wenn sie anders das Richtige trifft, dazu dienen, allgemeine Resultate für eine theoretische Gesamterkenntnis des Finanzwesens und der gesamten Volkswirtschaft zu liefern. Jede gute Beobachtung und Beschreibung soll ja zugleich vom Speziellen zum Allgemeinen hinführen. So sei es erlaubt, einige Worte über das beizufügen, was mir als Ergebnis im ganzen und als solches in Bezug auf die unterschiedenen Epochen erscheint.

Vom 13. Jahrhundert bis heute war in den Landen, von denen wir sprachen, in gewissem Sinne eine centrale öffentliche Gewalt vorhanden, die ihre eigene große Wirtschaft hatte. Diese Finanzwirtschaft war stets die materielle Grundlage der Regierungsgewalt, sie war stets mehr oder weniger mit den übrigen wirtschaftlichen Organen, d. h. den Landschaften, Kirchen, Gemeinden, Grundherrschaften, Einzelwirtschaften, die zum Territorium, zum Staate gehörten, in engster Berührung und Wechselwirkung, bildete ihre Ergänzung, in gewissem Sinne ihren beherrschenden Mittelpunkt. Die Finanzwirtschaft jedes Staates ist so stets einerseits ein Ergebnis der staatlich-rechtlichen und

politischen Organisation der betreffenden Menschen und Gebiete,
andererseits ein Bestandteil und ein Resultat des wirtschaftlichen
Produktions= und Konsumtionsprozesses, der sich im Lande selbst
und in seinen Beziehungen zu den Nachbarn abspielt. Die
Finanzwirtschaft wird stets die größte Sonderwirtschaft einer
territorialen oder staatlichen Volkswirtschaft sein; sie wird von
den Wirtschaften der Privaten, der Familien, der Unternehmer,
der Vereine sich stets durch ihre Befehls= und Zwangsgewalt
und ihre großen öffentlichen Aufgaben unterscheiden, wenn sie auch
bald mehr, bald weniger ebenso Vermögen und Eigentum besitzt
und verwaltet, ja Erwerbsgeschäfte treibt, wie diese.

Alle Ursachen, die das politische, wie alle, die das privat=
wirtschaftliche Leben beeinflussen, werden die Finanzwirtschaft
berühren: sie kann weder aus den einen noch den anderen allein
erklärt werden.

Wer aus dem Stand der Technik, der Betriebsformen, des
Verkehrs, des Kapitalreichtums allein die verschiedenen finanziellen
Zustände Preußens in jeder Epoche ableiten oder gar die jeweilige
finanzielle Stärke oder Schwäche erklären wollte, würde ebenso
irren, wie der, welcher diese Elemente für gleichgültig erklärte.
Nur bei einer gewissen Höhe der Technik waren gegen 1300 bis
1350 so kräftige Gebilde, wie der Haushalt des Ordensstaates
und der Markgrafen möglich; aber die wichtigeren Ursachen
waren doch das starke Regiment, das auf bestimmten Ideen,
Rechtsinstituten und Traditionen, auf dem Rassenelement, der
Eroberungspolitik, dem Zusammenhang dieser Gebilde mit Kirche
und Reich beruhte. Die Technik stand 1500—1600 höher als
1400, die Finanz aber war viel schwächlicher geworden. Und
die große finanzielle Kraft von 1680—1786 beruhte nicht auf
irgend welchen technischen Fortschritten.

Der Kapitalreichtum war 1400 sicher geringer als 1600;
1740 wohl kaum größer als 1600; und doch eine ganz andere
finanzielle Kraft. Ein zunehmender Kapitalreichtum ist das Er=
gebnis langer wirtschaftlicher und politischer aufwärtsgehender
Entwickelungsprozesse; aber er kann dann vorhanden sein und

noch lange vorhalten, wenn die Finanz des Staates längst in Unordnung, in Schwäche versunken ist. Ein reiches Volk bedeutet nicht notwendig eine reiche Staatsgewalt; es kann mehr Steuern zahlen; ob es daran gewöhnt ist und sie zahlt, hängt von anderen Ursachen ab. Soweit blühende Finanzen und blühender Volks= wohlstand parallel gehen, weisen sie mehr auf gemeinsame, ein= heitliche, tieferliegende Ursachen der Organisation, des geistigen und moralischen, sowie des materiellen Lebens (Boden, Klima, Lage u. s. w.) hin, als auf eine direkte Abhängigkeit der Finanzen vom Volkswohlstand. Viel eher könnte man umgekehrt sagen, eine gute Finanzorganisation und richtige Leitung der Finanzen sei für ein armes Volk eines der wichtigsten Mittel zu größerem Wohlstand, für ein reiches zur Erhaltung und Ver= mehrung desselben.

Der Stand der Arbeitsteilung und die vorherrschenden Formen des Verkehrs, die Ausbildung des Marktwesens, der Übergang von der Natural= zur Geldwirtschaft, die Entwickelung des Kredits und alles derartige drücken natürlich der Finanz= wirtschaft jedes Landes und jeder Zeit ihren Stempel auf; aber sie beherrschen sie nicht so, daß mit jeder dieser Formen eine bestimmte Art der ganzen staatlichen Wirtschaftsorganisation und noch weniger mit jeder fortschreitenden Ausbildung der höheren Formen des privatwirtschaftlichen Getriebes notwendig und von selbst ein ganz bestimmter finanzieller Fortschritt, eine bestimmte stets eintretende Veränderung oder Verbesserung der Finanzen gegeben wäre.

Mit dem Begriff der Naturalwirtschaft verbindet sich in der Regel nicht bloß, ja nicht hauptsächlich die Vorstellung eines primitiven Tauschverkehrs zwischen Privaten, sondern die, daß das politische Gemeinwesen durch ein System von Natural= abgaben und von persönlichen Diensten der Glieder für das Gemeinwesen oder die Herrschenden sich erhalte. Beispiele dieser Art waren der Ordensstaat und die Markenverfassung gegen 1250 — 1400. Und viele ältere, finanziell sehr starke und leistungsfähige Staaten zeigen diesen eigenartigen Charakter.

Die Auflösung einer derartigen Verfassung, teilweise durch die
Ausbildung und Zunahme der Geldwirtschaft bedingt, hat die
betreffenden Gemeinwesen meist finanziell geschwächt; sie haben
nicht leicht die neuen Formen des geldwirtschaftlichen Finanz=
wesens gefunden, während andererseits die Staatsgewalten,
welche geldbezahlte Heere und Beamte zuerst ausbildeten, welche
am frühesten zu einem Geldsteuersystem kamen, am raschesten an
Ansehen und Kraft gewannen. Aber doch dürfte man nicht
sagen, die Geldwirtschaft habe das erzeugt; sie hat es ermög=
licht; aber die Geldsteuersysteme, die Heere, das Beamtentum, sie
wurden durch kluge, energische Staatsmänner, durch das Mittel=
glied bestimmter Institutionen geschaffen. Und keineswegs hat
überall der zunehmende Geldverkehr an sich die gleichen Geld=
steuern, das gleiche geldbezahlte Heer und Beamtentum geschaffen,
den Finanzen die gleiche Einrichtung gegeben. An Geldverkehr
hat es in den Territorien, die wir betrachtet, von 1250 bis jetzt
nicht gefehlt, und andererseits haben wir in der allgemeinen
Militärpflicht und anderen Einrichtungen, wie Geschworenenpflicht,
staatlichen und kommunalen Ehrenämtern, noch heute natural=
wirtschaftliche Formen. Das Wesentliche an der diesbezüglichen
Entwickelung ist die Verschiebung der Elemente unter einander,
die Vervollkommnung der Geldwirtschaft, das langsame Zurück=
treten der Naturalwirtschaft. Dieser Prozeß spiegelt sich klar
in der preußischen Finanzgeschichte wieder; die Zeit von 1640
bis 1700 ist eine solche der Überwindung unvollkommener
naturalwirtschaftlicher Einrichtungen. Aber Anderes ist ebenso
wichtig dabei: z. B. die Scheidung der Staats= von der Hof=
verwaltung. Auch im 18. Jahrhundert findet noch eine umfang=
reiche Inanspruchnahme der ländlichen Bevölkerung und ihrer
naturalen Dienste für den Staat in der Form der Wegebau=,
Vorspann= und Militärfuhren statt; nach dem siebenjährigen
Krieg bedeutet es einen durch fiskalische Sparsamkeit diktierten
Rückschritt, daß Friedrich II. die Kavallerie wieder im Sommer
zur Grasung auf die Bauerndörfer verlegt. Die Befreiung von
diesen Lasten, wie von den grundherrlichen Frohnen bedeutet

einen der großen geldwirtschaftlichen Fortschritte der vierten Epoche; aber einen solchen, der mehr für die persönliche Freiheit und die Hebung des Bauernstandes Bedeutung hatte. Für die staatliche Wirtschaft war damit eine große Steigerung der Geld= ausgaben, eine gewisse Erschwerung der Aktion gegeben.

Auch die Kreditentwickelung hatte das Finanzwesen fast aller Staaten erheblich beeinflußt. Die Ausbildung des Kapitalkredits in seinen höheren Formen hat, wie wir erwähnt, die Städte und Staaten da und dort finanziell außerordentlich gestärkt; aber nur, wenn sie richtigen Gebrauch davon machten; sonst hat der Kredit mehr geschadet; Preußen hat 1713—1786 fast ganz auf ihn verzichtet und ist damit besser gefahren, als seine Gegner, die übermäßig gerade damals sich verschuldeten. Im 19. Jahrhundert mußte Preußen in die Reihe der verschuldeten Staaten über= treten. Und die Staatsschuld wurde auch für diesen Staat ein wichtiger Bestandteil seiner Ausgaben, wie für die meisten heutigen Großstaaten und ihre Volkswirtschaft, für die ganze Einkommens= verteilung und das ganze Kreditwesen diese Entwickelung be= deutsam geworden ist. Aber eigentlich charakteristisch für die preußischen Finanzen wurde dieses Schuldenwesen doch nicht, weil es in maßvollen Grenzen sich hielt, weil ein großes Staats= vermögen ihm gegenüber stand.

Jedenfalls können wir so, trotz aller Einflüsse dieser That= sachen, nicht sagen: die Natural=, die Geld= und Kreditwirtschaft, als Formen des volkswirtschaftlichen Lebens, erzwinge jede für sich und mit Notwendigkeit bestimmte typische Finanzeinrichtungen, einen bestimmten Habitus des ganzen Finanzwesens; wir können nicht die vier oder zwei Epochen, die wir scheiden, etwa restlos auf die Natural=, Geld= und Kreditwirtschaft zurückführen.

Die Gliederung der Gesellschaft in bestimmte sociale Klassen wird auf das Finanzwesen stets Einfluß ausüben. Die höheren und besitzenden Klassen trachten stets darnach, die Finanzen in ihrem Interesse zu beeinflussen, wenn es geht, die Finanzen zu beherrschen, für sich auszubeuten. Die mittleren und unteren Klassen werden, so lange sie ohne Organisation, ohne Selbst=

bewußtsein, an einen starken Druck, an schwere Lasten gewöhnt
sind, auch für die Staatsfinanzen leichter nutzbar zu machen sein.
Die Spannungsverhältnisse und Kämpfe der socialen Klassen
beeinflussen das Verfassungsleben und damit die Finanzen. Das
Wesentliche aber ist doch stets, ob über den socialen Klassen eine
selbständige, feste, dauernde Regierungsgewalt vorhanden ist und
die egoistischen Tendenzen der einzelnen Klassen niederhält, ob so
zugleich eine starke Finanzwirtschaft möglich ist. Die mächtige
Stellung des Ordens und der Markgrafen in unserer ersten
Periode und ihre Fähigkeit, den Adel und die Städte in
Schranken zu halten, erklärt in erster Linie die damalige finanzielle
Stärke, wie die Schwäche in der zweiten Periode darin liegt,
daß die fürstliche Gewalt zu einem Spielball der aristokratischen
Kreise herabsinkt. In der dritten ist es doch wieder die absolute
Fürstengewalt, ihr voller Sieg über Adel und Städte, ihre teil=
nehmende Fürsorge für die mittleren und unteren Klassen, welche
diese höchste Anspannung und finanzielle Konzentration der Kräfte
erlaubte. Und die Traditionen aus dieser Zeit haben bis tief
in unser Jahrhundert herein gereicht; sie sind bis jetzt nicht ganz
verschwunden. Nur hat die konstitutionelle Verfassung Rücksichten
aller Art erzeugt, die teilweise heilsam waren, teilweise aber auch
schwächend auf die Finanzen wirken mußten. Je mehr Rechte
das Volk und alle Einzelnen, je mehr Macht und selbständige
Organisation die verschiedenen Klassen haben, desto schwieriger
wird alles Regieren, und wird eine starke Finanz mit gerechter
Lastenverteilung. Gelingt sie trotz dieser Schwierigkeit durch
eine große Regierung und glückliche Harmonisierung der Interessen=
gegensätze, so ist dann die Kraft eine um so größere.

Im ganzen wird man die Abhängigkeit der Staatsfinanzen
von den Elementen der Volkswirtschaft vielleicht am richtigsten
so bezeichnen können: die Größe und Geschlossenheit des Landes,
seine Lage an der See oder an Strömen, zwischen wirtschaftlich
gleichen oder überlegenen Nachbarn, die Beschaffenheit der natür=
lichen Hilfsmittel des Landes, die Dichtigkeit der Bevölkerung,
der allgemeine Grad technischer, kultureller, geistiger Ent=

wickelung; — das sind die wesentlichen Elemente der wirtschaftlichen und finanziellen Kraft. Diese letztere selbst aber hängt in erster Linie von der Ausbildung der staatlichen Gewalt, von den Organen der staatlichen Finanz, von dem Gewalt- und Rechtsverhältnis zwischen Centrum und Peripherie, von den Gefühlen, Vorstellungen und Ideen, den Sitten und Rechtssätzen, den Institutionen ab, welche die Beziehung der Regierung zu den Organen der Selbstverwaltung und zu den Einzelnen beherrschen.

Wenn wir die ganze Einteilung der brandenburgisch-preußischen Finanzentwickelung in vier oder zwei Epochen anknüpften an die Zeit der territorialen und der staatlichen Gewalt und an die Stellung der Fürstengewalt in jeder Epoche, so erkannten wir damit an, daß die Größe und Art des Gebietes und seiner politischen Verfassung das wesentliche sei. Wenn wir die Epochen schieden wesentlich nach den großen historischen Schicksalsschlägen, die den Staat trafen, und wenn wir sahen, daß an sie sich auch die großen Finanzreformen anknüpften, daß große Finanzreformen überhaupt nur in den Momenten möglich waren, in welchen die führende Staatsgewalt durch ganz große Ereignisse und große Männer auf einen gewissen Höhepunkt gehoben war, so erkennen wir damit auch an, daß die politischen Schicksale der Staatenbildung in erster Linie die Finanzgeschichte beherrschen. Auch die große Frage, wann aus der noch halb privaten Wirtschaft des Fürsten eine staatliche, ein selbständiger staatlicher Fiskus entstehe, hängt mit diesen Faktoren zusammen; in Preußen ist das Auswachsen der brandenburgischen Kurfürsten- zur preußischen Königsgewalt zugleich die wesentliche Ursache, daß die staatliche Finanz allen Anstrich des privaten Haushalts der fürstlichen Familie abstreift, die ständische und provinzielle Wirtschaft in sich absorbiert, ganz zum Träger der allgemeinen höheren Staatszwecke wird.

Die staatliche Wirtschaft ist in erster Linie sociale Organbildung, Arbeitsteilung, Schaffung von Ämtern und Amtstraditionen.

In der ersten von uns geschilderten Epoche ist der Orden

eine fest organisierte Schaar von halb geistlichen, halb kriegerischen
Beamten aristokratischer Herkunft, die gar nicht aus dem Lande
stammen, die in ihrer starren festen Organisation, in ihren
Kapiteln, in den Komthuren der Bezirke, im Hochmeister, in dem
Ordenstreßler (obersten Schatzmeister) die Fähigkeit zu herrschen
und finanziell fest aufzutreten hatten. Die Auflösung dieser
Verfassung durch die Unhaltbarkeit des mönchisch=kriegerischen
Charakters des Ordens, durch das Verschwinden der alten Zucht,
durch das Aufkommen einer landsässigen Aristokratie bedeutete
auch die Auflösung der alten Finanzverfassung.

Die Markgrafen hatten in der Lehns= und Ministerial=
verfassung, in den obersten Haus= und Hofämtern ihre Organe,
die aber nicht leicht und rasch in ein geordnetes, staatliches
Ämterwesen überzuführen waren. Die Schwäche der deutschen
Fürsten vom 14. bis 17. Jahrhundert lag darin, daß sie keine
sicheren, gut funktionierenden Organe hatten, wie die west=
europäischen Staaten, die teilweise durch Erhaltung romanischer
Traditionen, teilweise durch frühe Ausbildung der königlichen
Gewalt und glückliche Schicksale dazu gekommen waren.

Wilhelm der Eroberer brachte das normannische Schatzamt,
den exchequer, mit nach England hinüber; er war bald der
wichtigste Teil der curia regis, die einzig fest organisierte
Reichsbehörde, der Schwerpunkt der ganzen Regierung, dem alle
anderen Verwaltungszweige untergeordnet waren. In Frankreich
hat der König schon im 13. Jahrhundert seinen trésorier
général, die curia regis ist bereits in grand conseil, parlament und chambre des comptes, d. h. oberste kontrollierende
Finanzbehörde, der 1316 alle Finanzbeamte unterstellt werden,
getrennt. In den Provinzen treten gegen 1300 neben die baillis
die trésoriers und receveurs; es bildete sich im 14. Jahr=
hundert die cour des aides als oberste Steuerbehörde, die
bureaux de finances und die élus als ständische, später könig=
liche Provinzial= und Lokalsteuerverteilungsbehörden [1]. Karl V.

---

[1] Chéruel, histoire de l'administration monarchique (1855), 1, 47.

reformierte 1374 die ganze Finanzverwaltung in modernem
Sinne; an ihre Spitze traten die drei Tresoriers, unter ihnen
stand ein besonderes Domänenkollegium. Und um nicht zu weit=
läufig zu werden, so sei nur noch erwähnt, daß Frankreich 1522
eine staatliche Centralkasse erhielt, wie sie in Preußen eigentlich
erst seit 1828 existiert, daß 1543 die Anordnung getroffen wurde,
daß alle staatliche Wirtschaft nach Etats, nach Voranschlägen
geführt werde.

Zn den deutschen Territorialstaaten und so auch in Branden=
burg war es ein Fortschritt, daß nach 1500 aus dem Rent=
meister oder Vitztum ein Kammerkollegium wurde, daß im 15.
und 16. Jahrhundert Amtshauptleute und Amtleute und neben
ihnen Amts= und Kornschreiber die Domänenverwaltung in die
Hand bekamen, daß das Unterpersonal für Forst= und Zoll=
verwaltung sich mehr specialisierte. Zu einem selbständigen
Schatzamt kam es so wenig, als zu einem Rechnungshof; die
Steuerverwaltung war eine überwiegend lokale; sie lag hier
wie in den höheren Instanzen ständischen Organen ob, die diese
Funktion mit vielen anderen verbanden und mit geteiltestem
Interesse verwalteten.

So beginnt in dem brandenburgisch=preußischen Staat im
17. und 18. Jahrhundert der Kampf für besondere staatswirt=
schaftliche Organe, für eine Ämterbildung, die in England und
Frankreich schon im 11. bis 14. Jahrhundert erreicht war. Den
Regierungen in den neuen Provinzen werden die Domänen ge=
nommen und besonderen Amtskammern unterstellt (1640—1686).
Die Accise führt zum lokalen Steuerkommissar (1680—1713),
den provinzialen Kommissariaten (1666—1713), dem centralen
Generalkriegskommissariat (als Kollegium 1713). Es werden
nach rheinischem Vorbild besondere Rechenkammern gebildet
(1714—1723); es entstehen wenigstens zwei Hauptcentralkassen
für Domänen und Kriegseinkünfte, eine ganz einheitliche finanziell=
militärische Leitung des Staates im Generaldirektorium (1723).
An neueres brauche ich, als zu bekannt, nicht zu erinnern.

Diese Organe sind das Knochengerüste, zu welchem die Steuern,

die Regal- und Domäneneinkünfte sich verhalten wie Fleisch und
Blut des Körpers; ein kräftiges, gesundes Leben derselben ist
nicht denkbar ohne die zusammenhaltenden Gerüste. In der bestimmten Art dieser Organbildung liegt eine der wesentlichsten
Ursachen, warum die Finanzen des einen Landes blühende, des
anderen schlechte sind, warum die Steuern hier so, dort anders,
hier früher, dort später sich entwickelt haben.

Auch der ganze Charakter der Finanzverwaltung ist wesentlich von dieser Organbildung beherrscht. Hauptsächlich die
relative Selbständigkeit der gesamten Finanzorgane und dann
wieder der Domänen-, der Forst-, der Regalien-, der Steuerverwaltung, der Verwaltung der direkten und indirekten Steuern
je für sich führt mit Notwendigkeit dazu, daß mit der ge-
wonnenen Selbständigkeit jedes Organes zuerst eine kräftigere,
energischere Entwickelung des betreffenden Verwaltungszweiges
eintritt, daß er dann sich Übergriffe erlaubt, sich als Selbstzweck
betrachtet und erst nach und nach, nach mancherlei Kämpfen und
Reibungen, sich wieder in ein normales Verhältnis zu den
übrigen Zweigen setzt. Die Selbständigkeit der Finanzorgane
im ganzen gegenüber den anderen staatlichen Ämtern und Ver-
waltungszweigen hat in jedem Staate und so auch in Preußen
jene Epoche der Fiskalität erzeugt, die einerseits die Mittel des
Staates auf das rascheste hob, andererseits durch den Konflikt
mit anderen Interessen diese stets bis auf einen gewissen Grad
schädigte.

Jede große Ausdehnung des Personals, der Amtsthätigkeit,
der Spezialzwecke erzeugt leicht Mißbräuche, Unterschleife, Be-
drückungen aller Art. Es fragt sich, wie weit man über sie durch
das ganze moralische Niveau des Beamtentums, durch die rechte
Kontrolle, die rechte Bezahlung der Beamten Herr wird.

Die technischen Mittel, mit denen die Finanzorgane arbeiten,
sind endlich, so unwesentlich diese Frage scheinen mag, von
großer Bedeutung. Ich meine die Fähigkeit zu schreiben, zu
rechnen, geordnet Buch zu führen, die festen Gewohnheiten
und Traditionen in Bezug auf Kassenführung, Kassenkontrolle,

Kassenvisitation, in Bezug auf Steuerkataster, Steuerzettel, Rechnungsführung und -Legung, in Bezug auf Voranschläge und alles Ähnliche. Es sind das die kleinen Räder an einer großen Maschine, aber ohne sie greifen auch die großen Räder nicht in einander. Die frühere Reife der englischen und französischen Staatswirtschaft hängt unzweifelhaft mit von der Thatsache ab, daß Schriftkunde, Latein Sprechen und Schreiben dort viel früher zu Hause war. Die Hauptbücher des englischen exchequer, die rotuli annales, sind seit den Tagen Heinrichs II. vorhanden. Daß das entwickeltere Schrifttum im deutschen Ordensstaat wesentlich mit zu dessen finanzieller Größe in der ersten Periode beitrug, habe ich schon erwähnt. Auch im ganzen Steuerwesen ist die Entwickelung der Technik der Veranlagung, Ausschreibung und Erhebung unendlich viel wichtiger, als jene Finanzwissenschaft ahnen läßt, die ohne Kenntnis und Studium der wirklichen finanziellen Zustände mit einigen allgemeinen dogmatischen Behauptungen beginnt und mit einer wirren Sammlung von Steuerrezepten endigt. Die frühere Ausbildung der indirekten Steuern hängt wesentlich mit der größeren technischen Leichtigkeit der Veranlagung dieser Steuern zusammen.

Ich will damit nicht große Wirkungen auf kleine Ursachen zurückführen; ich will nur daran erinnern, daß man zum vollen Verständnis der Dinge auch auf die kleinen neben den großen Ursachen blicken muß, daß man eine Dampfmaschine noch nicht versteht und nicht bauen kann, wenn man sich bloß mit der Theorie des Dampfes abgiebt. Ich wollte mit den ganzen Bemerkungen über die Finanzbehörden nur daran erinnern, daß die ganze Entwickelung der staatlichen Wirtschaft an einem persönlichen Mechanismus, an einer Anstalt, an einem Personenkreis hängt, dessen Geschicklichkeit, dessen Motive, dessen Fähigkeiten und Funktionen einen Entwickelungsprozeß für sich, relativ unabhängig vom übrigen volkswirtschaftlichen Leben darstellen.

Auf ihn in erster Linie, dann aber auch auf die gesamte Ausbildung der finanziellen Institutionen wirken neben den wirtschaftlichen Faktoren der Zeit die großen Traditionen der

Vergangenheit, welche in Form von Rechts= und Finanzeinrich=
tungen überliefert sind, da und dort nachgeahmt werden, sehr
häufig von weniger entwickelten Völkern als etwas Vollkommenes
ohne weitere Kritik übernommen werden: wie die ganze Idee
des Fiskus und seiner Rechte, das Zollwesen und Ähnliches. Es
wirken darauf aber auch alle Vorstellungen und Ideen der Zeit,
die überlieferten wie die neu sich bildenden Ideale. Und so ist
es wesentlich ein Kampf geistiger Elemente, es ist der Fortschritt
der großen sittlichen Ideen und socialen Ideale, der die Finanz=
entwickelung beherrscht. Es ist der gesamte geistige Horizont einer
Zeit und eines Landes, welcher ebenso sehr als materiell = wirt=
schaftliche und zufällige politisch=historische Ursachen, die jeweilige
Gestaltung der Finanz bestimmt.

Wie eine Zeit denkt über privates und öffentliches Eigen=
tum, über das Verhältnis des Einzelnen zum Staat, über die
Rechte und Pflichten der Individuen gegen Gemeinde und Staat
und dieser gegen jene, wie sie fühlt und handelt, sofern es sich
um Hingabe an das Ganze, um Opferfähigkeit für große Zwecke
handelt, das sind durchschlagende Faktoren für die Finanz=
geschichte.

Der große langsame Prozeß der Ausbildung der Steuer=
pflicht überhaupt, wie der des Steuerbewilligungsrechtes, die
verschiedenen Phasen in der Ehrlichkeit und in der Fiskalität
der Finanzbehörden gehören dem Gebiete der sittlichen und recht=
lichen Ideen an.

Ich schließe mit einem kurzem Rückblick darauf, wie historisch
überlieferte Rechtsinstitutionen und der geistig=sittliche Fortschritt
in der Entwickelung der modernen Finanzwirtschaft sichtbar sind.

Die germanische Staatenbildung und Stadtwirtschaft lebt
finanziell zuerst von der Großgrundbesitzausbildung und den
Überlieferungen der romanischen Provinzialverwaltung. Das
Zollrecht, das Marktrecht, das Münzrecht, das Recht des Königs
auf die unbesetzten Waldungen, später das ganze selbständige
Regalienrecht sind direkt oder indirekt eines Ursprungs letzterer
Art. Daneben bildet der mittelalterliche Staat aus dem alt=

germanischen persönlichen Treuverhältnis des Mannen das Seniorat und spätere Lehnswesen und damit auch ein wichtiges Mittel der staatlichen Wirtschaft. Und weil all dies nicht reichte, griff er einfach zu privatrechtlichen Formen, zu der Domänen- und Zinswirtschaft, um in all dem zusammen die finanziellen Mittel für große, aber keineswegs dauerhafte Staatsbildungen zu finden. Die mangelhafte Abstraktion konnte damals, wie in der älteren griechischen und römischen Zeit, lange nicht zu dem heutigen Begriff der Steuer kommen. Die anschauliche Auffassung, die nur begreift, was sie mit Händen greifen kann, weiß lange noch nichts von einem Staat, sie kennt nur Fürsten, nur Diener desselben, die bestimmte Handlungen vornehmen; sie begreift, daß man sie dafür bezahlen müsse und so entsteht das Gebührenwesen, das an tausend Stellen heute noch am Platze, doch wo es alle Steuern ersetzen soll, die staatliche Entwickelung hemmt, das Beamtentum und alle Staatsorgane auf niederer Stufe festhält.

Der Durchbruch des Gedankens der Steuerpflicht ist ein ungeheuerer, sittlicher und geistiger Fortschritt. Welche Abstraktion, einem unpersönlichen Wesen ohne jede genaue Abrechnung im einzelnen einen Anteil an allem Einkommen der Staatsbürger zu gönnen! Welch sittliches Vertrauen, welche komplizierte Organisation setzt das voraus. Kein Wunder, daß die Völker jahrhundertelang gegen diesen Gedanken sich gesträubt, daß sie ihn jetzt noch entfernt nicht ganz begriffen haben und daher so vielfach noch mit den finanziellen Mitteln und Formen älterer Zeiten wirtschaften müssen.

Die Völker haben den Gedanken der Steuerpflicht aber vor allem auch deswegen so schwer und so langsam gefaßt, weil er zuerst nur in roher, brutaler, erst später in geläuterter Form auftrat. Zuerst nimmt die politische Gewalt, was und wo sie es bequem findet; manches Große ist so für die Gemeinschaft geleistet worden und noch heute hat die Gewalttheorie auf dem Gebiete des Steuerwesens, wie auf anderen, ihre Anbeter. Aber nirgends erträgt ein Kulturvolk auf die Dauer dieses Raub-

system. Es fordert Gerechtigkeit, wie in allem socialen und
politischen Leben, — so auch hier. Und dieses Prinzip der
Gerechtigkeit erzeugt eine doppelte Entwickelungsreihe — die
Gerechtigkeit in der Form und die in der Sache.

Man verlangt, daß Steuer= und Etatgesetze in der Form
alles Rechtes, mit Zustimmung der Volksvertretung, erlassen
werden; man fordert, daß sie die Merkmale alles guten positiven
Rechtes an sich tragen, d. h. in klare, verständliche, kurze, leicht
anwendbare Sätze gefaßt seien. Diese letztere unendlich wichtige,
von Jhering für das Privatrecht zuerst klar betonte, aber für
alles positive Recht wichtige Eigenschaft spielt auch in der Ge=
schichte der Steuergesetzgebung eine große Rolle. Häufig können
die Steuergesetze nicht anordnen, was materiell das Gerechteste
wäre, sondern nur das, was formell klar und einfach zu präcisieren
ist. Die Masse der Menschen — und zwar umsomehr, je un=
gebildeter sie sind — kommen mit ihren Gedanken nicht über
den Buchstaben hinaus. Die materielle Ungerechtigkeit wollen
sie oft lieber ertragen als die formelle. Sie sind zufrieden,
wenn sie klare einfache Gesetze haben, über deren Anwendung
nicht gestritten werden kann, deren buchstäbliche Ausführung
jedem gleiches Recht sichert. Die frühere Ausbildung der Kon=
sumtionssteuern als der persönlichen, der Ertragssteuern als der
Einkommens= und Vermögenssteuern hängt, glaube ich, hiermit
zusammen.

Das Wesentliche bleibt aber zuletzt stets die materielle Ge=
rechtigkeit. Die Forderungen, die sie stellt, wachsen mit dem
politischen Denken und der Entwickelung des sittlichen Gefühls.
Ein roheres Zeitalter erträgt Kopfsteuern und Steuern, die
jedes Haus, jede Hufe gleich hoch treffen: es erträgt Steuer=
freiheiten, die längst nicht mehr durch besondere persönliche
Leistungen bedingt sind, als hergebrachtes jus quaesitum.
Später aber wird unerträglich, was früher ein Fortschritt war.
Das Prinzip der Gleichheit und Allgemeinheit der Steuerpflicht
entsteht. Das Wesentliche, was Adam Smith und seit ihm die
ganze moderne Finanzwissenschaft fordert, sind Rechtsforderungen,

die nur im Detail durch nationalökonomische Theorien so oder
so gefärbt sind. Und kaum sind sie mehr oder weniger erfüllt,
so pocht an den Pforten der Gesellschaft mit eherner Macht
schon eine neue Forderung der materiellen Gerechtigkeit, die
Rücksicht auf die sociale Gliederung der Gesellschaft. Es beginnt, wie Stein sie nennt, die sociale Epoche der Steuergeschichte; die Betonung des Existenzminimums, der Kampf gegen
die indirekten Steuern — in Preußen speciell die Aufhebung
der unteren Stufe der Klassensteuer, die Kontingentierung der
ganzen Klassensteuer, die social so viel bedeutet, als successive
Ermäßigung derselben — sind nur die Vorläufer der progressiven
Besteuerung und der weiteren Ausbildung der Erbschaftssteuer.

Und bereits entstehen vom socialen Standpunkt aus, wie von
dem der staatlichen Machtinteressen eine Reihe weiterer großer
Fragen: ein erheblicher Teil des Verkehrs, des Kredit- und
Versicherungswesens wird halb oder ganz verstaatlicht; die großen
Kapitalverbände, Riesenaktienunternehmungen, Ringe, Kartelle,
Trusts legen die Frage nahe, ob der Staat sich hier nicht Einfluß
und Gewinnanteil zu sichern habe; damit kommen die ganzen
staatlichen Finanzen auf anderen Boden zu stehen, die Steuern
und ihre Ausbildung verlieren etwas an Bedeutung; ihre
Steigerung gelang ja fast nirgends bis zu dem Maße, daß sie
allein ausreichten. Die Entscheidung über die hier einzuschlagen-
den Wege wird neben praktischen Erwägungen und persönlich-
sachlichen Einflüssen des Moments immer wesentlich auch auf
dem Gebiete der allgemeinen politischen, socialen und sittlichen
Ideen liegen. —

Damit habe ich, wie ich glaube, auf die wichtigsten Ursachen
hingewiesen, welche die Staatswirtschaft in ihrer historischen
Entwickelung und ihrer verschiedenen Gestaltung in den verschiedenen Staaten beherrschen, soweit die Beobachtung der
preußischen Finanzgeschichte dazu Anlaß giebt. Eine für alle
Staaten zutreffende und in gleichmäßigen Epochen sich wieder-
holende Entwickelungsreihe bestimmter finanzieller Formen giebt

es nicht. Die Tribut-, Domänen-, Regal- und Steuerwirtschaft
sind sich historisch im allgemeinen gefolgt, aber sie folgen sich so
wenig absolut notwendig, als die Kreditwirtschaft stets zu bestimmter Zeit kommt; in den einzelnen Steuerarten und Steuern
liegt kein notwendiges inneres Gesetz stets gleicher Aufeinander-
folge. Es muß nicht in der Steuergeschichte jedes vergangenen
und zukünftigen Staates eine grundherrliche, staatsbürgerliche
und sociale Epoche geben. Die direkten Steuern verdrängen
die indirekten nicht überall, so wenig als überall die Einkommensteuer die Ertragssteuern verdrängen wird. Die privatwirtschaftlichen Staatseinnahmen müssen nicht notwendig mit einer gewissen Entwickelung der Steuern verschwinden, so wenig als
die Staatsmonopole und Regalien, die ihrerseits nicht notwendig überall denselben Entwickelungsgang durchmachen. Es
war gewiß ein Fortschritt, daß man versuchte, die europäische
Finanzgeschichte in ihrer inneren Entwickelung durch Aufstellung
derartiger Kategorien zu begreifen. Aber es wird ein noch
größerer Fortschritt sein, die Ursachen aufzudecken, durch deren
unendlich reiches und wechselvolles Zusammenwirken für einzelne
der wichtigeren europäischen Staaten der Gegenwart die ziemlich
übereinstimmende thatsächliche Entwickelungsreihe geschaffen wurde,
die man etwas zu schnell zu Gesetzen der Entwickelung selbst
stempelte.

Unsere Untersuchung wollte die einzelnen Ursachen der historischen Entwickelung aufdecken, aber zugleich nachweisen, daß die
tiefsten Ursachen derselben an der gleichen Stelle liegen wie die der
socialen und volkswirtschaftlichen Organisation der Völker, daß
der Fortschritt der sittlichen Ideen und der intellektuellen Ausbildung auch das staatswirtschaftliche wie alles übrige Kultur-
leben beherrscht, daß die praktische Verwirklichung der herrschenden Ideen in bestimmten Gewohnheiten, Rechtssätzen und
Instituten das Instrument ist, die Errungenschaften der vergangenen Jahrhunderte festzuhalten und zugleich die Völker zu
den höheren Stufen des socialen Daseins hinaufzuführen.

IV.

Die Entstehung des preußischen Heeres von 1640 bis 1740[1].

Das, was den Politiker und Nationalökonomen an militärischen Dingen vor allem interessiert, ist die Frage der Heeresverfassung, ist die Frage, wie das Heer eines Staates, die Heere einer bestimmten Zeit in das System der nationalen Arbeitsteilung eingegliedert sind, wie sie sich ergänzen, durch welche Mittel sie erhalten werden, und wie diese Ergänzung und Unterhaltung auf Staat und Gesellschaft, Finanzen und Volkswirtschaft zurückwirken.

Überblickt man nun die historische Entwickelung der Heeresverfassungen der uns bekannten Kulturvölker im großen und ganzen, so scheint ein ziemlich übereinstimmender Gang, eine ziemlich ähnliche Folge bestimmter Organisationsformen sich unserer Beobachtung darzubieten. Wir sehen die meisten Kulturvölker als halbbarbarische Krieger- und Nomadenstämme auf der Bühne der Geschichte auftreten; mit dem ganzen Überschuß ungebrochener, unwiderstehlicher Jugendkraft stürzen sie sich auf die alternden, untergehenden politischen Gebilde; jeder freie Mann

---

[1] Zuerst erschienen in der deutschen Rundschau von Rodenberg. Bd. III, Heft 11 (1877).

ist Krieger, seine Waffen- und seine Mannesehre ist identisch, die Gerichtsversammlung ist Volksversammlung und Heeres- versammlung, die Wehr-, die Gerichts- und die Staatsverfassung decken sich. Es sind Zustände, die mit ihrer allgemeinen Wehr- pflicht, ihrer Ungebrochenheit und Einheit der Gefühle und In- stitutionen unverkennbar ein gewisses Ideal repräsentieren; aber doch nur ein Ideal, das nebenbei der Ausdruck einer jugendlich rohen Kultur, einer unentwickelten Arbeitsteilung, einer noch unentwickelten Geistes- und Gemütswelt ist.

Mit der Seßhaftigkeit, dem Ackerbau, den Künsten und Gewerben, mit der steigenden religiösen und geistigen Entwickelung vollzieht sich nun im Laufe einiger Jahrhunderte eine Scheidung, die beinahe nirgends ohne häßliche Klassenkämpfe, ohne schweres Ringen, ohne brutales Unrecht sich vollzieht; eine Scheidung, die zur Unfreiheit für Unterworfene und Schwache, teilweise zur Sklaverei, zum Kastenwesen und ähnlichen Bildungen führt, die aber als erste große Epoche der nationalen Arbeitsteilung doch einen ungeheuren Fortschritt darstellt und auf dem Gebiete des Heerwesens zu jenen mehr oder weniger aristokratischen Wehrverfassungen führt, deren Zweck nicht mehr ist, auf großen Wanderungen neue Staaten zu gründen, sondern eine friedlich gewordene, auf heimatlichem Boden festgewurzelte Kultur zu schützen. Kriegerkasten, Patrizier, Altbürger, größere Grund- besitzer sind die Träger der Waffenaristokratie, die in der Regel mit den herrschenden einflußreichen Klassen sich deckt. Ein heroisches Zeitalter entspringt aus der ritterlichen Waffenehre und den von der Aristokratie vermittelten sonstigen Kulturfort- schritten. Die unteren Klassen sind entweder ganz von der Heeresverfassung, die wirtschaftlich auf dem großen Besitz oder staatlichen Leistungen ruht, ausgeschlossen oder werden nur in letzter Linie, im äußersten Notfall herangezogen; teilweise darf man gar nicht wagen, ihnen die Waffen in die Hand zu geben. Jedenfalls sind die friedlichen Künste und Erwerbsarten in dem socialen Klassenbewußtsein noch dem ritterlichen Waffenhandwerk nachgestellt.

Aber so bleibt es nicht. Rücken wir mit unserer Betrachtung wieder um einige Jahrhunderte weiter, so sehen wir,
daß aus der Aristokratie der Waffen eine Aristokratie des Besitzes
geworden ist; die Kultur ist gestiegen, die Zeiten sind friedlicher
geworden; die kriegerischen Kämpfe sind teilweise an ferne
Grenzen und Kolonien verlegt, wo das Heer jahrelang verweilen
muß; die Staaten sind größer geworden und damit die Aufgaben nach innen und außen. Die alte Verbindung von Grundbesitz und Waffenhandwerk ist schwieriger geworden. Die Regierungen brauchen stehende Heere; die Geldwirtschaft erlaubt
ihre Bezahlung; die dichte Bevölkerung und die ärmliche Lage
der unteren Klassen bietet auf dem Arbeitsmarkt Kräfte genug,
die, in tüchtiger militärischer Schulung nun zum erstenmale für
Jahre unter der Fahne gehalten, an militärischer Leistungsfähigkeit die alten aristokratischen Heere mit ihrem vorübergehend
losen Gefüge technisch ebenso überbieten, als sie moralisch und
social unter den früheren Heeren stehen. Das beste Beispiel
hiefür sind die ersten eigentlichen Söldnerheere Roms unter
Marius und Julius Cäsar.

Aber wie die römischen Söldnerheere, so gehen alle bloßen
Soldheere im Laufe von ein oder ein paar Jahrhunderten der
Auflösung entgegen. Die Disciplin lockert sich, die militärischen
Fähigkeiten nehmen in langen Friedenszeiten ab; die Söldner
wollen genießen und werden als gewaltthätige Meuterer ge-
fährliche Gegner der bürgerlichen Gesellschaft, sie usurpieren die
staatliche Gewalt selbst; ihr Unterhalt verzehrt alle wirtschaftlichen Kräfte; aus den Palast- werden Militärrevolutionen, und
zuletzt begräbt die verfallende und sich auflösende Heeresverfassung
Staat und Gesellschaft mit dem eigenen Ruin; unkriegerisch,
unbotmäßig, schwächlich, können derartige Soldheere kräftige
Völker an der Grenze nicht mehr zurückhalten. Man mietet zum
Schutze Barbaren und fremde Söldner und erkennt damit die
fremde Herrschaft, den Untergang des eigenen Staatswesens
eigentlich schon an.

So war, wie mir scheint, der typische Verlauf der historischen

Entwickelung bei den wichtigeren antiken Kulturvölkern; so war
er aber auch mehr oder weniger im Mittelalter; auch hier folgt
der allgemeinen Wehrpflicht erobernder Barbarenvölker eine
kriegerische Heldenzeit mit aristokratischer Kriegsverfassung, dieser
eine Zeit der Söldnerheere und eine nicht zu verkennende rasche
Entartung derselben vom 15. bis zum 17. Jahrhundert. Und
wer die Geschichte des dreißigjährigen Krieges, wer das Heer=
wesen jener Tage genauer kennt, der wird die Frage gerechtfertigt
finden: wo wären wir hingekommen, wenn wir aus diesen Zu=
ständen nicht den Ausweg gefunden hätten? der wird den
Zweifel gerechtfertigt finden, ob überhaupt mit einer Heeres=
verfassung, wie wir sie im dreißigjährigen Kriege sehen, die
europäischen Kulturstaaten, und ganz speciell Deutschland, sich
hätten wieder erheben, wieder gefunden, auf der Bahn des Fort=
schritts beharren können.

Was ich hier erklären möchte, ist die Thatsache, daß dieser
Ausweg gefunden wurde, daß die europäischen Staaten und an
ihrer Spitze Preußen, als der jüngste und in seiner Heeres=
verfassung am frühesten und energischsten zu Reformen drängende
derselben, sich wieder von dieser, sonst den letzten Verfall der
Staaten bezeichnenden zu einer nationalen, volkstümlichen und
doch eine vielgestaltige Arbeitsteilung einschließenden Heeres=
verfassung im 17. und 18. Jahrhundert aufgeschwungen haben.
Ich beschränke mich dabei auf Preußen und die Zeit von 1640
bis 1740 als die grundlegende, über die ich allein eingehende
Studien gemacht habe, über die ich auch auf Grund archivalischer
Forschung einiges Neue berichten kann.

1.

Das Landsknechtetum und die Soldheere des 17. Jahr= hunderts.

Werfen wir zunächst einen Blick rückwärts auf die Söldner=
heere des 16. bis 17. Jahrhunderts.

Als die Blüte der französischen Ritterschaft, wie Vilain

sich ausdrückt, bei Courtray 1302 von Knechten, von dem
niedrigsten Volk der Welt, von Tuchmachern, Walkern und ge=
meinen Handwerkern, die nichts vom Kriege verstanden und in
Verachtung ihrer Gemeinheit von allen Nationen nicht anders
als „Schmutzhasen" genannt wurden, total aufs Haupt geschlagen
worden war, — da erkannte die erstaunte Welt zum erstenmale,
daß das feudale Rittertum militärisch seinen Höhepunkt über=
schritten habe, daß ihm ritterliches Ceremoniel und zierliche
Redeweise wichtiger als der Kriegsdienst, daß selbst die Waffen
der Ritter für den ernsten Kampf durch das Turnierspiel un=
praktisch geworden waren. Aus den Winkeln der Welt erhob
sich, an die altgermanischen Traditionen anschließend, ein neues
System der Kriegsführung. Man sah wieder Fußheere und
zwar als die eigentlichen die Schlachten entscheidenden Truppen.
Unrühmlich unterlagen allerwärts die schwerfälligen Ritter den
Bauer= und Bürgerheeren, die zum geringsten Teil aus Bogen=
schützen und anderen Leichtbewaffneten, später den plänkelnden
Musketieren, bestanden. Die Schwerkraft lag in dem zunft=
und gemeindeweise geordneten, zwanzig und mehr Mann hoch,
oft im Geviert, aufgestellten Gewalthaufen. Besonders die
Schweizerheere mit ihrer körperlichen Rüstigkeit, ihrer festeinge=
übten einfachen Exerzierkunst und Taktik, mit ihrer nationalen
Begeisterung und dem festen Anschluß der Wehr= an die politische
Verfassung zeigten sich immer unwiderstehlicher; die schweizerische
Ordonnanz, die Aufstellung im Gewalthaufen mit den langen
Spießen in den vorderen Reihen und an der Seite, wird der
Ausgangspunkt für die militärische Entwickelung der modernen
europäischen Heere.

Das innere moralische Gefüge dieser siegreichen Schweizer=
heere wurde aber im Laufe des 15. Jahrhunderts ein wesentlich
anderes. Während die Schweizer ursprünglich nur für ihre
Unabhängigkeit gekämpft, durch die Bande des Blutes, der Ehre
und des Nachbarverbandes zusammengehalten waren, zogen sie
später erst als hochbezahlte Bundesgenossen, dann auch als bloße
Söldner in den Krieg. Von allen Seiten warb man um ihre

Gunst; man bestach die Kantonsbehörden, man erkaufte die
Erlaubnis zu Werbungen mit ungeheuren Summen; eine uner=
schöpfliche Goldquelle öffnete sich den armen Bergsöhnen, das
ganze wirtschaftliche und sittliche Leben wurde damit in Bern
und den anderen Kantonen ein verändertes. Mit der Geldgier
sank der moralisch nationale Hintergrund der militärischen
Tüchtigkeit, zuletzt auch diese selbst. Seit dem großen Siege
von Nanzig über Karl den Kühnen von Burgund waren die
Schweizer rohe geldgierige Söldner, die Jedem folgten, der gut
bezahlte.

Immer aber war ihre militärische Schule etwas anderes,
als was sonst die Söldner jener Tage boten; diese bestanden
überwiegend aus verarmten Adeligen, die sich lanzen= oder
glevenweise, wie man es nannte, d. h. der Ritter mit einem
Knappen und ein bis zwei Knechten vermieteten. Aus solchen
bestanden die älteren Soldtruppen der italienischen Fürsten, aus
solchen setzte Ludwig XI. seine vielgenannten französischen
Ordonnanz=Compagnien zusammen; es waren die Ausläufer des
fahrenden Rittertums, vielfach noch tapfere Gesellen, auch nicht
ohne Reste aristokratischer Lebensart, aber doch nicht fähig,
den Schweizern Stand zu halten, den Ausgangspunkt neuer
militärischer Bildungen zu geben.

Eine Nachahmung der Schweizer in Bewaffnung, Taktik
und Kampfesweise schuf Kaiser Maximilian in den deutschen
Landsknechten. Landsknechte hieß man sie, die einen behaupten
nach ihren langen Spießen, die anderen meinen, weil sie Knechte
vom Lande, zunächst aus Vorderösterreich, im Gegensatz zu den
Schweizer Bergsöhnen gewesen, die Österreich feindlich gegen=
überstanden, für Österreich nicht zu haben waren. Auch über
die socialen Elemente, aus welchen sie bestanden, streitet man
sich. Die einen vermeinen, die Adeligen, die einen Teil der
Hauptleute, Fähnriche und der im ersten Glied fechtenden und
darum doppelt bezahlten Söldner, der sog. Doppelsöldner, aus=
machten, hätten mit ihren ritterlichen Traditionen den Kitt für
die Fähnlein gegeben. Sie mögen immer nicht ohne Einfluß

gewesen sein. Die Masse der Landsknechte aber waren Bauern
und Zünftler. Nicht umsonst weigerte sich Bayard, der Ritter
ohne Furcht und Tadel, beim Sturm auf Pavia mit diesen
Schustern, Bäckern und Schmieden zu kämpfen. Die kräftigen,
unruhigen, damals schon in Gesellenbruderschaften gegliederten
Handwerksknechte hatten schon in den Städtekriegen, bei allen
Auszügen der Städte, mit voran gestanden. Was den berühmten
Landsknechtshauptleuten Sebastian Schärtlin, Georg von Frunds-
berg und anderen jetzt gelang, war, daß sie in den Soldbdienst
dieser zu Fuße fechtenden Knechte ein festes moralisches Prinzip
der Ordnung, der Ehre, des Gehorsams, des Zusammenschlusses
brachten. Das Fähnlein Landsknechte, das ein Hauptmann geworben, deren mehrere zusammen unter einem obersten Hauptmann, dem Obersten standen, bildete eine kriegerische Bruderschaft, eine Zunft, eine Schwurgenossenschaft oder Gemeine; in
der ersten Zeit nicht ohne nationalen Geist, mußten diese Bruderschaften allerwärts zu siegen, und die freilich vielfach in der
Folgezeit veränderten Traditionen ihrer Verfassung bilden den
Rahmen für die Bildung der stehenden Heere des 17. Jahrhunderts.

Das Verhältnis des Befehlshabers, des Hauptmanns zu
den Knechten in der Bruderschaft ist einfach das des Meisters
zum Gesellen; der Dienstvertrag geht wie beim Zunftgesellen in
der Regel auf drei Monate; jeder Knecht kann, wenn ihm das
Glück wohl will, zum Meister aufsteigen. Halb dem Zunftwesen,
halb dem altdeutschen öffentlichen Volksgericht sind die bedächt-
lichen Formen entnommen, mit denen das ganze Verhältnis, die
Vertragsschließung, die Disciplin, das Gerichtsverfahren umgeben sind. So lange der wohlgerüstet angeworbene Landsknecht
noch nicht im Ring seinen Eid geleistet, ist er zu nichts verpflichtet. Erst wenn das Fähnlein oder die Fähnlein, die ein
Oberst geworben, im Ring zusammengetreten sind, wird das
„Regiment" aufgerichtet. Der Oberst und nach ihm seine Hauptleute bitten entblößten Hauptes um Gehorsam; der Oberst bittet,
ihn als den vom Kriegsherrn bestellten fördersamen Oberst, der

ein rechter Landsknechtsvater sein will, anzunehmen. Dann erst
wird der Artikelbrief, der Verfassungsurkunde der Bruderschaft
und Kriegsrecht zugleich ist, verlesen; beim Vorstellen der Offiziere
wird die Gemeine gefragt, ob sie den Betreffenden zu seinem
Amte für gut und tüchtig erkenne. Und sie antwortet im Chor:
Ja, warum das nicht. Und zuletzt werden die sogenannten
Ämter vom gemeinen Mann, die Wahlämter bestellt: der Fourier,
der Weibel, der sogenannte Führer, der, ein alter Kriegsmann,
als Anwalt der Soldaten im Malefizgericht auftritt.

Dieses Gericht wird in altdeutscher Weise mit bedeckter
Bank am nüchternen Morgen mit Umfrage im Ring der Knechte
über den gehalten, der den Artikelbrief verletzt. Der Profoß
ist der öffentliche Ankläger, die Knechte sind Richter und Straf-
vollstrecker. Wenn das Urteil gesprochen, so bedankt sich der
Fähnrich, der die Ehre des Fähnleins zu wahren hat, beim gemeinen Mann für den guten Willen, ehrhaft Regiment zu stärken.
Der durch die Spießgasse zu Jagende bittet vorher um Ver-
zeihung; sobald er gerichtet, knieet die Gemeine zum Gebet
nieder, zieht dreimal schweigend um den Leichnam. Nun darf
das Fähnlein, das verkehrt und verhüllt in die Erde gesteckt ist,
wieder das Licht des Tages erblicken. Nun erst, nach Bestrafung
des Frevels, ist das Regiment wieder ehrlich. Das nannte man
das Recht mit den langen Spießen. Der moralische Halt, den
es gab, machte den Landsknecht zu dem ehrlichen, frommen
Landsknecht, wie ihn das 16. Jahrhundert, neben allen schon
jetzt ertönenden Klagen über seine Laster, doch nennt.

Dieser moralische Halt und die technisch-militärischen Überlieferungen der Bruderschaften ließen das Soldatenhandwerk als
ein Handwerk wie jedes andere, mit zünftlerischer Standesehre,
mit Handwerksbrauch und -Geheimnis, erscheinen. Am längsten
hat sich das specifisch zünftlerische Gepräge bei der Artillerie erhalten, wo es noch gegen Ende des 17. Jahrhunderts in ziemlich
unveränderter Weise auftritt. Es bildete vor der monarchischen
Reform das einzige Gegengewicht gegen die Verwilderung und
zunehmende Roheit des Landsknechtstums, die gegen Ende des

16. Jahrhunderts schon einen bedenklichen Höhegrad erreicht hatte und im dreißigjährigen Kriege in ihrer ganzen Scheußlichkeit sich zeigte.

Vereinzelte Männer forderten schon damals, man müsse eben wieder die eigenen Unterthanen zum Kampfe für das Vaterland aufbieten, nicht solche fahrende, heimatlose, fremde Kriegsknechte. Und der rechtlichen Form nach bestand ja die Lehnspflicht des Adels noch, er wurde noch zu Musterungen versammelt, die Musterrollen wurden durch die Musterherren wohlbedächtlich fortgeführt. Auch die Pflicht aller Unterthanen zum Landgefolge, zum Landesaufgebot, zur Verteidigung der Grenzen bestand noch fast allerwärts in den deutschen Landen, aber doch mehr nur als eine Erinnerung oder als ein Spiel. Der Bauer und Bürger, der Kaufherr und der Junker waren in der langen Friedenszeit, die Deutschland gehabt, gar friedlich und unkriegerisch geworden; und daher ist es auch zu erklären, daß alle die Versuche, die man gerade in Brandenburg-Preußen von 1640—1713 wiederholt ganz energisch machte, mit Anlehnung an diese alte Verpflichtung, nationale Truppen zu schaffen, zu keinem dauernden Resultat führten. Die preußischen Wybranzen oder Amtsmusketiere aus dem polnisch-schwedischen Kriege von 1655—1660, die Landmiliz Friedrichs I. haben so wenig Bestand gehabt und waren militärisch so wenig brauchbar, als die zur Lehnsfolge aufgebotenen Junker. Sie hatten nicht den Mut, nicht die feste Organisation, um den geworbenen Söldnern gegenübergestellt zu werden; man konnte sie nicht dauernd unter der Fahne halten, an der Grenze wollten sie Kehrt machen und wieder nach Hause entlassen sein. Die Junker vor allem waren in Wirklichkeit Krautjunker geworden; über eine Musterung in Ostpreußen von 1622 wird berichtet, die Herren seien nicht dazu zu bringen, selbst zu erscheinen, sie setzten ihre Schneider und Schulmeister auf die Klepper und sendeten die auf die Sammelplätze; und ein sächsischer Musterungsbericht aus jener Zeit sagt vom dortigen Adel: „ja, wollt' man Jungfrauen zu Ehren reiten, oder mit Leuten scharmützeln, die weiße Schürzen haben, da sollt' sich ein

jeder brauchen laffen; — aber zu Feld liegen, Feftungen ftürmen
und Feldschlachten thun, da feind sie unbrauchbare Gecken.
Viel beffer thut die Obrigkeit, sie läßt das Land Schatzung
geben und nimmt böse Buben, Landläufer und solch' Gesindel
an, das nichts zu verlieren hat, als das Leben."

Aus solch' bösen Buben, aus der Hefe aller socialen Klaffen,
aus verzweifelten Proletariern, leichtsinnigen und herabgekommenen
jungen Söhnen des Abels in Stadt und Land bestanden in der
That die Heere des dreißigjährigen Krieges. Sie brauchte man,
weil sie die einzig geschulten Soldaten der Zeit waren. Aber
unendlich tief standen sie in militärischer, sittlicher und socialer
Beziehung unter den Landsknechten der Reformationszeit.

Die Urfachen hievon lagen nahe. Das Soldatenhandwerk
war das unsicherste aller Handwerke. Die Fähnlein und Regimenter wurden immer wieder nach ein paar Monaten oder
Jahren aufgelöst; taufende von Landsknechten mit Weib und
Kind, des bürgerlichen Lebens, der ruhigen Arbeit entwöhnt,
waren dann ebenso dem Hunger und Elend preisgegeben, wie
sie vorher zeitweise geschwelgt hatten; es war ein Wechsel der
Nachfrage, wie er nirgends sonst vorkam, und doch lieferte die
steigende Dichtigkeit der Bevölkerung, die zunehmende Engherzigkeit, mit der Städte, Zünfte und Landgemeinden sich abschloffen,
ein eher steigendes als sinkendes Angebot. Der Geselle, der
nicht Meister werden konnte, lief der Werbetrommel nach. Wenn
der Teufel Sold ausschreibt, sagt schon eine Stimme des
16. Jahrhunderts, so schneit und fleucht es zu, wie die Fliegen
im Sommer, daß es doch Jemand wundern möchte, wo dieser
Schwarm im Winter sich erhalten hat. Angesehene Hauptleute
mit vollem Beutel brachten schon damals in wenigen Tagen
Tausende von Knechten zusammen. Und ähnlich sehen wir die
Heere Wallensteins und anderer Generale des dreißigjährigen
Krieges in raschester Zeit und in noch größerer Zahl entstehen.
Das war aber nicht möglich, ohne daß diese Tausende in der
Zwischenzeit zur Landplage wurden, als gartende Knechte, halb
verhungert, halb als Diebe und Räuber ihr Leben fristend her-

umzogen. Jeder nationale Sinn verschwand, man diente jedem Hauptmann, jeder Sache, jeder Kirche. Die alte Frömmigkeit war in krassen Aberglauben verwandelt. Das alte Rechts= bewußtsein der Soldatengemeinde war dahin; nur eine steigende, in wahre Barbarei ausartende Strenge von oben hielt diese Banden noch zusammen. Bettelarm, meist nun ohne Waffen, vom Vater und Großvater her dem Kriegshandwerk angehörig, ohne Zusammenhang mit den besseren Elementen der Gesellschaft, traten sie in den Ring; gewohnt, in ihrem Solde betrogen zu werden — man rechnete, daß der Soldat höchstens die Hälfte des versprochenen Lohnes erhielt —, betrogen sie wieder, wo sie konnten. Ein solcher Auswurf der Gesellschaft konnte nur noch vereinzelt in den Händen besonders geschickter Hauptleute und Generale militärisch Tüchtiges leisten. Sonst wußte man lange, daß diese Säufer und Tagdiebe auch feige geworden waren. Nicht mehr die Landsknechtstaktik, die spanische, die ungarische, die niederländische „Ordonanz" oder Kampfesweise galt als die erste. Vor einem halbwegs nationalen Heer, wie es Gustav Adolf ins Feld führte, unterlagen solche Truppen jämmerlich. Der ganze Krieg wurde zu einem Plünderungs= und Verwüstungs= krieg und deshalb spielte auch die Reiterei damals wieder vor= übergehend neben dem Fußvolk eine größere Rolle; zu den Raub= und Fouragierungszügen konnte man den berittenen Landsknecht besser brauchen. „Die verwilderten Horden, die sich zu Tausenden und Abertausenden als sogenannte Kriegsheere durch die deutschen Lande wälzten, hatten mit ihrem unzählbaren Troß von Buben, Weibern, Gaunern, Dieben und Hehlern in dem Kriegselend ihren Nahrungsstand"; sie lebten vom Krieg und von der Zer= rüttung aller bürgerlichen Ordnung, von dem Umsturz aller Ge= setzlichkeit. Sie brauchten daher den Krieg um jeden Preis. Das Leben der Soldaten auf Kosten der Bauern und Bürger war Selbstzweck geworden. Während die übrige Bevölkerung verhungerte, schien in den Lagern aller Besitz, alle Schätze und Üppigkeit zusammenzufließen. Da war meist reger Handel und Verkehr, die Soldateska schritt in Zobel, Marder und Sammet

in abenteuerlichen Kostümen, in Gold= und Scharlachgewändern,
den Gürtel mit Geld gefüllt, einher, in diesem lasterhaften Genuß=
leben nur noch überboten von den zahllosen angetrauten und
fahrenden Weibern. Bei einem Regiment von 3000 Mann
Kriegsvolk, sagt Wallhausen, der ehrliche Danziger Oberstwacht=
meister und angesehenste Militärschriftsteller seiner Zeit, findest
du wenigstens 4000 Weiber und Buben.

Das Kriegswesen, sagt dieser selbe Gewährsmann, ist heute
nichts mehr als Finanzerei und Kaufmannschaft. Alles läuft
aufs Geld hinaus, wer nicht Praktiken macht, den Kriegsherrn
und Musterkommissarius tüchtig betrügt, ist kein Kriegsmann.

Er meint damit die Hauptleute, Obersten und Generale.
Sie waren in der That mehr räuberische Geschäftsunternehmer,
wie Offiziere. Die militärische Leitung des Heeres, des Regiments,
des Fähnleins oder der Compagnie war an den General=, Oberst=
und Compagnie = Wachtmeister übergegangen.. Die Obersten
brauchten zwar eine fürstliche oder vielmehr amtliche Bestallung,
eine Erlaubnis zum Werben — oft ging dieselbe auch von
ständischen Körperschaften, besonders den größeren Städten, aus,
die das Recht, Truppen zu halten und Befestigungswerke zu
bauen, in Anspruch nahmen —; aber was sie vor allem zum
Obersten oder vielmehr zum Geschäftsunternehmer eines Regiments,
was den Hauptmann zum Geschäftsunternehmer eines Fähnleins
machte, war das Geld. Nur wer einiges Vermögen schon zu=
sammengeraubt und erpreßt hatte, konnte als Hauptmann, als
Oberst, als General auftreten; die höheren Offiziere waren
Spekulanten, sie schossen das Geld vor zur Werbung, häufig
auch zum Sold der Truppen, sie ernannten die subalternen
Offiziere, die, wie die gesamte Mannschaft, von ihnen abhingen,
nur ihnen gehorchten; nur äußerst lose waren die Regimenter
durch die Kapitulation der Obersten mit dem Kriegsherrn ver=
bunden. Nur notdürftig konnte der kriegsherrliche Kriegs= und
Musterkommissarius kontrollieren, ob und inwieweit der Oberst so
viel Leute hatte, als er sollte, und sonst hielt, was er in der
Kapitulation versprochen.

Der Zweck der Herren Obersten war nicht der, ihre Kapitulation zu erfüllen, sondern der, Geld zu machen. Und das geschah durch betrügerische Haltung von zu wenig Soldaten, vor allem aber durch Bedrückung und Aussaugung der bürgerlichen, friedlichen, wehrlosen Gesellschaft. Der Armeebefehl des Generals Banner steht keineswegs einzig in seiner Art da, wo es heißt: Ihr müßt die Landesältesten, den Abel, die Bürgermeister und andere ehrliche Bürger mit lauter Injurien, mit Prügeln und Fußtritten barbarisch traktieren, mit dem Vorgeben, daß sie eure Hunde, Sklaven, Leibeigenen wären, mit denen Ihr nach eigener Beliebung umzugehen Macht hättet. Droysen sagt von den brandenburgischen Obersten jener Tage, sie hätten das Unglaubliche in Betrügereien und Gaunereien, in türkischen Tribulationen, dem Lande Geld abzupressen, geleistet. Sie haben das ganze Land zu ihrem Eigentum gemacht, klagen 1641 die Stände dem großen Kurfürsten: die gemeinen Schatzungen haben sie zum guten Teil in ihren Privatseckel gesteckt. Alles war verarmt, nur die betrügerischen Armeelieferanten, die Kriegskommissare, die Obersten und Generale waren reich geworden; sie kauften ja auch damals einen großen Teil des alten Abels aus. Große Domänenkomplexe mußte man ihnen überlassen, um ihre unerschwinglichen rechtmäßigen und unrechtmäßigen Forderungen zu befriedigen. Der schlaueste dieser Raubvögel war der Graf Königsmark, der als blutarmer Teufel begonnen, ganze Wagenladungen von Geld und Kostbarkeiten auf seinen Zügen hinter sich drein führte, und ein Vermögen hinterließ mit einer Jahresrente von damaligen 130 000 Thalern.

Das waren die Folgen der politischen Anarchie Deutschlands, der langen, trägen Friedenszeit und einer Heeresverfassung, die das Kriegshandwerk mit der Anfertigung von beliebigen Waren gleichgestellt, die Nachfrage nach Soldaten auf den volkswirtschaftlichen Arbeitsmarkt, die Organisation des Soldatenhandwerks an gewissenlose, gewinnsüchtige Private verwiesen und damit naturgemäß das Schicksal von Staat und Gesellschaft dem verzweifelten Auswurf aus allen Klassen in die Hand gegeben hatte.

Es waren Zustände, die wir uns nicht traurig, nicht kraß, nicht gewaltthätig, nicht haarsträubend genug denken können. Es gab keine stehenden Heere, keine staatliche Heeresverfassung, aber die ganze Gesellschaft schien unter dem Drucke dieser privatrechtlich georbneten Soldatenbanden zu verbluten. Nur eines läßt sich für jene militärischen Zustände anführen: sie waren eine notwendige Übergangsstufe. In der Regel vollziehen sich die großen Fortschritte in der staatlichen Arbeits= und Ämterteilung nicht anders als durch tastende Versuche und Mißbräuche hindurch; und der regelmäßigste Mißbrauch ist der, daß jeder neu sich loslösende, sich selbständig organisierende Zweig politischer und staatlicher Thätigkeit sich zunächst ganz selbständig zu machen, ohne Rücksicht auf das Ganze, nur nach seinen nächstliegenden technischen und praktischen Gesichtspunkten, nach dem Klasseninteresse seiner Träger sich auszubilden sucht. Dieser Gefahr unterlagen die Kommunalbehörden, unterlagen die Finanz=, die Polizei=, auch die Justizbehörden zeitweise. Dieser Mißbrauch ist es, der das Heerwesen des breißigjährigen Krieges charakterisiert; mit diesem Mißbrauch hängt aber andererseits ein gewisser technisch=militärischer Fortschritt, hängt die Ausbildung von militärischen Formen zusammen, die später in anderer Verbindung mit dem politischen und socialen Leben sich als sehr brauchbar bewährt haben.

Aber, ist der, welcher heute für den ewigen Frieden schwärmt, dem alle stehenden Heere ein Gräuel sind, geneigt zu fragen: war es nicht damals schon angezeigt, mit der Unterbrückung dieser Kriegerbanden überhaupt zu einer staatlichen Organisation ohne Heere, zu einem allgemeinen Weltfrieden zu kommen? Darauf ist die nächstliegende Antwort einfach: diese Kriegerbanden konnten in ihrer Entartung zunächst nur durch eine andere größere Gewalt verdrängt werden. Die tiefer liegende, den eigentlichen Kern der Sache treffende Antwort aber ist die: wie die ältere Geschichte bis zum Ende des Mittelalters die großen Weltreiche und die Unterwerfung zahlloser Stämme und Völker unter sie als wesentliches Instrument des Kulturfort=

schrittes brauchte, so beruht die ganze neuere Geschichte mit ihrer Kultur, ihrem geistigen und materiellen Verkehr auf der Idee der Gleichberechtigung und sittlichen Gemeinschaft der großen nationalen Kulturstaaten. Für diese Idee wurden die meisten Kriege seit dem 16. Jahrhundert geführt, für sie mußten Millionen ihr Leben lassen; der Sieg dieser Idee ist aber auch einer der größten politisch=rechtlichen Fortschritte; wenn es je in künftigen Jahrhunderten oder Jahrtausenden einen ewigen Weltfrieden geben wird, · so ist dieser Sieg die erste große Anfangs= oder Vorbereitungsstation dazu. Zunächst aber war gegen 1640—1650 nur die Gefahr einer spanisch=habsburgischen katholischen Weltmonarchie beseitigt; es droht bald die französische Übermacht, für Deutschland speciell auch die schwedische Gewalt. Es fehlte noch ganz an einer deutsch=protestantischen kontinentalen Macht, die die „Balance von Europa halten", den Sieg freier Geistes= und Staatsrichtung auf dem Festlande in der Zu= kunft gewährleisten konnte; — diese Macht konnte aber im schweren Widerstreit mit tausend feindlichen Kräften nur mit den Waffen geschaffen werden.

2.

Die Verwandlung der Regimenter aus mehr privaten in staatliche Unternehmungen.

Als der große Kurfürst zur Regierung kam, fand er in seinen weit auseinander liegenden Territorien einige Truppen= körper nach altem Schlag geworben und gebildet, von denen nicht einmal klar war, wem sie eigentlich verpflichtet seien. Sie hatten dem Kaiser und dem Kurfürsten von Brandenburg zu= gleich geschworen und fanden in dieser unklaren Doppelstellung willkommene Veranlassung, Niemandem zu gehorchen, auf eigene Faust das Land zu mißhandeln. Die offene Widersetzlichkeit war an der Tagesordnung; der Oberst von Rochow drohte Spandau in die Luft zu sprengen, als man ihm einen Befehl sandte, der ihm nicht paßte. Der Kurfürst hatte die größte Schwierigkeit,

diese gefährlichen Truppen aufzulösen und zu entlassen; wohl
nur dadurch gelang es, daß derselbe sich zunächst mit dem
reichsten und gewaltthätigsten dieser Herren Obersten, mit Conrad
von Burgsdorf, gut stellte, daß er mit ihm gemeinsam die
schwarzenberg=österreichische Partei am Hofe stürzte. Später er=
eilte dann auch Burgsdorf freilich, mit Hilfe der oranischen
Partei, dasselbe Schicksal.

Aber das war nur der erste Schritt gewesen, sich freie Hand
zu verschaffen. Der Truppen konnte man ja nicht entbehren.
Schon um auf die aufrührerischen rheinischen Provinzen einen
Druck zu üben, um die Neutralität Brandenburgs zu schützen,
mußte man wieder zur Werbetrommel greifen. Schon 1646
hatte der Kurfürst 8000 Mann, als er 1651 gegen Pfalz=
Neuburg rückte, 16 000 Mann unter den Waffen. Und als er
sich entschloß, dem großen schwedisch=polnischen Kriege nicht un=
thätig zuzusehen, als er seine neugebildete Armee zum ersten
großen brandenburgischen Siege vor Warschau führte (1655),
zählte dieselbe bereits 26 000 Mann.

Natürlich war man vorsichtiger gewesen in der Erteilung
der Werbepatente. Aber in der Hauptsache sah man eben doch
auf tüchtige Kriegsleute und nahm sie, woher man sie bekam.
Derfflinger, Kanneberg, Pfuhl, Görtzke, Quast traten aus
schwedischem, Sparr aus österreichischem Dienst in den branden=
burgischen über. Wenige Beamte und Offiziere gab es ja damals,
die nicht ihren Herrn schon so oft gewechselt, als heute die
Dienstboten ihre Herrschaften. Die Obersten waren zunächst,
wie bisher, die Inhaber, die Herren, die Unternehmer des
Regiments, brutal und selbständig nach oben und unten. Noch
1672 weigert sich einmal der alte Derfflinger, einem Befehl zu
gehorchen: davon stehe nichts in seiner Kapitulation. General
Bauer verweigert 1659 den Gehorsam, wenn er nicht General=
feldmarschall werde. Dem an der adeligen Opposition gegen den
Kurfürsten teilnehmenden Oberst von Podewils wagt derselbe
nur durch den Statthalter in Königsberg, Fürsten Radziwill,
eröffnen zu lassen, er hätte sich einer solchen Impertinenz von

ihm nicht versichert, und wenn er sich künftig nicht anders be=
zeige, so werde er ihm das beim künftigen Avancement gedenken.
Die Mörnerschen Schilderungen brandenburgischer Kriegsobersten
aus jenen Tagen lassen einen Unterschied zwischen Räuber=
hauptleuten und diesen Obersten oft kaum erkennen. Und auch
was wir durch die aktenmäßigen Schilderungen Orlichs erfahren,
giebt ein wenig erquickliches Bild. Die Offiziere und Generale
unter einander duellieren sich, überfallen sich heimlich, stechen sich
tot, ohne daß der Kurfürst wagen darf, viel einzugreifen. Er
ist ihr Schuldner zu Tausenden von Thalern, sie sind die
Gläubiger; sie drohen mit Meuterei der Truppen, die ganz in
ihren Händen sind. Auch als 1660 mit dem Frieden von Oliva
wieder eine Anzahl Truppenkörper aufgelöst werden sollte, er=
gaben sich Schwierigkeiten, ähnlich wie nach der Thronbesteigung
im Jahre 1640.

Aber immerhin, die Zustände wurden nach und nach andere.
Allerwärts hob sich die fürstliche Gewalt; die Superioritas
territorialis des westfälischen Friedens gab den deutschen Landes=
herren die Möglichkeit, gegen die feudalen Elemente, gegen
Stände und Korporationen wieder die Interessen der Gesamtheit
zu verteidigen; die Lehren des Hippolithus a Lapide und
Pufendorfs führten zu einer Stärkung des fürstlichen Regiments.
Es kam die Theorie auf, daß in casu necessitatis die Privi=
legien der Stände cessierten. Im Herzogtum Preußen erwarb
der Kurfürst die Souveränität; auch sonst hat er öfter gesagt,
er müsse sich „absolut" machen. Er meinte damit freilich nicht
eine Souveränität, wie sie Mazarin und Ludwig XVI., wie sie
Cromwell ausübte. Er meinte nur, seine preußischen Stände
sollten nicht mehr von Warschau, seine rheinischen nicht mehr
von Amsterdam und Wien aus gelenkt werden. Die Territorien,
die er regierte, sollten auf sich gestellt und ihren Mittelpunkt in
seiner Regierung haben. Sie sollten sich als Glieder eines
Körpers nach und nach betrachten, sie sollten die Opfer, die
Lasten wieder tragen lernen, die ein größeres Staatswesen mit
einheitlicher monarchischer Leitung tragen muß.

In endlosen, jahrelangen Verhandlangen mit den Ständen hat er so einen neuen Verfassungszustand herbeigeführt, der das Mittelglied zwischen der feudal-ständischen Klassenherrschaft der Zeit vor dem dreißigjährigen Kriege und der Epoche des aufgeklärten Despotismus im 18. Jahrhundert ist. Er hat mit diesem neuen Rechtszustand und durch große Opfer nach anderen Seiten eine Steuerbewilligung durchgesetzt, die es ihm ermöglichte, auch in Friedenszeiten seine Truppen nicht ganz zu entlassen; in ähnlicher Weise hatte man in Frankreich und Österreich damals begonnen, stehende Truppen beizubehalten. Wenn die brandenburgischen Stände ihm erklären, das gereiche ihnen zur Beschimpfung, daß er nicht, wie die benachbarten Fürsten, seine Truppen abdanken wolle, so antwortet er ihnen, die hätten keine fernen Provinzen zu gewinnen oder zu verlieren, wie er. Im Jahre 1653 machen die brandenburgischen Stände eine Bewilligung für 6 Jahre, das war das Entscheidende. Damit war der miles perpetuus, die stehende Armee gesichert. Weitgehende Herrenrechte hatte der Adel freilich in Bezug auf seine Bauern sich dafür errungen. Die Leibeigenschaft ist vieler Orts erst auf Grund dieses Landtagsrecesses eingeführt oder anerkannt worden. Und ähnlich ging es in den anderen Territorien. Aber mehr und mehr gaben die Stände auch ohne solch' unbillige Forderungen nach; mehr und mehr wußte der Kurfürst ihnen klar zu machen, daß er ohne stehende Truppen nicht auskomme: so bedroht wie er sei kein anderer deutscher Fürst, er könne nicht anders, er habe nun einmal die Behauptung seines Landes in die Waffen gesetzt.

Damit wurden natürlich diese Compagnien und Regimenter selbst etwas anderes; wenn auch zunächst alles äußerlich in denselben Formen sich fortbewegte: die Werbung, die Löhnung von Offizieren und Mannschaft, die Kapitulationen, die Kontrolle durch den fürstlichen Kriegskommissar, all das erhielt sich zunächst, aber das dauernde Zusammenbleiben der Truppen erzeugte andere Bande innerhalb derselben, andere Bande zwischen ihr und dem Lande, sowie dem Landes- und Kriegsherrn. Die

Ergänzung der Truppen, ihre rechtliche Stellung, ihre Verpflegung mußten nach und nach andere werden. Aus den Privatunter= nehmungen der Obersten konnte man nun, wenn auch erst nach langen Kämpfen und Schwierigkeiten, ein öffentlich rechtliches, nationales Institut machen. Was bisher planlos abgerissen regellos gewesen, konnte nun der festen Regel und Ordnung unterworfen werden. Eine andere Entwickelung der militärischen Technik und der Kriegswissenschaft war möglich durch den festen, dauernden, seine Traditionen stetig überliefernden Organismus der Armee. Der Name des Landsknechts verschwindet, wie die letzten Reste der demokratischen, längst freilich entarteten Soldatenrepublik. Sicher und fest erhebt sich auf dem Boden des energischen fürstlichen Regiments die monarchische, hierarchisch= gegliederte Heeresverfassung. Den Städten und Ständen wird das Recht, Truppen zu werben, ebenso genommen, wie ihre Selbständigkeit in Bezug auf die Befestigung der Städte und ihre Verteidigung durch Kanonen, städtische Zeughäuser und städtische Geschützmeister. Ähnliche Umbildungen vollziehen sich mit demselben politischen Umschwung in den meisten europäischen Staaten, vor allem in Österreich und Frankreich; mehr oder weniger wird allerwärts das Individuelle, aber auch das Anarchische, das Veraltete in Heer und Staat der schablonen= haften Regel und monarchischen Ordnung unterworfen. Ver= schieden aber war die Energie, die Klarheit, die Konsequenz, mit der in den verschiedenen Staaten nach ähnlichen Zielen gestrebt wurde. Verschieden waren die weiteren Folgen vor allem da= durch, daß in einem Lande diese Ordnung den großen Zwecken des Ganzen, im anderen den kleinen Zwecken fürstlicher Willkür diente.

Zunächst handelte es sich für den großen Kurfürsten darum, die Offiziere und Generale aus Spekulanten, Geschäftsunter= nehmern und Privatdienern in eine Genossenschaft staatlicher Beamter und Würdenträger zu verwandeln, die Verpflegung und Ergänzung der Armee mehr und mehr aus einem Privatgeschäft der Obersten zu einer öffentlichen Angelegenheit der Regierung zu machen.

Der Kurfürst fing an, die Offiziersgrade, besonders Titel und Rang eines Obersten, unabhängig von den Kapitulationen über ein Regiment, also auch denen, die kein solches führten, zu verleihen. In alle Kapitulationen wurde nach der vorhin erwähnten Insubordination Derfflingers die Klausel aufgenommen, daß die Obersten sich zu verhalten hätten, „wie es Unsere ergangenen Verordnungen oder welche Wir noch ferner ergehen lassen möchten, erfordern." Die Befehle des Kriegsherrn waren damit in die ihnen gebührende Stelle über die einzelnen Verträge mit dem Obersten gerückt, die monarchische Militärgesetzgebung begann die Kapitulationen zu verdrängen. Bei dem Tode eines Obersten vergab der Kurfürst das Regiment aufs neue, und wenn auch mit dem neu ernannten Oberst wieder eine Kapitulation geschlossen wurde, er war doch in ganz anderer Lage als die früheren Obersten. Er empfing ein Regiment aus der Hand des Kurfürsten, die alten Obersten hatten dem Kurfürsten die von ihnen gebildeten Regimenter zugeführt. Den einzelnen Obersten und Regimentern wurde 1681 eröffnet, daß sie jederzeit und sofort auf kurfürstlichen Befehl bereit sein müßten, sich von dem Feldmarschall Derfflinger oder auf dessen Gutfinden von einem anderen Mitglied der Generalität mustern zu lassen. Die Verordnung von 1684, daß der Rang ausschließlich durch das Dienstalter bestimmt werde, ließ die sämtlichen Obersten als eine einzige nach dem Dienst für den Staat gegliederte Körperschaft erscheinen.

Der Kampf um die Besetzung der Offiziersstellen machte verschiedene Phasen durch. Die Obersten wollten ihre unbedingte Selbständigkeit nach dieser Richtung nicht fahren lassen. Aber man zwang sie zunächst 1659, in die Bestallungen die Klausel aufzunehmen, daß sie ihre Offiziere nur nach Urteil und Recht entlassen; 1672 wird das Erfordernis aufgestellt, daß es tüchtige, kapable, kriegserfahrene und dem Kurfürsten anständige Personen sein müssen; der Kurfürst hatte nun wenigstens ein Rekusationsrecht. Der weitergehende, bald darauf erfolgende Geh. Ratsbeschluß, daß die Obersten überhaupt die Bedienungen der

Regimenter nicht mehr vergeben, sondern solches Sr. Fürstl.
Durchlaucht überlassen müßten, scheint aber nicht sofort ganz
durchgedrungen zu sein. Auch später noch verfügen die Obersten
wieder zeitweise ziemlich unbedingt über die Offiziersstellen. Und
erst unter Friedrich Wilhelm I. wird das freie, unbeschränkte
monarchische Ernennungsrecht der Krone, wie auf allen anderen
Gebieten der Verwaltung, so auch hier unbedingt anerkannt und
ausgeübt. Erst mit diesem Recht in der Hand konnte Friedrich
Wilhelm I. jene Reinigung des Offiziercorps vornehmen, von
der ich nachher noch zu reden habe.

Was die Verpflegung der Truppen betrifft, so hatten die
alten Landsknechtsfähnlein überhaupt keinen anderen Anspruch
gehabt, als den auf den bedungenen Sold, den besonderen
Sturmsold und die Beute bei Erstürmung und Plünderung einer
eroberten Stadt. Im dreißigjährigen Kriege lagen die Truppen
zur Sommerszeit im Lager, für den Winter wurden sie ein-
quartiert, und das letztere wurde für die stehenden Regimenter
nun dauernd üblich. Dabei hatten die Fürsten fast nie Geld
zur Soldzahlung; man wies also die einzelnen Truppenkörper
direkt an die Städte, Kreise oder ständischen Körperschaften, und
halb in Form von Unterhandlungen, halb in der von Erpressungen bildete sich nun eine Praxis der Einquartierung,
Verpflegung, Geldzahlung, Getreide- und Heulieferung, die mit
den furchtbarsten Mißbräuchen, mit der brutalsten Aussaugung
und Mißhandlung der Bauern und Bürger verbunden war.
Wie es an einer festen staatlichen Kontrolle über dieses ganze
Verhältnis fehlte, so war auch, was Offiziere und Mannschaft
an Gehalt, Servis und Verpflegung zu fordern hätten, lange
schwankend. Erst 1665 erließ der Kurfürst feste, in der Hauptsache nun gleichbleibende Normen dafür. Am schlimmsten stand
es auf dem Lande, wo weder Kriegskommissare noch Offiziere
die Übergriffe der paar Soldaten oder Reiter, die in einem
Dorfe lagen, gehörig beaufsichtigen konnten. Wenn man in
Brandenburg-Preußen 1684 schon die gesamte Infanterie, 1718
dann auch die gesamte Kavallerie nach den Städten verlegte, so

geschah es wesentlich mit aus diesem Grunde; man wollte den
Bauernstand erleichtern, an Stelle der Naturallieferungen mög=
lichst die viel leichter ohne Druck und Mißbrauch zu handhabende
Geldverwaltung setzen und die Truppenkörper fester und sicherer
in die Hand der fürstlichen Gewalt bringen.

Eine feste staatliche Ordnung der Einquartierung und Ver=
pflegung trat ein; die Compagnien erhielten ihren Sold und
ihre Werbegelder fest in bar ausgezahlt, ihnen blieb auch eine
gewisse Selbständigkeit der Wirtschaftsführung; aber im übrigen
wurde die Verwaltung — vor allem die Erhebung der Kontri=
bution, dann auch die Beschaffung der Waffen, des Tuches, die
Anlage von Kornmagazinen und ähnliches — Sache der fürst=
lichen Behörden.   Aus jenen Kriegs= und Musterkommissarien,
die im dreißigjährigen Kriege allen Regimentern und Heeren als
fürstliche Kontrollbeamte beigegeben waren, bildete der Kurfürst
schon während des schwedisch=polnischen Krieges eine feste, ein=
flußreiche Behörde; sie versieht in diesem Kriege die Geschäfte
des Generalstabes und der Militärintendantur zugleich.   Nach
dem Kriege bleibt ein ständiges Kommissariat in Berlin und in
Königsberg; später erhalten auch die anderen Provinzen solche
Behörden mit einem General=Kriegskommissar in Berlin an
der Spitze.   Sie dehnen ihren Geschäftskreis einerseits auf
Kosten der ständischen Gewalten, andererseits auf Kosten der
Obersten und Generale immer weiter aus, werden nach und
nach Steuer= und Landespolizeibehörden, erhalten in den Steuer=
und Kriegskommissären Einzeldelegierte zur Beaufsichtigung der
Städte, wie ihnen für das Land die Landräte unterstellt werden.
Das 1712 kollegialisch eingerichtete General=Kriegskommissariat
wird dann 1722—23 mit dem General=Finanzdirektorium zu
jenem einheitlichen inneren Staatsrat, „dem Generaldirektorium",
vereinigt, aus dessen Schoße später die einzelnen Fachministerien
und so auch das Ober = Kriegskollegium und Kriegsministerium
hervorgingen.   Diese ganze Behördenentwickelung ist außerordentlich
charakteristisch für den preußischen Staat; wo sonst heißen die
Polizei= und Steuerbehörden damals Kriegsräte, Kriegs= und
Domänenkollegien?   Aber wo sonst waren auch die großen

Summen, welche die Armee kostete, so gut verwaltet, wo waren
die militärischen Forderungen in die Finanz= und Gewerbepolitik
des Staates so gut eingepaßt, wie in dem Preußen Friedrich
Wilhelms des Ersten? Wo sonst war die Verwaltung so spar=
sam, so integer, so gut kontrolliert? Die Städte überboten sich
unter Friedrich Wilhelm I. in ihren Bemühungen, Garnison zu
bekommen, was nicht der Fall gewesen wäre, wenn die Miß=
bräuche noch in alter Weise fortgebauert hätten.

Der einheitlich staatliche Charakter der preußisch=branden=
burgischen Truppen zeigte sich relativ früh auch in ihrer äußeren
Erscheinung. Die gleiche Kleidung und Bewaffnung begann
schon unter dem großen Kurfürsten. Ganz hat sie freilich auch
erst Friedrich Wilhelm I. durchgeführt; die Offiziere haben erst
unter ihm gelernt, regelmäßig Uniform zu tragen. Besonders
die wohlhabenden, die Generale und höheren Offiziere hatten
sich lieber in eleganten Modekleidern gezeigt und dadurch die
weniger bemittelten verletzt; Friedrich Wilhelm meinte, des
Königs Rock müsse jedem gut genug sein; er legte selbst, um
den Ton anzugeben, von 1725 an die Uniform nicht mehr ab.

Wichtiger aber noch war die innere Umbildung der Truppen.
Alle Soldaten schwuren seit dem großen Kurfürsten dem Monarchen
den Eid der Treue und des Gehorsames. Die militärische
Rechtspflege wurde eine wesentlich andere; und wenn sie zunächst
eine harte, mit Prügel, Spießrutenlaufen und anderen derben
Strafen wirkende blieb, so trat doch an die Stelle der längst
dahin geschwundenen festen Formen des alten Volksgerichts nun
die Garantie gelehrter, juristisch gebildeter Rechtsprechung. Im
Jahre 1692 wurde „auf die Wahrnehmung, daß einige bei den
Regimentern bestellte Auditeurs von sehr schlechten Studien und
Wissenschaften seynd, daß sie weder quoad Formalia, noch quoad
Materialia den Prozeß zu führen wissen, daß viele Jgnoranz,
Nachlässigkeit und Nullitäten dabei verspürt", verordnet, daß
künftig jeder Auditeur vorher eine Prüfung abzulegen habe. Es
ist wieder charakteristisch für Preußen, daß man früher an die
Auditeure als an die Mitglieder des Berliner Kammergerichts

dieses neue Erfordernis stellte. Für letztere wurde die Prüfung zuerst 1693 von Dankelmann angeordnet, wirklich regelmäßig ausgeführt erst in viel späterer Zeit.

Der alte Artikelbrief der Landsknechte, ein Vertrag zwischen Oberst und Soldat, wurde nun zum fürstlichen Kriegsrecht. Und wenn auch noch manche Stellen der Kriegsartikel Friedrich Wilhelms I. an die Landsknechtsordnungen erinnern, das eigentliche Prinzip, das zu Grunde lag, war doch ein total anderes: das freie Reiselaufen des herrenlosen Landsknechts hatte keine Gemeinschaft mit der eisernen Disciplin und zwangsvollen Subordination in diesen für immer mit dem preußischen Staate verwachsenen Regimentern.

Man hat in der Zeit des älteren Liberalismus in den militärischen Umbildungen jener Tage nur eine Folge der unumschränkten Monarchie, eine Zunahme des bloß Mechanischen, des Spielens mit den Formen, mit kleinlichen Exerzierkünsten, eine Herabdrückung der Menschenwürde durch harte Disciplin, Parade-, Wach- und Garnisondienst gesehen, die gefehlt hätten, so lange es noch keine stehenden Heere gegeben.

Die Härte, die Unerbittlichkeit der Disciplin will ich nicht leugnen; sie gehörte aber zum Charakter der Zeit und war mehr Folge der socialen Klassengegensätze als des Königtums. Der Bauer wurde bei jeder Frohnarbeit geprügelt, und das Hängen und Spießrutenlaufen war im dreißigjährigen Krieg schlimmer als im Anfang des 18. Jahrhunderts. Ein ungeheurer Fortschritt aber lag nach meiner Empfindung gerade darin, daß die traditionelle Härte und Mißhandlung des gemeinen Soldaten nun wenigstens in Preußen staatlichen Zwecken diente und in der ganzen Armee nach gleichen Regeln, nach Rechtsgrundsätzen und nicht mehr nach persönlicher Willkür erfolgte. Welchen Vorzug soll es für die Mannschaft gehabt haben, daß in Österreich bis 1737 jeder Oberst anders verfuhr, sein eigenes Exercitium hatte?

Schon der große Kurfürst hatte erklärt: „Wir haben für gut befunden, bei unserer ganzen Armee einerlei Exercitia und

Kommando einzuführen; zu welchem Ende Wir unserm General=
Wachtmeister von Schöning Befehl erteilt, daß er alle Majors
von der Infanterie zu sich bescheiden und ihnen diese Handgriffe
und Kommandos Unserer Intention gemäß anweisen soll." Die
eigentlichen Exercitienmeister der preußischen Armee aber, die
eigentlichen Begründer der preußischen Disciplin, der taktischen
Ausbildung der Infanterie, jener preußischen Ordonnanz, die
dann den Weg durch ganz Europa machte, sind Leopold von
Dessau und Friedrich Wilhelm I. selbst. Unabläſſig drillten ſie die
Truppen — der alte Deſſauer auf der kleinen Wieſe bei Halle,
der König als ſein Schüler in ſeinem ſpartaniſchen Potsdam;
dort wurden die Künſte vorbereitet, die dann bei Mollwitz zum
erſten Mal die ganze Welt überraſchten. Der· in ſeiner Art
geniale Leopold von Dessau führte den eisernen Ladeſtock, das
ſchnelle Feuern ein, er machte den Gleichtritt, den die Griechen
und Römer, die Schweizer und Schweden geübt hatten, wieder
zur Regel, verbeſſerte das Bayonett, ſo daß es beim Feuern auf
der Flinte bleiben konnte; er verminderte die Tiefe der Aufstellung
auf drei Mann und brachte es dahin, die langen geſchloſſenen
Linien in Ordnung während des Feuerns gegen den Feind zu
bewegen. Der König meinte einmal, die Hauptſache ſei: „ge=
ſchwinde laden, geſchloſſen antreten, wohl anſchlagen, wohl in
das Feuer ſehen, alles in tiefſter Stille."

Aber verirren wir uns nicht auf das techniſch=militäriſche
Gebiet. Was wir betonen wollten, war die Thatſache, daß feste,
mechaniſch anwendbare Regeln, wie gleichmäßige Disciplin und
Schulung großer Maſſen nichts an ſich Unwürdiges, ſondern die
Vorausſetzung aller großen staatlichen, beſonders aller großen
militäriſchen Leistungen ſei. Und· jedenfalls war die gewalt=
thätige Härte, mit der der Soldat damals noch überall behandelt
wurde, weil man in ihm nach den Traditionen des 17. Jahr=
hunderts den Auswurf der Geſellſchaft ſah, in Preußen durch
eine Reihe von Umſtänden gemäßigt.

Friedrich Wilhelm I. fühlte ſich ſelbſt als Soldat und
hatte eine väterlich patriarchaliſche Zuneigung zu ſeinen „lieben

blauen Kindern", wie er sie nannte. Der preußische Soldat
ward regelmäßiger und beffer bezahlt und beffer genährt als der
irgend anderer Heere[1]. Man behauptete, die meisten der Soldaten
würden für dreifachen Lohn nicht in die Stellungen zurückkehren
mögen, die sie vorher als Knechte innegehabt (Lucanus), sie
hätten, wenn sie nur ihren Dienst gut thun, eine größere Frei=
heit als in allen anderen Ländern. Man fing an, in der Armee
auf gute Sitten und Ehrbarkeit zu halten; der König ließ
denen, die nicht lesen und schreiben konnten, Unterricht erteilen
und examinierte sogar selbst in seinen Soldatenschulen, wie er
ja bei solcher Gelegenheit einmal einen ehrlichen Pommer fragte,
was er gelernt habe? Dieser, gerade im Katechismus unter=
richtet, antwortete: „Ik schal en Christ werren," und als der
König erstaunt fragte, ob er denn noch keiner sei, antwortete er
naiv: „Ne, ik bin en Pammer!" Ein schlesischer Bericht des
vorigen Jahrhunderts sagt über die Einführung des preußischen
Militärsystems daselbst nach 1740: „Für einen großen Teil von
Schlesien ist dieser Soldatendienst ein Mittel zur Verfeinerung
der Sitten und der Lebensart."

Vollends begünstigt waren die Lieblingstruppen des Königs,
zumal sein eigenes Regiment in Potsdam; er schenkte den
Einzelnen Häuser, Judenkonzessionen und ähnliches, was sie dann
wieder zu Gelde machen konnten. Er suchte sie gut zu ver=
heiraten, freilich nicht ohne auch hier durch übertriebenen Eifer
gelegentlich zu schaden; wie er z. B. einem schönen, stattlichen
Bauernmädchen, dem er in der Nähe Potsdams begegnete, ohne
weiteres einen Zettel mitgab, der den Befehl enthielt, die Über=
bringerin dieses sofort mit dem langen Flügelmann Macdol zu
vermählen. Den folgenden·Tag sah er sich veranlaßt, die eben
geschlossene Ehe durch Kabinettsordre wieder aufzuheben. Die
Meinung, daß er seinen langen Grenabieren nichts abschlagen

---

[1] Siehe darüber Lucanus, Preußens uralter und heutiger Zustand,
Manuskript der Königsberger Bibliothek. 1748. S. 192—97. Es ist hier
baran zu erinnern, daß die Zustände von 1770 oder 1780 bis 1806 mit
den hier geschilderten in keiner Weise vergleichbar sind.

könne, führte in späterer Zeit zu einer solch übermäßigen Be=
lästigung des Königs, daß er strenge verbot, künftig Bittschriften
durch dieselben an ihn gelangen zu lassen.

Daß diese Vorliebe des Königs für seine Soldaten und
Offiziere auch zu vielen unbestraften Übergriffen derselben, zu
mancher Mißhandlung der bürgerlichen Kreise führten, will ich
nicht verschweigen. Nur ist auch nach dieser Richtung neben
dem Anekdotenjäger der vergleichende Rechtshistoriker zu hören,
der uns zeigt, wie die Dinge anderwärts waren und was im
ganzen zur Ordnung und rechtlichen Feststellung der Grenzen
zwischen Militär= und Civilgewalt geschah. Und da erfahren
wir, daß die wesentliche Bemühung des Königs dahin ging,
nicht den Militärgewalten so viel mehr einzuräumen als bisher,
ihnen jeden Übergriff zu gestatten, sondern dahin, auch auf
diesem Gebiet eine feste rechtliche Ordnung der Kompetenzen und
Gewalten zu schaffen, an Stelle der beliebigen Zugriffe und
gegenseitigen Übergriffe das geordnete Ineinandergreifen der
Militär= und Civilgewalt herbeizuführen[1].

Und eins war damals nicht ohne Berechtigung. Die Armee
mußte, sollte sie wieder in das richtige Verhältnis zu Staat und
Gesellschaft kommen, durch eine Begünstigung von oben herab
gehoben, sie mußte in den Augen der besitzenden und gebildeten
sowie der Mittelklassen jenen Anstrich verlieren, der im 17. Jahr=
hundert der charakteristische gewesen, jenen Anstrich, der die
Farben zum Gemälde des Soldaten halb dem Bilde des Räuber=
hauptmanns, halb dem des Bettlers, Proletariers und Tage=
diebes entnahm.

Dazu hat freilich nichts mehr beigetragen, als die ver=
änderte Ergänzung der Armee, die unter Friedrich Wilhelm I.
eintrat, durch welche er der eigentliche Begründer der späteren
preußischen Waffengröße wurde. „Wie aller Schatten der Eiche
von der Kraft der Eichel herrührt," sagt Friedrich der Große,

---

[1] Siehe darüber eine eingehendere Untersuchung von mir in der Zeit=
schrift für preußische Geschichte XI, 565—578.

„so rührt all' mein späteres Glück von dem arbeitsamen Leben und den weisen Maßregeln Friedrich Wilhelms her."

3.

Das Kantonsystem und der Zwang des Adels zum Offiziersdienst.

Die Ergänzung aller europäischen Heere beruhte im 17. Jahrhundert auf freiwilliger Werbung, auf freiwilligen Dienstverträgen mit solchen, die keine bessere Existenz fanden, die das Kriegshandwerk lockte. Man kannte wohl das Ungenügende dieser Ergänzung, und zwar umsomehr, je mehr die stehenden Regimenter zunahmen. Man machte, wie ich bereits erwähnt, mancherlei vergebliche Versuche, das allgemeine Landesaufgebot wieder militärisch zu organisieren und zu verwenden; besonders die Regierung des ersten preußischen Königs, wie sie überhaupt reich an Ideen und Entwürfen und arm an wirklichen Erfolgen war, zeigt in der Organisation der Landmiliz einen solchen Anlauf. Aber diese bewaffneten Landleute waren im Felde gegen eigentliche Truppen so wenig brauchbar, als die Lehensmiliz oder die Bürgerschützen, die der große Kurfürst zu regelmäßigen Übungen veranlaßt hatte. Sie kamen nicht in Betracht gegenüber den wettergebräunten, sturmfesten Gestalten, die Ofen erobert, die bei Turin, bei Blendheim, bei Malplaquet gefochten, die unter Barfuß, Schöning und Leopold von Dessau den preußischen Kriegsruhm begründet hatten.

Die Ergänzung dieser eigentlichen Regimenter blieb auch in Preußen der Werbung überlassen. Es galt bis gegen 1700 überall in Europa der Grundsatz, daß zum Eintritt in die stehende Armee Niemand gezwungen werden könne. Aber mit der steigenden Macht des Fürstentums, mit der großen Änderung, daß nicht sowohl mehr die Obersten für ihre Privatunternehmung, als die Fürsten für eine staatliche Sache warben, nahm doch auch die Freiwilligkeit einen anderen Charakter an. Man legte den Kreisen oder ständischen Korporationen die Verpflichtung auf, eine bestimmte Zahl Rekruten, wie man es jetzt nannte, zu stellen, und nahmen sie das Odium der sog. Zwangswerbung auf sich, so kümmerte das die Staatsgewalt nicht. Auch die allerwärts, ebenso in Frankreich und Österreich wie in Preußen, gemachten Anläufe, das alte Landesaufgebot wieder zu Land= regimentern und Milizen zu organisieren, machte nach und nach mit dem Gedanken der militärischen Zwangspflicht vertrauter. Es wurde die Theorie aufgestellt, wenigstens im Notfall dürften die Fürsten die Unterthanen wider ihren Willen zum Kriegsdienst zwingen. In Frankreich hatte man seit 1688 mit mäßigen Zwangswerbungen für eine Art Garnisonsregimenter be= gonnen; seit der Not im spanischen Erbfolgekrieg wurden jähr= liche Aushebungen nach dem Lose veranstaltet und die Aus= gehobenen in alle Truppenkörper, auch unter die Feldtruppen, eingereiht.

In Preußen hatte die Dankelmannsche Verwaltung eine gewisse staatliche Ordnung in das Werbegeschäft zu bringen gesucht. Man hatte 1691 den Offizieren befohlen, daß jeder sich mit seiner Werbung auf die ihm zugewiesenen Quartiere, Muster= und Sammelplätze beschränke, und das Interimsreglement über die Rekrutierung vom 24. November 1693 erlaubt jedem Kreise, die auf ihn fallende Quote von Mannschaften selbst zu stellen; der Kreis soll dann ein mäßiges Werbegeld, zwei Thaler für den Mann, von dem betreffenden Offizier erhalten. Damit begann, wenigstens zeitweise, eine Art von Zwangsaushebung; es wurde bei der starken Vermehrung der Armee 1704 in ziem= lich schroffer Weise verfahren, was sich auch darin zeigt, daß damals die zur Landmiliz Enrollierten von der Aushebung für die stehenden Regimenter ausdrücklich befreit wurden. Man schwankte im ganzen etwas unsicher hin und her, betonte bald wieder die Freiwilligkeit, wie 1708, bald wieder die Gestellungspflichtigkeit der Städte und Kreise und setzte dabei fest, wer frei bleiben solle und wer „ohne bruit aufgehoben" werden dürfe. Letzteres waren „diejenigen Leute, so zu Kriegsdiensten tüchtig und bequem und dem Publico nichts beitragen, auch im Lande wohl zu entraten sind."

Auch unter Friedrich Wilhelm hörte das Schwanken noch nicht vollständig auf; nur über eines war er in seiner praktischen Art sich sofort klar: andere Truppen als die stehenden Regimenter konnte er nicht brauchen. Er schaffte die Landmiliz sofort ab, verbot sogar den Namen der „Miliz" und allobificierte die Ritterlehne, löste die Pflicht der persönlichen Lehnsdienste mit jenen Ritter= oder Pferdegeldern ab, die ihm gestatteten, einige neue Regimenter zu errichten. Was die Ergänzung der stehenden Regimenter betraf, so gab er das Werbegeschäft wieder ausschließlich den Offizieren zurück; und als er erfuhr, daß infolge der sofortigen Vermehrung der Armee ein panischer Schrecken unter den jungen Leuten des Landes sich verbreitete, verbot er (9. Mai 1714) streng jede gewaltsame Werbung; die Zwangs= werbung sollte höchstens gegen widerspenstige Dienstboten, un= gehorsame Bürger, Bauern und dergleichen Unterthanen ein= treten, die das Ihrige liederlich durchbringen.

Und als trotz dieser Grundsätze die Mißbräuche der neuen Werbung nicht aufhörten, beschloß der König, dem seine Haus= haltung, wie er es nannte, seine Industrie, seine Kolonisation eben so am Herzen lag als seine Truppen, endlich 1721, alle inländische Werbung auf die wirklich freiwillig sich Meldenden zu beschränken und den Schwerpunkt auf die ausländische Werbung zu legen. Das Handgeld für die Anwerbung wurde auf dreißig Thaler erhöht. Es war ein Versuch, der auf die Dauer sich nicht haltbar erwies, der aber durch die noch immer vorhandene Abneigung des Volkes gegen den Soldatendienst, durch den Konflikt der militärischen mit den volkswirtschaftlichen Interessen hervorgerufen wurde.

Es begann nun jene Ausdehnung der ausländischen Werbung, welche Preußen in wiederholte ernste Konflikte mit anderen deutschen Staaten, auch mit Holland brachte. Es waren zeit= weise 800—1000 preußische Werbeoffiziere im Auslande. Es sollen von 1713—35 im ganzen 12 Millionen Thaler an

Werbegeldern ins Ausland gegangen sein. Für einzelne schöne Leute zahlte man bei Kapitulationen, oft nur für wenige Jahre, mehrere Tausend Thaler. Der König nahm bei den Revuen den Hauptleuten oft die Leute dann zu noch höherem Preis für sein Regiment ab; so zahlte er z. B. 1731 bei einer Musterung 145 000 Thaler für 60 Mann. Vor allem auf „lange Kerle" machte man Jagd. Und so streng es der König verbot, viele der Werbeoffiziere dachten: Gewalt und List sei billiger als Geld. In Ungarn und Siebenbürgen organisierten jüdische Händler einen förmlichen Menschenhandel. Manche der damals entstandenen Werbeanekdoten mögen falsch sein; viele aber berichten nur, was in der That vorkam. In Holzkisten barg man z. B. die Leute, um sie über eine Grenze zu bringen, jenseit deren jede Werbung verboten war; nachher fand man sie erstickt. Jedenfalls ist so viel sicher, daß es die anderen Staaten nicht besser als Preußen machten, vor allem Holland, und daß gerade hieraus die meisten Kollisionen entstanden. Und es gereicht Preußen wenigstens der Umstand nicht zur Unehre, daß Seckendorf als österreichischer Gesandter in einem Bericht nach Wien die Lieferung „langer Kerle" mit der Bemerkung verlangt, das sei das einzige Mittel, die Offiziere aus der Umgebung des Königs etwas zu beinflussen: „denn diese Leute capabel sind, ein Präsent von 100 oder 1000 Dukaten auszuschlagen, hingegen mit größter Freude etliche große Kerls bei ihrem Compagnien annehmen, weil sie sonst solche anderwärts zu finden nicht im stande sind".

Damals mögen vorübergehend zwei Drittel der Leute Ausländer gewesen sein. Ganz haben sie die Inländer nie verdrängt. Und es zeigte sich auch bald, daß das System seine großen Nachteile habe. Es war sehr teuer, und trotz aller Dressur und alles Drillens, trotz aller Bemühungen, die fremden Soldaten mit eingeborenen Mädchen zu verheiraten, und sie so an die neue Heimat zu fesseln, waren diese Fremden keine so guten Soldaten, wie die heimischen Bauernburschen; die Desertion nahm auf das bedenklichste zu und war den zahl-

reichen nur mit Gewalt und List Eingefangenen nicht zu ver=
argen. Die Werbung von Ausländern wurde nun zwar nicht
aufgegeben, sie hat das ganze vorige Jahrhundert nicht auf=
gehört und besonders nach dem siebenjährigen Kriege mit den
neuen zahlreichen Ausnahmen von der Kantonverpflichtung
wieder zugenommen. Aber man kehrte doch davon zurück, sich
überwiegend auf sie zu stützen. Man griff zu einem System
der inländischen Zwangswerbung, das durch die sog. Kanton=
verfassung seine rechtliche Fixierung erhielt.

Jn der Zeit nach 1721 hatten die adeligen Hauptleute,
um sich wenigstens eine Anzahl billiger Rekruten zu verschaffen,
die Bauernburschen ihrer Güter in ihre Compagnien eingestellt.
War sonst jede Gewalt verboten, auf dem Boden der Guts=
herrlichkeit verstand sie sich gleichsam von selbst. Und die An=
geworbenen hatten dabei einen Vorteil. Die Offiziere entließen
ihre eigenen Gutsunterthanen gern so früh als möglich auf
dauernden Urlaub, um sie dann nur noch auf zwei Monate zu
den Herbstübungen wieder einzuziehen. Es bildete sich das nach
und nach zur festen Praxis aus; nach $1\frac{1}{2}$ bis 2 Jahren wurden
derartige Leute entlassen. Der König duldete das System; es
hatte seine unzweifelhaften Vorteile. Es setzte die Bedürfnisse
der Armee und der Volkswirtschaft in sehr viel bessere Über=
einstimmung. Nur den Nachteil hatte das System, daß es zu=
nächst jeder gesetzlichen Basis entbehrte, daß der Zufall den
einen Offizier dabei ebenso begünstigte, wie er dem anderen, be=
sonders dem Nichtrittergutsbesitzer, die Sache erschwerte. Die
Offiziere beschränkten sich dabei aber auch nicht auf ihre Güter;
jeder suchte dem anderen zuvorzukommen, und je mehr man
wieder zu Jnländern griff, desto fühlbarer machte sich der
Mangel fester Bezirke, auf den der einzelne Hauptmann an=
gewiesen war. Um sich der Leute möglichst früh zu versichern,
trug man sie in immer jugendlicherem Alter in die Stamm=
rollen ein und entließ sie dann, bis sie herangewachsen waren,
mit sog. Urlaubspässen auf Zuwachs. Das führte bei den Ge=
richtsstandsbefreiungen, deren der beurlaubte Soldat teilhaftig

war, zu den größten Unzuträglichkeiten. Charakteristisch für
die damaligen Zustände ist jenes Schulmeisterlein, das eines
Tages zu einem Oberst kam: er bitte, ihn auch in die Stamm-
rolle einzutragen, zum Korporal zu ernennen und mit einem
Urlaubspaß zu entlassen. Als der erstaunte Oberst ihn fragte,
wie er als alter Mann zu diesem Verlangen komme, erklärte
das Schulmeisterlein, er werde mit seinen Bauernlümmeln nicht
mehr fertig und einige, die bereits Urlaubspässe hätten, seien
die schlimmsten. Wenn er nun selbst beurlaubter Soldat sei,
hoffe er, wieder die entsprechende Autorität zu erlangen. Der
König entschloß sich endlich durchzugreifen, diese inländische
Werbung, wenn sie nun einmal nötig und unentbehrlich sei,
einheitlich und staatlich zu ordnen, die Mißbräuche, die das
System in seiner jetzigen Gestalt hatte, zu beseitigen.

Das ganze Land wurde in sog. Kantons abgeteilt, durchschnittlich 5000 Feuerstellen auf ein Infanterie-, 1800 auf ein
Kavallerieregiment; nur aus seinem Kanton durfte von da
jedes Regiment — abgesehen von den Ausländern — seinen
Ersatz beziehen. Die jungen Leute der Kantons wurden
„enrolliert", wie man es hieß, d. h. in die militärischen Listen
eingetragen, aus ihnen jährlich eine bestimmte Zahl einberufen.
Es waren von Anfang an gewisse Kreise der Bevölkerung
eximiert, aber entfernt nicht so viele, wie später unter Friedrich
dem Großen; das Regiment lag im Kantonbezirk oder dessen
Nähe.

Das Kantonreglement vom 15. September 1733 wagt zum
erstenmal wieder den folgenschweren Satz auszusprechen: alle
Einwohner des Landes sind für die Waffen geboren. Es war
der erste Schritt zur allgemeinen Wehrpflicht. Nur
ein Land, das achtzig Jahre lang in der breiten Masse des
Volkes die Kantonpflicht getragen, konnte 1813 vollends auch
den kleinen Bruchteil der Gebildeten und Besitzenden heranziehen. Das Kantonreglement ist aber auch einer der wichtigsten
Schritte zur Anbahnung des Staatsbürgertums.

Nicht umsonst wehrte sich ein Teil des Adels so sehr gegen

das Kantonreglement[1]. Die hörigen Bauernsöhne, so jammerte
eine pommersche Adelspetition, stehen nun nicht mehr unter der
Gutsobrigkeit, sondern unter der Aushebungsbehörde; von dieser,
nicht mehr vom Gutsherrn, braucht der Bauernsohn die Er=
laubnis zum Heiraten. Der Bauer hörte auf, in den Frohnen
für den Gutsherrn seine einzige Pflicht, seine einzige Verbindung
mit dem Staat und den höheren Klassen zu sehen. Mit der
roten Halsbinde und dem Büschel am Hut waren die Urlauber
des Königs Leute. Im Regiment hatten sie wieder Lesen und
Schreiben gelernt, waren sie zu Ordnung, Gehorsam, Reinlich=
keit erzogen worden, nahmen sie eine Welt neuer Vorstellungen
auf; sie hatten ihren König gesehen und vielleicht auch ge=
sprochen, sie wußten zu erzählen von den Thaten des Regiments
bei Fehrbellin, bei Hochstädt, später bei Hohenfriedberg, bei
Roßbach, bei Leuthen, sie wurden aus mißhandelten Hörigen
die Bürger eines Staates, mit dem sie innerlich verwuchsen, an
dessen Ehre und Schicksal sie teil hatten, dem sie ihr Alles hin=
zugeben, ihr Leben zu opfern bereit waren.

Nicht minder bedeutungsvoll ist aber die veränderte Er=
gänzung des Offiziercorps. Dasselbe bildete bis zu Friedrich
Wilhelm I. keinen geschlossenen Stand; Bildung und sociale
Stellung von Offizier und Gemeinen war nicht wesentlich ver=
schieden. Eine Anzahl jüngerer Söhne des brandenburgischen
Adels dienten wohl in der Armee und gelangten auch eher als
Bürgerliche oder Fremde zu Offiziersstellen. Aber es lag darin
kein Prinzip, und der Adel der anderen Provinzen stand noch
zu einem guten Teil feindlich der hohenzollernschen Herrschaft
gegenüber. Der preußische Adel ging noch eher oder ebensogut
in dänische und polnische, der clevische in holländische Dienste,
als in brandenburgische.

Friedrich Wilhelm zwang seinen gesamten Adel systematisch,
in die Armee einzutreten, und verjagte die sämtlichen un=

---

[1] Was ich hier mitteile, beruht auf Archivalien der königl. Regierung
in Stettin Tit. V., 8 Nr. 81: „Vor Pommerische Landstände wegen En=
rollierung der jungen Leute."

gebildeten und rohen Elemente aus dem Offiziersstande. Friedrich
der Große sagt: „Man schaffte bei den Regimentern die Offiziere
fort, deren Aufführung und Herkommen sich für die ehrenvolle
Laufbahn nicht schickte, und seit dieser Zeit litten die Offiziere
nur untadelhafte Namen unter sich." Die sämtlichen Offiziere
sollten einen besonderen Stand der Ehre darstellen, von gleicher
Bildung, gleicher Hingabe an den Dienst, gleicher Pflichttreue.
Trotz aller Strenge der Disciplin verpflichtete das Dienst-
reglement von 1724 den Offizier nur dann zu unbedingtem
Gehorsam gegen seinen Vorgesetzten, wenn dieser ihn nicht
an seiner Ehre angriff. Der alte Weg, von der Pike auf
zu dienen, wurde nicht ganz beseitigt; aber es wurden doch
diejenigen bevorzugt, die als Pagen bei einem höheren Offizier
eintraten oder durch das Kabettenhaus gegangen waren. Bei
den Revuen gab sich der König besonders damit ab, die Pagen
zu examinieren. Die kleinen Kabettenhäuser in Kolberg und
Magdeburg wurden aufgehoben, an deren Stelle trat das Berliner,
mit der schon 1722 auf 300 erhöhten Zahl von Kabetten. Es
wurde damit jener aristokratische Charakter des preußischen
Offizierkorps begründet, der bis auf den heutigen Tag fortgebauert
hat. Führt eine solche aristokratische Färbung, wie in der Zeit
vor 1806, nur dazu, dem erblichen Adel ohne jede Rücksicht auf
Verdienst die Offiziersstellen zu verschaffen, so ist sie natürlich
vom Übel. Führt sie aber, wie es zuerst unter Friedrich
Wilhelm I. war und wie es seit den Scharnhorstschen Reformen
wieder ist, nur dazu, eine Bürgschaft für persönliche Tüchtigkeit
und gute technische Ausbildung zu gewähren, führt sie eine
geistige und moralische Elite der Nation dem Offiziersstand zu,
verknüpft sie die besten und ersten Familien des Landes mit der
Armee, so giebt ein solch aristokratischer Charakter des Offiziercorps der Armee eine Kraft und einen moralischen Halt, wie
sie Armeen mit zahlreicher Beförderung der Soldaten und Unteroffiziere zu den Offiziersstellen nicht leicht haben können. Ein
geistiger und moralischer Census als Vorbedingung für die Erwerbung irgend welchen Amtes ist auch kein Widerspruch gegen

die Rechtsgleichheit. Und den Bürgerstand auszuschließen, wie
es später geschah, daran dachte der bürgerlich gesinnte Friedrich
Wilhelm nicht, der sich zum Arbeiten am Schreibtisch seine
Schürze und seine leinenen Ärmel vorband, der zu allen Hof-
festen ehrsame Bürger von Berlin und Potsdam nebst ihren
Eheliebsten einlud. Nicht als ein Vorrecht des Adels galt es
damals, zu dienen, sondern als eine lästige Pflicht, der man
sich noch gern entzog, soweit es ging. Aber es ging nicht mehr.

Ich habe im Königsberger Archiv die Verhandlungen über
diese Frage in Bezug auf Ostpreußen gefunden. Der König
ließ sich erst Verzeichnisse aller jungen Adeligen zwischen 12 und
18 Jahren machen und bestimmte dann ohne weiteres, wer ins
Kadettencorps in Berlin einzutreten habe. Vielfach mit Gewalt
wurden die jungen Herrchen durch Unteroffiziere und Polizeiaus-
reiter abgeholt und in Trupps von 18—20 nach Berlin geführt.
Der König verlangt jährlich nach Proportion des Kreises eine
bestimmte Anzahl. Den Eltern läßt der König eröffnen, so roh
wie bisher könne er die Leute nicht brauchen. Sie könnten
aber auch ganz sicher sein, „daß ihre Söhne im Christentum
angewiesen und zu denen ihnen nötigen Wissenschaften und
exercitien, als zum Schreiben und Rechnen, zu Mathesi,
Fortification. französischen Sprache, Geographie und Historie,
Fechten und Tanzen angeführt würden, ingleichen jedesmal 24
von ihnen unentgeltlich reiten lernten, daß sie auch in reinlichen
Camern logiert und mit gesundem und gutem Essen und Trinken
wohl versehen würden.“

Dennoch sträubten sich viele auf das hartnäckigste dagegen,
suchten z. B. zu beweisen, daß sie eigentlich den preußischen
Adel nicht besäßen oder überhaupt nicht adelig seien. Es half
ihnen nichts. Sie mußten; schweigen, Ordre parieren, seine
Pflicht und Schuldigkeit, seinen Dienst an der Stelle thun, wo
der König ihn hinstellt: das war damals das Prinzip. Und
der König erreichte, was er wollte; schon 1724 gab es z. B. in
Pommern so ziemlich keine Adelsfamilie mehr, die nicht Offiziere
unter ihren Mitgliedern hatte.

Die Rückwirkung dieses Zwanges auf den Abel selbst war eine ebenso große, als heilsame. Der Abel wurde in politischer, socialer und psychologischer Beziehung durch denselben ein anderer. Zwar gab es schon unter den abligen Familien, die am Hofe des großen Kurfürsten und Friedrichs I. eine Rolle gespielt, eine ziemliche Zahl tüchtiger Männer mit großer Welt= kenntnis, mit einer auf Reisen und fremden Universitäten er= worbenen umfassenden Bildung. Die französischen Abeligen und Gelehrten, die 1686 nach Berlin kamen, hatten einen sehr förderlichen Einfluß auf weite Kreise, vor allem auch auf den Abel geübt. Aber im ganzen besaß die Mehrzahl jener kleinen Junker in den östlichen Provinzen Deutschlands in der Zeit von 1650—1750 doch einen erstaunlich niedrigen Grad der Bildung und Lebenshaltung. Ihre Sprache war roh, ihre Wirtschaft schlecht, ihre Güter verschuldet; faul und unthätig saß der eine Teil auf den elenden Ritterhöfen, seine Bauern mißhandelnd, von ständischem Hochmut erfüllt; der andere zog, verwildert, zu Trunk und wüsten Händeln geneigt, schmarotzend bei den Nachbarn und Verwandten herum, vom Volke als „Krippenreiter, Wurstreiter" u. s. w. bezeichnet. Unter den ostpreußischen Junkern mochten gar viele sich von jenen polni= schen Schlachzitzen nicht allzusehr unterscheiden, die lieber barfuß gingen, um nicht Bastschuhe, wie der Bauer zu tragen, und in Lumpen gekleidet auf jeden bürgerlichen Erwerb mit tiefer Verachtung herabsahen. Nach Stellen, Privilegien, Titeln hungrig, hatte dieser Abel noch unter dem großen Kurfürsten viel mehr im Kampf mit dem aufstrebenden Fürstentum, als im Anschluß an dasselbe seine bis zum Hochverrat gehenden egoisti= schen Pläne verfolgt; ein wüstes Abelsregiment wäre die Folge gewesen, wenn die Kalksteine, die Burgsdorf, die Wilich, wenn die ständische Opposition im preußischen Staate gesiegt hätte. Und diese Traditionen waren 1713 noch nicht erloschen. Noch Friedrich Wilhelm I. hat seine schwersten inneren Kämpfe mit dem ostpreußischen und Magdeburgischen Abel; er spricht es in der Instruktion für seinen Sohn 1722 geradezu aus, das Amt eines Generalkriegskommissarius sei ein so schwieriges, weil derselbe, wenn er seinem Könige treu dienen wolle, den ganzen Adel gegen sich haben werde. Die Bismarck, die Alvensleben, die Schulenburg, deren Nachkommen so treue Diener des preußischen Staates waren, gehörten damals noch zu den „renitenten" altmärkischen Adelsfamilien, denen der König durch allerhand Chikanen die Lust vertreiben will, gegen ihn zu quärulieren.

Nicht allein, aber mit am meisten dadurch, daß der Junker gezwungen war, in die Armee einzutreten, verschwanden diese letzten Spuren seiner antimonarchischen, rebellischen Gesinnung. Was an roher Rauflust vorhanden war, veredelte sich in dieser verjüngten Lehnspflicht der Söhne des Adels. Die wirtschaftliche Existenz vieler Familien wurde durch die Offiziersgehalte gebessert. Und alle, die als Beamte oder Offiziere in den königlichen Dienst traten, mußten gute Wirtschaft und ehrbares Leben führen. Darauf sah der König ganz besonders. Nicht bloß militärische Zucht und Ordnung, sondern auch eine andere Art der Bildung und der politischen und socialen Gesinnung brachte der Kadett, der Offizier, der ausgediente Hauptmann und Oberst auf das Rittergut zurück. Und wenn auch Preußen noch lange unter den weniger günstigen Seiten des Junkertums da und dort zu leiden hatte, im ganzen war mit dieser Umbildung des feudalen, frondierenden Adels in eine monarchische, mit Hingebung und Treue, mit Opfersinn und energischem Pflichtbewußtsein der Krone und dem Staate dienende Aristokratie doch einer der wichtigsten Hebel politischer Kraft und Größe, nicht bloß für das preußische Heer, sondern auch für den preußischen Staat geschaffen.

Kehren wir von den inneren Umbildungen der Armee zu dem äußeren, klar sichtbaren Resultate zurück. Die brandenburgisch-preußische Armee hatte 1688 30 000, 1713 etwa 38 000 Mann betragen, gute Truppen, aber im ganzen doch noch Landsknechte, die der Kurfürst Friedrich an Österreich und England

nicht viel anders vermietete, als es die kleinen deutschen Fürsten
noch das vorige Jahrhundert hindurch thaten. Im Jahre 1713
stand Preußen mit seiner Armee etwa Sachsen und Sardinien
gleich. Im Jahre 1740 fand Friedrich der Große bei seinem
Regierungsantritt eine schlagfertige Arme von 80 000 Mann.
Österreich hatte etwa 100 000, Rußland 130 000, Frankreich
160 000 Mann. Preußen war 1740 an Fläche der zehnte, an
Bevölkerung der dreizehnte, nach seiner militärischen Macht der
der dritte oder vierte europäische Staat. Ein Staatsschatz von
10 Millionen, eine musterhafte Ordnung in den Finanzen, ein
genaues Ineinandergreifen von Civil= und Militärverwaltung
erleichterte die aktive Politik, die nun begann, die zum Erwerb
Schlesiens, zum Kampfe mit halb Europa, aber auch zu jenen
Siegen in Böhmen, Schlesien und Thüringen führten, die
Preußen zur Großmacht erhoben, die ebenbürtig neben das
ungarisch=italienisch=katholische Österreich, das romanische Frank=
reich, das maritime England und das eben aufblühende, noch
halbbarbarische Rußland jene nationale, fortschrittliche, pro=
testantisch=deutsche kontinentale Macht stellten, welche mit den
Grundsätzen der Toleranz, der Bauernemancipation, der all=
gemeinen Schul= und Wehrpflicht die ganze europäische Geschichte
zu anderen Zielen führte.

Nicht leicht freilich war es gewesen, diese Armee zu schaffen.
Niemals ist in Preußen ein so großer Teil der Staatseinnahme
auf das Heer verwendet worden, als 1713—1740; niemals ist,
auf den Kopf der Bevölkerung berechnet, so viel für das Militär
ausgegeben worden, als in dieser Zeit. Aber dafür hatte man
auch die dauernden Grundlagen für die militärische Ent=
wickelung Preußens, ja für die europäischen Heerverfassungen
der Neuzeit überhaupt geschaffen. Und das war das Wichtigste.
Die preußische Armee von 1740 ist von den Landsknechts=
compagnien, die der große Kurfürst 1640 antraf, wohl ebenso
verschieden, als die preußische Armee des 19. Jahrhunderts sich
von der von 1740 unterscheidet.

Aus den Privatunternehmungen von räuberischen, gelb=

süchtigen Obersten war eine nationale Armee geworden, die dem
Staate fest eingefügt, mit ihm verwachsen, nur der Ehre und
dem Interesse des Ganzen diente. Es war jene Kombination
gefunden, die Masse des Volkes in den Jugendjahren durch die
Armee gehen, und dort militärisch ausbilden zu lassen, ohne sie
damit dauernd dem bürgerlichen Leben und ihrem Beruf zu ent=
fremden, — und daneben in den Offizieren und Unteroffizieren
einen Stamm von lebenslänglichen Berufssoldaten zu schaffen,
die der Armee diejenigen technisch=militärischen Fertigkeiten be=
wahrten, die bisher nur Söldnerheere und Prätorianer gehabt.
Das Junkertum wurde durch den Offiziersdienst, der Bauern=
stand durch die Kantonpflicht wieder in die rechte Verbindung
mit dem Staate und der Krone gebracht. Die Heeresorganisation
hatte zugleich die socialen Zustände von Grund aus verändert
und gebessert. Eine große staatliche Zukunft für ganz Deutsch=
land war gesichert, weil in dieser Schule des preußischen Heeres
der Deutsche wieder das lernte, was ihm seit Jahrhunderten
abhanden gekommen war, schwere staatliche Pflichten auf sich zu
nehmen.

Und damit stehen wir im Kernpunkte der Sache. In allen
großen europäischen Staaten wurde der Übergang von der
Anarchie des Mittelalters zum modernen Staate durch ein
Königtum, durch eine Tyrannis vollzogen, die angelehnt an die
geistige Bewegung der Renaissance, an die römischen Traditionen
einer starken Staatsgewalt dem Staate wiederzugeben suchte,
was des Staates war, dem Bürger wieder die Lasten auf=
zulegen suchte, ohne die der Staat nicht leben kann. Aber wie
verschieden sind jene kunstsinnigen italienischen Tyrannen von
den spanischen Königen, diese von dem französischen Ludwig XI.
oder Ludwig XIV., den großen Karbinälen Mazarin und
Richelieu, und diese wieder von den Tudors und Cromwell, die
österreichischen Ferdinande von den preußischen Königen!

In Preußen treten die Fürsten vom großen Kurfürsten bis
Friedrich II., und als Höhepunkt dieser staatlichen Umbildung
Friedrich Wilhelm I., mit einer Art von biederer hausväter=

licher Sparsamkeit, mit einer protestantisch gewissenhaften Moralität, mit einer nüchtern rationalistischen Überlegung, aber auch mit einer Zähigkeit und Gewalt des unbeugsamen Willens an ihre Aufgabe heran, die ihr Ziel rasch und konsequent erreichte. Die furchtbare Härte, mit der auch sie verfuhren, wurde geadelt durch eine auf fürstlichen Thronen kaum jemals gesehene Pflichttreue und den sittlichen Ernst, der nichts für sich, alles nur für den Staat begehrte. Mit einer solchen Würde, einer solchen moralischen Schwerkraft hatte der Staatsgedanke sonst nirgends gesiegt. Mit solcher Energie hatte man die verschleuderten Staatshoheitsrechte nirgends sonst wieder an sich genommen. Seit den Tagen der sächsischen und fränkischen Kaiser hatte man kein solch fürstlich Regiment wieder in Deutschland gesehen. Seit Jahrhunderten zum erstenmale empfand es der Deutsche wieder, wie Droysen so richtig sagt, daß etwas, wie die tribunitia potestas der Römer, zum Wesen des Staates gehöre und daß die Krone der natürliche Träger dieser Gewalt sei; daß sie mit dieser Gewalt der beste Schirmherr der unteren Klassen gegen den Egoismus der oberen, sowie der beste Schutz der nationalen Ehre und Selbständigkeit nach außen sei.

Nur einem solchen Regimente konnte es gelingen, und gelang es zuerst und bis heute allein konsequent, einem ganzen auf der Höhe der Kultur, der Bildung, des Wohlstandes stehenden Volke wieder die Last der allgemeinen Wehrpflicht aufzuerlegen — eine Last, die man in allen vergangenen Zeiten für unverträglich mit höherer Kultur hielt. Und diese allgemeine Wehrpflicht ist das Mittel gewesen, uns eine Macht ohne Gleichen in der Gesellschaft der europäischen Staaten zu verschaffen, ohne unsere Kräfte übermäßig zu erschöpfen; sie war und ist eines der wesentlichsten Mittel, in den höheren und besitzenden Klassen gewisse moralische Tugenden und körperliche Kräfte zu erhalten, die sonst bei höherer friedlicher Kultur notwendig verschwinden; sie ist das Mittel, die Armee vor dem Abwege aller stehenden Armeen, dem schroffen Gegensatze gegen das bürgerliche Leben, dem Prätorianertum, zu bewahren und daneben in der ganzen Nation die staatliche Zucht, den Patriotismus, die nationale Begeisterung zu erzeugen, die sich nicht bloß im Kampfe, sondern auch bei den friedlichen Arbeiten im Innern bewährt hat und, wie wir hoffen, auch künftig bewähren wird.

Nachschrift.

Die hier ausgeführten Gedanken haben mannigfache Zustimmung und weitere Ausführung gefunden. M. Jähns schließt sich in seiner Geschichte der Kriegswissenschaften II, 1326 teilweise wörtlich an diese Abhandlung an. M. Lehmann führt in seiner Abhandlung „Werbung, Wehrpflicht und Beurlaubung im Heere Friedrich Wilhelms I.", Histor. Zeitschr. N.F. B. 31, S. 25 u. ff. ein großes und gelehrtes Quellenmaterial zur Stütze seiner Darlegung an, die aber in ihren Hauptpunkten mit dem sich deckt, was hier behauptet wird. Dr. Freiherr von Schrötter, Die brandenburgisch-preußische Heeresverfassung unter dem großen Kurfürsten, 1892 (in m. staats- und soc. wissensch. Forschungen, Heft 50) sagt S. 3, „daß mir G. Schmollers Aufsatz als Programm vorgelegen hat, wird man unschwer erkennen".

V.

Der deutsche Beamtenstaat vom 16. bis 18. Jahrhundert[1].

Meine Herren! Ihr vorbereitender Ausschuß hat gewünscht, daß ich gleichsam als Einleitung zu den morgigen Verhandlungen über die landesgeschichtlichen Studien und Publikationen heute zu Ihnen über den deutschen Beamtenstaat des 16. bis 18. Jahrhunderts rede. Ich möchte diese allgemeine Fassung des Themas etwas begrenzen. Es ist meine Absicht, Sie nur über einen Teil dieses etwas weitgreifenden Themas zu unterhalten, nämlich über die Behördenorganisation und das Beamtentum in den größeren deutschen Staaten, und ich möchte eine zweite Beschränkung beifügen; ich muß mich schon der Zeit wegen hauptsächlich auf Preußen beschränken, wenn ich auch da und dort mir einen Ausblick auf andere Gebiete gestatte. Das Thema in dieser Begrenzung ist seit lange der Gegenstand meiner Studien, und nun sind wir in Berlin im Begriffe, den ersten Band der Acta borussica, welcher sich auf die Behördenorganisation und das Beamtentum im 18. Jahrhundert bezieht, abzuschließen und auszugeben. Ich habe dazu eine Einleitung geschrieben und möchte, indem ich aus ihr einige leitende Gedanken mitteile, zu=

[1] Rede, gehalten auf dem deutschen Historikertag zu Leipzig am 29. März 1894 und zuerst gedruckt in meinem Jahrbuch 1894, 695 ff.

gleich Ihnen die Tendenzen darlegen, von welchen diese große Publikation der Berliner Akademie ausgeht[1].

Wenn man verstehen will, wann, wo, warum unser modernes lebenslängliches Berufsbeamtentum entstanden sei, so muß man wissen, was ihm vorausging und unter welchen Verhältnissen das Neue entstand. Wenn wir nun das Ämterwesen der Kultur= staaten überblicken, so scheinen mir drei große typische Formen leicht unterscheidbar zu sein:

a) In patriarchalischen einfachen Ackerbaustaaten schließt sich das Ämterwesen an die Familienverfassung und den Grund= besitz an. Die meisten, die wichtigsten Ämter werden oder sind erblich, sie gehen vom Vater auf den Sohn über, sie knüpfen in der Regel an einen Grundbesitz an, mit dessen Eigentum das Amt verbunden ist. Eine feste rechtliche Ordnung ist damit er= reicht; wie die Berufe erblich sind, so sind es die Ämter; die feste unverbrüchliche Herrschaft der Tradition ist garantiert. Das deutsche Grafen= und Fürstenamt, wie das des erblichen Schulzen, der erblichen Grundherren sind Erscheinungen, die bis in die Gegenwart hereinragen.

---

[1] Dieser Band hat den Titel: Acta borussica, Denkmäler der preußi= schen Staatsverwaltung im 18. Jahrhundert. Die Behördenorganisation und die allgemeine Staatsverwaltung Preußens im 18. Jahrhundert. I. Akten von 1701 bis Ende Juni 1714, bearbeitet von G. Schmoller und O. Krauske. Mit einer Einleitung über Behördenorganisation, Amtswesen und Beamtentum von G. Schmoller. Berlin 1894, P. Parey. Ich füge bei, daß der Band in 258 Nummern teils einzelne Aktenstücke, teils je zu einer Nummer vereinigte Geschäfte wörtlich oder im Auszug auf 776 Seiten mitteilt, daß ein Register von mehreren Bogen den Band schließt und daß meine Einleitung folgende Kapitel hat: 1. Begriff und historische Ent= wickelung des Behörden= und Amtswesens. 2. Das römische und französi= sche Berufsbeamtentum. 3. Behördenorganisation und Amtswesen der deutschen Territorien von 1250—1500. 4. Behördenorganisation und Amts= wesen der deutschen Territorien von 1500—1640. 5. Die brandenburgisch= preußische Behördenorganisation von 1640—1713. 6. Die Ressort= und Kompetenzkämpfe von 1640—1713. 7. Das Beamtentum und das Amts= recht in Preußen von 1640—1713. Die Einleitung bezieht sich also nur auf die Zeit bis 1713, während ich in der hier folgenden Rede das ganze 18. Jahrhundert einbegreifen mußte.

b) Im Gegensatz hiezu steht das kurzbefristete, meist auf
ein Jahr übergebene Wahlamt, wie wir es in Griechenland und
Rom, ebenso in den Städten des Mittelalters allgemein treffen.
Es ist eine Amtsverfassung der kleinen Städtestaaten, wo eine
enge zusammenwohnende Aristokratie nicht einer Familie die
Gewalt gönnt, wo man durch die Befristung zugleich den Träger
des Amtes verantwortlich machen will. Während das erbliche
Amt agrarischen Verhältnissen stabiler Art angehört, ist das be=
fristete Wahlamt Sache städtischer Gemeinwesen mit fortschreiten=
der beweglicher Kultur.

Beide Formen können in einfachen kleineren Gemeinwesen
Gutes, ja Ausgezeichnetes leisten. Beide Formen setzen voraus,
daß eine besitzende herrschende Aristokratie vorhanden sei, die eine
gesicherte wirtschaftliche Existenz hat, die nicht vom Amt zu leben
braucht, das Amt nicht als Erwerbsquelle betrachtet. Eben des=
halb kann der erbliche Graf, wie der gewählte Konsul seines
Amtes mit freiem Geiste, mit Unparteilichkeit, mit Patriotismus
walten. Aber zugleich müssen die Gemeinde= und Staatsangelegen=
heiten noch so einfach sein, daß sie nebenher zu besorgen sind,
daß keine specielle Berufsbildung für sie nötig ist.

Mit höherer Kultur, in größeren Staaten, in Gesellschaften
mit komplizierter Arbeitsteilung, Klassenbildung und Geldwirt=
schaft haben daher stets diese beiden typischen Formen der Amts=
verfassung versagt. Sie haben an einzelnen Stellen fortgedauert
und dauern mit Recht fort: wir haben noch heute das erbliche
Fürstenamt und in der Selbstverwaltung manche kurz befristete
Wahlämter. Aber für den größeren Teil der Amtsgeschäfte
entsteht nach und nach, oft erst nach langen Kämpfen und tasten=
den Versuchen eine Behördenorganisation und Amtsverfassung,
welche zu ihrer Voraussetzung die lebenslängliche gelbbezahlte
Berufsarbeit der Beamten und fest geordnete Amtscarrieren hat;
die Ernennung dieser Beamten durch die Staatsgewalt auf
Grund eines nach und nach sich ausbildenden Amtsrechts ist die
Regel. Für die komplizierten Verhältnisse der modernen Staaten
können nur so auf Grund eines specialisierten Bildungswesens,

einer durchgeführten Arbeitsteilung die rechten Kräfte in der entsprechenden Zahl gewonnen werden. Die Leistungen der erblichen Amtsinhaber, wie der kurz befristeten Wahlämter zeigen sich als unzulänglich, dilettantisch, inkonsequent; das spätere deutsche Mittelalter drohte ebenso an der Unfähigkeit und Un= botmäßigkeit der erblichen Beamten zu Grunde zu gehen, wie das spätere Rom an den ungeheuerlichen Mißbräuchen seiner gewählten einjährigen Konsuln und Provinzialstatthalter. Die zwei großen Epochen des Übergangs von den alten Formen der Amtsverfassung zum Berufsbeamtentum liegen so für die antike Welt in den Jahrhunderten des Principats, das von August bis Diokletian ein großes eigentümliches Berufsbeamtentum schafft — und für die neuere Entwickelung in der Zeit vom 13. Jahrhundert an. Frankreich und Burgund gehen von 1250 bis 1300 ab bei dieser Neubildung voran. An diese Vorbilder schließt sich zuerst Österreich, speciell die Tyroler Landesverwaltung unter Maximilian an. Die größeren deutschen Territorialstaaten beginnen schon von 1300 an, das erbliche Lehnsamt zurück= zudrängen, sie verstehen aber erst von 1500 an, mit dem Humanis= mus, dem ausgebreiteten Studium des römischen Rechts und der Reformation energisch in die Bahn des Berufsbeamtentums ein= zumünden und erreichen das Ziel erst im 17. und 18. Jahr= hundert. Wie sie es thaten, das soll uns heute hier beschäftigen.

Die aus Grafen, Markgrafen und Herzögen bestehenden deutschen Fürsten, selbst nichts als erbliche Inhaber von Ämtern, wissen im 13.—14. Jahrhundert ihr Amtsrecht ebenso als erb= lichen Familienbesitz auf Grund des Lehnsrechts zu behaupten, wie sie ihre Hof= und Kanzleibeamten und ihre Bezirksbeamten, die Vögte, Pfleger, Landrichter, in absetzbare, auf Zeit angestellte Diener und Gehilfen verwandeln. Es ist dies gewiß einer der großen tiefeinschneidenden Fortschritte in der deutschen Verfassungs= geschichte. Aber er schuf noch kein eigentliches Berufsbeamtentum, und noch keine geordnete, leiblich fungierende Amtsverfassung, keine dauernd brauchbare Behördenorganisation. Und zwar aus einem einfachen Grunde.

Die auf ein oder mehrere Jahre angestellten Bezirks- und
Hofbeamten blieben Ritter, Ministerialen, Kleriker, auch wohl
jüdische Geschäftsleute, kurz Leute, die zwar nicht mehr erblich
ihr Amt erlangten, es dafür aber auch nicht als Lebenszweck
ansahen; ihre anderweiten Zwecke blieben für sie die Hauptsache;
sie hatten noch keinen oder einen ganz geringen Geldgehalt; so
konnte in ihnen nicht das Gefühl entstehen, daß sie wirtschaftlich
sicher gestellt, nun ganz ihrer Pflicht, ihrem Dienste leben könnten
und sollten. Was sie von ihrem Amte einnahmen, war unsicher,
zufällig, vor allem von ihrer größeren oder geringeren Skrupel=
losigkeit abhängig: je mehr sie Naturalien, Gerichts= und Kanzlei=
gebühren herausschlugen, je schamloser sie in der Abrechnung
mit dem Fürsten verfuhren, je unverfrorener sie Lehen, Grund=
stücke, Pfründen ambierten, desto besser für sie. Waren sie zu=
gleich Pfandinhaber und Gläubiger der Fürsten, so konnten sie
Wucherzinse um so leichter anrechnen. Dem standen wohl die
alten Traditionen des Vasallen, die neuen Diensteide des Be=
amten entgegen; aber diese Motive waren nicht stark genug, die
gröbsten Mißbräuche zu hindern. Eine feste Amtstradition fehlte
noch. Viele entzogen sich den Diensten, wenn es ihnen nicht mehr
paßte oder wenn es nicht mehr lohnte. Die Hofbeamten sind
einen Teil des Jahres am Hofe, einen anderen zu Hause; der
geistliche Kanzler, der die Kanzlei in Entreprise hat, besorgt
daneben ein oder mehrere andere geistliche Ämter, die ihn oft
tage= und wochenlang fern halten. Die Bezirksbeamten, gar oft
Pfandinhaber und Gläubiger des Fürsten, werden immer wieder
zu kleinen, lokalen Tyrannen, die von der Centralgewalt unab=
hängig nach Art der polnischen Starosten ihre Amtsgewalt und
ihre Amtsgüter genießen. Die Centralverwaltung ist eine zu=
fällige aus dem Stegreif geführte, die jeden Moment zu voll=
ständigem Stillstand kommt, wenn der Fürst, der Kanzler und
der Landhofmeister nicht beisammen sind. Die geringe Ordnung
des Dienstes und die rasch wachsende Gewinnsucht drohte in der
materialistischen Zeit des 15. Jahrhunderts diese Art des nicht
berufsmäßig geschulten, nicht ausschließlich seinem Dienste leben=

den Beamtentums in Finanzerei und Unredlichkeit, in Bestechlich=
keit und Korruption untergehen zu lassen. Es ist bekannt, für
wie schlecht und unredlich noch im Anfang des 16. Jahrhunderts
die meisten Juristen und Amtleute galten. Ich erinnere nur an
die Aussprüche von Zasius und die große populäre Litteratur
mit ihren Klagen gegen sie.

Die große Reform, die nun zuerst Besserung bringt, ist die
veränderte Einrichtung der landesfürstlichen Centralbehörden von
1500 ab. Ich will hier nicht schildern, wie dieselbe mit dem
geistigen und sittlichen Aufschwung jener Tage, mit den wirt=
schaftlichen und technischen Fortschritten, mit der Ausbildung
des Schulwesens und der Universitäten, mit dem Vordringen
des römischen Rechts zusammenhängt. Ich will beim ganz
Konkreten bleiben, zunächst bei der Kanzlei des Fürstenhofes, wie
sie 1450 und wie sie 1550 besorgt wurde.

Der geistliche Kanzler verwaltete sie mit ein oder zwei
niedrigen Klerikern; ihr Herz gehörte der Kirche, ihren Pfründen;
ihr Kanzleidienst war für sie Nebenbeschäftigung oder Durch=
gangsstation, ein Geschäft, um Einfluß und Kanzleigebühren
zu erwerben. Indem nun bürgerliche Schreiber und studierte
Doktoren des Rechtes an ihre Stelle traten, die in der Regel
zeitlebens im Dienste blieben, entstand eine festere Tradition,
eine gleichmäßigere Geschäftsführung. Die fähigen Schreiber
rückten in die Sekretärstellen, die besseren Sekretäre in die Rats=
stellen ein. Es entstand eine Art bürgerlicher Amtscarriere.
Neben die zeitweise am Hof anwesenden Hausräte traten mehrere
dauernd anwesende, neben die ritterlichen mehr gelehrte Räte.

Die ganze Geschäftsführung wurde eine andere: bisher hatte
in der Regel weder die Regierung noch die Kanzlei einen festen
Wohnsitz, eine dauernde Existenz gehabt. Reiste der Landesfürst
auf einen Reichstag oder war er auf einem Kriegszug, hatte er
vollends seine Kanzler bei sich, so hörte zu Hause auf Wochen
jede Regierung auf. Es waren meist im Laufe des 15. Jahr=
hunderts unerträgliche Zustände eingetreten; die Rechnungen und
die Prozesse blieben bei dieser Regierung aus dem Stegreif jahre=

lang liegen, das Kammergut wurde verschleudert; wenn Briefe
oder Gelder einkamen, waren die nicht da, die allein legitimiert
waren, sie in Empfang zu nehmen. Die Stände und das Volk
verlangten längst ein festes Regiment, einen festen Rat, eine
bessere Ordnung.

Sie trat dadurch ein, daß zuerst für Abwesenheits= und
Vormundschaftsfälle, dann auf dringlichen Wunsch der Stände
für eine bestimmte Zeit ein Collegium formatum mit festem
Sitz, mit fester Kanzlei, mit festen Kompetenzen errichtet wurde.
Die zufällige Versammlung der Räte in der Ratsstube wurde
eine feste geordnete Einrichtung: der Hofrat, das Collegium
regiminis entstand: es darf bestimmte Dinge allein abmachen;
die wichtigeren trägt es durch eine Kommission in der Audienz
dem Fürsten vor; es erhält die Aufsicht über die Kanzlei: die
wichtigen ausgehenden Briefe sollen im nächsten Rate vorgelesen
und gesiegelt werden. Teils sind es die allgemeinen Hofordnungen,
teils schon besondere Kanzleiordnungen, die von 1490 bis 1560
-die Geschäftsführung ordnen, die kollegialische Verfassung fixieren.
Wo das Kollegium ein, zwei oder drei Jahrzehnte bestanden, hat
es sich eine feste Rechtsstellung gegenüber dem Landesherrn wie
gegenüber den Unterbehörden errungen. Es gilt seit 1550 als
Grundsatz guter Landesverwaltung, daß der Fürst nur mit einem
kollegialischen Rate regieren solle, daß in diesem eine größere
Zahl studierter und gelehrter Herren sitzen, daß die eigentlichen
Beamten in ihm das Übergewicht über die bloßen Ritter und
Hofwürdenträger haben sollen.

Und es schließt sich bald an diesen Fortschritt der weitere,
daß mit steigender Geschäftslast aus dem einen Hofrat eine Reihe
Specialkommissionen oder Abteilungen sich bilden, daß man an
bestimmten Wochentagen in der Ratsstube die Justiz=, die Kirchen=,
die Finanz= und Kammersachen oder auch die großen und ge=
heimen, die sogenannten Prinzipalsachen abmacht, daß nicht
mehr alle Räte an allen Sitzungen teilnehmen. Es entstehen
die Konsistorien, die Hofgerichte, die Rentkammern, die Geheimen
Räte, hauptsächlich von 1540 bis 60 an; sie sind meist zuerst

nur Teile des Hofrats, erst viel später besondere Kollegien mit besonderen Räten und besonderer Kanzlei. Bis tief ins 18. Jahrhundert erhält sich vielfach die Tradition, daß diese besonderen Kollegien gleichsam Geschwisterbehörden seien, die einen Teil der Räte, wie einen Teil der Geschäfte gemeinsam besorgen. Und doch war dadurch eine bessere Verwendung der Specialkräfte, eine andere fachgemäße Einarbeitung in die Geschäfte, eine sicherere Kontinuität und Tradition garantiert. Es wurde mit dem Konsistorium eine bessere Kirchenverwaltung, mit der Rentkammer eine bessere Finanzverwaltung, mit dem Geheimen Rat eine bessere auswärtige Politik im ganzen herbeigeführt. Der Geheime Rat rückte zugleich in der Regel über die anderen Kollegien hinauf, wurde eine kollegialische Oberinstanz für sie. Die Ausbildung der territorialen Gesetzgebung, die Verbesserungen im Schul-, Polizei-, Münz-, Steuerwesen, sie hingen ebenso wie der Kampf mit den ständischen Gewalten davon ab, ob und wie diese Landeskollegien besetzt und organisiert waren. Heftig wurde darum gekämpft, wie viel Stellen den Adeligen, wie viele den Bürgerlichen gebühren, ob der Fürst beliebig viele nicht landsässige Beamte anstellen dürfe. Der einheimische Adel suchte im Kampf um das sogenannte „Indigenat" sich ein Vorrecht für die wichtigeren Ratsstellen zu schaffen. Je nachdem dieser Streit zunächst zu Gunsten der freien Wahl des Fürsten oder zu Gunsten des einheimischen Adels sich entschied, war die Bahn frei für ein monarchisches Beamten- oder für ein ständisch adeliges Junkerregiment.

Nur in wenigen der größeren deutschen Territorialstaaten waren die geschilderten Fortschritte vollzogen, als der dreißigjährige Krieg ausbrach. Er hat den Fortgang der ruhigen Organisation überall unterbrochen; er hat durch seine Verwüstungen viele Gebiete auf einen niedrigeren Standpunkt der wirtschaftlichen und intellektuellen Kultur zurückgeworfen. Aber er hat andererseits auch vielfach die Fürsten genötigt, alle Mittel zusammenzuhalten, die Behörden zu reorganisieren, die Steuern auszubilden, eine militärische Macht um sich zu sammeln. Die

Vollendung der landesfürstlichen Souveränität wird durch ihn erreicht.

Und so sehen wir von 1650 ab die ständische Macht mehr als früher im Rückzug, die Beamtenorganisation im Vordringen. Die kleineren Territorien holen 1650—1750 nach, was die größeren schon im 16. Jahrhundert erreicht: sie bilden ihre kleine unstete Kanzlei zu einem festen Regierungskollegium mit geordneter Kanzlei, mit mehreren Abteilungen um. Österreich und Preußen aber, und die anderen Staaten, welche nun mehrere Territorien umfassen, erhalten durch diese Vereinigung den wichtigsten Antrieb, die Behördenorganisation weiter zu bilden, das Beamtentum als das eigentliche Bindemittel, als Haupt-organ der Staatseinheit zu stärken. Die Städte, die Korporationen, die Stände sind überall noch im Lokalgeist, in den kleinen ört-lichen Sonderbestrebungen gefangen; die wirtschaftliche Not der Zeit und die allgemeine Armut veranlassen die herrschenden Familien in Stadt und Land, um so konservativer an allen ihren Sonderrechten und Privilegien fest zu halten. Nur das an der Spitze des Staates stehende Beamtentum sieht weiter, erkennt, daß die Vereinigung der Bezirke, der Territorien zu einem einheitlichen Staate die Rettung bringe. Am energischsten hat der große Kurfürst mit seinem aus allen seinen Provinzen rekrutierten, vielfach auch durch Ausländer verstärkten Geheimen Rat das Ziel verfolgt, die ihm durch Erbrecht und Traktate zu-gefallenen Lande zu membris unius capitis zu machen, die Personal= in eine Realunion umzuwandeln. Daher sein Kampf gegen die Stände, daher seine Bemühung, dem Geheimen Rat und den aus ihm sich loslösenden Centralbehörden die gleichmäßige Oberleitung aller Provinzen zu verschaffen, in der einheitlichen stehenden Armee ein sicheres Organ der Macht, unabhängig von den Ständen zu bilden. Daher werden an die Spitze der ständisch und territorial gefärbten Landesregierungen in Königs=berg, Cleve, Halberstadt, Stargard zuverlässige Geheime Räte als Statthalter gesetzt, ob sie das Landesindigenat haben oder nicht. Die Verhandlung mit den preußischen und rheinischen

Ständen wird nicht ben Landesregierungen, ſondern den Statt=
halthern und Berliner Kommiſſaren übergeben. Die einzelnen
Landesregierungen werden in ihrer Kraft baburch gebrochen, daß
man aus ihnen beſondere Konſiſtorien, Amtskammern, Kriegs=
kammern ober Oberſteuerbirektoria abzweigt, welche man in birekte
Beziehung zu ben Berliner Centralbehörden ſetzt, und in welche
man zuverläſſige Räte zu bringen ſucht. Das findet ben größten
Wiberſtand. Teilweiſe iſt es erſt in ben Tagen Friedrich Wil=
helms I. gelungen, dieſe arbeitsteiligen Specialkollegien in ben
Provinzen birekt von ben Berliner Centralbehörden abhängig zu
machen; bie Königsberger Kammer iſt erſt von 1712 an burch
einen pommeriſchen Oberſt und einen Magbeburger Kammerrat
aus bem Zuſtand gänzlicher Verlotterung und Korruption in ein
beſſeres Weſen gebracht, zu einem mehr ſelbſtändigen Kollegium
neben ben vier allmächtigen Königsberger Oberräten gemacht
worden. Erſt mit der Ernennung Dobo von Knyphauſens zum
Präſident der Hofkammer war es möglich, einen Etat für ben
ganzen Staat 1689 herzuſtellen, das große Kammergut in allen
Provinzen unter eine ſtraffe Kontrolle von Berlin aus zu bringen.
Noch als bie in ben ſpäteren Jahren bes großen Kurfürſten zu
Amtskammerräten in allen Provinzen ernannten Kommiſſare zur
Reviſion in Pommern erſcheinen, ſchickt dort Regierung und
Kammer Laufzettel an alle Ämter, damit ja bieſe unwillkommenen
Gäſte bie Lokalbeamten nicht unvorbereitet überraſchten.

Man könnte ſagen, in ben 42 Jahren von 1680—1722 ſei
burch befinitive Ausbildung der Provinzialkammern unter der
ſeit 1689 kollegialiſchen Hofkammer (bem ſpäteren Generalfinanz=
birektorium) und der provinziellen Kriegskommiſſariate (Kriegs=
kammern, Oberſteuerbirektoria) unter bem ſeit 1712 kollegialiſchen
Oberkriegskommiſſariat bie wahre Staatseinheit Preußens be=
gründet und der wichtigſte Teil bes Beamtentums groß gezogen
worden, das bie altpreußiſchen Staatseinrichtungen ſchuf. Beide
Centralbehörden laſſen ſich bezeichnen als ſelbſtändig geworbene
Abteilungen bes Geheimen Rates. Sie wurden nach heftigen
Reſſortkämpfen 1723 wieder vereinigt, bilden von ba an bas

sogenannte Generaloberfinanz= und Kriegsdirektorium, den inneren Staatsrat, der bis 1806 an der Spitze der preußischen Verwaltung blieb. Und von den beiden Branchen ist das Kriegskommissariat eigentlich noch wichtiger als die Kammern, jedenfalls für den preußischen Militärstaat charakteristischer.

Die Kriegskommissare waren in den Heeren des 17. Jahrhunderts die fürstlichen Vertrauenspersonen, welche den Obersten, mit dem eine Kapitulation geschlossen wurde, vereidigten, seine Mannschaft musterten und kontrollierten, für die Verpflegung sorgten. In den großen Heeren stand über den einzelnen Kommissaren der Regimenter ein Oberkommissar. Mit der stehenden Armee verwandelten sich in Brandenburg=Preußen diese Beamten von 1660 ab auch in stehende: ein Oberkriegskommissar in Berlin, ein paar Oberkommissare in den großen Provinzen, eine Reihe lokaler Land=, Marsch=, Kreiskommissare begegnen uns. Und dieser halbmilitärische Körper von Verpflegungsbeamten wird mit der Accise, mit dem Einquartierungswesen, mit den -steten Verhandlungen über Lieferungen, Quartiere, Steuern, die sie mit den Lokalbehörden und ständischen Organen führen, von 1680 ab ein Organismus von Steuer= und Landespolizeibehörden; er verdrängt die ständische Steuerverwaltung aus einer Position nach der anderen; er ordnet das Aushebungswesen, er sorgt für den Markt, für billige Preise im Interesse der Soldaten, die sich selbst verpflegen müssen; er sucht in den Städten eine bessere Verwaltung zu schaffen. Der Generalkriegskommissar ist von 1680—1722 der von den Ständen gehaßteste Mann. Alle ihre Klagen konzentrieren sich gegen ihn und seine Beamten. Wehmütig klagt bei einer ständischen Verhandlung 1683 Herr v. Arnim, daß es keine Geheimen Räte mehr gäbe, wie in seiner Jugend; der ganze Geheime Rat bestehe jetzt aus solchen Subjectis, welche das G. K. Commissariat für die Seele des Etats halten und die größten Favoriten dafür seien. Die Etatsräte sind zu Etats= und Kriegsräten geworden. Noch 1722 spricht es Friedrich Wilhelm in seinem Testament aus: das Amt des Generalkriegskommissars sei das schwierigste im ganzen Staate;

wenn er treu dienen wolle, werde er viele, besonders den ganzen
Adel gegen sich haben.

Aus der Kombination des lokalen Marsch= und Verpflegungs=
kommissars mit dem ständischen Kreisdirektor ist das Amt des
Landrats hervorgegangen, wie es sich in der Hauptsache von
1700—1740 konsolidierte, von 1740—1752 auf Ostpreußen, die
rheinischen Provinzen und Schlesien übertragen wurde. Man
nahm dazu möglichst zuverlässige Adelige aus dem Kreise; das
Amt wurde mehr und mehr aus einem bloß militärischen Auf=
trag der Truppenverpflegung ein landesherrlicher Auftrag, die
staatliche Polizei zu handhaben. Neben ihnen, mit noch viel
größeren Kompetenzen, standen die bürgerlichen Steuerkommissare,
ebenfalls 1680 — 1722 ins Leben gerufen, welche als Beamte
des Kriegskommissariats je 6—15 Städte unter sich hatten.
In diesen hatten sie die ganze Verwaltung zu kontrollieren, die
lokalen Rechnungen abzunehmen; sie wurden für das wirtschaft=
liche Gedeihen ihrer Städte verantwortlich gemacht; sie hatten
die Fabrikinspektoren und Fabrikkommissarien unter sich. Sie
wurden in der That die allmächtigen Vormünder der Städte;
sie sind vielleicht der prägnanteste Ausdruck des in alles sich
mischenden Polizeistaates. Zunächst aber waren sie berechtigte
Eiferer für gute Polizei und gegen lokale Lotter= und Gevatter=
wirtschaft. Die besten preußischen Beamten der Centralstellen haben
im 18. Jahrhundert ihre Sporen als Steuerkommissare verdient.

Im Berliner Generaldirektorium, in den provinziellen Kriegs=
domänenkammern, in den lokalen Landräten und Steuer=
kommissaren faßt sich die staatliche Finanz = und Polizei=
verwaltung zusammen. Neben die oberen Beamten stellt sich
eine steigende Zahl von Kanzlei = und Unterbeamten, die im
Falle großer Fähigkeit und großer Leistungen noch mannigfach
in die obere Carriere eindringen. Die Post, das Steuerwesen,
das Zollwesen, das Forstwesen, die Salinen=, die Bergwerks=
verwaltung erfordern neben den Kanzleien, den Kassen, dem
Rechnungswesen Hunderte und Tausende von solchen Leuten, die
ihren vollen, ja erschöpfenden Lebensberuf in ihrem Dienste

haben, ihn nicht mehr, wie meist noch die entsprechenden Be=
amten im 16. Jahrhundert, nebenher besorgen. Und Ähnliches
gilt von der städtischen Verwaltung: unter feste staatliche
Kontrolle gebeugt, hat die Stadt einen kleinen berufsmäßigen
dauernd amtierenden Magistrat erhalten statt der zwei bis vier
Dutzend von Jahr zu Jahr mit einander wechselnden, Bier
brauenden und sonst geschäftlich thätigen „Ratsmitteln"; die
Magistratsmitglieder und ihre Unterbeamten sind auch halb
oder ganz zu Staatsdienern geworden. Die Kirchen= und Schul=
diener sind durch das landesherrliche Kirchenregiment und das
landesherrliche Patronat ebenfalls mehr oder weniger landes=
herrliche Beamte. Die Truppenkörper, welche im 17. Jahr=
hundert eigentlich noch Privatunternehmungen in den Händen
der Obersten waren, sind nun ein rein staatlicher Organismus:
die Werbesoldaten gehören wohl teilweise noch dem Auslande
an, die Kantonpflichtigen aber sind Landeskinder, die fahnen=
pflichtig sind; die Unteroffiziere und Offiziere sind Staatsdiener
wie die Beamten der Civilverwaltung. Aus den abgedienten
Unteroffizieren rekrutiert sich der größere Teil der unteren
Steuerbedienten, der Amts= und Kanzleidiener. Der Adel, der
aus einem großen Teil der Civilbedienungen hatte weichen
müssen, wurde gezwungen, seine Söhne in die Armee treten zu
lassen. Durch den Offiziersdienst vor allem wurde der ständische
frondierende Kleinadel in Preußen monarchisch und königstreu.

Und all diesen Umbildungen, welche hauptsächlich 1680 bis
1740 vollzogen waren, schloß sich als letztes Glied die große
Justizreform in Preußen 1748—1794 an. Man könnte sie, wenn
man sie mit einem Schlagwort moderner Art kurz bezeichnen will,
als eine Verstaatlichung der Justiz bezeichnen, wie die vorher ge=
schilderten Umbildungen als Verstaatlichung der Armee, der Steuern,
der Polizei, der Landesverwaltung. Denn bis zu den Reformen
Coccejis und seiner großen Nachfolger lag die Rechtsprechung
überwiegend in allen Instanzen in den Händen von Leuten, die
sie zu eigenem Recht besaßen, oder die sie als Sportelquelle oder
sonst für ihre Zwecke ausnutzten, die sie nebenher neben anderen

Ämtern und Geschäften, oft noch ohne berufsmäßige Bildung
besorgten. Das Neue war, daß die Rechtsprechung nun ganz
überwiegend in die Hände gut geschulter, geprüfter, gelbbezahlter,
vom Staate angestellter und kontrollierter Richter überging.

Man kann zweifeln, ob man diese große Justizreform oder
die Harbenbergschen Verwaltungsreformen als das letzte Glied in
der Kette der Maßregeln bezeichnen soll, welche den festen Ring
des bureaukratischen Beamtenstaates abschloß. Jedenfalls traten
mit der Städteordnung von 1808 und 1833, mit den ständischen
Verfassungen von 1823 und 1847, mit der Verfassung von
1850 die berechtigten entgegengesetzten Strömungen ein.

Was ist nun das Wesentliche dieser Entwickelung, die sich
nicht auf Preußen beschränkt, die sich in etwas anderem Tempo,
mit etwas anderer Farbe in den meisten größeren deutschen
Territorien ähnlich abgespielt hat, die nur in Preußen am
schärfsten, am energischsten durchgeführt wurde?

Lag der Fortschritt darin, daß es überhaupt nun Berufs=
beamte gab, daß es gegen Ende des 18. Jahrhunderts so viel
mehr Beamte gab als früher, daß die Berufsbeamten so aus=
schließlich um den Staat sich kümmerten, die Bürger so wenig?
Gewiß, die Regierung durch Berufsbeamte ist besser als die
durch Priester und fürstliche Beichtväter, als die durch Maitressen
und Höflinge; häufig auch besser als durch eine Grund= oder
Geldaristokratie, welche nur ihre wirtschaftlichen Interessen im
Auge hat. Die Überwindung des ständischen Feudalstaates, der
Klassenherrschaft des Junkertums war nur möglich durch den
Beamtenstaat. Aber an sich hat die Vermehrung des Be=
amtentums, die ausschließliche Verwaltung durch Beamte ihre
großen Schattenseiten. Nicht umsonst klagte der Freiherr vom
Stein über die buchgelehrten, heimatlosen Bureaukraten, Fürst
Bismarck über die Geheimen Räte, die nicht spinnen und weben,
nicht säen und ernten, die durch keinen Regen naß werden,
wenn sie nicht mal zufällig den Regenschirm vergessen haben.

Lag der Fortschritt darin, daß dieses Beamtentum den
absolutistischen Polizei= und Militärstaat begründete?

Freilich, für gute Polizei, für polizeiliche Reformen im Sinne
der Salus Publica schwärmten im 18. Jahrhundert die großen
Denker, wie alle guten und einsichtigen Menschen. Diese Polizei
war im Sinne Christian Wolfs gedacht als der Gegensatz zu
der in privatrechtliche Privilegien erstarrten mittelalterlichen
Ordnung des Gemeinwesens. Die verrotteten Zustände der
alten Zeit waren nur durch einen Polizeistaat zu beseitigen, der
ohne zu zarte Rücksicht auf das hergebrachte jus quaesitum
ein neues Staats= und Verwaltungsrecht schuf, der die Rechts=
gleichheit, die gerechte Besteuerung, die Freizügigkeit, die
Toleranz, den Schutz und die Hebung der unteren Klassen als
Devise an der Stirne trug. Aber diese Polizeigewalt griff hart
und unerbittlich durch; mit einem Zug eudämonistischer und socia=
listischer Wohlfahrtspolitik drohte sie die gesicherte private
Sphäre individueller Freiheit zu vernichten. Sie drohte, wie
Tocqueville sagte, die Gesellschaft in ein Zuchthaus oder eine
Kaserne zu verwandeln. In einer badischen Hofkammerordnung
von 1766 heißt es: „Unsere fürstliche Hofkammer ist die natür=
liche Vormünderin unserer Unterthanen. Ihr liegt ob, dieselben
vom Irrtume ab und auf die rechte Bahn zu weisen, sie sofort
auch gegen ihren Willen zu belehren, wie sie ihren eigenen Haus=
halt einrichten sollen". Bei diesem Standpunkte mußte man
zuletzt jedem Bürger zeitlebens einen staatlichen Polizeibeamten
zur Seite stellen.

Der Militärstaat war die Konsequenz des Beamten=
staates. Man könnte auch — wenigstens für Preußen — sagen,
die Schaffung der stehenden Armee habe den Anstoß zur Steuer=,
zur Polizei= und anderen Reformen gegeben, aus dem Kriegs=
kommissariat sei die Bureaukratie überhaupt erwachsen. Und
dieser Militärstaat, welcher durch die Kantonpflicht zur all=
gemeinen Wehrpflicht führte, er hat den siebenjährigen Krieg,
die Befreiungskriege, die große Zeit von 1866 und 1870 allein
möglich gemacht. In diesem deutschen Militärstaat ist es ge=
lungen, ein proletarisches Soldheer wieder in ein Bürgerheer
umzuwandeln. Die größte Gefahr einer alten Kultur, daß die

Masse feige verweichlicht, daß die oberen Klassen unkriegerisch
und schwächlich werden, die ist in Deutschland durch den Militär=
staat, wie ihn die preußischen Könige begründeten, beseitigt.
Auch werden wir uns nicht auf den Standpunkt Herbert
Spencers stellen, der den militärischen Typus der Gesellschaft
als den Zustand der Unkultur und der Roheit, als die Epoche
der Despotie dem industriellen Typus als der Epoche der voll=
endeten höheren Kultur gegenüberstellt. Aber das ist richtig:
der Militärstaat des 18. Jahrhunderts hatte in Preußen und
noch mehr vielleicht in den kleineren Staaten etwas Rohes und
Barbarisches. . Er ruhte in Preußen gewissermaßen auf der
rohen, derben Naturkraft des östlichen Junkertums und Bauern=
tums. Er nötigte lange zur Vernachlässigung wichtiger anderer
Kulturaufgaben. Er verführte in manchen Staaten zur Soldaten=
spielerei, zum Seelen= und Truppenverkauf. Diesen älteren
Militärstaat in Einklang zu bringen mit den Anforderungen der
modernen Zeit, der individuellen Freiheit, der höheren Kultur,
war keine leichte Aufgabe. Es bedurfte einer schwierigen Aus=
einandersetzung, bis es den großen Reformen Scharnhorsts und
Gneisenaus, Kaiser Wilhelms und Roons gelang, diesen Militär=
staat mit dem modernen Kulturstaat zu versöhnen.

Die absolute Monarchie, wie sie auf dem Beamten=
tum und der Armee beruhte, hatte ihren letzten Ausdruck in
dem erblichen Fürstenrecht; die unumschränkte Machtfülle, wie
sie die Fürsten des 17.—18. Jahrhunderts in Anspruch nahmen,
war ein notwendiges Ergebnis der historischen Entwickelung; sie
war das große Instrument der modernen Staatsbildung über=
haupt. Aber wir wissen heute alle nur zu gut, daß diese
Machtfülle ebenso oft zum Fluche wie zum Segen gereichte,
daß die Zahl derer, die sie richtig gebrauchten, nicht allzu groß
war; daß diese Gewalt selbst da, wo sie das Beste leistete, zur
Zeit ihrer Wirksamkeit überwiegend verhaßt war. Nur wenige
werden heute auf dem Standpunkte stehen, eine unumschränkte
absolute Gewalt für die beste aller Regierungsformen zu erklären.

Und warum war sie doch so segensreich in den Händen eines Friedrich Wilhelm I., eines Friedrich des Großen, eines Joseph II.?

Nicht ausschließlich, nicht in erster Linie weil sie absolute Fürsten waren, nicht weil sie den Beamten=, den Polizei=, den Militärstaat aufgerichtet, haben sie Großes, ja Welthistorisches geleistet. Sondern weil sie eine der größten und wichtigsten, aber auch schwierigsten Veränderungen in der staatlichen Organi= sation der Völker, die in großen Staaten mit Geldwirtschaft, komplizierter Arbeitsteilung und Klassendifferenzierung stets kommen müssen, die Herausbildung eines geldbezahlten Berufs= beamtentums und dessen Einfügung in Staat und Gesellschaft, mit so viel Glück und Geschick, oder richtiger unter so glück= lichen Bildungsverhältnissen, unter der Mitwirkung so starker sittlicher Potenzen vollzogen haben, daß die nie fehlenden Schatten= seiten dieser Umbildung zurücktraten gegen die Lichtseiten. Es ist das psychologische und sittliche Geheimnis alles Menschen= schicksals, das allein auch hier den Schlüssel zum Verständnis liefert.

Lassen wir die bessern deutschen Fürsten des 16. bis 18. Jahrhunderts mit ihren Kanzlern und Ministern, mit ihren Offizieren und Generalen an unserm innern Auge vorüberziehen. Welche Fülle von Charakter und Talent, von Wissen und Können! welche Summe von Ehrbarkeit, von Gottvertrauen, von Pflichttreue, von Hingebung an das Vaterland, von er= schöpfender Arbeitsthätigkeit bis zum letzten Atemzug. Die besten dieser Fürsten sind beherrscht von einem religiösen oder philosophischen Glauben, der sie strenge bindet und sie vor Aus= schreitungen der Gewalt, der Genußsucht, der Überhebung be= hütet. Sie haben ihre Pflichten heilig und ernst genommen; sie waren im 16. Jahrhundert wie im 17. und 18. die energischsten Träger der großen geistigen Vorwärtsbewegung der Zeit; daß sie erst in den Dienst der Reformation, später in den der philosophischen Aufklärung sich stellten, gereicht ihnen gleich=

mäßig zum Ruhme. Der glaubenstreue und eifrige große
Kurfürst ist ein ebenso anziehendes Schauspiel, wie der philo=
sophische Denker von Sanssouci. Beide standen auf der vollen
geistigen Höhe ihrer Zeit und waren darum die berufenen Lenker
derselben.

Vor allem aber, sie haben ehrlich mitgearbeitet an der Re=
gierung ihrer Lande. Wir wissen von zahlreichen deutschen
Fürsten des 16. Jahrhunderts, daß sie täglich mit in der Rats=
stube saßen. Markgraf Hans von Küstrin hat die Amts=
rechnungen selbst abnehmen helfen. Und dieser ehrliche biedere
Fleiß hat sich auch in der Folge erhalten. Es ist bekannt, wie
der große Kurfürst, wie Friedrich Wilhelm I., Friedrich d. Gr.
gearbeitet haben.

Lavisse hat neuerdings von Friedrich Wilhelm I. gesagt, er
habe den Staat selbst als ein höheres mystisches Wesen be=
trachtet, sich selbst aber wie einen Amtmann von Wusterhausen
und wie einen Obrist, der es sich zur besonderen Ehre schätze,
die langen Grenadiere von Potsdam zu kommandieren. Und
es ist wahr, in Reih und Glied mit seinen Grenadieren hat er
sich stets gestellt; wenn im Frühjahr, oft noch bei Schneefall,
dem ganzen Regiment zur Aber gelassen wurde, hat er sich im
Freien vor dem Schlosse mit hingesetzt, um den Soldaten mit
gutem Beispiel voranzugehen. Seine Gesundheit hat viel
darunter gelitten, daß er in jungen Jahren in Potsdam nie
dulden wollte, daß jemand anders als ein Feldscheer seines
Regiments ihn behandele. Er hat in den ersten Tagen seiner
Regierung erklärt, er wolle der Feldmarschall und der Finanz=
minister des Königs von Preußen sein, und er ist diesem Worte
treu geblieben. Es war damit in der Hauptsache dasselbe ge=
meint, wie mit dem seines großen Sohnes, er wolle nur der
erste Diener des Staates sein. Mit beiden entstand in der
neueren Geschichte für die Völker Europas ein neuer Typus
von fürstlicher Lebenshaltung und Pflichterfüllung, ein neuer
Maßstab der Fürstengröße. Die preußische Monarchie wird so
lange dauern, als dieser Maßstab das Ideal bleibt, als die

preußischen Könige zugleich die ersten Beamten und Offiziere ihres Staates bleiben werden.

Die Beamten der deutschen Territorien waren vom 15. bis 17. Jahrhundert noch vielfach eine recht zweifelhafte Gesellschaft. Nur langsam erfüllten sich die Vorbedingungen, die ihr geistiges und moralisches Niveau hoben: die Beseitigung der Gebühren, der Naturalien, der ganzen Spekulation auf Lehen und andere Vorteile, die Ausbildung eines geregelten Geldbesoldungswesens, ein klares Amtsrecht, feste Instruktionen und Kontrollen, ein gut geordnetes Vorschlags = und Ernennungsrecht, ein amtliches Straf = und Disciplinarrecht, ein richtiges Prüfungswesen, ein fester Stufengang der Ämter, eine feste Tradition darüber, welchen socialen Klassen die einzelnen entstammen, welche Bildung sie haben müssen, und als Folge von all dem die festgefügten Ehr= und Pflichtbegriffe. Ich möchte sagen, ein tüchtiger, ehr= licher, über dem Egoismus der einzelnen socialen Klassen stehender Beamtenstand sei stets ein sociales und wirtschaftliches, wie ein psychologisch = sittliches Kunstwerk, das nur die Jahr= hunderte unter besonders glücklichen Bedingungen schaffen können; ein Kunstwerk, das immer wieder drohe, den Baumeistern unter den Händen einzufallen. In jedem größeren Beamtenkörper entsteht stets wieder die Gefahr, daß er zu einer Vetternclique werde, daß die Patronage ihn korrumpiere, daß zu viele faulenzende Sinekurenjäger, die bei wenig Arbeit sich pflegen und bereichern wollen, eindringen, daß der Schlendrian Herr werde über die frische Initiative und hingebende Pflichttreue. Es liegt das in der Thatsache, daß der Beamte gegen ein festes, meist mäßiges Gehalt und gegen gewisse Ehrenrechte das höchste Maß von Eifer und Hingebung für Zwecke einsetzen soll, die zunächst nicht mit seinem natürlichen Egoismus, seinem wirtschaftlichen Selbstinteresse zusammenfallen, oder die wenigstens nur bei hoher sittlicher und intellektueller Bildung ihm als die ersten und wichtigsten am Herzen liegen können.

Aber immerhin, so groß die Schwierigkeiten sein mögen, sie sind zu überwinden. Und es liegt zunächst die Möglichkeit

dafür eben in der gesicherten ökonomischen Stellung des Beamten
durch einen entsprechenden Geldgehalt. Es ist ihm verboten, an
dem regelmäßigen Geschäftsbetrieb des Marktes teilzunehmen;
er soll nicht spekulieren und Geschäfte machen; sein ganzes
Sinnen und Trachten wird so von dem Erwerbsstandpunkt ab=
gelenkt; er kann sich ohne wesentliche wirtschaftliche Sorgen
ganz dem Amte, den öffentlichen Angelegenheiten, dem Dienste
widmen. Es ist so für ihn in der That möglich, die höheren
Pflichten seines Amtes zum ersten Lebenszweck zu erheben.
Wenigstens die besseren, feinfühligen Naturen können so weit
kommen; die Tradition kann solche Gesinnung und Lebens=
führung zu einer typischen, in breiteren Schichten vorherrschenden
machen. Und es wird das gelingen, wenn die ganze Erziehung,
das Schulwesen, die Universitätsbildung darauf hinarbeiten,
wenn die Amts = und Verwaltungseinrichtungen mit Nachdruck
auf dieses sittliche Ziel hinwirken, wenn der Geist und die
Atmosphäre der socialen Schichten, aus welchen die Beamten
stammen, es begünstigen.

Nun waren die Schichten, aus welchen vom 16.—18. Jahr=
hundert in den deutschen Territorien die Beamten sich rekrutierten,
ja keineswegs durchaus sittlich makellos. Aber andererseits
steckte seit den Tagen der Reformation doch sehr viel Tüchtig=
keit, Ehrbarkeit, Fleiß und Arbeitskraft in ihnen. Sie bildeten
kein einheitliches Ganze. Die Beamten gehörten dem Herren=
und Fürstenstand, dem Adel, dem Patriziat, dem Kleinbürger=
und Bauernstande an. Und es war ein Vorzug, daß alle Klassen
und Stände ihre besten Söhne an den Beamtenstand abgaben,
daß hoch und niedrig hier gleichberechtigt nebeneinander stand
und jeder nur geschätzt wurde nach dem, was er leistete. Aber
den eigentlichen Stempel hat in den meisten Staaten dem Be=
amtenstand doch die Thatsache aufgedrückt, daß die Mehrzahl
zwar den höheren, den gebildeten und besitzenden Klassen an=
gehörte, aber doch überwiegend dem Teil, der auf Universitäten
studiert hatte, der damit erfüllt war von jenem Idealismus und
jener humanen Bildung, die zusammen mit dem amtlichen Beruf

den Blick frei und das Gewissen scharf machte. In schwerem
Kampfe freilich mußte dieser bessere Teil des Beamtentums
ringen mit dem, der teils im Dienste sich nur bereichern wollte,
teils auch ohne diese Nebenabsicht in dem kurzsichtigen Interesse
seines Standes befangen war. Von 1500 bis ins 18. Jahrhundert wogt in allen Territorien der Kampf des Adels um
gewisse Stellen, der Kampf der eingeborenen Landeskinder um
das Vorrecht auf alle Stellen, um das sogenannte Indigenat
hin und her. Nur wo die Fürsten in klarer Erkenntnis der
Gefahr eines einheimischen Junkerregiments immer wieder
tüchtige Ausländer in die obersten Stellen brachten, wo eine
größere Zahl studierter bürgerlicher Juristen, die Pfarrers-, die
Amtmanns-, die Schreibersöhne, dem Adel die Wage hielten, wo
nach und nach in bestimmten Adelsfamilien die Staatsinteressen
das Übergewicht über die Standesinteressen erreichten, konnte
man von einer über den Klasseninteressen stehenden Beamten-
regierung sprechen. In Brandenburg haben die Hohenzollern
schon im 15. Jahrhundert hauptsächlich mit fränkischen, im
16. Jahrhundert hauptsächlich mit sächsischen Räten regiert;
Joachim Friedrich hat aus Böhmen, Magdeburgern, Altmärkern,
Rheinländern und Ostpreußen seinen Geheimen Rat gebildet.
Der große Kurfürst hat zeit seines Lebens das Indigenatsrecht
bekämpft; gegen Ende des 17. Jahrhunderts nimmt die preußische
Regierung das Recht in Anspruch, selbst das Indigenatsrecht
zu verleihen und unabhängig vom Kaiser bürgerliche Minister,
Räte und Offiziere in den Adelsstand zu erheben, beides
wesentlich zu dem Zweck, die Ansprüche des Junkertums auf die
höheren Stellen zu brechen. Friedrich Wilhelm I. hat dann
einfach den Grundsatz aufgestellt, in die höheren Stellen in der
Hauptsache nur Leute aus den anderen Provinzen zu bringen,
und mit diesem Prinzip hat er den einheitlichen, von Junker-,
wie von Provinzialinteressen freien Beamtenstand geschaffen.

So entstand — nicht überall — aber in den besser regierten
Staaten ein ganz von den Staatsinteressen erfüllter Beamtenstand, der trotz allen verschiedenen Ursprungs in sich homogen

war, in dem Talent und Charakter mehr als Geburt und Reich=
tum über die Carriere entschied, in dem Schreiber und Amtleute
neben dem Fürsten= und Grafensohne immer wieder bis zum
Minister aufstiegen. Und wo die Traditionen sich fixiert hatten,
wo die Söhne der Beamten immer wieder dem Staatsdienst
sich zuwendeten, da konnten andere Fehler entstehen, da konnte
der Beamtenstand in sich zu einer Klasse mit einem gewissen
Hochmut, mit einem zu starken Selbstgefühl werden. Er konnte
sich wie in Hannover abschließen auf eine bestimmte Anzahl
Familien; — die hübschen Familien nannte man sie dort.
Aber er repräsentierte mit seiner Macht und seinem Einflusse
jedenfalls nicht ein adeliges Klassen= oder Junkerregiment, wie
socialdemokratische und radikale Schriftsteller so oft behauptet
haben. Auch die heutige modische materialistische Geschichts=
schreibung, die so gerne aus der feudalen Gesellschaftsordnung
direkt die Notwendigkeit einer feudalen Regierung folgert, begeht
denselben Fehler oberflächlicher Generalisation. Gewiß, eine
feudale Gesellschaftsordnung kann diese Folge haben, aber sie
hat sie nicht immer gehabt und sie muß sie nicht haben. Die
besten Monarchen allein freilich hätten das Junkerregiment nicht
abwenden können, aber das verbundene Fürsten= und Beamten=
tum und gerade dieses deutsche Beamtentum vermochte auch in
einem Feudalstaat ein Regiment zu erzeugen, das bürger= und
bauernfreundlich war. Über nichts war Friedrich Wilhelm I.
entrüsteter, als wenn er meinte, seine Beamten machten eine
„Bande", d. h. Gemeinschaft mit dem Junkertum. Und kein
Ruhm der Hohenzollern ist größer als der, daß sie in einer
feudalen Gesellschaft verstanden haben, zuerst ein antifeudales
Beamtentum zu schaffen und dann wieder den Adel durch die
Armee und die Beamtenschule aus dem Hauptfeind der Krone zu
einer festen Stütze derselben zu machen. Sie haben zu diesem
Zwecke natürlich auch viele kleine Konzessionen an den Adel
machen müssen; aber im ganzen erreichten sie den Zweck doch
nicht durch Nachgiebigkeit, sondern durch entschlossene Festigkeit,
durch ein Regiment, das über den Klassen stand. Sie gaben,

so oft es nötig schien, das Steuerruder jenen Männern ohne
Halm und Ar, die nicht einer wirtschaftlichen Klasse, sondern
dem Staate dienen wollten. Das wunderbare Schauspiel, das
bis heute in vielen Staaten halb oder ganz fortdauert, daß
nicht die größten Grundbesitzer und nicht die größten Kapitalisten
regieren, sondern daß neben vornehmen und reichen Kavalieren
häufig Leute mit geringem oder gar keinem Vermögen, die nur
durch Charakter, Talent, Geist und Kenntnisse sich auszeichnen,
mit an der Spitze der Regierung stehen, ist in erster Linie der
Thatsache zu danken, daß aus dem gesunden Mittelstand, gar
oft aus dem Pfarrer= und Lehrerhaus heraus der Beamtenstand
erwuchs. Noch heute steht in Deutschland über dem Grund=
und Geldadel der Amtsadel.

Sie fallen teilweise freilich zusammen. Es konnte auch
beim stärksten Mißtrauen gegen den Besitz und seine Klassen=
interessen nie auf die Dauer einen Sinn haben, die Besitzenden
ganz vom Beamtenstand auszuschließen. Es wäre das schon
deshalb falsch gewesen, weil die Unabhängigkeit des Charakters,
wie sie auch dem Beamten zu wünschen ist, sich häufiger bei
dem auf eigenen Besitz Gestützten findet, und weil auf die Dauer
die Macht, die der Besitz giebt, doch nicht ganz vom Einfluß
auf die Regierung fernzuhalten ist. Das französische Königtum
hat seinen Adel viel zu sehr von allen Ämtern ferngehalten und
ihn dadurch einem faden Genuß= und Hofleben in die Arme ge=
trieben. Aber der Besitz als solcher darf nicht der Rechtstitel
sein, der Ämter und Einfluß giebt. Wer nicht den geistigen
Census hatte, nicht die Prüfungen bestand, nicht in den unteren
Stellen sich auszeichnete, kam auch als reichster Kavalier im
Beamtentum nicht empor. Der große Grundbesitzer und der
große Kapitalist kommt heute leichter ins Parlament, als im
18. Jahrhundert in hohe Beamtenstellungen. Das gab dem
Beamtenstand seine von egoistischen Klasseninteressen freie
Signatur.

Es versteht sich von selbst, daß ich mit dieser Bemerkung
nicht den Zweck habe, jene Tage über die unsrigen zu stellen.

Der reine Beamtenstaat konnte nicht für immer die Form sein,
in der sich das deutsche Staatsleben bewegte. Nur die erste
Zeit nach Herstellung eines Beamtenstandes konnte eine Epoche
seiner Alleinherrschaft sein. Nachdem er selbst ein Stand ge=
worden, nachdem er in behaglicher Existenz sich eingerichtet,
zeigte er, wie ich schon andeutete, mancherlei Kehrseiten. Er
war in seiner Vollkraft nur so lange er selbst eine kühn vor=
bringende Reformpartei darstellte. Nachdem er seine wesentlichen
Ziele erreicht, mußte die mündig gewordene staatsbürgerliche
Gesellschaft, die der Beamtenstand bisher vom Staatsleben aus=
geschlossen hatte, Beteiligung an der Verwaltung und Gesetz=
gebung, Einfluß auf die Regierung begehren. Der Auseinander=
setzung des alten Beamtenstaates mit diesen Forderungen, dieser
Aufgabe war die Zeit von 1840 bis zur Gegenwart gewidmet:
der freie Verfassungsstaat mit seiner Selbstverwaltung, seinem
Parlament, mußte den Beamtenstaat ablösen. Aber verstehen
wird auch heute den deutschen Verfassungsstaat nur, wer seine
Entstehung aus dem letzteren erkennt, wer sieht, wie das beste
in ihm auf der Fortwirkung der Beamtentraditionen, auf der
Erhaltung eines großen Teils der alten Einrichtungen neben
den neuen beruht. Unsere Selbstverwaltung ist heute besser als
die englische, weil in unseren Magistraten, in Kreis=, Bezirks=,
Provinzialausschüssen so viel Elemente sind, welche die Beamten=
schule durchgemacht. Ja selbst von unseren Parlamenten könnte
man sagen, daß ihre Größen und Parteiführer dem Beamtentum
entstammen. Von unserem großen Staatsmann, der das Deutsche
Reich begründet, könnte man sagen, er habe so Unvergleichliches
nur geleistet, weil er fähig war, vom Junkertum sich zu erheben
zum Beamtentum.   ·

Mögen wir uns also heute je nach unseren Sympathien
freuen, daß dem traditionellen Beamtentum ein selbstbewußter
Stand von Großgrundbesitzern, ein freier Bauernstand, eine kühne
Bankokratie und ein kapitalkräftiger Handelsstand, ein gebildetes
Bürgertum und ein Arbeiterstand, der seine Interessen selbst
wahrnehmen und verfechten will, gegenüberstehen. Das ist gewiß

berechtigt. Aber seien wir uns dabei des Einen bewußt: daß
es nicht zum brutalen Klassenkampf zwischen diesen Elementen
kommen werde, dafür bürgt uns auch heute im wesentlichen nur
die Monarchie und das Beamtentum Deutschlands, wie sie kein
anderes Land der Welt ebenso hat!

VI.

Das brandenburgisch=preußische Innungs= wesen von 1640 bis 1800,

hauptsächlich

die Reform unter Friedrich Wilhelm I.

Während in Frankreich und England die Innungen der kleinen Gewerbetreibenden seit nächstens hundert Jahren zu den antiquarischen Altertümern gehören, mit denen nur der Historiker und dieser selten genug sich beschäftigt, ist bei uns in Deutsch- land die Innungsfrage noch eine brennende Angelegenheit der Tagespolitik und öffentlichen Agitation, obwohl gewerbe- freiheitliche Gesetze in einer Reihe deutscher Staaten nun auch schon seit fast drei Menschenaltern erlassen wurden. Gewiß ist diese eigentümliche Erscheinung zu einem wesentlichen Teil auf die ältere wirtschaftliche Kultur der Weststaaten, die jüngere Deutschlands zurückzuführen. Frankreich und England haben größere Reste antiken Gewerbe= und Stadtlebens behalten; sie haben durch ihre aufgeschlossene Lage eine ältere Industrie- entwickelung im Mittelalter gehabt. Wenn die deutschen Städte vom 13. Jahrhundert an den Städten jener Länder dann rasch gefolgt, ja sie im 15. und 16. teilweise übertroffen haben, so erfolgte dann dafür bei uns von 1550—1700 ein Stillstand und Rückgang der städtischen und gewerblichen Kultur, wie ihn England und Frankreich nie erlebt haben. Fast trat wieder ein Zustand rein agrarischen Lebens ein; die gewerbliche Thätigkeit mußte teilweise wieder wie aus frischer Wurzel sich entwickeln, konnte lange den Weststaaten nicht folgen. Es war natürlich, daß die neuere Technik, die Großindustrie, die verbesserten Verkehrsmittel auch in unserem Jahrhundert sich bei uns langsamer Bahn brachen. All das mußte das Handwerk alter Art länger und breiter erhalten, als dort.

Aber doch wäre es falsch, den Gegensatz so allein, gleichsam chronologisch, erklären zu wollen; das deutsche Innungswesen ist nicht bloß eine spätere, sondern es ist auch eine von Haus aus anders geartete Organisation, als das englische und französische. Es wurzelte von Anfang an tiefer, sog reichere Nahrung aus den ungebrocheneren Traditionen des alten Stammes-, Geschlechter- und Genossenschaftslebens, fand unvollkommenere Staatsein- richtungen, ein anderes Städtewesen, eine andere, eine weniger entwickelte königliche Gewalt sich gegenüber.

Englands hat einer centralen Staatsgewalt seit den Tagen Wilhelms des Eroberers nie entbehrt; Frankreich hat seit Ludwig dem Heiligen, noch mehr seit Ludwig XI. ein energisches Königtum besessen. Die Städte sind hier nie in dem Maße wie in Deutschland zu selbständigen Republiken mit eigener Politik geworden; so weit sie es waren, wurden sie viel früher der staatlichen Gewalt und den staatlichen Wirtschaftsinteressen unter- geordnet. Die französischen Gewerbegesetze von 1581 und 1597, sowie andere Maßregeln des 16. Jahrhunderts machten die französischen Innungen schon halb zu Staats- und Finanz- anstalten; ihr weiteres Schicksal hing von da an aufs engste mit der Blüte und der Entartung der Krone und mit ihren Finanzkünsten zusammen; nur vorübergehend verstand die Folge- zeit, hauptsächlich Colbert, sie zu einem Gliede einer gesunden staatlichen Wirtschaftspolitik zu machen. In England blieb das Innungswesen eine rein lokale, auf die älteren Städte beschränkte Institution; die Krone nahm in der Reformationszeit allen Gilden außer den Londoner ihr Vermögen und drückte sie da- durch zur Bedeutungslosigkeit herab. Zu einer allgemeinen

staatlichen Innungspolitik oder staatlichen Innungsgesetzgebung
kam man überhaupt nie. Denn das Lehrlingsgesetz der Elisabeth,
so bedeutungsvoll es war, steht doch nicht in gleicher Linie mit
einer staatlichen Innungsgesetzgebung, wie sie in Deutschland sich
ausbildete. Der volkswirtschaftliche Aufschwung des 17. und
18. Jahrhunderts vollzog sich hauptsächlich außerhalb jener alten
Stadtthore, innerhalb deren allein das Innungsrecht galt.

In Deutschland blieben bis ins 18., ja bis ins 19. Jahrhundert die wichtigsten Sitze alter städtischer Kultur außerhalb
der neu sich bildenden Territorialstaaten. Neben den Reichsstädten standen bis gegen 1700 die halb unabhängigen sog.
civitates mixtae, wie Bremen, Erfurt, Magdeburg und andere,
und selbst die größern Landstädte behielten bis Anfang des
18. Jahrhunderts in Preußen, bis Anfang des 19. in den
meisten anderen Staaten eine weitgehende wirtschaftliche Selbständigkeit. Bis tief ins 16., ja bis ins 17. Jahrhundert reicht
die Zeit der Neubildung von städtischen Innungen; das städtische
Innungsrecht erhält seine definitive Ausbildung, zumal im Osten,
erst um diese Zeit. Und wenn dagegen schon laut über die
Innungsmißbräuche geklagt wurde, die ganze volkswirtschaftliche
Blüte der Städte bis zum 30jährigen Krieg hing in tiefster
Wurzel doch mit dem Innungswesen zusammen. Die Innungen
waren unentbehrliche Glieder der städtischen Verfassung und
Verwaltung; zwischen Patriziat und Gemeinde in der Mitte
stehend, durch feste Traditionen beherrscht, einen tüchtigen Mittelstand repräsentierend, gaben sie teils den Ausschlag, teils waren
sie wenigstens ein wichtiger Faktor, ein angesehener Vertretungs-
körper, wie die brandenburgischen Viergewerke, neben den Kaufleuten und Patriziern, die den Rat beherrschten. Eine Menge
städtischer Verwaltungsaufgaben lag in ihrer Hand. Und weiter
waren sie zu wichtigen Instrumenten der Stadtwirtschaftspolitik
geworden. Eine selbständige städtische Wirtschaftspolitik verfolgte jeder tüchtige Bürgermeister, jedes intelligente Rats-
kollegium so lange als irgend möglich. Und breiter Spielraum
war dafür in Deutschland bis ins 19. Jahrhundert vorhanden;

er war vorhanden, so lange kein großer Verkehr existierte, so
lange für jede Stadt der Tausch mit dem umgebenden Lande
und die Beziehungen zu den nächstgelegenen Land= und Kon=
kurrenzstädten die Hauptsache war, und so lange nicht eine für=
sorgende und weiterblickende Staatsgewalt dem Rat die Zügel
der Wirtschaftspolitik aus der Hand genommen. Bis dahin
war es Pflicht des Rates, nicht bloß durch Verträge mit Nachbar=
städten und =Staaten, durch Straßen= und Brückenbau, durch
Zoll= und Münzordnung, durch Jahrmarkts= und Meßordnung,
durch Fremden= und Hausierrecht, durch Marktordnung und Aus=
und Einfuhrverbote, durch Marktgebühren und differenzielle in=
direkte Steuern, sondern wesentlich auch durch stete Fortbildung
des Innungsrechtes, durch richtige Abgrenzung der Innungen
gegeneinander, durch Sorge für neue Gewerbe, für richtige Be=
setzung der alten, durch etwaige zeitweilige Schließung der
Innung und zeitweilige Zulassung der Landkonkurrenz für die
Blüte von Handel und Gewerbe der Stadt zu sorgen. Alle
diese Institute waren Elemente der Konkurrenzregulierung. Die
Quintessenz aller Stadtpolitik ist nach Joh. Joachim Becher,
dessen Schriften die Zeit von 1660—1730 beherrschen, noch die
Verhinderung des Monopoliums und des Polypoliums, d. h. die
städtische Konkurrenzregulierung. So lange eine selbständige
Stadt wirtschaftspolitisch im vollen Sinne des Wortes bestand,
mußte auch eine städtische Innungspolitik fortdauern, mußte das
Innungswesen trotz gewisser Mißbräuche, trotz der beginnenden
Behandlung der Innungsrechte und =Statuten als wohlerworbener
Privatrechte, trotz aller Kämpfe der Innungen unter einander
und mit dem Rat die alten Wurzeln seiner Kraft behalten. Die
Innung war nicht bloß ein hergebrachtes Institut des genossen=
schaftlichen städtischen Lebens, sie war ein notwendiges Rad
in der Stadtmaschinerie, sie war das richtige Gefäß für die
Interessenkämpfe einer der wichtigsten Gruppen von Bürgern
innerhalb der Stadtgemeinde.

Anders wurde es nach und nach da, wo die Territorial=
staatsgewalt aufkam, und in dem Maße, als sie aufkam und als

sie anfing, ihre wirtschaftlichen Aufgaben zu begreifen. Das alte
Innungswesen, das in erster Linie ein Produkt der Stadt=
wirtschaftspolitik gewesen war, mußte sich Tendenzen fügen,
welche dem territorialen Markt, der territorialen Wirtschafts=
politik entnommen waren. Neben die städtischen Statuten traten
Landesgesetze, neben die lokalen Landesinnungen. So fest die
alten Traditionen saßen, so sehr städtische Anschauungen auch
in der neuen Gesetzordnung noch vorherrschend blieben, es ent=
stand doch im Laufe des 18. Jahrhunders, und am ausge=
prägtesten im brandenburgisch=preußischen Staate, ein gänzlich
verändertes Innungswesen.

Ich habe darauf im allgemeinen schon in anderem Zu=
sammenhang aufmerksam gemacht[1] und auch den Gang der
Innungsentwickelung in Preußen übersichtlich bei Erörterung
der Verwaltung des Herzogtums Magdeburg angedeutet[2]. Die
Thätigkeit der preußischen Regenten von 1640—1713 in dieser
Beziehung ist von Moritz Meyer dargestellt worden[3]. Hier soll
ein Überblick über das preußische Innungswesen von 1640—1800
gegeben, hauptsächlich aber die abschließende Reformpolitik
Friedrich Wilhelms I. erzählt werden. Sie ist politisch ein Stück
desselben Kampfes der absoluten Staatsgewalt gegen die alten
Korporationen, den ich bezüglich der Städte schon vor Jahren
dargelegt habe[4]. Sie ist wirtschaftlich der Versuch, die alten
städtischen Innungen in eine staatliche Institution zu verwandeln.
Was hauptsächlich in den Jahren 1730—40 in Preußen ange=
ordnet wurde, blieb die Basis der kleingewerblichen Zustände bis
auf unsere Tage; die vermittelnden deutschen Gewerbeordnungen
von 1830—55 ziehen eigentlich nur das Facit von dem, was

---

[1] Jahrbuch für Gesetzgebung 2c. (1884) VIII, 1, 25 ff.; jetzt oben S. 14 ff.

[2] Daf. XI, 4, 36 ff.

[3] Die Handwerkerpolitik des Großen Kurfürsten und König Friedrichs I.
Minden 1884.

[4] Das Städtewesen unter Friedrich Wilhelm I., fünf Artikel in der
Zeitschrift für preußische Geschichte und Landeskunde Bd. VIII. X. XI. XII.
1871—75.

im 18. Jahrhundert geschehen ist. Das Reichsgesetz von 1731
gegen die Handwerksmißbräuche ist ein von Preußen am Reichstag durchgesetztes Glied der damaligen Reformpolitik. An seine
Durchführung schließen sich die meisten territorialen deutschen
Gewerbegesetze des 18. Jahrhunderts, wie sie Ortloff[1] so brauchbar zusammengestellt hat.

Für unsere Darstellung kommen in Betracht 1) zur Vergleichung mit der Zeit bis 1600 die zahlreichen brandenburgischen
Gewerbeurkunden in Riedels Codex Diplomaticus
Brandenburgensis; 2) für die Epoche von 1640—1700
die von Moritz Meyer abgedruckten Innungsstatute aus dieser
Zeit, 3) die in Mylius' (hauptsächlich Bd. V) brandenburgisch-
preußischer Ediktensammlung abgedruckten Edikte und Erlasse,
die sich auf das Innungswesen beziehen; der Anhang zum zweiten
Teil des V. Bandes enthält auf 618 Spalten die 1734—36
veränderten brandenburgischen Innungsstatuten, die bis zu der
Revision auf Grund der Gewerbeordnung von 1845 in Gültigkeit blieben. Endlich habe ich 4) zahlreiche Akten des Berliner
Staatsarchivs benutzt, sowie eine Sammlung von Abschriften
brandenburgischer und anderer preußischer Innungsstatuten des
13. bis 18. Jahrhunderts mir herstellen lassen.

Die Verhandlungen des Regensburger Reichstages von
1666—1672 über Innungsangelegenheiten hat M. Meyer in
dem oben erwähnten Werke genügend dargestellt; darauf brauche
ich gar nicht zurückzukommen; die äußeren Thatsachen der beginnenden brandenburgisch-preußischen Innungsreform bis 1713
hat er auch ziemlich vollständig verzeichnet, so daß ich in dieser
Beziehung kurz sein kann. Was sie aber bis 1713 erreicht hatte,
ersieht man aus seiner Darstellung so wenig, als dieselbe uns
ein anschauliches Bild der Innungszustände giebt, das die Reform
erklärte. Ich muß daher doch zuerst auf die Zustände vor 1713
einen Blick werfen, will dann auseinandersetzen, was bis 1713
und von 1713 bis zum Erlaß des Reichsgesetzes von 1731 in

---

[1] Corpus juris opificiarii. Erste Aufl. 1803, zweite 1820.

Preußen geschah, ferner die Entstehung dieses Gesetzes und der daran sich schließenden preußischen Verordnungen und Statuten erzählen, endlich das hierdurch reformierte neue Innungsrecht kurz schildern.

Meine archivalischen Studien, Auszüge und Abschriften über die Frage stammen aus dem Frühjahr 1873; auch einen Teil der hier folgenden Darstellung habe ich unmittelbar nachher gemacht und seitdem zu Vorlesungen und in meinen Übungen benutzt. Durch diesen Kanal ist einzelnes von meinen Ergebnissen schon in die Litteratur übergegangen, z. B. die Erzählung, welche Schanz in seiner Geschichte der deutschen Gesellenverbände (1877) S. 139 giebt.

1.

Die brandenburgisch-preußischen Innungszustände bis gegen 1700.

Die erste wirtschaftliche Blüte der Mark Brandenburg fällt mit der Eroberung, der Kolonisation und Städtegründung zusammen (1160—1320). In der Epoche von 1411—1620 hat sich der Anbau, die städtische Bevölkerung, der allgemeine Wohlstand noch einmal unzweifelhaft gehoben; die Zeit von 1420 bis 1530 ist eine Epoche großer städtischer und kirchlicher Bauten, die zweite Hälfte des 16. Jahrhunderts eine Zeit mancherlei technischer Fortschritte und behaglichen Wohllebens. Berlin-Cöln hatte um 1600 gegen 14 000, Brandenburg und Frankfurt wohl je über 10 000 Einwohner, Stendal etwa 8000, Salzwedel 6000 Seelen. Außerdem können wir für diese Zeit mit Jastrow noch etwa 26 Städte mit 1200—5000 Seelen annehmen, während der Rest der Städte (42) auf eine Seelenzahl von unter 12—1500 zu setzen ist[1].

Aber fast alle diese Städte, selbst die größeren, hatten noch immer einen überwiegend landwirtschaftlichen Charakter; die

---

[1] J. Jastrow, Die Volkszahl deutscher Städte zu Ende des Mittelalters und zu Beginn der Neuzeit (1886) 206—209.

Hufen= und Brauhausbesitzer waren die wohlhabenden Leute, waren die Nachfolger des ursprünglich mit dem Landadel fast zusammenfallenden Patriziats; nur in den größeren spielte da= neben eine kaufmännische, in den Gewandschneidergilden sich sammelnde Aristokratie eine Rolle, die aber immer mit der der Seestädte oder der Magdeburgs, Leipzigs und Breslaus sich nicht recht messen konnte. Noch weniger konnte die ganze städtische Kultur und Industrie mit der des deutschen Südwestens ver= glichen werden; es war immer noch ein halbrohes Kolonialleben; erst die Reformation hatte die Anfänge einer höheren geistigen Kultur verbreitet. Die Möglichkeit wirtschaftlichen Fortschritts war für das Land seit dem Rückgang der Hansa, dem Vor= bringen Polens, dem Aufschwung Sachsens, seit der Sperrung des Oderhandels (1572), seitdem Danzig, Hamburg, Breslau und Leipzig den märkischen Handelsstädten Luft und Licht nahmen, immer weniger vorhanden. Handel und Gewerbe stockten in der zweiten Hälfte des 16. Jahrhunderts immer mehr. Das Land hatte keinen festen Mittelpunkt und seit Joachims I. Tode keine feste und sichere, keine sparsame politische und wirtschaftliche Leitung mehr. Selbst die Ausfuhr von Getreide und Wolle, Holz und anderen Rohstoffen stockte oftmals. Die lange Friedens= zeit mochte zunächst noch die Schäden verdecken. Von 1600 an waren die Klagen allgemein[1].

War die Brauerei und Tuchmacherei der Städte bis gegen 1618 eine ziemlich bedeutende, blühten in einzelnen Städten auch andere Gewerbe, wie die Töpferei, im großen und ganzen war von einer höheren gewerblichen Entwickelung nie die Rede ge= wesen. Bis ins sechzehnte Jahrhundert finden wir in den brandenburgischen Städten fast nur die alten, ich möchte sagen elementaren Gewerbe, die Bäcker, die Schlächter, die Schuh= macher und Gerber, die noch nicht geschieden sind, die Tuch= macher, die Leineweber, die Schneider und die Kürschner zünftig

[1] Vergl. meine Ausführungen im Jahrbuch für Gesetzgebung 2c. VIII, 1884, 2, 34 ff.

Schmoller, Umrisse. 21

organisiert; sie sind teilweise recht zahlreich vertreten; Frank=
furt a. O. zählt z. B. 1308 52 Fleischbänke, Berlin=Cöln 54,
während Danzig 1376 49, Lübeck 1383 50 Fleischer hat. Andere
Gewerbe treten uns in den Urkunden meist erst im sechzehnten
Jahrhundert entgegen; manche erhalten damals Innungsrecht
und Statuten, wie die Grobschmiede, die Huf= und Waffen=
schmiede, die Zinngießer, die Goldschmiede, die Maurer, die Hut=
macher, die Beutler und Weißgerber, die Riemer und Gürtler,
die Böttcher; auch die Fischer, Brauer, Weingärtner, Müller
und Bader geben sich in dieser Zeit zünftige Organisation. Von
manchen Handwerken treffen wir einen einzigen Meister für die
ganze Mark, teilweise vom Kurfürsten angestellt; so 1551 einen
Pergamentmacher aus Regensburg, 1586 einen Messingschläger
wahrscheinlich aus Nürnberg, 1590 einen Messerschmied von
Leipzig, dann vereinzelte Schwarzfärber, Seidensticker und Hosen=
stricker. Apotheken sind nur wenige in den größeren Städten;
Wriezen erhält eine 1593, Rathenow 1612; zum Schloßbau
1579 mußte man 30 sächsische Maurer kommen lassen. Die
mannigfach 1580—1620 angestellten Versuche, die Tuchindustrie
durch Hereinziehung sächsischer und anderer fremder Unternehmer,
Färber und Tuchbereiter zu heben, sind wenigstens für die Mehr=
zahl der Städte ohne Erfolg gewesen[1]. Vollends nach dem
großen Kriege fehlt es überall, vor allem in Berlin an den
besseren und feineren Handwerken gänzlich. Der Kurfürst bringt
sich 1647 einen Zimmermann aus dem Haag mit und schreibt,
er wolle sich auch um einen Baumeister und Steinmetzen be=
mühen. Sehr viele im Westen Deutschlands seit Jahrhunderten
heimische Handwerke haben erst unter der Regierung dieses
Fürsten Innungsrechte erhalten.

Eine führende Rolle haben die Innungen in den branden=
burgischen Städten nie gespielt, wenn auch zeitweise die Schlächter
und Tuchmacher, die Bäcker und Schuhmacher dem städtischen
Patriziat sehr heiß gemacht haben. Aber sie wurden stets wieder

---

[1] B. St. A. Abt. I Rep. 9. J. J. 1.

rasch unterdrückt; sie standen, wie im Osten und Norden Deutsch=
lands ganz überwiegend, stets unter einem strengen Ratsregimente.
Die fürstliche Politik brauchte die Innungen ab und zu gegen
die patrizischen Räte, wie 1448 in Berlin und noch 1667 in
der Altmark zum Zweck der Acciseeinführung. Aber im ganzen
überwog doch auch in der Regierung stets die Absicht, die
Innungen dem Rate und seiner Machtgewalt unterthänig zu
erhalten.

Mehr und viel länger als im Westen und auch als in den
Hansestädten überwog in Brandenburg der bloß mündlich über=
lieferte Innungsbrauch die schriftliche Fixierung. Das erschwert
die Erkenntnis der geschichtlichen Entwickelung der Innungen.
Aber wir können trotzdem aus dem Vergleich der früheren und
späteren Urkunden ziemlich sicher schließen, wann die Innungen
engherziger sich abschlossen, Lehrlingschaft, Meisterstück, Mut=
und Wanderjahre zu fordern anfingen.

Unter den 87 brandenburgischen Innungsurkunden, die ich
in meiner Abschriftensammlung bis 1411 zähle, sind nur ganz
wenige, die mehr als ein paar Sätze enthalten. Es handelt sich
meist um die Schlichtung eines bestimmten Streites, um die
Verleihung eines bestimmten Rechtes, um Ratsentscheidungen über
dieses und jenes, um Eide für die Älterleute, Rechtsweisungen
über die Bankgerechtigkeiten und derartiges. Von all dem
Einzelnen, was das spätere eigentliche Zunftrecht ausmacht, ist
noch kaum die Rede. Und auch die 70—80 Urkunden, welche
mir aus der Zeit von 1411—1500 vorliegen, haben keinen sehr
viel anderen Charakter. Nur ganz wenige der jetzt überwiegend
deutsch geschriebenen, vom Rate erlassenen Privilegien oder vom
Rate bestätigten Innungswillküren haben einen etwas ein=
gehenderen Charakter, haben bereits einen Umfang von etwa
1000—3000 Silben; doch handelt es sich auch in ihnen noch
weniger um ein detailliertes Innungsrecht, als z. B. um naive,
breite Wiedergabe der Reden, mit welchen die Morgensprache
eröffnet wird, oder um genaue privatrechtliche Ordnung der

Vererbung, Verkaufung oder Verpfändung der Scharren und Bänke.

Erst nach 1500 und vollends nach dem Siege der Reformation, nach der durch sie verbreiteten Schulbildung nehmen die brandenburgischen Innungsstatuten einen anderen und einen breiteren Charakter ein. Wir treffen jetzt schon neben den Meister= eingehende Gesellenstatuten. Die Eintrittsbedingungen werden genauer festgestellt, ein Geburtsbrief wird gefordert, das Meisterstück beschrieben; eine genauere Ein= und Verkaufsordnung ist häufig vorhanden; die Sitten=, Essens=, Trinkregeln werden breiter. Die Fernhaltung unliebsamer Konkurrenz erscheint in immer mehr Fällen als das Motiv der Erbittung und Erteilung von Gilde= und Innungsrecht. Die Zahl der innungsmäßig organisierten Gewerbe wächst entsprechend der steigenden Arbeitsteilung wenigstens in den größeren Städten. Der Kampf gegen das aufkommende Landhandwerk wird eine immer bringlichere Angelegenheit. Stadt und Land zanken sich darüber auf den Landtagen, auf denen man sich, wie z. B. 1550, zu der nichtssagenden, dehnbaren Formel vereinigt, es solle bezüglich des Landhandwerks wie vor alters gehalten werden. Einzelne Gewerke, z. B. die Leineweber aller Städte, setzen 1545 ein kurfürstliches Privileg[1] durch, daß alle Landmeister in der nächsten Stadt Gewerk und Innung gewinnen müßten. Die brandenburgischen Landschmiede werden durch eine Entscheidung des Kammergerichts von 1559 den Stadtinnungen unterstellt. Vor allem aber gegen Schluß des sechzehnten Jahrhunderts wächst die Red= und Schreibseligkeit der Statuten nun in der Weise, wie sie sich darin bis 1713 erhält; der Umfang überschreitet bereits 3000, geht bis zu 4—5000 Silben. Aus 10 und 15 werden 25 und 50 Artikel.

Die treibende Ursache der meisten Veränderungen bleibt in dieser ganzen Zeit der Wunsch der Handwerker selbst; aus ihrer Initiative gehen die meisten Statuten und Statutenänderungen

---

[1] Fidicin, Histor.=dipl. Beitr. z. Gesch. d. Stadt Berlin II, 380.

hervor; was Rat oder Landesherrschaft dazu thut oder ändert,
ist verschwindend. Daher auch die bunteste Mannigfaltigkeit in
der Anordnung und in den materiellen Bestimmungen. Die
Innungen derselben Stadt haben die verschiedensten Zahlen=
ansätze über Lehr= und Wanderjahre, über Eintrittsgebühren und
Strafgelder. Die Wahl der Meister ist in derselben Stadt in
den einzelnen Innungen verschieden geordnet. Die Gesamttendenz
freilich, in welcher die Statuten nach und nach sich ändern, ist
dieselbe. Erst in dieser Zeit vollendet sich die Einrichtung der
Mut= und Wanderjahre. Die Eintrittsgelder steigen auf 15 und
mehr Thaler; es wird nunmehr aufs genaueste im Statut an=
gegeben, was und wie viel der Rat, das Amt, die Gildemeister,
die Diener, der Schreiber davon erhalten; die Mahlzeiten werden
genau beschrieben, z. B. „vier Gerichte, darunter ein gebratenes";
die Tonnen Bier, wer sie liefern muß, wer sie trinken darf, alles
ist verzeichnet. Die Bestimmungen über ehrliche Geburt werden
genauer: „ehrliche Geburt, ehrliches Leben und Wandel, mit
keinerlei Unthat befleckt". Auch die Hausfrauen, wenn sie von
außerhalb der Zunft stammen, müssen das beweisen (Wittstock
1572); teilweise wird eine Ahnenprobe, vier Ahnen von beiden
Seiten verlangt. Der Meister muß erklären, daß, wenn ihm
oder seiner Frauen ein böser Leumund und Gerücht erschalle
und solcher bewiesen würde, er gutwillig aus der Gilde scheide,
sich an kein ander weltlich oder geistlich Gericht dagegen wende,
sich auch nicht mit kurfürstlichen Privilegien und Begnadigungen
dagegen schütze. Die Vorzüge der Meistersöhne und Töchter,
welche von alter Zeit her hier, wie überall, bestehen, werden
genau auf die beschränkt, die geboren sind, seit der Vater die
Gilde hat. Die Kontrolle des Lehrlingswesens wird der ganzen
Zunft unterstellt.

Es entstehen viel genauere Abgrenzungen der Gewerkszweige
gegeneinander. Die Händel in dieser Beziehung blühen. Die
Magistrate und Gerichte gefallen sich in immer subtileren Unter=
scheidungen, die, in der Regel nach der Zahl der konkurrierenden
Personen, nach augenblicklichen Umständen getroffen, nachher

nicht mehr paffen. Und nicht bloß dem Schneider wird verboten einen Pelzkragen anzunähen; die Abgrenzung des Kram-
handels von dem, was jeder Bürger treiben durfte, war viel
schwieriger, das Vorgeschriebene viel zufälliger. Gewiffe weiße
Mützen follen in Wittstock nur die Krämer für gewöhnlich feil
haben, zur Jahrmarktszeit aber auch die Bürger; pfundweise
darf nur der Krämer Hirse verkaufen, in größeren Quantitäten
aber jeder. Drei Tage im Jahre darf der Wittstocker Krämer
außerhalb seines Hauses auslegen; in anderen Orten wird das
ganz verboten. Wer Gewand schneiden will, soll seinen Kram-
laden verkaufen. Wer Schöngewandschneider werden will, muß
Schlagholz und Handwerk niederlegen.

Die geschloffene Meisterzahl erscheint immer häufiger; 1637
z. B. beschließen die Berliner 44 Fischer, sich als geschloffene
Gilde zu konstituieren, fremde Fischhändler, die mit Waren
kommen, gar nicht mehr zuzulaffen, fremde Fischer nur an bestimmten Tagen und Märkten.

Trotzdem wäre es ganz falsch, sich die märkischen Innungen
als besonders entartet vorzustellen. Auch das deutsche Zunftwesen überhaupt ist gegen 1600—1700 nicht so schlimm, wie
man es oft vorstellt. Es hat noch unendlich viel gesunden
moralischen Kern; der Geist der Reformation hatte seine Früchte
auch im Bürgertum getragen; eine hausbackene, aber strenge
Moral, ein ernster Zug und tüchtiger genoffenschaftlicher Sinn
geht durch diese Zunftstatuten des sechzehnten und siebzehnten
Jahrhunderts. Die Technik der Zeit, der Verkehr und die
Arbeitsteilung fangen, zumal hier im Nordosten, eben erst an,
in leisen Anfängen über die Zunfteinrichtung und die städtische
Wirtschaftspolitik hinauszuwachsen. Die Mißbräuche der Zünfte
sind vielfach dieselben, die man schon im vierzehnten Jahrhundert
im Südwesten getroffen und dann wieder beseitigt hatte.

Aber dazu fehlte jetzt die Kraft. Eine träge lange Zeit
politischen und wirtschaftlichen Stillstandes hatte nur das Wohlleben, den Luxus und den kleinlichen Neid gefördert. Und in
den märkischen Gebieten, wie in den ganzen Kolonialgebieten

jenſeits der Elbe, zeigte ſich dieſer Zug der Zeit wohl noch roher und derber, als anderwärts in Deutſchland. Wie Sebaſtian Frank die Niederſachſen die ärgſten Bierſäufer nennt, wie Münſter von ihnen behauptet, ſie tränken ſo lange fort, bis ſie wieder nüchtern würden, ſo meint der Abt Trithemius von den Märkern, daß gar viele durch den Soff ihren Tod beſchleunigten und daß ſie hierin die übrigen Deutſchen überträfen. Die Feſte und Quartale der Meiſter und Geſellen erlangten eine die Grenzen des Erlaubten überſchreitende Bedeutung; ſie wurden mit großem Pompe, mit Umzügen und Begehungen im Freien abgehalten. Fahne und Lade wurden in feierlichem Zuge zum neuen Alt= meiſter gebracht; die Familien und Freunde nahmen am Gilde= bier teil. Beſonders hoch ging es in Berlin bei vielen dieſer Feſte her: die Meiſter aus Brandenburg, Frankfurt, Prenzlau, Ruppin, Fürſtenwalde und vielen kleinen Städten der Mittel= und Uckermark kamen zuſammen und feierten mit den ·Berlinern das Hauptquartal ihrer Geſamtlade[1].

Das Wichtigſte aber war zuletzt der Charakter der regieren= den Stadträte. Die Innungen haben ſich überall nur geſund erhalten, wo eine kräftige und intelligente Stadtgewalt über ihnen ſtand und ſie jederzeit in ihre Grenzen wies. Jetzt — gegen 1600 — war auch in dieſen märkiſchen, oligarchiſch ſich abſchließenden Bürgermeiſter=, Patrizier= und Brauercliquen mehr Luxus als Bildung, mehr Hoffart und Übermut als Tüchtigkeit und Kraft; das Intereſſe reichte über die Ratsſtube, die Stadtkirche und die Kanzel nicht mehr hinaus; man klagte über ſchwere Zeiten und die Schelmerei und die Praktiken der großen Herren und fiſchte dabei ſelbſt in immer ſchamloſerer Weiſe im Trüben, ließ alles im alten Schlendrian gehen, ſah aus Gefälligkeit den reichen Meiſtern durch die Finger. Und deshalb iſt es auch erklärlich, daß die in zahlreichen Statuten des ſechzehnten Jahrhunderts erwähnte Anweſenheit des Rats= deputierten bei dem Quartal die ſteigende Mißbilligung des Zunft=

---

wesens nicht hinderte. Mit der wachsenden wirtschaftlichen Not
und Engherzigkeit waren die Räte auch immer bereiter, kurzsichtige Beschlüsse der Innungen zu genehmigen und der kurfürstlichen Lehnskanzlei zur Bestätigung vorzulegen. Und jeder
schriftlich fixierte oder gar von oben genehmigte Beschluß der
Innung, besonders wenn er die Konkurrenzregulierung betraf,
hatte durch diese Fixierung eine andere Bedeutung; er wurde
zum wohlerworbenen Recht.

Hatte früher der Rat einmal genehmigt, daß ein oder zwei
Jahre kein neuer Meister aufgenommen werde, weil es an Absatz
fehle, so stand jetzt im Statut, daß das Gewerk auf sechs Bäcker
beschränkt sei, und dabei blieb es nun. Hatte in älterer Zeit
der Rat einmal den Krämern oder den fremden Händlern im
Jahrmarkt den Verkauf einer Ware erschwert, es war vorübergehend gewesen; jetzt wurde für immer jede solche Schranke
in die Statuten aufgenommen; neue kamen hinzu, die alten
wurden nie mehr beseitigt; die einflußreichen Brauer, Bäcker,
Fleischer, Krämer arbeiteten sich dabei gegenseitig in die Hände.
Was einst eine je nach den Konjunkturen schwankende Maßregel
der städtischen Wirtschaftspolitik gewesen, wurde jetzt mehr und
mehr ein wachsendes Bollwerk gegen jede Konkurrenz. Die geschriebenen Briefe erschienen nicht mehr als widerrufliche Verwaltungsmaßregeln, sondern als Privilegien und jura quaesita,
über die man sich vor den Gerichten stritt, welche ein großer
Teil der Handwerksjuristen zu verteidigen bereit war, wie sie
jedes Eigentum verteidigten. Die Handwerksprozesse wuchsen
ins ungemessene; die schlechten und gewissenlosen Advokaten der
Zeit bemächtigten sich mit Freuden dieser Gelegenheit.

Daß sich auch die juristische Litteratur im siebzehnten Jahr-
hundert der Handwerksfragen annahm, war ein zweifelhaftes
Glück; denn im Anfang überwog jedenfalls die konservative
Richtung der älteren städtischen Juristen. Es seien nur einige
dieser Schriften genannt: A. Bloth, De jure opificum 1624;
E. F. Schröter, De collegiis opificum 1655; G. Fabricius,
De collegiis opificum 1665; J. Strauch, De jure collegiorum

opificum 1669; Textor, De jure opificum 1675; F. Philippi,
De collegiis opificum 1680; M. Rhobius, De jurisdictione
opificaria 1683. Erst die späteren juristischen Schriftsteller über
die Handwerksrechte, hauptsächlich Abrian Beyer mit seinen zahl=
losen in die Zeit von 1689—1695 fallenden Handwerksschriften,
gehören mehr der jüngeren, an Pufendorf sich anlehnenden, die
Staatshoheitsrechte betonenden, den Korporationen und Zünften
ungünstigen Richtung an[1].

Außer in den älteren Juristen und in den Advokaten des
siebzehnten Jahrhunderts fanden nun die wachsenden Zunft=
mißbräuche eine Stütze in der interlokalen Organisation des
deutschen Handwerks, d. h. in den Haupt= und Nebenladen der
Meister, in den großen, an keine einzelne Stadt gebundenen
Innungen und in den über ganz Deutschland sich verbreitenden
und aufs engste zusammenhängenden Gesellenbruderschaften.

Es widerspricht meiner Behauptung, daß die Innung ur=
sprünglich wesentlich ein Organ der Stadtpolitik, eine rein lokale
Genossenschaft und Organisation war, nicht, wenn wir haupt=
sächlich seit dem fünfzehnten Jahrhundert im südwestlichen
Deutschland solch interlokale Verbindungen der Meister und Ge=
sellen entstehen sehen, welche sich dann im sechzehnten und sieb=
zehnten Jahrhundert über ganz Deutschland verbreiten. Seit
dieser Zeit erst entstand die Vorstellung, daß die Angehörigkeit
zu einer Innung eigentlich zum Wesen des Gewerbetreibenden
gehöre, während bis dahin nur die zahlreichsten Gruppen gleicher
Gewerbetreibender nach Innungsrecht getrachtet hatten. Seit
dieser Zeit ist der Verkehr, die Arbeitsteilung, der Handel
wenigstens in einzelnen Teilen Deutschlands über den alten
Rahmen der isolierten Stadtwirtschaft hinausgewachsen; es
haben größere Gesamtinteressen sich herausgebildet, die die Städte
ganzer Gegenden und ganze Territorien umfassen. Die Städte=

---

[1] Diese hat ausschließlich im Auge die Abhandlung von A. Bruber,
Die Behandlung der Handwerkskorporationen durch die Juristen des sieb=
zehnten und achtzehnten Jahrhunderts. Tüb. Zeitschr. f. Staatsw. (1880)
36, 484—503.

bündnisse, wie die Entstehung größerer Territorien, entsprangen
zuletzt demselben Bedürfnis, wie die Organisation der Hauptladen.
Es handelte sich um eine Zusammenfassung wirtschaftlicher und
politischer Kräfte für bestimmte Zwecke. Und je mehr die öffentliche Gewalt und staatliche Organisation hinter der Zeit zumal
im deutschen Südwesten zurückblieb, desto naturgemäßer sproßten
freie genossenschaftliche Bildungen auf. Die wirtschaftliche Organisation überholte die politische; und so gesund dies zunächst
scheinen mochte, so heilsam diese Bildungen zunächst wirkten, so
trugen sie doch, wenn die Reichsgewalt nicht wieder erstarkte
und sie unter eine Reichsgesetzgebung beugte, den Keim zu einer
ungesunden Mißbildung, zu einem unversöhnlichen Widerspruch
in sich: über kleine, teilweise rein agrarische Zwergstaaten lagern
sich große, über ganz Deutschland sich erstreckende gewerbliche
Interessenverbände. Mag man also auch betonen, daß in
dieser Handwerksorganisation noch das wichtigste sociale Band
der Einheit des deutschen Reiches damals gelegen habe[1], daß
der wandernde Handwerksbursche den einheitlichen Handwerksbrauch durch das ganze Reich getragen und so ein Stück Rechtseinheit gerettet habe, das kann ich nicht zugeben, daß in solchen
Zusammenhängen, ohne eine übergeordnete deutsche Centralgewalt,
ein Heilmittel gelegen hätte. — Sehen wir uns diese Organisation
einen Moment näher an! Auf Brandenburg-Preußen können
wir uns dabei nicht beschränken, wenn wir klar sehen wollen.

Die Meister haben in zweifacher Weise interlokal sich organisiert, teils in Verbänden, die als eine Zusammenfassung von
Individuen, teils in solchen, die als Bündnisse lokaler Innungen
sich darstellen.

Die ersteren gehören meist einer Art von Gewerbetreibenden
an, die nicht gerade sehr hoch stehen, zerstreut wohnen, auf einen
fahrenden hausierenden Betrieb angewiesen sind. So haben die
Keßler und Kaltschmiede[2], welche, wie man annimmt, aus den

[1] E. Gothein, Die oberrheinischen Lande vor und nach dem dreißigjährigen Kriege, Zeitschr. für Gesch. des Oberrheins N. F. I, 1, 19.
    [2] Chr. Fr. Sattler, Vom Keßler- oder Kaltschmids-Schutze älterer
Zeiten mit arch. Urkunden, 1781.

Harnischmachern hervorgegangen sind, die einstmals den Heeren gefolgt waren und unter den Schutz der militärischen Befehls= haber sich gestellt hatten, im südwestlichen Deutschland frühe acht Keßlerkreise unter dem Schutze verschiedener Dynasten gebildet, wozu z. B. Kurpfalz=Alzei, Hohenlohe, Brandenburg=Ansbach und Württemberg gehörten. Daran knüpfen sich wohl die späteren Kupferschmiedeinnungen, die meist über ganze Territorien ausgedehnt sind; eine württembergische konstituiert sich 1554, die kurmärkische 1608. Kaiser Sigismund erklärte die Hafner für ein Reichslehen und stellte sie unter den Schutz der Herren von Offenbach. Den Pfeifern und Spielleuten, diesen verachteten fahrenden Leuten, hatte Karl IV. ein Wappen verliehen und ihnen einen König der Spielleute gesetzt; daraus gingen dann provinzielle Bildungen hervor; das fahrende und fiedelnde Volk von Hauenstein bis zum Hagenauer Forst sammelte sich jährlich zum Pfeifertag unter dem Schutze der Herren von Rappoltstein[1]. Die Bader, bisher auch verachtete Leute, hatte Kaiser Wenzel begnadigt[2]. Wir sehen sie später überall in größeren Gruppen zusammentreten: die in der Altmark und Priegnitz erhalten 1669, die in der Neumark 1703 ein Privilegium. Auch die Schäfer= und Zieglerzünfte könnte man hierher rechnen. Alle diese Organi= sationen haben das Gemeinsame, daß ihre Mitglieder in ihrer Thätigkeit sich nicht auf eine bestimmte Stadt beschränken und daß der einheitliche Verband über weite Gebiete sich ausdehnt; die Genossen kommen jährlich einmal zusammen, wie z. B. die kurmärkischen Kupferschmiede zu Wriezen, von 1645 an zu Berlin; die württembergischen Kupferschmiede haben einen selbst= gewählten Schultheißen und zwölf Richter, die er versammelt, so oft er Gericht halten will.

Im Gegensatze hiezu gehen die großen Verbände der Stein= metzen, Schlosser, Tuchmacher, Messerschmiede und anderer, von einer Zusammenfassung städtischer Organisationen, den Bauhütten

---

[1] E. Barre, Über die Bruderschaft der Pfeifer im Elsaß, 1873.
[2] Goldast, Reichssatzungen (1712) II, 84.

und Innungen aus. Gerade angesehene, auf einer hohen Technik
beruhende Gewerbe wurden in den großen Mittelpunkten städti=
schen Verkehrs so getrieben, daß die dortigen Innungen frühe
als die Vorbilder weithin erschienen. Ihr Gericht und ihr
Spruch hatten dasselbe Ansehen wie die Schöppenstühle der
Mutterstädte für die Tochterstädte. Von daher holte man sich
die Statuten und in Zweifelsfällen Rat und Belehrung. Mit
den Städtetagen und =Bündnissen wuchs die Gelegenheit, sich zu
sehen, über gemeinsame Interessen, hauptsächlich seit das Wandern
aufkam und die Behandlung der Gesellen schwieriger wurde,
über gemeinsames Verhalten ihnen gegenüber zu beraten: gleiche
Lehrjahre, gleicher Handwerksbrauch überhaupt wurde mit steigen=
dem Verkehr ein nicht abzuweisendes Bedürfnis. Das konnte
nicht anders erreicht werden, als durch Gewerksbündnisse und
Zusammenkünfte, welche teils einen vorübergehenden Charakter
hatten, teils zu dauernden Organisationen führten. Über einzelne
Zusammenkünfte und Verabredungen hauptsächlich bezüglich der
Knechte haben wir mancherlei gedrucktes Material; so in den
hansischen Quellen für die wendischen Städte[1], in Korns
Schlesischen Urkunden zur Geschichte des Gewerberechts (1867)
für Schlesien, in Mones Zeitschrift für Geschichte des Ober=
rheins für Oberdeutschland. Von den dauernden Verbänden ist
der der Steinmetzen der wichtigste[2]. Er hat sich nach mancherlei
vorausgegangenen Beratungen in Regensburg 1459 eine feste
Verfassung gegeben, um die Unordnungen im Handwerk abzu=
stellen, die Zwietracht zu bannen. Er erhielt eine Reihe kaiser=
licher Genehmigungen von 1498—1621. Die lokale Innung
bildete das Hüttengericht; darüber standen Gaugerichte, die jähr=
lich zusammentraten, und über diesen die Hauptladen Straß=
burg, Wien, Regensburg,· später Bern (Zürich), und daneben
Magdeburg für die sächsischen Hütten; im siebzehnten Jahr=

---

[1] Vgl. hauptsächlich Rüdiger, Ältere Hamburger und hansestädtische
Handwerksgesellen=Dokumente, 1875.
[2] Heideloff, Die Bauhütte des Mittelalters, 1844; Janner, Die
Bauhütten des deutschen Mittelalters, 1876.

hundert erscheint auch Dresden als Vorort. Die Straßburger
Bauhütte bildete bis Anfang des achtzehnten Jahrhunderts die
oberste Instanz, wohin wichtige Streitfragen des Handwerks von
überall her aus dem Reich kommen konnten, obwohl das Ansehen
der Haupthütten längst gesunken war. Über die anderen ähn=
lichen Verbände sind wir leider schlecht unterrichtet. Marperger[1]
führt an, die Messerschmiede stünden unter den vier Brüder=
schaften von Wien, München, Heidelberg, Basel, die Näh= und
Stecknadelmacher hätten ihre Oberhauptlade in München und
Breslau, die angesehensten Flaschnerinnungen seien die zu Wien,
Regensburg und Danzig. Aus Berliner Akten ersehe ich, daß
die Regensburger Nadler (1720—1725), als einer ihrer armen
Meister eine Magd zur Verfertigung der Heftel an den Köpfen
gebraucht, sich an das Wiener Gewerk wenden und sehr unzufrieden
sind, daß dieses ihnen in dem Verbot nicht beistimmen will.
Von einem Bunde der Schlosser von Magdeburg, Braunschweig,
Hildesheim, Hannover, Goslar, Eimbeck, Göttingen, Celle, Hameln
und Nordhausen berichtet Stock[2]; sie beschlossen 1571, die Hand=
werksgewohnheit zu handhaben und sich einander die Hand zu
bieten, und erhielten dazu die Genehmigung Kaiser Maximilians II.
Die Danziger Anker= und Nagelschmiede bringen 1720 das ganze
entsprechende Gewerk in Kolberg in Verruf, weil es seine Treibe=
briefe nicht respektiert, und verlangen dann sogar, daß Meister
und Gesellen Kolbergs vor ihnen in Danzig erscheinen und sich
rechtfertigen[3]. Sie nehmen also das Recht einer Hauptlade in
Anspruch. Über den Bund der oberrheinischen, sund= und breis=
gauischen Hosenstricker=Brüderschaften und der dortigen Schwarz=
färber aus dem siebzehnten Jahrhundert, die beide kaiserliche
Genehmigung fanden, aber auch auf den Widerspruch der mark=
gräflich badischen Landesherrschaft stießen und im ganzen nicht
allzuviel erreichten, habe ich eine Anzahl Urkunden veröffentlicht

[1] Neueröffnetes Manufakturhaus, 1707.
[2] Neue Jahrb. d. Gesch. und Politik 1842, II, 341.
[3] Berl. Staatsarchiv.

und berichtet[1]. In den Akten des Berliner Staatsarchivs tritt
uns als eine noch zu Anfang des achtzehnten Jahrhunderts sehr
feste, über den ganzen Nordosten Deutschlands und Polen sich
erstreckende Organisation die der Tuchmacherzünfte entgegen;
Breslau, Bautzen, Fraustadt, Frankfurt a. O., Brandenburg sind
die Sitze der konkurrierenden Hauptzünfte, deren Gebiet aber
keineswegs klar geschieden ist, die durch verschiedene Sprüche tief
in das gewerbliche Leben der einzelnen Staaten und Territorien
eingreifen konnten.

Neben diesen je über eine Reihe von Territorien sich erstreckenden Verbänden sehen wir nun auch zahlreiche territoriale
Bildungen. Die weniger zahlreichen Handwerker bilden für das
ganze Territorium eine einzige Innung, die etwas zahlreicheren
gliedern sich in eine Art lokaler Unter- und territorialer Ober-
innung. Wir finden Beispiele dieser Art im Norden und Süden
Deutschlands; doch sind sie offenbar im letztern Teile des Reichs
mehr ausgebildet. Über pommersche Innungen der Weißgerber,
Kupferschmiede, Schwarzfärber, Tuchscherer und Schleifer, die
eine Reihe von Städten umfassen und teilweise regelmäßig in
Stettin, teilweise wechselnd an verschiedenen Orten ihre Jahres-
tage halten, berichtet Blümcke[2]. Als Hauptladen, die aus den
Städten der ganzen Mark ihre Zusammenkünfte jährlich in
Berlin festlich begehen, nennt Fidicin[3] die Seiler, Seifensieder,
Tuchscherer und Schwarzfärber. Die Bader und die Kupfer-
schmiede haben wir als landschaftliche Innungen der Mark schon
erwähnt[4]. Die Seiler des Herzogtums Magdeburg bilden eine
Landesinnung. Wir werden weiter unten sehen, daß auch im

---

[1] Die Straßburger Tucher- und Weberzunft (1879) 237, 287, 291,
297, 539.

[2] Die Handwerkszünfte im mittelalterlichen Stettin (1884) 29 u. 153.

[3] a. a. O. V, 454.

[4] Vereinzelte ältere brandenburgische Privilegien, wie das Kurfürst
Friedrichs für die Maler der Kurmark 1463 (Raumer cod. dipl. I, 231),
das dasselben Fürsten für die Züchner und Leineweber der ganzen Mark
(Riedel, Cod. dipl. III, 1, 469), das von Kurfürst Joachim II. für die
Leineweber zahlreicher Städte der Mark 1545 (Fidicin, Hist.-dipl. Beitr. II,

achtzehnten Jahrhundert noch manche Innungen einheitlich die ganze Provinz umfassen. Gothein sagt[1]: Die Ausbildung der Landeszunftverfassungen ist am deutlichsten im Fürstenbergischen zu verfolgen. In der Markgrafschaft Baden scheint die Entwickelung ähnlich gewesen zu sein. Mir liegt das umfassendste Material über solche Landesinnungen für Württemberg[2] vor. Wir sehen aus demselben, wie Herzog Christoph und seine Nachfolger in dem kleinen, fast nur mit Landstädtchen versehenen Territorium sich bemühen, von 1554 bis zum dreißigjährigen Kriege möglichst einheitliche oder gedoppelte Landesinnungen[3] zu schaffen, mit einer centralisierten Verfassung, mit einem dem Herzog verpflichteten und vereideten Zunftschreiber, mit Jahresversammlungen, Oberzunftmeistern in Urach, Stuttgart und Tübingen neben lokalen Obmännern und Unterzunftmeistern; man sieht auch deutlich in allen Bestimmungen über Hausieren, Jahrmärkte, Fremdenverkehr, Aus- und Einfuhr, wie die Landesregierung in den Statuten für diese Landesinnungen zugleich ihre wirtschaftlich das Land zusammenfassende, nach außen abschließende Politik verfolgen will, ganz ähnlich wie die kurmärkische Regierung in dem Kupferschmiedprivileg von 1608. Aber die ungünstigen Erfahrungen überwogen bald. Die Schneider z. B. haben unter der Führung der Stuttgarter

---

380), die von Johann Georg für die Kürschner verschiedener Städte 1582 und 1589 (Riebel I, 7, 391 und I, 4, 383) berühren die Innungsverfassung als solche nicht; sie geben nur Entscheidungen über bestimmte Fragen des Gewerberechts und der zulässigen Konkurrenz für die sämtlichen städtischen Innungen, die im Privileg genannt sind. Es ist möglich, daß aus solch gemeinsamen Entscheidungen eine Art Organisation folgte; aber aus den genannten Urkunden ist das nicht zu ersehen.

[1] a. a. O. S. 18.

[2] Reyscher, Sammlung der württ. Gesetze Bd. 12 ff. Regierungsgesetze und Sammlung der sämtlichen Handwerksordnungen des Herzogtums Württemberg 1758; dazu Schürz, Die altwürttembergische Gewerbeverfassung in den letzten drei Jahrhunderten, Tüb. Zeitschr. für Staatsw. VI, 259—298 und Weisser; Recht der Handwerker, insbesondere nach den württ. Gesetzen (1780) S. 37 ff.

[3] Getrennt nach der allgemeinen Einteilung des württemb. Landes in den Teil „ob der Staig" und „nied der Staig".

Obermeister es rasch verstanden, ihren Interessenegoismus durch
den Verband so zu fördern, daß ein Sturm der Entrüstung
durch das ganze Land ging und der Herzog diese Organisation
1567 wieder kassierte: die Schneider des ganzen Landes hatten
sich über feste Preise verglichen, hatten durchgesetzt, daß für
niemand mehr im Hause gearbeitet werden dürfe, hatten die
Eintrittsgelder maßlos erhöht, duldeten in jedem Flecken nur
noch einen einzigen Schneider. Wir sehen an diesen Bestimmungen, daß naturgemäß jede Landesinnung und jeder
Innungsbund in die wichtigsten Fragen des territorialen Ge=
werberechts eingriff. Wie die städtische Innung durch Willkür
und Statut die lokale Konkurrenz zu regeln suchte, so mußte
der größere Verband dahin streben, Gleiches für ein ganzes
Land oder sein geographisches Gebiet zu erreichen. Das war
keineswegs an sich falsch oder verwerflich; im Gegenteil, die
wichtigsten Satzungen auch dieser größeren Verbände gehen
dahin, die Konkurrenz zu einer loyalen, anständigen zu machen;
gleiche Lehrzeit, gleiche Behandlung der Gesellen, Bestrafung
und Ausstoßung für sittliche Vergehen und Verbrechen sind
ebenso passende Verabredungen als die, daß die auf einem Markt
erscheinenden Keßler bis 11 Uhr da sein, daß sie dann um die
Stände losen sollen, daß keiner, der beim andern Gastfreundschaft
beanspruche, länger als bis folgenden Mittag bleiben solle.
Wenn sie auch festsetzen, keiner solle auf einem Markt über
30 Kessel und 12 Öfen mitbringen und keiner solle von einem
Markt zum andern fahren, sondern stets vorher wieder nach
Hause gehen, wie die württembergischen Kupferschmiede 1554, so
war letzteres wenigstens eine Bestimmung, die nicht unter allen
Umständen passend und heilsam war. Das Problem der Re=
gulierung der Konkurrenz in einer Stadt war ein viel leichteres
gewesen, als in einem großen Gebiete; jedenfalls bedurfte jede
solche Regulierung der öffentlichen Kontrolle; ohne solche mußte
sie rasch entarten.

Und das scheint das Schicksal dieser ganzen Bildungen
überhaupt gewesen zu sein. Wir sehen im Laufe des siebzehnten

‍‍‍‍‍‍‍‍‍‍‍‍‍‍

Jahrhunderts die großen Hauptladen wie die Landesinnungen an Ansehen verlieren, wir sehen, daß die Klagen über sie wachsen. Und das ist wohl erklärlich. In einer Zeit tiefsten wirtschaftlichen Druckes und kleinlichster zünftlerischer Krähwinkeliade konnten auch die großen Verbände nicht von viel besserem Geiste erfüllt sein; sie stellten die egoistische Kurzsichtigkeit nur in gesteigertem Maße dar, kamen durch ihre Beschlüsse und Tendenzen noch leichter in Konflikt mit dem allgemeinen Wohl und dem Landesinteresse, als die Ortsinnungen mit dem Stadtinteresse. Auch darüber wurde in steigendem Maße geklagt, daß bei den Jahresversammlungen der größeren Verbände Geld und Zeit verschwendet werde, daß Spiel, Unzucht, Sauferei allzu sehr dadurch befördert würden. Der Geist der Zeit, die neuen politischen Theorien waren solchen Bildungen ohnedies abhold; das Gute, was sie noch unzweifelhaft hatten, wurde von dem neuen Rationalismus des Naturrechts nicht gewürdigt. Die Beamten und Regierungen ärgerten sich jeden Tag über die Hauptladen, die jenseits der Landesgrenzen das diesseitige Zunftwesen beeinflussen, ja regieren wollten. Der Glaube, daß eine Besserung des Zunftwesens nur von den Territorialregierungen ausgehen könne, wurde allgemein und war berechtigt. Selbst wo es sich nicht um große Verbände handelte, sondern um die Beteiligung einzelner Meister der kleineren Städte bei benachbarten Laden, erschien es immer anstößiger, daß so viele brandenburgische Meister es mit sächsischen, anhaltischen, lüneburgischen und mecklenburgischen Innungen hielten. Ja, die Reform innerhalb des Landes schien bedroht, wenn bei jeder streitigen Frage des Handwerksrechts und der Handwerksstrafen die beteiligten Meister und Gesellen auf die Belehrung aus breier Herren Lande provozierten, wenn sie jeder Änderung die Bemerkung entgegensetzten, das gehe nicht, weil sonst die einzelnen Wanderbursche, ja die ganzen Gewerke anderswo für unehrlich erklärt und auf die schwarzen Tafeln geschrieben würden. Bei jeder Gelegenheit konnten durch die Hauptladen einzelne ihr Brot, ganze Gewerke ihre Arbeiter verlieren. Auch wo man

früher die Landesinnungen begünstigt hatte, wie in Württem=
berg, hörte dies auf; wir sehen Orts = und Oberamtsinnungen
an die Stelle treten, wenigstens für die wichtigeren, zahlreicher
besetzten Handwerke; die Laden der Hauptstädte behielten aller=
dings einen Vorrang als Hauptladen bis 1764; aber schon
längst vorher war die Verfassung eine mehr lokalisierte geworden.

Jedenfalls sah man schon bei den Reichstagsberatungen
von 1672 die Hauptladen, zumal die, welche Handwerker aus
andern Territoriis vor sich fordern, als einen gänzlich zu be=
seitigenden Übelstand an: die Hauptladen hätten — heißt es —
große Konfusion und Irrung verursacht; sie erklärten ben, der
sich nicht bei ihnen einschreiben lasse, für unredlich. Je größer
ein Territorium war, desto berechtigter erschien der Wunsch, alle
diese Zusammenhänge zu zerschneiden und ein rein territoriales
Innungsrecht herzustellen.

Teilweise auch in Haupt = und Nebenladen organisiert,
jedenfalls aber noch viel lebendiger verbunden stand die Gesellen=
schaft den Meistern, wie den Regierungen gegenüber.

In dem Maße, als das deutsche Handwerk erblüht, wohl=
habender geworden war, ein zahlreicheres Hilfspersonal be=
schäftigte, hatte sich der aus den Trinkstuben der Meister ver=
drängte Stand der Handwerksknechte eine eigene genossenschaft=
liche Verfassung gegeben. Mochte man ihnen zuerst noch so
sehr die eigenen Trinkstuben verbieten, ihre Gebote auf kirchliche
Zwecke beschränken, ihnen das Tragen von Waffen und gleichen
Hüten untersagen, sie abends um 9 Uhr aus der Kneipe nach
Hause schicken, ihnen gar wie in Danzig für gemeinsame Arbeits=
einstellung die Ohren abschneiden oder ihre Verbindungen bei
strenger Strafe verbieten, die Bewegung wuchs im vierzehnten
und noch mehr im fünfzehnten Jahrhundert. Aus geistlichen
Bruderschaften, die um einen Altar sich sammelten, gemeinsame
Kerzen sich hielten, wurden festgefügte weltliche Bruderschaften,
welche den Meisterzünften teilweise und zeitweise schroff ent=
gegentraten. Es war zu natürlich, daß die Knechte um Lohn
und Arbeitszeit, um Lehrlingswesen und sonstige Rechte ge=

meinsam stritten, daß sie, wie alle Welt damals, in der Trink=
stube zusammensitzen, bei Prozessionen und sonst genossenschaftlich
auftreten wollten. Mehr und mehr gestanden Rat und Zünfte
ihnen nun auch Artikel zu; an Stelle des Knechtenamens trat
die Bezeichnung als „Geselle", d. h. als Mitglied einer an=
erkannten Bruderschaft. Dieser Umschwung ist gegen 1500
vollendet. Es ist ihnen damit auch zugestanden, daß sie ihre
eigene Disciplin handhaben, Gericht halten, sich, wie es in einer
Urkunde heißt, Schultheiß, Heger und Amtleute setzen und denen
gehorchen dürfen. Ihren Mittelpunkt fanden diese Gesellen=
bruderschaften allgemein in ihren Herbergen, wo der wandernde
Geselle einkehrte, wo die am Ort beschäftigten Gesellen sich
täglich und zu den feierlichen Geboten sowie zu den „Schenken"
d. h. zu den Trinkgelagen zu Ehren irgend eines aufgenommenen
oder scheidenden Genossen versammelten. Ihr nächstes Ziel war
stets, die Arbeitsvermittlung den Meistern aus der Hand zu
nehmen, den zuwandernden Gesellen nur durch die Herberge
und den Altgesellen eine Stelle erlangen zu lassen; ihr weiteres
natürlich, die Arbeitsbedingungen zu beeinflussen oder zu beherrschen.
Mit den Meisterzünften kamen sie aber trotzdem nach und nach
meist in ein leidliches Verhältnis. Sie bequemten sich, ihre
Gebote nur unter Anwesenheit einiger Vertreter der Meisterzunft
und mit ihrer Erlaubnis zu halten; sie ließen sich in den vom
Rat erteilten Statuten ihre Ansprüche auf eigene Jurisdiktion
beschränken. Man lernte gegenseitig sich vertragen und paktieren.
Und es wäre so ganz falsch, zu verkennen, daß die selbständige
Organisation der Gesellen nach vielen Seiten günstig gewirkt
hat, nicht bloß im fünfzehnten und sechzehnten Jahrhundert,
sondern auch noch lange nachher[1].

Wer die zahlreichen Gesellenstatuten jener Zeit durchliest,
wird sich diesem Eindruck nicht entziehen können, wenn er sich

---

[1] Vgl. Ch. L. Stock, Grundzüge der Verfassung des Gesellenwesens
deutscher Handwerker, 1844; G. Schanz, Zur Geschichte der deutschen
Gesellenverbände, 1877; derselbe, Zur Geschichte der Gesellenwanderungen
im Mittelalter, Hildebrands Jahrb. f. Nat. Ökon. XXVIII, 313 ff.

auch wohl sagt, daß in den vom Rat und den Meistern ge=
nehmigten Statuten die vorhandenen Mißbräuche natürlich nicht
verzeichnet sein können. Aber der ganze Geist der Statuten
zeigt uns doch einen überwiegend gesunden genossenschaftlichen
Geist, der in erster Linie auf die Bewahrung und Erhaltung
der Standesehre, der Zucht, der Ordnung gerichtet ist. Indem
der der Lehre entwachsene junge Mann von der Gesellenschaft mit
freilich rohen, aber doch die Phantasie und das Gemüt er=
greifenden Ceremonien aufgenommen wurde, trat er in Werkstatt
und Herberge, zu Hause und auf seiner Wanderschaft unter eine
genossenschaftliche Aufsicht, die ihn nie verließ, die ihn überall
mit ihren Gebräuchen und Formeln umgab. Konnte er in der
Brüderschaft mit den Genossen trinken und toben, so lernte er
dafür auch schweigen, gehorchen, sich vor dem Übermaß des Ge=
nusses in Acht nehmen; er lernte Festigkeit der Rede und der
Handlung, Pünktlichkeit und Treue, wenn er nicht gewärtigen
sollte, aufgetrieben und auf die schwarze Tafel geschrieben zu
werden, von Basel bis Memel als unehrlicher Geselle gemieden
und verfolgt zu werden. Die Bruderschaften fungierten als
Kranken= und Unterstützungskassen und wirkten zur Herstellung
eines specialisierten, dem einzelnen Gewerbebetrieb angepaßten
Arbeitsrechts wesentlich mit; vieles, was heute in den Fabrik=
ordnungen steht, ist damals in den vereinbarten Gesellenstatuten
enthalten.

Aber natürlich jede Änderung in dem Machtgefühl auf der
einen oder andern Seite reizte dazu, an den überlieferten Be=
dingungen zu rütteln. Die Kämpfe konnten Jahrzehnte lang
ruhen und lange einem geordneten Zusammenwirken Platz ge=
macht haben, um dann plötzlich wieder auszubrechen. Und sie
konnten je nach den Zeitumständen, der Bildung und dem Alter
der Betreffenden, der Macht, über die sie verfügten, einen weniger
erfreulichen Charakter annehmen.

Auch bei unsern heutigen Gewerk= und Arbeitervereinen,
denen segensreiche Folgen ganz ebenso, wie den alten Gesellen=
brüderschaften nachzurühmen sind, ist selbstverständlich die Haupt=

frage die, ob die Schreier, die Demagogen, die leidenschaftlichen
Mißvergnügten oder die vernünftigen, bessern, charakterfesten
Elemente die Oberhand und Leitung erhalten, und ob die Ver-
eine aus erwachsenen und verheirateten Männern oder überwiegend aus jugendlichen Elementen bestehen, die an sich an
Händeln und Spektakel Freude haben, dem Genusse und dem
Becher allzusehr sich ergeben. Wie viele deutsche Arbeiter- und
Gewerkvereine auch heute ihren Typus dadurch erhalten, daß
die unter 25 jährigen vorherrschen, so gilt dies von der ganzen
Gesellenbewegung, besonders der späteren. Waren gegen 1500
zahlreiche Knechte schon verheiratet, so hat die schroffere Ausbildung des Zunftrechts dies bis 1731 möglichst verhindert; man
duldete möglichst keinen verheirateten Gesellen, und so blieben
die Gesellenbruderschaften Verbindungen, die in gewisser Hinsicht
einer Schüler- oder Studentenverbindung fast noch mehr zu
vergleichen sind, als einem Arbeiterverein. Das Leben in der
Herberge, das Trinken und der Trinkcomment erhielten im
Laufe des sechzehnten und siebzehnten Jahrhunderts eine übermäßige Bedeutung; in den mir vorliegenden Akten werden die
Mißbräuche der Gesellen und ihrer Bruderschaften häufig mit
dem Pennalismus der Studierenden verglichen. Die Händel
einzelner Städte untereinander wie einzelner Meisterzünfte wurden
für die jugendlichen Brauseköpfe eine willkommene Gelegenheit,
die entstandene Feindschaft auf dem Gebiete der Bruderschaften
auszufechten. Ein überspanntes Ehrgefühl riß die jüngeren
Leute ebenso oft als Übermut und neckischer Leichtsinn fort,
einzelne Meister und ganze Gewerke zu vertrinken, in Verruf
zu erklären, auf die schwarze Tafel zu schreiben. Die sog.
„Schenken", d. h. festliche Trinkgelage, meist diesem oder jenem
zu Ehren veranstaltet, wiederholten sich zu oft und dauerten zu
lange; sie erhielten bei den Gesellen noch eine üblere Ausdehnung
als bei den Meistern. Aus der Abschieds- und Willkomms-
schenke ging die Übung des sog. Geschenks an die wandernden
Gesellen hervor; in einzelnen Handwerken bildete es sich besonders aus, hat später sehr verschiedene Gestalt angenommen:

teils die Form des Geldgeschenks, teils die des Naturalquartiers
in der Herberge oder reiheum bei den Meistern. Mißbräuche
aller Art knüpften sich daran. Faule Gesellen legten sich darauf,
wochenlang allen Meistern der Innung zur Last zu fallen,
monatelang ohne Arbeit vom Geschenk zu leben. Die Hand=
werke, welche das Geschenk gaben, hielten sich für die vor=
nehmeren; es scheinen die gewesen zu sein, bei denen das Zechen
und Pokulieren in ganz besondern Schwung gekommen war.
Wenn also schon die Reichspolizeiordnungen des sechzehnten
Jahrhunderts die Mißbräuche bekämpfen, die sich an die ge=
schenkten und ungeschenkten Handwerke anknüpfen (1530 Art. 39,
1548 Art. 37), so meinen sie nicht den Zehrpfennig, sondern
„das müſſige Umbgehen, Schenken und Zehren" zum An = und
Abzug, das Schmähen und die Händel, die daraus entsprangen,
die Faulheit und Liederlichkeit, die dadurch gefördert wurde.
Es kann keinem Zweifel unterworfen sein, daß gegen 1600 und
in dem folgenden Jahrhundert das Saufen und Pokulieren, das
Fassen von betrunkenen Beschlüssen, das Faulenzen im Katzen=
jammer, die blauen Montage und alles, was hiermit zusammen=
hing, einen bedenklichen Grad erreicht hatte. Und nicht minder
schlimm waren die ärgerlichen kleinlichen Händel, die aus der
Organisation der Gesellen entsprangen; so haßten sich z. B.
Tuchscherer und Tuchbereiter, weil das eine ein geschenktes, das
andere ein ungeschenktes Gewerk war, aufs äußerste. Die Ge=
sellen der Seestädte, die sog. Oberländer und die der Landstädte
bildeten je gesonderte Gruppen mit eigener Gewohnheit und
eigenem Gruß; die Gesellen der einen Art hielten die andern
nicht für vollberechtigt, bis sie besonders dazu gemacht seien.
Jeden Moment drohte der ruhige Gang der Geschäfte durch
solche Händel unterbrochen zu werden.

Das Wandern der Gesellen erzeugte einen Teil dieser
Händel, andererseits verstärkte es die Gewalt derselben außer=
ordentlich gegenüber den Meistern. Die allgemeine Wander=
pflicht hatte sich im sechzehnten und siebzehnten Jahrhundert
definitiv ausgebildet und rechtlich fixiert; sie wurde von den

Meistern zunächst günstig angesehen und befördert, weil sie das Selbständigwerden der Gesellen zumal mit der wachsenden Zahl der Wanderjahre hinausschob. Es war eine Einrichtung, welche an sich unzweifelhaft günstig wirkte. Der junge Mann wurde dadurch selbständig, lernte die Welt kennen; die große Mehrzahl derer, die aus kleinen Städten stammten, in ärmlichen Werk= stätten gelernt hatten, konnte so wenigstens zeitweise die bessere Technik, den Geschmack und die Kunst an den Hauptsitzen der Industrie kennen lernen. Daß daneben viele auf der Wander= schaft geistig und körperlich zu Grunde gingen, war nicht zu leugnen, konnte aber neben den günstigen Erfolgen nicht in Be= tracht kommen. Die Reform des achtzehnten Jahrhunderts hat daher die Wanderpflicht im ganzen unangetastet gelassen, und selbst die des neunzehnten hat sich teilweise auf ähnlichen Standpunkt gestellt. Für die sittliche und geschäftliche Haltung der Gesellenverbände konnte aber die Thatsache, daß die Majorität nicht ortsansässig war, nur ungünstig wirken; sie steigerte den Leichtsinn, die Unverantwortlichkeit, den Übermut, das Machtgefühl gegenüber den Meistern. Diese waren an den Ort gefesselt; sie konnten sich, selbst wo die Verbindung der Hauptladen vorhanden war, doch immer nur schwer und langsam mit ihren Kollegen aus anderen Städten verständigen. Die Gesellen hatten jederzeit Verbindung und Nachricht überallhin; sie fühlten sich nicht als Bürger der Stadt, in der sie arbeiteten; jahrelang in Bewegung, kam es ihnen nie darauf an, den Ranzen zu schnüren und den Wanderstab zu ergreifen. Mit Pfeifen und Trompeten zogen sie bei Streitigkeiten leichtlich in Massen aus, legten sich in einer benachbarten Stadt auf die faule Haut und verlangten, wenn man mit ihnen Frieden schließen wollte, regelmäßig die Bezahlung ihrer Zeche an diesem Orte. Durch ihre bessere Verbindung und den viel stärkeren Korporationsgeist hielten sie jeden Zuzug ab und blieben so häufig Sieger im Kampfe.

So erklärt es sich, daß über ihr müßiges Umherziehen, über ihr Austreten und Schmähen, ihre ganze Gerichtsbarkeit, wie

über ihre Auszüge und Aufstände, über die angebliche und wirk=
liche Roheit ihrer Gebräuche eine wachsende Mißstimmung sich
angesammelt hatte; sie mußte ihren Höhepunkt erreichen, als
mit der rein rationalistischen Aufklärung und der lateinisch=
juristischen Bildung der Beamten jedes Verständnis für den
Ursprung, das Wesen und die Poesie ihrer Ceremonien und
Gebräuche verschwand, als der aufgeklärte Despotismus glaubte,
alle Regulierung von Angebot und Nachfrage selbst in die
Hand nehmen, alle Regungen von Korporationen und Ver=
bänden als Mißbrauch niederdrücken zu müssen.

Wir werden sehen, daß die zunehmende Zahl von Gesellen=
aufständen den eigentlichen Anstoß zur Reformbewegung im
Anfang des achtzehnten Jahrhunderts gab, daß die Mißbräuche
des Gesellenwesens als der eigentliche Kern der Handwerks=
mißbräuche galten.

2.
Die Reformanläufe bis 1713.

Was war nun im brandenburgisch=preußischen Staate gegen
die vielerörterten, im Laufe des sechzehnten und siebzehnten
Jahrhunderts immer stärker gewordenen Zunftmißbräuche bis
1713 geschehen? Was war mit den ergriffenen Maßregeln er=
reicht worden?

Da ist zunächst daran zu erinnern, daß es vereinzelt solche
Mißbräuche gab, seit die Innungen existierten, daß seit dem
dreizehnten Jahrhundert immer wieder in einzelnen Städten der
Rat oder der Landesherr die Innungen sämtlich oder einzelne
aufgelöst, sie ihrer Privilegien und Briefe verlustig erklärt hatte.
Es ist ein gröblicher Irrtum, diese Auflösungen mit der heutigen
Gewerbefreiheit auf eine Linie zu stellen. Sie bestanden in der
Hauptsache stets nur darin, daß den Innungen ihre politischen
Rechte, ihr Vermögen, ihr Besteuerungsrecht und ihre selbständige
Jurisdiktion genommen, daß ihre Vorsteher in Ratsbeamte ver=
wandelt, die Genossenschaft in strengere Abhängigkeit vom Rat
gebracht wurde. Aber die übrige Verfassung, das Lehrlings=

und Gesellenwesen, die Bedingungen der Aufnahme, das Meister=
recht, die Abgrenzung der Gewerbe unter einander, die Regelung
der Konkurrenz durch Taxen und Schau, Jahrmarkt= und
Fremdenrecht, geschlossene Bänkezahl und derartiges blieb beim
alten.

Ich habe an anderer Stelle[1] darzustellen gesucht, wie die
eigentliche Blüte des Innungswesens im fünfzehnten und sech=
zehnten Jahrhundert erst erfolgte auf Grund einer die Selb=
ständigkeit der Innungen wesentlich beschränkenden Reform, die
in den rheinischen Städten zu Anfang des fünfzehnten Jahr=
hunderts sich durchsetzte. Sie stand im Zusammenhang mit dem
Ende der Zunftaufstände. Auf ähnlichem Boden bewegte sich
die Breslauer Handwerksreform König Sigmunds 1420[2], die
König Ferdinands in Wien 1527, die beide nicht die Innungen
dauernd aufhoben, ihnen nur ihre politischen Rechte und ihren
Charakter als monopolistische Kartelle nehmen wollten[3]. Und
was in Brandenburg 1480—1550 geschah, hat einen ähnlichen,
wenn auch viel milderen Charakter. Die Innungen suchen mehr

---

[1] Die Straßburger Tucher= und Weberzunft, 1879.

[2] Vgl. Schmoller, Straßburg zur Zeit der Zunftkämpfe (1875)
S. 10—11.

[3] „Die Polizeiordnung und Satzung Sr. k. Majestät Stat Wien auf
die Handwerchsleut daselbst" (Druck von 1527) ist ähnlich wie die für
Breslau von 1420 eine Sammlung der Wiener Gewerbestatuten, welche das
meiste auf die Polizei und obrigkeitliche Schau, gute Warenlieferung, Kon=
kurrenzregulierung, Meisterwerben ꝛc. Bezügliche aufgenommen, alles die
Autonomie der Zünfte Betreffende ausgelassen, resp. durch Verbote oder
allgemeine Normierungen ersetzt hat. Am Schlusse aber heißt es: „Die
Zechen und Zünfte aller und jeblicher Handwerch in unsrer Stadt, die
inen selbs vielerlei Gesetz und Ordnungen iren Wesen, Arbeit, Belonung
und anderer Sachen halber aufgericht — — —, heben Wir auf und thun
ab, dieweil nun allen Handwerchen neue Ordnung und Satzung gegeben."
Auf meine Anregung hat Dr. F. Eulenburg dieses Gesetz und die Geschichte
des Wiener Zunftwesens eingehend untersucht (Zeitschr. für Social= und
Wirtschaftsgeschichte, Bd I. u. II: das Wiener Zunftwesen; 1893. Wenn er
dabei die Ordnung von 1527 in ihrer Tendenz etwas schärfer findet als
ich, sie der preußischen Reform von 1732 an gleich setzt, so kommt er damit
prinzipiell zu keinem wesentlich anderen Resultate, als ich es hier andeuten
wollte. Gewiß bedeutet seine Untersuchung einen erheblichen Fortschritt für

als vorher die fürstliche Bestätigung ihrer Statuten nach;
Streitigkeiten über Innungsfragen beginnen, statt an den
Magdeburger Schöffenstuhl, vor den Kurfürsten und seine Ge=
richte gebracht zu werden; kurfürstliche Räte verhandeln bei
Streitigkeiten zwischen Rat und Gilden; bei Aufständen werden
einzelne Gilden kassiert; in einer Reihe spezieller Stadtordnungen [1],
sowie in einer allgemeinen Polizeiordnung von 1515 [2] ermahnt
der Kurfürst die Räte zu strengem Regiment über die Innungen,
zu scharfer Kontrolle des Brot=, Fleisch=, Schuh= und ander=
weiten Marktes; die fürstliche Kanzlei fängt an, durch häufigere
persönliche oder reale Gewerbekonzessionen in die Gewerbepolitik
der städtischen Räte einzugreifen. Auf einem Tage in Naumburg,
1541 [3], vergleichen sich dann sogar die Räte der Kurfürsten von
Sachsen und Brandenburg, sowie des Landgrafen von Hessen
über eine energische Einschränkung der Strafgerichtsbarkeit von
Meistern und Gesellen, über das Verbot privater Auftreibung
und Schmähung und derartiges mehr. Es wird erklärt, die
Zunftbriefe seien nur mit dem Vorbehalt gegeben, daß die Obrig=
keit sie mehren, mindern und erklären dürfe.

Aber all das war mehr noch im Sinne einer Verstärkung
der Rats= als der fürstlichen Autorität gemeint. Die Mehrzahl
der Innungsstatuten bleibt in dieser Zeit noch unberührt von
außerstädtischem Einfluß, wird vom Fürsten nicht regelmäßig
bestätigt. Und jedenfalls ließ die Tendenz einer fürstlichen
Reform mit den Finanznöten Joachims II. wieder gänzlich nach.
In dem Landtagsrezeß von 1549, der den Ständen „den Strick

---

unsere Erkenntnis der Zunftgeschichte; sein Schlußresultat aber, daß vom
13.—18. Jahrhundert es sich auch in der Innungsgeschichte um das Ringen
der centripedalen und der centrifugalen Kräfte handele, steht ganz in Über=
einstimmung mit den Grundgedanken der hier veröffentlichten, wie meiner
früheren einschlägigen Arbeiten über Wirtschafts= und Innungsgeschichte.

[1] Frankfurt a./O. 1502 und 1505 (Riedel, I, 23, 312 und 320),
Landsberg 1511 (R. I, 18, 432), Soldin 1511 (R. I, 18, 509), Prenzlau
1515 (R. I, 21, 385), Treuenbrietzen 1525 (R. I, 9, 438).

[2] Myl. V, 2, Nachlese 1.

[3] Myl. V, 2, 579—84.

des Regiments" in die Hand giebt, wird den Städten ver=
sprochen, „sie bei ihren Privilegien, althergebrachten Gebräuchen,
Frei= und Gerechtigkeiten, auch denen zuvor und jetzigen kon=
firmierten Artikeln zu schützen und zu erhalten und was anhero
darwider fürgenommen und geschehen alsbald abzuschaffen". Im
folgenden Jahre lassen sich die Städte versprechen, daß der Kur=
fürst die Gewerke und Zünfte bei ihren alten löblichen Ge=
bräuchen erhalte, daß keine Personen ihnen aufgedrängt, daß die
Juden aus dem Lande gewiesen würden.

Mochte daher auch von 1550—1600 an die kurfürstliche
Bestätigung der Innungsstatuten Regel werden, mochte von
1580 an ein Vorbehalt in einzelne Privilegien gesetzt werden,
„dies alles zu mehren, zu mindern, zu korrigieren und zu ändern",
im ganzen ist bis 1713 die zunehmende Zahl der Innungs=
privilegien von den Zunftmeistern und ihren Advokaten entworfen,
von den städtischen Räten nicht entsprechend geprüft und ge=
ändert, von der Lehnskanzlei bis in die späteren Jahre des
großen Kurfürsten kritiklos gegen ihre Gebühren genehmigt
worden; auch als ein gewisser Reformeifer im Geheimen Rat
und beim Kurfürsten Friedrich Wilhelm erwacht war, ja selbst
als Danckelmann der Lehnskanzlei strenge Weisungen hatte zu=
gehen lassen, siegte doch in der Regel das Hergebrachte und der
Wunsch der einzelnen Zünfte. Noch in den ersten Jahren der
Regierung Friedrich Wilhelms I. werden einzelne neue Statuten
ausgefertigt, die mit allem in Widerspruch stehen, was man nun
schon über ein Menschenalter als Grundsätze der Innungsreform
ausgesprochen hatte. Solange die Lehnskanzlei selbständig diese
Dinge besorgte, solange man die Innungsstatuten als wohl=
erworbene Privatrechte ansah, die nur der Form und der
Sporteln wegen beim Regierungswechsel der Bestätigung be=
durften, war die wachsende Verkümmerung und Korrumpierung
des Zunftrechts im einzelnen nicht ausgeschlossen, wenn man auch
im allgemeinen sich zu einer Reform im Kabinett und in anderen
Dikasterien bekannte.

Im brandenburgischen Landtagsabschied vom 26. Juli 1653

(Art. 72 Absatz 6) hatte Friedrich Wilhelm erklärt, er lasse sich
in Erteilung der Privilegien kein Ziel noch Maß setzen; er be=
hält der ordentlichen Obrigkeit die Aufsicht und Jurisdiktion
über die Zünfte vor, fordert die Aufnahme fremder Handwerks=
leute und wünscht, daß sie bei derselben nicht übernommen
würden. Ja, in dem Specialrevers für die kleinen neumärkischen
Städte vom 29. August 1653 droht er diesen auf das ernstlichste
eine Untersuchung der Zunftmißbräuche an und will die irratio-
nabiles consuetudines nicht dulden; aber im übrigen verweist
er doch auf den Hauptreceß, und in diesem giebt er zu, daß alle
Privilegien mit der Klausel erteilt werden sollen, ne laedant
alterius jus; er verspricht, es solle in vigore bleiben, was bei
den Handwerkern seit unvordenklichen Jahren üblich sei; er ent=
schuldigt sich, es sei ihm nicht erinnerlich, Handelsleuten und
Handwerken neue Privilegien erteilt zu haben; bei der Aufnahme
sollen die Gilden und Zünfte untadelhafte Geburts= und Lehr=
briefe fordern dürfen, die Kandidaten sollen dem Status Genüge
thun. Kurz man sieht, daß der Kurfürst, trotz eines allgemeinen
Vorbehalts seiner Hoheitsrechte, zunächst die Städte durch die
Anerkennung des Althergebrachten beschwichtigen will.

    Erst als 1666—1672 die Verhandlungen am Regensburger
Reichstag über die Abstellung der Handwerksbräuche die Frage
in Fluß und einen lebendigen Austausch der Meinungen, haupt=
sächlich der Regierungen, zuwege gebracht hatten[1], und als
gegen Ende der Regierung des Kurfürsten die umfassendere
Kolonisation und Aufnahme der französischen Gewerbetreibenden
zu energischen Maßnahmen gegen die widerstrebenden lokalen
Zünfte zwang, sehen wir den Kurfürsten durch einzelne Edikte
lebhafter als bisher gegen die schlimmsten Mißbräuche auftreten[2]
und den die Städte und Accise kontrollierenden neugeschaffenen
Steuerkommissaren 1684 eine allgemeine Beaufsichtigung des

---

[1] Vgl. darüber M. Meyer a. a. O. S. 73—89.

[2] Reskript an d. magdeb. Städte 16. Juni 1684 über Wanderzeit,
Meisterstück, Rezeptionskosten (Myl., Corp. Constitut. Magdeb. III, 345)
Cirkularverfügung vom 3. Nov. 1686 wegen der Meisterstücke und Meister=

Zunftwesens auftragen. In den letzten Monaten seiner Regierung verhandelt er[1] mit Braunschweig über eine von dieser Seite geplante, an das Reichsgutachten von 1672 sich anschließende Zunftordnung, welche 1692 dann in den dortigen Landen selb=ständig publiziert wurde, und erteilt der von den magdeburgischen Ständen entworfenen Polizeiordnung vom 3. Januar 1688 seine Genehmigung, die im 26. Kapitel ein allgemeines Handwerksgesetz im Sinne der Zunftreform in 29 Paragraphen aufgenommen hatte. Es war das ein Schachzug des Adels gegen die Städte gewesen, der freilich sicher auf die Billigung in Berlin zu rechnen hatte[2]. Es hatte dasselbe nur wie manche ähnliche Gesetze, z. B. die kurhessische Zunftordnung vom 29. Juli 1693[3], so lange keine Wirkung, als nicht dafür gesorgt war, daß die ein=zelnen lokalen Innungsstatuten damit übereinstimmten. Galt jedes doch als Privilegium, als lex specialis, das dem all=gemeinen Gesetz derogierte. Es war also nur zu helfen, wenn man die einzelnen Statuten sämtlich änderte.

Auch die für Pommern am 3. Juli 1699 erlassene preußische Verordnung[4] über Anbau der Städte und Zunftwesen ist nichts als eine weitere Anweisung an die eben (1698) geschaffene pommersche Städtekommission, wie sie sich prinzipiell dem Zunft=wesen gegenüber zu verhalten habe. Ähnlich das Edikt über die Handwerksmißbräuche vom 17. Februar 1712 für Ostpreußen[5]. Die laufende Verwaltung, hauptsächlich die neugeschaffenen Steuerkommissare konnten nach solchen Anweisungen versuchen, durch das allgemeine Aufsichtsrecht gegen die Mißbräuche zu wirken. Aber es war natürlich, daß sie zunächst wenig erreichten.

---

löste (Myl., Corp. Constitut. Brand. V, 2, 645, Grube, Corp. Const. Prut. III, 472). Über die Verbote des Zechens und Jubilierens von 1676 und 82 siehe Fibicin V, 475.

[1] Vgl. darüber M. Meyer a. a. O. S. 100 ff.

[2] Vgl. darüber Jahrb. f. Gesetzgebung ꝛc. 1886, X, 1, 10—12.

[3] Vgl. Hahndorf, Zur Geschichte der Zünfte, 1861.

[4] Quickmann, Ediktensammlung (1750) 424 ff., und M. Meyer a. a. O. S. 154 ff.

[5] Grube III, 473.

Zumal in den neuen Provinzen war das Amt des Steuer=
kommissars noch weniger ausgebildet; es scheint z. B. in Pommern
bis 1713 nur e i n e n Städtedirektor gegeben zu haben, der jähr=
lich einmal jede Stadt besuchte, während nach der Instruktion
für die Steuerräte von 1712 diese in jeder Stadt jährlich zwei=
mal erscheinen mußten. Dann aber waren andere Aufgaben für
sie zunächst die Hauptsache: die Accise, der Neubau, das Tax=
wesen, die Magistrats= und Kassenverwaltung, die Pflege der
Kolonisten und der neuen Industrien, das stand im Vordergrund,
wie ein Blick auf die Instruktion von 1712 zeigt. Außerdem
aber wirkten Handwerksbrauch, Orts= und Innungsstatut,
Landesregierung und Lehnskanzlei dem entgegen, was der Steuer=
rat forderte.

Immer aber hatte die Regierung Friedrichs I. zunächst tiefer
eingegriffen und am rechten Punkte angesetzt, freilich ohne viel
zu erreichen. Danckelmann hat 1688 die Lehnskanzlei sofort
angewiesen, bei der mit dem Regierungswechsel allgemein nötig
werdenden Neubestätigung der Zunftprivilegien keine Geschlossen=
heit der Zunft mehr passieren zu lassen (7. Mai 1688)[1], die
Meisterstücke zwar beizubehalten, aber in vernünftiger verkäuf=
licher Weise, das Meistergeld und alle Kosten entsprechend zu
ermäßigen (13. Juni 1688)[2], den Berliner Handwerkern keine
andern Privilegien zu erteilen, als denen in den anderen Städten,
weil daraus so viel Konfusion, Unordnung und Streitigkeit
entständen (29. Januar 1689)[3], und die gleichen Gewerke der
verschiedenen Berliner Städte je zu einer einheitlichen Zunft zu
vereinigen (7. Februar 1689)[4]. Das ohnedies langsam sich ab=
spielende Geschäft der Einreichung und Neuausfertigung der
Privilegien wurde durch den Sturm des Widerspruchs, den diese
Grundsätze hervorriefen, sehr hingezogen. Schon im Dezember
1688 klagt der Kurfürst, es gehe bei der Erteilung der Konsense

---

[1] My l. V, 2, 646 und Fidicin IV, 450.
[2] My l. V, 2, 647 und Fidicin IV, 451.
[3] Fidicin IV, 453.
[4] Fidicin IV, 454.

und Privilegien in der Lehnskanzlei nicht ordentlich zu; man
solle energisch arbeiten und jeder Innung einen Termin ansetzen,
innerhalb dessen sie ihr neues Privileg einlösen müsse. · Die
Lehnskanzlei hatte eben offenbar weder die Kräfte und Kenntnisse,
ein solches Reformgeschäft durchzuführen, noch hatte sie irgend
eine Einwirkung auf die laufende Verwaltung und Handhabung
des Zunftrechts. Eine Verordnung vom 26. Januar 1693 klagt,
trotz aller Edikte und Befehle suchten die Zünfte bei der Kon=
firmierung sogar größere Vorteile für sich einzurücken: da hätten
die Goldschmiede ein Meistergeld von 40 Thalern eingesetzt, die
Böttcher wollten die Spandauer von den Jahrmärkten aus=
schließen, eine ganze Anzahl Gewerke hätte wieder eine geschlossene
Zahl von Meistern eingerückt, wieder andere hätten sich einzelne
Waren, wie Eisen, Leder, Farben, besonders beilegen lassen und
sie so ex communi negotiantium commercio eximiert. Das
sei unverträglich mit dem Ziel, die Städte populös zu machen.
Die Lehnskanzlei solle künftig die Privilegien zuerst den Steuer=
kommissaren oder anderen Corporibus, welchen die Aufsicht der
darin fürfallenden Sachen vom Kurfürsten kommittiert worden,
mitteilen und deren Gutachten mit einsenden. Damit begannen
endlose Korrespondenzen und zahllose Streitigkeiten zwischen der
Lehnskanzlei und den Provinzialregierungen einerseits, den
Kommissariatsbehörden andererseits, und wenn sie sich endlich
geeinigt hatten, so ging die sich verletzt glaubende Innung vor
die Gerichte.

Immer aber wurde natürlich Mancherlei geändert. Die
Gilden der fünf Berliner Städte gelang es nicht, zu vereinigen;
aber sie erhielten wenigstens gleichlautende Statuten[1]. Die ge=
schlossenen Zünfte wurden wenigstens teilweise geöffnet, die
Meisterstücke verbilligt, die Eintrittsgelder herabgesetzt, die Gewerks=
beisitzer aus dem Rat in nachdrückliche Erinnerung gebracht. Und
dergleichen mehr. Auch einige spätere Specialedikte schärften

---

[1] Über den Streit in dieser Beziehung siehe M. Meyer a. a. O.
S. 110—115.

diesen und jenen Punkt noch allgemein oder für einzelne Pro=
vinzen ein. Wenn die Zünfte Schwierigkeiten bei der Aufnahme
machten, trafen dann und wann fürstliche Empfehlungen oder
gar Drohungen ein, die ihre Wirkung nicht verfehlten[1]. Die
Zahl der von der Regierung eingesetzten Freimeister nahm zu.
Die Pflege der „Kolonie“ und der neuen Industrien mit ihren
französischen Fabrikinspektoren war ein lebendiges Gegengewicht
gegen das alte Zunftwesen. Im Jahre 1709 wurde im Zu=
sammenhang mit der Absicht, auch die Produktion der Franzosen
derselben Schau und Kontrolle wie die der Deutschen zu unter=
stellen, der Befehl gegeben, alle französischen Gewerbetreibenden
in der Wollindustrie ohne weiteres in die Innungen aufzunehmen[2].

Aber die Wirkung dieser Maßregeln war im ganzen doch
zunächst mehr die, daß in die bestehenden, hergebrachten Zustände
eine allgemeine Gährung kam, daß ein lebendiger Kampf der
Interessen erwachte, als daß bereits ein neues Recht zur An=
erkennung gelangt wäre. Das war ja überhaupt der Charakter
der projektenreichen, aber zerfahrenen Regierungsperiode, die 1713
zu Ende ging. Nichts charakterisiert diese Epoche und die da=
maligen Innungszustände mehr, als ein Schriftenwechsel, der
1709 über die Innungsfrage vor den höchsten Behörden statt=
fand. Einem Reformprojekt, das alles Bestehende als verrottet
und verdorben umstürzen will, tritt die konservative Meinung
siegreich entgegen, es sei alles in Ordnung: was an Reformen
möglich sei, habe die Lehnskanzlei längst geleistet[3].

Ein gewisser Alexander Spiegelberg reichte im Dezember
1708 und Januar 1709 erst eine Denkschrift über die Mißstände,
dann einen Reformvorschlag ein. Die erstere führt in wohl
kaum übertreibender Weise aus: wer Meister und Bürger werden

---

[1] Zimmermann, Histor. Entw. d. märk. Städteverf. (1840) III, 70
bis 71, 141—42. Über die zahlreichen Konzessionen des großen Kurfürsten
an Krämer und Kaufleute, welchen die beiden Berliner Handelsgilden
Schwierigkeiten bei der Aufnahme machten, siehe: Beiträge zur Geschichte
des Berliner Handels ꝛc. (Festschrift von 1870) S. 26.

[2] Myl. V, 2, 273—76.

[3] Berl. Staatsarchiv Abt. 1. Rep. 9. C. 3b.

wolle, müsse 15—50, ja 100 Thaler Meistergeld, 4—6 und mehr Thaler Bürgergeld geben[1], ein Meisterstück für 10—40 Thaler machen, dabei oft noch 3—10 Thaler Strafgeld für Fehler zahlen[2]; daher fehle es zumal in den kleinen Städten an Gewerbetreibenden, oder sie fingen mit Überschuldung an; viele Zünfte seien noch geschlossen; wer von einer Stadt zur andern ziehe, habe nochmal alle Kosten aufzuwenden. All das aufgebrachte Geld werde zu Prozessen, hauptsächlich gegen die Unvermögenden, die Pfuscher, verwendet[3], oder verzehret; viele Innungen hätten sich daran gewöhnt, nicht ehender bis alles Geld verthan nach Hause zu gehen[4].

Daher nun der Vorschlag, an die Spitze aller Gewerbtreibenden eine General-Kommerzienkammer zu stellen, mit Unterbeamten in den einzelnen Städten. Hier hat sich zu melden, ehrliche Geburt und Profession zu beweisen, wer ein Gewerbe anfangen und treiben will; der Krämer und Kaufmann zahlt eine staatliche Taxe von 8—50, der Handwerker von 4—30 Thalern und erhält dann seinen Freibrief, mit dem er sich bei den im übrigen fortbestehenden Innungen meldet; er ist hier gegen eine kleine Gebühr einzuschreiben, während sonst alle Finanzen und Gelderhebungen, wie alle Jurisdiktion der Innungen wegfallen; diese letztere geht an die Kommerzienbeamten über.

---

[1] In Berlin zahlte nach Fibicin, Hist.-dipl. Beiträge V 112, noch 1718 der Fremde 6—10 Thlr., der Einheimische den mindesten Satz.

[2] Noch 1732 schreibt Kammerdirektor Hille aus Küstrin, das Meisterwerden habe bisher noch 30 und mehr Thaler gekostet.

[3] Am 10. Februar 1730 schreibt Hille, „die Siffaische und daraus entsponnenen Händel haben dem Tuchmachergewerk allein über 1000 Thlr. gekostet".

[4] Manitius berichtet 1710 aus der Neumark, einer seiner Vorgänger habe es beim Tuchmachergewerk in Falkenburg durch strenge Kontrolle der Lade und der Kasse dahin gebracht, daß die Gilde bald 60 Thlr. besessen, daraus Steuern für die Glieder bezahlt habe ꝛc. Jetzt würden wieder alle vorhandenen Gelder versoffen und Steuern auf die Mitglieder zu solchem Zweck umgelegt, wodurch besonders die jungen Meister ruiniert würden.

An die Stelle der Innungsprivilegien treten staatliche Instruktionen, die das Lehrlingswesen, das Arbeitsrecht der Gesellen, die Sitten= polizei der Genossen, die Bedingungen einer loyalen Konkurrenz ähnlich wie das bisherige Innungsrecht regulieren.

Wir sehen, es ist der Gedanke des französischen Rechts, allen Gewerbebetrieb für droit domanial zu erklären; es ist der Plan eines Konzessionssystems, wie es Montgelas hundert Jahre später in Bayern einführte. Es war ein Vorschlag, der in der Luft lag, zu einer Zeit, in welcher die Gewerbeleitung von der Stadt auf den Staat überging. Das Handwerk, das bisher ein städtisches Amt gewesen, sollte nun ein staatliches werden; aus · den zerrütteten und korrupten Korporationsfinanzen sollte eine gute staatliche Einnahmequelle werden; das Projekt klingt an die spätere französische und an die ihr von Hardenberg nachgeahmte preußische Gewerbesteuer an. Unbedingte gewerbliche Freizügig= keit im ganzen Staate wäre damit erreicht worden.

Marquard von Printzen ließ sich ein Gutachten vom branden= burgischen Lehnsekretär Bergius über die Frage machen. Dieser bezeichnet die Anklagen als übertrieben, beruft sich darauf, was an Verbesserung der Privilegien geschehen, wie viele alte Zünfte wieder in Flor gekommen, wie viele neue gegründet worden seien, betont aber vor allem, daß eine gründliche Reform nur durch eine generale Reichskorrespondenz und =Verfassung zu hoffen, da ohne sie weder Gesellen mehr aus dem übrigen Deutschland nach Preußen kommen könnten, noch die hiesigen Meister, Gesellen und Jungen dort gefördert würden. An allen Orten, wo die Gewerbe florieren, meint er, wie in Hamburg, Nürnberg, Frankfurt a. M., Augsburg und Leipzig, beobachte man das Innungswesen am genauesten, ja sehe den Innungen stets etwas durch die Finger. Es fehle im preußischen Staat nicht an Menschen und tüchtigen Meistern, sie hätten nur nicht genug Arbeit; das Schlimmste seien zahlreiche Stümper und Pfuscher, die überfrüh heirateten. Eine staatliche Kommerzienbehörde könne unmöglich richtig über alle verschiedenen Handwerke und ihre Technik urteilen, alle die geforderten Instruktionen richtig er=

teilen. Mit diesem unreifen Projekt laufe man den hazard d'un bouleversement général.

Die Kommissare für die Frage, Prinzen, Mathias und Berghem wiesen daraufhin den Spiegelberg als einen Menschen ab, der es vornehmlich auf sein eigen Etablissement abgezielet, nicht erwägend, daß sie im Lehnssekretär, um dessen Sporteln es sich handelte, den Bock zum Gärtner gesetzt.

Freilich enthielt dessen Auseinandersetzung neben der oratio pro domo viel Wahres und Praktisches. Sagt doch auch der vielgelesenste und angesehenste volkswirtschaftliche Schriftsteller der Zeit, J. J. Becher[1], die Lehrbriefe, Geburtsstrafen und Meisterstücke, das Schelten und Wiederehrlichmachen seien ein böser Mißbrauch; aber die größere Freiheit und Konkurrenz, wie sie in Holland bestehe, erhalte die Handwerker in steter Armut, stürze sie bei jeder Stockung in ein so furchtbares Elend, wie es in Deutschland unbekannt sei; nur Kaufleute und Verleger hätten davon den rechten Vorteil, nur in einem Lande mit großem Absatz nach außen sei solche Verfassung möglich; „es lassn sich auch in Teutschland darumb die Zünft nicht abschaffen und jedem freilassen zu arbeiten, was er will." Und der vielgereiste Marperger, der 1708 in die preußische Societät der Wissenschaften aufgenommen wurde, meint, wo die Ämter noch über ihre Statuten strak hielten, da hinderten sie freilich den Fortgang der Manufakturen; aber an gewisse Regeln müsse sich jede bürgerliche Gemeinschaft binden, und wo die Zünfte so wie im Brandenburgischen, Dänemark und Holland abgeschaffet, da könne jeder, der was Rechtschaffenes gelernt, Bürger und Meister werden und sich seiner Handarbeit ernähren[2]. Er war offenbar über Preußen damals noch nicht im einzelnen unterichtet; aber sein Ausspruch zeigt immer, daß die brandenburgische Innungspolitik bereits 1707 als reformiert und liberal galt, daß manches hier schon anders geworden war, als draußen im Reich.

---

[1] Diskurs von den Ursachen des Auf- und Abnehmens der Städte 2c. 2. Ausgabe 1668 S. 112—15.
[2] Das neueröffnete Manufakturhaus (1707) 220—21, 236.

Bezeichnend ist noch, daß er den Zustand in Holland und
Brandenburg als eine Abschaffung der Zünfte bezeichnet, obwohl
die Innungen als solche in beiden Ländern ungestört bestanden.
Es ist der ältere, von uns schon erwähnte Sprachgebrauch, der
darunter nur eine scharfe Beschränkung ihrer Selbständigkeit,
ihrer politischen, finanziellen und jurisdiktionellen Rechte, die
Kassierung der diesbezüglichen Pergamente und Briefe versteht.
In diesem Sinne ist es auch zu verstehen, wenn der große
Kurfürst da und dort von einer Aufhebung der Innungen spricht
oder damit droht[1], während er zugleich mit freigebiger Hand
überall neue Innungsprivilegien erteilt. Ähnlich sagt ein
braunschweigischer Minister, dessen Gedanken der preußische Rat
Heinrich Boden veröffentlicht: „alle Gilden und ihre dem Publico
höchst schädliche Innungsbriefe müssen, sollen die Manufakturen
florieren, abgeschaffet oder andere Artikelsbriefe formiert werden"[2].
Diese Losung blieb fast bis ans Ende des achtzehnten Jahr=
hunderts maßgebend. Justi, dessen Schriften den Höhepunkt der
kameralistisch = polizeiwissenschaftlichen Litteratur darstellen, sagt
1759, so begründet die Beschwerden über die Zünfte seien, so
sei ihre Abschaffung doch zu bedenklich: sie würde das Wandern
beseitigen, wodurch die Handwerker ihre Geschicklichkeit haupt=
sächlich erlangten[3].

3.
Die preußische Innungsverwaltung von 1713—1731.

Zweierlei hatte sich bisher den Bestrebungen einer Innungs=
reform entgegengestellt, der zähe Widerstand der Meister und
Gesellen, deren sämtliche Lebensgewohnheiten und Sitten aufs
engste mit dem bestehenden Rechte verflochten waren, und die
staatsrechtliche Kompetenzfrage, d. h. die Unfähigkeit des Reichs,
ein neues Innungsrecht zu schaffen, das überall gehalten und

[1] M. Meyer a. a. O. S. 78—79.
[2] Fürstliche Machtkunst oder unerschöpfliche Goldgrube rc. 1702 S. 91.
[3] Grundsätze der Polizeiwissenschaft S. 134—135.

durchgeführt würde, und die Unfähigkeit der Einzelstaaten, etwas zu befehlen, was vom Innungsbrauch im übrigen Reich abweiche. Schon im sechzehnten Jahrhundert hatte es sich ge= zeigt, wie ohnmächtig das Reich in allen wirtschaftlichen Dingen sei. Die Reichspolizeiordnung von 1530 hatte den einzelnen Ständen überlassen müssen, das bezüglich der Gesellen Vor= geschriebene aufzuheben oder zu mindern; nur soll es in keiner Weise erhöht oder vermehrt werden. Der Zug der Zeit ging unwiderstehlich auf eine Steigerung der territorialen Befugnisse. Der jüngste Reichsabschied hatte in § 106 die territoriale Re= gierungsgewalt in Zunftsachen wesentlich verstärkt, indem er bestimmte, daß das oberste Reichsgericht nicht ohne weiteres, ohne Kenntnis der lokalen Verhältnisse und beteiligten Inter= essen gegen neu eingeführte Zunft= und Handwerksordnungen, jedenfalls nicht auf Inhibition erkennen, sondern derartiges an des Ortes Obrigkeit verweisen, „die ohnedas die Gewalt hat, dergleichen Statuta nach Gelegenheit der Läuft und Zeiten zu widerrufen und zu ändern“. Bei den Reichstagsverhandlungen von 1666—1672 hatte es sich deutlich gezeigt, daß gerade die größeren Stände, wie Brandenburg, das Hauptgewicht auf die Anerkennung ihrer gewerbepolizeilichen Souveränität legten. Das war aber ein wachsendes Hindernis, es zu einheitlichen Maßnahmen kommen zu lassen, wie sie doch notwendig waren gegenüber der Einheitlichkeit des Wandergebietes der Gesellen, des Handwerksbrauches, der geographischen Ausdehnung der Hauptladen.

Diese Schwierigkeiten dauerten natürlich auch nach dem Regierungsantritt Friedrich Wilhelms I. gleichmäßig fort. Aber die allgemeine Energie der Staatsleitung zeigte sich doch bald auch auf diesem Gebiete. Dieser Energie war es zu danken, daß nach langen Verhandlungen das Reich zu einem gemein= samen Schritt fortgerissen wurde. Wie es dazu kam, werden wir im nächsten Abschnitt sehen. Zunächst haben wir die Art kennen zu lernen, wie innerhalb Preußens die Reformtendenzen sich sammelten und kräftigten. Das siegreiche Vordringen der

Kommissariatsbehörden war dabei das Entscheidende. Es ver=
schoben sich damit nach und nach die Kompetenzen der beteiligten
Behörden.

Wir haben auf den Gegensatz, in dem die Kommissariats=
behörden zu der Lehnskanzlei standen, schon hingewiesen. Ebenso
wichtig war die Stellung der Gerichte, die mit der im sieb=
zehnten Jahrhundert wachsenden Zahl der Zunftprozesse einen
immer größeren Einfluß auf das Innungsrecht erhalten hatten.
Im Jahre 1680 hatte der Berliner Magistrat sich darüber be=
klagt, daß die Meister sich immer häufiger an das Kammergericht
wendeten. Der Kurfürst hatte verfügt, daß die Exekution der
Privilegien dem Magistrate zustehe, daß die Entscheidung des
Kammergerichts aber einzuholen sei, wenn es sich um Inter=
pretation handele[1]. Ähnlich hatte die Kammergerichtsordnung
von 1709 verfügt[2], daß in Polizeistreitigkeiten der Handwerker,
wie Bäcker, Brauer u. s. w., kein Prozeß beim Kammergericht
zu verstatten, sondern solche an den Magistrat der Residenz zu
verweisen seien, daß aber Streitigkeiten zwischen ganzen Ge=
werken oder deren Mitgliedern allerdings vor dem Kammergericht
zu erörtern seien. Also die prinzipiellen Fragen sind vom Ge=
sichtspunkt des jus quaesitum zu behandeln.

Die wichtige Konstitution vom 25. April 1715, welche die
Kompetenzfragen im allgemeinen ordnet, läßt den Lehnskanzleien
und Regierungen noch die Revision der Innungsartikel, aber
nach Kommunikation mit dem Generalkriegskommissariat und
den Provinzialkommissariaten[3]; sie hofft so den langwierigen
und geldfressenden Prozessen, die zum Nachteil der bürgerlichen
Nahrung öfter zwischen den Handwerkern geführt würden, die
Spitze abzubrechen. Komme es dennoch zu einem Streit, der
rechtlicher Kognition bedürfe, so gehöre er vor das Justiz=
kollegium, das aber einen Deputatum des Kommissariats zu=

---

[1] Zimmermann a. a. O. III, 141.
[2] Myl. II, 1, 380.
[3] Myl. II, 1, 563—68. Ähnlich z. B. das Regl. für das Königs=
berger Kommissariat von 1716, Grube, II, 407, § 7.

ziehen, ohne Weitläufigkeit entscheiden und keine Appellation ge=
statten müsse. Komme es auf die Deklaration eines Privilegii
an, so solle an den König berichtet werden. Bei einem Gewerks=
prozesse in erster Instanz solle der Magistrat, wenn er die Sache
nicht in Güte beilegen könne, das Protokoll an die Regierung
einsenden, welche nach Kommunikation mit dem Kommissariat
sprechen werde. Der Fortschritt dieser Bestimmungen ist klar:
das Kommissariat hat in den wichtigen Fragen mitzureden; die
wichtigsten, die Deklarationen, sind dem König, nicht mehr dem
Kammergericht vorbehalten.

Zu den entscheidenden Instruktionen für das General=
direktorium und die neugebildeten Kriegs= und Domänen=
kammern von 1723 findet sich eine Bestimmung über die
Innungen nicht; wohl aber lag mir im Königsberger Archiv
ein Erlaß von 1723 vor, der alle Gewerks= und Innungssachen
künftig vor 'die Kammern weist[1]. Und wenn die Praxis in
einzelnen Provinzen auch noch schwankte, wenn noch 1742 für
Pommern dieser Befehl wiederholt werden mußte[2], so zeigen
doch die Akten, daß im ganzen von 1723 an die Justizbehörden
gänzlich aus dieser Position verdrängt sind; damit beginnt eben
die energische Reform.

Im Kompetenzreglement vom 19. Juni 1749 lautet[3],
um dies gleich noch hier anzumerken, die Entscheidung so: „die
Kammern behalten die Kognition in allen Innungs=, Gewerks=
und Privilegien= oder occasione derselben sich eräugenden Klage=
sachen, welche zu Beförderung des Kommerzii und derer Manu=
fakturen, wie auch Peuplirung des Landes gehören, wann
darunter entweder zwischen ganzen Gewerken selbst oder zwischen
zweien und mehreren Membris, ratione extensionis vel

---

[1] Im Jahre 1727 wird aus Versehen von Berlin aus die Küstriner
Regierung zum Bericht über Handwerkersachen statt der Kammer auf=
gefordert; die erstere antwortet, ihr seien seit einigen Jahren diese Sachen
abgenommen.

[2] Quickmann, Ediktensammlung S. 547.

[3] Mylius, Continuatio IV, 165.

restrictionis privilegii, Streit entsteht, indem die Kammern
dergleichen Privilegia examinieren und zur Konfirmation bringen,
daher am besten wissen können und müssen, wie das Privilegium
zu verstehen und bei vorkommenden Fällen in Absicht auf das
Kommerzium und die Konservation derer Zünfte und Gewerke
eines nebst dem andern zu vermehren, zu vermindern oder gar
wieder aufzuheben". Daneben wird der Justiz nur die kleine
Konzession gemacht: „Wo aber das Privilegium klar und bloß
super contraventione vel satisfactione gestritten wird, darüber
kognoszieren die Magistrate jedes Ortes in prima instantia
und gehen die appellationes an die Justizkollegia"!

Mit diesen wenigen vorausgreifenden Bemerkungen über die
nach und nach erfolgende Veränderung in den Kompetenzen der
beteiligten Behörden haben wir bereits den allgemeinen Rahmen
kennen gelernt, innerhalb dessen die Reform sich vollzog.

Sehen wir zunächst, welche Ergebnisse der Umstand herbeiführte, daß die Kommissariatsbehörden bei der Neubestätigung
der Innungsbriefe mitzureden hatten. Da dieselbe mit jedem
Regierungswechsel üblich war, so wurden auch von 1713 an viele
Statuten neu eingereicht, freilich entfernt nicht alle, wahrscheinlich nicht einmal die größere Hälfte. Die meisten Innungen
scheuten die Kosten; wer nichts Neues wollte, lebte meist mit
seinem alten Statut weiter.

Es liegt mir eine Reihe neugenehmigter Innungsstatuten
aus den Jahren 1713—1723, teilweise mit den Bemerkungen,
welche die Kommissariatsbehörden für die Lehnskanzlei im Sinn
der wünschenswerten Änderung machten, vor. Man wird nicht
sagen können, daß der Charakter der Statuten damals ein
wesentlich anderer wurde. Zahlreiche geschlossene Mittel blieben
bestehen; es blieb fast überall die den lokalen Verhältnissen angepaßte, hergebrachte Konkurrenzregulierung gegenüber Nachbar-
gewerben, dem platten Lande, den Jahrmärkten, den Fremden;
es blieb die bunteste Zahlenreihe bezüglich der Lehr-, Wander-
und Mutjahre; es blieben hohe Einkaufsgelder und exorbitante
Strafen. Die Berliner Materialistengilde fordert in ihrem

Statut vom 7. Januar 1715 z. B. 30 Thaler Eintrittsgeld für den einheimischen Mann, 5 Thaler für die Ehefrau, vom Auswärtigen zusammen 60 Thaler; sie verhängt, ohne Anwesenheit eines Magistratsassessors, Strafen bis zu 10, ja bis zu 70 Thalern. Die Ausschließungsgründe sind in den meisten Statuten noch recht zahlreich; so schließt die ebenerwähnte Gilde alle, obwohl sie die Handlung erlernt, aus, die inzwischen ein Handwerk getrieben. Die Bevorzugung der Söhne und Schwiegersöhne vor anderen wird keineswegs beseitigt, sondern nur etwas reduziert. Den Ziechnern in Neustadt=Eberwalde z. B. wird 1718 in ihr Statut gesetzt, daß die fremden Gesellen statt sechs nur ein Mutjahr arbeiten müssen; den einheimischen Söhnen und Tochtermännern wird das halbe Mutjahr gelassen; aber sie sollen von nun an zwei statt ein Jahr wandern. Ihr Recht, auf zwei Meilen in der Runde jede neue Werkstatt auf Dörfern zu verbieten, wird auf eine Meile reduziert. Ihr Recht, den Küstern in der Stadt das Weben ganz, denen auf dem Lande bis auf einen Stuhl zu verbieten, wird gestrichen. Die Strafansätze werden etwas herabgesetzt. Man hat bei den Korrekturen aus dieser Zeit immer noch den Eindruck, daß der alte Wortlaut nur soweit geändert werde, als es sich ohne größeren Eingriff, ohne zu viel Mühe des Umschreibens, machen lasse; kleine Sätze werden gestrichen, Zahlensätze erhöht oder erniedrigt; aber der Charakter bleibt der alte. Und es liegt kein systematischer Plan der Umredaktion vor; der Referent läßt heute passieren, was er morgen streicht; das Wirrsal widersprechender verschiedenartiger Bestimmungen bleibt. Das, was die Innungen selbst bei der Neueinrichtung von Statuten ändern, scheint mir häufig viel erheblicher, als was die Kommissariatsbehörden streichen oder zusetzen.

Die Umbildung der realen Verhältnisse gab den Innungen genug Anlaß dazu. Manche Handwerke bilden sich damals schon ganz oder halb zu Hausindustrien um, in welchen die reichen Meister Verleger der ärmeren werden; viele beginnen mehr als bisher aus technischen Hilfsarbeitern der Familie Händler mit

fertigen Waren zu werden, die sie nicht mehr alle selbst anfertigen; es kommen schon etwas größere Betriebe vor; der Einkauf des Rohstoffes und seine Ordnung wird wichtiger. All das
und anderes mehr spiegelt sich in den Statuten wieder, ohne
daß die Korrekturen der Kommissariatsbehörden zunächst es
wesentlich beeinflußten. Daß sie daneben durch besondere
Reglements und Polizeiverordnungen, welche gleichsam außerhalb
des Innungsrechts standen, eingriffen, darauf kommen wir zurück.

Beispiele von Revisionen aus der Zeit nach Errichtung der
Kriegs- und Domänenkammern (1723), die mir vorliegen, zeigen,
daß man nun die Sache ernster nahm; die einzelne Kammer
arbeitet nun eingehende Monita über das einzelne Privileg aus,
die dem Generaldirektorium vorgelegt wurden, dieses befriedigen
mußten. Aber es ist doch mehr ein Unterschied dem Grade als
der Art nach; auch sind die Einzelrevisionen von 1723 an nicht
mehr sehr zahlreich; es drohte nunmehr bereits die allgemeine
Reform. Und jedenfalls, wenn wir die 1732—1736 dann auf
Grund des Reichsgesetzes geänderten Statuten vergleichen mit
dem, was vorher bis dahin Rechtens war und was unter dem
Einfluß der Regierung früher geändert worden war, so sehen
wir, daß alle die früheren Anläufe das Wesen der Sache nicht
allzusehr ergriffen hatten.

Wir haben dafür noch andere Beweise. Nach der Neubildung der Behörden von 1723 ergehen verschiedene königliche
Specialverordnungen, ähnlich wie 1683—1689, welche voraussetzen, daß das Innungsrecht noch mehr oder weniger das alte
sei. Es wird 1723 bestimmt, daß die Handwerker, so in Wolle,
Leinen, Leder, Holz, Eisen, Kupfer und Messing arbeiten, d. h.
also die für den Absatz im großen arbeitenden, nicht rein
lokalen Meister, so viel Gesellen halten können, als sie wollen[1].

---

[1] Jahrb. für Gesetzgebung XI, 3—4, S. 803. Was ich dort für
Magdeburg nachgewiesen, ist ohne Zweifel allgemein angeordnet worden;
nur muß die Ausdehnung dieser Freiheit auf die Haltung einer beliebigen
Zahl Lehrjungen entweder ein Irrtum in den Akten sein oder rasch wieder
zurückgenommen sein; denn gleichzeitige Akten zeigen, daß man nirgends

Es erging ein königlicher Erlaß gegen die theueren unverkäuf=
lichen Meisterstücke und die Schmausereien und Unkosten beim
Meisterwerden, der lautet, als ob dagegen noch nie etwas ge=
schehen wäre[1]. Vielleicht ist er hauptsächlich für die anderen
Provinzen bestimmt, außer Brandenburg, wie denn in ihnen
natürlich viel weniger als hier geschehen war. In Ostpreußen
war zwar das Edikt vom 3. November 1686[2] gegen die teueren
Meisterstücke auch publiziert worden. Es war dann im Februar
1712[3] für dieses Herzogtum die bereits erwähnte etwas ein=
gehendere Verordnung gegen die teils sündlichen und absurden,
teils den Handwerkern selbst verderblichen und dem Publico
schädlichen Mißbräuche erfolgt, offenbar aber ohne jeden Erfolg.
Im Jahre 1724 ergehen für diese Provinz mehrere Verfügungen
des Generaldirektoriums gegen das Auftreiben der Handwerks=
meister und Gesellen und anderes derart (22. April und
29. November)[4]. Sie entsprechen den hannöverischen, sächsischen
und österreichischen Verfügungen gegen die Gesellenaufstände
aus diesen Jahren. Die über ganz Deutschland sich verbreiten=
den Gesellenunruhen müssen dort ein besonders bedrohliches
Aussehen angenommen haben.

Ebenso deutlich sehen wir den Stand der Sache aus den
laufenden Innungsakten der Centralbehörden. Ich will auf
allgemeine Klagen der Beamten dabei nicht den Nachdruck legen;
aber sie könnten kaum stärker sein; an einer Stelle heißt es:
„die tägliche Erfahrung bezeuget, welcher Gestalt die Mißbräuche
bei denen Handwerkern zu einer solchen Enormität gestiegen,

---

eine beliebige Lehrjungenzahl zuließ, wie sie ja auch heute noch von ver=
stänbigen Freunden einer normalen Erziehung der gewerblichen Jugend ver=
urteilt wird und Anträge auf Wiederherstellung einer Beschränkung der
Lehrlingszahl wiederholt in unsern Tagen im Reichstag, resp. seinen
Kommissionen, gestellt wurden. Im Innungsgesetz von 1897 haben sie be=
stimmte Gestalt gewonnen.

[1] Myl. V, 2, 734, Scotti, Sammlung der Gesetze 2c., welche in
Cleve und Mark ergangen, II, 1014.

[2] Grube III, 472.

[3] Grube III, 473.

[4] Druck des Königsberger und Berliner Archivs.

daß solche kaum mehr zu bezähmen." Aber die Einzelheiten
belehren uns, wie hart und zähe die hergebrachten Mißstände
saßen. Es sei wenigstens das Eine und das Andere angeführt.

In Küstrin hatten 1689 Fleischer und Schuster, Schneider
und Schmiede sich die Geschlossenheit ihrer Gewerke durch die
beweglichsten Vorstellungen gerettet. In dem neuen Privileg
für die Schneider (2. März 1691) hatten die sechs ältern
Meister sich das Recht ausbedungen, die sechs jüngern zu Kriegs-
zügen gegen Pfuscher, Störer, Soldaten und vorstädtische Meister
aussenden zu dürfen. Die vorstädtischen paar Meister sollten
ferner nach demselben Privileg keine Gesellen halten außer
14 Tage vor den hohen Festen, nach Auslernung eines Jungen
zwei Jahre ohne solchen arbeiten. Darüber und über weitere
dergleichen Bestimmungen stritten nun vor- und innerstädtische
Meister 18 Jahre vor der neumärkischen Regierung. Und weiter
setzt sich 1713—22 der Streit vor Regierung und Kommissariatsbehörden fort; ein königlicher Erlaß in der Sache vom
24. Januar 1718 braucht noch volle 3 Jahre, bis er zur
Exekution gebracht wird; die Meister betonen immer wieder,
gegen Privilegien und Judicata brauchen sie sich nichts gefallen
zu lassen, sie trügen besondere Lasten in der Festung, es sei
unmöglich, ihnen die Vorstädter gleichzustellen. Und als die
12 Stadt- und 9 Vorstadtschneider endlich mit Gewalt vereinigt
sind, zanken sie sich sofort wieder über die Ordnung beim Sitzen,
über die Prozeßkosten, welche die Städter aus der Lade, die
Vorstädter aus ihrer Tasche bestritten hatten, über die Pflicht
beim Tragen der Leichen und Ansagen der Gebote, über die
Konkurrenz der Soldatenarbeit. Das Generaldirektorium muß
dies im einzelnen entscheiden. Unsere Akten über diese Sachen
enden mit einer Vorstellung des Commissarius loci, in welcher
er eigentlich den Schneidern Recht giebt: das Gewerbe sei mit
23 Meistern nun übersetzt; jedenfalls gegen weitere Konkurrenz
müsse man sie schützen.

In Jahre 1725 wird zu Neuendamm der Tuchmacher
Martin Engelmann aus dem Gewerk gestoßen, weil er eine Frau

genommen, deren Großmutter aus einem Schäfergeschlecht ent=
sprossen, obwohl er einen richtigen Geburtsbrief vom Amtmann
von Himmelstädt hat. Die Sache kommt vor die Hauptlade in
Frankfurt, vor die Regierung und vor die Kammer; Zeugen
werden vernommen, die Amtsrechnungen von 1670 nachgesehen;
es stellt sich heraus, daß kein Schäfer des verdächtigen Namens
damals überhaupt existiert habe; die Kammer berichtet, sie habe
gehofft, es würde dies Argument, welches bei den höchsten
Kollegiis plenam probationem ausmache, bei der erleuchteten
Tuchmacherjustiz etwas gelten; aber sie habe mit Verwunderung
erfahren müssen, daß besagtes Frankfurtisches Mittel gesprochen,
daß solches so wenig als unser Sentiment über die Untauglich=
keit der Zeugen von der geringsten Erheblichkeit sei, sondern
Martin Engelmann des Gewerkes zu entsetzen, bis daß er nach=
gewiesen, daß seine Frau aus keinem Schäfergeschlecht ent=
sprossen. Diese Sentenz wurde zur Exekution gebracht. „All
diesen Absurditäten," schreibt die Kammer, „müssen wir still=
schweigend zusehen, weil die Meister sich hinter die Gesellen
stecken und diese sofort davonzugehen drohen, der Händel, so die
Gesellen selbst anfangen, nicht zu gedenken." Fast zu gleicher
Zeit berichtet dieselbe Behörde, daß die Schuhmacher zu Krossen
einen Meister ausgestoßen, weil er auf eines Scharfrichters Pferd
geritten, die zu Sommerfeld einen, weil er mit einem Scharf=
richter getrunken. „Es ist bereits so weit gediehen," schreibt
sie, „daß die meisten Gewerke sich unter einander geschimpfet und
hin und wieder auf der schwarzen Tafel stehen, woraus denn
nichts als Konfusion und Schaden der Fabriken erfolgen kann."

Ähnliche Beispiele ließen sich noch in großer Zahl aus den
Jahren 1713—31 beibringen. Ich will den Leser nicht damit
ermüden. Der Handwerksbrauch blieb aber im ganzen der alte,
auch wenn die Statuten die grellsten Mißbräuche da und dort
gestrichen oder verpönt hatten, so lange es nicht gelang, auf
diesen Brauch selbst eine tiefgreifende Wirkung zu üben, die
Rechtsprechung den Handwerkern und Gesellen ganz oder teil=
weise aus der Hand zu nehmen, die Macht der nun einmal in

kleinlichen, zänkischen Traditionen befangenen Gesellenbruder=
schaften zu brechen.

Wenn das in der Hauptsache erst auf Grund des Reichs=
gesetzes von 1731 in Preußen gelang, so war doch schon vorher
durch die wachsende Macht der Kommissariatsbehörden, durch
die allgemeinen Tendenzen einer energischen fürstlichen Gewerbe=
politik manches geschehen, was ohne direkte Änderung der
Innungsstatuten die Stellung, den Einfluß, die Gepflogenheiten
der Innungen nach und nach änderte und verschob. Davon
müssen wir hier nun zum Schlusse, ehe wir auf die große
Reformarbeit eingehen, einiges sagen. Es handelt sich um
Verschiebungen, die teilweise schon vor 1713, vor allem aber
seit dieser Zeit einsetzen.

Seit die ganze Stadtverwaltung durch die Untersuchungs=
kommissionen, die rathäuslichen Reglements, durch die Abstellung
der wechselnden Ratsmittel und Ersetzung durch einen Magistratus
perpetuus eine andere, von Mißbräuchen gereinigte geworden,
seit die Kontrolle des Steuerkommissars eine viel intensivere ge=
worden war, mußten naturgemäß auch die Handwerksmißbräuche
etwas mehr zurücktreten. Wir haben oben erwähnt, daß z. B.
die Instruktion für die Steuerkommissare von 1712 das Innungs=
wesen gar nicht berührt. In einer späteren Vorschrift über
das, was sie bei Bereisung der Städte zu bemerken, welche den
Jahren 1723—30 angehören muß[1], heißt es nach eingehenden
Fragen über das Brauwesen weiter: „Wie es mit den Hand=
werksinnungen stehe und ob bei jeder ein Assessor ex Magistratu?
Ob dem Tuchmacher=Gewerke die Schauordnung bekannt gemacht,
darüber gehalten, auch Schaumeister gesetzt worden und wer
Fabriquen=Inspektor ex collegio sei? Ob die Innungen bei
jetziger Regierung privilegirt und ihre Artikuli konfirmiret? Ob
und wie viel junge Bürger sich in anno praeterito bis jetzt
etabliret? Ob es an einigen, die sich annoch ernähren könnten,
fehle? Ob das Edikt wegen Verfertigung der Meisterstücke

---

[1] B. St. A. Abt. 2, Gener. XIX, 10.

nach Kaufmanns- und gangbarer Art observiret und darüber gehalten werde? Ob viel fremde Gesellen einwandern und ein jeder Handwerksmann nach seiner Art wohl einen Gesellen habe, item ob jedes Handwerk seine Herberge habe?" Darauf folgt eine Reihe weiterer sehr eingehender Fragen über die Wochen- und Jahrmärkte, sowie über die Kontrolle von Maß und Gewicht. Wenn diese Fragen jährlich zweimal ernst gestellt und beantwortet wurden, so mußte das immer einen erheblichen Einfluß üben, wie die ganze fürstliche Lebensmittel-, Markt-, Bau-, Feuer-, Sanitätspolizei je auf bestimmte Gewerbe einen Druck im Sinne der Reform herbeiführte.

Für die Berliner Fleischer bestanden seit 1591 und 1623, für die Bäcker seit 1626 kurfürstliche Verfügungen[1], welche, ohne das Innungswesen zu berühren, die Taxen, den öffentlichen Verkauf und die Besichtigung, den Schlachthauszwang und derartiges ordnen. Dabei blieb es auch in der Folgezeit; nur griff auch hier die Verwaltung Friedrich Wilhelms I. tiefer. Sie erneuerte und modifizierte wiederholt die Fleischer- und Bäckerordnung; die Bäckerpolizei der Hauptstadt wurde schon 1709 auf alle brandenburgischen Städte ausgedehnt; im Jahre 1719[2] wurde bestimmt, daß alle umliegenden Stadt- und Landbäcker ihr gebacken Brot in die Residenz ungehindert einbringen und verkaufen dürften, nachdem schon seit 1709 täglich — statt zweimal wöchentlich — die fremden umliegenden Schlächter zum Verkauf in Berlin zugelassen worden waren. Eine besondere Ordnung wurde 1721 für die von der Regierung konzessionierten Brothöker erlassen; es wurde ihnen der erlaubte Preis genau vorgeschrieben, wie den Bäckern in der Taxe nachgerechnet war, was sie für Steuern aufs Brot schlagen durften. Mehrere Befehle ordnen den Verkauf der Beilagen zum Fleisch (6. Juli 1723, 3. April 1724). In den neuen Stadtteilen wurde für Fleisch- und Brotschragen, auch für Fisch- und Krautmärkte nach Berliner Muster gesorgt. Die Anzahl der Bäcker in der ganzen

---

[1] Mvl. V, 2, 583 ff., 619 ff., 625 ff.
[2] Mvl. V, 2, 693.

Stadt wurde vermehrt, auf 194 festgesetzt (1729)[1]. Zur Unter=
stützung der städtischen Polizei hatte 1718 ein Kabinettsbefehl
den Magistrat angewiesen, einen abgedankten Offizier als Polizei=
inspektor mit drei bis vier Unterbedienten anzustellen. Die In=
struktionen für beide enthielten umfassende Maßregeln gegen
Bevorteilungen des Publikums durch Bäcker, Schlächter und
Wirte. Leider kam der zum Polizeiinspektor Ernannte durch
anderweite Dienste nicht zu entsprechender Thätigkeit[2]. Die
Marktherren aus dem Magistratskollegium behielten in der
Hauptsache ihren hergebrachten Dienst. Sie erhielten 1721 eine
geschriebene, 1728 eine gedruckte Instruktion. Aber ihre Thätig=
keit befriedigte nicht. Neue Untersuchungen folgten 1729—35.
Unvermutete Visitationen bei Gewerbetreibenden, welche mit
großer Strenge durchgeführt wurden, brachten manche Mißstände,
zu leichtes Brot, falsches Maß und Gewicht zu Tage.

Und wenn der Magistrat sich entschuldigte, er bestrafe
jährlich etwa 20 Leute wegen derartigem, es sei nicht möglich
mehr zu fassen, die Professiones müßten alle möglichen Hin=
derungen zu machen, so genügte das der Untersuchungskommission
so wenig als der Hinweis auf die vielen Eximierten, die nicht
unter städtischer Polizei stünden. Der aus Magdeburg berufene
Regierungsrat und Advocatus fisci Dreyhaupt will sogar die
sämtlichen Berliner Marktherren mit je 30—50 Thlrn. Strafe
belegen. Das Endresultat einer Reihe eingehender Berichte über
alle Seiten der hauptstädtischen Marktpolizei war die Einsetzung
von zwei besonderen Polizeimeistern, die unter dem Magistrat
stehen, als Vorgesetzte der Marktmeister und Polizeidiener allen
Lebensmittelverkehr, alle Höferei, allen Material=, Hausier= und
Kornhandel, ja auch alle Pfuscherei in Handwerkssachen kon=
trollieren sollen[3]. Die Jurisdiktion in Polizeisachen soll dem

---

[1] König, Histor. Schilderung der Res. Berlin IV, a (1796) S. 185.
[2] A. Ballhorn, Das Polizeipräsidium zu Berlin, eine geschichtliche
Darstellung (1852) S. 79—81; daneben B. St. A. Kurmark. CXV Stadt
Berlin W, Rathäusliche Sachen und Bediente.
[3] Instruktionen v. 23. Mai 1735 und 1. Juli 1735, Myl. V, 1, 121
bis 136, Ballhorn a. a. O. S. 85—88.

Magiſtrat gemeinſam mit dem Gouvernement unter Aufhebung
aller exiniierten polizeilichen Gerichtsſtände zuſtehen. Dieſe Be=
ſtimmungen wurden ergänzt durch eine umfaſſende Polizei=
Verordnung für den Gewerbeverkehr Berlins vom 1. Juli und
eine Wochenmarktsordnung vom 12. Juli 1735. Das Einzelne
dieſer Erlaſſe intereſſiert uns hier nicht, ſondern nur die all=
gemeine Thatſache, daß für die ſämtlichen Nahrungsgewerbe
neben einer ſolchen ſtädtiſchen und königlichen Polizei kaum
ein Raum für irgend welche autonome Innungspolizei blieb,
daß die etwaigen Beſtimmungen der Innungsſtatute über Re=
gulierung der Konkurrenz zur Bedeutungsloſigkeit herabſanken,
wenn in dieſer Art eine höhere Inſtanz beſtimmte, wer und was
und an welcher Stelle und in welcher Qualität Meiſter und
Höker, Landleute und Hauſierer verkaufen dürften, und nicht
bloß all das beſtimmte, ſondern auch unbarmherzig für ·die
Exekution ſorgte.

Am meiſten Anlaß für eine ſolch weitgehende Polizeithätigkeit
im öffentlichen Intereſſe war in den größeren Städten und im
Lebensmittelverkehr vorhanden. Aber ein Teil dieſer Anord=
nungen umfaßte oder ergriff auch die kleineren Städte. Und für
manche andere Gewerbe lag doch auch ein öffentliches Intereſſe
vor, das die Regierung zu allgemeinen polizeilichen Verordnungen
veranlaßte. Ich erinnere z. B. an die Verfügung über den
Feingehalt der Gold= und Silberwaren und das Vorkaufsrecht
der Goldſchmiede für den Edelmetallverkauf[1], welche in Oſt=
preußen 1717 erlaſſen wurde, an die allgemeinen Verfügungen
gegen Medizinalpfuſcherei[2], mit welchen die gegen die Markt=
ſchreier, Quackſalber, Komödianten, Seiltänzer, Taſchen= und
Puppenſpieler zuſammenhängen[3].

Hauptſächlich aber griff die Regierung mit einzelnen Befehlen
und allgemeinen Verordnungen da ein, wo einzelne Handwerker

[1] Grube III, 394.
[2] 1713 Grube III, 521, Scotti II, 869, ähnlich 1723, Scotti da=
ſelbſt 1011 ꝛc.
[3] Myl. V, 5, 77—78.
Schmoller, Umriſſe. 24

sich zur Hausindustrie umgestalteten, mit größeren französischen
Unternehmungen — den sog. manufactures réunies — in
Konkurrenz traten, wo der Absatz in die Ferne, auf den großen
Messen, zur Hauptsache wurde. Da konnten die alten städtischen
Zunftstatuten nicht mehr ausreichen, auch wenn sie längst selbst
sich etwas den veränderten Betriebs= und Absatzbedingungen an=
gepaßt hatten. Ja, gerade wenn sie das versuchten, wenn die
zünftigen Kleinmeister für diese in der Regel über die einzelne
Stadt und die einzelne Innung hinausgreifenden Hausindustrieen
die Konkurrenzbedingungen neu nach ihrem Interesse festsetzen
wollten, so zeigte sich sofort, daß sie dazu viel weniger fähig
und berechtigt waren, als früher zu derselben Festsetzung für
ein rein lokales Handwerk. Wenn z. B. 1728 die Magdeburgi=
sche Strumpfwirkerinnung wünscht, daß zehn Jahre lang kein
neuer Stuhl angeschafft, den Lehrlingen kein Geldlohn gezahlt
und die Waren nicht durch Hausierer vertrieben würden, so billigte
das Generaldirektorium nur das letztere. Wie überhaupt die
Regierung sich gegenüber den Strumpfwirkern des Herzogtums
und ihren Innungsneigungen verhielt, habe ich an anderer Stelle
dargestellt, will daher hier nicht darauf zurückkommen[1].

Am deutlichsten sehen wir das Verhalten der Regierung
gegenüber der Wollindustrie. Schon früher, seit der zweiten
Hälfte des sechszehnten Jahrhunderts, hatte sie nicht durch Ein=
greifen in die Innungsstatuten, sondern durch die sogenannten
Wolledikte den Wollhandel zu ordnen, aber zugleich den kleinen
Tuchmacher gegen die Wolleinkaufskonkurrenz der großen Ver=
leger zu schützen gesucht. Daran knüpfen die Edikte des großen
Kurfürsten, am energischsten das vom 30. März 1687[2] wieder
an; es verbietet die Einfuhr ordinärer Tuche, ordnet den Ver=
kauf der Wolle an die Tuchmacher auf den Wollmärkten, stellt
allen Wollhandel unter amtliche Kontrolle, verbietet jeden Woll=
handel an Orten, wo keine Gilde sei, giebt eine Reihe technischer
Bestimmungen, sucht aber hauptsächlich das Verhältnis der

---

[1] Jahrbuch für Gesetzgebung 2c. XI, 3—4, 809—817.
[2] Myl. V, 2, 237—54.

Tuchweber zu den Verlegern und Gewandschneidern und den
Ausschnitt, sowie das Befahren der Jahrmärkte mit Tüchern
entsprechend zu ordnen; die Schauordnung, welche das Edikt
beschließt, wird in ihrer Handhabung dem Magistrat und Steuer=
kommissar unterstellt; außer zwei ehrlichen Meistern soll jederzeit
ein Kaufmann oder Gewandschneider als Schauer fungieren.

Eine ganze Reihe weiterer Edikte und Verordnungen hat in
der Folgezeit an den hier aufgestellten Prinzipien weiter ge=
arbeitet; die allgemeine Handels= und Zollpolitik steht dabei
stets in innigster Verknüpfung mit der Ordnung des inneren
Wollhandels und der Rechtsverhältnisse, innerhalb deren die
kleinen Meister sich bewegen. Den Höhepunkt dieser Anordnungen
stellt die Tuch= und Zeugmacher=, auch Schauordnung für die
gesamten mittleren Provinzen vom 30. Januar 1723 dar[1]. Sie
ist überwiegend technischen Inhalts, wie die Colbertschen Regle=
ments, will die 1687 angeordnete Schau energischer und besser
durchführen, für gleichmäßige und gute Produktion sorgen. Sie
läßt die bestehenden Innungsverhältnisse im ganzen unberührt;
aber sie giebt über die Punkte, welche für die Interessen der
Innungsmitglieder die wichtigsten sind, doch eine Reihe ein=
schneidender Bestimmungen: der Fabrikinspektor soll jährlich den
Preis festsetzen, zu dem die Tuchmacher an die Kaufleute und
Gewandschneider verkaufen; die kleinen Tuchmacher sollen außer
der Provinz, in der sie wohnen, in der Regel kein Gewand
schneiden; nur wer regelmäßig zwei Stühle gehen läßt oder aus=
schließlich vom Verlegergeschäft lebt, darf außer Landes und
außer der Provinz handeln; das Hausieren ist Kaufleuten wie
Tuchmachern verboten. Diese Bestimmungen sind gegen das
Werfen der Preise, die Schleuderkonkurrenz, gerichtet; den gleichen
Zweck hat das Verbot für Tuchscherer und andere Handwerker,
mit Tuch anders als ballenweise zu handeln; in Orten, wo nur
ein Schönfärber oder ein Tuchscherer ist, bedürfen sie zum Tuch=
ausschnitt besonderer Konzession.

[1] Mgl. V, 2, 335 ff.

Noch viel tiefer einschneidend ist das Zeugmacherreglement vom 12. August 1723. Diese Wollweber, die seit 1687[1] innungs= mäßig organisiert waren, hatten sich sehr vermehrt; viele der= artige Unternehmer und Handwerker hielten sich offenbar nicht zur Innung. Die Regierung löst nun die bestehenden Innungen nicht auf; aber indem sie, wie für die Tuchmacher, die Schau ordnet und technische Vorschriften giebt, fügt sie zahlreiche Be= stimmungen, die sonst nur in den Innungsstatuten vorkommen, dem für den ganzen Staat giltigen Reglement bei und bestimmt in Artikel 34, daß alle Meister ohne Unterschied, welche „in Profession der Fabrikation seien" und sich dem Reglement kon= formierten, dabei ungekränkt geschützt werden sollen, ohne durch den Zwang einer Innung oder sonstwie beunruhigt zu werden. Es wird ferner das Lehrlingswesen geordnet, die Lehrzeit auf drei Jahre, die Zahl der erlaubten Lehrlinge nach den Stühlen (1 auf 2—3 Stühle, 2 auf 4—5, 3 auf 6—8, 4 auf 9—12 Stühle) bestimmt; es wird das Arbeitsverhältnis zwischen Meister und Gesellen geordnet, das Mitarbeiten von Frau und Töchtern des Meisters, aber nicht von Mägden erlaubt. Die Schau wird für Berlin in die Hände von sechs Altmeistern gelegt, die aus einer Generalversammlung aller Meister, sie mögen für sich ar= beiten oder andere mit Arbeit verlegen, hervorgehen. Diese sechs bilden zusammen mit den „Kommerzienräten und Inspektoren" die dem Gewerbe vorgesetzte Behörde. So tief diese Bestim= mungen bereits griffen, die Innungsreform erfolgte auch für dieses Gewerbe erst später, nämlich durch den Gildebrief vom 22. August 1735[2].

Der leitende Gesichtspunkt bei all diesen Maßnahmen ist es, daß nicht mehr die Innung und die Stadt, sondern die staat= liche Gewalt für eine gute Produktion, für eine Produktion, die auf den Messen und im Auslande sich sehen lassen und bestehen könne, sorgen müsse, sowie daß die Regulierung der Konkurrenz, soweit sie nötig und möglich sei, nicht mehr in den Händen

---

[1] König a. a. O. II, 246.
[2] Mgl. V, 2, 421 ff.

lokaler, sondern staatlicher Organe liegen müsse. Es ist nicht
zufällig, daß die ersten Schutzzollmaßregeln durch dieselben Gesetze
wie die zahlreichen Bestimmungen über die innere Konkurrenz
erfolgen, daß, kurz nachdem 1713—1721 das Schutzzollsystem für
die mittleren Provinzen einen festen Abschluß erhalten hatte,
diese Reglements ihre Hauptausbildung erhalten. Es bricht
überall mehr und mehr der Gedanke durch, daß der inländische
Markt ein einheitlicher sei und sein müsse, daß den Schutz, den
früher die Stadt gewährt, jetzt der Staat zu übernehmen habe.
Wie man den freien Warenverkehr über die Staatsgrenze mit
Mißtrauen verfolgte, so auch den Personenverkehr. Früher hatten
einzelne Städte, vor allen Nürnberg, gewisse Handwerke für ge=
sperrt erklärt, keine Fremden aufgenommen, allen betreffenden
Gesellen und Meisterssöhnen das Wandern, ja das Verlassen der
Stadt verboten. Der preußische Staat verbot jetzt das öffent=
liche und heimliche Debauchieren der inländischen Fabrikanten,
Künstler, Handwerksmeister und Gesellen ins Ausland (21. Ok=
tober 1719)[1]. Und daß er nicht sehr viel später auch alles
Wandern über die Staatsgrenze verbot, werden wir sehen.

Es ist nur die ergänzende Kehrseite dazu, daß Friedrich
Wilhelm I. mit der Freizügigkeit innerhalb der Städte seiner
sämtlichen Lande Ernst macht. Nur in der Kurmark hatte bis=
her schon derjenige, welcher von einer Stadt zur andern zog,
keine Abzugssteuer gezahlt. Das wurde jetzt (23. November
1720) auf die Neumark[2] und bald darauf (4. Februar 1721)
auf die sämtlichen Lande übertragen[3]. Diese wichtigen Be=
stimmungen waren um so nötiger, als die Regierung eben daran
gegangen war, teils durch direkte Beeinflussung, teils durch
Bekanntmachungen und in Aussicht gestellte Vorteile die be=
stehende Verteilung der Handwerker im Staate anders als bisher
zu gestalten (1718—24). Mit diesen Maßregeln, welche Hunderte
von Landmeistern nach den Städten versetzte und eine ebenso

---

[1] Scotti, II, 949.

[2] Myl. VI, 2, 215.

[3] Das. 217.

große Zahl nach anderen Städten und Provinzen zu locken
suchte, erhob der Polizeistaat den Anspruch, an Stelle der lokalen
Organe die Verteilung der Handwerksmeister im Innern zu be=
herrschen.

Die Maßregeln, um die es sich handelt, haben ihren Aus=
gangspunkt in einer neuen Regulierung des alten Verbotes des
Landhandwerks und in den Kolonisationsabsichten der Regierung.
In der Gesetzessammlung von Mylius machen die Handwerks=
edikte von 1713—1731 nicht ganz 100 Spalten aus; davon
fallen etwa 80 auf die Ordnung des Landhandwerks, die Hand=
werkskataster der einzelnen Kreise, welche aufzählen, was für und
wie viele Handwerker auf dem platten Lande noch geduldet
wurden, und auf die Verzeichnisse der Handwerker, die in den
einzelnen Provinzen und Städten fehlten, die für sie gewonnen
werden sollten. Man kann daraus ermessen, welche Bedeutung
diese in sich zusammenhängenden Maßregeln für die damalige
Verwaltung hatten. Die Gewerbe sollten mehr als bisher vom
Lande in die Städte gedrängt, innerhalb der Städte so verteilt
werden, wie es die Bedürfnisse nach Ansicht der staatlichen Be=
hörden erforderten.

Um diese Maßregel richtig zu würdigen, muß man eigent=
lich weit zurückgreifen. Nur die von der antiken Entwickelung
so gänzlich verschiedene Art der Entstehung, des Wachstums und
der Bedeutung der mittelalterlichen Städte erklärt es, im Zu=
sammenhang mit der ganzen Agrar= und Verwaltungsgeschichte
der germanischen Völker, daß Stadt und Land sich seit dem drei=
zehnten und vierzehnten Jahrhundert als feste, mehr oder weniger
feindliche Organisationen gegenüberstanden, daß das alte Bann=
meilenrecht und andere Privilegien, welche die Städte zuerst
einzeln und in sehr verschiedenem Umfang im Sinne des Ver=
bots von Gewerben auf dem Lande erhielten, nach und nach zu
der Rechtstheorie sich ausbildeten, die Städte seien ausschließlich
zu Handel und Gewerbe, Brauerei und Kaufmannschaft berech=
tigt; das platte Land sei verpflichtet, seine Produkte auf den
nächsten städtischen Markt zum Verkauf zu bringen, seine Be=

dürfniſſe da einzukaufen. Es iſt nicht möglich, hier eingehender
nachzuweiſen, wie dieſe Auffaſſung eines der Hauptmittel war,
die Städte emporzubringen, wie aber naturgemäß dieſelbe jeder=
zeit in Rittern und Bauern, Hauſierern und Aufkäufern heftige
Feinde fand, wie mit dem Niedergang des ſtädtiſchen Wohl=
ſtandes und der ſtädtiſchen Macht, mit dem zunehmenden Ein=
fluß der ritterſchaftlich = agrariſchen Intereſſen gerade auch in
Brandenburg, in Pommern und in Preußen dieſe ſtädtiſchen
Vorrechte 1550—1650 in ein bedenkliches Wanken kamen. Daß
über dieſe Dinge am allermeiſten auf den Landtagen geſtritten
wurde, daß die fürſtlichen Verwaltungen ſuchen mußten, da ſie
den alten tiefen Gegenſatz und Streit zunächſt nicht beſeitigen
konnten, durch vermittelnde Landesordnungen und Geſetze einen
zeitweiſen Friedenszuſtand zwiſchen den entgegengeſetzten Intereſſen
herbeizuführen, habe ich anderswo zu zeigen geſucht[1]. Und an
anderer Stelle habe ich auf die Umſtände hingewieſen[2], die nach
dem dreißigjährigen Kriege die Hohenzollern veranlaſſen mußten,
in dieſem fortdauernden Streite wieder etwas mehr auf Seite
der Städte, als des platten Landes und des Adels zu treten.
Der Nordoſten Deutſchlands war damals mit Ausnahme der
Küſte faſt wieder ganz auf ein agrariſches Daſein zurückgeſunken;
die Städte waren ſo verkümmert, daß es ſich faſt darum handelte,
ſie aus neuer Wurzel herzuſtellen. Das ging am leichteſten,
wenn man ihnen wieder, wie vor alters, das teilweiſe verloren
gegangene Vorrecht auf Gewerbe und Handel, Brauerei und
Kaufmannſchaft einräumte. Dazu kam, daß der große Krieg
einen Hauſier-, Pferde=, Viehhandel, eine Schar von herumziehen=
den Siebmachern, Glas= und Kupfer=, Olitäten= und Tabulett=
krämern geſchaffen hatte, die, übermäßig an Zahl, teilweiſe dem
Auslande, Italien, Schottland, Böhmen angehörig, vielfach aus
vagabundierendem Geſindel beſtehend, notwendig bekämpft werden
mußten. Endlich ſpielte der Umſtand mit, daß der Adel in
ſteigender Zahl nicht bloß Brauereien und Brennereien, Zwangs=

---

[1] Jahrb. für Geſetzgebung ꝛc. VIII, 1, 27—29; jetzt oben S. 17—19.
[2] Daſelbſt XI, 3—4, 709.

mühlen und Backöfen anlegte, immer mehr herrschaftliche Hand=
werker ansetzte, sondern auch immer mehr seine Bauern zwang,
sein Bier zu trinken, seine Anstalten zu benutzen; indem er die
ihm eigentlich verbotene Kaufmannschaft unter Benutzung seiner
Zollfreiheit trieb und unter Anrufung der libertas commerciorum
die freie Zulassung aller fremden Hausierer und Einkäufer ver=
langte, wollte er zugleich seine Hintersassen zwingen, ausschließ=
lich an ihn Korn und Wolle zu verkaufen; das war für den
Bauer ein viel schlimmerer Zwang, als der, auf dem städtischen
Markt seine Geschäfte abzumachen.

Im Landtagsabschied von 1653 hatte der große Kurfürst
eine vermittelnde Stellung eingenommen, auch in der Folgezeit
dem Adel vieles nachgesehen; die ländliche Brauerei der Ämter
und Gutsherrschaften nahm überall auf Kosten der städtischen
zu. In den letzten acht Jahren seiner Regierung und unter der
seines Nachfolgers ergeht aber eine ganze Reihe von Edikten
gegen den Hausierhandel, die Aufkauferei, die fremden Händler,
die auf dem Lande Geschäfte machen, gegen die Handwerker auf
dem Lande, gegen die kaufmännischen Geschäfte der Edelleute,
hauptsächlich den Korn = und Wolleinkauf von den eigenen
Unterthanen. Friedrich Wilhelm I. beginnt (13. August 1713)
mit einer strengen Einschärfung dieser Befehle und einer Kassation
aller Hausierkonzessionen und =Pässe[1]. Die Polizeiausreuter er=
halten Befehle, die dem Handel der Edelleute und dem länd=
lichen Handwerker gleich ungünstig und unbequem waren.

Diese Strenge hatte eine einfache Ursache. Die Durch=
führung der Accise, als einer bloß städtischen indirekten Steuer,
seit 1680, hatte notwendig überall die Folge gehabt, Handel
und Handwerk in einer Weise aufs platte Land zu treiben, wie
es früher nicht der Fall gewesen; die Städte hatten den
empfindlichsten Schaden davon. Dieser künstlichen, durch die
Steuereinrichtung bewirkten Auswanderung sollte und mußte
entgegengewirkt werden.

---

[1] Myl. V, 2, 41—44.

Auch in dieser Frage stehen sich die Gerichtshöfe, die die
abeligen Interessen verteidigenden Regierungen und teilweise die
Kammern auf der einen und die Kommissariatsbehörden auf der
anderen Seite schroff gegenüber. So besonders in der Neumark,
wo 1710—1718 die heftigsten Debatten in dieser Frage statt=
fanden, die zu den tiefgreifenden Principia regulativa vom
4. Juni 1718 und den weiteren daran sich anschließenden Edikten
und Maßregeln führten.

Manitius, der spätere vieljährige und bewährte Referent
für Gewerbesachen im Generaldirektorium, war in jenen Jahren
Steuerkommissar in der Neumark. Er trifft da Zustände, die
ihm in jeder Beziehung tabelnswert erscheinen. Was etwa einer
seiner Vorgänger an Mißbräuchen beseitigt, wie z. B. das
Fressen und Saufen der Gilden aus den Laden, sei wieder in
vollstem Schwange. Die Meister in den Städten hätten meist
weder Meisterstück gemacht, noch gewandert, sondern dafür so und
so viel Tonnen Bier gegeben und bezahlt. Die Plackereien und
Kosten für fremde, tüchtige Gesellen seien übermäßig hoch; sie
würden dadurch aufs Land und nach Polen getrieben. Die
Regierung, d. h. die oberste Justizbehörde der Provinz, begünstige
das, indem sie davon ausgehe, jeder Landmeister, der sich mit
einer städtischen Innung irgenwie abgefunden, sei zuzulassen.
Edelleuten und Beamten passe das auch; es sei kein Dorf in
der Neumark, das nicht innerhalb weniger Jahre zwei bis sechs
Handwerker von allerhand Profession infolge dieses Prinzips
der Regierung erhalten habe. Das gereiche aber den Städten
zum Ruin, der Accise zum größten Schaden. Die Landmeister
verbrauchten unversteuerte Materialien, zahlten keine Accise und
keinen Zoll, hinderten die Zufuhr der Rohstoffe nach den Städten
und machten betrügliche, schlechte Waren, da sie nicht unter der
Aufsicht von Altmeistern stünden, welche in den Städten die
untüchtige Ware oftmals zerschnitten und vernichteten.

Als das Generalkriegskommissariat den Steuerrat in seinen
Absichten bestärkt, seine Bemühungen, die Städte zu heben, lobt,
und als dazu nun 1713 die verschärften Befehle gegen das

Hausierwesen, den Handel der Adeligen kommen, entsteht ein
wahrer Petitionssturm des neumärkischen Adels, der Landräte,
der Kottbuser Ritterschaft gegen diese Tendenzen. Es ist aus
den zahlreichen Eingaben von 1714—1716 soviel klar zu ersehen, daß diese ländlichen Kreise neben ihrem egoistischen
Interesse auch berechtigte und längst bestehende Organisationen
verteidigen.

Sie betonen, daß die städtischen Innungen nur die Absicht
hätten, sich eine gute Einnahme von den Landmeistern zu
verschaffen. Bauersmann und Adel hätten teilweise zwei, drei,
ja vier und fünf Meilen bis zur nächsten Stadt; eine unerhörte
Versäumnis der Wirtschaft und Feldarbeit trete ein, wenn man
jede Kleinigkeit aus der Stadt holen müsse. Man wolle keine
Rademacher mehr auf den Dörfern dulden und verlange dann
gar noch, daß der Bauer Wagen und Pflug nicht selbst verfertige und repariere. Die auf dem Land arbeitenden Handwerker hätten nicht in der Stadt gelernt, könnten aus Armut
dort nie in die Innung kommen; wie wolle man sie zwingen,
in die Städte zu ziehen, wohin sie nicht paßten? Der Ritterschaft zu verbieten, vom Bauer Korn zu nehmen und zu kaufen,
sei der Ruin des letzteren; die neumärkischen Städter hätten
meist genug eignen Ackerbau; der Bauer fahre zu oft vergeblich
auf den städtischen Markt, erhalte da schlechtere Preise für seine
Viktualien; viele Bauern hätten gar keine Pferde, sondern nur
Ochsen, könnten deshalb nicht auf den städtischen Markt kommen;
die städtischen Taxen seien der Verderb des Landmanns. Eine
Beschränkung des Malzmachens für Adel und Bauern auf den
Hausbedarf sei unerträglich; man müsse Vorräte haben für
Fehljahre; bei Hausierern, Siebmachern, Olitätenkrämern und
Juden kaufe man um den vierten Teil ein gegenüber den
städtischen Preisen; wenn man fremde Schlächter nicht mehr
hausierend einkaufen lasse, würde nicht der sechste Teil der ver-
käuflichen Hammel abzusetzen sein.

Dem Gewicht solcher Gründe verschlossen sich auch die
Kommissariatsbehörden nicht; sie sahen wohl ein, daß es sich

um ein Kompromiß handeln müſſe, ſie wollten die von alters
her dem Lande zugelaſſenen Handwerker ſo wenig beſeitigen, als
etwa alle fremden Schlächter und Juden an der Betretung des
Landes hindern; dieſe ſollten die ländlichen Produkte nur auf
den ſtädtiſchen Wochen= und Jahrmärkten kaufen. Aber immer=
hin erfolgten zunächſt Entſcheidungen, die, mehr vom fiskaliſchen
Acciſeſtandpunkt eingegeben waren. Das vermehrte den Wider=
ſtand; man ſah ſich genötigt, erſt wieder Erhebungen über die
thatſächlichen Zuſtände und Bedürfniſſe zu veranſtalten, hielt
aber an dem Gedanken ſtrenge feſt: es ſei finanzielles wie volks=
wirtſchaftliches Intereſſe, Handel und Handwerk möglichſt in
den Städten und auf den ſtädtiſchen Wochen= und Jahrmärkten
zu konzentrieren. Einen großen Teil der ſtändiſchen Eingaben
wies man mit Recht als übertrieben zurück; Manitius hatte
nicht geringere praktiſche Sachkenntnis, als die Stände und
Landräte; er zeigte, daß dieſe in ihren Eingaben meiſt vereinzelte
Ausnahmen zur Regel machten [1].

Eine Reihe verſchiedener Einzelentſcheidungen wurde dann
endlich in einer Konferenz in Berlin in die allgemeinere Form
eines Geſetzes über das Landhandwerk gebracht: es ſind die
ſchon erwähnten „Principia regulativa, wonach die Land=,
Steuerräte und Kommiſſarien in der Kurmark Brandenburg die
Sache wegen derer Handwerker auf dem Lande einzurichten
haben", vom 4. Juni 1718.

Statt der im Landtagsreceß von 1653 allein erwähnten
Schneider, Schmiede und Leineweber ſind auch die Zimmerleute
und Rademacher auf dem platten Lande zuzulaſſen, während
andere Handwerker, wie Bäcker, Fleiſcher, Tuch= und Zeug=
macher, Tiſchler, Schuſter, Stellmacher nicht, d. h. nicht ohne
beſondere Konzeſſion, geduldet werden ſollen; die alten anno
1624 beſetzten Handwerksſtellen ſind frei von einer Steuer an
die Acciſe; die darauf ſitzenden Landmeiſter müſſen es aber mit

---

[1] B. G. St. A. Neumark, Acta generalia, betreff. die Handwerker
auf dem Lande 1710—20.

der nächsten städtischen Gilde halten, welche sie um das halbe
Geld aufnehmen muß; sie dürfen keine Jungen lehren und Ge=
sellen halten, während ihre Kinder denen der Stadtmeister gleich=
stehen.   Die Gutsobrigkeit ist an die nach dem Kataster von
1624 festgesetzte Stellenzahl im Dorf, nicht an die hergebrachte
Art dieser Handwerker gebunden; auf ihrem Hof darf sie nur
für sich selbst und ihre Kinder, nicht einmal für ihre Bediente
und deren Kleider Handwerker arbeiten lassen.   Der irgendwo
in eine Innung eingetretene Landhandwerker braucht an anderer
Stelle nicht nochmal sich einzukaufen.   Die nicht auf alten
Stellen sitzenden, aber im Dorfe mit eigenem Hause angesessenen
Meister sollen auch belassen werden, aber der Accise halbjährlich
6—16 Groschen zahlen; die Dorfküster und Schulmeister dürfen
wegen ihres schlechten Gehaltes eines der fünf Handwerke treiben.

Die zahlreichen Kataster der alten Handwerksstellen, welche
im weiteren Verlauf kreisweise veröffentlicht wurden, bildeten
ebenso eine Ergänzung und Ausführungsverordnung für das
Gesetz von 1718, wie das Statut wegen der in den Städten
der Kurmark noch fehlenden Handwerker vom 29. November
1718.   Dasselbe zählt für jede Stadt auf, welche Arten von
Meistern noch erwünscht seien, und verspricht dabei den aus
der Fremde Einwandernden freies Meister= und Bürgerrecht,
nebst mehrjähriger Steuer=, Einquartierungs= und Werbefreiheit,
ähnliche Vorteile aber auch den inländischen, welche ein amt=
liches Zeugnis bringen, daß sie ihren bisherigen Aufenthalt
wegen Übersetzung verließen.   Später ergingen solche Veröffent=
lichungen auch für die in andern Provinzen fehlenden Hand=
werker, z. B. für Cleve=Mark vom 23. März 1722[1].   Die
Deklaration vom 14. August 1720 ordnet alle möglichen Er=
leichterungen für die vom Lande nach den Städten einziehenden
Handwerker an.

Die Maßregel war auch mit gewissen Modifikationen und
Einschränkungen, die sich in der Durchführung teils sofort, teils

---

[1] Scotti II, 983.

später als notwendig zeigten, eine sehr tief einschneidende. Landräte und Amtskammern suchten in neuen Petitionen sie ab= zuschwächen. Im ganzen aber blieb der König schroff bei seinem Prinzip und hat dadurch zunächst jedenfalls die Städte und ihren Verkehr, sowie die Accise sehr gefördert[1]. Leineweber und Spinner wurde später (1724 und 1729) so viel als möglich neu auf dem Lande anzusetzen erlaubt, immer aber mit der Be= schränkung, daß es keine bisher in der Stadt wohnenden seien. Das Meisterstück und Meistergeld der Landmeister wurde durch zwei Verordnungen von 1729[2] eingehender geordnet.

In wie weit die ganze Maßregel dem platten Lande schadete, das zu beurteilen, fehlen mir bestimmte Materialien und Anhaltspunkte. Daß sie in gewisser Beziehung die Aus= bildung ländlicher Industrieen hinderte, wird nicht bezweifelt werden können. Obwohl wesentlich aus steuerlichen Gesichts= punkten erwachsen, ist sie doch wohl auch als eine städtefördernde aufzufassen; zugleich freilich ist sie ein Beweis, wie fest damals noch bei den intelligentesten und aufgeklärtesten Beamten die alten Anschauungen über das Vorrecht der Städte auf den Ge= werbebetrieb und über die notwendige Zugehörigkeit aller Ge= werbtreibenden zu den städtischen Innungen saßen. Für uns kam sie hauptsächlich in Betracht als ein Anlauf, die Innung als solche zwar zu stärken, aber die Regulierung der Zahl der Gewerbtreibenden und ihres Wohnorts in staatliche Hände zu geben, die Konkurrenz in den Städten durch leichte Nieder= lassungsbedingungen und stärkere Heranziehung Fremder zu ver= mehren.

Es fällt unter denselben Gesichtspunkt, daß in denselben Jahren[3] die invaliden Soldaten ohne Meister= und Bürgergeld in den Städten aufzunehmen, die Soldatenkinder, die im großen Waisenhause zu Potsdam erzogen sind, ohne Geburtsbrief und unentgeltlich als Lehrlinge anzunehmen befohlen wird.

---

[1] Vergl. König a. a. O. IV, u, 97.
[2] Myl. V, 2, 755—62.
[3] Grube III, 474.

4.

Die Entstehung des Reichsgewerbegesetzes von 1731 und des neuen brandenburgisch=preußischen Jnnungsrechtes von 1732—36.

Wir haben in den vorhergehenden Abschnitten die Jnnungs= zustände in den preußischen Landen bis gegen 1700, die Reform= anläufe bis 1713 und die Jnnungsverwaltung von 1713 bis 1731 geschildert. Wir haben gesehen, wie die Kommissariats= verwaltung unter Friedrich Wilhelm I. ernstlicher als je früher gegen die Mißbräuche auftrat, wie sie mancherlei durchsetzte, wie sie aber nicht imstande war, eine entscheidende Änderung herbei= zuführen. Das geschah erst im Anschluß an das Reichsgewerbe= gesetz von 1731, dessen Betreibung und Zustandekommen wesent= lich dem preußischen Einfluß in Regensburg zu danken ist. Der Anstoß dazu ging ähnlich, wie die geschilderte Zurückdrängung des Landhandwerks, von der Neumark und der Küstriner Kriegs= und Domänenkammer aus; er reicht bis ins Jahr 1723 zurück.

Die treibende Seele war der Kammerdirektor Hille, der Lehrer Friedrichs des Großen; den äußeren Anlaß zu den Be= ratungen gaben die in jenen Jahren in der neumärkischen Tuch= industrie, wie in manchen andern Teilen des Reichs sich mehren= den Gesellenaufstände. Das Material zum Inhalt und der Tendenz der ganzen 1731—36 sich durchsetzenden Reform lieferten neben den bisherigen eigenen brandenburgischen Bemühungen, den Vorschägen Hilles und den Reichstagsverhandlungen von 1666—72 die Resultate, welche andere Staaten, hauptsächlich Braunschweig=Hannover, bereits erzielt, und die Vorschläge, welche die verschiedenen Regierungen im Laufe der Verhandlungen nach Berlin und Regensburg mitteilten.

Die Entwickelung der Dinge in den braunschweigischen Landen war von besonderer Bedeutung. Der energischen und tüchtigen Verwaltung des ersten Kurfürsten von Hannover, Ernst Augusts, war es gelungen, auf Grund der am Reichstag 1666 bis 1672 angeregten Reformbestrebungen wenigstens für die

sämtlichen braunschweigischen Lande eine Vereinbarung herbeizuführen, die unter dem Titel „Reglement wegen Einrichtung
der Ämter und Gilden, auch Abschaffung der bei den Künstlern
und Handwerkern eingerissenen schädlichen Gewohnheiten und
Mißbräuche" im September 1692 veröffentlicht wurde[1]. Aber
man war nicht bei einem solch allgemeinen Gesetze stehen geblieben, sondern hatte alle bestehenden Gildebriefe kassiert und
neue mit dem Gesetze übereinstimmende ausgegeben. Man hatte
den Bruderschaften der Meister wie der Gesellen zuerst alle
Jurisdiktion genommen, erst später wieder den Innungen erlaubt, im Beisein des Magistrats Strafen bis 12 Gr. zu verhängen. Als sich zeigte, daß die Gilden trotz der neuen Statuten
jedem eintretenden Meister einen Eid auf die Verschweigung der
Amtsheimlichkeiten abnahmen und nun hinter dem Rücken der
Regierung und der teilweise nachlässigen Magistratsbeisitzer wieder
in alter Weise fortfuhren, wurde man noch viel strenger, forderte
nochmal alle Gildebriefe ein und revidierte sie nochmal. Man
konnte in dem dritten Jahrzehnt des achtzehnten Jahrhunderts
aus Hannover berichten, man habe trotz aller notwendigen Rücksicht auf die Nachbarstädte Lübeck, Hamburg und Bremen, woselbst die Ämter und Gilden maximam partem corporis civici
ausmachten und der Magistrat nicht allemal so verfahren könne,
wie er wolle, doch die wesentlichen Mißbräuche jetzt in der
Hauptsache abgeschafft, die schwarze Tafel gänzlich beseitigt,
zwinge zur Aufnahme der legitimierten Kinder, habe auch die
„Einzeugung der Weiber" durchgehends abgeschafft, lasse das
Nachschreiben nach einem Gesellen, der sich vergangen, nur mit
obrigkeitlicher Erlaubnis zu. Ein nach Berlin 1729 mitgeteiltes
Schema der Gildebriefe enthält in der That eine musterhafte
Vermittelung zwischen den Wünschen des Handwerksstandes und
den Reformtendenzen.

Vielleicht war es in Hannover leichter gewesen, die Besserung
durchzuführen, weil die Gewerbtreibenden nicht sehr zahlreich

---

[1] Kurbraunsch.-lüneburg. Landes-Ordnungen und Gesetze, Kap. IV, 1,
(1740) S. 1—16.

waren. Jedenfalls hatte auch hier der Zusammenhang mit den
Nachbarn, das Wandern, die Frage, ob die nach dem dortigen
Rechte losgesprochenen Gesellen noch für ehrlich über dem
nächsten Grenzpfahl gälten, sich als das Schwierige erwiesen.
Ohne fortwährende Rücksichtnahme darauf war es auch hier
nicht abgegangen.

Mitten in dieses Problem versetzt uns der Anfang unserer
auf die Handwerksreform bezüglichen neumärkischen Akten. Die
Tuchindustrie hatte eben in jenen Jahren einen großen Aufschwung erlebt: die russischen Lieferungen beschäftigten Hunderte
von Gesellen und Meistern mehr als bisher. Es kam alles darauf
an, den sicheren gleichmäßigen Gang der Geschäfte nicht stören zu
lassen. Und die Gesellen waren zu Tumult und Aufstand nur
zu geneigt. Zu Polnisch-Lissa war es — es wird nicht gesagt
worüber, wahrscheinlich über die Bemessung der Gesellenbezahlung,
die sog. Stuhlgelder und derartiges — vor kurzer Zeit zu ernsten
Händeln gekommen. Die drei Hauptzünfte Bautzen, -Fraustadt
und Frankfurt a. O. schlossen über die schwebenden Fragen einen
Vergleich, der als sog. Lissaischer nach und nach in ganz Polen
und Sachsen angenommen wurde; wichtige Städte, die im Anfang Widerstand geleistet, wie Görlitz, Zittau und Guben, waren
endlich auch beigetreten. Nicht bloß preußische Provinzial-
beamte, wie der Kammerdirektor Hille selbst, suchten dem Vergleiche auch im Brandenburgischen allerwärts Geltung zu verschaffen; der König war selbst eingeschritten, hatte seine Annahme befohlen. Aber das Frankfurter und Kottbuser Gewerk
lebte in Händeln, und daher widerstrebten die Kottbuser. Auch
die Tuchmacher in Landsberg und Brandenburg stellten sich wie
die Breslauer und andere Schlesier in Bezug auf die Lissaischen
Händel auf die Gegenseite; sie wollten ihrerseits Vergleiche
geschlossen haben und behaupteten, diese würden nicht bloß in
Schlesien, sondern auch in Böhmen, Mähren und Ungarn be-
obachtet. Die beiden Teile setzten sich gegenseitig auf die
schwarze Tafel, erklärten sich für geschimpft; die Gesellen der
einen Seite wurden in den Städten der andern, wenn sie sich

nicht vorher abstrafen ließen, nicht gefördert. Die Küstriner
Kammer ist sehr besorgt über die Folgen: „Die inländischen
Gewerbe," schreibt sie, „stehen fast allesammt auf dem Point, in
Unordnung zu gerathen" (September 1723). Das General=
direktorium befiehlt, mit Energie vorzugehen: der König habe
befohlen, es mit den Frankfurtern zu halten; das müsse den
Innungen bei Verlust ihres Privilegiums eingeschärft werden.
„S. K. Majestät wollen der Lissaischen Händel wegen keine
factiones gestatten." Die Kammer erklärt, sie thue das Äußerste,
die Gewerke in Schranken zu halten; aber man könne bei diesen
eigensinnigen, ein Imperium affektierenden Leuten vor nichts
reponbiren; schroffes Durchgreifen sei nicht möglich; in Lands=
berg seien z. B. sehr viele Breslauer Gesellen, die sofort aus=
träten; die Meister steckten sich hinter die Knappen und
brohten sofort mit einem Aufruhr. Hille bemerkt bezüglich der
empfohlenen strengen Bestrafung der Gesellen, das gehe nicht
und nütze nichts; er habe eine lange Erfahrung in diesen
absurden Tuchmacherhändeln; violente Mittel helfen gar nichts;
er habe eine Anzahl Frankfurter Gesellen 11 Wochen umsonst
im Gefängnis gehalten. Ihr Point d'honneur, ihre Furcht,
anderswo von ihren Genossen geschimpft zu werden, sei größer
als jede Wirkung obrigkeitlicher Strafe. Nur eine gemeinsame
Gesetzgebung der Nachbarstaaten könne helfen.

Wir haben diesen Streit hier nicht weiter zu verfolgen,
es trat im Laufe der folgenden Jahre eine gewisse Ruhe ein;
obwohl das Schisma zwischen den Frankfurtern einerseits, den
Brandenburgern und Landsbergern andererseits fortdauerte.
Was uns eigentlich interessiert, ist, daß dieser Streit die
Küstriner Kammer (August 1723) veranlaßt, auf ein Projekt
zurückzukommen, das sie schon früher empfohlen: man müsse mit
dem Kaiser und mit dem König von Polen ein Konzert über
diese Tuchmacherhändel treffen: jetzt sei eben die rechte Zeit zu
Unterhandlungen; man habe in Wien die höchst schädlichen
Empörungen der Handwerksburschen in frischem Andenken; der
Kaiser stehe mit Polen und Sachsen bereits wegen der Lissaischen

Gesellenhändel in Verbindung. Die Kammer legt Principia regulativa wegen Abschaffung der Handwerksmißbräuche bei den aus= und inländischen Tuchmacherzünften vor, welche sofort den andern Kammern zur Begutachtung und nicht lange nachher den Höfen oder Agenten in Wien, Hannover und Dresden zur Verhandlung vorgelegt wurden.

Die Principia regulativa sind von einem gewissen doktri= nären Radikalismus diktiert: alle bisherigen Tuchmacherprivi= legien sind zu kassieren, aller Handwerksbrauch ist für nichtig zu erklären, wie jede Abhängigkeit von auswärtigen Laden; die Gesetzgebung jedes Staates muß unabhängig sein, aber es ist angezeigt, mit den Nachbarn sich über die gleichen Grundsätze zu einigen. Alle Polizei und Jurisdiktion ist Sache der ordent= lichen Obrigkeit; das Schimpfen und Nachreden ist nur mit ihrer Zustimmung, wegen Diebstahl und derartigem erlaubt; keine Hauptzunft darf ohne Anweisung der Landesherrschaft einen Spruch thun; die Knappen dürfen Herberge und Alt= gesellen behalten; aber die Lade ist ihnen zu nehmen; kein Zuzug aus Gegenden, wo die Mißbräuche noch existieren, ist zu dulden; eine Wanderung dahin ist bei Verlust des Erbgutes zu ver= bieten; Geburtsbriefe dürfen keine mehr gefordert werden; jeder, der anderswo Meister geworden, ist zuzulassen.

Die Berichte der übrigen Kammern über die Principia regulativa finden meist, daß dieselben zu weit gingen; die Ge= burtsbriefe, die Gesellenladen ließen sich nicht abstellen, das freie Wandern dürfe man nicht verbieten, die Aufhebung aller be= stehenden Zunftartikel werde auf unüberwindliche Schwierigkeiten stoßen. Daneben geben sie freilich zu, daß Abhilfe dringend zu wünschen, wenn sie auch hervorheben, es sei dies und jenes schon geschehen. Aus Stettin wird berichtet, Magistratsbeisitzer habe längst jedes Gewerk. Einig sind die Kammern darin, daß Unterhandlungen mit dem Kaiser, mit Polen, Sachsen, Hannover und den nächstgelegenen Reichsstädten der beste Weg zum Ziele seien. Am nachdrücklichsten hält die neumärkische Kammer, als Minister von Grumbkow die Frage sofortigen selbständigen Vor=

gehens aufwirft, den Standpunkt fest, das gehe nicht; eine
Übereinstimmung im Norden, in den beteiligten Tuchinbustrie=
staaten, sei der erste notwendige Schritt; habe man die erreicht,
so könnte man versuchen, in Regensburg ein conclusum imperii
herbeizuführen; beginne man dort, so werde nichts aus der
Sache. „Ist doch gewiß", heißt es in einem der Berichte, „daß
wie wegen bekannter Ursachen und wegen beständiger Oppo=
sition des Reichsstädtischen Kollegii es von Seculis her damit
auf denen Reichstagen zu keinem Stande kommen können, und
alle so genannte löbliche Innungsfachen, deren Absurbität doch
handgreiflich ist, auf dem alten deutschen Fuß geblieben sind,
also es sich auch ferner damit trainiren, ja gar nichts daraus
werden würde, wenn man die Negociation in Regensburg an=
fangen wollte."

Das Generaldirektorium ging auf die Gedanken Hilles be=
reitwillig ein; aber es wünschte von Anfang an, daß die Tuch=
macher sich nicht beklagen könnten, man fasse sie allein. Und
obwohl die Kammer in Küstrin warnt, dadurch werde die Sache
entsetzlich weitläufig, beharrt das Generaldirektorium dabei.
Und die neumärkische Kammer legt einige Zeit darauf (15. Okt.
1725) einen zweiten, viel eingehenderen, auf alle Innungen sich
erstreckenden Entwurf vor. Der Charakter und Inhalt ist im
allgemeinen derselbe. Neue möglichst gleichlautende Briefe sollen
erteilt, die Lehr= und Wanderjahre, die Meisterstücke sollen
egalisiert, die Vexa der Altmeister rabiert, die üblichen Grüße,
Reden, Formalia, Ceremonien, läppische Possen ohne Unterschied
in totum verboten werden. Es ist charakteristisch, daß die
Kammer die Irräsonabilität der bisherigen Privilegien auf die
Lehnsbediente und Magistrate zurückführt, die ohne Überlegung
der Gebühren wegen sie genehmigt und ausgefertigt hätten.
Die Gesellen dürfen gar keine Privilegien mehr erhalten; daraus
entstehe eben alles Unheil.

Im März 1724 hatte man in Warschau, Wien und Hannover
sondieren lassen, wie die Stimmung in Bezug auf ein gemein=
sames Vorgehen in Handwerksjachen sei. Die Antworten zeigen,

daß die Frage überall im Vordergrund der Tagesinteressen stand. In den österreichischen Erblanden war am 30. Juni 1722 ein außerordentlich strenges Edikt gegen Arbeitseinstellungen vom Kaiser erlassen worden. Jetzt schreibt der preußische Agent Gräve aus Wien, man bereite gerade eine große Maßregel gegen die unzähligen Bönhasen und Störer Wiens vor, wolle überhaupt Ordnung in den Handwerksangelegenheiten schaffen; weil man aber Unruhen infolge hiervon befürchte, seien zwei Regimenter mehr nach Wien berufen. Kurz darauf berichtet er, es sei durch ein besonderes kaiserliches Patent (vom 29. Nov. 1724) eine allgemeine Zählung aller verschiedenen Meister, Gesellen und Lehrjungen angeordnet: es sei dies eine Vorbereitungsmaßregel für die zu erlassende General-Gewerbe- und Zunft-Ordnung. Aus Hannover wird ein kurfürstliches Patent vom 14. Juli 1723, das gegen die Gesellenkoalitionen und Arbeitseinstellungen, speciell gegen die Thätigkeit der Altgesellen[1] gerichtet ist, mitgeteilt. Aber der Plan einer gemeinsamen Gesetzgebung, ohne doch an das Reich zu gehen, stößt teils auf Bedenken, wie in Hannover, teils auf endlose Formalitäten und erschwerende Fragen der Kompetenz der beteiligten Behörden, wie in Wien. Hier kann Gräve Monat für Monat keine feste klare Antwort bekommen.

Als der zweite, allgemeinere Entwurf der Küstriner Kammer

---

[1] Es heißt daselbst: „Denen Alt-Gesellen, Schäfern, Schenken aber, und wie sie Namen haben mögen, welche nach bisherigem Handwerks-Gebrauch sich unternommen, ihre Mit-Gesellen als Häupter zu commandieren, wird bey ohnfehlbar erfolgender Leibes- und nach Befinden Lebens-Strafe hiermit verboten, gedachten ihren Mitgesellen überall nichts, als was denen Obrigkeiten und Landes-Ordnungen, auch denen von Uns allergnädigst approbierten Handwerks-Gebräuchen und Gilde-Articuln gemäß ist, zu befehlen, viel weniger dieselbe wider die obrigkeitliche Veranstaltungen und Verfügung aufzuwiegeln und zum öffentlichen Aufstand zu bewegen; denen Handwerksgesellen insgesamt aber wird bei scharfer Leibes- und nach Befinden bei Strafe der Vestungsarbeit hiermit befohlen, weder vor sich selbst noch auf Geheiß ihrer Altgesellen so wenig einen universalen Aufstand zu erregen, als aus ein oder anderer Particulier-Werkstadt aufzustehen und ihren Meister aus der Arbeit zu gehen."

fertig war, wurde er den preußischen Gesandten in Wien, Warschau und Hannover ebenfalls mitgeteilt mit der Anweisung, dahin zu wirken, daß die betreffenden Staaten sich anschließen. Hannover antwortet etwas selbstgefällig, hier seien die Abusus bereits durch etliche Reglements abgeschaffet. Fast zu gleicher Zeit hatte die sächsische Regierung mitgeteilt, was bei ihr bis jetzt geschehen, wie sie speciell gegen die Mühlknappen in einem besonderen Patent (vom 25. Aug. 1724) sich gewendet. Sie übergab ein Promemoria, das hauptsächlich vorschlägt, die wandernden Gesellen statt aller anderen Papiere mit einem Attest — der sog. Kundschaft — zu versehen, das ausweise, wo sie zuletzt gearbeitet, und daß sie da ordnungsmäßig ent= lassen seien.

Dieser sächsische Vorschlag findet sofort den ganzen Beifall der Küstriner Kammer, der bezeichnender Weise alle von den andern Höfen kommenden Antworten sofort mitgeteilt werden. Damit werde man die Gesellen am leichtesten in Schranken halten. Darauf würden die Meister gern eingehen, die von all den Händeln ja nur Schaden hätten. Die Möglichkeit der Auf= wiegelung der Gesellen werde dadurch sehr vermindert; zwei Dritteln aller Gewerksmißbräuche werde durch dieses Mittel allein abgeholfen werden. Am besten wäre, wenn die neuen Ordnungen alle an einem Tage publiziert, die schwarzen Tafeln, Gesellenladen und übrigen Götzen cum ignominia quadam zer= stört würden; die Gesellen müßten lernen, daß sie von den Attestatis des Gewerkes abhängen und kein besonderes Corpus konstituieren, wie sie jetzt vermeinen (8. Nov. 1725).

Die Hoffnung, mit den nächstbeteiligten Städten bald zu einem Abschluß zu kommen, sollte sich aber nicht erfüllen, ob= wohl auch aus Wien Ende dieses Jahres die Berichte günstiger lauteten, ja bereits über eine Zusammenkunft zur Beratung der Sache verhandelt wurde. Aus Gründen, die in den Akten nicht ersichtlich sind, trat eine Stockung von mehr als einem Jahre in den weiteren Verhandlungen ein.

Erst der Augsburger Schuhmacheraufstand von 1726 scheint

die Angelegenheit wieder in Gang gebracht zu haben. Er ist, wie das, was ihm vorausging, und wie die Tuchmacherunruhen von 1723, ein Symptom für das allgemeine damalige Verhältnis der Gesellenbruderschaften zu den Meistern. Ob und inwieweit der beginnende Anfang der Großindustrie und die etwaige Zunahme zahlreicherer außer dem Hause wohnender Gesellen oder der Geschäftsaufschwung und die günstigen Jahre von 1720—30 auf häufigere Konflikte hingewirkt, wäre noch auf Grund eingehenderen Materials zu untersuchen. Ich wage in dieser Beziehung kein sicheres Urteil[1]. Mit den Augsburger Schuhknechten verhielt es sich folgendermaßen.

Die Schuhmachergesellen hatten von 1724 an in einer Reihe von Städten Aufstände gemacht; so in Wien, Mainz, Stuttgart und Würzburg. In letzterer Stadt hatte es sich hauptsächlich darum gehandelt, ob eine einzelnen Schuhknechten von der Obrigkeit diktierte Strafe von diesen oder von allen Gesellen gemeinsam zu tragen sei; es war ferner Streit darüber, ob die Gesellen ihr Ingesiegel ohne Vorwissen der Obrigkeit zu auswärtiger Korrespondenz brauchen dürften. Die Augsburger Schuhmachermeister hatten sich durch ein Gutachten in dieser Sache mißliebig gemacht. Als nun 1725 infolge von Schlag- und Raufhändeln einige Augsburger Schuhmachergesellen verurteilt wurden, als hier wieder die Forderung auftrat, die erkannte Geldstrafe müßte von allen Gesellen der Stadt gemeinsam getragen werden, schieden sich erst die Gesellen selbst in zwei feindliche Lager, die Braven, die zahlen wollten, und die Spöttischen, die es nicht wollten; es kam zu Verhandlungen mit den Gesellenbruderschaften anderer Städte; der Rat erzwang durch Verhaftung der Altgesellen und Einsperrung von über 100 Gesellen

---

[1] Levasseur, histoire des classes ouvrières en France jusqu'à la révolution (1859) II, 317 ff. setzt die strengen Reglements der Hausindustrie, die den Arbeiter in jeder Beziehung einer Ordnung unterwarfen, den Gesellenstatuten gegenüber, die diese günstige Folge nicht gehabt. Er sagt vom 17. Jahrhundert in Bezug auf die Gesellenbruderschaften: les revoltes étaient fréquentes. Er glaubt die Thatsache auf die steigende Trennung zwischen Meister und Arbeiter zurückführen zu sollen.

auf der Herberge die Einschreibung eines Verbots des Petschafts=
gebrauchs, d. h. der auswärtigen Korrespondenz, in das Artikelbuch
der Bruderschaft und wollte nur die Hauptmissethäter und zwar
sie allein mit erheblicher Geldstrafe belegen. Da zogen die Ge=
sellen in Masse aus der Stadt nach dem benachbarten Friedeberg,
sandten Laufbriefe an alle Bruderschaften des Reichs, die jeden
mit verdientem Lohn bedrohten, der nach Augsburg käme; die
nicht ausgezogenen Gesellen wurden wiederholt gebeutelt, d. h.
körperlich sehr stark mißhandelt. Rat und Meister fühlten sich
bald so schwach dieser Bewegung gegenüber, daß sie versprachen,
alle Strafe niederzuschlagen und die Änderung des Artikelbuches
fallen zu lassen, wenn die Gesellen nur zurückkämen und ver=
sprächen, ihre Zehrkosten in Friedeberg selbst abzuverdienen.
Aber die Gesellen verlangten Ersatz aller ihrer Unkosten. Da
veröffentlichte der Rat die Sache, wandte sich an den Kaiser und
die Stände des Reichs. Die bayrische Miliz schritt endlich ein
und zwang die versammelten Gesellen in Friedeberg zur An=
erkennung ihrer Zehrschulden von 3132 Gulden und zum
Auseinandergehen oder zur Rückkehr und Unterwerfung in
Augsburg (September 1726)[1].

Der kaiserliche Reichshofrat hatte am 25. März 1727
ein Gutachten in der Sache abgestattet. Ein kaiserliches
Kommissionsdekret vom 13. Mai 1727 wandte sich nach Regens=
burg mit der Frage, ob man nun nicht, außer dem geplanten
Edikt gegen die Augsburger Schuhknechte, das Reichsgutachten
über die Handwerksmißbräuche von 1672 und das von 1707
wegen Verbots der Appellation an der Steinmetzen große Hütte
zu Straßburg endlich zur Ratifikation bringen könnte. Die Ge=
sandten sollen sich instruieren lassen, ob wegen veränderter
Umstände der Zeit etwas an diesen Reichsgutachten zu ändern sei.

Die neumärkische Kammer warnt auch jetzt vor dem Reichs=
wege und findet den Inhalt des Gutachtens von 1672 keineswegs

---

[1] Berlepsch, G. A., Chronik vom ehrbaren Schuhmachergewerk
S. 142—153.

mehr ganz entsprechend: die Kassation der Briefe sei die Haupt=
sache.   Aber aus Sachsen meldet der preußische Gesandte
(Nov. 1727), man sei hier für die fernere Behandlung der Frage
in Regensburg, fürchte bei isoliertem Vorgehen das haufen=
weise Weglaufen der Gesellen nach nicht beigetretenen Landen.
Das Generaldirektorium schreibt an den auswärtigen Minister
von Ilgen, er möge die Sache in Regensburg betreiben (6. Nov.
1727). Ilgen bemerkt, er habe stets die Meinung gehabt, das
sei das richtige; er habe darauf hingewiesen, daß das Reichs=
gutachten von 1672, das dem Kaiser 1676 vorgelegt und mit
dem dieser 1681 im allgemeinen sein Einverständnis erklärt,
durch die damaligen Unruhen in und außer dem Reich nicht zu
einem Reichsgesetz erhoben worden sei, und daß man viel eher
zu Ende komme, wenn man darauf zurückgreife, als wenn man
von neuem beginne.

Aber es zeigte sich bald, wie schwierig hier voran zu
kommen sei.

Ilgen berichtet 25. Februar 1728, die Deliberationes seien
in Regensburg ganz still, in totaler Inaktivität. Bald darauf
heißt es, alles hänge davon ab, ob man Kurmainz bewegen
könne, die Sache bald zu proponieren; Ilgen fügt sich, daß man
einstweilen wieder besonders mit Sachsen und Braunschweig ver=
handele. Auch der einflußreichste Mann in Dresden, Feldmarschall
von Flemming, ist der Ansicht, eine Konvention zwischen den
drei mächtigen benachbarten Häusern könnte das Reich zur
Nachfolge nötigen. Die Verhandlungen mit beiden Staaten
gingen aber auch nicht allzu rasch von statten. Am meisten
näherte man sich preußischerseits Hannover, da es sich zeigte, wie
nahe man sich in den Tendenzen stand. Für eine in Aussicht
genommene Konferenz, die auch Württemberg zu beschicken bereit
war, schlägt die Küstriner Kammer (10. Februar 1730) die
Zugrundelegung des hannöverschen Gildebriefes vor; warnt aber
doch vor einem einseitigen Abschluß mit Hannover allein; mit
Sachsen müsse man eins sein; dieses aber erhalte seine meisten
Gesellen aus dem Reich und den kaiserlichen Erblanden.

Friedrich Wilhelm I. genehmigte (März 1730) den Plan
einer Konferenz mit den hauptbeteiligten Staaten in Leipzig,
wo Preußen durch den neumärkischen Kammerdirektor Hille und
den magdeburgischen Kriegs= und Domänenrat Cellarius ver=
treten werden sollte. Aber die Sache scheiterte an der Langsam=
keit und Schwerfälligkeit der sächsischen Behörden. Man
verlangte von Dresden Verschiebung aufs folgende Jahr, weil das
geheimbte Konzilium vorher mit so vielen anderen Kollegiis
darüber kommunizieren müsse. Der neue auswärtige Minister
Borck erklärte endlich im Oktober 1730, er habe sich ja den Plan
einer Leipziger Konferenz gefallen lassen; aber man könnte immer
zugleich in Regensburg die Sache fördern. Der preußische Ge=
sandte von Broich erhält Befehl, mit dem kaiserlichen Gesandten
zu sprechen, an die 1727 beschlossene Instruktionseinholung zu
mahnen (Okt. 1730).

Der Kaiserliche Prinzipal=Kommissar erklärte sich auch für
die Sache geneigt; das ganze Reich, meinte er, müsse dem König
von Preußen dankbar sein für seinen patriotischen Eifer zur
Retablierung guter Polizei. Man habe zu sehr auf dem
Reichstag Partikulier=Angelegenheiten getrieben und, was in das
Publikum und dessen Bestes eingeschlagen, zurückgesetzt. Der
weitere Fortgang der Sache hing aber zunächst nicht vom kaiser=
lichen Kommissar, sondern vom kurmainzischen ab; dieser mußte
die Angelegenheit zur Deliberation stellen. Er sprach sich zwar
auch geneigt aus, aber behielt sich dadurch eine Hinterthüre offen,
daß er Zweifel ausdrückte, ob nicht ein neues kaiserliches
Kommissionsdekret (statt dessen von 1727) nötig sei. Der
preußische Gesandte von Broich fügt über ihn bei: „Einige
meinen, daß die Proposition der Stände Partikulier=Angelegen=
heiten Moguntino lucreuser sey, demnach die allgemeinen Reichs=
angelegenheiten jener zu Zeiten postponiret würden."

Immerhin kamen durch diesen Anstoß die Dinge endlich in
Fluß. Die Gesandten verlangten zwar alle (30. Okt.) nochmal
Aufschub, um Instruktionen einzuholen. Der preußische Gesandte
selbst bittet um Ergänzung seiner Akten und Information; er

erhält den Befehl (9. Dezember), sein Votum in Konformität
mit all den Erinnerungen und Anträgen, wie sie besonders von
der neumärkischen Kammer ausgegangen seien, abzugeben. Er
antwortet darauf, das werde nicht so leicht gehen. Man sei
allgemein der Ansicht, es bei dem Reichsgutachten von 1672 zu
belassen und höchstens locis congruis dies oder jenes einzurücken.
Komme er mit wesentlich Neuem, beantrage er z. B. Zugrundelegung des ihm mitgeteilten hannöverschen Gildebriefes, so verlangten alle Gesandten nochmals neue Instruktionseinholung.
Man müsse sich damit begnügen, daß das Notwendigste, was ein
Reichsstand nicht allein könne, die Beseitigung des Auftreibens,
erreicht werde; im übrigen bleibe ja dann jedem Reichsstand das
Recht der weiteren freien Verfügung.

So war die Schwerfälligkeit der Reichsverfassung schuld,
daß man einfach ein Projekt zu Grunde legte und annahm, das
nahezu 60 Jahre alt war. Immerhin wurde es wesentlich erweitert; die entscheidenden Paragraphen, hauptsächlich zwei, fünf
und sechs, sind fast ganz neu gefaßt. Noch im letzten Moment
übergab Braunschweig in Berlin eine Reihe von Monita, deren
Berücksichtigung im Reichsgesetz wünschenswert erscheine. Aber
auch in Berlin meinte man, die Ratifikation dürfe dadurch nicht
aufgehalten werden. Man könne die Monita ja später als
Additionalia beim Reichskonvent zum Vortrag bringen. Als das
auswärtige Amt nochmals fragt, wie Broich zu instruieren,
schreibt Manitius als Referent: „Respondeatur, wie ein
Generaldirektorium nichts mehr wünsche, als daß die kaiserliche
Ratifikation je eher, je lieber über das abgefaßte nützliche Reichsgutachten erfolge."

Die entscheidenden Sitzungen der Reichskollegien fanden im
Februar und März 1731 statt; Broich berichtet, man sei sehr
emsig dabei. Im Juni ging endlich das fertige Projekt nach
Wien. Am 16. August genehmigte und unterzeichnete es der
Kaiser. Am 18. September erhielt man in Berlin die amtliche
Mitteilung für den niedersächsischen Kreis.

Es war das Unerhörte geschehen: das deutsche Reich hatte

sich seit Jahrhunderten endlich wieder zu einer einheitlichen gesetz=
geberischen Maßregel aufgerafft; es war damit die wichtigste
Schwierigkeit überwunden, die aller territorialen Innungsreform
entgegenstand. Freilich zeigte sich sofort, wie auch später immer
wieder, daß eine einheitliche Gesetzgebung ohne einheitliche Exekutive
in gewissem Sinne ein hölzernes Schüreisen sei.

Monate vergehen, ehe das Gesetz irgendwo veröffentlicht
wird. Manitius klagt, die Handwerker fingen allgemein an, zu
glauben, es sei die ganze Sache nicht ernst. Kein Stand des
Reiches will allein vorgehen, aus Angst, die Gesellen durch die
neue Forderung der Kundschaft und die Kassation ihrer Laden
zu vertreiben. Es beginnen lange Verhandlungen über einen
gemeinsamen Publikationstermin und über die staatsrechtliche
Eingangsformel; man erörtert die Frage, ob der Kaiser eigent=
lich potestatem legislatoriam für das Reich habe. Man erfährt
aus Wien, daß die böhmische und österreichische Kanzlei sich von·
der Reichshofkanzlei nichts vorschreiben lasse, die borther kommen=
den Ausschreiben immer uneröffnet zurückgebe (Februar 1732).
Im Juli wird endlich berichtet, daß in Österreich die Publikation
erfolgt sei, aber nicht als Reichs=, sondern als Landesgesetz. In
Regensburg ist es nicht möglich, Einigkeit über einen Termin zu
erzielen „wegen der großen Lenteur und Weitläufigkeit, mit der
die Affairen traktirt werden". Mit Kurbraunschweig und Wolfen=
büttel einigt man sich endlich auf den 30. September 1732.
Dem scheinen sich auch andere Staaten angeschlossen zu haben.
Der König unterzeichnete 6. August 1732 für alle seine deutschen
Provinzen.

In Berlin wurde die Publikation mit „Eclat" vorgenommen.
Der Magistrat sowie sämtliche Altmeister und Altgesellen wurden
auf die Kriegs= und Domänenkammer vorgeladen und ihnen das
Patent verlesen; der Magistrat wurde darauf angewiesen, sämt=
liche Meister und Gesellen jedes Gewerkes vorzuladen und jedem
Gewerk nach der Verlesung ein Exemplar des Patents zu über=
geben. Mit besonderem Eifer ging die neumärkische Kammer an
die Ausführung. Sie berichtet 11. Oktober 1732 nach Berlin:

Sie habe durch Cirkularordre verfügt, „die Gefellenladen famt
benen darin befindlichen Brieffchaften, ingleichen die fchwarzen
Tafeln, auch die Fahnen, wo die Gefellen dergleichen haben,
wegzunehmen und auf die Rathäufer bringen zu laffen, und da=
fern die Gefellen fich mutwillig zeigen follten, diefelbige in
Arreft zu ziehen und davon zu berichten, denen aber, welche
diefer Wegen, und daß die Handwerksmißbräuche aufgehoben,
würden weggehen wollen, das im Patent vorgefchriebene Atteft
zu erteilen. Demzufolge — berichtet Hille weiter — „dann
auch die hiefige Gefellen folche ihre ehemalige Gößen bereits in
aller Gelaffenheit aufs Rathaus gebracht und abgeliefert haben,
welches verhoffentlich in denen übrigen Städten auch gefchehen
wird."

So glatt ging es nun keineswegs überall. Da und dort,
innerhalb und außerhalb des preußifchen Staates, drohen alle
Gefellen den Ort zu verlaffen, wenn man das Patent energifch
durchführe, die Kundfchaften forbere. Aus Breslau kommt das
Gerücht, die Exekution des Patents fei fuspendiert, alles in
statu pristino gelaffen. Aus Grüneberg wird glaubhaft berich=
tet, daß der brohende Aufftand der Tuchmacher=, Tuchfcherer=
und Schuftergefellen den Magiftrat veranlaßt habe, an den Kaifer
zu berichten, unterbeffen aber nichts zu ändern; von anderer
Seite heißt es, die kaiferliche Verordnung trete erft mit dem
1. Januar 1733 in Kraft. In der Ober= und Niederlaufiß foll
Ende Oktober 1732 noch gar nichts gefchehen fein. In Frank=
furt a. O. entfteht, als der Rat Ernft macht, große Not; der
größere Teil der Gefellen, befonders der Tuchknappen, entweicht.
Der Magiftrat klagt, jeßt gerade zur Meffe (17. Oktober 1732),
follten die meiften Tücher gemacht werden; es fehle gänzlich an
Arbeitern; die Abziehenden höhnten, das Gewerk werde nach
Leuten angeln müffen und keine kriegen. Selbft von Berlin
kommende Gefellen hätten noch keine Kundfchaften, und fie follten
die ftrafen, welche fo kämen. Das gehe nicht. Die ganze Woll=
manufaktur werde durch diefe Maßregeln zu Grunde gerichtet.

Auch von Hamburg wird berichtet, daß dort gar nichts

geschehe. Auf eine Anfrage des niedersächsischen Kreisdirektoriums antwortet der dortige Rat, man habe wohl das Patent veröffentlicht; aber einmal kämen hier so viele Gesellen aus England, Holland, Schweden, Dänemark und Schleswig-Holstein, wo das Patent nicht gelte und keine Kundschaften üblich seien; dann habe Hamburg viele unzünftige Manufakturen, auf die das Gesetz nicht gehe: man zähle hier vieles zu den freien Künsten, was anderwärts zünftig sei; daher könnten unmöglich alle von Hamburg kommenden Gesellen Kundschaften haben. Die Steuerräte aber berichten, die Zulassung fremder Gesellen ohne Kundschaft werfe das ganze System über den Haufen. In Berlin griff man zu Strafen: drei Gesellen wurden zu ein, vier und sechs Wochen Haft, einige Meister zu Geldstrafen verurteilt.

Das Generaldirektorium mahnt das auswärtige Amt immer wieder, auf rasche Exekution in den Nachbarlanden zu drängen, sonst entstehe die größeste Konfusion, die Manufakturen erlitten den größesten Schaden (23. Oktober 1732). Man erhält nach und nach in Berlin die Instruktionen, die in Österreich und Hannover erlassen worden waren, sowie das sächsische Publikations-patent. Im Januar und Februar 1733 kommt die Nachricht, daß auch in Polen jetzt Kundschaften erteilt würden, daß in Schlesien sogar die Wirte angewiesen seien, jeden Gesellen ohne Kundschaft als Landstreicher zu behandeln. Die Dinge kommen so in ein ruhigeres Fahrwasser. Man konnte nun an den letzten Schritt, die Umarbeitung der einzelnen Innungsprivilegien entsprechend dem Reichsgesetz, gehen.

Die Kammern hatten schon seit September 1732 angefragt, wie dieselbe vorzunehmen sei; Kammerdirektor Hille hatte im Oktober dieses Jahres vorgeschlagen, eine gemeinsame Kommission der kur- und neumärkischen Kammer mit der Formierung der neuen Generalartikel zu betrauen und diese dann auch in den anderen Provinzen zu Grunde zu legen. Die Generalia des Patents brauchten, meint er, wohl nicht in jedem Briefe zu stehen; Manitius aber verfügt, daß es geschehe. Die Magistrats-assessoren, meint Hille, würden kaum mehr nötig sein; Manitius

ist vom Gegenteil überzeugt. Bei entstehender Änderung der
Regierung werde künftig eine Generalkonfirmation genügen. Den
Vorschlag einer staatlichen Besteuerung des Meisterwerdens, da
die Innungskosten von 30 und mehr Thalern jetzt fast ver-
schwänden, mißbilligt Manitius und mit ihm das Generalbirektorium.

Die kurmärkische Kammer ist (6. Oktober 1732) auch für
diese gemeinsame Kommission: die Umarbeitung aber müsse so
schnell als möglich geschehen; innerhalb breier Monate müßten
alle Gewerke ihre Artikel an den Magistrat einreichen; diesem
sei ein Monat, dem commissarius loci fünf Monate zum Bericht
zu lassen; in weiteren sechs Monaten müßten die neuen Artikel
konfirmiert sein.

Am 30. Oktober 1732 verfügte der König die Bildung der
Kommission: aus der kurmärkischen Kammer soll Geh. Rat Reinhard, aus der neumärkischen Hille auf der bevorstehenden Martini-
messe zu Frankfurt zusammentreten; der Erlaß bestimmt zugleich
die wichtigsten Gesichtspunkte, nach denen dabei zu verfahren sei.
Die anderen Provinzen sollen sich in der Revision der Artikel
nach der Arbeit der Kommission später richten. Unterdessen aber
werden alle Kammern angewiesen (17. Dezember 1732), zu verfügen, daß die schwarzen Tafeln, Fahnen, Laden und darin befindliche Artikel und Briefschaften den Gesellen weggenommen
und aufs Rathaus gebracht würden. Ein späterer Befehl an
die Kammern (2. Januar 1733), streng zu verfahren, nimmt
zunächst die preußischen aus.

Das Jahr 1733 war einmal der allgemeinen Feststellung
der für die neuen Privilegien maßgebenden Grundsätze, dann der
Abfassung der neuen Formulare für Geburtsbriefe, Lehrbriefe
und Kundschaften gewidmet; ferner wurde mit der Ausarbeitung
der neuen Generalprivilegien begonnen; die ersten für die Mark
Brandenburg wurden 14. April 1734 fertig, das letzte, 61ste,
am 28. März 1736. Man nannte sie im Gegensatz zu den
alten Lokalprivilegien so, weil der gleiche Wortlaut nun genera-
liter für die Innungen aller Städte galt. Jedes einzelne wurde

vom König unterzeichnet, von den Ministern Grumbkow und
Happe kontrasigniert.

Fast die sämtlichen allgemeinen, auf das Innungswesen
1732—1740 sich noch beziehenden königlichen Verordnungen be=
treffen die Formalien und die Durchführung des neuen Gesetzes.
Daß man sich nicht etwa nur auf die Kur= und Neumark be=
schränkte, ergiebt sich daraus, daß dieselben stets an alle Kammern
mit Ausschluß Preußens gehen; das Reskript vom 26. November
1738 [1], das den Handwerksburschen das Wandern in fremde
Lande verbietet, hängt auch mit der Absicht zusammen, das Gesetz
bezüglich der Kundschaften, des Verbots der Gesellenladen und
alles derartigen energisch durchzuführen.

Für die Provinz Preußen war eine besondere geschäftliche
Behandlung der Angelegenheit nötig, weil sie nicht zum Reich
gehörte, das Reichsgesetz für sie also keine rechtliche Gültigkeit
hatte. Es wurde für sie die Handwerksordnung vom 10. Juni 1733
erlassen [2], welche in sehr viel besserer Sprache und Anordnung
den Inhalt des Reichspatentes enthielt, oder vielmehr darüber
hinausgehend in kurzen 49 Gesetzesparagraphen all das anordnete,
über das man sich bezüglich der Revision der Gildebriefe und
der ganzen Handhabung der Innungspolitik geeinigt hatte. Eine
Revision der einzelnen Gewerksrollen ist auch hier vorbehalten,
fand aber erst später unter Friedrich dem Großen statt [3]. Die
westpreußische Handwerksordnung vom 24. Januar 1774 [4] ist
eine nur in wenigen unbedeutenden Punkten geänderte Kopie der
ostpreußischen.

Überhaupt ist von 1740 bis 1806 gar nichts Erhebliches
und Prinzipielles mehr am preußischen Innungsrecht geändert
worden. Es wurde Einzelnes eingeschärft und in Erinnerung

---

[1] Mylius, Continuat. I, 225.

[2] Nirgends in einer Sammlung gedruckt. Einzeldrucke der Ordnung
sind häufig.

[3] Nov. Corp. Const. Pruss. I, 1159—64 sind 60, meist ostpreußische
Innungsprivilegien aus den Jahren 1751—55 aufgezählt.

[4] Ortloff, Corp. jur. opif. S. 73—104.

gebracht. Auch hat sich die physiokratisch-liberale Strömung der
letzten 25 Jahre des Jahrhunderts in der Verwaltung wohl
etwas geltend gemacht. Aber im ganzen blieben die Anschauungen von 1730—33 die herrschenden. Das preußische
Landrecht Teil II, Titel VIII, Abschnitt III § 179—400 giebt
nur in geläuterterer Sprache die Grundsätze der laufenden Verwaltung wieder. Bei der Beratung über dasselbe hatte man die
Aufhebung der Innungen vorübergehend ins Auge gefaßt, die
Gründe dafür und dawider besprochen.

Die Verfasser des allgemeinen Gesetzbuches kamen doch zu
einem abweisenden Resultat. Sie sagen[1]: „Die Gründe, welche
man für die bejahende Seite der Frage (für die Aufhebung der
Zünfte) anführe, blieben, wenn man den Prunk der Deklamation,
die nur gar zu oft die Zunftmißbräuche mit der Zunfteinrichtung
selbst verwechsele, davon absondern wolle, wenigstens noch sehr
zweideutig. Die in andern Reichen gemachten Erfahrungen seien
diesen Gründen gar nicht günstig gewesen. So lange man aber
nicht mit voller Gewißheit annehmen könne, daß ein überwiegend
großer Vorteil für das allgemeine Beste dadurch zu erreichen
stehe, so lange müsse die offenbare Verletzung wohlhergebrachter
und größtenteils in älteren Zeiten gar nicht unentgeltlich er-
worbener Rechte, ohne welche die gänzliche Aufhebung der Zünfte
nicht geschehen könne, von einem solchen Schritte billig zurückhalten. Wenn der Staat alle unbilligen Erschwerungen der Aufnahme in Mittel und Innungen abstelle; wenn er das Recht
behalte, Freimeister anzusetzen, oder auch, wo es die Not erfordere,
geschlossene Mittel in ungeschlossene zu verwandeln und die Zunftartikel zu reformieren, so werde er imstande sein, den wirklich
nachteiligen Folgen dieser Verfassung nach Erfordernis von Zeit
und Umständen vorzubeugen und abzuhelfen, ohne dagegen die
nicht zu verkennenden Vorteile derselben, unter welchen die engere
Verknüpfung solcher Bürger an ihr Vaterland und ihren

¹ Rödenbeck, Beiträge zur Bereicherung und Erläuterung der Lebens-
beschreibungen Friedrich Wilhelms I. und Friedrichs des Großen (1838)
II, 430.

Wohnsitz, nebst der Unterhaltung jener schätzbaren beinahe nur noch in der Zunftverfassung anzutreffenden Überbleibsel der bürgerlichen Ehre, gewiß nicht die geringsten seien, gänzlich auf= opfern zu dürfen."

So blieben die 1732—55 im preußischen Staate revidierten Innungsstatuten nicht bloß bis 1806, sie blieben, soweit nicht die Gesetze von 1808—11 einzelne Punkte derselben beseitigten, bis zu ihrer Umarbeitung nach der Gewerbeordnung von 1845 zu Ende der vierziger Jahre in Geltung.

Sie bilden zusammen mit dem Reichsgesetz von 1731, der Handwerksordnung von 1733 und einigen wenigen späteren Ver= ordnungen und Verfügungen[1] die Basis, auf der das preußische Innungswesen sich gegenüber den Zuständen vor 1731 ganz wesentlich umbildete. In welcher materiellen Richtung diese Um= bildung lag, werden wir gleich nachher eingehender darzustellen haben. Hier sei nur noch ein Wort über die staatsrechtliche und formelle Seite gesagt.

- Das Reichsgesetz von 1731 ist ein äußerst schwerfälliges und ungelenkes Stück deutscher Gesetzgebung. Soweit es aus der Zeit von 1672 stammt, enthält es kaum etwas, was nicht besser in den Specialgesetzen Hannovers, Preußens und anderer Staaten schon ausgesprochen gewesen wäre. Aber diese Partikulargesetze waren ohne Erfolg gewesen, sie waren nicht durchgeführt worden, teils weil die einzelnen Innungsstatute nicht geändert waren und es an staatlicher Exekutive fehlte, teils aber auch, weil die Änderung im einzelnen Territorium allein nicht durchzuführen war. Auch jetzt machten viele der kleinen Reichsstände, hauptsächlich manche Reichsstädte, Miene, die Durch= führung nicht allzu strenge zu nehmen. Auch in Österreich scheint wenig mehr geschehen zu sein, als die Einführung der Kund= schaften. Aber überall war doch das Gesetz publiziert worden. In allen größeren Territorien, besonders im Nordosten Deutsch=

---

[1] Hauptsächlich ist zu erwähnen das Edikt wegen des blauen Montags bei den Handwerkern vom 24. März 1783, Ortloff a. a. O. 105—109.

lands, suchte man es energisch durchzuführen[1]. Und das war
vor allem wichtig bezüglich der gänzlichen Veränderung im
Arbeits-, Wander- und Legitimationsrecht der Gesellen, das man
nach den sächsisch-preußisch-hannöverschen Vorschlägen der Jahre
1725—30 in das Gesetz eingeschoben hatte.

Eine gewisse Rechtseinheit für einen erheblichen Teil Deutschlands war so erreicht, obwohl man andererseits der Souveränitäts-
eifersucht der kleinen Staaten in jeder Beziehung entgegen
gekommen war. Jedem einzelnen Stande sind Regalien und
landesherrliche Gewalt, vermöge deren er die Innungsbriefe in
seinem Gebiet ändern und verbessern kann, in Art. 1 des Gesetzes
allewege vorbehalten. Im Artikel 6 ist ausschließlich den Landesherrschaften überlassen, Zünfte und Laden zu errichten und ihnen
allein Gesetze vorzuschreiben. Die Juristen faßten so das Gesetz
mehr als einen Vertrag der Reichsstände auf, die Mißbräuche
zu beseitigen. Die Innungsbriefe sollen nach Artikel 8 im
einzelnen Lande je eher, je besser revidiert werden; bei dieser
Revision, so folgerte die Doktrin, ist jeder Stand wohl gebunden,
das zu beseitigen, was das Gesetz als Unordnung und Mißbrauch bezeichnet; aber es ist ihm im einzelnen durchaus überlassen, die Grenzen etwas weiter oder enger zu ziehen, da und
dort eine geschlossene Meisterzahl und das Mutjahr zu belassen,
die Gesellenzahl je nach lokalen oder sonst besonderen Verhältnissen nicht ganz freizugeben, obwohl diese und andere Punkte
in Artikel 13 im einzelnen aufgeführt und deren Abstellung in
Aussicht gestellt ist[2].

Auch die preußische Regierung faßte das Gesetz in dieser
freieren Weise auf, wie wir das noch im einzelnen sehen werden,
wenn sie auch kein Landesgesetz neben dem veröffentlichten Reichs-

---

[1] Ich komme im Schlußabschnitt auf die verschiedene Art der Durchführung zurück.

[2] Vergl. über diese Fragen: Sieber, J. G., Abhandlung von den
Schwierigkeiten, in den Reichsstädten das Reichsgesetz vom 16. August 1731
wegen der Mißbräuche bei den Zünften zu vollziehen (1771), und Cramer,
Wetzlarsche Nebenstunden, passim (1755—73).

geſetz für die Provinzen erließ, die zum deutſchen Reich gehörten. Die preußiſche Handwerksordnung vom 10. Juni 1733 iſt nach „Anleitung des Reichsgeſetzes" abgefaßt; ſie iſt in ihrer Tendenz und in ihren weſentlichen Beſtimmungen dem Geſetz ganz ent= ſprechend. Sie ſteht nur formell, wie ſchon angedeutet, weit über dem Geſetz; ſie zeigt, daß man in jenen Jahren, trotz der relativen Unvollkommenheit der Geſetzesſprache, doch im Berliner Generaldirektorium verſtand, auch formal gute Geſetze zu geben. Sie gehört in Anordnung und Sprache zu den beſten Geſetzen der vorlandrechtlichen Zeit, übertrifft auch die ſämtlichen preußiſchen und nichtpreußiſchen Handwerksgeſetze aus der Zeit vor 1731.

Noch mehr aber als durch dieſes Geſetz zeichnete ſich der preußiſche Staat durch die raſche und energiſche Durchführung der Reform, zunächſt durch die Korrektur der einzelnen Innungs= ſtatute, aus. Erſt damit war unwiderruflich die Rechtsauffaſſung beſeitigt, jedes einzelne lokale Innungsſtatut ſei oder gebe ein jus quaesitum, ſei ein unantaſtbares Privilegium, das als Aus= nahme dem allgemeinen ſtaatlichen Innungsrecht vorgehe. Erſt damit erreichte man die Beſeitigung all der einzelnen lokalen Beſonderheiten, der einander widerſprechenden Zahlen= und Straf= anſätze, des Sonderrechts jedes einzelnen Handwerks. Erſt damit erhob man ſich praktiſch zur Idee eines ſtaatlichen Gewerberechts im Gegenſatz zum alten ſtädtiſchen Lokal= und Sonderrecht. Lehnte ſich auch das neue Innungsrecht noch vielfach an die alten Gedanken der Stadtwirtſchaftspolitik an, ſo lag doch in der Tendenz der Unifizierung des Gewerberechts die innere Notwendigkeit, die Gewerbe des Staates als ein Ganzes aufzu= faſſen und zu behandeln.

An langatmiger Breite geben die neuen Innungsſtatute den alten nicht nur nichts nach, ſondern übertreffen ſie noch weſentlich; ſie haben durchſchnittlich etwa eine Länge von 15 000 Silben: die ältern gingen wohl nirgends viel über etwa 5000 hinaus. Aber ſie ſind in erſter Linie ſo lang, weil jedes den ganzen Inhalt des Reichsgeſetzes ſo wiedergeben ſoll, wie man

es in Preußen auffaßte und ausführen wollte. Im übrigen ist
alles beseitigt, was die ältern Statute an Formalien, Sitten=
regeln, Speise= und Trankvorschriften für die Feste, aber auch
was sie noch an anschaulich poetischer Rechtssprache des Mittel=
alters, was sie an hausbacken treuherziger Moral des 16. und
17. Jahrhunderts gehabt. Es ist der trockene, nüchterne
Rationalismus der Zeit, der die Feder führt, der zugleich in
schulmeisterlich hochmütiger Weise die guten Handwerker belehren
will, was für dummes, läppisches Zeug sie bisher getrieben und
für heilig gehalten hätten.

Das ungeschriebene Recht, den Handwerks= und Gesellen=
brauch unterschätzten die damaligen Gesetzgeber in eben dem Maße,
als hundert Jahre später die gelehrten deutschen Juristen das
Gewohnheitsrecht überschätzten. Diese Bräuche wurden schlechtweg
für abgeschafft und verworfen erklärt. Nur das neue geschriebene
Recht sollte gelten.

Wenn wir nun im Folgenden versuchen, das neue Innungs=
recht darzustellen, halten wir uns dabei in erster Linie an das
damals aufgezeichnete neue Recht, an die Gesetze und Statute.
Aber wir verschmähen nicht da und dort beizufügen, was wir
über seine Handhabung und Folgen in der Praxis, über er=
läuternde Verfügungen aus der Folgezeit, kurz darüber wissen,
wie infolge der ganzen Reform ein neuer veränderter Hand=
werksbrauch entstanden sei, da und dort auch der alte trotz des
geschriebenen Rechtes sich erhalten habe.

5.

Der Inhalt des neuen preußischen Innungsrechtes[1].

a. Das Verhältnis der Innung zur Staatsgewalt.

Der politische Ausgangspunkt der Reform ist das Ver=
hältnis der öffentlichen Gewalt zu den bestehenden gewerb=
lichen Verbänden. Die aufstrebende landesherrliche und fürst=

---

[1] Aus der Litteratur des vorigen Jahrhunderts, so groß sie ist,
braucht hier nicht allzuviel angeführt zu werden. Prof. Dithmar in Frank=
furt a. O. gab 1731 als sechstes Stück seiner ökonomischen Fama und ge=

liche Gewalt will diese in ihre Schranken zurückweisen, wie
sie die ständischen Korporationen unterdrückt, die Städte eines
großen Teils ihrer Selbständigkeit und Autonomie beraubt
hat. Aber auch abgesehen von dieser Zeitströmung dürfen wir
nicht vergessen, daß in jeder Gesellschaft, in jedem Staate,
in welchem die öffentliche Gewalt sich fühlt und in welchem zu=
gleich ein stark entwickeltes Vereinswesen emporgekommen ist,
immer wieder der Zeitpunkt sich einstellt, in welchem ein Kampf,
eine Auseinandersetzung, eine Unterordnung der schwächeren
unter die stärkere Organisation stattfinden muß, in welchem die
öffentliche Gewalt bestimmt, bis zu welchen Grenzen sie Vereine
und Verbindungen von Privaten mit irgend welchen Zwecken und
speciell solche von Gewerbetreibenden und Arbeitern gestatten
kann und will. Gewiß kann, je stärker eine staatliche Gewalt
ist, sie um so leichter den Gemeinden und Korporationen, den
Vereinen und Individuen einen gesicherten freien Spielraum des
Handelns und Strebens einräumen. Aber die höchste, Grenzen
diesem Treiben setzende Macht muß sie bleiben. Und immer
wieder werden Epochen, in denen man freiere Bahn ließ, mit
solchen wechseln, in welchen man die Zügel anzieht. Es werden
die Zeiten sein, in welchen revolutionäre Bewegungen unter=
drückt, aber veraltete Mißbräuche beseitigt werden sollen, in
welchen eine siegreiche öffentliche Gewalt im Vordringen begriffen
ist. Wie in Rom 64 v. Chr. die Kollegien und Zünfte unter=

_____

sondert heraus: „Nachricht von den Handwerksmißbräuchen und was zu
Abschaffung derselben auf denen Reichstägen ꝛc. verordnet worden." Die
Leipziger Sammlungen VIII (1752) enthalten eine lange „Abhandlung von
Handwerksgesellen und Zünften". Kreittmayrs Abhandlung vom Hand=
werksrecht (1768) aus den Vorarbeiten zu dem geplanten Codex Maxim.
bavar. civ. ist bei Ortloff a. a. O. S. 441 ff. abgedruckt. Die Schriften
von J. H. Fricke (1771), J. F. Ch. Weisser (1780) und Andern über das
Recht der Handwerker beziehen sich überwiegend auf bestimmte deutsche
kleinere Staaten. Eine vorzügliche Darlegung der preußischen Verwaltungs=
praxis zu Ende des Jahrhunderts giebt G. F. von Lamprecht, Kameral=
verfassung und Verwaltung der Handwerke, Fabriken und Manufakturen
in den preußischen Staaten und insonderheit in der Kurmark Branden=
burg, 1797.

drückt werden, wie Cäsar und Augustus nach den Bürgerkriegen
die wiederbelebten Zünfte unter eine streng einschränkende Ver-
einsgesetzgebung stellen und die gewerblichen Verbände der
späteren Kaiserzeit fast ganz in Staatsanstalten sich verwandeln,
so sehen wir auch im Mittelalter, daß nach den Flegeljahren der
Zunftentwickelung, nach der Epoche der Zunftrevolutionen, die
städtischen Räte gegen 1400 den Innungen verbieten müssen,
beliebige Strafen zu verhängen und zu große Eintrittsgelder zu
fordern, ihr Besteuerungsrecht und ihr Recht, Schulden zu
machen, ohne Zustimmung des Rates zu üben, Statuten ohne
Zustimmung des Rates zu machen[1].

Man könnte mehreres, was 1731—36 in dem Reichsgesetz
und in dem preußischen neuen Handwerksrecht angeordnet wurde,
mit diesen Bestimmungen in Parallele setzen.

Keine Artikel, Gebräuche und Gewohnheiten, die nicht von
der Landesherrschaft oder Obrigkeit genehmigt sind, werden als
gültig angesehen (R. G. 1)[2]. Wer dawider handelt, eigenwillige
Gebräuche wieder einführt, soll von der Obrigkeit mit Ausstoßung bestraft werden, ebenso wie derjenige, der solch Aus-
gestoßene für tüchtig hält und zum Handwerk wieder zuläßt
(R. G. 1. und P. H. O. 1). Keine Versammlung des Handwerks darf stattfinden ohne Vorwissen des Magistrats und ohne
Anwesenheit des Ratsbeisitzers. Alle Älterleute der Gewerke
werden vom Magistrat in Eidespflicht genommen. Jedes neu
eintretende Innungsmitglied wird durch Handschlag auf die
neuen Gesetze und die Innungsartikel verpflichtet. Strenge wird
der bisher teilweise übliche Eid auf die Zunftheimlichkeiten verboten, wie alle Teilnahme an geheimen Verbindungen (P. H.
O. 13).

Die selbständigen Finanzen der Innungen sind möglichst

---

[1] Vergl. Schmoller, Straßburger Tucher- und Weberzunft S. 405
bis 406 und 486—87.

[2] Ich verweise, um die Darstellung nicht zu sehr zu beschweren, nur
an ein paar der wichtigsten Stellen auf die bezüglichen Artikel des Reichsgesetzes, der preußischen Handwerksordnung und der Generalprivilegien.

beschnitten; wie das Recht auf Strafgelder und die Einnahme
aus Eintrittsgeldern eingeschränkt sind, so werden ihnen durch
das Verbot alles Schmausens und Trinkens bei den Morgen-
sprachen, durch die Abschneidung der kostbaren Zunftprozesse,
durch die Beseitigung der kostbaren Neuausfertigung der Briefe
bei jedem Regierungswechsel die Hauptveranlassungen zu Ausgaben genommen. „Wenn aber dennoch wider Vermuten eine
unentbehrliche Ausgabe vorfallen sollte, und es die Notdurft
erforderte, eine Anlage zu machen, soll das Gewerk sich desfalls
bei dem Magistrat melden und, wenn dieser die Kollekte
approbiret, solche in Gegenwart desselben gemachet und dabei
die Gleichheit in Acht genommen werden, daß nämlich einem
Meister nur so viel, als nach Proportion seiner Nahrung ihn
treffen kann, zugeschrieben werde" (Art. 12—15 der Gen.-Priv.).
Das jährliche Quartalgeld, das der einzelne Meister zu zahlen
hat wird genau bestimmt auf 8—16 Gr. Daneben ist gestattet,
in eine Gewerksarmenkasse vierteljährlich oder jährlich etwas zu
legen und damit verarmte Meister und Witwen zu unterstützen.
Es ist genau bestimmt, was bei der jährlichen Hauptversamm-
lung dem Ratsbeisitzer, dem Gewerk und den Gesellen nach ab-
genommener Rechnung zur Ergötzlichkeit gezahlt werden darf:
nämlich dem Beisitzer 1/2 bis 1 Rthlr., dem Gewerk 2 bis 3
Rthlr., den Gesellen 1 Rthlr. 8 Gr. bis 2 Rthlr. Der Altmeister hat eine genaue Rechnung jährlich zu legen. Zur Ver-
wahrung der Briefschaften und Gelder darf die Meisterlade mit
drei Schlössern beibehalten werden; der Beisitzer, der Alt- und
der Jungmeister haben je einen der drei Schlüssel. Die Lade ist,
so heißt es, im geringsten nicht anders, als ein anderer Kasten
anzusehen; alle altväterischen und abergläubischen Ceremonien,
so mit derselben bei den Versammlungen und dem Herumtragen
von einem zum andern Altmeister vorgenommen werden, sind
aufs nachdrücklichste verboten (Art. 12—15 der Gen.-Priv.).

Die Korrespondenz der Innungen verschiedener Orte und
Territorien unter einander könnte nach der Ansicht der Regierungen „ehender gänzlich zessiren". Wenn je ein Brief not-

wendig werde, so soll er nur mit Vorwissen und Zustimmung
der Ortsobrigkeit abgehen, angenommen und erbrochen werden.
Die Autorität der Hauptladen und Haupthütten über die
Innungen anderer Orte wird gänzlich aufgehoben, ebenso wie
die Provokation auf das Handwerkserkenntnis aus dreier Herren
Ländern und jede Jurisdiktion aus einem Territorium ins andere.
Die Hauptladen sollen gänzlich vernichtet und abgethan sein;
jeder rechtliche Unterschied zwischen den Innungen verschiedener
Orte soll aufgehoben sein; keine darf sich für redlicher als die
andere halten, die Gesellen zur Einschreibung bei der angeblich
höher stehenden zwingen (R. G. 6).

Diese Bestimmungen, welche den Paragraphen mancher
neueren Vereinsgesetze und ihrer gegen interlokale Verbindungen
gerichteten Spitze entsprechen, gehen mehr noch aus staatsrecht-
lichen, als aus socialen und wirtschaftlichen Gesichtspunkten
hervor. Eine furchterregende Macht repräsentierten diese Hauptladen, wenn je, schon längere Zeit nicht mehr. Soweit sie
praktischen Bedürfnissen entsprochen hatten und noch entsprachen,
hatte das damalige Beamtentum freilich nicht allzu viel Sinn
dafür; es sah überwiegend nur die Mißbräuche, die Preis-
verabredungen, die Gelage bei den Jahreszusammenkünften. Wie
die Ansichten über diese Frage aber immerhin geschwankt, will
ich durch folgende wenige Notizen aus der Vorgeschichte dieses
Paragraphen belegen. Der „unvorgreifliche Aufsatz", der im
Mai 1671 von Kurmainz dem Reichstag diktiert worden war,
hatte noch keine derlei Bestimmungen, während sie in dem Reichs-
tagsgutachten von 1672 stehen. Das hannöversche Gildereglement von 1692 kennt sie so wenig als die Magdeburgische
Polizeiordnung von 1688. In den Principia regulativa
Hilles von 1723 ist die Unterordnung unter auswärtige
Hauptladen verboten; in seinem zweiten Entwurf aber sagt er:
Die Hauptzünfte sind gänzlich zu beseitigen, keine Zunft soll
über die andere Autorität haben; aber in der Kritik des Reichs-
gutachtens (aus dem Jahre 1728) kommt Hille wieder auf den
Standpunkt von 1723 zurück: einige Hauptzünfte im Lande

könnte man wohl zur Abgabe besonders sachverständiger Urteile beibehalten. Wir sehen aus diesem Schwanken, daß man in Preußen großes Gewicht nur auf das Verbot der auswärtigen Hauptladen legte, die weitergehende Bestimmung aber mit dem Reichsgesetz übernahm.

Mit dem Verbot der Hauptladen waren übrigens in Preußen die Innungen nicht alle, ja nicht einmal die meisten auf den Umkreis einer einzigen Stadt beschränkt. Nicht bloß behielten sehr viele ihre Landmeister bei, deren Stellung die im vorigen Abschnitte mitgeteilte war, sondern es blieben nach wie vor die wenig zahlreichen Meister aus kleinern Städten Mitglieder der Innungen größerer Städte. Wo drei Meister vorhanden waren, konnten sie eine Innung bilden; aber sie mußten es nicht. Lamprecht erwähnt gegen Ende des Jahrhunderts als in der Kurmark Brandenburg vorhanden: 82 Schneider=, 80 Leine= weber=, 78 Schuhmacher=, 77 Tischler=, 75 Hufschmiede=, 65 Böttcher=, 62 Stell= und Rademacher=Innungen; von den anderen Gewerbearten zählen sechs 30—60 lokale Innungen, zwölf 10—30 Innungen: alle übrigen Gewerbearten haben unter 10, eine ziemliche Anzahl nur eine einzige meist in Berlin befindliche Innung für die ganze Kurmark. Darunter sind einige, wie die Stuccateure, die Steinmetzen, die englischen Stuhl= macher, die Bildhauer, welche auch fast nur in Berlin vor= kamen; andere aber, wie hauptsächlich die Kupferschmiede, wohnten im ganzen Lande zerstreut; die Lade dieser hatte jetzt ihren Sitz beim Kupferhammer in Neustadt=Eberswalde, wo das Gewerk sich jährlich versammelte; doch war den Berliner Meistern desselben nachgelassen, Kleinigkeiten in Gegenwart eines Ratsbeisitzers für sich abzumachen. —

Mit den Hauptladen war natürlich ihre Jurisdiktion als Oberhöfe ebenso beseitigt, wie die Stellung einzelner städtischer Schöppenstühle als Oberhöfe gefallen war. Aber auch die Jurisdiktion der einzelnen Zunft sollte wesentlich eingeschränkt werden.

Man könnte sagen, die Ausdehnung der Rechtsprechung der
Zünfte sei jederzeit und überall ein genaues Wahrzeichen ihrer
Macht und ihrer Stellung gewesen. Die hofrechtliche Innung
und die vom Rat noch nicht anerkannte Schwurgenossenschaft des
älteren Mittelalters übten ohne Zweifel schon eine gewisse Disciplin, eine Zwangsgewalt gegen die Mitglieder. Aber gerade
die Verabredung, nichts vor den gewöhnlichen Richter zu bringen,
erschien im 12. und 13. Jahrhundert den höheren Gewalten als
das Tadelnswerte. Friedrich II. verbietet die Innungen, weil
die Handwerker per se consilia et judicia in confraternitatibus
uniuscujusque operis inter se haberent, judicia episcopi quasi
pro nihilo reputaverint. Aber in dem Maße, als den Genossenschaften Innungs- und Gilderecht gegeben, amtlich eine Zwangsgewalt erteilt, das Magisterium Operis geschenkt wird, erhalten
sie eine vom Rat anerkannte, neben und unter den höheren Gerichten zu Recht bestehende Jurisdiktion. Aber sie sollen, heißt
es 1263 in Straßburg, nichts anderes richten, als was das
Handwerk angeht. Ihr Gericht soll nur als ein vom Rat
belegiertes erscheinen, wie die Innungen in Frankfurt a. M. vom
Rat (1355) einen Richter leihen müssen, so oft sie richten wollen.

Clamor Neuburg hat den Versuch gemacht, die Entwickelung
der Zunftgerichtsbarkeit bis ins 16. Jahrhundert übersichtlich
darzustellen[1]. Er zeigt uns, daß sie im Norden niemals so weit
reichte, wie im Südwesten Deutschlands, daß sie in Frankreich
stets eingeschränkter war, als in Deutschland. Im Südwesten
Deutschlands ist sie im Laufe des 14. Jahrhunderts schon auf
ihren Höhepunkt gelangt. In Straßburg klagte man damals
schon, daß die Zünfte sich nicht beschränken auf das, was ihr
Handwerk angehe, daß sie nach dem Hörensagen richten, un-
gebührlich hohe Geldstrafen verhängen[2]. Die populäre Bewegung
aus der ersten Hälfte des 15. Jahrhunderts beschwert sich —
z. B. in der sog. Reformation Kaiser Sigismunds — aufs

---

[1] Zunftgerichtsbarkeit und Zunftverfassung in der Zeit vom 13. bis
16. Jahrhundert, 1880.
[2] Schmoller, Straßb. Tucher- und Weberzunft S. 405—6.

bitterfte über die Zunftmeifter, die ihre Eide überfähen. — „Ich
fürcht," fagt der huffitifche Verfaffer in Hinficht auf die gemiß=
brauchte Amtsgewalt der Zunftmeifter, „daß man kumm fichtig=
lich und unbedächtlich in die Hölle". Und das war faft zu der=
felben Zeit, als man im Nordoften noch alle Strafgewalt in
Handwerksfachen dem Rat vindizierte, wie es in der Verleihung
des Stadtrechts für Freienwalde heißt: Die Stadt foll haben
das Gerichte zu ftrafen alle Wanmaße und, wie fich gebührt, zu
richten in den Werken und Gilden[1]. Und im Jahre 1429 klagt
Markgraf Johann[2] die Viergewerke in Frankfurt a. O. an, „daß
fie gekoren haben in ihren Werken befondere Richter und haben
davor geklagt und geantwortet, während ihnen doch die belehnten
Richter Recht nicht geweigert haben; und haben die Richter ge=
koren und vor die geklaget und geantwortet, unferes Herrn und
Vaters Gerichte zu fchwächen, ihm zu Hohne, Schmach und
Schaden, den wir achten auf 1000 rheinifche Gulden".

Lag darin der Verfuch einer unmöglichen Zurückfchraubung
auf vergangene Zuftände, im ganzen war doch überall im Nord=
often die Gerichtsgewalt der Innungen eine eingefchränktere.
Die hier faft zu allen Zeiten nachweisbare Anwefenheit von
Ratsmitgliedern bei den Morgenfprachen hängt damit wohl zu=
fammen, wie die befondere Ausbildung von Wettegerichten in
den größeren Städten; es find Ratsdeputationen für gewerbliche
Streitigkeiten und Straffachen. Faft überall behält der Rat
einen Anteil auch an den von den Innungen verhängten Straf=
geldern.

Aber auch im ganzen Nordoften haben in freilich ziemlich
verfchiedener Abftufung die Innung oder deren Vorftände das
Recht und die Pflicht, 1. als Vergleichs= und Sühnebehörde für
die Mitglieder zu wirken, 2. als cenforifche Sittenbehörde über
Meifter, Gefellen und Lehrlinge kleine polizeiliche Strafen zu
verhängen, 3. kleinere Civilftreitigkeiten, wobei Meifter oder

---

[1] Riedel, Cod. dipl. br. I, 12, 385.
[2] Riedel I, 23, 195.

Gesellen der Innung die Beklagten waren, abzumachen, 4. die
Vergehen gegen Handwerksbrauch und -Artikel zu strafen. Und
sie verfügten, um sich Gehorsam zu verschaffen, nicht bloß über
kleine Geld-, Wachs-, Bierstrafen, sondern über ein viel wirk=
sameres Zwangsmittel, die zeitweise oder gänzliche Ausschließung
aus der Innung. Es war die alte genossenschaftliche Achtung,
die in Wegnahme des Handwerkszeuges und der Materialien, der
Schließung der Verkaufsbude und dem Verbote, neben dem Be=
treffenden zu arbeiten, sich äußerte. Durch Mitteilung nach
anderen Orten wurde sie zu einer Verfehmung und Brotlos=
machung der allerhärtesten Art.

Es will mir scheinen, daß gerade durch dieses Unredlichmachen
und die Neigung, den einzelnen Betroffenen von Ort zu Ort
durch Treibebriefe zu verfolgen, die Entartung der Zunftjuris=
diktion begann. Im 16. Jahrhundert nahmen die Gesellenbruder=
schaften ebenfalls das Recht in Anspruch, diesen oder jenen,
Meister oder Gesellen, für unredlich zu erklären[1]. Die festen
Formen des altgermanischen Gerichtsverfahrens, an welche sich
die Innungen bisher gehalten, kamen in Verfall. Statt der
Zunftgemeinde amtierten jetzt vielfach Zunftmeister, Zunftaus=
schüsse und Zunftschreiber. Es verwischten sich offenbar die her=
gebrachten Prozeßformen; das Gerede und das Gerücht reichte
oft hin, den Unschuldigsten unredlich zu machen; Brotneid, Haß,
kleinliches Gezänk bedienten sich dieser giftigen Waffe. Schon
die Reichspolizeiordnungen des sechszehnten Jahrhunderts betonen,
daß die Gesellen keine Strafen mehr fürnehmen, einander nicht
schmähen, auftreiben oder unredlich machen sollen. Und vollends
im siebzehnten Jahrhundert ist es der Kern aller Vorwürfe, daß
die Strafe des Unredlichmachens von Meistern und Gesellen
mißbraucht werde, daß ohne ordentlichen Rechtsgang der eine
Handwerker den anderen schmähe und schelte und daß dann die
anderen ihn nicht mehr dulden wollten. Es ist seit 1671 der

---

[1] Auf die Verrufserklärungen der Gesellen kommen wir unten noch
zurück; sie bilden den Kern der Anklagen gegen die Gesellenbruderschaften.

Hauptpunkt der Reformprojekte, daß das Recht zum Auftreiben
und Schmähen nur noch der Obrigkeit zustehen dürfe. So verbietet z. B. schon die Magdeburger Polizeiordnung von 1688
Kapitel 36 §§ 22—24 jede Schmähung und Auftreibung ohne
obrigkeitliche Kognition; jeder Geschmähte soll in seinem Rechte
von der Obrigkeit geschützt, die Schmähenden, einzelne oder ganze
Gewerke, sollen hart, eventuell mit Landesverweisung und Staupen-
schlag bestraft werden.

Diese Verbote waren zunächst ohne jeden Erfolg; das genossenschaftliche Leben war viel zu kräftig, als daß es auf solche
Verrufserklärungen verzichtet hätte. Und die Regierungen bewegten sich in dem eigentümlichen Zirkel, daß sie selbst für gewisse
Fälle immer glaubten, diese härteste Handwerksstrafe beibehalten
zu müssen, so sehr sie sonst über sie klagten und betonten, wie
schädlich sie in ihrer Übertreibung wirke, wie unvernünftig es
sei, jemand wegen kleiner Fehltritte, oder gar weil er an dieser
oder jener Verabredung, an diesem oder jenem Komplott, an dieser
oder jener Umlage nicht teilgenommen, für kürzere oder längere
Zeit brotlos zu machen. Die mehrerwähnten Principia regulativa
Hilles verpönen die irräsonable Gewohnheit, daß der geschimpfte
Geselle eine Zeitlang der Arbeit sich enthalten müsse; aber das
Auftreiben unter obrigkeitlichem Siegel wollen sie beibehalten
für den, der gestohlen, leichtfertige Händel begangen und davon-
gegangen sei. Und ähnlich im späteren Entwurf, der ausdrücklich hinzufügt, die Wirkung des Auftreibens und Nachschreibens
solle sein, daß der betroffene Geselle unredlich und untüchtig sei,
bis er wieder zur Stelle gekommen und zu Recht gestanden.
Das Edikt für Ostpreußen vom 19. November 1724 steht auf
demselben Standpunkt. Auch das Reichsgesetz behält das Auftreiben durch die Obrigkeit bei, stellt aber die Verhängung durch
Meister und Gesellen, Gewerke und Einzelne streng unter Strafe,
verlangt, daß unweigerlich jeder einen sog. Geschimpften neben
sich arbeiten lasse, bis die Obrigkeit gesprochen habe (Art. 3).
Diese Beibehaltung einer obrigkeitlichen Auftreibung hatte ihren
guten Sinn: den Gesellen soll hauptsächlich die Möglichkeit des

Schimpfens und Auftreibens genommen werden; aber die Meister,
so glaubte man, müßten die Möglichkeit behalten, einzelne Gesellen durch den Arm der Obrigkeit mit dieser Waffe zu treffen,
sonst fehle ihnen das Mittel, „durch gute Ordnung die unruhigen
Gesellen im Zaum zu halten". Ein modifizierter Handwerks-
zwang, so führt das sächsische Promemoria (Oktober 1725) aus,
müsse den Meistern gelassen werden; ein Ersatz des Scheltens
sei der vorgeschlagene Zwang, Kundschaften beim Übergang von
einer Stelle zur anderen zu fordern, wie sich das bei einigen
sächsischen Innungen schon bewährt habe. Dieser Vorschlag
wurde nun ja allgemein angenommen, und dadurch allein wurde
das Strafmittel des Auftreibens zu einem nur alleräußersten
Falls von der Obrigkeit anzuwendenden Sicherheitsventil, das
für gewöhnlich ganz aus der Praxis verschwinden konnte.

Der Ausschluß aus der Innung wird in den einzelnen neuen
Generalprivilegien als Strafe für die Meister nur noch in seltenen
Fällen, z. B. für wiederholten Diebstahl oder Veruntreuung von
seiten der Goldschmiede, vorbehalten. Nicht nur diese, sondern
auch alle Geldstrafen für Vergehen gegen die Statuten, wie sie
von 1—20 Rthln. vorgesehen sind, verhängt der Magistrat.
So sind z. B. angedroht einem Drechsler, der seinem Mitmeister
aus Geiz die Bestellung verhindert und abspannt, 2 Rthlr.,
einem Schlosser, der zum ersten Mal entwendet oder fälscht,
10 Rthlr. nebst öffentlichem Anschlag (fürs zweite Mal ist Ausschluß vorgesehen), dem Tischlermeister, der untüchtige Arbeit
liefert oder sie über Gebühr verzögert, eine Geldstrafe nach Befinden des Magistrats, dem Zimmermeister, der dem andern in
seine Baustelle oder gedungene Arbeit fällt, 10 Rthlr., dem
Fleischer, der an Gewicht betrügt oder die Dienstboten besticht,
10 Rthlr. Wir sehen, daß nicht bloß für Delikte, sondern auch
für Nichterfüllung civilrechtlicher Bedingungen Strafen beibehalten sind.

Die Strafgewalt der Innungen selbst ist in dem Reichsgesetz dahin normiert, daß sie befugt sein sollen, die Vergehungen,
welche mit 1—2 fl. rh. verbüßt werden können, unter Autorität

und Genehmigung des Ratsherrn, zu strafen, daß aber Meister wie Gesellen gegen jedes solche Erkenntnis Berufung an die Obrigkeit einlegen können. Die ostpreußischen Bestimmungen sind noch enger. Der Artikel 4 der Handwerksordnung will Klagen und Beschwerden in Handwerkssachen durch den Rats= verordneten und die Älterleute (nicht durch die zur Morgensprache versammelte Innung) entweder in Güte beigelegt oder an den Magistrat verwiesen haben; Streitigkeiten über Austritt von Gesellen entscheiden nach Artikel 18 dieselben Personen in aller Kürze ohne Entgelt; handelt es sich um eine Handwerksstrafe bis zu 1—2 fl. preuß., so soll diese vom Magistrat erkannt werden; nur die in den Rollen nachgelassenen Strafen dürfen verhängt werden (Art. 37). In den neuen kurmärkischen Privi= legien sind ausdrücklich die bisher üblichen Geldstrafen „wegen gar geringer und öfters lächerlicher Verbrechen" verboten; für das Zuspätkommen in der Morgensprache sind 2—4 Gr., für das unentschuldigte Ausbleiben 12 Gr. Strafe erlaubt. Eine mäßige Disciplinarstrafgewalt gegen die Gesellen und Lehrlinge blieb bestehen.

Die polizeiliche Funktion der Waren= und Werkstattschau in periodischer Wiederkehr ist in einer ganzen Anzahl der Privilegien in der üblichen Form vorgeschrieben. Sie ist eine Aufgabe der Gewerksältesten, wo nicht wie im Tuchmachergewerbe besondere Schaubehörden vom Staate eingesetzt sind. Die Be= sichtigung des Meisterstücks ist Sache des ganzen Gewerkes; kleine Fehler dürfen nicht mehr mit Geld abgekauft werden; entsteht Streit, so soll die Sache dem Magistrat oder anderen un= parteiischen Meistern vorgelegt werden. Wer den Streit mut= willig angefangen, hat eventuell die Unkosten zu tragen.

Alle eigene Justiz gegen die Pfuscher ist den Innungen strengstens untersagt; doch ist ihnen versprochen, daß der Magistrat auf Anzeige stets sofort einschreiten und die Sache prüfen werde. —

Man wird sagen können, daß mit dieser Neuordnung der Zunft= jurisdiktion gänzlich veränderte Zustände sich ergaben. Es war in

der That einer „der am wenigsten erleidlichen Hauptmißbräuche" be=
seitigt. Meister und Geselle standen nicht mehr jeden Tag und jede
Stunde vor der Gefahr, wegen irgend eines Gerüchtes, wegen irgend
eines angeblichen oder wirklichen Fehltritts der Frau, wegen einer
angeblichen Verarbeitung falschen Leders wochenlang brotlos zu
werden. Eine Rechtsprechung war beseitigt, welche oft mit der
Exekution begann, ehe nur der Beschuldigte gehört war, welche
in der Hand von neidigen Konkurrenten, teilweise in der von
jugendlichen Burschen lag, die beim Gelage sich erhitzt hatten.
Gewiß hatte es auch seine Kehrseite, daß die Schranken dieser
selbst den kleinsten Meister zum Richterstuhl rufenden Thätigkeit
jetzt so enge geworden waren, daß die Morgensprache ihren ur=
sprünglich feierlichen Charakter einer Gerichtshegung mehr und
mehr verlor; es ist nur die Frage, ob nicht schon vorher, z. B.
durch das übliche Pokulieren bei derselben, das jetzt verboten
wurde, ihr sittigender Einfluß geschwunden war. Und ganz
wurde die Rechtsprechung der Innung ja nicht genommen. Auch
die Morgensprache blieb; sie sollte nur weniger häufig, in der
Regel nur 1—2 mal im Jahre gehalten werden. Es wurden
dabei die Rechnung gelegt und die neuen Meister oder Älter=
leute gewählt. In Ostpreußen geschieht das nach der Observanz;
in Kurmark sollen stets die ältesten erkoren werden. In einigen
größeren Innungen wurden später Innungsausschüsse gebildet,
welche die laufenden Geschäfte, wie das Einschreiben und Los=
sprechen der Lehrlinge, die Aufnahme neuer Meister, Vermittlung
der Streitigkeiten zwischen Meister und Gesellen besorgten[1]. —

b. Das Verhältnis zum Markte.

Neben dem Verhältnis der Innungen zur öffentlichen Ge=
walt ist das der Meister zum Markte zu erörtern. Die älteren
Innungen waren das wichtigste Glied in der Regulierung der
lokalen Konkurrenz, des lokalen Marktes gewesen. Es fragte
sich, ob nun bereits der territoriale oder gar der staatliche Markt
ausschließlich die Gesichtspunkte und Mittel bestimme, nach welchen

---

[1] Lamprecht a. a. O. S. 98.

und durch welche die Konkurrenz reguliert werde, ob und inwie=
weit damit die alten Einrichtungen über Bord geworfen werden
mußten.

Auch in den mittelalterlichen Städten hatten sich als Folge
übereinstimmender Verhältnisse und gleicher Ideen über das an
sich Berechtigte und Normale übereinstimmende Regeln über das
Meisterwerden, über die Konkurrenz zwischen den einzelnen
Meistern, zwischen ihnen und den Fremden, den Händlern, den
Jahrmärkten gebildet. Aber diese Regeln stimmten doch nur
ganz im allgemeinen überein: in jeder Stadt und in jedem
Gewerk waren sie wieder je nach Bedürfnis und Zeitumständen
anders fixiert, und vor allem griff die Marktgewalt des Rates
in der älteren besseren Zeit immer von neuem ein, verbot heute
das Landbrot, ließ es morgen zu, gestattete heute die Schließung
eines Gewerkes, um es morgen zu öffnen. Nur aus diesem
steten Zusammenwirken der Handels= und Marktpolitik des
Rats mit dem Innungsrecht war die ältere konkrete Konkurrenz=
regulierung, die Sicherstellung der Nahrung der Meister, der
sog. goldene Boden des Handwerks hervorgegangen.

Aus diesem Mechanismus war nun seit lange ein Rad
entfernt: eine selbständige Markt= und Handelspolitik konnte die
Staatsgewalt dem einzelnen Stadtrat nicht mehr gestatten. Die
Handelspolitik hatte er an sich gezogen; die Marktpolitik hatte
in Landtagsabschieden, in Hausier= und Jahrmarktsedikten und
anderen allgemeinen Landesgesetzen einen generellen Ausdruck ge=
funden, der dem Durchschnitt der Verhältnisse angepaßt war. War
das Vorgeschriebene nicht überall gleichmäßig den Umständen
entsprechend, so hatte es den Vorzug, eine feste Regel zu bilden,
die nicht von Gunst oder Ungunst, von Bestechung und Gevatter=
schaft abhängig jedem ein ander Gesicht zeigte.

Das gleiche Bedürfnis machte sich in Bezug auf die Be=
dingungen des Meisterwerdens geltend; die beliebige Entscheidung
der Zunft und des Rats von Fall zu Fall, in der auf sich
ruhenden Stadtwirtschaft einst möglich und, recht gehandhabt,
sogar segensreich, hatte jetzt nur noch Mißbrauch, Nepotismus,

kleinliche Monopolsucht zur Folge. Die Verschiedenheit des Rechts für jedes Gewerbe, jede Stadt hatte schon früher Unzuträglichkeiten aller Art erzeugt; die Hauptladen waren teilweise entstanden, um auf übereinstimmendes Recht wenigstens innerhalb desselben Gewerbes hinzuwirken. Jetzt mußten allgemeine staatliche und übereinstimmende Regeln in der Hauptsache an die Stelle des lokalen, des Sonderrechts, der willkürlichen Einzelentscheidungen treten, ob sie nun im einzelnen Fall immer paßten oder nicht. Die staatliche Unifizierung des Zunftrechts drängte mit Notwendigkeit zu einer Schablonisierung, wie alle staatliche Rechtsbildung im Gegensatz zur lokalen. Es war nur die Frage, wie weit man mit dieser Tendenz jetzt schon gehen könne, inwieweit noch einzelne Ausnahmen zuzulassen seien. An sich bedeutete natürlich der Versuch, das ganze Zunftrecht für den Staat in die Form übereinstimmender genereller Rechtsregeln zu bringen, den Verzicht auf mancherlei bisherige Eingriffe in die Konkurrenzregulierung. Innerhalb des neugebildeten Rechtes mußte nun eine freiere Bewegung der Kräfte, ein freierer Kampf der Beteiligten als bisher eintreten. Sehen wir nun, wie das im einzelnen sich gestaltete.

Alle und jede Bevorzugung der Meistersöhne und Schwiegersöhne, die bisher eine so große Rolle gespielt, ist in den neuen Generalprivilegien beseitigt. Wer in die Lehre treten will, muß einen vom Magistrat nach übereinstimmendem Formular ausgestellten Geburtsbrief über eheliche Geburt und Herkommen, die unehelich Geborenen ein Legitimationspatent des Generaldirektoriums vorweisen. Jede spätere Untersuchung oder Anzweifelung der Geburt, der Ahnen ist ausgeschlossen. Die Geburtsbriefe lieferte die Charité, das große Militärkrankenhaus in Berlin, zu festem mäßigem Preise. Von den zahlreich früher ausgeschlossenen Kategorien von Personen sind nur noch ganz wenige als zunftunfähig anerkannt: Schinderkinder, die die Geschäfte des Vaters schon getrieben, Juden, Bauernkinder ohne Erlaubnis der Obrigkeit. Dagegen müssen die Gewerke in Reih und Glied stehende Soldaten nach erhaltener Genehmigung des

Regiments annehmen¹). Die ganz neue Bedingung, die jeder
Lehrling erfüllen muß, die in Preußen bis 1869 segensreich ge=
wirkt hat, ist die, daß jeder lesen und schreiben können und die
Hauptstücke des Katechismus kennen muß. Die Kosten des Ein=
schreibens als Lehrling sind allgemein niedrig bestimmt. Die
Lehrjahre sind für fast alle Gewerbe auf drei festgesetzt; nur für
die Goldschmiede, Kupferschmiede, Perrückenmacher, Müller,
Seifensieder und Tuchscherer sind 4, für die Glasschneider,
Seidenwirker, Großuhrmacher und Posamentierer sind 5, für die
Berliner Wollen= und Seidenfärber und für die Schornsteinfeger
6 Jahre zugestanden. Das Lossprechen findet ohne Ceremonie
und Schmauserei statt; der Lehrbrief wird nach übereinstimmendem
Charitéformular gegen mäßige Gebühr in Original und Kopie
ausgestellt; das Original wird in der Innungslade aufbewahrt,
wenn notwendig später mit der Post dahin geschickt, wo der Be=
treffende Meister werden will. Der Geselle muß, je nach den Ge=
werben verschieden, eine Anzahl Jahre sein Gewerbe bei einem Meister
oder einem Fabrikanten getrieben, drei Jahre gewandert haben.
Der Soldatendienst wird als Wanderzeit gerechnet; Gesellen, die
in Herrendiensten gestanden, gereicht das nicht zum Nachteil.
Die Mut= oder Sitzjahre, als Vorbedingung des Meisterwerdens,
sind gänzlich beseitigt; nur muß, wer kein Zeugnis seines Wohl=
verhaltens mitbringt, noch an dem Orte, wo er Meister werden
will, ein halb Jahr als Geselle arbeiten, daß man ihn kennen
lerne.

Jeder, der Meister werden will, muß außer den vorgenannten
Bedingungen noch folgende erfüllen: er muß großjährig und
kantonfrei sein, resp. vom Regiment die Erlaubnis haben; er
muß ein genau vorgeschriebenes, aber billiges und verkäufliches
Meisterstück machen, — die Landmeister machen andere, sehr viel
leichtere als die Stadtmeister; er muß endlich die genau fest=
gesetzten Gebühren, 6—10 Rthl. je nach der Größe der Städte
und dem Handwerk, welche zwischen dem Ratsbeisitzer, dem Ge=

¹ Lamprecht a. a. O. S. 115.

werk, der Kämmerei, der Kirche nach fester Bestimmung geteilt
werden, erlegen und Bürger werden; die Landmeister zahlen ge=
ringere Gebühren.

Die Geschlossenheit der Zunft ist mit ganz wenigen Aus=
nahmen beseitigt; diese beziehen sich z. B. auf die Berliner
Fleischer, auf die Bäcker in den kleineren Städten; für die Ber=
liner Eisenhändler ist der Nachweis eines Hauses nötig. Verstärkt
wird die Konkurrenz dadurch, daß die vom Ausland kommenden
Kolonisten freies Bürger= und Meisterrecht erhalten, daß man
Konzessionen zur fabrikmäßigen Bereitung von Handwerkswaren
immer ohne große Schwierigkeit erteilte, daß man den, der von
einem Ort zum andern übersiedelte, von der nachmaligen An=
fertigung des Meisterstücks befreite, ihm das halbe Bürger= und
Meistergeld erließ, daß das Verheiratetsein des Gesellen nicht
vom Meisterwerden ausschloß.

Mit diesen Bestimmungen war jede monopolartige Be=
schränkung der Meisterzahl beseitigt; es war nicht bloß für die
Gewerbe, welche den Absatz in der Ferne haben, sondern auch
für die meisten reinen Lokalgewerbe der Versuch aufgegeben, je
nach dem lokalen Bedürfnis neue Konkurrenten von Amtswegen
auszuschließen. Es bestand für den gesamten Nachwuchs des
Gewerbes nur noch die eine ganz heilsame Schranke, daß auf
2—3 Gesellen in der Regel nur ein Lehrjunge gehalten werden
durfte [1]). Das Verbot des Wanderns ins Ausland vermehrte
jedenfalls auch die Zahl der Meisterkandidaten.

Neben den Meistern der Innung blieben stets die von der
Regierung angesetzten Freimeister, die freilich kein Hilfspersonal

<hr/>

[1] So ist die Bestimmung der Generalprivilegien. Das preußische
Edikt vom 24. März 1783 (Ortloff a. a. O. S. 107 Art. 5) verbietet die
Beschränkung des Meisters auf einen einzigen Lehrling, giebt aber nicht
das Recht auf unbeschränkte Lehrlingszahl, wie auf unbeschränkte Gesellen=
zahl. Das Landrecht sagt Teil II, Tit. VIII Abschnitt III § 348: „In
Haupt=, Handlungs= und Seestädten soll kein Meister in der Zahl der von
ihm zu haltenden Lehrburschen und Gesellen durch Gesetze beschränkt werden";
§ 348: „An anderen Orten bleibt diese Bestimmung den zur Aufsicht über
die Landespolizei gesetzten Behörden vorbehalten."

halten durften. Der Invalide, der einst gelernt hatte, durfte in jeder Stadt, ohne Meister zu werden, auf seinem Handwerk arbeiten, freilich ohne Lehrling und Gesellen. Dieses Invaliden= recht dehnte sich aber nicht auf Ausrangierte, Beurlaubte, mit Laufpässen Versehene aus. Soldaten durften nur als Gesellen arbeiten, sogar nicht einmal Regimentsarbeit auf eigene Rech= nung übernehmen.

Die lebendigere Konkurrenz verschiedener Gewerbe wurde da= durch befördert, daß einer Reihe von verschiedenen Handwerkern die auf der Grenze liegenden Arbeiten gemeinsam zugewiesen wurden; so eine Reihe gemeinsamer Ausführungen und Artikel den Maurern und Gipsern, den Pfefferküchlern und Weißbäckern, den Lohgerbern und Schustern, den Sattlern und Riemern 2c. Und wenn im übrigen jedem Handwerk das Verbietungsrecht gegen die Pfuscher seines Gewerbes blieb, so reichte dieses doch nicht gegen die immer zahlreicher aufkommenden Fabriken, welche Handwerkswaren verfertigten und Handwerksgesellen beschäftigen durften.

War so der Zugang zu den Meisterstellen außerordentlich erleichtert und auch für mancherlei Konkurrenz von Nichtzünftigen gesorgt, so stellte man sich auch in der Frage der Konkurrenz der vorhandenen Meister eines Gewerbes und einer Innung unter sich auf einen wesentlich liberaleren, individualistischeren Stand= punkt.

Während im ältern Mittelalter in der Regel jeder Bürger, der die Lasten tragen konnte, Mitglied mehrerer Innungen sein konnte, hatte mit der demokratischen Bewegung seit dem fünf= zehnten Jahrhundert fast überall der Grundsatz gesiegt: was zwei nähren kann, soll nicht einer allein treiben. Was früher mehr Folge der Technik und des Kapitalmangels gewesen war, das ausschließliche Vorhandensein lauter kleiner, gleichstehender Geschäfte, wurde seitdem absichtlich durch die Statuten befördert und festgehalten: keiner, so lautete das alte Zunftrecht, soll an mehr als einer Stelle verkaufen, keiner soll die Produkte seines Mitmeisters verkaufen und so diesen gleichsam zum Lohnarbeiter

herabbrücken, keiner soll mehr als soviel Webstühle, soviel Ge=
sellen haben; oft war auch die wöchentliche Maximalproduktion
vorgeschrieben.

Von diesen Gedanken machte man sich nun, natürlich nicht
sofort und gänzlich, los. Und mit Recht. Das Prinzip: es
soll der arme Meister neben dem reichen bestehen können, wird
auch jetzt noch wiederholt. Es wird wie bisher die unreelle Kon=
kurrenz, das gehässige Tadeln der Arbeit des andern, das Abspänstig=
machen der Gesellen und derartiges verpönt. Die Kleinbinder
sollen wie bisher alle Vierteljahre um die Stände auf dem
Markte losen, damit nicht einer immer den besten habe. Der
Strumpfwirker, der auf dem Markte verkauft, muß so lange seine
Verkaufsstelle zu Hause schließen, „damit die armen Meister nicht
unterdrückt werden." Der Buchbinder, der auf dem Mühlendamm
zu Berlin eine Bude hat, darf nicht zugleich zu Hause verkaufen.
Der Eisenhändler darf nicht zugleich ein Handwerk treiben, auch
nicht länger als 5 Tage auf dem Berliner Jahrmarkt verkaufen,
wenn er zugleich seinen Laden in der Stadt offen hat. Aber
strenge sucht man die Einkaufs= und Verkaufsverabredungen der
Meister unter sich zu beseitigen: nicht bloß das Übereinkommen
über gleiche Preise wird bestraft, für die sämtlichen Holz ver=
arbeitenden Gewerbe wurde sogar der gemeinsame Holzeinkauf
verboten: er habe die Zufuhr gehindert; jeder soll das Holz
für sich einkaufen, in freier Konkurrenz, freilich keiner zum
Wiederverkauf. Wo ein Reihedienst üblich ist, wie z. B. die
Tischler mancher Städte die Särge in fester Reihe zu machen
berechtigt waren, wird das beseitigt; das Publikum soll die
freie Wahl haben. Für große Bestellungen der Regimenter wird
keine Pflicht anerkannt, dieselben der Innung als solcher zu
übertragen und sie gleichmäßig an alle Meister zu verteilen; das
hatte sich zu wenig bewährt; man stellte wohl den Grundsatz auf
(17. August 1780), daß zünftige Meister die Arbeit erhalten
müßten, aber man beanspruchte freie Wahl, mit e i n e m tüchtigen
einzelnen Meister zu kontrahieren; er soll dann, wenn die Lie=
ferung sehr groß ist, z. B. über 25 Regimentssättel hinausgeht,

einen Teil andern Meistern übergeben (Art. 17 des Riemer= und des Sattlerprivilegs). Man hatte damit anerkannt, daß einzelne größere Meister sich zwischen das kaufende Publikum und die kleinen Handwerker stellen, daß nicht jeder kleinste Meister immer selbst seine Produkte verkaufen könne und solle. Man erlaubte auch dem Tuchmacher, Tücher auszuschneiden, die er von Mit= meistern erkauft; hatte man doch wohlweislich, um den Zeit= verlust und das Preiswerfen zu hindern, das Beziehen der Jahr= märkte auf die größeren Tuchmacher, die über 12 Stücke zu ver= kaufen haben, beschränkt. That man das, so war es besser, die kleinen nicht bloß an Gewandschneider, sondern auch an die Mit= meister verkaufen zu lassen. Die größeren Berliner Drechsler wies man (Art. 18 des Privilegs) ausdrücklich an, zur Weihnachts= zeit nicht Waren von auswärts kommen zu lassen, sondern die armen Mitmeister zu beschäftigen. Dem Berliner Töpfer wird erlaubt, andere inländische Töpferwaren zu debitieren. Die Gerber dürfen mit inländischem, von andern gemachtem Leder handeln. Die preußische Handwerksordnung erlaubt im Artikel 14 allgemein jedem Meister, von seiner Arbeit andern Mitmeistern abzugeben.

Daß aber dieses Recht ein neues, noch ungewohntes war, sieht man daraus, daß die Kaufleute wiederholt den Handwerkern das Recht bestritten, mit andern als selbstgemachten Waren zu handeln, und daß Lamprecht[1] noch diese Befugnis für die Kur= mark nur so weit zugestehen will, als die einzelnen Privilegien sie ausdrücklich erteilen. Jedenfalls aber war das alte Prinzip durchbrochen. Der größere, intelligentere Meister konnte wenigstens teilweise Verleger seiner Mitmeister werden, sich über sie hinaufschwingen.

In der gleichen Richtung liegt die andere, teilweise schon früher, hauptsächlich 1723 eingeführte Neuerung, die Erlaubnis für den einzelnen Meister, sein Geschäft durch eine beliebig große Gesellenzahl auszudehnen. Sie wird jetzt allgemein gegeben

---

[1] Lamprecht a. a. O. S. 186, § 198.

(hauptsächlich P. H. O. Art. 14), in den einzelnen Privilegien
aber in Wendungen, die das Gute der alten Bestimmungen mit
erhalten sollen. Einmal wird die alte Beschränkung der
Lehrlingszahl, wie schon erwähnt, beibehalten, dann wird
ziemlich regelmäßig vorgeschrieben, daß die neu zuwandernden
Gesellen, wie bisher, der Reihe nach denen zuzuweisen seien,
welche keine Gesellen haben. Nur wenn Armeelieferungen vorkommen, heißt es, oder sonst des Meisters Hantierung so gesegnet
wäre, daß er in oder außer Landes einen großen Debit fände,
dann soll er sich weitere Gesellen verschreiben dürfen. Aber der
Maurermeister Berlins soll z. B. „so lange der große Bau in
der Friedrichstadt dauert" immer nicht über 50, später nicht über
30—40 Gesellen halten. Für eine Reihe von Gewerken wird
Frauenarbeit zugelassen, aber genau bestimmt, was sie übernehmen darf. Die Mägde der Bürstenmacher dürfen Bürsten
waschen, Schnüre drehen, alles anfertigen, was mit der Nadel
geschieht, bei geringen Bürsten das Leder färben. Die Handschuh-
macher dürfen das Steppen, Sticken und Zusammennähen durch
Frau, Töchter und andere Frauensleute für Lohn verrichten
lassen. Das Edikt vom 24. März 1783 gebietet allgemein, bei
der Weberei, „wo zur Förderung ein und anderer Arbeit die
Personen weiblichen Geschlechts nützlich gebraucht werden
können", die Zulassung derselben zu gestatten, und verbietet
strenge jede Handwerksstrafe für Gesellen, die so neben Frauen
arbeiten.

Die Association mit einem Innungsgenossen ist wenigstens
den Strumpfwirkern ausdrücklich erlaubt; oder vielmehr, es ist
ihnen verboten, sich mit jemand anders, als einem Meister,
d. h. also mit einem Kaufmann oder Kapitalisten, zu associieren.
Offenbar hat dieses Verbot die Absicht, die kleinen Meister vor
dem Druck und der Ausbeutung des kapitalistischen Associés zu
schützen. Lamprecht schließt e contrario, daß in anderen Gewerben sich Kaufleute und Meister associieren dürfen. Aus dieser
seiner Angabe ist zu schließen, daß derartiges wenigstens gegen
1800 vorkam und erlaubt wurde.

Der Vertrieb nicht handwerksmäßiger Waren wurde im ganzen wohl in den Privilegien den Handwerkern nicht weiter, als das bisher schon üblich war, beigelegt; die Seiler dürfen mit Theer und Wagenschmiere, mit einer Reihe Holz= und Eisen= waren für den Landmann, die Glaser mit Glas, die Nabler mit Kram= und Kleinwaren, die Klempner mit Sicheln und kleinen Schlössern handeln. Doch steht der Handel mit diesen Waren den Betreffenden meist nicht allein, sondern neben den Kauf= leuten, resp. andern Gewerbtreibenden zu. In eine Handlungs= innung darf in der Regel kein Handwerker aufgenommen werden. Zum Einkauf der Rohstoffe sind die Handwerker teilweise privi= legiert; d. h. es sind den Wollarbeitern gewisse Vorrechte gegenüber den Wollhändlern, den Gerbern im Häuteeinkauf gegenüber Kauf= leuten und Juden, Schlächtern das Vorrecht des hausierenden Einkaufs auf dem Lande eingeräumt; aber sie sollen nur für den eigenen Bedarf einkaufen, und sie dürfen in andern Provinzen nur einkaufen, wenn die dortige Kammer den Überfluß an Roh= stoff für die Provinz konstatiert [1].

Man könnte so sagen, die Gesetzgebung habe die Ausbildung technisch größerer Geschäfte und ihre Konkurrenz unter einander fördern oder nicht hindern wollen, habe aber doch jede Wendung zum spekulativ=kapitalistischen Betrieb unter dem Handwerk noch als ein Übel angesehen. Dagegen gab sie den Kaufleuten ent= schieden eine freiere Stellung und Bewegung gegenüber den Handwerkern. Zwar blieben manche der alten Schranken be= züglich des Rohstoffeinkaufs, welche die Handwerker vor den Kaufleuten begünstigen wollten, bestehen; auch durften die Kauf= leute noch nicht alle Handwerkswaren im Detail vertreiben, z. B. nicht die Zinnwaren, von Handschuhen nur ausländische, von Kämmen nicht die Hornkämme, sondern nur die feineren elfenbeinernen und schildkrötenen. Aber im ganzen gab man doch gerade hierin dem Kaufmann eine ganz andere Freiheit, als das mittelalterliche Handwerksrecht, und mußte sie geben.

---

[1] Lamprecht a. a. O. S. 189, § 205.

Seit dem fünfzehnten und sechszehnten Jahrhundert hatte der
größere interlokale Absatz ja dahin gedrängt, daß der Handwerker nicht mehr alle seine Produkte selbst verkaufe; Genossenschaften, die den Vertrieb hätten übernehmen können, bildeten
sich nur sporadisch und wurden stets wieder durch den kleinlichen
Neid und die Händel der Beteiligten aufgelöst. Der große
Schritt der Arbeitsteilung, daß der Handwerker technisch
produziere, der Kaufmann den Vertrieb besorge, so sehr er die
Gefahr in sich schloß, den Handwerker herabzudrücken, mußte
gemacht werden. Man sah zu deutlich, daß der kaufmännische
Verleger ganze Orte wohlhabend mache; Becher und alle
Kameralisten schwärmen für den Verleger als den Brotbringer
und Wohlthäter. Und so wird auch in Preußen den Kaufleuten,
soweit die Generalprivilegien nicht Ausnahmen machen, allgemein
gestattet, Handwerkswaren zu kaufen und zu vertreiben; ja, es
wird ihnen der Verlag der Handwerker mit Materialien zur
Pflicht gemacht. Daß man dann daneben durch die Reglements
und staatliche Kontrolle den Druck des Kapitals auf den kleinen
Meister zu mildern, die so aus dem Handwerk sich herausbildende
Hausindustrie einem neuen eigenartigen Recht zu unterstellen
suchte, können wir hier nicht weiter verfolgen, da eine Darstellung
der Hausindustrie weit über die Zwecke unserer vorliegenden
Arbeit hinausführen würde.

Haben wir bei den bisherigen Betrachtungen über die neue
Art der Konkurrenzregulierung wesentlich die örtliche Konkurrenz
im Auge gehabt, so war das bei den Verkehrsmitteln der Zeit
und der Natur der meisten Handwerke natürlich auch die an
Bedeutung voranstehende Mitbewerbung. Aber daneben kam besonders für einzelne Gewerbe doch auch schon wesentlich die aus
den Nachbarstädten, dem übrigen Lande in Betracht. Die verbesserten Verkehrsmittel, hauptsächlich die Post, der Kanalbau,
die sich hebende Flußschiffahrt, erzeugten ja eben neben dem
lokalen mehr und mehr den territorialen und staatlichen Markt.
Es fragt sich, inwieweit sich das in dem veränderten Innungsrecht aussprach.

Daß die Landmeister nicht für die Städte und ihre Ein=
wohner arbeiten dürfen, daß auf dem Wochenmarkt in der Regel
nur die Handwerker des Orts neben den Bauern der Umgegend
verkaufen sollen, dabei blieb es ebenso, wie daß die Meister ver=
schiedener Städte nicht auf dem Lande hausierend sich unter=
bieten sollen; durften sie ja selbst in den Städten nicht hausierend
verkaufen. Auch an dem Grundsatze wurde nicht gerüttelt, daß
die Meister der einen Stadt, außer zur Jahrmarktszeit, in
einer anderen Stadt keinen Laden und keine Bude halten dürfen,
daß sie, wenn andere Meister am Orte sind, dort nicht regelmäßig
arbeiten und verkaufen sollen. Aber diese Grundsätze schlossen
nicht die unbedingte Erhaltung des alten Lokalrechts in sich.
Einmal wurde die Regel aufgestellt, daß Landmeister Stadt=
meister nie ausschließen dürfen, dann, daß, wo nur ein bis zwei
Ortsmeister, die Ausschließung anderer Stadtmeister nicht statt=
habe. Ferner wurde das Jahrmarktsrecht, die Dase des freien
Handels der ältern Zeit, wie man es schon genannt hat, wesentlich
ausgedehnt oder vielmehr seiner ursprünglichen Bestimmung zurück=
gegeben. Die zahlreichen sog. Freimärkte, welche bestanden und
welche alle fremden Meister oder einen Teil derselben ausschlossen,
wurden zum großen Teil aufgehoben; die Meister aus andern
Städten durften wieder unbeschränkt auf Jahrmärkten und Messen
verkaufen[1]. Auch durften Meister, wie Händler jede fremde,
überhaupt nicht im Lande verbotene Ware auf die Jahrmärkte
bringen. Hauptsächlich aber wurde zunächst in bestimmten Ge=
werben, später dann aber allgemein anerkannt, daß jedermann
sich Handwerkswaren bei zünftigen Meistern anderer Orte be=
stellen und kommen lassen, ja daß er sich Meister aus andern
Orten zur Arbeit in seinem Hause kommen lassen dürfe. Es ist
in den Privilegien für die Böttcher, Tischler, Klempner, Töpfer,
Hutmacher und Zinngießer ausgesprochen, wurde dann, wie es
scheint, mehr und mehr Praxis und ausdrücklich 31. Januar und
10. Februar 1787 generell gutgeheißen. Damit war der Sieg

---

[1] Lamprecht a. a. O. S. 184.

des staatlichen über den lokalen Markt ausgesprochen; nicht die
Meister der Stadt, die des Staates sollten unter einander
konkurrieren.

Natürlich schloß das nicht aus, daß man vielfach an einzelnen
Stellen noch die alte Auffassung beibehielt. Wir erzählten
vorhin, wie die Berliner größeren Drechslermeister angewiesen
wurden, für den Weihnachtsmarkt nicht aus andern Orten Waren
kommen zu lassen, sondern die armen Ortsmeister zu beschäftigen.
Die Höker wies man an, Seife, die sie brauchten, nur am Ort
zu kaufen; die Berliner Kaufleute sollen Korbwaren bei hiesigen
Meistern, die Händler aller Orten sollen die Bürsten, mit denen
sie handeln, bei den Ortsmeistern machen lassen. Es hängen
diese Anordnungen mit der Fürsorge der Regierung für die
kleinen arbeitslosen Leute, mit ihrer Politik bezüglich der Haus=
industrie zusammen. Es sind Anweisungen an Verleger, nicht
ans Publikum. Diesem ließ man den freien staatlichen Markt.
Und soweit man einen Schutz für die Meister für nötig hielt,
gab man ihn nicht mehr der einzelnen Stadt, sondern der
Provinz, den gesamten mittleren Provinzen oder dem Staate.
Lamprecht zählt in seiner Einzeldarstellung der zünftigen Gewerbe
bei jedem die Aus= und Einfuhrverbote und die Tarifmaßregeln
auf, die ihm zuliebe erlassen wurden. Das staatliche Schutz=
zollsystem war an die Stelle des lokalen Schutzes durch ge=
schlossene Mittel und andere lokale Erschwerungen des Meister=
werdens getreten. —

Bei der Beurteilung jeder Regulierung der Konkurrenz durch
Gesetze, Verwaltungsmaßregeln und Verabredungen darf man
sich nie vorstellen, es wäre ohne diese Eingriffe eine unbegrenzte,
stets lebendige Konkurrenz vorhanden gewesen. Die thatsächliche,
irgendwo vorhandene wirtschaftliche Konkurrenz hängt stets in
erster Linie ab von der Zahl der Personen, von ihrer Intelligenz,
Thatkraft und Rührigkeit, von dem Maß der Ausbildung einer
öffentlichen Meinung, von den Mitteln des materiellen und
geistigen Verkehrs; alle Konkurrenz ist ein psychologischer Massen=
prozeß, der Berührung und Reibung voraussetzt, durch Isolierung,

Schläfrigkeit, Schlendrian gehindert und unmöglich gemacht wird. Sociale Anordnungen, Gesetze und Verabredungen können an dem zu einer Zeit und in einem Lande vorhandenen Maß von Konkurrenz stets etwas ändern, aber meist doch nicht die Haupt= sache; sie können nur den Reibungsprozeß da etwas steigern, dort etwas hemmen. Eine richtige Beurteilung solcher Maß= regeln wird daher stets davon auszugehen haben, ob und inwieweit sie den thatsächlichen Verhältnissen richtig angepaßt waren, ob sie da die Konkurrenz gefördert haben, wo sie günstig wirkte, da gehindert haben, wo sie schaden konnte, ob sie beim Übergang in andere Verhältnisse, in höhere Wirtschaftsformen nicht zu plötzlich schwache Kräfte einem zu starken Stoße oder Drucke aussetzten, ob sie den Neubildungen, denen die Zukunft gehörte, nicht den Weg versperrten oder erschwerten.

Indem die preußische Wirtschaftspolitik eine überlegene aus= wärtige Industriekonkurrenz abhielt, in dem bisher überwiegend agrarischen Lande den Export der Industrierohmaterialien erschwerte, indem sie die überkommenen Schranken zwischen Stadt und Land zunächst beibehielt, die Bildung größerer Handwerks= geschäfte und den Übergang des Handwerks zur Hausindustrie eher förderte, nirgends die Fabrikindustrie hinderte, innerhalb der einzelnen Stadt und der Städte unter einander die Kon= kurrenz der Meister wesentlich verstärkte und förderte, ohne die bestehenden Schranken der zünftigen Gewerbe ganz zu vernichten, indem sie durch die früher erwähnte Beseitigung aller Abschoß= steuern, durch die große Erleichterung in der Übersiedelung der Meister von einer Stadt zur andern eine Art Freizügigkeit her= stellte, — wird man — nach meiner Ansicht — sagen müssen, sie habe das den damaligen Verhältnissen Entsprechende gethan. Was geschah, war eine wesentliche Einschränkung des Zunft= zwanges, eine Beseitigung der monopolistischen Entartung und lokalen Erstarrung. Es war ein bedeutsamer Schritt im Sinne rationaler Aufklärung, ohne doch die Axt an die Wurzel des Baumes zu legen, unter dessen Schatten alle gewerbliche Thätig= keit sich bisher entwickelt.

Der volkswirtschaftliche Radikalismus unserer Tage hat das damals Geschaffene eine halbe Maßregel genannt, als ob nicht alle großen politischen und wirtschaftlichen Schöpfungen notwendig die Mitte hielten zwischen einseitiger Erhaltung des Bestehenden und überstürzender Neuerungssucht. Die aufgeklärten Liberalen des achtzehnten Jahrhunderts waren stolz auf diese preußische „Gewerbefreiheit"[1], wie sie diese Verstärkung der inneren Konkurrenz zu nennen beliebten. —

c. Das Gesellenrecht.

Die strengere Unterordnung der bestehenden Innungen unter Rat und Domänenkammern, die Aufhebung der Hauptladen, die veränderten Grenzen der Innungsjurisdiktion, die Herausbildung eines staatlichen statt eines lokalen Konkurrenzrechtes, das waren lauter Pfeile, die nach demselben Ziele schossen; das stärkste Geschoß aber war das, welches gegen die Gesellenmißbräuche und die Gesellenbruderschaften gerichtet war. Nach derselben Richtung gehend, stellt es die Spitze der ganzen Reform dar. Die wachsende Zahl der Gesellenaufstände und der Terrorismus der Gesellen über die Meister war für die preußischen Beamten wie für die der andern Staaten das eigentlich Ausschlaggebende gewesen; der unsichtbare Zusammenhang aller wandernden Gesellen in Deutschland, ihre Gerichte, ihre schwarzen Tafeln, ihre Verrufserklärungen, nirgends faßbar und doch überall unerbittlich wirkend, standen am meisten in Widerspruch mit dem Ideal eines bloß territorialen Rechtes, einer in sich geschlossenen preußischen Volkswirtschaft. Diese mittelalterlichen Bräuche und Vereinigungen erschienen den romanistisch gebildeten Juristen, wie den individualistisch und rationalistisch aufgeklärten Politikern und Kameralisten als bloße Mißbräuche[2]. Der starke, unzweifelhaft

---

[1] Vgl. Lamprecht a. a. O. S. 5.
[2] Über die entsprechenden französischen Zustände sagt Levasseur a. a. O. II, 320: La moindre cause de mécontentement suffisait pour

entartete, knabenhaft überspannte Korporationsgeist war für einen so klugen und so ausgezeichneten Mann wie Kammer= direktor Hille der Punkt, bei dem er immer wieder in Harnisch und Entrüstung kam, so oft er ihn berührte. „Diese Leute bilden sich ein, als wann sie ein besonderes Corpus oder Statum in Republica formierten, da sie doch vor weiter nichts als vor Arbeitsgehülfen vor Lohn zu consideriren sind." Eine der hannöverschen Denkschriften nennt den gewöhnlichen Handwerks= gruß „Grüße Meister und Gesellen, was ehrlich ist, und was unehrlich ist, hilf es redlich machen" eine gottlose Formalität: denn sie enthalte eine „heimliche Auftreibung" der Unredlichen. Die blauen Montage und die alle vier Wochen von jeder Ge= sellenbruderschaft gehaltenen Krugtage seien die Quelle des Übels; hier würden die Aufstände, die Auftreibungen, das Schelten, das Lediggehen beschlossen; das Auflagegeld werde statt für wandernde und kranke Gesellen größtenteils zum Saufen ver= wandt. Die Krugtage dauerten oft eine ganze Woche, Tag und Nacht fort.

Man muß sich dieser wirklichen unzweifelhaften Mißbräuche, aber ebenso des allgemeinen Geistes historischer und socialer Beurteilung erinnern, welcher die Zeit beherrschte, um den leidenschaftlichen Kampf des Beamtentums gegen die Gesellen= bruderschaften zu verstehen.

Keine Epoche deutscher Geschichte hatte für das Volkstüm= liche und die eigene Vergangenheit weniger Sinn, als die erste Hälfte des vorigen Jahrhunderts. Der Hochmut rationalistischer Aufklärung sah auf alle Einrichtungen, die nicht mit dem

---

jeter l'interdit sur une maison, et malheur au compagnon qui n'aurait pas respecté l'arrêt de la communauté. C'était là un grand vice. L'association ouvrière eût pu être utile, si elle se fût contentée de défendre les droits de l'ouvrier isolé contre le patron; elle était pernicieuse, parce qu'elle ne faisait guère que soutenir et engendrer les abus. Wenn Levasseur auch auf ähnlich individualistischem Stand= punkt steht, wie die Politiker des achtzehnten Jahrhunderts, und deshalb sein Urteil vielleicht etwas einseitig ist, so hat er doch sicher Recht, daß die Verrufserklärungen in der Hand der Gesellen entartet waren.

römischen Recht übereinstimmten, die nicht den absolutistischen
Theorien entsprachen, vornehm herab. Die gesamten untern
Klassen faßte man mit dem Schmeichelnamen des „gemeinen
Pöbels" zusammen, auf den die Honoratioren mit größerer
Überhebung herabblickten, als jemals früher der Ritter und der
Pfaffe auf den Bauern. Erst in der zweiten Hälfte des Jahrhunderts dehnte sich langsam die Schwärmerei für die Menschheit und für eine bessere Zukunft auch auf den Bauern und
dann auf die untern Klassen überhaupt aus. Jedenfalls aber
war man, auch soweit man ein Herz für die Armen, für die
kleinen Leute hatte, überzeugt, daß man den „Plebs bei Nase
und Arme zu seinem Vorteile hinschleppen müsse". Die ge-
gebene Klassenordnung der Gesellschaft erschien wohl kaum irgend
jemand damals als antastbar oder der Reform bedürftig. Nur
in sie und in das Triebwerk des wirtschaftlichen Lebens mehr
Zucht, Disciplin und Ordnung zu bringen, erschien als das
Ideal der Aufklärung. Die naturalistische Ethik führte die Religion
und alle bürgerliche Satzung mit Vorliebe auf Gebote und Anordnungen von oben zurück. Vollends dem Arbeiter glaubte
man alles diktieren zu müssen, nichts ihm selber überlassen zu
dürfen, auch wenn man Sinn für sein Wohl hatte, wie das
aufstrebende preußische Königtum.

Nur wenn man diese Gesichtspunkte im Auge behält, wird
man den teilweise übers Ziel hinausschießenden Eifer verstehen,
welcher die Bändigung, ja man könnte fast sagen Knebelung der
Gesellen zum Gegenstand hatte.

Wir haben gesehen, wie derartige Stimmungen endlich in
den Jahren 1722—25 in einer Reihe deutscher Staaten zu
Edikten gegen die Bruderschaften im ganzen oder einzelne
Gruppen derselben, wie die Mühlknappen, gegen die Aufstände
und Arbeitseinstellungen geführt hatten. Dieselben hatten nur
teilweise etwas genützt, hatten vielfach das Gegenteil dessen,
was man beabsichtigte, zur Folge gehabt. Wegzüge, Aufstände
und Verrufserklärungen hatten die Orte und Territorien geschädigt, die allein hatten strenge sein wollen. Jetzt durch das

Reichsgesetz von 1731 handelte es sich um einen gemeinsamen Schlag, dem die Gesellen sich fügen mußten. Wir haben gesehen, daß alle Schwierigkeit der Einführung und Durchführung desselben an diesem Punkte hing.

Der Artikel 10 des Reichsgesetzes, der in seinem ersten Teil wörtlich schon 1672 im Reichsgutachten stand, lautet: „Insonderheit aber will auch bei einigen Handwerkern dieser wider alle Vernunft laufende Mißbrauch einreissen, daß die Handwerksgesellen, vermittelst eines unter sich selbsten anmaßlich haltenden Gerichts die Meister vorstellen, benenselben gebieten, ihnen allerhand ungereimte Gesetze vorschreiben und in deren Verweigerung sie schelten, strafen und gar von ihnen aufstehen, auch die Gesellen, so nachgehends bei ihnen arbeiten, auftreiben und vor unredlich halten"; alle diese Unordnungen und Insolentien werden verboten, alle bestehenden Gesellenbriefe sollen kassiert werden. Schon in den vorhergehenden Artikeln ist alles Auftreiben und Schelten der Gesellen verboten; die Gesellen sollen sich nicht gelüsten lassen, unter irgend einem Prätext einen Aufstand zu machen, sich zusammen zu rottieren, keine Arbeit mehr zu thun, haufenweise auszutreten und andern rebellischen Unfug zu machen.

Die preußischen Privilegien, wie die Handwerksordnung von 1733 wiederholen diese Bestimmungen fast mit denselben Worten und bedrohen jeden Übertreter mit Gefängnis-, ja Zuchthaus- und Festungsbaustrafe, bei hochgetriebener Renitenz mit dem Leben. Die Gesellenladen, schwarzen Tafeln, Gesellenbriefe und -Siegel wurden im ganzen Lande konfisziert. Vor allem werden die strengsten Strafen angedroht, wenn die Gesellen sich obrigkeitlichen Anordnungen nicht fügen oder sich irgendwie anmaßen, jemanden zu schelten. Wird ein einzelner Geselle geschimpft, so soll er es anzeigen, falls der Beleidiger im selben Gewerk, beim Gewerksbeisitzer und Altmeister, falls er außerhalb desselben stünde, beim Magistrat. Alles Briefwechsels mit andern Gesellen oder sog. Bruderschaften haben sich dieselben zu enthalten;

einkommende Schreiben sind dem Altmeister unerbrochen zu übergeben.

Immer aber war man klug genug, den Bogen in dieser Leidenschaft der Unterdrückung nicht zu überspannen. Man er= laubte den Gesellen jedes Gewerks, ihre eigene Herberge als solche und als Stellenvermittlungsbureau zu behalten; freilich die Benennung „Krugvater, Mutter, Schwester nebst den übrigen abgeschmackten Bräuchen" soll abgeschafft werden; sie sollen da keine guten Montage oder andere Werkeltage feiern; aber sie dürfen zu ihrer Ergötzlichkeit da mäßig trinken, wenn sie vor 10 Uhr nach Hause gehen und sich ehrbar und christlich auf= führen. Ja es wird den Gesellen gestattet, einige gute Ord= nungen, als wegen des Kirchgehens, Einlegung in den Klinge= beutel, Begleitung der Leichen, einzuführen und zur Einhaltung derselben Strafen zu verhängen, die sie aber dem Gewerksmeister in die Gesellenarmenkasse zustellen müssen. Ja, sie dürfen noch ferner mit Wissen des Altmeisters einen oder zwei Altgesellen wählen, die für sie sprechen; dieselben müssen sich aber bei Strafe des Karrens alles Aufwiegelns enthalten, alle Unord= nungen verhindern helfen, wenn sie Ungebührliches wahrnehmen, davon dem Altmeister Anzeige machen.

Ferner dürfen die Gesellen eine Gesellenkrankenkasse behalten; die Auflage und Zahlung der Beiträge darf aber nur in Beisein des Altmeisters an den Altgesellen erfolgen; zu der Kasse haben der Altmeister und der Altgeselle je einen Schlüssel; sie wird von dem Altmeister in der Lade der Innung verwahrt; bei der zu diesem Zwecke veranstalteten Versammlung darf nicht gezecht werden.

Blieb so der Gesellenbruderschaft immer ein gewisser Spiel= raum für die lokale genossenschaftliche Verbindung, wurden auch später einzelnen Gruppen von Gesellen, wie den Tuchmachern, wieder besondere Artikel unter dem Namen von Reglements verliehen und erhielt sich von den Gebräuchen und Grüßen der Gesellen thatsächlich viel mehr, als die Gesetzgeber jener Jahre wünschten, die Stellung der Gesellenbruderschaften wurde doch im wesentlichen eine andere: jede Gerichtsbarkeit derselben hörte auf; das Koalitionsrecht war viel strenger als bisher beseitigt; das Auftreiben und Schelten hörte in der That auf; das Verbot des Wanderns ins Ausland zerschnitt den Zusammenhang mit der freieren Bewegung der Gesellen im Reich. Hauptsächlich aber wurde der Arbeitsvertrag und das Wandern an eine Form gebunden, die in der That die Macht der Gesellen wesentlich brach. Ich meine die Einführung der sog. Kundschaften.

Das Wandern, das Suchen von Arbeit, der Eintritt in das Arbeitsverhältnis, die Kündigung, der Austritt aus dem Verhältnis war in der älteren Zeit nicht etwa ohne feste Rechtsformen erfolgt; im Gegenteil: genau vorgeschriebene Redewendungen, an denen keine Silbe und kein Wort fehlen durften, an deren genauer Innehaltung man den „redlichen“ Gesellen erkannte, hatten jeden Schritt begleitet, die Rechtsverhältnisse begründet und legitimiert. Jeder Schritt und jede Handlung des Gesellen stand unter der Aufsicht der Genossen, die nicht bloß sittliche Vergehungen, sondern auch jedes Arbeiten bei einem Unzünftigen, jede Eigenwilligkeit gegen den Terrorismus der Bruderschaft strenge ahndeten, hauptsächlich das Arbeiten mit solchen, welche auf ihrer schwarzen Tafel standen, verpönten. Zu der mündlichen war später die schriftliche Legitimation durch Geburtsbrief und Lehrbrief gekommen, die der zuwandernde Geselle vorweisen mußte. Und wehe ihm, wenn sie nicht in Ordnung, wenn die Gesellen feststellten, daß der Ankömmling aus Zufall oder nach dem Rechte seiner Heimat einige Wochen oder Monate kürzer gelernt hatte, als am Orte üblich war! Und in der schreibseligen Zeit des siebzehnten Jahrhunderts war es dann vielfach noch üblich geworden, daß die Gesellen — schon aus Furcht vor dem Nachschreiben und der Schwierigkeit der Zulassung — sich da und dort, zumal beim Abschied von einem Meister und Ort, hatten schriftliche Zeugnisse ausstellen lassen, daß bei ihnen alles in Ordnung sei. Schon das Reichsgutachten von 1672, welches in Artikel 2 so sehr dem

Gesellen einschärft, nicht ohne ordentlichen Abschied vom Meister
zu scheiden, eifert in Artikel 9 gegen die unvernünftigen und
rechtswidrigen Klauseln, die in Geburtsbriefe und andere Kund=
schaften eingesetzt wurden. Und je mehr sich dieser Gebrauch
verbreitete ohne feste Rechtsvorschriften über Form und Inhalt,
desto leichter konnten diese Papiere weitere Fußangeln werden,
durch welche lokaler Egoismus und genossenschaftlicher Terro=
rismus dem einzelnen wandernden und mutenden Gesellen
Schwierigkeiten bereiteten.

Diese mündlichen und schriftlichen Formen teils zu beseitigen,
teils zu reformieren, schwebte den Beamten allerwärts als Ziel
vor. Das hannöversche Gildereglement von 1692 erwähnt die
Geburtsbriefe nicht; aber die Verwaltung duldete sie, und in
einem Schreiben aus Hannover heißt es: „Von den Geburtsbriefen
(d. h. ihrer Abschaffung) hat man wohlbedächtlich unter anderem
deßfalß abstrahiret, weil die Erfahrung gelehrt, daß denen
Aembtern und Gilden von allen abgeschafften Mißbräuchen und
eingeführten guten Ordnungen nichts empfindlicher gewesen, als
wenn sie haben müßen Knaben annehmen, welche keine Geburts=
briefe zu produciren gehabt." Es war dies wohl die Antwort
auf den Vorschlag Hilles, der in seinen beiden Entwürfen hatte
unter Strafe stellen wollen, daß bei Annahme eines Lehrjungen,
eines Gesellen oder eines Meisters nach einem Geburtsbriefe
auch nur gefragt werde. Weder das Reichsgesetz, noch das
Generaldirektorium glaubten so weit gehen zu dürfen, obwohl
Hille-noch 1730 (3. Juli) seinen Standpunkt des gänzlichen
Verbots der Geburtsbriefe energisch verteidigte. Man fand
einen anderen Ausweg, indem man die fest und einfach formu=
lierten Kundschaften zum Hauptlegitimationspapier machte.

Der Vorschlag ging, wie schon erwähnt [1], von Sachsen aus:
die Kundschaft sollte ein Ersatz des Strafmittels der Auftreibung
sein; die sächsischen Tuchmacher=, Fleischer=, Schlosser= und
Klempnerinnungen seien, wird berichtet, mit der Einrichtung

---

[1] Siehe oben S. 414.

bereits wohl zufrieden. Der sächsische Vorschlag enthielt auch
schon die ins Reichsgesetz und die preußischen Gesetze über=
gegangene Bestimmung, daß der Original=Geburts= und =Lehrbrief
stets in der Meisterlade, wo der Lehrling gelernt, bis zu seinem
Meisterwerden liegen bleibe, daß, wer wandern wolle, von beiden
eine Abschrift und die sog. gedruckte Kundschaft erhalte und nur
auf Grund dieser Dokumente gefördert werde, aber auch überall
von allen Meistern und Gesellen gefördert werden müsse, ohne
sie nirgends gefördert werden dürfe; wo er Arbeit finde, müsse
der Geselle sie in die Meisterlade niederlegen und dürfe erst, wenn
er ordentlich Abschied und darüber eine neue Kundschaft erhalten
habe, die Papiere wiederbekommen.

Findet der Zureisende keine Arbeit an einem Orte, so solle
das auf der Kundschaft notiert werden. Alles Durchgehen, jedes
Verlassen der Arbeit ohne Austrag etwaiger Straffachen und
Streitigkeiten sei so unmöglich. „Es wird auch", heißt es in
dem sächsischen Promemoria, „bei solcher Beschaffenheit, da jeder
Handwerksbursche eine Kundschaft und Attestat seines Wohl=
verhaltens wegen von Ort zu Ort mitbringen muß, der sonst
gewöhnliche Handwerksgruß, so nicht das geringste nützet, dagegen
unter denen Gesellen ganz enorme Strafen und Unfug erzeuget,
indem mancher Gesell etlich Thaler, wann er in dem Gruß nur
einige Worte fehlet, büßen, oder auch wohl einen weiten Weg
zurück wandern und denselben anders holen und besser lernen
muß, abgeworfen werden können."

Auch die Formel der Kundschaft ist in dem sächsischen
Promemoria schon so, wie sie dann in ganz Deutschland ein=
geführt wurde:

Wir Geschworene Vor= und andere Meister des Handwerks
derer N in der Stadt N bescheinigen hiemit, daß gegenwärtiger
Geselle, Namens N von N gebürtig, so .... Jahr alt, und
von Natur ...., auch .... haaren ist, bei uns allhier .... Jahr
.... Wochen in Arbeit gestanden und sich solche Zeit über
treu, fleißig, still, friedsam und ehrlich, wie einem jeglichen Hand=
werksburschen gebühret, verhalten hat, welches wir also attestiren

und beßhalben unsere sämmtliche Mitmeistern, diesen Gesellen
nach Handwerks Gebrauch überall zu fördern, geziemend ersuchen
wollen.

N den . . . .

 (L. S.) N als Obermeister
 (L. S.) N als Obermeister
 (L. S.) N als Meister, wo obiger Geselle in Arbeit ge=
  gestanden.

 Wir haben schon gesehen, wie erfreut und zustimmend sich
Kammerdirektor Hille über diesen Vorschlag aussprach. Ähnlich
lauteten die Erklärungen der anderen Staaten. Hannover schrieb
13. Januar 1730: Die schwarzen Tafeln und das Auftreiben
sei gänzlich zu vertilgen und „statt dessen die Ausgebung einer
Kundschaft solchergestalt einzuführen, daß ein jeder einwandernde
Geselle sich bei den Ämtern, da die Umschauung gebräuchlich,
durch den Altgesellen um Arbeit schauen lassen und wenn er
daselbst Arbeit erhält, seine Kundschaft produciren und in die
Amtslade legen müsse, ohne solche zu produciren aber zu keiner
Arbeit gelassen noch angenommen werde. Die Kundschaft müßte
ein gedruckter Bogen sein, welcher an dem Ort, wo der Geselle
freigesprochen, von dem Magistratsdeputirten und denen Vorstehern
ausgestellet würde."

 So kam der wichtige Artikel 2 des Reichsgesetzes zu stande,
der in allen preußischen Privilegien, wie in der preußischen
Handwerksordnung von 1733 Art. 16—21 sich. wiederholt und
seine weitere Ausführung erhalten hat, der Artikel, von dem
man vielleicht sagen könnte, er sei allein überall in Deutschland
und Österreich zur Durchführung gelangt; war er doch eine Waffe
in erster Linie für die Meister, und so griffen auch die Hand=
werker und Zünfte, welche sonst der Reform am schroffsten wider=
strebten, begierig nach ihr. Der Druck der Kundschaften wurde,
wie der der Geburts= und Lehrbriefe für den ganzen preußischen
Staat, der Berliner Charité übertragen, welche für jede Kund=
schaft 4 Gr., für jeden Geburts= und Lehrbrief 12 Gr. erhalten
sollte; für die Ausfertigung der Kundschaft hatte der Geselle den

Meiſtern 1 Gr. 6 Pf. zu zahlen (V.-O. vom 4. April 1733);
dem Geſellen mehr als 4 Gr. für die Kundſchaft anzurechnen,
wurde mit der vierfachen Strafe des Abgeforderten bedroht
(17. April 1734). ·Für die Original-Geburts- und Lehrbriefe war
außerdem je 3 Gr. Stempel zu zahlen.

Die Durchführung machte in der erſten Zeit natürlich noch
Schwierigkeit. Die Berliner Gewerke z. B. beklagten ſich, daß
in dem Geburtsbriefformular weder Taufzeugen noch Voreltern
genannt ſeien. Sie bitten, es doch dabei zu laſſen, daß die
Meiſterſöhne keine Geburtsbriefe brauchen, was auch zugeſtanden
wurde. Sie betonen, daß die Söhne der Landmeiſter bisher
keine Lehrbriefe gebraucht, daß auch mannigfach in den Städten
für die, welche am Orte Meiſter werden wollen, keine ausgeſtellt
worden ſeien. Einzelne Ämter, wie die Chirurgen, hatten bisher
ſchon gedruckte Lehrbriefe gehabt, hatten teilweiſe geſtempelte
Vorräte davon. Die Ausſtellung der Kundſchaften ſei für die
Gewerke, die einen Geſellen oft nur 14 Tage oder 4 Wochen
hätten, zu teuer; es gebe Geſellen, die nur 4 Gr. in der Woche
verdienten. Dann klagen ſie, man finde niemand mehr, der
Gewerksälteſter werden wolle, weil die früheren Accibenzien
wegfallen und die Schreiberei mit den Kundſchaften, Rechnungslegung und anderem ſo gewachſen.

Auch darüber entſtanden mancherlei Streitigkeiten, wie
weit der Perſonenkreis, der Kundſchaften führen müſſe, auszudehnen ſei, ob die Kaufmannsdiener darunter fallen oder nicht.

Aber all das waren doch unerhebliche Schwierigkeiten, welche
die energiſche Durchführung des neuen Syſtems nicht hinderten.
Es hat ſpäter nur wenige Änderungen erfahren. Es wurden
beſondere Formulare der Kundſchaft für auswärtige und in-
ländiſche Geſellen gedruckt. Wer kürzer als einen Monat an
einem Orte arbeitete, behielt die alte Kundſchaft. Bei Ausfertigung jeder neuen wurde auf der alten, dem Geſellen zurück-
geſtellten die Ausfertigung einer neuen vermerkt. Für das aus-
nahmsweis erlaubte Wandern außer Landes wurden Reiſepäſſe,
für die Kantonpflichtigen Wanderpäſſe eingeführt; der Kanton-

pflichtige erhielt nur auf Grund des Wanderpasses eine Kund=
schaft. Jeder wandernde Geselle ohne Kundschaft wurde als
Vagabund behandelt. Der Meister, der ihn beschäftigte, zahlte
5 Rthlr. Strafe. Das Geschenk für den keine Arbeit findenden
Gesellen wurde auf 4 Gr. festgestellt; nach Ablauf von 3 Tagen
mußte er weiter wandern, mit einer Notiz darüber auf seiner
Kundschaft. Die gegenseitige Aufkündigung der Meister und
Gesellen wurden auf acht und vierzehn Tage festgestellt.

Die im ganzen Staate einheitlichen Formulare der Geburts=
und Lehrbriefe, die in ganz Deutschland übereinstimmenden
Formulare der Kundschaften beseitigten einen großen Teil der
bisherigen Gesellenmißbräuche; die Praxis, aus jedem Arbeits=
verhältnis mit einer Kundschaft zu scheiden, wurde zu einem
starken polizeilichen Kontrollmittel über die Gesellen. Die Kund=
schaften entsprachen den zur selben Zeit in Frankreich eingeführten
Entlassungsscheinen, die, früher für einzelne Gewerbe, 1749 für
alle Arbeiter eingeführt, zum späteren Arbeitsbuch geführt haben [1].
Aus den mündlichen, dem genossenschaftlichen Leben entsprungenen,
aber entarteten Formen des Grußes und Vertragsabschlusses, die
freilich daneben fortdauerten, war eine schriftliche und büreau=
kratische Form geworden, ohne deren Einhaltung kein Geselle
Arbeit fand, kein Meister Arbeiter erhielt. Bei der heutigen
Abneigung gegen alles Derartige könnte man leicht geneigt sein,
auch die damalige Einführung der Kundschaften ungünstig zu
beurteilen. Es wird zuzugeben sein, daß es eine zweischneidige
Maßregel war, die den Gesellen drückte, den Meister förderte.
Das konnte nicht überall gleichmäßig am Platz sein. Aber für
die Mehrzahl der Fälle, für den Durchschnitt der damaligen
Verhältnisse wird man doch behaupten können, daß sie einen
Fortschritt darstellte, daß sie das Verhältnis der Meister zu den
Gesellen besserte, die Gesellen als sociale Klasse nicht so schädigte,
als sie grobe Mißbräuche beseitigte. Sie war ein Polizeimittel,

[1] W. Stieda, Das Arbeitsbuch in Frankreich, Preuß. Jahrbücher
LIII, 159 ff. In Deutschland entstand aus den Kundschaften das Wander=
buch, eingeführt z. B. in Sachsen durch das Mandat vom 7. Dez. 1810.

aber ein solches, welches Unfug, Liederlichkeit, Trunkenheit und
Überhebung aller Art ausmerzte. Wenn in einer Schule oder
in einem Regiment ein neuer Chef Disciplin und Ordnung
wiederherstellt, so wird leicht möglich sein, daß einzelne dabei
harten Zwang und ungerechte Mißhandlung leiden müssen. Einer
außer Rand und Band gekommenen Schule halbgewachsener
Jungen glichen aber die deutschen Gesellen gegen 1700; sie hatten
eine unnatürliche Macht, welche wesentlich Folge der Kleinstaaterei
und ihres Wanderns war; sie bildeten den Meistern gegenüber
nicht sowohl eine besondere sociale oder gar eine gedrückte Klasse,
sondern sie waren die 18—25jährigen Handwerker, die den
40—60jährigen auf der Nase tanzten, die in Saufgelagen und
in veralteten entarteten Bräuchen zu Grunde zu gehen drohten.
Der aufgeklärte Despotismus hatte allerdings auch für das Gute
und Berechtigte, was in ihren Bruderschaften und ihren Formeln
steckte, keinen Sinn. Aber er konnte zunächst nicht anders handeln;
er mußte eine einheitliche, mechanische, an büreaukratische und
schriftliche Formen geknüpfte Ordnung des Arbeitsrechts und
Wanderns herstellen, wenn er Besserung schaffen wollte. Daß er
den Gesellen jede gemeinsame Arbeitseinstellung als Komplott und
Aufstand verbot, war die Ergänzung des Verbots jeder Preis-
verabredung der Meister, war die einfache Konsequenz der damaligen Staats- und Wirtschaftsauffassung, in der sich die
Anfänge der rein individualistischen, die Genossenschaft und die
Korporation bekämpfenden Aufklärung verbanden mit der staats-
socialistischen Überhebung und Überspannung aus den Theorien
von Hobbes, Pufendorf und Christian Wolf.

Anders dagegen, als die Einführung der Kundschaften, will
mir die Kassierung aller Gesellenbriefe erscheinen. Freilich gehörte zu einem abschließenden Urteil darüber ein viel breiteres
Material von Gesellenstatuten aus dem siebzehnten und achtzehnten Jahrhundert, als es mir derzeit vorliegt. Aber schon
die von Schanz und Andern gedruckten Statuten aus dem sechszehnten bis achtzehnten Jahrhundert, sowie ein handschriftlich,
mir vorliegendes vom Magistrat genehmigtes der Strumpfwirker-

gesellen von Guben (v. 12. Juli 1663)[1] zeigen uns doch, wie
ich schon im ersten Abschnitt hervorhob, daß diese Gesellen=
statute zwar nach der einen Seite freilich ihre Färbung erhielten
durch die egoistischen Sonderinteressen der Gesellen, nach der
andern aber doch hauptsächlich auf Erhaltung von Standesehre,
Zucht und Ordnung gerichtet waren. Neben der genauen Fixierung
des Handwerksbrauchs, neben dem Verbot, beweibte Gesellen zu
bulden, enthalten sie eingehende Lohntaxen, Bestimmungen über
Arbeitszeit, Überarbeit, Feierabend, Verbote des blauen Montags;
es sind gewissermaßen Arbeitsordnungen, in denen niedergelegt
war, worüber sich Meister und Gesellen seit langer Zeit da und
dort geeinigt hatten: es waren Prozeßordnungen, die bestimmten,
wie Meister und Gesellen in Streitfällen zu handeln hätten; es
waren genossenschaftliche Strafgesetze und Unterstützungsordnungen,
Wander= und Zuchtordnungen, Kranken= und Begräbnisordnungen.
Es wäre richtiger gewesen, diese Ordnungen zu revidieren, wie
die Innungsstatute, statt sie ganz zu kassieren. Bei einzelnen
Arten der Gesellenstatute geschah das auch nachträglich, wie schon
erwähnt. In Bezug auf die übrigen mag die mündliche Tra=
dition manches von dem bisher Gültigen erhalten haben; aber
vieles wird auch untergegangen sein; in manchen Punkten mag
eine bisher bestandene heilsame Ordnung zufälligen Macht=
entscheidungen und Willkürlichkeiten gewichen sein.

6.

Ergebnisse und Vergleich mit andern Staaten.

Sehen wir aber von solchen Nebenpunkten ab, so wird als
Ergebnis unserer Untersuchung über die Änderung des preu=
ßischen Innungsrechtes von 1731—40 sich sagen lassen: die Re=
form habe dreierlei erstrebt und erreicht 1) die vollständige Unter=
ordnung des Innungswesens unter die Staatsgewalt, 2) die

---

[1] Ich verdanke es der Güte des Herrn Schulinspektor Dr. Jonas
in Berlin.

Neuregulierung der inneren Konkurrenz im Sinne ihrer Ver=
stärkung und Ausdehnung vom lokalen auf den staatlichen Markt
und 3) die Umgestaltung des Arbeitsrechtes der Gesellen im
Sinne ihrer Unterordnung unter Polizei und Meister und der
Beförderung des ruhigen Ganges der Geschäfte.

Es war eine Reform, die nicht in Preußen erdacht war;
seit 1672 hatte die ganze öffentliche Meinung Deutschlands
darauf hingearbeitet; einzelne Territorien, wie Hannover, waren
Preußen vor 1731 in der Beseitigung der Handwerksmißbräuche
vorangegangen; jetzt aber wurde sie nirgends so gründlich an=
gefaßt, so ernstlich durchgeführt, wie im preußischen Staate.
Es war das Verdienst Hilles, des Generaldirektoriums und des
Königs, daß in Regensburg das Reichsgesetz zu stande kam,
daß es in Preußen sofort mit allen einzelnen Innungsstatuten
in Einklang gebracht wurde.

Wie aus den verschiedenen städtischen Privilegien und Lokal=
rechten sich damals ein neues einheitliches städtisches Ver=
waltungs= und Verfassungsrecht entwickelte, so verwandelte sich
nun das lokale Gewerberecht in ein allgemeines staatliches. Was
an Sonderrecht übrig blieb, war verschwindend gegen die ein=
heitliche neue Rechtsordnung des gewerblichen Lebens. Sie ent=
sprach dem rationalistischen, büreaukratischen Geist der Zeit; sie
beseitigte mancherlei, was eine mildere Hand geschont hätte.
Die Vernichtung aller Hauptladen, die Kassierung aller Gesellen=
briefe, die strenge Forderung, unehelich Geborene zuzulassen und
anderes derart entging nicht dem scharfen Widerspruch historischer
Köpfe, wie Justus Möser. Aber ihr Ziel war berechtigt. Die
alten Statute waren den lokalen Interessen angepaßt; die neue
Rechtsordnung stand auf dem Standpunkt des allgemeinen
Staatsinteresses. Die lokale Regulierung der Produktion, der
Konkurrenz, der Preise war der vorherrschende Gesichtspunkt der
alten Innungsstatute gewesen; in der neuen Rechtsordnung bricht
siegreich der Gedanke durch, daß, soweit eine Regulierung der
Produktion möglich sei, dies staatlichen Maßregeln, wie Schutz=
zöllen, staatlichen Behörden und Entscheidungen zukomme.

Der Innungszwang für alle wichtigeren hergebrachten Ge=
werbe, die Scheidung von Stadt und Land in Bezug auf das
Recht des Gewerbebetriebs, die innungsmäßige Erziehung und der
Gang vom Lehrling zum Gesellen und Meister, der Wanderzwang
und das Meisterstück blieben erhalten; aber jede Erschwerung des
Meisterwerdens war beseitigt. Es sind Tendenzen, wie sie in
den meisten deutschen Staaten bis gegen 1860 vorherrschend ge=
blieben sind. Die vermittelnden deutschen Gewerbordnungen aus
der ersten Hälfte des neunzehnten Jahrhunderts, vor allem die
preußische von 1845, gehen über das 1731—40 Festgesetzte nur
in einzelnen Punkten hinaus. Sie werden daher einer spätern
Zeit nicht als etwas Neues, sondern nur als das letzte Ergebnis
der Tendenzen erscheinen, die damals in Preußen gesiegt haben.
Fast nur die Freigebung des Landhandwerks unterscheidet das
preußische Innungsrecht von 1849—69 von dem des vorigen
Jahrhunderts, während allerdings für die östlichen Provinzen in
der Zeit von 1810—49 den Innungen das Verbietungsrecht ge=
nommen war. In mehreren der großen deutschen Staaten da=
gegen war man bis 1860 nicht liberaler, als in Preußen
1731—1806; in einzelnen war man sogar bis 1860—69 dem
mittelalterlichen Innungsrecht näher, als Preußen im achtzehnten
Jahrhundert.

Es ist auch ganz natürlich, daß die preußische Innungs=
gesetzgebung von 1731—1806 mit der deutschen aus der ersten
Hälfte des neunzehnten Jahrhunderts größere Ähnlichkeit hat,
als diese mit der aus der zweiten Hälfte. Denn erst die Epoche
der Eisenbahnen, der modernen Technik und der Großindustrie
war zugleich eine Zeit ganz neuer socialer, politischer und wirt=
schaftlicher Verhältnisse. Erst nun wurden Arbeitsteilung, Ver=
kehr und wirtschaftliche Betriebsformen gänzlich andere. Erst
jetzt trat der lokale Markt, die lokale Kundenproduktion, von
welcher der Handwerker lebt, in den entwickelten Teilen Deutsch=
lands zurück gegenüber den neuen wirtschaftlichen Produktions=
und Verkehrsformen. Das wirtschaftliche Leben verlief 1806 bis
1850 vielfach in ähnlichen Geleisen wie im vorigen Jahrhundert,

wenigstens wie es in einem größeren und gut regierten, wirt=
schaftlich voranschreitenden Staate sich abgespielt hatte.

Die büreaukratisierten, staatlich streng kontrollierten Innungen,
wie sie aus der preußischen Reform von 1731—40 hervorgingen,
konnten nicht mehr das innere Leben haben, wie die städtischen
Zünfte des Mittelalters, sowenig als die Städte und die stän=
dischen Korporationen noch die Lebenskraft der älteren Zeit
haben konnten. Ihr lebendigstes Schwungrad war ihnen ja ge=
nommen: nämlich das Recht, selbständige lokale wirtschaftliche
Interessenpolitik zu treiben, die Aussicht durch Einfluß im Rate
die Konkurrenz in ihrem Sinne zu beeinflussen. Ihre Juris=
diktion, wie ihre Korrespondenz war ihnen beschnitten, wie ihre
monopolistischen Mißbräuche; in Demut mußten sie sich vom
rechtsgelehrten Bürgermeister, vom befehlenden Steuerrat, vom
vornehmen Kammerpräsidenten hofmeistern lassen. Aber die
Schranken, die ihnen gesetzt waren, wiesen sie wieder mehr auf
persönliche Anstrengung und Arbeit, als auf Zunfthändel, Privi=
legien und Monopole hin. Und diese Schranken hinderten nicht,
daß das reiche Kapital an Zucht, an Ehrbarkeit, an moralischer
und technischer Erziehung, was in dem deutschen Handwerkerstand
auch damals vorhanden war, sich erhielt, vermehrte und aus=
breitete. Im Gegenteil, indem man zunächst die alten Formen
des gewerblichen Erziehungswesens und die genossenschaftliche
Organisation erhielt, förderte und erhielt man zugleich dieses
geistige Kapital. Mit der genossenschaftlichen Organisation er=
hielt man eine censorische Sittenpolizei, eine normale Arbeits=
vermittelung, ein gewerbliches Unterstützungswesen, lauter Ein=
richtungen, für die man damals noch weniger einen Ersatz hätte
schaffen können, als heute. Er fällt heute schwer genug. Und
in einem erheblichen Teile, vor allem des deutschen Nordostens,
entstand erst von 1700 ab ein stärker besetztes Handwerk, das in
dem reformierten Zunftrecht kein Hindernis, sondern die normale
Form seiner Betriebsform, seines Gewerberechts fand.

Eine allgemeine Gewerbefreiheit wäre für den deutschen
Nordosten im Jahre 1731 ein Ding der Unmöglichkeit gewesen;

reformlustiger und radikaler konnte man kaum sein, als die
preußischen Beamten unter Hilles Führung waren; ihnen vor-
zuwerfen, daß sie nicht die Innungen ganz beseitigt, würde ungefähr mit dem Vorwurf auf gleicher Linie stehen, daß sie nicht
Eisenbahnen und Dampfmaschinen eingeführt hätten. Sie
thaten, was sie thun konnten; sie stellten eine den Zeitverhältnissen angemessene Institution her, die vom mittelalterlichen
Innungsrecht so weit entfernt ist, wie das verstaatlichte Innungsrecht von der heutigen Gewerbefreiheit. Diese konnte erst die
weitere Folge eines staatlich unifizierten Innungsrechtes sein.

Wenn ich das damalige preußische Innungsrecht als eine
den Zeitverhältnissen entsprechende Institution bezeichne, so kann
das natürlich nur gemeint sein in Bezug auf den Durchschnitt
der Verhältnisse, in Bezug auf den überwiegenden Stand der
damaligen Technik, der damaligen Arbeitsteilung, des damaligen
Verkehrs, der damaligen Betriebsformen. Daß daneben die
volkswirtschaftliche Entwickelung mehr und mehr Zustände herbeiführte, auf die auch das mobifizierte Innungsrecht nicht mehr
ganz paßte, weiß ich wohl. Von Tag zu Tag wurde das
Verbot des Landhandwerks schwieriger; man ließ 1790—1806
auch so viele Landmeister zu, daß die Zustände von 1800
keineswegs mehr dem Gesetz von 1718 entsprachen. Auf neu
sich bildende Handwerke wandte man, wenigstens im letzten
Drittel des Jahrhunderts, das Innungsrecht überhaupt nicht
mehr an. Daß die Hausindustrie sich in einer Reihe wichtiger
Punkte dem Innungsrechte nicht mehr fügen wollte, erwähnte
ich bereits wiederholt. Ihretwegen hatte man vieles im alten
Innungsrecht geändert; auf die ländliche Hausindustrie, besonders
die Leinenspinner und Leineweber, dehnte man das Innungsrecht
nicht aus. Die städtischen Hausindustrieen traten mehr und
mehr unter besondere von den Innungsstatuten geschiedene staatliche Reglements. Daß man aber in der Zeit von 1680—1770
doch den wichtigsten städtischen hausindustriellen Meistern und
Gesellen innungsmäßige Verfassung gab, daß man sich schon vor
1713 bestrebte, die zahlreichen französischen Gewerbtreibenden,

die überwiegend hausindustrielle waren, zuerst ohne Innungs=
recht arbeiteten oder gesonderte Innungen bildeten, mit den
alten deutschen entsprechenden Strumpfwirker=, Tuchmacher= und
andern Innungen zu verschmelzen, war gewiß ein Glück. Auch
daß man den Arbeitern mancher Fabriken oder sonstiger Groß=
unternehmungen eine Art Innungsverfassung gab, war nicht
falsch, im Gegenteil hob und erzog diese Teile des Arbeiter=
standes. Die Fabrikanten selbst beugte man ja nicht unter das
Joch der Zunftstatute; sie hatten ihre Rechtsbasis in ihrem
Privileg oder ihrer Konzession.

Man wird so nicht behaupten können, daß irgendwo ernst=
lich und dauernd das preußische Innungsrecht 1731—1806 den
Übergang der Industrie zu den höhern Betriebsformen auf=
gehalten habe, wie in manchen andern Ländern damals
und später es ein veraltetes Zunftrecht that; man wird es
ebensowenig beklagen können, daß wenigstens bis über die
Mitte des achtzehnten Jahrhunderts in Preußen die Tendenz
vorwaltete, so viel als möglich die Elemente des gewerblichen
Lebens noch innerhalb des reformierten Innungsrechts zu er=
halten, die Zahl der Freimeister so wenig als möglich zu ver=
mehren. Dabei soll nicht geleugnet werden, daß die Haus= und
Großindustrie auch in Preußen im Laufe des achtzehnten Jahr=
hunderts immer größere Bedeutung gewann, daß ihre Pflege
für die Regierung immer wichtiger wurde, daß der steigende
Wohlstand des Staates und der zunehmende Industrieexport
hauptsächlich auf ihnen ruhte. Ich habe für das Herzogtum
Magdeburg berechnet, daß es gegen 1800 auf 12—14000
handwerksmäßig beschäftigte Personen bereits gegen 7—8000
Arbeiter in den Haus= und Fabrikindustrieen, den Bergwerken
und Salinen gezählt habe. Von letzteren hatten freilich viele,
wie die Strumpfwirker, die Berg= und Salinenarbeiter, eine
halb= oder ganz innungsartige Verfassung. Aber die Wahrheit
bleibt, daß schon im achtzehnten Jahrhundert das Innungsrecht
nicht mehr die ganze Industrie umfaßte, ja daß gerade auf die

Teile derselben, die den technischen Fortschritt repräsentierten, dasselbe sich immer weniger anwenden ließ.

Aber war deshalb nicht eine Reform des Innungswesens angezeigt, war es deshalb nötig, vier Fünftel aller gewerbtreibenden Personen aller rechtlichen Ordnung zu berauben, war es angezeigt oder möglich, ihnen eine noch gar nicht gefundene neue Ordnung aufzudrängen, wie sie für die neuen höhern Betriebsformen erst nach und nach sich herausbilden mußte? Das müssen die behaupten, welche träumen, 1731 wäre eine Gewerbefreiheit moderner Art für Preußen möglich gewesen. ·

Man mag also betonen, daß nicht in erster Linie die Innungspolitik, sondern die Pflege der Haus- und Fabrikindustrie die Hauptursache des gewerblichen Fortschritts in Preußen von 1713—1806 gewesen sei; jedenfalls hat die Innungsreform zu dieser Blüte auch wesentlich mitgewirkt, wenn es auch unmöglich erscheint,. zahlenmäßig ihren Anteil zu bestimmen.

Daß aus dem Nebeneinanderbestehen eines verschiedenen Gewerberechts in demselben Staate zur selben Zeit sich gewisse Schwierigkeiten ergeben, ist nicht zu leugnen. Sie haben schon damals nicht gefehlt und sind von da bis zur Einführung der heutigen Gewerbefreiheit gewachsen. Wenn eine steigende Zahl von freien Gewerben Frauenhände verwendete, wurde es immer schwieriger, dasselbe den Innungsgewerben zu weigern. Wenn der freie Unternehmer eine beliebige Lehrlings- und Arbeiterzahl beschäftigen durfte, wurde es immer zweifelhafter, ob man den Innungsmeister noch an die alten Fesseln binden könne.

Aber Derartiges liegt im Wesen aller historischen Entwickelung. · Altes und Neues muß zeitweise unvermittelt nebeneinander stehen. Aber immer wird, so lange das Alte überwiegt, die Gesetzgebung sich mehr nach ihm zu richten haben; sie thut genug, wenn sie nicht die alte Rechtsform erdrückend auf neue anders gestaltete Gebilde anwendet. Die alte Rechtsform für sich weiter zu bilden, dem Neuen zu nähern, dabei verschiedenerlei Rechtsform zeitweise nebeneinander bestehen zu lassen, ist nicht zu vermeiden; die gegenseitige Abgrenzung der Gültigkeitsgebiete muß nur vernünftig vorgenommen werden.

Indem die preußische Innungsreform ziemlich radikal ver-fuhr, verschaffte sie sich die Möglichkeit, zunächst einen erheb-lichen Teil der Betriebe, die in andern Staaten auf Sonder-konzessionen und Freimeisterstellen saßen, zunächst noch innerhalb des Innungsrechts zu belassen. Der Rechtsboden des gewerb-lichen Lebens blieb im ganzen doch noch ein einheitlicherer. Es wird von Interesse sein, zum Schluß nicht bloß dieses Punktes wegen, sondern auch im allgemeinen einen Blick auf Frankreich, Österreich und einige der andern deutschen Staaten zu werfen, um zu sehen, wie in ihnen im Vergleich zu Preußen das Innungsrecht und die Innungsreform des siebzehnten bis acht-zehnten Jahrhunderts sich stellte. —

Die Mißbräuche des Innungswesens waren in Frankreich[1] im sechzehnten Jahrhundert vielfach ähnliche gewesen, wie in Deutschland im siebzehnten; nur ruhte ihr Schwerpunkt nicht sowohl in der auch vorhandenen und drohenden Gesellen-organisation, als in einer kapitalistischen und hierarchischen Klassenbildung; die Pariser Fleischbankbesitzer der Grande Boucherie waren bereits Rentiers geworden, deren Knechte als Mieter das Geschäft trieben; die Weber in Amiens suchten bereits eine steigende Zahl von Lehrlingen niemals mehr zum Meisterstück kommen zu lassen; ein übermäßiger Teil aller Meisterbedingungen wurde von den Vermöglichen mit Geld ab-gekauft. In den meisten Innungen bestanden verschiedene Klassen von Meistern mit verschiedenem Recht. Und wie der Eintritt in die Innung 200—1200 Livres kostete, so hatte man jede weitere Station mit hohen Summen und mit teuren Festen zu erkaufen; die Älterleute hatten umgekehrt aus diesen Verhält-nissen hohe Geldeinnahmen. Das Königtum suchte, wie es die

---

[1] Im ganzen nach Levasseur, Histoire des classes ouvrières en France jusqu'à la révolution. II (1859).

kirchlichen Confréries der Innungsmitglieder zu unterdrücken, ihr Vermögen dem Schul- und Armenwesen zuzuwenden sich bemühte, hauptsächlich durch die großen Ordonnanzen von 1581 und 1597 in ganz ähnlicher Weise, wie die preußische Reform von 1731—40, die sämtlichen Innungen der Staatsgewalt unterzuordnen, die Mißbräuche ihrer Verwaltung, ihrer Rechtsprechung, ihrer Besteuerung und Vermögensverwaltung zu beseitigen, eine Freizügigkeit für die Meister wenigstens innerhalb der Verwaltungsbezirke (bailliages oder Parlamentsgebiete) herzustellen, den Ärmeren den Zugang zu den Innungen wieder zu öffnen. Aber sie verknüpfte die Unterstellung der Meister und Innungen unter Staatsorgane mit einer staatlichen Besteuerung von 1 bis 30 Thlrn. beim Meisterwerden; sie bezweckte mit der Ausdehnung des Innungsrechts auf alle Orte und alle bisher nicht innungsmäßigen Gewerbe die fiskalische Absicht, sich jedes Privileg teuer bezahlen zu lassen, was man gerade in Preußen gänzlich beseitigte. Sie fing an, von Zeit zu Zeit Freibriefe für jede Innung zu erteilen, nur in der Absicht, in ihre Kassen statt in die der Innungen die Gelder zu lenken. Sie durchlöcherte von Anfang ihre Reformgrundsätze, indem sie jede Innung oder Stadt, die durch große Summen die Beibehaltung ihrer alten Rechtszustände und Gebräuche erkaufte, exzimierte. Immer aber ruht der industrielle Fortschritt unter Heinrich IV. Richelieu, Mazarin und Colbert auf der monarchischen Innungsreform von 1581 und 97, wie der preußische unter Friedrich Wilhelm I. und Friedrich II. auf der Reform von 1731—40.

Colbert vereinigte noch die Vorstadtsinnungen mit den städtischen, beseitigte die feudale Innungsjustiz aristokratischer Würdenträger, übertrug möglichst alle gewerblichen Streitigkeiten unter Verbot jeder Advokatenzuziehung, jedes Sportulierens und jeder Appellation bei einer Wertsumme unter 150 Livres an Maire und Schöffen der Stadt. Aber nach seinem Tode nahmen die finanziellen Mißbräuche maßlos zu; aus fiskalischen Motiven erhöhte man die Zahl der Pariser Innungen von 60 auf 129 in den Jahren 1677—91; man errichtete von 1690 an zahl-

reiche amtliche Stellen von Schatzmeistern, Kontrolleuren, erb=
lichen Alterleuten u. f. w., die der Staat an einzelne oder an
die Innungen verkaufte, wie er Darlehen und Geschenke von
ihnen erpreßte; die sämtlichen Innungen waren 1713 über=
schuldet oder bankerott; ihre Schulden waren seit 1690 aufs
dreifache und vierfache gewachsen; maßlose Erhöhung der
Innungssteuern und Eintrittsgebühren genügten nicht, die Ebbe
in den Kassen zu beschwören; die Hierarchie unter den Meistern
ging jetzt noch weiter als früher; die Zahl der geschlossenen
Mittel nahm zu; man zahlte bis zu 3000 Livres für den ein=
fachen Meistertitel. Wurden dann später auch manche der
schlimmsten Mißbräuche wieder etwas ermäßigt, suchten endlose
Liquidationskommissionen das Schuldenwesen der Innungen von
1716 an in Ordnung zu bringen, im ganzen blieben alle diese
Zustände unverändert bis zu Turgots Reform; der königliche
Verkauf von Meisterstellen wurde von 1722 an wieder schwung=
haft betrieben; man zahlte 600—8000 Livres für eine Stelle,
und es galt das für billiger, als die Aufnahme bei der Innung.
Die Inhaber der königlichen Freibriefe fügten sich keiner Innungs=
kontrolle, noch weniger die zahlreichen Meister, die ihre Stellen
im Louvre hatten[1].

Erst mit dem Beginn des liberalen physiokratischen Zug=
windes wurde ganz Vereinzeltes besser; man begann streitende
Innungen mit einander zu vereinigen, die Errichtung neuer
Innungen zu verweigern; 1755 erlaubte man erst dem Meister
jeder Stadt in jeder andern sich niederzulassen, wobei aber Paris,
Lyon, Lille und Rouen ausgenommen waren; erst 1762 erlaubte
man allen Bewohnern des platten Landes das Spinnen von
Leinengarn und Weben von Leinwand. Erst die nach Turgots
Aufhebung der Innungen wieder eintretende Restauration der=
selben (1776) setzte das Meisterwerden auf die halben Kosten

---

[1] Vergl. über die Geschichte des französischen Innungswesens und
seine spätere Entartung jetzt auch Eberstadt, Die Entwickelung der
französischen Königsmeister im französischen Zunftwesen vom Mittelalter
bis ins 18. Jahrhundert, in meinem Jahrbuch 1897, 813 ff.

herab, legte verwandte Zünfte mehr zusammen, gab Statute,
die mit den preußischen von 1732—36 etwa verglichen werden
könnten.

Man sollte nie vergessen, daß der ganze physiokratische Eifer
gegen die Innungen, wie er sich auch nach Deutschland übertrug,
diese von den preußischen Zuständen so gänzlich verschiedenen
Einrichtungen im Auge hat.

In Österreich hatte die Regierung sich im Laufe des
siebzehnten Jahrhunderts wohl auch etwas gegen die Handwerks=
mißbräuche gewendet[1], noch mehr aber alle Industrie durch
die Gegenreformation und Vertreibung der Protestanten und ihre
Ausschließung aus den Zünften geschädigt. Einem gänzlich ent=
arteten Innungswesen mit zunehmenden, auf Häuser radizierten und
erblichen Gewerbsbefugnissen und geschlossener Stellenzahl standen
Tausende[2] von Pfuschern und Bönhasen gegenüber, meist
Protestanten, daneben zahlreiche sog. hofbefreite Handwerker, deren
Personalrechte mit dem Tode des Kaisers erloschen. Seit 1724
plante man in Österreich eine General=Gewerbs= und Zunft=
ordnung, kam dann aber nur dazu, am 12. April 1725 durch
die sog. Schutzbefugnisse oder Dekrete[3], die für die Mehrzahl
der Zünfte eingeführt wurden, eine Klasse von Handwerkern zu
schaffen, die ohne Bürger= und Meisterrecht und ohne Nachweis
katholischen Glaubens thätig sein durften. Das brachte Kon=
kurrenz und Einwanderung, aber auch die keineswegs normale

---

[1] Vergl. H. J. Hatschek, Das Manufakturhaus auf dem Tabor in
Wien (Schmoller, Staats= u. socialwissensch. Forschungen, Heft 24) 1886
S. 9—14.

[2] Bericht Gräves aus Wien v. 21. Juni 1724, es werde eine Aus=
treibung der Pfuscher etwa nach Belgrad beabsichtigt; es handele sich um
Tausende: zwei weitere Regimenter seien dazu nach Wien beordert.

[3] H. Reschauer, Geschichte des Kampfes der Handwerkszünfte und
der Kaufmannsgremien mit der österreichischen Büreaukratie, vom Ende
des siebzehnten Jahrhunderts bis zum Jahre 1860, Wien 1882, daneben
W. G. Kopez, Allg. Österreichische Gewerbegesetzkunde, 2 Bd., Wien 1829.
Kopez giebt keine historische Einleitung, aber an einzelnen Stellen historische
Notizen; Reschauer kann Levasseur nicht an die Seite gestellt werden; aber
immer erlauben seine Zusammenstellungen ein Urteil über den allgemeinen
Gang der Dinge.

Folge, daß es gegen Ende des achtzehnten Jahrhunderts in manchen Gewerben nochmal so viel „Dekreter" als bürgerlich zünftige Meister gab.

Die Generalzunftordnungen vom 19. April 1732 für Öster= reich und Tyrol, vom 16. November 1731 für Böhmen sind die als Landesgesetze erlassenen Kopien des Reichsgesetzes; Reschauer meint, sie hätten den Weg vom Papier ins praktische Leben niemals vollständig gefunden. Man scheint nur die bisher noch nie von der Centralregierung genehmigten Lokalstatute zur Prüfung eingefordert zu haben[1]. Nur für die kleineren Zünfte der ärmeren Städte wurden General=Zunfts=Artikel (für Böhmen 5. Jan. 1739) erlassen; die größeren und reicheren Zünfte behielten ihre Specialartikel.

Maria Theresia suchte 1740—41 die Zunftjurisdiktion wesentlich einzuschränken und die Mißhandlung der jüngeren durch die älteren Meister zu hindern, hauptsächlich aber nach dem sieben= jährigen Kriege mit der allgemeinen Hebung der Industrie auch in das Handwerk neues Leben zu bringen. Für die Professionen, die in das Manufakturwesen einschlagen, d. h. die nicht für lokalen Absatz arbeitenden, später als Kommerzial=Professionisten bezeichneten Handwerker wurde schon 25. Juli 1763 jede Be= schränkung auf eine feste Zahl verboten. Noch mehr wurde mit der Normal=Verordnung vom 30. März 1776 in die Bahnen einer ganz gewerbefreiheitlichen Politik eingelenkt: 84 einfachere Beschäftigungen sollten von jedem Innungszwang frei werden; an die Kommerzial=Professionisten sollen die Magistrate, im Rekurswege die Kreisämter in liberaler Weise Bürger= und Meisterrecht erteilen. Die Fabrikanten und sog. Manufakturisten (wohl die hausindustriellen Arbeiter) sind in Stadt und Land gleichmäßig zuzulassen. Jeder Handel mit gewerblichen Rechten und Stellen soll verboten sein. Nur schade, daß diese Grundsätze in ihrer ganzen Strenge sich gleich als unausführbar zeigten, daß man aus Furcht vor einem „bedenklichen Aufsehen" nicht

---

[1] Kopez a. a. O. I, 15.

wagte, die Verordnung öffentlich bekannt zu machen, das Ver=
zeichnis der für frei erklärten Gewerbe von 84 auf 64 reduzierte.
Immer aber wurden die Behörden angewiesen, in der Stille nach
der Verordnung sich zu richten. Joseph II. bemühte sich noch
mehr als seine Mutter, durch Einzelverfügungen jedem die Ge=
legenheit, sich ehrlich zu ernähren, zu erleichtern. Aber zu einer
allgemeinen Innungsreform war es doch nicht gekommen, als
man bald nach seinem Tode und dem Eintritt der französischen
Revolution anfing zu bemerken, daß ein Übermaß von „Dekretern"
Nahrung und Handwerk verderbe, daß es besser sei, die Fremden
nicht mehr so leicht in Österreich zuzulassen, als Kaiser Franz
zu dem Grundsatz zurückkehrte, Österreich passe besser zu einem
Ackerbau=, als zu einem Industriestaat. Die Gesetzgebung aus
den Jahren 1790—1800 beschäftigt sich hauptsächlich mit dem
Schutz und der Ordnung der gewerblichen Real= und Erbrechte,
im Interesse des Krebits der Besitzenden.

In Kursachsen hatte das Brühlsche Regiment vor dem
siebenjährigen Kriege keine Zeit für ernstliche gewerbliche Reformen.
Erst das energische und reformlustige Regiment des Administrators
Xaver trat 1764 an die Aufgabe heran, befahl nochmal die
schon 1748 verfügte Einsendung aller Innungsprivilegien nach
Dresden; aber erst 1780[1] kam es zu den kursächsischen General=
innungsartikeln, die ähnliches erstrebten wie die preußische Reform
von 1731—40, eine staatliche Unifikation des Innungsrechts
bedeuteten. Das sächsische Mandat vom 29. Januar 1767 über
die Einschränkung des Dorfhandels und der Handwerker auf dem
Lande ist eine verspätete Parallele zu den preußischen Principia
regulativa 1718[2].

Auch in einer Reihe der andern deutschen Staaten scheint
man erst von der Mitte des achtzehnten Jahrhunderts an zu
einer ernstlichen Durchführung des Reichsgesetzes von 1731 ge=

[1] Vgl. Ortloff, Corp. jur. opif. (1820) S. 155 ff. Daneben Mer=
bach, Theorie des Zunftzwangs nach deutschen und sächsischen Rechten
1808 S. 17—18. (Übersicht der sächsischen Gewerbegesetze von 1482—1793.)
[2] Vgl. oben S. 379.

kommen zu sein. In Württemberg erhielten erst von 1758 an
die Innungen des ganzen Landes neue und übereinstimmende
Privilegien. Und Kreittmayer meint 1765 von Bayern, daß
dieses löbliche Beispiel auch in hiesigen Landen zur Nachahmung
dienen sollte. Daß daselbst gerade erst in der Zeit von 1760
bis 1800 aus der allgemeinen Geschlossenheit der Zünfte der
Mißbrauch sich entwickelte, die früher persönlichen Gewerbs=
befugnisse als erbliche oder auf ein Grundstück rabizierte anzu=
sehen, ist bekannt[1]. Man konnte in Bayern, wenigstens in den
größern Städten, gegen 1800 nur noch mit voller Börse oder
an der Hand einer verwelkten Meisterswitwe in den engen Ring
der realberechtigten Meister eintreten. Die badische allgemeine
Zunftordnung, die ein gleichmäßiges reformiertes Innungsrecht
schaffen will, ist vom 25. Oktober 1760. Die zahlreichen Erlasse,
welche Ortloff in Bezug auf das Innungsrecht neben ihr ab=
druckt, sind insofern sehr lehrreich, als sie uns klar machen, wie
die süddeutsche Entwickelung und Innungsgesetzgebung zu ihrem
Hintergrund eine stagnierende Volkswirtschaft hatte; die kleinen
Staaten, der zersplitterte Grundbesitz, die bereits dichte Be=
völkerung ergaben eine gänzlich andere Auffassung, als sie in
Preußen möglich war. Man blieb in Baden bei dem Mutjahr,
sprach viel von übersetzten Handwerkern, führte für sie z. B. die
Regel ein, daß niemand vor dem 25. Jahre Meister werden könne,
daß jeder Geselle statt drei fünf bis sechs Jahre wandern müsse[2].
Und derartiges mehr.

Die liberale preußische Innungspolitik hatte zu ihrer Voraus=
setzung einen verhältnismäßig großen und sparsam bevölkerten
Staat, der auf Beförderung der Einwanderung bedacht war, der
einen steigenden Industrieexport, eine relativ günstige industrielle
Entwickelung besaß. Der noch reichlich vorhandene Nahrungs=
spielraum erleichterte nicht bloß, sondern forderte hier eine

---

[1] Kaizl, Der Kampf um Gewerbereform und Gewerbefreiheit in
Bayern von 1799—1868. (Schmoller, Staats= u. soc.=wiss. Forschungen
Heft 6) 1879 S. 52 ff.

[2] Vgl. Ortloff a. a. O. S. 267.

liberale Innungspolitik. Aber gegen den zähen Widerstand des Hergebrachten mußte sie auch dort durch Männer von hoher Einsicht und starkem Charakter angebahnt und durchgeführt werden. Die leitenden Persönlichkeiten an der Spitze der Verwaltung sind nicht nur für das politische, sondern auch für das volkswirtschaftliche Leben von durchschlagender Bedeutung [1]!

Berlin, 1. Dezember 1887.

---

[1] Eben (Ende April 1888) im Begriff, das Manuskript in die Druckerei zu senden, erhalte ich von Herrn Dr. M. Meyer den 2. Bd. seiner Geschichte der preußischen Handwerkerpolitik: „Die Handwerkerpolitik König Friedrich Wilhelms I. 1713—1740", Minden 1888, Bruns. Ich konnte das Buch nicht mehr benutzen, sondern nur flüchtig durchblättern; doch hoffe ich, daß dies meiner Abhandlung nicht zum Schaden gereicht: denn sie ruht auf denselben Akten, welche Herr Dr. Meyer nach mir benutzt hat. Der größere Teil des Bandes S. 101—394 enthält einen sehr dankenswerten Abdruck der wichtigsten Aktenstücke und Entwürfe; die Erzählung ist, so weit ich sehen kann, überwiegend ein Aktenauszug, der die Entstehungsgeschichte des Gesetzes von 1731 eingehender, als ich es thue, vorführt, auf das meiste, was ich specieller behandele, nicht eingeht. Das Buch bildet also eine willkommene Ergänzung meiner Darstellung. Mein Urteil ist wohl in manchen Punkten ein anderes, der Bericht über die Thatsachen dagegen in keinen nennenswerten Punkten abweichend.

Zusatz April 1898. Seither hat K. v. Rohrscheidt in Conrads Jahrbüchern unter dem Titel: „Unter dem Zunftzwange in Preußen während des 18. Jahrhunderts (Dritte Folge, Band 5 u. 6, 1893) und im Anschluß daran unter verschiedenen Titeln und in verschiedenen Zeitschriften Aktenauszüge über das preußische Gewerbewesen im 18. und Anfang des 19. Jahrhunderts veröffentlicht, die für die letzte Zeit vor der Gewerbefreiheit manches Interessante, über ihre Einführung wesentliche Aufschlüsse bieten; mit meinen und M. Meyers Arbeiten scheint der Verfasser ganz unbekannt zu sein. Über Lamprechts Buch kommt er nicht wesentlich hinaus. Von der ganzen Reform unter Friedrich Wilhelm I., die hier dargestellt ist, hat er keine irgendwie genügende Kenntnis. Dafür aber, daß mancherlei Zunftmißbräuche auch bis 1810 fortwucherten, bringt er mancherlei Belege.

VII.

Die russische Compagnie in Berlin.
1724—1738.

Ein Beitrag zur Geschichte der brandenburgischen Tuch=
industrie und des preuß. Exports im 18. Jahrhundert[1].

In dem Mittelpunkt der gewerblichen Politik Friedrich
Wilhelms I. steht die Tuchindustrie; ihre Hebung und Blüte
während seiner Regierung war für die Besserung der wirtschaft=
lichen Zustände überhaupt entscheidend; an diesem Punkt vor
allem hatte sich das wirtschaftliche System, die Tariferhöhungen
von 1713, zu erproben und hat sich erprobt. Die Maßregeln,
um die Tuchindustrie zu heben, waren mannigfaltige und tief=
greifende. Außer der Änderung der Accisetarife, um die aus=
wärtige Konkurrenz mehr abzuhalten, erinnere ich an die zahl=
reichen Edikte bezüglich der Wollmärkte, die Erschwerung der
Wollausfuhr, an das endlich 1719—32 auch dem Adel in den
mittleren Provinzen gegenüber durchgeführte vollständige Verbot der
Wollausfuhr, an das Tuchmacherreglement von 1723, an das
System der staatlichen Wollmagazine und der staatlich kontrollierten
und konzessionierten Wollfaktoren, welche gegen Verlegung einer

---

[1] Niedergeschrieben Ende 1882. Zuerst abgedruckt in der Zeitschrift
für preußische Geschichte und Landeskunde, Bd. 20 1883, S. 1—54; nebst
22 der wichtigsten Aktenstücke, S. 55—116. Ich citiere letztere im Texte
als A. St. Nr. . . .

Anzahl armer Tuchmacher gewisse Benefizien erhielten, sowie endlich an die Gründung des sogenannten Lagerhauses, einer ursprünglich privaten, später staatlichen großen Mustertuchfabrik in Berlin, welche hauptsächlich die Lieferung der seinen Offiziers= tuche, der feineren Wollgewebe für die höheren Klassen übernahm.

Neben ihrer Thätigkeit war es nun aber vor allem die russische Compagnie, welche in den Jahren 1725—1738 einen ganz erheblichen Teil der brandenburgischen Tuchmacher beschäf= tigte und durch ihre großen Tuchlieferungen für die russische Armee einen zeitweisen großen Aufschwung in dieses Gewerbe brachte und unzweifelhaft auch zur dauernden Hebung und Aus= bildung desselben viel beigetragen hat.

Die Geschichte dieser Compagnie ist auch, abgesehen von dem Interesse, das sie für die Entwickelung der preußischen Tuchmacherei bietet, nach anderen Seiten hin sehr lehrreich. Sie zeigt recht deutlich die Vorteile und Nachteile, welche das direkte Eingreifen des Königs in alle derartigen Angelegenheiten hatte; sie ist ein Beitrag für die Geschichte der Compagnien, die im 17. und 18. Jahrhundert allerwärts eine große Rolle spielten; sie ist endlich eine sehr lebendige Illustration zu der Art, wie man allein damals auf fremden Märkten Fuß fassen konnte, durch welche Mittel England und Preußen sich damals die russischen Armee= lieferungen und damit überhaupt den russischen Markt gegenseitig abzujagen suchten.

Wenn ich daher die Geschichte dieser Compagnie nach den Akten des Berliner Staatsarchivs, hauptsächlich nach den vier Aktenbänden, Gen.=Dep. Tit. XXXVIII. Kommerziensachen Nr. 3, Tuch= und Wollzeuglieferung nach Moskau, hier erzähle, so will ich damit einerseits einen nicht ganz unwichtigen Beitrag zur Geschichte der preußischen Volkswirtschaft und Verwaltung liefern; andererseits aber, und das ist für mich das Wesentliche, will ich durch solch eingehendere Darstellungen für mich selbst oder andere den Boden ebnen, auf dem sich später dann eine allgemeine Geschichte der preußischen Wirtschaftspolitik aufbauen läßt. Da in einer solchen für derartige einzelne Erscheinungen nur ein ganz schmal zu=

geſchnittener Raum ſein kann, ſo iſt es nötig, vorher wenigſtens für einige weſentliche Punkte gezeigt zu haben, inwieweit man in die Unterſuchung des Einzelnen eingedrungen iſt. — Ein erſter Abſchnitt ſoll die Entſtehung des Geſchäftes er= zählen, ein zweiter die Verfaſſung der Compagnie, ein dritter ihre Thätigkeit in Petersburg, ein vierter ihre Beziehungen zu den Tuchmachern darſtellen; der fünfte giebt kurz, was an ſtatiſti= ſchen Reſultaten vorhanden, der ſechſte ſchildert mit wenigen Worten das Ende der Compagnie.

1.
Die Verhandlungen über den Abſatz nach Rußland.

Die preußiſchen Geſandten und Geſchäftsträger hatten ganz allgemein den Auftrag, über Handels= und Induſtrieſachen regel= mäßig zu berichten, Gelegenheit für den Abſatz preußiſcher Pro= dukte auszukundſchaften. Und ſo regte es der preußiſche Geſandte in Petersburg, v. Mardefeld, in einem Schreiben vom 22. März 1720 an, ob nicht das Lagerhaus zur Probe blaue, grüne und rote Laken herſenden und zu dem Preiſe auch liefern könnte, wie ſie der Zar Peter der Große jetzt aus England und Holland beziehe.

Kraut, der Mitglied des G. K. Kommiſſariats und damals noch Haupteigentümer des Lagerhauſes war, entwarf die Ant= wort: Das Lagerhaus ſelbſt fertige nur die Tücher für die Oberoffiziere aus ſpaniſcher Wolle, die Elle zu 2½ Thlr.; die eigentlichen Soldatentücher würden von den Tuchmachern in den kurmärkiſchen und pommerſchen Städten gemacht, ſie ſeien aber nicht ſo gut wie die engliſchen, wenn aber Mardefeld Proben und Preis derſelben einſende, ſo wolle man unterſuchen, was zu machen ſei. Darauf ſandte Mardefeld die Proben und teilte mit, daß der Kaufmann Jean Verneſobre aus Moskau über Berlin kommen und genaue Nachricht über alles geben werde; dieſer meine, daß die engliſchen Laken nicht beſſer ſeien, ſie ſeien von lauter toter Wolle; einige hundert Pack Laken, darunter

auch einige feinere vom Lagerhaus könnte man immer hier an
Kaufleute mit ⅓ Gewinn abfetzen und zugleich einen Handel
mit ruffifchen Produkten nach Preußen eröffnen, wozu er ein
Verzeichnis der ruffifchen Exportwaren beilege (A.-St. I).

Vernefobre traf in Berlin ein, konferierte mit dem G. K.
Kommiffariat und machte genaue Angaben über Länge, Breite
und Preis der englifchen Tücher, worauf der König genehmigte
(18. Jan. 1721), daß man auf Rechnung der Accifekaffen in
Zielentzig, Brandenburg und Züllichow je ein Stück rotes, blaues
und grünes Tuch kaufte und an Marbefeld fandte. Die Weifung,
die im G. K. Kommiffariat für ihn entworfen wurde (fie ift
von der Hand eines der tüchtigften, wenn nicht des tüchtigften
Rates im G. K. Kommiffariat Manitius concipiert, von Grumbkow
und Kraut unterfchrieben), geht dahin: er möge dahin wirken,
daß feine zarifche Majeftät alle Tücher, Doubluren, Strümpfe,
Hüte, foweit folche die ruffifchen Manufakturen nicht liefern,
aus Preußen nehme; neben den neun Stücken Tuch folgen Proben
von Boy zum Futter, fowie von einigen Paaren geknitteten und
gewebten Soldatenftrümpfen; gefielen fie, fo folle er mit dem
namhaft gemachten Petersburger Kaufmann Pelloutier unterhandeln und mit ihm einen Vertrag fchließen, daß er ein
Comptoir preußifcher Waren in Petersburg errichte; Kaufleute
aus Berlin und anderen kurmärkifchen Städten, die in Compagnie
an ihn lieferten, würden fich dann fchon finden. Ein ähnliches
ruffifches Comptoir könnte man dann in Stettin zulaffen, nachdem Zölle und Licenten egalifiert und den preußifchen Schiffen
erlaubt wäre, ruffifche Exportanda zu laden.

Die erfte Antwort Marbefelds hierauf (11. April 1721)
lautete fehr ermutigend, faft fanguinifch: Pelloutier fei bereit,
ein folches Comptoir zu errichten, er rühme die Züllichowfchen
Tücher fehr, wolle 2—300 Stück davon leicht an Kaufleute vertreiben; fremde Schiffe würden nicht behindert, da ruffifche noch
fehr wenige vorhanden feien; der Zoll werde in Prozenten ent-
richtet; außerdem zahle das fremde Schiff fechs Dukaten für den
Paffeport. Dagegen war ein umfangreicherer folgender Bericht

(18. Juli 1721) etwas kühler; die feinen roten und blauen
Tücher (aus Züllichow und Zielenßig) ſeien kaum verkäuflich, da
die holländiſchen billiger ſeien; die Kaufleute finden ſie nicht
genug geſchoren, ſie ſollten kürzer von Wolle ſein; gleiches gelte
von den Boyen; dagegen ſeien die Scarlat Etamine das Stück
für 14 Rubel verkäuflich. Pelloutier wolle künftiges Jahr
50 Stück zur Probe übernehmen. „Die gemeinen Tücher (aus
Brandenburg), ſchreibt Marbefeld, haben wir gegen die engliſchen
examinirt, und iſt ganß gewiß, daß die grünen und blauen an
Güte und Couleur die engliſchen übertreffen, die rothen aber bei
Weitem nicht ſo ſchön von Farbe ſind, wie die Engliſchen”.
Aber ſie müßten ſo breit ſein wie die engliſchen und zu
50 Copeyken die Elle geliefert werden. Ob größere Armee=
beſtellungen zu bekommen, das ſchwebe beim Kriegskollegium; er
werde ſein Möglichſtes thun. Bald darauf ſandte er noch Zeug=
niſſe ruſſiſcher Kaufleute ein, das preußiſche Tuch ſei ſtärker als
das engliſche, trage ſich beſſer und widerſtehe der Näſſe mehr,
um damit die entgegengeſeßten Ausſagen von Moskauer Kauf=
leuten zu entkräften. Auch ſtellte ſich heraus, daß die Militärs
eher auf die Tücher, die aus der feineren neumärkiſchen Wolle
in Züllichow und Zielenßig gemacht, reflektieren wollten.

Es handelte ſich nun in Berlin darum, Ernſt zu machen,
einen maßgebenden Entſchluß zu faſſen. In drei Vorträgen
unterbreitete das G.K. Kommiſſariat dem Könige die Entſcheidung.
Grumbkow hatte hier, wie in ähnlichen Fällen, ſeine Bedenken;
das herrſchende Handelsſyſtem war ſein Werk, aber alles Gewagte,
was die ſicheren Staatseinnahmen berühren konnte, ſtaatliche
Induſtrien, ſtaatlichen Handel mißbilligte er; er hob den
ſchwierigen und unſicheren Transport hervor; es ſei kein Entre=
preneur da, der ſo große Lieferungen übernehmen könne. Der
König bemerkte auf den Vortrag vom 16. Auguſt: „kan ja in
Stettin geladen werden und in ſchif bleiben biß Petersburg,
ſollen vor 3 Regimenter übernehmen” und auf den vom 20:
„Kraut ſoll die Lieferung übernehmen”. Und als ihm nochmals
am 17. Oktober (A.=St. II) der Stand der Sache vorgetragen

und mitgeteilt wurde, daß es zunächst für dieses Jahr nichts sei, schrieb er: „sie sollen mit Graf Gollotschin sprechen". Er hoffte so durch den russischen Gesandten in Berlin zum Ziel zu kommen. Er war jedenfalls das treibende Element.

Noch an demselben Tage ging eine Instruktion an Mardefeld ab, die ihm energisch befahl, eine Lieferung herauszuschlagen. Und der Erfolg war, daß dem Pelloutier aufgetragen wurde, bis September 1722 für zwei Regimenter à 12—1500 Mann 12000 Arschinen Tuch, die Elle zu 52 Copenken, zu liefern. An ihn sollte Kraut, d. h. also das Lagerhaus, die Lieferung übernehmen. Aus dem Bericht Mardefelds vom 15. Januar 1722, wie aus allen vorhergehenden, erfahren wir, daß es sich im wesentlichen um ein Intriguenspiel handelte; die verschiedenen Machthaber und Parteiführer standen sich am Petersburger Hofe auch zu Peters des Großen Lebzeiten auf das schroffste gegenüber. Es handelte sich darum, wer die entscheidenden Personen zu gewinnen, für sich zu interessieren mußte. Der englische Gesandte und die englischen Kaufleute — heißt es — sähen dabei tausend Rubel nicht an; der preußische Gesandte mußte dagegen durch seine Geschicklichkeit, durch die Vorschiebung der Preußenfreunde am Hofe, unter Umständen durch Grobheit und Drohungen gegen Menschikoff wirken, wie wir aus seinem Berichte vom 15. Januar 1722 (A. St. III.) sehen.

Wie diese erste Lieferung ausgefallen ist, erfahren wir nicht aus den Akten. Die ganze Angelegenheit drohte einzuschlafen, wenn nicht der König wieder trieb. Er befahl im Laufe des folgenden Jahres 1723 (23. April) neue Proben auf breiteren Stühlen machen zu lassen und sie dem Grafen Gollotschin vorlegen zu lassen. Der Kaufmann Felsch in Züllichow lieferte sie, die farbigen zu 15, das weiße zu 13 Thaler 6 Groschen das Stück, während die Proben von 1721 auf 12½ und 13 Thaler gekommen waren. Auch die Königsberger und Stettiner Kammer wurden aufgefordert, die Sache zu überlegen und zu betreiben; Kaufleute aus Stettin und Königsberg traten direkt mit Marde feld in Korrespondenz. Klinggräff verhandelte mit den Stendaler und Salzwedeler Kaufleuten (Ende 1723 und Januar 1724), dann auch mit Wittstocker und Perlebergern, ob sie nicht größere Lieferungen übernehmen wollten; nur die Stendaler sind bereit, ein Regiment zu übernehmen. Die größeren Berliner Häuser wurden 2. Januar 1724 von dem Kriegskommissar Schönbeck vernommen; es sind Splittgerber und Daum, Günther, Gregorii, Heinlichen, Hauffen, Abr. Rosenfeld, Müller, Heydeler, Kirsten und Reich; sie fassen die Sache gleich richtig an, zeigen Lust und Unternehmungsgeist: das Tuch müsse 9 Monate vorher bestellt, ⅓ des Preises müsse im voraus bezahlt werden; die Tuchlieferanten müßten zusammen eine Compagnie bilden, erklären sie zu Protokoll.

Diese ganzen Verhandlungen gründeten sich aber nicht bloß auf den neuen Anstoß, den der König gegeben, sondern auch auf die Berichte Marbefelds, daß die Lieferungen nun von den einzelnen Obersten zu vergeben und dabei mehr Hoffnung sei, sowie, daß die von den Stettiner Entrepreneurs übersandten Proben gut befunden worden seien. Auch Geheimer Rat Schindler, der mit als erstes kaufmännisches Faktotum in Berlin neben Splittgerber galt, als Inhaber der Silberwarenfabrik überallhin gute Korrespondenten hatte und eben in diesen Tagen nach dem Tode Krauts provisorisch die Leitung des Lagerhauses übernahm, erhielt ermunternde Briefe von St. Petersburger Kaufleuten. Sein am 27. Dezember dem im Januar 1723 neu gegründeten General=Direktorium über die Sache eingereichter Bericht über die Angelegenheit zeugt von viel Sachkenntnis. Er behandelt die Grundschwierigkeit aller Hausindustrie, ein gutes und gleichmäßiges Produkt von Hunderten verschiedener kleiner Meister für eine derartige Massenlieferung zu erhalten.

Die Tücher, so führt Schindler aus, müßten egal von Güte, dauerhaft und von lebendiger Farbe sein. Um das zu erreichen, pflege man in solchen Fällen mit dem ganzen Gewerk der Tuch=macher oder mit einem größern Tuchhändler zu accordieren. Aber das reiche hier nicht; weder das Gewerk noch der Tuchhändler

könnten für rechte Einrichtung und Ordnung ſorgen, das Walken,
Zubereiten und Färben kontrollieren; bei der Schau laſſe man
die meiſten Fauten paſſieren, die betreffenden Schauer ſeien zu
unwiſſend, ſie nur zu entdecken; man bekomme da Tücher zuſammen, von denen die einen los, die anderen dichte, einige
dünner, andere dicker, einige breit, andere ſchmäler, einige von
Farbe ganz tot, andere von Couleur nicht recht gefärbt ſeien.
Das ſei nur durch eine Lieferung des Lagerhauſes oder eine
ſolche unter ſeiner Leitung zu vermeiden.

„In dem Lagerhaus“, ſagt er, „iſt auf alle Arbeit oder
auf jedes Handwerk, ſo zur Verfertigung eines Tuches gehöret,
eine beſondere Einrichtung und Ordnung gemachet, wodurch alle
obgedachte Hauptfauten vermieden werden, und obſchon an keinem
Ort der Welt es dahin zu bringen, daß in großen Manufacturen
oder wo viel Waaren gemachet werden, nicht Fauten paßiren
ſolten, weile der Arbeiter viel und einer geſchickter als der andere,
einer auch williger und mit mehrerem Fleiß als der andere ſeine
Arbeit verfertigt, ſo iſt doch gewiß, daß in dem Lagerhauße,
woſelbſt des Jahres über ſo viele taußend Stücke an Tücher
und Kirſey gemachet werden, nur wenig Fauten paßiren, welches
ich darum anführe, weile ich ohnvorgreiflich dafür halte, es müße
denen Züllichauer und andern Tuchmachern, welche auf nöthigen
fall die Tücher vor die Rußiſche Regimenter machen ſollen, auch
recht vorgeſchrieben und bedeutet werden, wie ſie die Tücher
verfertigen ſollen, zu dem Ende einer aus dem Lagerhauße,
welcher das Tuchmacherweſen inne hat, nach Züllichau zu ſchicken
und ihme eine ſchriftliche Inſtruktion mitzugeben wäre, nach
welcher er gedachte. Tuchmacher anzuweiſen und waß vor
Schwierigkeiten vorkommen und wie die Arbeit gehet, poſt-
täglichen zu berichten hätte, damit man denſelben melden könne,
wie alle Hindernuß und Mängel in Verfertigung der Waare
abzuſtellen ſeyen; dabey gar ein nöthiges Werk ſeyn will, daß
aus dem Lagerhauße von Tuchbereiter, Walker und Färber nach
Züllichau geſchickt würden, welche daſelbſten denen Leuthen in
ihrer Arbeit recht anweiſen und unterrichten, welche Unter-

richtung vom Lagerhauße bey denen Arbeitern in denen kleinen
Städten noch nicht geschehen, weile man dasjenige, so bey dem
Lagerhauße mit vieler Mühe und Umständen ausgeforschet
worden, andern Leuten, die vielleicht außer Lande gehen und in
frembden Orten es ausbringen möchten, nicht sagen wollen, wie
denn beßwegen bey dem Lagerhauße die Praecaution genommen
worden, daß die Färber, an welche die Arcana gesaget werden
müßen, auf hiesigen Hoffgericht geschworen, solche an frembbe
nicht zu entdecken. Es werden aber hierunter S. K. M. wohl
allergn. Befehl ertheilen, wie es, wann Tücher nach obigem
Vorschlag gemacht werden sollen, zu halten sei."

Das Lagerhaus könnte auch, meint er, was für den Moment
das wichtigste sei, um die Engländer auszustechen, wohlfeil liefern.
Es könnte zunächst ohne Kaufmannsprofit arbeiten; es könne
die Tuchmacher um billigen Lohn haben, wenn es ihnen im
voraus 1½ jährige Arbeit verspreche; der Weber müsse natürlich
viel mehr fordern, wenn er nur dann und wann beschäftigt sei.
Habe man dann die Lieferungen, so lasse sich der Profit nach=
holen, man könne dann auch eher, ohne daß es gemerkt werde,
an der Qualität abbrechen. Jedenfalls wäre die Sache von
großem Vorteil für den König und das Land; die Gelder, so
zur Zahlung des Arbeitslohnes nötig seien, müßten von Peters=
burg remittiert werden, das hiesige Land werde an Geld so viel
reicher, und das Geld fließe zuletzt, weil die Arbeiter es wieder
verzehren, in Seiner Majestät Kassen.

Im General=Direktorium war man aber nicht ganz dieser
Meinung. Hatte doch das Lagerhaus gerade seit Anfang des
Jahres 1723 so sehr über nicht genügendes Kapital geklagt;
Anfang Juli war Kraut gestorben; an Schindler war die Leitung
zunächst übergeben worden; aber es war die Frage aufgetaucht,
ob man es nicht an Entrepreneurs überlassen solle. Schindler
hatte dann (September 1723) alle möglichen großen Projekte
über die Erhaltung der Manufaktur und die Errichtung eines
Kommerzienkollegiums ausgearbeitet. Diese Projekte waren eben -
noch in Schwebe; man hatte sie teilweise im General=Direktorium

für eitel Wind erklärt. Schindler gab die Leitung des Lager=
hauses bald darauf auch wieder ab. Der Zuschuß der Landschaft
zur Übernahme des Lagerhauses mit 100 000 Thaler und die
nicht ganz leichte Auseinandersetzung mit den Krautschen Erben, —
all das war in diesen Wochen noch nicht abgewickelt. Niemand
wußte noch sicher, was aus dem Lagerhause werde[1].

Auch prinzipiell war man, wie ich schon erwähnt, im
General=Direktorium durchaus nicht allgemein für Beseitigung
der privaten Initiative, und so ist es verständlich, wenn
M(anitius), sicher in Übereinstimmung mit Grumbkow, auf den
oben erwähnten Bericht Schindlers am 29. Dezember 1723 sein
Votum dahin abgab: zunächst sei abzuwarten, ob Mardefeld
nicht mit den Stettiner und Königsberger Kaufleuten zum Schluß
komme; das Lagerhaus werde schwerlich billiger liefern können.
„So lange noch einige Hoffnung ist — heißt es —, daß Unsere
Unterthanen und Kaufleute die Lieferung mit Profit thun können,
so lange würde das Lagerhauß mit ihrer ohne Profit thuenden
Liefferung zurückstehen und denen Unterthanen den Markt nicht
verderben müssen."

Der Kriegs= und Domänen=Rat Reinhardt, Commiss. loci
für Potsdam, Brandenburg, Ruppin und die nächstgelegenen
Städte, berichtet am 17. Januar 1724, alles werde schon gehen;
nur könnten die Tuchmacher und Kaufleute in seinen Städten
nicht nach Petersburg, sondern höchstens bis zu einem in
Stettin zu errichtenden Magazin liefern (A. St. IV). Man
bittet den König, für den Fall, daß russische Schiffe die Ware
aus Stettin holen, halbe Licentfreiheit für russische Waren
zu bewilligen (A. St. V), was er auch 28. März 1724 ge=
nehmigt.

Unterdessen gelang es Mardefeld gegen Mitte des Jahres
1724, den entscheidenden Schlag gegen die Engländer zu thun.
Der Senat, die höchste Gewalt im Reich[2] neben dem Zaren, die

---

[1] Berl. Staats=Arch. Kur=Mark CXV. No. 3.
[2] Vgl. Herrmann, Geschichte des russischen Staates IV, 376 (1849).

dem Kriegskollegium vorgeſetzte Behörde, hatte eine Ordre zu
Gunſten der preußiſchen Tücher erlaſſen, hatte geboten, mit den
Engländern nicht mehr zu unterhandeln. Auf Beſtechung beruhte
dieſer Umſchwung nicht, dem engliſchen Geld war das preußiſche
nie gewachſen. Auch iſt aus den Akten erſichtlich, daß auf den
Antrag Marbefelds erſt viel ſpäter, als die Compagnie in Peters=
burg abgeſchloſſen hatte, an Jaguſhinsky ein Juwel im Wert
von 2000 Thaler geſandt wurde, „da ihm mit Geld nicht ge=
bienet", und der König perſönlich einen liebenswürdigen Brief
an Menſchikoff ſchrieb. Wahrſcheinlich hatte die allgemeine
politiſche Lage zu dieſer Preußen günſtigen Entſcheidung mit
beigetragen. Peter hatte die Hand ſeiner älteſten Tochter dem
Herzog von Holſtein verſprochen, wollte dieſen in ſeine
ſchleswigſchen Lande wieder einſetzen, wünſchte dazu die
preußiſche Zuſtimmung[1], während die Beziehungen zu England
bis zum Tode des Zaren (8. Februar 1725) ungünſtige waren.
Wichtiger aber war wohl die ganz perſönliche Stimmung
Jaguſhinskys für Preußen. Polniſcher Abkunft, der Partei der
Ausländer und Emporkömmlinge am Hofe, wie Baſſewitz,
Menſchikoff ꝛc. angehörig, hatte er ſich von niedriger Stellung
zum Generalmajor, Kammerherrn und Schwiegerſohn des Groß=
kanzlers Golowkin emporgearbeitet und war endlich 1722 in die
allerhöchſte Vertrauensſtellung eingerückt; der Kaiſer hatte ihn
zum Generalgouverneur des Senats, gleichſam zu dem die
Geſetzmäßigkeit der Handlungen des Senats kontrollierenden
Polizeimeiſter ernannt. An ſeinem Einfluß hing weſentlich die
preußiſche Lieferung, ihn hatte Marbefeld zu gewinnen gewußt.
Auch als der König (Mai 1725) direkt an Menſchikoff, der nach
dem Tode Peters zunächſt über die Kaiſerin und die ganze
Regierung eine ſo weit gehende Gewalt übte[2], ein freundliches
Schreiben richtete, iſt Marbefeld ängſtlich, daß dies Jaguſhinsky
übel nehme. „Der Fürſt Menſchikoff muß deswegen menagiret

---

[1] Droyſen, Preuß. Politik IV, 2, 1, S. 356, 359 u. 363.
[2] Herrmann a. a. O. 472.

werben, damit er keine andere engagements bei sich admittire und im Collegio den Nachdruck· geben könne. Die Beitreibung der Sache selbst aber muß absolut bei dem General Procureur bleiben. Es ist sein Departement und weiß er das Detail davon, machet auch seine eigene affaire daraus, so daß man alles verderben würde, wenn man ihm die geringste mesiance zeigte (15. Mai 1725)[1]."

Die Entscheidung des Senats zu Gunsten der preußischen Tücher machte natürlich großes Aufsehen in der Handelswelt, erzeugte große Entrüstung bei den Engländern. „Der reiche Hermann Mayer", schreibt Marbefeld, „hat allein für 80 000 Rubel englische Tücher da liegen, die er nun nicht verkaufen kann." Aber die unparteiischen Engländer mußten zugeben, daß der Entschluß ein richtiger war. „Der Makler Meur," versichert Marbefeld, „welcher vor diesem ein reicher englischer Kaufmann gewesen und fallit worden, hat mir theuer versichert, daß kein englischer Kaufmann im Stande sei, solche Tücher, wie die Proben sind, unter 80 — 90 Copeyken die Arschine zu verschaffen."

Es galt jetzt, nur rasch und sicher einen Unternehmer in der Heimat zu finden, welcher die Lieferung übernahm. Die Stettiner Kaufleute machten zweierlei Schwierigkeiten. Sie verlangten von dem König einen Vorschuß — außer 6000 am 24. November 1723 bewilligten Thalern — weitere 100 000; der König genehmigte aber nur 3000 (24. August 1724). Außerdem blieben sie dabei, daß die russische Regierung die Tücher in Stettin abholen, dort sie examinieren, messen und besiegeln lasse, um so alles Risiko von sich abzuhalten. Marbefeld war empört über diese kaltsinnige ängstliche Erklärung; er vermutet, daß böswillige Konkurrenten in Petersburg die Stettiner absichtlich in Schrecken gejagt hätten. Man versuchte noch die

---

[1] Als Jaguschinsky bald darauf, wohl infolge seiner Händel mit Menschikoff, seines Amtes als Generalprokurator enthoben und zum Oberststallmeister ernannt wurde, war der Vertrag mit der Berliner Compagnie schon geschlossen.

Stettiner und Berliner Kaufleute zu vereinigen. Aber ohne Erfolg.

Zehn Berliner Kaufleute, in der Hauptsache dieselben, welche schon am 2. Januar vernommen worden waren, erklärten am 15. September in einer Eingabe an den König sich bereit, die Lieferung zu übernehmen ohne Vorschuß der Regierung (A. St. VI). Sie wollen sofort 60 000 Thaler zusammenschießen, zwei aus ihrer Mitte, Reich und Viebebant, nach Petersburg zum Abschluß des Vertrags und Empfang des praenumerando dort zu erhebenden Drittels der russischen Bezahlung senden, sie bitten die Behörden und die Tuchmachergewerke sofort an sie zu weisen. Der König war darüber sehr erfreut und wies das berichtende Generaldirektorium an, die Leute in jeder Beziehung zu unterstützen; nur soll man acht geben, daß nicht etwa sächsische Tücher untergemenget werden. „Die socii sollen mir da vor respondiren mit ihrem Kopf, das guhte wahren ge= machet werden, das uns das debit nit wieder abgehe und wir guhte kredit halten."

Der Reisepaß für die zwei kaufmännischen Kommissare wurde ausgestellt; an Marbefeld, an die beteiligten Kriegs= und Domänenkammern wurden die entsprechenden Instruktionen ge= sandt und im Generaldirektorium die Ausstellung eines sog. Octroi, eines Privilegiums für die Compagnie vorbereitet. Die Verhandlungen in Berlin hierüber, die in Petersburg über den Lieferungsvertrag und die im ganzen Lande über den Beginn der Arbeit mit den Tuchmachern, ihren Gewerken und den Kammerkommissaren, welche dabei vermittelten, begannen zu= gleich und füllten den Rest des Jahres 1724 und das ganze folgende Jahr.

2.
Die Gründung und Verfassung der Compagnie.

Die Formalien über die Gründung der Compagnie kamen erst Ende 1725, im September, zum Abschluß; für uns ist aber

das Zuſtandekommen derſelben, ihre Organiſation und ihr
Privileg doch das Erſte, was wir ins Auge zu faſſen haben.

Von Compagnien erwartete man allgemein damals das
volkswirtſchaftliche Heil. In dem ſchweren Konkurrenzkampf
der Nationen und Staaten um die Kolonien, um die Herrſchaft
in Indien, um die Neugeſtaltung des ganzen Welthandels, der
Schiffahrt und Fiſcherei waren die einzelnen Kaufleute und
Schiffer, vollends die der kleineren ohnmächtigeren Staaten, faſt
wehrlos dem Neid und der Chikane der übermächtigen Gegner
preisgegeben; auch im inneren Verkehr zeigte ſich, daß größere
konzentrierte Kapitalkräfte an verſchiedenen Punkten nötig ſeien.
So lange Deutſchland im 16. Jahrhundert noch rüſtig auf der
Bahn des volkswirtſchaftlichen Fortſchrittes mitgegangen war,
hatten die kaufmänniſchen Geſellſchaften allerwärts von ſich reden
gemacht. Anſätze zu Compagnien für die Beförderung des Abſatzes einzelner Induſtrien finden ſich da und dort, ich erinnere
an die vielbeſprochene Iglauer und die von mir in meinem
Straßburger Tucherbuch geſchilderte Straßburger Barchent-
compagnie, beide aus der Zeit von gegen 1590. Wenn die
Hanſeaten auf die öſterreichiſchen Pläne einer monopoliſierten
hanſeatiſchen Geſellſchaft für den ſpaniſch-indiſchen Handel
(1627) antworteten[1], „nach der bei ihnen üblichen Handelsart
verſuche ein jeder ſein Glück für ſich und es ſei unerhört, mit
einem zuſammengeſchoſſenen Fonds unter Aufſicht und Leitung
einer Direktion Handel zu treiben", ſo waren an dieſer Antwort wohl politiſche Motive ebenſo ſchuld, als ſpießbürgerliche
Engherzigkeit.

Jedenfalls war der Fürſt, welcher damals energiſcher als
Öſterreich und Spanien nach dem „Dominium maris baltici"
griff, nämlich Guſtav Adolf, auch in Bezug auf die Frage der
Compagnien anderer Meinung. Er hatte eben in jenen Jahren

---

[1] Endemann; Handbuch des deutſchen Handelsrechtes (1881) S. 498.
Vergl. im übrigen über dieſes Projekt: Reichard, Die maritime Politik
der Habsburger im 17. Jahrhundert (1867) und Droyſen G., Guſtav
Adolf I., 319 ff. (1869).

eine Kupfer= und eine Eisencompagnie gegründet, welchen eine
„General = Handelscompagnie nach Asien, Afrika, Amerika und
Magellanica" 1627 und eine 1629 mit ihr vereinigte Schiffs=
compagnie folgte[1]. Und ebenso suchte Dänemark seine handels=
politische Stellung in der Ostsee zu verstärken. König Christian
hatte damals eine grönländische, ostindische und westindische
Compagnie gestiftet[2].

Nach dem 30jährigen Kriege predigen die theoretischen
Schriftsteller in Deutschland, die in die holländische Schule ge=
gangen und dort die großartigen Resultate der ost= und west=
indischen Compagnie kennen gelernt, die Zuflucht zum Com=
pagniehandel um so eindringlicher. Ich führe nur Becher[3] an,
der in den Compagnien die Rettung gegen die Krebsübel der
Zeit, gegen das Monopolium und das Polypolium sieht; in der
Compagnie vereinige sich die rechte Zahl Handeltreibender; die
Compagnie habe mehr Mittel und Kredit, gehe sicherer als der
private Handelsmann; sie sei mächtig genug, eine Sache reifen
und auswachsen zu lassen; wo der Handel in Compagnien ge=
trieben würde, da floriere er, wie man in Italien, Frankreich,
England, Schweden und Holland sehe; da werde verhindert,
daß einer den andern gleich verderbe; den Verlust der Compagnie
trage jeder leichter, da er nur für seine Quote hafte. Bei der
Compagnie werde durch Bewindhaber und Gevollmächtigte alles
richtig gelenkt und per plura vota abgemacht. Durch Privi=
legien geschützt, brächten die Compagnien teils fremde billige
Waren ins Land,. teils verlegten sie die Manufakturisten,
führten neue Industriezweige ein, seien in einer Richtung thätig,
welche durch die fürstlichen Statuten als dem Lande heilsam
anerkannt sei. Vierzehn Arten des Handels unterscheidet

---

[1] Geijer, Geschichte Schwedens III., 56.

[2] Reichard a. a. O. 49.

[3] Diskurs von den eigentlichen Ursachen des Auf= und Abnehmens
der Städte, Länder ꝛc. Kap. III., „Von den Kaufmanns=Compagnien".
S. 116 ff. der Ausgabe von 1673.

Becher und meint, ebensoviel Arten von Compagnien könnten bestehen[1].

Die erste praktische Frucht dieser Neuerung in Preußen war die Errichtung der Handelscompagnie für den Handel nach den Küsten von Guinea durch den großen Kurfürsten und Raule gewesen[2] (März 1682). Seit dem ersten Viertel des 18. Jahrhunderts wurden solche Pläne wieder sehr vielfach besprochen und aufgestellt. Von der dänisch-ostindischen Compagnie jener Tage erzählt Marperger[3], daß sie, begünstigt durch die Sundzollfreiheit, Lübeck die ganze westliche Handlung vollends nähme. Die französischen und spanischen Waren, wie Wein, Salz, Früchte, die früher von Hamburg und Lübeck nach Dänemark gegangen, kämen jetzt von Kopenhagen dahin. In Stockholm wurde in dem 4. Jahrzehnt des Jahrhunderts eine levantische Handelscompagnie errichtet, über deren Druck und Konkurrenz man sogar in Berlin klagte[4]. Im Jahre 1719 hatte Österreich seine orientalische Compagnie ins Leben gerufen[5] und drei Jahre später hatte es versucht, in den österreichischen Niederlanden den schon 1698 in Angriff genommenen Plan der Begründung einer ostindischen Handelscompagnie wieder durch ein neues Octroi

---

[1] Eine spätere theoretische Erörterung und Empfehlung der Compagnien siehe in Zinkens Leipziger Sammlungen (1746) III, 54—94 „Anmerkungen von dem Handel in Compagnie", wo aber mehr die offene und stille Handelsgesellschaft im Anschluß an Savarys Ausführungen empfohlen wird. Vergl. jetzt über die Entstehung der Compagnien meine Untersuchung: „die Handelsgesellschaften des 17. und 18. Jahrhunderts, hauptsächlich die großen Compagnien", in meinem Jahrbuch 1893, 959—1018.

[2] Myl. VI. 1, 555.

[3] Kaufmannsmagazin (1708) 350.

[4] B. St.-A. II. Kurmark CXV. b., No. 5, Beschwerden über das Lagerhaus 2c. Daselbst eine deutsche Übersetzung der Compagniestatuten von 1739: eine Aktie beträgt 500 Thlr. Silbermünze, der Inhaber ist vor jeder Nachforderung gesichert, kann seinen „Portionsschein" verkaufen; 4—5 Direktoren, deren jeder 10 Portionen haben muß, stehen an der Spitze; für wichtige Beschlüsse haben sie 4 Hauptparticipanten noch zuzuziehen.

[5] Dr. F. M. Mayer, Die Anfänge des Handels und der Industrie in Österreich und die orientalische Compagnie. Innsbruck 1882.

auf breiterer Basis zu beleben[1]. Es war die Zeit, da in Frankreich das Lawsche System (1715—1720) blühte, in England der Schwindel der Südseecompagnie (1720) seinen Höhepunkt erreichte.

Waren die Verkehrsverhältnisse auch noch nicht so ausgebildet, daß diese Haussebewegungen Brandenburg=Preußen direkt berührten, so erzeugte doch der allgemeine Aufschwung des Geschäftslebens auch in Berlin ähnliche Pläne. Ein gewisser Neumann übergab im März 1724 der Regierung den Plan zur Gründung dreier Compagnien; die eine sollte die westliche, die andere die östliche Handlung zur See, die dritte die Fischerei und den Fischwarenhandel betreiben. Da gerade damals die Stettiner Kaufleute mit Marbefeld über die Tuchlieferungen nach Petersburg verhandelten, lag es nahe, sie zunächst darüber zu vernehmen. Das Protokoll ihrer Sitzung, das ich mit dem Plane des Neumann (A. St. VII und VIII) publizierte, zeigt, daß man in Stettin damals nur Schwierigkeiten sah und über Zölle und Licenten klagen konnte.

Eine fast gleichzeitige Denkschrift über den Handel der Kurmark, aus der Feder eines sehr sachverständigen und klugen Mannes, beklagt vor allem die Abhängigkeit des märkischen Handels von Hamburg, Lübeck, Danzig und Breslau, wünscht hauptsächlich den Tuchabsatz nach dem Norden den Danzigern zu entreißen und den Brandenburgern zuzuwenden; sie sieht eine Möglichkeit der Durchführung ihrer Gedanken auch nur in der Aufrichtung einer großen Compagnie, die den ganzen Groß= und Exporthandel in die Hand nehmen sollte. Auch diese anonyme Denkschrift wurde dem Stettiner Handelsstand am 18. Januar 1725 zur Begutachtung übergeben, ohne dort vielen Beifall zu finden. (A. St. IX.)

Während die Verhandlungen über diese zu groß angelegten Projekte schwebten, hatte die Berliner Compagnie für die rus=

---

[1] Siehe die Schrift: La verité du fait, du droit et de l'interêt de tout ce qui concerne le commerce des Indes établi au pais bas autrichiens par octroi de Sa Majesté imper. et catholique (1726).

sische Tuchlieferung auf dem festen Boden eines engbeschränkten praktischen Zweckes und einer genossenschaftlichen Einigung der größeren Berliner Häuser, mit Splittgerber und Daum an der Spitze[1] sich bereits zum Handeln entschlossen, hatte sie ihre Delegierten Reiche und Viebebant im September 1724 nach Petersburg geschickt und die Lieferungsverträge mit den Tuchmachern angefangen zu schließen.

Es war Zeit, daß sie sich nun auch ein Privilegium, ein Octroi, wie man es nannte, geben ließ, um ihre Vorrechte gegen alle Zweifel sicher zu stellen. „Octroi hieß die über die Genehmigung einer privilegierten Handelsgesellschaft ausgestellte obrigkeitliche Urkunde, durch welche alle den Beteiligten und deren Rechtsnachfolgern verwilligten Ausnahmen von der Anwendung des allgemeinen Rechts fixiert waren."[2]

In einer umfangreichen Eingabe vom 25. Juni 1725 (A. St. XIII) legten die Interessenten dem Könige den Entwurf eines Octrois vor (Auszug davon A. St. XIV). Es ist lehrreich, wie auch diese praktischen Kaufleute von Becher'schen Theorien über Monopolia und Polypolia erfüllt sind, wie sie über Industrie und Steuerkraft, über Konkurrenz und Handelspolitik theoretisieren, um ihren Forderungen das richtige Gewand zu geben. Ihr Entwurf ist sehr viel umfangreicher als das später vollzogene Privileg, enthält auch die wesentlichen Bestimmungen über die innere Verfassung der Compagnie; er versucht überdies mancherlei Wünsche der Berliner Kaufmannschaft so nebenbei zu erledigen.

Friedrich Wilhelm übergab den Entwurf am 27. Juni 1725 dem Generaldirektorium mit einem sehr umfangreichen Kabinettsschreiben, das die Punkte genauer bespricht, welche der König einräumen wollte; er wünscht hauptsächlich, daß die Compagnie nicht auf der 6jährigen Zollfreiheit der aus Rußland nach dem brandenburgisch-preußischen Staat gebrachten Waren bestehe.

---

[1] Vergl. über die Persönlichkeit dieser beiden Kaufleute und ihre Geschäfte, König, Versuch einer historischen Schilderung der Residenz Berlin IV. 2, 202 (1796).

[2] Endemann a. a. O. 487.

Es begannen nun die Verhandlungen des Generaldirektoriums mit der Compagnie über ihre Vorrechte, welche das Kollegium in möglichst engen Schranken halten wollte, und über die privat= rechtliche Natur der Gesellschaft, worüber ein Gutachten Coccejis eingeholt wurde. Die im ersten Entwurf enthaltenen zahlreichen Bestimmungen über die innere Verfassung der Compagnie wurden als hier überflüssig alle beseitigt und durch die allgemeine Ge= nehmigung des Societätsvertrags (§ 1) ersetzt. Das Privilegium wurde am 21. September 1725 vollzogen und ist dann später auch gedruckt an die Behörden und Regimenter zur Nachachtung verteilt worden. (A. St. XV.)

Die Compagnie war eine privilegierte Handelsgesellschaft von ursprünglich zehn Berliner Geschäftshäusern, von welchen jedes fünf Anteile übernahm. Es waren Splittgerber und Daum, Viebebant und Gregorii, Joh. Chr. Buder, Chr. Heydeler, Abr. Sprögel, G. F. Günther, J. G. Heinlichen, Chr. Thielebein, Joh. Sam. Reich und Joh. Chr. Kirsten. Schon im April 1726 aber, „da die Handlung sich viel weiter extendierte, als man Anfangs vermuthet", traten noch folgende neun weitere Inter= essenten. Joh. Christ. Schrader, Zacharias Regelin, Joh. Friedr. Rettcher und Sohn und Johann Witte aus Berlin, Abraham Dietrich Schröder, Ernst Gottlieb Gloxen und Sohn, Daniel Busse und Samuel Roßke aus Frankfurt, sowie Samuel Maue aus Landsberg bei. Ihre Namen wurden dem Privilegium einverleibt. Später traten einzelne aus; die Geschäftsanteile blieben nicht gleich. Die höchst Beteiligten waren 1735 Splitt= gerber und Daum mit 72 500 Thlr., Schrader mit 30 000, Günther mit 25 000 Thlr. Das Kapital haben die Interessenten ursprünglich zu 60 000 Thlr. angegeben, es muß aber schon im zweiten Geschäftsjahr auf über das Dreifache und später noch mehr angewachsen sein.

Unsere heutigen Begriffe von offener Handelsgesellschaft, stiller Gesellschaft und Aktiengesellschaft passen alle nicht ganz auf unsere Compagnie, wie überhaupt wohl nicht auf die meisten Compagnien des 17. und 18. Jahrhunderts. Es handelt sich

bei den meisten dieser Gesellschaften um Ausgangspunkte, die
halb in der alten Gildeverfassung, halb in der offenen Handelsgesellschaft liegen, aber zugleich um eine Entwickelung, die zur
Aktiengesellschaft hindrängte, jedoch noch nicht ganz bei ihr angelangt war.

Die Hansen der einzelnen deutschen Städte, die spätere
große deutsche Hansa, die flandrische und die Pariser Hansa, die
Gesellschaften der italienischen Kaufleute, welche die Messen der
Champagne besuchten, die englischen Stapelkaufleute und die
merchants adventurers — das alles waren Vereine miteinander
reisender, durch lokale Gilden oder Stammes- und Sprach-
gemeinschaft miteinander verbundener Kaufleute, deren jeder
aber sein Geschäft auf eigene Rechnung trieb. Ihre Verfassung
war eine Reise-, eine Karawanenverfassung, ihr Ziel war der
Erwerb gemeinsamer Privilegien auf fremden Märkten; der Einzelne hatte sich der gemeinsamen Verfassung zu fügen, und diese
reichte so weit, als die gemeinsame Fahrt, der gemeinsame Markt-
besuch, das Stapelhalten da und dort es erforderte. Teil nehmen
konnte Jeder, der der heimatlichen Gilde, den berechtigten Städten,
demselben Lande angehörte. Naturgemäß erwuchs aber aus
dieser Gemeinschaft eine weitere. Man wollte die fremden Märkte
beherrschen: dazu gehörte, daß man sie nicht überführte, daß man
das Angebot regulierte, zeitweise ganz mit demselben zurückhielt,
die Preise verabredete. Wollte man das, so mußten die leitenden Organe den Erwerb der Mitgliedschaft erschweren, jedem
Teilnehmer den Gehorsam bezüglich solcher Anordnungen auferlegen, unter Umständen den Umfang seines Handels ein-
schränken. Das haben die Hanseaten, das haben die merchants
adventurers gethan.

Und das ist, wie ich glaube, der Punkt, von dem aus die
Entstehung der holländisch-ostindischen Compagnie zu erklären ist.
Die einzelnen größeren Rheder und kleinen Handelsgesellschaften,
die 1590—1602 aus den verschiedenen niederländischen Städten
nach Ostindien fuhren, hatten durch ihre Konkurrenz es dahin
gebracht, daß sie in Indien beim Einkauf die Preise sehr in die

Höhe trieben, in Europa beim Verkauf sie durch Überführung des Marktes sehr stark herabbrückten. Man vereinigte alle diese Unternehmungen unter einer einheitlichen Leitung; die bisherigen Handeltreibenden und Rheder wurden „Hooftparticipanten und Bewindheebers" (wir würden sagen Verwaltungsräte); jede beteiligte Stadt behielt ihr Geschäft in der Form einer besonderen Kammer; erst nach und nach kam der Satz zur praktischen Geltung, daß die übergroße Zahl der Bewindheebers bis auf 65 aus= sterben solle. Auch in der späteren Zeit liegt die praktische Leitung und Geschäftsführung auf dieser namhaften Zahl Bewindheebers, den großen Kaufleuten und Rhedern vor allem Amsterdams. Die thatsächliche Entwickelung scheint die gewesen zu sein: es blieben zuerst die bestehenden Einzelgeschäfte bestehen, sie trugen nur Gewinn und Verlust gemeinsam, buchten das Kapital, das jedes Geschäft in dem Handel stecken hatte, in Form von Aktien einer einheitlichen Gesellschaft und fügten sich gemeinsamer Leitung und Verabredung; später war wenigstens noch jede Kammer eine besondere Geschäftsunternehmung, die mit der anderen aber unter der gemeinsamen Oberleitung der Siebzehn stand. Das waren Einrichtungen, die unseren heutigen Kartellen verwandt sind. Sowohl die Ausführungen Bechers als die der oben erwähnten Berliner Denkschriften zeigen, daß man an derartiges vor allem dachte, wenn man damals von privi= legierten Compagnien sprach. Man plante damit nicht eine Verdrängung, sondern eine Zusammenfassung der bestehenden Handelshäuser, um ihre Kraft zu steigern; man meinte nicht ein Monopol damit zu statuieren, da ja jeder beitreten könne; nur das Polypolium, die übermäßige Konkurrenz, sollte durch gemein= sames Handeln unmöglich gemacht werden.

Auch die Berliner Kaufleute, welche die russische Compagnie begründen wollen, zeigen, daß in ihren Kreisen solche Anschau= ungen vorhanden waren. Sie bezeichnen sich in ihrer ersten Eingabe (A. St. VI) als ein von der Berliner Kaufmannschaft erwähltes Komitee. Sie berühren in ihrer zweiten Eingabe (A. St. XIII und XIV) verschiedene ganz allgemeine Beschwerden und Angelegenheiten der Berliner Kaufleute (Druck der Zollrollen, Einrichtung einer Börse, Errichtung einer Handelsordnung und eines Handelsgerichts), über die sie nur als Vertreter der Kauf= mannschaft eigentlich zu reden berufen sind. Vor allem aber ist ihr Protest dagegen, daß ihnen Personen oder Kapitalien wider Willen aufgebrungen werden könnten, bezeichnend. (§ 6 des Priv.) Dieser Protest wäre ja vom Standpunkt eines Privat= geschäfts aus gegenstandslos, vom Standpunkt der damaligen Compagnien aber ist er natürlich; diese Compagnien sollten eben im Anschluß an die alte Gildevorstellung jedem offen stehen Der Octroi der preußischen Compagnie für den Handel nach Guinea hatte gleich im ersten Artikel jedem Fremden und Ein= heimischen den Beitritt mit einem Kapital von 200 Thlr. und mehr offen gelassen. Diese Offenheit, welche unsichere Majoritäten und Konflikte in Aussicht stellte, wollten die Berliner Herren eben ausschließen. Nur in einem Punkte mußte die Compagnie eine Konzession an diese ältere Anschauung machen; sie mußte sich verpflichten, von jedermann Waren zum Verkauf in Peters= burg gegen übliche Provision und getreue Verkaufsrechnung zu übernehmen (§ 3 des Priv.).

Im übrigen wollte der oligarchische Kreis der größeren Berliner Häuser unter sich bleiben; er nahm aber auch keine be= schränkte Haftbarkeit in Anspruch. Es sollten alle für einen und einer für alle haften (§ 8 des Priv.). Es darf keiner ohne Zustimmung der Compagnie seine Anteile an Fremde cedieren. Keiner hat das Recht, seinen Anteil herauszuziehen. Wird er wegen Privatschulden verfolgt, so wird der Privatgläubiger zu= nächst auf die übrigen Habseligkeiten, Güter und Kapitalien des Betreffenden verwiesen. Erreicht er damit keine Bezahlung, so muß er sich bei der Compagnie melden und den von ihr anzu= setzenden Zahlungstermin abwarten.

Kurz, die Compagnie ist nach innen eine offene Handels= gesellschaft mit Solidarhaft auf zwölf Jahre. Jedem Gesellschafter ist verboten, neben den Compagnieunternehmungen in denselben Waren, mit welchen sie handelt, nach Rußland oder von Ruß=

land weg Geschäfte zu machen, bei Verlust seines Geschäftsanteils
(§ 31 des Entwurfs).

Alle wichtigeren Geschäfte sollten nach dem Schluß der
mehrsten Stimmen abgemacht werden (§§ 3, 11, 15 ff. des Entwurfs). Zu jeder wichtigen Sitzung sind alle Interessenten zu
laden, was freilich den Auswärtigen gegenüber wohl schwerlich
durchführbar war. Die Gevollmächtigten werden nur auf ein
Jahr gewählt, um die laufenden Geschäfte zu führen. Und es
scheint fast, als ob die Compagnie gar kein eigenes Bureau gehabt habe. Die verschiedenen Gevollmächtigten unterzeichnen viel
häufiger mit ihrer Privatfirma, als mit dem Namen der Compagnie, die allerdings ein eigenes Siegel, eigene Färbereien,
reisende Faktoren und Commis, in Petersburg ein eigenes
Comptoir, in Stettin eine besondere Niederlage, in Breslau
und anderwärts ihre Kommissionäre zum Verkauf russischer
Waren hatte.

Nach außen tritt die Compagnie natürlich als besonderes
Rechtssubjekt auf. Die Bilanz ihres Buchhalters und seine und
der Gevollmächtigten Aussagen sollen vor Gericht genügen (§ 8
und 9 des Entwurfs). Sie kann zu gesamter Hand Kapital
aufnehmen, Deposita sich geben lassen, auch von Fremden, denen
Rechtssicherheit auch für den Fall eines Krieges versprochen wird.
Über die Frage, ob Schulden, welche einzelne Interessenten für
die Compagnie aufgenommen, als Privat- oder Compagnieschulden
zu behandeln seien, war man sich offenbar zuerst nicht ganz klar.
In einer Umarbeitung des Entwurfs hatte der entsprechende
Paragraph 7 (siehe A. St. XIV, Schluß) die sonderbare Form
bekommen, welche dem Gläubiger untersagt, solche Schulden abzutreten oder Exekution gegen den Geschäftsanteil dessen zu
fordern, der mit ihm kontrahiert. Cocceji machte das Generaldirektorium darauf aufmerksam, daß solche Beschränkung der
Gläubiger nicht wohl gehe. Und darauf erhielt der Paragraph
(im Privileg der § 8 Absatz 2) eine wesentlich andere Form:
der Gläubiger der Compagnie wird, obwohl er mit einem einzelnen Interessenten kontrahiert hat, an ihre gemeinsame Kasse

gewiefen; fie foll fpäteftens in fechs Monaten den Gläubiger
befriedigen.

Was die allgemeineren volkswirtfchaftlich bedeutungsvollen
Rechte und Pflichten der Compagnie betrifft, fo hatte der König,
wie wir fahen, gleich betont, daß fie keine fächfifchen Tücher
ausführen dürfe; fie darf mit keinen Waren nach Rußland handeln,
die nicht in den brandenburgifch=preußifchen Landen gemacht find.
Aber dafür erhält fie auf 12 Jahre das ausfchließliche Recht, aus
Preußen über Stettin zur See Montierungslieferungen für die
ruffifche Armee zu übernehmen; Splittgerber führt aus, daß
ohne diefes Privileg das große Rifiko nicht zu tragen fei; denn
gehe es in einiger Zeit gut, fo werde jeder kommen und fie
unterbieten wollen. Splittgerber wollte durchaus weitere Ver=
bietungsrechte für die Gefellfchaft; aber bei der Beratung im
General=Direktorium hieß es, die königlichen Unterthanen müßten
mit einander gleichen Markt halten können, und fo kam der
§ 3 in das Privilegium, der beftimmt, daß nach wie vor der
gewöhnliche private Handel mit Wollwaren nach Rußland über
Lübeck, Roftock, Danzig, Königsberg oder auf Meffen jedem
frei bleibe. Und die Compagnie wird überdem verpflichtet, wie
wir fchon fahen, Zeuge und Tücher, welche ihr preußifche
Fabrikanten und Kaufleute in Kommiffion übergeben, gegen die
einfache in Rußland übliche Provifion in Petersburg zu ver=
kaufen.

Für ihren Export an Tüchern, Boyen, wollenen Zeugen und
anderen Waren wird die Compagnie von allen Impoften im
Lande, Handlungsaccife, Nachfchußzoll, Stettinifchem Fürftenzoll,
Licent, Schleufen=, Wege=Geldern, Brücken= und Dammgeld,
Stettinifcher Stadtzulage, Bollwerks=Hafengeld wie von allem
Niederlagszwang in Frankfurt und Stettin befreit. Und um
den Handel mit ruffifchen Produkten, der bisher durch den
Sund nach der Nordfee ging, möglichft nach Stettin zu ziehen,
wird ihr ferner trotz des entgegengefetzten Wunfches des Königs
für 6 Jahre die Freiheit von allen Impoften für ruffifche
Waren bis auf die Niederlage von Stettin und Frankfurt ver=

sprochen. Was dann davon im Lande verzehrt wird, zahlt Konsumtionsaccise, was wieder ausgeht, einfachen Niederlagszoll, aber nicht mehr.

Nach Ablauf der ersten 6 Jahre machte der König wieder einen Versuch, der Compagnie dieses Recht zu nehmen, gab dann aber auf wiederholte Anträge des General-Direktoriums doch nach und verlängerte auch diese Benefizien für die weiteren sechs Jahre.

Ein Verzicht auf die etwaige Ausübung des Strandrechts gegenüber der Compagnie schließt die Reihe der Privilegien, mit denen ausgerüstet dieselbe nun rüstig an ihre Geschäfte ging.

Ihre Privilegien, wie ihre innere Verfassung entsprachen durchaus der Lage der Verhältnisse. Die Compagnie kam mit ihnen zur kräftigsten Entwickelung. Über ihr weiteres inneres Leben sind wir freilich nur bruchstückweise unterrichtet, da wir nicht ihre, sondern die Akten ihrer Aufsichtsbehörde vor uns haben. Aber soviel läßt sich auch aus diesen ersehen, daß die schwierigste Frage, immer wieder Einigkeit unter 10 bis 19 Interessenten zu erzielen, trotz vieler Konflikte doch so gelöst wurde, daß die Compagnie bestehen und blühen konnte. Daß die wesentlichsten Verluste derselben als eine Folge der viel-köpfigen Leitung sich später herausstellten, kann nicht wunder nehmen. Das lag in der Natur der Sache. Erst eine mehr-hundertjährige Erfahrung und Eingewöhnung hat heute das kaufmännische Gesellschaftswesen so weit gebracht, nicht, daß man über diese Schwierigkeit hinaus wäre, sondern nur, daß man ihrer etwas besser Herr wird. Für jene Zeit, für die Berliner Kaufleute von 1720—40, war es schon viel, daß sie auf dem schwierigen russischen Boden sich so weit behaupteten. Der Störenfried, der später die Hauptkrisis im Innern der Compagnie erzeugte, war ein russischer Beamter, den das Peters-burger Comptoir um seiner Geschäfts- und Lokalkenntnisse willen in Dienst genommen. Darauf kommen wir unten zurück. Zunächst betrachten wir die Thätigkeit der Compagnie in Petersburg.

3.
Die Thätigkeit der Compagnie in Petersburg.

Der erste Abschluß in Petersburg war durch Marbefeld und den Senatsbeschluß so vorbereitet, daß er keine Schwierigkeit fand. Schon am 21. November 1724 hatte der preußische Ge-sandte gemeldet, er habe die Gründung der Berliner Compagnie angezeigt und hoffe das beste; er habe den russischen Herren auch mitgeteilt, daß die Compagnie nicht nur bessere und billigere Tuche als alle anderen liefern, sondern auch ein konsiderabeles Kommerzium mit russischen Waren unternehmen wolle; das sei wichtig, da man in Petersburg sage, man müsse den Engländern die Lieferung selbst mit Schaden lassen, weil sie sonst nicht mehr so viel Hanf abnähmen. Im übrigen sei das falsch, denn die Engländer müßten den Hanf haben, hätten ihn auch vor den Tuchlieferungen bezogen.

Im Januar und Februar 1725 waren die beiden Be-auftragten der Compagnie, die Kaufleute Viedebant und Reich aus Berlin, in Petersburg. Am 30. Januar meldet Marbefeld, mit göttlichem Beistand sei das Geschäft wegen der Tuchlieferung zu Ende gebracht, gestern sei die Ordre aus dem Senat an das Kommerzkollegium ergangen, mit den Berliner Kaufleuten auf 150 000 Arschinen zu schließen. Und kurz darauf schreibt er, wenn die Probe sich bewähre, so sollten sie künftig die ganze Lieferung haben. „Mit solcher Versicherung reiset der Kaufmann Reiche diese Nacht ab, umb die ouvriers an die Arbeit zu setzen und läßet Videbanten plein pouvoir, den rest zu schließen und das Geld zu empfangen. Man hat nur über die geringere sorte von Laken contrahiret, und da der Wechselcours jetzo so hoch, können die Kauffleute bey 20 pro Cento bei diesem Handel ver-dienen. Sie fallen ohnedem in eine glückselige Zeit, denn der vorige tarif gehet übern hauffen, alle violentzen werden ein-gestellet, und wird dem Commercio solche Freyheit gegeben werden, wodurch es in ein großes Aufnehmen kommen kann, besonders wann vermittelst des neuen Canals von Kasan hieher alles zu Waſſer ohne risque kommen kann." Das Protokoll des Vertrages mit Viebebant (A. St. X.) zeigt die günſtigen Bedingungen, hauptſächlich die Vorausbezahlung eines Drittels des Kaufpreiſes. Es iſt bald darauf zu einem weiteren Vertrag gekommen; denn die Compagnie lieferte 1725 nicht weniger als 223 375 Arſchinen Tuch, nach einer Zuſammenſtellung Viebebants aus ſpäterer Zeit, die ſoweit wir es kontrollieren können, die Lieferungen eher zu niedrig als zu hoch angiebt. Die Arſchine iſt 0,71 Meter, die Berliner Elle 0,66; die beſagte Zahl Arſchinen umfaßte bei der gewöhnlichen Länge eines Stückes von 24 bis 25 Ellen alſo gegen 9000 Stücke Tuch.

Dieſen zweiten Vertrag hatte ein von Viebebant zurückgelaſſener Commis abgeſchloſſen; Marbeſeld hatte bereits richtig bemerkt, daß dem großen holländiſchen Kaufmann Meyer, der bisher der Hauptlieferant der engliſchen Tuche geweſen war, nicht zu trauen war; er hatte beim erſten Vertragsabſchluß weſentlich mitgewirkt, er drängte ſich jetzt auf das zubringlichſte zur Unterſtützung der preußiſchen Compagnie heran, wollte ihr Agent in Petersburg werden, um auch an dieſem neu aufgehenden Geſtirn möglichſt viel zu verdienen oder es unſchädlich zu machen. Deshalb bringt der Geſandte auf raſche Einrichtung eines beſonderen preußiſchen Comptoirs und Beſetzung mit zuverläſſigen Kräften. Man könne weder Meyer noch einem der anderen Kaufleute trauen; beſonders die, welche in Moskau gehandelt, ſeien alle gewöhnt, ſich untereinander und vor allem die Regierung zu betrügen. Überdem führten alle dieſe Leute ein ſo wollüſtiges und debauchantes Leben, daß faſt keiner feſt ſtehe. Die bonne foie ſei die Seele des Kommerzii, davon müſſe das preußiſche Comptoir ausgehen; dann werde es in kurzem mehr Krebit haben als alle anderen.

Schon Ende September 1725 ſiedelten dann Heydeler und Reich, zwei Berliner Hauptintereſſenten, nach Petersburg über. Und daneben gewann das Comptoir in dem bisherigen ruſſiſchen Oberkommiſſar Willers, der außer einem Präſent von 200 Dukaten für ſeine bisherigen Dienſte den Titel eines Preußiſchen Konſuls

und Kommerzienrates erhielt, eine Kraft, die durch findige Ge=
schicklichkeit und Kenntnis aller russischen Beamten und Gesetze
sich zunächst sehr brauchbar erwies.

Das Resultat des ersten Geschäftsjahres (1725) war ein
überaus glänzendes. Bei einem Einlagekapital von wahrscheinlich
nicht viel über 100000 Thaler war ein Gewinn von 22878
Thaler erzielt. Der Vertragsabschluß für das folgende Jahr
hatte keine Schwierigkeit, die Bestellung war sehr viel höher
als 1725 und steigerte sich auch noch für das nächstfolgende
Jahr.

Trotzdem zeigte sich natürlich bald, daß die Engländer sich
nicht so leichten Kaufes aus ihrer bisherigen Position verdrängen
ließen, und daß die preußische Ware, so sehr man sich anstrengte,
der englischen in gewisser Beziehung, besonders in der Farbe,
nicht gleichkam, daß nur mit der äußersten Anstrengung und
unter fortgesetztem energischem Kampf der Regierung und
Compagnie zusammen gegen die Mißgunst der Konkurrenten und
umfangreicher russischer Kreise das Feld zu behaupten war. Die
bodenlosen Zustände am russischen Hof, der rasche Wechsel in
dem maßgebenden Einfluß der leitenden Persönlichkeiten erschwerte
dies ebenso, wie die Thatsache, daß die Engländer die Haupt=
exporteure blieben.

Der bisherige Hauptvertreter der preußischen Interessen am
Hofe, Jaguschinski, war zur Armee nach der Ukraine geschickt; der
Vicekanzler Ostermann, den Mardefeld als sehr equitable und
gut preußisch rühmt, war unter Katharina wenigstens Mitglied
des neugebildeten obersten Conseils und nach ihrem Tode
(6./17. Mai 1727) der Hauptleiter und Vertrauensmann des
jungen Zaren Peter II. Aber der eigentliche Herrscher war
Menschikoff, auf den man sich nicht verlassen konnte. Er war
es, der 1726—27 stets klagte, daß die preußischen Tücher die
Farbe nicht hielten. General Leßy, ein Irländer und deshalb
mit den englischen Kaufleuten verbunden, schreibt Mardefeld
7. Juni 1727, habe zwei Montierungsröcke im Kriegskolleg vor=
gezeigt, einen preußischen und englischen, angeblich gleich lange

getragen. Der preußische sei fast weiß und ganz entfärbt ge=
wesen. Menschikoff habe befohlen, zwar mit den Preußen zu
schließen, aber hinzugefügt, sie sollten nur das halbe Geld er=
halten, wenn das Tuch nicht gleich dem englischen gefärbt sei.
Als Menschikoff endlich in Ungnade fiel (September 1727),
jubelte ganz Rußland, und Marbefeld schrieb seinem König
(1. November 1727): „Euer Majestät können nicht glauben, was
vor ein Heil diesem Reiche durch des Fürsten Menschikoff Sturz
wiederfahren sei und wie alle Sachen jetzo prompter expediret
werden und allen practiquen vorgebeuget wird." Aber für die
Compagnie war der Fall doch im Moment, wie sich bald heraus=
stellte, ein Mißgeschick; denn Menschikoff hatte mündlich noch
für 1728 eine große Tuchbestellung gemacht, die dann angezweifelt
und nicht abgenommen wurde. Ostermann, dem Präsente von
hiesigen Manufakturen zu machen, Friedrich Wilhelm der
Compagnie erst kürzlich in einem besonderen Marginal befohlen
hatte, blieb zwar in seiner Stellung; der König würdigte ihn
auch wegen der Tuchlieferung (November 1727) eines besonderen
Schreibens, aber sein Einfluß sank gegenüber dem der alt=
russischen Partei der Dolgorucki. Und damit hängt es wohl
zusammen, daß die Compagnie in den Jahren 1728 und 1729
sehr wenig absetzte, und daß man in dieser Zeit anfing, dem
Export russischer Waren größere Aufmerksamkeit zu schenken.

Das war der Punkt, den die Konkurrenten immer für sich
ausspielen konnten. In dem interessanten Bericht des sächsischen
Legationsrats Le Fort über den russischen Handel vom 9. Januar
1728[1] wird die russische Einfuhr auf 1 600 000 Rubel, die
Ausfuhr an rohen und verarbeiteten Stoffen auf 2 400 000 Rubel
geschätzt; es liege also eine Bilanz von 800 000 zu Gunsten
Rußlands vor, welche durch die Staaten bedingt werde, welche
am meisten russische Produkte abnehmen. Von Preußen heißt
es da: „Es hat seit zwei Jahren einen Handel mit Rußland
begonnen, der, ungerechnet den sehr erheblichen Absatz von anderen

---

[1] Abgedruckt bei Herrmann a. a. O. 498—507.

Manufakturen, vorzüglich wichtig ist durch die Lieferung von
Tuch für die Armee im Betrage von mehr als 200 000 Rubel
jährlich. Es nimmt dagegen für 150—200 000 Rubel Juchten,
die es jedoch größtenteils wieder nach Schlesien versendet, von
wo sie in die übrigen österreichischen Erbstaaten gehen." Der
russische Landhandel nach Polen sei unbedeutend, nur Schleich=
handel, da Peter zur Hebung der Schiffahrt ihn verboten habe.
Die Holländer führten alle möglichen Manufakten und Kolonial=
waren ein, aber nähmen dafür nicht halb so viel als sie brächten.
Umgekehrt sei es mit England. „Der Handel mit diesem Lande",
sagt Le Fort, „hat in der That am meisten zu der für Rußland
vorteilhaften Bilanz beigetragen, denn selbst als noch die Eng=
länder das Tuch für die 200 000 Rubel im Jahre lieferten, be=
trugen die Produkte, die sie ausführten, immer noch das Doppelte
von alledem, was sie einführten. Die englische Regierung könnte
nun, um sich für den Ausfall der Tuchlieferung zu entschädigen,
die Einfuhr des russischen Hanfes in England verbieten und
dagegen die Anpflanzung desselben in seinen amerikanischen Kolo=
nien betreiben, wenn sie nicht überhaupt es zu vermeiden suchte,
ihnen die Mittel an die Hand zu geben, durch welche sie darauf
kommen könnten, sich dereinst von ihrem Mutterlande unabhängig
zu machen. Die Gesamtausfuhr nach England, die auch ganz
dort verwendet wird, beläuft sich auf mindestens 6—700 000
Rubel, wogegen aus England nach Rußland noch nicht für
100 000 Rubel Waren eingeführt werden, wovon 60 000 Rubel
auf den Rest der Tucheinfuhr für die Armee kommen, der ihnen
noch geblieben ist."

Als der sächsische Legationsrat diese Worte schrieb, drohten
die Bemühungen der holländischen und englischen Kaufleute, die
seit Anfang des Jahres 1727 mit der größten Energie gegen
das preußische Comptoir arbeiteten, schon zum Ziele zu kommen,
hatten aber auch die Folge, daß man sich in Berlin umsomehr
anstrengte. Als der König von den Klagen über die Tücher ge=
hört, hatte er auf das Aktenstück geschrieben: „Ge. Dir.
(Generaldirektorium) soll citto remediren." Ein Bericht dieser

Behörde vom 27. Juni 1727 (A. St. XVI.) erklärt und ent=
schuldigt dann, daß naturgemäß unter den ersten Sendungen
einzelne schlechtere Stücke gewesen. Jetzt aber würden lauter
gute Tücher gemacht, nur aus der besseren neumärkischen Wolle;
auch habe die Compagnie zu Drossen und Landsberg mit schweren
Kosten zwei eigene Färbereien angelegt, ·so daß jetzt tabellose
Ware geliefert werden könne. Reich, der eine Vertreter der Com=
pagnie in Petersburg, war damals in Berlin; der König befahl,
mit ihm zu verhandeln; er sollte erst durch Daum in Petersburg
ersetzt werden, wahrscheinlich um die mancherlei Streitigkeiten
zwischen dem Petersburger Comptoir und den Berliner Direktoren
zu beseitigen. Doch geschah es nicht. Reich ging wieder dahin,
und Mardefeld erhielt den Befehl, sich um keine Klage des
Comptoirs über die Anweisungen der Berliner Direktoren zu
kümmern, es nur zu striktem Gehorsam gegen seine Vorgesetzten
anzuhalten.

Vergeblich stellte das Comptoir der russischen Regierung vor,
daß sie in gutem Glauben ihr Tuch eingeführt, dafür schon
17 000 Rubel Zoll bezahlt hätten; man möge ihnen doch jetzt
gleiches Recht widerfahren lassen, wie 1725 den Engländern,
denen man auch noch ihre schon im Lande befindlichen Waren
abgenommen habe. Mardefeld überreichte an Ostermann Juni
1728 eine Denkschrift über die Entwickelung des russischen Handels
in den letzten 25 Jahren, die wahrscheinlich im Petersburger
Comptor der Compagnie angefertigt wurde (A. St. XVII).
Sie sollte die russische Regierung darüber aufklären, wie falsch
die Anschuldigungen gegen die Compagnie seien. Sie führt
aus, daß die Preußen ebenfalls viele russische Waren abnehmen,
daß ohne einzelne Geldsendungen kein fremdes Handlungshaus
auskomme, daß im Jahre 1728 die Preußen auch ohne Tuch=
absatz für 100 000 Rubel russische Waren gekauft, daß das Fallen
des Wechselkurses und der verminderte Absatz der russischen Juchten,
des Hanfs, der Leinwand und des Thees andere Ursachen als
die preußische Einfuhr habe. Die Denkschrift ist für die ganze
Geschichte des russischen Handels von 1700—1728 von größtem

Interesse, indem sie das leichtsinnige Gebahren derjenigen fremden Kommissionshäuser schildert, welche Rußland mit fremden Waren überführten, die sie zunächst durch leichtsinniges Kreditgeben an den Mann brächten; das preußische Comptoir treibe nicht diesen leichtsinnigen Kommissionshandel, stehe nun, während zahlreiche andere Häuser fallierten, fest und errege darum so viel mehr den Neid und Haß der andern. —

Auch noch in anderer Weise suchte man die Russen wieder zu gewinnen. Es fanden (Sommer 1728) Verhandlungen darüber statt, ob die Russen gegen Einräumung eines pommerschen Freihafens für die östlichen Rohprodukte mit Zollfreiheit für Aus- und Einfuhr nicht die Tuchlieferungen für länger den Preußen zuwendeten und vielleicht gar sie in den Zöllen den Einheimischen gleichstellten. Es zeigte sich aber, daß besonders das letztere unerreichbar sei. „Dann wäre," meint Marbefeld selbst, „der russische Handel vernichtet." Und auch das Angebot des Freihafens scheint nicht gewirkt zu haben. Marbefeld vertröstete darauf, daß eine allgemeine Ermäßigung des russischen Tarifs bevorstehe.

Erst als Juli 1729 Feldmarschall Dolgorucki Präsident der neuformierten Kriegskammer wurde, gelang es Marbefeld, bei ihm eine günstige Wendung herbeizuführen. Am 14. Dezember 1729 schon berichtet die Compagnie an den König: endlich sei ihr Recht widerfahren, man habe ihre gesamten Tücher (die 1728 nicht abgenommen und seither teilweise von den Motten zerfressen waren) durch eine Kommission von Beamten und Kaufleuten taxieren lassen; von 10 402 Stücken Tuch seien nur 1222 ausgeschossen worden; sie hätten für die beste Sorte 60, für die mittlere 58, für die geringere 54 Copeyken erhalten. Und im Jahre 1730 kam das Tuchlieferungsgeschäft wieder in den glänzendsten Gang, aber nicht ohne daß sich vorher nochmals große Schwierigkeiten wegen der Abnahme russischer Waren ergeben hätten.

Die russische Regierung hatte an der Ausfuhr einer ganzen Anzahl Artikel noch das besondere Interesse, daß sie die Verkäuferin war. Zwar hatte Peter der Große mit der Besserung der volkswirtschaftlichen Verhältnisse eine Reihe von Gegenständen, die bisher Staatsmonopol gewesen, resp. deren Produktion und Vertrieb auf Rechnung der Krone verpachtet gewesen war[1], 1718—23 freigegeben. Aber auch später noch wurde die Pottasche ausschließlich auf den Kronländereien bereitet, die Waidasche zwar von Privatleuten bereitet, aber von der Krone erworben und, wie die Pottasche, von ihr vertrieben; die Absicht war dabei, die Holzdevastation zu hindern und die Preise zu halten[2]. Die sibirischen Eisenminen gehörten dem Zaren. Auch Kaviar, Hausenblase und Rhabarber waren Waren, die der Ausländer nur in den Regierungsauktionen, wie die obenerwähnten Waren kaufen konnte. Das Kommerzkollegium in Petersburg hatte dies zu besorgen und lebte von den Erträgnissen derselben, die aber natürlich noch einen bedeutenden Überschuß gaben. Im Jahre 1729 war es den Intriguen des Hauptfeindes der preußischen Compagnie, des Kaufmann Meyer gelungen, den Zuschlag der Waren nach der Auktion hintanzuhalten, so daß sie in Zusammenhang mit den politischen Wirren am Hofe bis 1730 liegen blieben. Es entstand daraus dann eine große Verlegenheit. Und diese ausnützend, erboten sich nun Meyer und die englischen Häuser, alles zu übernehmen, wenn man ihnen die Tuchlieferungen auf 6 Jahre übergäbe (A. St. XVIII). Die Compagnie mußte nun dasselbe thun. Ihr Agent in Moskau, Krusemark, erklärt sich bereit, gegen zwölfmonatliche Bezahlung 2500 Faß Pottasche, 3000 Faß Waidasche, 100 000 Pud sib. Eisen, 500 Barik Kaviar, 300 Pud Rhabarber, 500 Pud Hausenblase, d. h. Waren für 300 000 Thaler zu übernehmen. Er tröstet aber: „wir zahlen die Krone mit ihr eigen Fett," da sie das Tuch bar bezahlen müsse.

Es geht nicht klar aus den Akten hervor, was die Compagnie damals von diesen Waren in der That übernahm. Leicht wurde ihr diese Übernahme wohl nicht. Hatte doch eben ihr

---

[1] Herrmann a. a. O. 410.
[2] Das. 502.

Faktor in Breslau, Namens Kupfer, durch den sie einen großen
Teil der russischen Waaren, hauptsächlich der Juchten vertrieb,
falliert. Auch fand sie im Innern des Landes immer noch
manche Schwierigkeiten. Sie hatte den König gebeten, die Zölle
auf dem Ober=Havel=Kurs nach Magdeburg hauptsächlich für
russischen Talg soweit zu ermäßigen, daß sie diese Waren so
leicht als die Hamburger nach Magdeburg bringen könne.
Friedrich Wilhelm, verstimmt, daß die ganze Sache nicht glän=
zender gehe, schrieb zunächst auf das Gesuch: „ich halte nits
von die gantze Compagnie, sobald sie nit 3—400 000 archinen
einländische Tücher nach Rußland schicken; sie habe dieses jar
100 000 gesandt, wie sie sag, ich glaube es aber nit, solln sich
exculpir." Auf die Vorstellungen des Generaldirektoriums
aber beruhigte er sich und genehmigte die gewünschte Zoll=
ermäßigung. Und es kam nun 1730 und 1731 zu fast zu um=
fangreichen Tuchbestellungen. Schon am 25. September konnte
Marbefeld von einem Vertrag über 300 000 Arschinen melden,
den man hauptsächlich den Preußen günstig gestimmten höchsten
Beamten Jagushinski, Ostermann, Biron und Löwenwolde danke,
und an den er die Mahnung knüpft, nun ja recht gute Qualität
zu liefern, da hiervon die Zukunft abhänge (A. St. XIX). Am
5. April 1731 berichtet er, daß er den Konsul Willers über=
redet, gegen den Befehl der Compagnie einen weiteren Kontrakt
zu 60 Copeyken einzugehen. Die Engländer hätten 100 000
Rubel ausschließlich zum Ruin der preußischen Compagnie zur
Unterbietung derselben bestimmt gehabt. Da die Russen trotz=
dem dem preußischen Comptoir hätten treu bleiben wollen, habe
man jetzt nicht, ohne den ganzen Handel zu ruinieren, zurück=
treten können. Für 1731 haben wir einen genauen Nachweis,
daß die Compagnie 458 000 Arschinen liefern sollte, 427 282
im Dezember dieses Jahres bereits geliefert hatte. Das sind
18—19 000 Stücke Tuch, wovon 16 000 allein aus der Neu=
mark stammten, wie ein Bericht der neumärkischen Kammer
hervorhebt. Im Jahre 1732 sollte sie sogar 600 000 liefern,
erklärte aber, das nicht zu können, sich auf 300 000 beschränken

zu müssen. Die Intriguen hörten auch jetzt nicht auf. Feld=
marschall Münnich begünstigte die Engländer. Es kam zu einer
Sitzung der höchsten Generale und der Minister, zu welcher aber
auch der preußische Gesandte geladen war. Er konnte, wie er
schreibt, leicht nachweisen, daß die vorgelegten Soldatenröcke
aus preußischem und englischem Tuch so gewählt waren, daß
jene aus dem ältesten, schlechtesten, diese aus dem besten englischen
angefertigt seien. Es kamen bereits auch die russischen Fabriken in
Betracht; sie erklärten für 1733 126 000 Arschinen liefern zu
können; der Rest wurde zwischen dem preußischen Comptoir und
dem Lieferanten der englischen Tücher, Hermann Meyer, geteilt.

Als dieser dann im September 1733 einen „terriblen
Banquerot von einer Million" gemacht, wurden die Preußen
gebeten, seine 180 000 Arschinen zu übernehmen, was wohl auch
geschah, obwohl die Compagnie zuerst zweifelte, ob sie bei der
damaligen prekären Lage ihrer Geschäfte darauf eingehen könne.

Die von Viebebant gefertigte Liste der gesamten Tuch=
lieferungen bis zum Jahre 1733, die, wie gesagt, die Zahlen
niedriger angiebt, als ich sie sonst im einzelnen gefunden habe,
auch nur das Tuch umfaßt, nicht aber die anderen Woll = oder
sonstigen Waren, und bezüglich des Wertes nur die Kosten in loco
ohne Verpackung und Transportkosten, lautet folgendermaßen:

1725: 223 375 Arschinen im Wert von 119 000 Thlr.
1726: 316 792   =   =   =   =   170 000   =
1727: 365 474   =   =   =   =   196 000   =
1728:   9 878   =   =   =   =   5 500   =
1729:   2 313   =   =   =   =   1 300   =
1730:   59 026   =   =   =   =   33 000   =
1731: 369 282   =   =   =   =   230 000   =
1732: 306 226   =   =   =   =   180 000   =
1733: 314 759   =   =   =   =   178 000   =

Noch diverse melierte und einfarbige Tücher,
wie auch feine Mondierungstücher für die
Cadets 2040 Stück in obigen Jahren . .   38 000   =

1 967 125 Arschinen im Wert von 1 150 800 Thlr.

In den folgenden Jahren blieb das ähnlich. Im Jahre 1734 berief der Feldmarschall Münnich eine Deputation der Compagnie, Daum und Roske, in das Lager von Danzig wegen einer Bestellung von 200 000 Arschinen, die dann viel Streitig= keiten machte, da der letzte formelle Abschluß erst in Petersburg erfolgen sollte. Die damalige Zufriedenheit mit den preußischen Tüchern erhellt auch daraus, daß die Russen in dieser Zeit durch schlesische Juden größere Bezüge zu machen suchten, die selbst wieder in Züllichau, Zielenzig und anderen neumärkischen Orten mehrere tausend Stück bestellen wollten. Es wurden im Jahre 1735 von der Compagnie über 10 000 Stücke versandt. Noch 1737 wurde über eine Lieferung von 300 000 Ellen ver= handelt. Grumbkow stellte dem Könige vor, daß daran die Tuchmacher 150 000 Thaler verdienten, daß damit 50 000 Stein Wolle verarbeitet würden.

Die Schwierigkeiten des Geschäfts blieben immer außer= ordentlich große, auch wenn die Intriguen am Hof überwunden, die Verträge zu leiblichem Preise geschlossen waren. Möglichst mußte das Tuch zu Wasser nach Stettin gebracht werden. Oft ergaben sich Schwierigkeiten, nur zur rechten Zeit die Kähne in Landsberg, Frankfurt a. O. und anderen Orten zu bekommen. Dann wurden möglichst preußische Schiffe in Stettin befrachtet; ein Schiff, das 500 Thlr. Fracht bis Petersburg erhielt, konnte wohl 4000 Stück laden; aber oft mußte man fahren, ehe so viel zusammen waren. Die Assekuranz war hoch; und auch wenn man versichert hatte und gerade sonst viel Unglück passierte, erhielt man keine genügsame Entschädigung, „so daß kaum 15 und nicht 25 Prozent diese Gefahren alle zu versichern hin= reichen". Da wagte die Compagnie lieber, ab und zu ein Schiff halb versichert gehen zu lassen, aber mußte es auch tragen, daß ihr ein solches auf der Fahrt von Petersburg zurück zu Grunde ging.

Die fälligen Zahlungen wurden später in der Regel in Moskau gemacht; es geschah das hauptsächlich wohl, so lange der Hof daselbst residierte, bis zum Tode Peters II. 1730; auf

der Achse mußte das Geld dann den weiten wüsten und gefähr=
lichen Weg nach Petersburg auf Gefahr der Compagnie ge=
schafft werden. Oder, klagte die Compagnie, erhalte man Wechsel
der Petersburger Comptoire auf Holland; da sei es immer
zweifelhaft, ob man zuletzt bezahlt werde (Bericht der Comp.
v. 2. Jan. 1732). Wolle man in Rußland einiges im Detail
verkaufen, so würde erklärt, dieser Handel sei den Russen vorbehalten. Mardefeld meint, ein besonderes hierauf bezügliches
Patent vom 3. Mai 1732 sei von Meyer ausdrücklich als
Mittel gegen das preußische Comptoir extrahiert worden. Doch
war offenbar der Absatz der Compagnie an den allerverschiedensten
preußischen Manufakturwaren ein sehr bedeutender. Zumal die
beteiligten Häuser, Splittgerber und Daum an der Spitze,
nutzten so die Compagnie auch für ihre übrigen Geschäfte aus;
das große Messingwerk, das die erwähnte Firma in Pacht hatte,
dehnte so seinen Kundenkreis aus. Die Schattenseite war nur
die, daß gerade die vornehmen Herren am Hofe, wie Menschikoff
und andere zwar gute Käufer, aber schlechte Zahler waren. Die
Compagnie klagt immer wieder, daß sie keine Justiz gegen
diese Herren bekomme.

Die Übernahme der russischen Waren bot ebenfalls die
mannigfachsten Schwierigkeiten; es galt da, die festen Stellungen
der Hamburger, Lübecker und Danziger in diesem Geschäft an=
zugreifen, ihnen den Absatz im inneren Deutschland, hauptsächlich
in Schlesien, abzujagen, sehr häufig des Tuchgeschäfts wegen
große Juchten= und andere Bestände zu übernehmen und nun zu
sehen, wo man damit bliebe. Die Beträge, um die es sich
handelte, waren höchst bedeutende. Gleich Anfangs hatte das
Comptoir 26 000 Pud oder 8000 Centner Juchten und nicht gar
lange darauf nochmals 3000 Centner übernommen. Hatte man
in Breslau glücklich für eine größere Summe Juchten verkauft,
so berief sich (z. B. 1727) die österreichische Regierung auf das
Verbot der Münzausfuhr vom 12. April 1726, obgleich man ihr
vorstellte, den Österreichern widerfahre solches nie auf der Frank=
furter Messe. Als es der Compagnie gelang, den ganzen schlesi=

fchen Juchtenhandel an fich zu reißen, die Juchten 10—15 pCt.
billiger als die Holländer, Hamburger und Danziger zu liefern
— hauptfächlich allerdings auch durch viel längere Krebite, welche
fie gab —, und dagegen einen ziemlich bedeutenden Handel mit
Senfen, Röthe, Linnen und Kupfer aus Schlefien heraus zu
organifieren (Poften von 4000 Centner Kupfer kommen vor;
1728/29 hatten fie für 200 000 Thaler Kupfer gekauft), da er=
wachte in Schlefien und in Danzig der Handelsneid fo ftark, daß
ein förmlicher Zollkrieg gegen die Compagnie begann. Die
Konvention mit Öfterreich über den Handel nach Schlefien von
1727 wurde auf das gröbfte verletzt; die Juchtenzölle für die
brandenburgifche Waffereinfuhr unbillig erhöht; Danzig führte
feine Juchten per Achfe nach Schlefien. Man erwog ernftlich,
ob man nicht auf die schlefifche Leinwand, die auf die Frankfurter
Meffen in fehr großer Menge kam, einen Retorfionszoll legen
folle, unterließ es aber auf Kammerdirektor Hilles Gutachten.
Ein langer Bericht des öfterreichifchen Gefandten Seckendorf
vom 10. Juni 1731 fuchte zu entfchulbigen: Schlefien habe, ehe
Petersburg zu einem General=Emporio aller ruffifchen Waren
erklärt worden fei, einen namhaften Barattohandel mit Moskau
gehabt, ihn dann zu feinem größten Schaden verloren; diefen
fuche man nun wieder etwas herzuftellen, was gefchehen müffe,
wenn nicht die schlefifchen Landesmanufakturen ganz ins Stocken
geraten follten.

Doch brechen wir hier ab. Wir können die Gefchichte der
Compagnie ja nicht ins einzelne verfolgen. Wir wollten nur
andeuten, wie auch nach diefer Seite ihre Stellung keine leichte
war, wie fie es aber eine längere Reihe von Jahren hindurch
verftanden habe, fich eine angefehene Stellung im schlefifchen und
ganzen Oftfeehandel zu erkämpfen. Wir haben fie nun erft auf
ihrem eigentlichften Felde, als Verlegerin der brandenburgifchen
Tuchmacher kennen zu lernen.

4.
Das Verhältnis der Compagnie zu den Tuchmachern.

Die Aufgabe war, wie wir ſchon aus dem oben erwähnten Bericht Schindlers und den ruſſiſchen Klagen über die Tücher geſehen haben, keine leichte. Es handelte ſich darum, ohne größere ſonſtige Organiſation als die Anſtellung einiger Faktoren aus einer großen Anzahl kleiner Orte von Hunderten kleiner Meiſter jährlich 10 000 und mehr Stücke Tuch in gleicher muſterhafter Qualität zu beſtimmten Terminen geliefert zu erhalten. Dabei war die Compagnie ſelbſt von Jahr zu Jahr ihrer Lieferungs= verträge nie ganz ſicher; wenn ſie aber geſchloſſen hatte, ſollte ſie raſch liefern. Sie war ſtets ängſtlich, auf ihr Riſiko zu große Mengen zu beſtellen; waren ihr doch 1727/28 mehr als 10 000 Stücke über Jahr und Tag liegen geblieben; auch zuletzt, beim Abbruch der Geſchäfte 1738 hatte ſie 2000 Stück in Petersburg, 1500 in der Heimat auf Lager liegen, das war ſchon ein Kapital von 40—50 000 Thaler. Gingen die Geſchäfte gut, ſo verſprach die Compagnie auch wiederholt, künftig größere Lager zu halten, wenn man ihr nur diesmal helfe, die Tuchmacher dazu zu bringen, daß ſie raſch möglichſt viel liefern.

Die Verhandlungen mit den Tuchmachern waren ſehr ſchwierige. Die zahlreichen, teilweiſe bitter armen Leute ſahen im Tuchhändler und Kaufmann an ſich den Blutegel, der ſie ausſauge. Und das war nicht bloß ihre Meinung; es war eine allgemein verbreitete und nach Lage und Entwickelung des Ge= ſchäftsverhältniſſes nicht unberechtigte, die bis hinauf zum König reichte und dieſen wiederholt zu ärgerlichen Äußerungen über die Compagnie veranlaßte. Die Tuchmacher waren gewöhnt, nicht in Geld, ſondern in ſchlechten Waren bezahlt zu werden; nur zu oft mußten ſie in der Not zu Spottpreiſen losſchlagen. Jetzt hörte man von den großen Beſtellungen der Compagnie, und die Tuchmacher wollten ſofort ſich das möglichſt zu nutze machen; den Vorteil dauernder Beſchäftigung ſchätzten ſie geringer, als

den augenblicklichen Gewinn; sie gingen schwer auf feste
Lieferungstermine ein, wollten höhere Preise, verlangten Geld=
und Wollvorschüsse. Später suchte die Compagnie möglichst ihre
Bestellungen geheim zu halten, um durch Bekanntwerden derselben
nicht in schwierigere Position zu kommen.

Sie war nicht in der Lage, etwa von Anfang an in jeden
der wichtigeren Tuchmacherorte einen Faktor zu setzen, der,
dauernd anwesend, die etwaigen Vorschüsse geben, die Tücher
prüfen und abnehmen konnte. Im Anfang machten die Inter=
essenten die notwendigen Geschäftsreisen zum größten Teile selbst.
Später hatte die Compagnie ein paar Commis oder Faktoren,
die herumreisten, die Verträge schlossen, die Waren abnahmen,
verpackten und nach Stettin verfrachteten. An einigen Orten
schloß sie allerdings die Verträge mit ansässigen Kaufleuten oder
größeren Tuchmachern, welche dann die Arbeit weiter vergaben.
Aber auch das hatte seine Schwierigkeit; diese wollten, da sie das
Risiko trugen, dann ein paar Groschen am Stück Tuch verdienen,
was die kleinen Meister wieder ärgerte. Die preußischen Regimenter
schlossen die Verträge über die Lieferung des Montierungstuches
mit den ganzen Gewerken; die Compagnie hat auch diesen Weg
betreten und vielfach mit den Zünften als solchen abgeschlossen.
Bei der scharfen Kontrolle über gute Qualität und der Not=
wendigkeit, die Lieferungstermine einzuhalten, erklärten aber
wiederholt die Gewerksältesten, sie könnten wohl für drei Viertel
oder die Hälfte ihrer Mitmeister gut sagen, aber nicht für alle.
Dann mußte man, statt mit dem Gewerk, persönlich mit den
Gewerksältesten kontrahieren, und diesen überlassen, zuzuziehen,
wenn sie wollten. Vielfach gingen die Tuchmacher auch gar nicht
auf feste Verträge ein; sie lieferten, aber ohne sich vorher zu
binden, und häufig war die Compagnie froh, nur so ihr Material
zu bekommen.

Den Wolleinkauf überließ die Compagnie im ganzen den
Tuchmachern. Auch als die Wollpreise 1730 und 1731 so sehr
stiegen, erklärte sie, auf die Lieferung der Wolle könne sie sich
nicht einlassen. „Wir können uns mit der Wolle nicht meliren,

denn wenn wir den Tuchmachern Wolle geben, möchte dieselbe
ausgetauscht und gröbere davor genommen werden; wenn dann
das Tuch nicht probemäßig wäre, würde der Tuchmacher sagen,
es wäre von unserer Wolle verfertigt, und da würde man an-
statt gute schlechte Ware bekommen (30. Nov. 1730)". Der
Tuchmacher hatte in der Regel das gewalkte, aber noch nicht
gefärbte Tuch zu bestimmtem Preis zu liefern; das Scheren,
Pressen, Färben, kurz, das ganze Fertigmachen ließ dann die
Compagnie selbst auf ihre Rechnung oder durch ihre Unterkontrahenten besorgen.

War das Verhältnis der Compagnie zu ihren Faktoren und
Unterunternehmern, wie zu den Gewerken und einzelnen Tuchmachern im ganzen ein vollständig freies, nicht etwa durch
Reglements oder Taxen, sondern durch zahllose einzelne Verträge
reguliertes, bat sogar dieselbe häufig, ihr ganz freie Hand in
allen diesen Beziehungen zu lassen, und geschah das auch im
ganzen, so schloß das doch nicht aus, daß die Regierung jeden
Moment eingriff, daß besonders die Steuerkommissare so sehr in
Anspruch genommen wurden, daß es oft fast den Anschein hat,
als seien sie Beamte der Compagnie. Und das war natürlich.
Wie in der mittelalterlichen Stadt der Rat oder die Ratsdeputationen sich um alle wichtigeren städtischen Gewerbe und
Handelszweige kümmern, Gesandte ihretwegen schicken, Lieferungsverträge statt der Industriellen selbst abschließen, so war es auch
hier. In Petersburg war es häufig mehr der preußische Gesandte,
als das Comptoir, der die Verträge schloß; wenn Mardefeld
zuriet, wurde das Gegenteil von dem gethan, was die Compagnie-
direktoren aus Berlin gewünscht hatten. In Berlin wurde über
alles Wichtige an den König berichtet, über jede große Lieferung
gefragt. In patriarchalischer Weise wurde das ganze Geschäft
als eine Landesangelegenheit aufgefaßt und demgemäß der staatliche Verwaltungsapparat, wenn es nötig war, in den Dienst
derselben gestellt.

Noch ehe die Compagnie durch Bestätigung ihres Privilegs
vollständige Anerkennung und rechtliche Persönlichkeit erhalten

hat, unterzeichnet der König am 28. März 1725 eine Ordre an
die Steuerräte und Magistrate zu ihren Gunsten (A. St. XI),
welche diese anweist, der Compagnie hilfreiche Hand zu leisten;
ja sie sollen für die Tuchmacher, welche gewerksweise alle für
einen stehen sollen, verantwortlich sein und sie kontrollieren; die
Magistrate sollen unentgeltlich die Auszahlung an die Tuch=
macher übernehmen; sie sollen die Meister der kleinen Städte
veranlassen, sich mit denen der größeren zu einheitlicher gemein=
samer Lieferung zusammenzuthun; sie sollen die von der Com=
pagnie anzunehmenden Beschauer beeidigen, hauptsächlich aber die
Walker, Färber und Tuchbereiter bei schwerer Strafe zu guter
Arbeit anhalten.

Und das war nicht überflüssig. Zumal im Anfang mußten
die Steuerkommissare da und dort vermitteln, die Händel
schlichten, die Verträge abschließen helfen. Ein anschauliches
Bild solcher Thätigkeit giebt der Bericht des Kriegsrats Reinhard (A. St. XII) vom 8. April 1725 über die Verhandlungen
mit den 140 Tuchmachern der Stadt Brandenburg. Wir sehen
auch daraus, wie nahe es derartigen Beamten nach endlosem
Gestreite mit halsstarrigen eingebildeten Leuten lag, für die
Kontraktserfüllung durch sehr strenge Strafen sorgen zu
wollen. Reinhard erbittet sich die Erlaubnis, jeden widerspenstigen
Tuchmacher sofort in die Karre nach Spandau schicken zu dürfen.
Das Generaldirektorium meint aber doch, der Modus könnte üble
Suiten haben; man möge die Leute auf gelindere Weise zum
Gehorsam bringen. Als aber die Compagnie bald darauf klagt,
sie werde von den Magistraten und Steuerräten nicht nachdrück=
lich genug unterstützt, entschließt man sich doch sofort, eine Ordre
an den Kommandanten der Feste Driesen, um deren Tuchmacher
es sich zunächst handelt, abgehen zu lassen, mit dem Befehl zu
militärischer Exekution gegen einige nachlässige, säumige Tuch=
macher.

Der König war, so oft Klagen über die Tücher aus Peters=
burg kamen, immer geneigt, das Generaldirektorium und seine
Beamten dafür verantwortlich zu machen. So heißt es in einer

Kabinettsorbre vom 3. August 1728, die offenbar von ihm im Kabinett diktiert ist, das Generalbirektorium müsse eben bessere Aufsicht führen, es solle so wie hier in Berlin, also auch in Frankfurt und Stettin eine richtige Schau nach dem Modell anderer Länder, woselbst die Wollmanufakturen floriren, angestellt und die dabei nötigen Ordnungen errichtet werden. Und die Com= pagnie war stets wieder bereit, die Hilfe des Beamtentums, so weit sie ihr dienen konnte, auszunützen. So erklärte sie z. B. wieder 1730, sie könne die Lieferungstermine nicht einhalten, wenn die Steuerräte sie nicht mit besserer Exekution gegen wider= spenstige und säumige Tuchmacher unterstütze. Sie wünscht, daß unter der Verantwortung der Steuerräte an jedem Ort be= sondere Beschauer die Güte und das Maß der Tücher prüften und stempelten. Aus der Antwort des Generalbirektoriums vom 2. November 1730 sehen wir zugleich, wie die Kabinettsorbre vom 28. März 1725 in der Praxis aufgefaßt und gehandhabt wurde; die Compagnie wird bezüglich ihrer Ansprüche an die Beamten in die richtigen Grenzen zurückgewiesen. Es heißt da: Die Steuerräte hätten den Befehl erhalten, die gewöhnlichen Lokalorgane, Bürgermeister, Fabrikinspektor 2c., zur Schau anzu= halten; aber verantwortlich könnten sie für die probemäßige Lie= ferung nicht gemacht werden, zumal sie in der Neumark zugleich Mitglieder der Kriegs= und Domänenkammer seien und sonst genug zu thun hätten. Die Compagnie habe den Vorteil der Lieferung und müsse also auch die Aufsicht führen. Habe sie Klagen über einzelne Beschauer, so könnte der Commissarius loci andere ernennen, und ihre Faktoren und Kommittenten könnten diese dann gehörig instruieren.

Abgesehen von der Thätigkeit der Beamten bezüglich der Schau und der Exekution war eine wesentliche Frage die, ob man den lieferungspflichtigen Tuchmachern nicht zeitweise ver= bieten solle, für andere Bestellungen zu arbeiten. In Neuruppin hatten die Unterkontrahenten gleich 1725 dieses Ansinnen ge= stellt. Der Commissarius loci, Reinhard, bemerkt aber dazu, das wäre ganz unbillig; da verlören die Tuchmacher ihre übrige

Kundschaft; es genüge, wenn der Magistrat und der Fabriken=
inspektor die Tuchmacher fleißig antreibe und die liederlichen bei
Zeiten anzeige. Auch in der Neumark kam die Sache zur Sprache;
die Kammer erklärt sich (August 1725) auf das entschiedenste
dagegen; die hohe Strafe von 4 Thaler für das Stück nicht
zeitig gelieferten Tuches sei diesem Verbot noch vorzuziehen.
Nur im Frühjahr 1731 ließ sich der König, als es auf dem
Höhepunkt der Tuchlieferungen und des Wollpreises der Com=
pagnie so sehr schwer wurde, ihre Verbindlichkeiten zu erfüllen,
dazu bewegen, den Gewerken in Zielenzig, Drossen, Reppen und
Königswalde durch die Kabinettsordre vom 17. Mai 1731 zu
verbieten, so lange an jemand anders Tücher zu verkaufen, bis
sie ihren laufenden Verpflichtungen gegen die Compagnie nach=
gekommen seien.

Eine Bestimmung, die zunächst zu Gunsten des Lagerhauses
und der preußischen Armeelieferungen ergangen war, berührte
natürlich auch die Compagnie sehr. Es waren wiederholt einzelne
Städte, z. B. Ruppin, Brandenburg, Burg und Treuenbrietzen,
angewiesen worden, nicht mehr für die Compagnie zu arbeiten,
da das Lagerhaus ihre Arbeit vollständig brauche; dagegen scheint
man ebenso vollständig die Neumark mit ihrer besseren Wolle
und ihren besseren Tüchern der Compagnie überlassen zu haben.
Aber einen Teil ihres Bedarfs mußte sie immer noch aus den
übrigen Marken beziehen.

So schreibt sie z. B. (14. Dezember 1736), ob man ihr
nicht Ruppin, Rathenow und Luckenwalde noch überlassen könnte;
das seien Grenzstädte, wohin sie die ausländische Wolle, die sie
brauche, leicht bringen könnte. Übrigens lag ein solches Arran=
gement zwischen dem Lagerhaus und der Compagnie so nahe,
daß es ebensowohl Folge einer privaten Übereinkunft als staat=
licher Anordnung hätte sein können.

Die Klagen der Compagnie über die Tuchmacher erreichten
naturgemäß in der Hausseperiode von 1730—31 ihren Höhepunkt.
Da will sie z. B. den Grundsatz einführen, die Bezahlung der
letzten Rate für die Tücher erst zu verfügen, wenn sie in Peters=

burg als probemäßig befunden würden. Es drohte in verschie=
benen Städten zu Prozessen darüber zu kommen, welche die Re=
gierung durch ihre Steuerräte gütlich schlichten ließ.

Als charakteristisch für diese Epoche und ihre Wirkung auf
die Ansprüche der Tuchmacher führe ich aus dem Bericht der
Compagniefaktoren vom 17. März 1731 einiges an, das an die
Klagen unserer Fabrikanten und manchesterlichen Organe aus
den Jahren 1871—72 erinnert; es heißt da:

„Es ist nur am meisten zu bejammern, daß man die so hof=
fährtig gewordenen Tuchmacher vor so gut Geld zu dieser Arbeit
bitten muß und könnte es nicht schlimmer seyn, wenn sie die
Waare halb verschenken müßten, da man sie ihnen doch so raiso-
nable bezahlt und aller Orten mit Vorschuß secundiret, dafür
sie aber sehr unerkenntlich und ihr künftiges eigenes Bestes nicht
erkennen wollen; und so gehet es nun auch mit Kottbuß und
Beßkow, welche durchaus nichts liefern wollen, unter nichtigem
Vorwant keine Wolle zu haben und vor den Preiß es nicht thun
zu können. Einige von hiesigen Gewerken haben auch, jedoch
sonder Contract, fleißig arbeithen wollen, weßhalb sie auch mit
Vorschuß secundiret, aber nun bringen sie solche miserable
Waare, daß davon nicht ein Stück zu gebrauchen, welches höchst
zu beklagen, und sehen wir nunmehr kein ander moyen, als die
Leuthe auf kgl. Befehle zu forciren, daß ein jeder Orth das
zugedachte quantum an lauter perfecter Waare in denen mit
andern Orten geschloßenen Preiß à 10³/₄ Rthlr. absolut machen
müßte, denn es nur in bloßer caprice von denen Leuten bestehet,
und weil auch Züldchau, erlaubet worden, den vierten Theil
fremder Tücher zu ihren auswärtigen Debit sich zu bedienen, so
könnte dieses Gewerk mit großer Comodité die erst zugedachte
2000 Stück compliren, fals sie nur dazu befehligt würden;
gleiche Beschaffenheit hat es mit dem Zielenziger starken Gewerk,
welche gar wohl statt der übernommenen 2000 3000 Stück
machen könnten, wenn nur denen darunter befindlichen capri-
cieusen Köpfen durch den Sinn gefahren würde.“

Natürlich erfolgten keine derartigen amtlichen Befehle zu

bestimmten Lieferungen; die Compagnie pflegte allerdings dem
Generaldirektorium, aber ohne daß daran eine weitere Ein-
mischung sich knüpfte, mitzuteilen, wie sie die großen Lieferungen
auf die einzelnen Städte verteilt habe. Wo wir die amtlichen
Organe in die Preisverhandlungen eingreifen sehen, ist es eher
zu Gunsten der Tuchmacher, als der Compagnie. So ist es
derselbe Kriegsrat Reinhard, welcher die unbotmäßigen Tuchmacher nach Spandau in die Karre schicken will, der 1725 in
Neuruppin es durchsetzt, daß sie für den größeren Teil ihrer
Tücher 9 Thaler statt 8¹/₂ erhalten. Die dauernde Beschäftigung
der kleinen Meister zu billigen Bedingungen, die Beseitigung ihrer
Not ist einer der leitenden Gesichtspunkte bei allen Entschlüssen
des Generaldirektoriums und allen Handlungen der Steuerräte.
(Vergl. auch A. St. XII.)   Daß man daneben unbillige
Forderungen der Meister bekämpfte, betonte, daß sie bei regelmäßiger Abnahme billiger liefern könnten und müßten, als wenn
sie, dem Zufall preisgegeben, einzelne Stücke verkauften, widerspricht dem nicht.

   Wir sind damit zu dem eigentlich entscheidenden Punkt, zu
den Preisen gekommen und haben dabei noch etwas zu verweilen.
Wir haben festzustellen, zu welchen Preisen die Compagnie selbst
liefern mußte, zu welchen sie von den Tuchmachern kaufte, zu
welchen diese die Wolle erhielten. Von seiten der Regierung
hatte man die zu exportierenden Tücher von allem Zoll und aller
Accise freigemacht; sogar der Walkzoll von 1 Gr. auf das
Stück Tuch wurde am 26. Mai 1725 aufgehoben. Nur eine
Wollaccise für die rohe Wolle von 2 Gr. finden wir noch in
den Kalkulationen der Produktionskosten angesetzt. Dagegen
erhielt die Compagnie oder die Tuchmacher zunächst die sonst
üblichen Exportprämien von 4 % nicht; erst 1731 gelang es ihr
oder vielmehr dem Generaldirektorium nach langem Verhandeln
diese beim Könige herauszuschlagen. Im übrigen überließ die
Regierung, abgesehen von ihrer Vermittlung bei den Tuchmachern
und ihren Bemühungen um gute Preise in Petersburg, die
Preisbildung ganz dem privaten Übereinkommen. Wie das ganze

Beamtentum sich dem Wunsche des Königs, 1731 den Wollpreis zu fixieren, widersetzte, werden wir gleich sehen.

Die Wollpreise waren im Kottbus'schen und Beeskow'schen, wo die feinste Wolle war, am höchsten; hier galten 3¹/₂ bis 4 Thaler als mittlerer normaler Preis für den schweren Stein guter Wolle zu 22 Krampfund; in der Uckermark, Altmark und Priegnitz war der Preis etwa die Hälfte[1]. Zu dem Stücke Tuch à 24 Ellen rechnete man 24— 30 Pfund reine geschlagene Wolle[2], so daß nach Abzug des Schmutzes und der geringeren Wolle anderthalb oder gar zwei Stein Wolle für das Stück Tuch gerechnet werden konnten. Die erste weitere Verarbeitung beschreibt der zeitgenössische Marperger[3] so: „Erstlich wird die Wolle von aller Unreinigkeit gewaschen, hernachmals in der Sonne oder auch in einem warmen Zimmer gebrocknet, ferner ausgeschlagen, mit einem eisernen Kamm gekämmet, klein zerzupft, mit Oehl und Schmalz eingeschmiert; nachmahls in lange Blaken gekämmt, abgetheilet und jedes Pfund besonders gewickelt und aufgerollet, am Rade oder Spindel gesponnen, zu Strennen abgehafpelt, aus warmem Wasser, damit die Fettigkeit völlig darvon komme, gewaschen, getrocknet und gezwirnet." Das waren Arbeiten, die mehr kosteten und mehr Arbeitskräfte in Anspruch nahmen als das Weben selbst; man rechnete auf einen Tuchmachermeister mit 1 oder 2 Knappen 10—30 Personen Spinn= und Hilfspersonal. Schröder[4] rechnet die Kosten eines Stückes Tuch zu 11 fl. 45 Xr., wovon 5 auf die Wolle, 3 auf das Spinnen, 1 fl. 30 Xr. auf das Weben, 2 fl. 15 Xr. auf Färben und Zurichten kommen. Auch war es die Kunst in diesen Vorbereitungsstabien einerseits und im Färben, Scheren und Pressen andererseits, welche vor allem den Unterschied im Preis der Tücher bedingte.

---

[1] König V, 197 und zahlreiche Aktennotizen.

[2] Über diese technischen Dinge vergl. Erasmi, Kurzer Auszug aus den preußischen Edikten, erster Teil, die Nachricht alter und neuester Verfassungen wegen Wolle und Wollmanufakturen (1731).

[3] Das neueröffnete Manufakturhauß (1707) 114.

[4] Fürstliche Schatzkammer (Ausg. 1721) 261.

Ein Tuchmacher, der im Jahre 35 Stücke Tuch verfertigte und verkaufte, erschien schon als voll beschäftigt[1]. Um wöchentlich zwei Stücke Tuch zu liefern, also 104 im Jahre, muß nach Bechers Ausführungen der Meister schon ein glänzendes Geschäft haben, regelmäßig zwei Knappen und ein sonstiges Personal von 30 Personen beschäftigen[2].

Das fertige Stück Muntierungs- oder Soldatentuch wurde ungefärbt mit 7—10 Thalern, etwas besseres zu 12, 15 auch 20 Thalern bezahlt. Das feinste holländische Tuch galt 80 bis 100 Thaler; Tuch zu 1—2 Thaler die Elle, also zu 25 bis 50 Thaler das Stück war das, was nach den brandenburgisch-preußischen Accisetarifen von 1680—1720 als das feinere galt, von den höheren Klassen getragen wurde. Die armen Tuch-macher aus den kleinen Landstädten mußten in der Not sehr häufig froh sein, ihre grauen ungefärbten Tücher zu 6 bis 7 Thaler los zu werden; als „Weinelacken", an denen die Thränen der Not kleben, hatte sie ja sogar die Gesetzgebung be-zeichnet.

Die ersten Probetücher, die man aus Zielenzig bezogen und nach Petersburg geschickt hatte, hatten an Ort und Stelle ge-kostet: 1. ein rotes und grünes Stück Tuch zu 24 Ellen à 13 Groschen, das Stück 13 Thaler; 2. ein gleiches blaues Stück die Elle 12½ Groschen, das Stück 12½ Thaler. Die englischen Tücher lagen breiter, ⁹/₄ breit, waren 43—44 brabanter Ellen lang; die russische Regierung bezahlte für sie aber auch in Petersburg pro Arschine 59 Kopeken, was nach dem damaligen Kurs 21 Groschen 9 Pfennige waren. Die Verträge wurden durchaus auf russische Arschinen gestellt; die Arschine ist, wie bereits erwähnt, 0,71 Meter, die Berliner Elle 0,66; 100 Arschinen = 106,63 preußische Ellen.

Als Kaufmann Pelloutier zuerst die Bekleidung zweier russischer Regimenter mit preußischem Tuch 1722 übernahm,

---

[1] Vergl. Werner, Urk. Geschichte der Iglauer Tuchmacherzunft (1862) 96.
[2] Politischer Diskurs 472.

bekam er 52 Kopeyken für die Arschine. Als man dann breitere
Proben in Züllichau bei Kaufmann Felsch bestellte, war er bereit,
das weiße Tuch zu 13 Thaler 6 Groschen, das farbige zu
15 Thaler nach Stettin zu liefern; ein anderer Kaufmann
forderte 16 Thaler. Bei dem ersten großen Vertrag, den
Viebebant in Petersburg 1725 zu stande brachte, wurden ihm
für die überwiegend farbigen, fast 2 Arschinen breiten Tücher
57½ Kopeyken bewilligt, wogegen die Compagnie den ganzen
Transport und Zoll zu tragen hatte. Und zu demselben Preis
wurden auch die folgenden Lieferungen abgeschlossen. Als nach
der Stockung des Geschäfts der Compagnie 1729 ihr längst in
Peterburg lagernder Vorrat abgenommen und die Tücher dabei
nach der Qualität tariert wurden, erhielt sie für die besten 60,
für die mittleren 58, für den Rest 54 Kopeyken. Als die Wollpreise zu Anfang der dreißiger Jahre wesentlich gestiegen waren
und die Compagnie Marbefeld den Auftrag gab, den Preis, wenn
irgend möglich, auf 66—68 Kopeyken zu treiben, erhielt sie
wenigstens 60, ist im Oktober 1732 aber auch schon wieder mit
58 zufrieden, wenn es ein Vertrag auf mehrere Jahre wäre;
1733 schließt sie zu 59 Kopeyken.

Als im Jahre 1728 die Klagen über die Tücher kamen und
die Compagnie sich beim König rechtfertigte, suchte sie zu beweisen, daß sie dabei keinen Gewinn habe; der Preis von
57½ Kopeyken ergebe nach dem bisherigen Wechselkurs und nach
Abzug von 7½ Kopeyken zum Zoll nur 15—15½ Groschen pro
Elle; diese koste sie aber zur Stelle selbst 12—13½ Groschen.
Dann müßten sie den Russen noch Jahr und Tag Kredit geben,
was 12% fresse, die Transportkosten kämen auf 3%, die Provision
und Kosten ihrer Comptoirs in Rußland betrügen 3%, die Assekuranz und andere Kosten noch etliche weitere Prozente. Als 1731
die Wollpreise ziemlich gestiegen waren, berechneten die Cottbuser
Tuchmacher (A. St. XX), wohl ziemlich übertrieben, daß sie das
Stück selbst zu 14 Thaler 6 Groschen komme. Die Beeskower
bezifferten ihre Kosten auf 13 Thaler 4 Groschen pro Stück
(A. St. XXI), und die Compagnie stellte eine Kalkulation auf

(A. St. XXII), wonach ſie das für 11 Thaler eingekaufte Stück
bis Petersburg auf 19 Thaler 10 Groſchen komme, daß ſie alſo
bei dem Preis von 60 Kopeyken und dem damaligen Kurs am
Stücke 2 Thaler 4 Groſchen verliere. Alle dieſe drei Berech=
nungen ſind als Maximalzahlen anzuſehen, darauf berechnet,
höhere Preiſe herauszuſchlagen.

Die den Tuchmachern für gewalktes ungefärbtes Tuch von
der Compagnie bezahlten Preiſe bewegten ſich zwiſchen 8½ bis
11 Thaler für das Stück, je nach den Wollpreiſen und der Woll=
qualität, wovon da und dort noch eine Kleinigkeit für die Unter=
lieferanten abging; man nahm an, daß die neumärkiſchen Tücher
mit ihrer feineren Wolle durchſchnittlich 1—2 Thaler mehr wert
ſeien, als die brandenburgiſchen, neuruppiniſchen und derartigen;
daraus iſt es zu erklären, wenn die Tuchmacher hier 8½ bis
9 Thaler, in Züllichau 10½, in Kottbus 10 Thaler 18 Groſchen
bekamen. Im November 1730 erhielten die neumärkiſchen Tuch=
macher 10½ Thaler für das Stück rohes Tuch, wie es aus der
Walke kam, 1731 aber 11 Thaler, reſp. mit der Exportprämie
11 Thaler 11 Groſchen. Würden nun wirklich die Kottbuſer
Tuchmacher, wie ſie 1731 verſichern, für das Stück Tuch Wolle
im Wert von 9 Thaler gebraucht haben, und die weſtlichen
Meiſter etwa 5—6 Thaler, ſo wäre ihre Exiſtenz eine ſehr
ſchlimme geweſen. Das war eine ſtarke Übertreibung; wenn
auch die ſtrenge Kontrolle und die Breite der Tücher etwas mehr
Wolle erforderte, ſo blieb von zwei Stein Wolle, welche ſie in
ihren Berechnungen als notwendig annahmen, wenn man das
beſte zu einem Stücke Soldatentuch herausnahm, noch ein ziem=
licher Teil Wolle zu ordinärem Landtuch übrig, was in den
obigen Berechnungen außer Anſatz geblieben[1] iſt. So lange der
Preis des ſchweren Steins in der Neumark auf etwa 4 Thaler
ſtand, war die Lage der Tuchmacher eine gute. Am 26. Februar

---

[1] Das Lagerhaus, das bei ſeinen feinen Sorten ja ſorgfältiger ver=
fahren mußte, berechnet einmal, daß es bei einem Wolleinkauf von 34 000
Thaler für 20 000 Thaler ſogenannte Ausſchußwolle habe, von deren richtiger
Verwertung natürlich das ganze Geſchäft abhänge.

1731 schreibt der Commissarius loci Wilkens aus der Neumark daher: „Die Tuchmacher in hiesigen Städten meines Departements haben jetzo gülbene Zeit, indem sie nicht allein vor die privilegirte russische Compagnie an 8000 Stück Tücher gegen prompte gute Bezahlung verfertigen, sondern auch an die Tuch=händler so viel ordinäre und Kerntücher, deren Zug jetzt un=gemein stark ist, absetzen können, als sie nur zu bereiten vermögen, gleich wohl aber wohlfeil Brodt essen und den schweren Stein gute Land Wolle vor einen annoch erleiblichen Preiß à 4 Thaler und etliche Groschen bezahlen dürfen."

Anders lag die Sache freilich, wenn die Wollpreise noch weiter stiegen, resp. wo sie damals schon im Verhältnis zum gewöhnlichen Preis bedeutender gestiegen waren. Es war bei solchem Steigen der Wollpreise weder der Compagnie möglich, in Petersburg sofort höhere Tuchpreise zu erhalten, noch be=kamen die Tuchmacher auf der Frankfurter Messe sofort ent=sprechend mehr für ihre Tücher. Schon einmal hatte das Steigen der Wollpreise die ganze Industrie und die ganze Re=gierung Preußens in die größte Bestürzung und bis zu den kühnsten merkantilen Projekten gebracht. Als das Lagerhaus gegründet, die Wollausfuhr erschwert worden, die zahlreichen anderen Maßregeln zur Hebung der Tuchindustrie 1713—17 von bedeutendem Erfolg gekrönt gewesen waren, stiegen die Wollpreise so, daß 1717 das Lagerhaus umzuwerfen drohte, daß man im Generaldirektorium einen Plan zur Gründung einer Wollhandelscompagnie ausarbeitete, an welche Adel und Bauern zu einem dauernden Mittelpreis verkaufen sollten. Es kam dazu nicht, wohl aber zu anderen schutzzöllnerischen Maß=regeln, zum Ausfuhrverbot aller, auch der adeligen Wolle. Von 1719—30 hielten sich die Wollpreise dann auf mittlerem, mäßigem Stand. Von da an aber stiegen sie rasch, teilweise um gegen 40—50 Prozent. Der König hatte schon 1730 (2. Nov.) verfügt, daß die Tuchmachergewerke aus 16 Städten nur dann zu der Lieferung von 10 000 Stück verpflichtet werden dürften, wenn die Steuerkommissäre bezeugen könnten, daß sie

die Lieferung ohne Ruin „ihres bereits habenden auswärtigen
Debits" ausführen könnten. Es hatte den unzweifelhaften An=
schein, als ob gerade die russischen Lieferungen die Preise
hinauftrieben. Die Statistik über die zunehmende Zahl der
Tuchmacher, besonders der neumärkischen, und über die zu=
nehmende Quantität der in einzelnen Städten verarbeiteten
Wolle lassen das Steigen auch ganz begreiflich erscheinen. Be=
sonders 1731 sollte die Compagnie gegen 20 000 Stück Tuch
liefern, das Lagerhaus hatte ebenfalls seine Produktion gesteigert.
Die Tuchmacher konnten dem Bedarf gar nicht genügen. Man
bat um die Erlaubnis, für den sonstigen auswärtigen Konsum
fremde Ware hereinbringen zu dürfen. Die Klagen über den
Aufkauf der Wolle durch die Juden nahmen von Tag zu Tag
zu. Man hatte 26. April 1731 eine Kabinettsordre durchgesetzt,
welche ihnen für dieses Jahr allen Wollkauf verbot. Die Com=
pagnie erklärt, über 11 Rthlr. könne sie nicht für die rohen
Tuche geben; der König möge ihr doch wie anderen Industriellen
4 Prozent Douceurgelder für die im Moment zu versendenden
6000 Stück Tücher geben; es mache ja nur 11 Groschen pro
Stück, im ganzen 3070 Thaler; die Accise habe an jedem Stück
schon 16 Groschen [1], zusammen 6233 Thaler verdient. Aber der
König schlägt es ab. Er ist über das Steigen der Wollpreise
von 3½ auf 5 Thaler pro Stein um so entrüsteter, als es
heißt, die Nachricht von weiteren Vertragsabschlüssen der Com=
pagnie treibe die Wolle noch mehr in die Höhe, und als man
ihn versicherte, wenn das russische Geschäft aufhöre, sinke der
Preis sicher wieder auf 2½ Thaler und noch niedriger.

Das geht ihm über den Spaß und er verfügt am 28. No=
vember 1731: „sowohl Neuma(rk) als Pomme(rn) u. Kur Marck
auf fixen Preiß die Wolle zu setzen. Citto. F. W". Und als
man ihm nochmals vorstellt, lieber doch für durchschnittlich
12 500 Stück Tuch jährlich 5400 Thaler Douceurgelder, b. h.

---

[1] Was damit gemeint ist, da nach dem Privileg der Compagnie und
den Aktenstücken XX und XXI die Tücher nichts, resp. nur eine Wollaccise
von 2 Groschen zahlen, ist mir nicht klar.

Exportprämien, zu geben, damit sei die Compagnie schon zu=
frieden, wiederholt er (1. Februar 1732): „sonder Resonnir
. sollen die Wolle auf den Preiß setzen, wie gewesen ist. F. W."
Das Generaldirektorium und die Berliner Kriegs= und
Domänenkammer sehen diesen Weg als einen unpraktischen an;
die letztere stellt vor: teils sei der hohe Preis ein günstiges
Zeichen, teils komme er vom Schafsterben; eine Preisfixierung
würde eine schwierige Wollklassifikation voraussetzen; fixiere man
nur den Preis der besseren zweischürigen Wolle, so machten alle
Herrschaften ihre Schafe zu einschürigen. Man dürfe die
polnischen Wollhändler, die man so nötig für den Wollimport
habe, durch niedrige Preise nicht vertreiben. Noch mehr wider=
setzen sich die Landräte und die Ritterschaft. Die neumärkische
erklärt, durch das Wollausfuhrverbot sei der Preis lange ge=
drückt worden; man habe sich bemüht, durch bessere Qualität
der Wolle etwas zu verdienen; wenn einmal durch Schafsterben
_der Preis etwas anziehe, dürfe man ihnen das nicht nehmen;
auch ihre guten Schäfer, die auf dem fünften Teil stehen,
blieben ihnen dann nicht, gingen nach Sachsen, Schlesien und
Polen, wenn man so den Ertrag der Schäfereien schädige.
Direktor und Landräte der Altmark klagen über die seit
20 Jahren so sehr gefallenen Produktenpreise und die Abnahme
der Getreide=, Vieh= und Hopfenausfuhr, seit andere Länder
angefangen, Hamburg und Holland zu versorgen; da müsse man
ihnen die gestiegenen Wollpreise doch gönnen.

Und obwohl der König nochmals mahnt, versteht es das
Generaldirektorium doch, die Sache erst dilatorisch zu be=
handeln, dann zu versichern, der Wollpreis falle schon wieder,
man könne den Erlaß eines Preisediktes noch verschieben; auch
auf die möglichen Ausfälle in den Domänenpachten weist man
hin. Es werde schon gehen; eventuell würde ein Verbot für
die Wollhändler anderer Provinzen, in der Kurmark einzukaufen,
genügen; die Compagnie brauche nur ein Viertel des Woll=
quantums der Kurmark. Die Kammer meint, wenn man nur
dem Wollhändler Hahn verböte, nach Halle und Magdeburg aus=

zuführen, würde es genügen. „Es contribuirt dieſer Mann
durch ſeine an allen Ecken des Landes liegende Commiſſen und
dadurch treibende Aufkaufſereien und Wucher ein vieles zu der
jetzigen Wolltheuerung". Daß die Fabrikanten, beſonders die
franzöſiſchen — darunter ſind die Tuchmacher gemeint — eine
ſtaatliche Beaufſichtigung des Wollmarktes zu Gunſten gleich-
mäßiger Wollpreiſe wünſchen, und ſich darauf berufen, wie dies
in England angeſtrebt und durchgeführt werde, betont die Kammer
allerdings auch.

Zu der Verwilligung der Douceurgelder hatte man unter-
deſſen den König, wenn auch nicht prinzipiell, ſo doch von Fall
zu Fall bewogen, ſo lange die Wollpreiſe ſo hoch ſtanden. Die
Fixierung der Wollpreiſe aber wurde ſo lange hingezogen, bis
der König nicht mehr daran dachte oder vielmehr die ganze
Frage durch den Rückgang derſelben gegenſtandslos wurde. Ab-
geſehen davon, daß die Wollausfuhr (28. April 1732) nun
auch in Oſtpreußen verboten wurde, geſchah nichts weſentliches.
Die Hoffnung der Compagnie, aus Oſtpreußen einige tauſend
Stück Tücher beziehen zu können, beſtätigte ſich nicht; die Proben
fielen zu grob aus, es fehlte dort zu ſehr an Färbereien; die
Tuchmacher erklärten zum größten Teil beſchäftigt zu ſein oder
zu den von der Compagnie angebotenen Preiſen nicht liefern
zu können.

Die Compagnie mußte ſehen, wie ſie durchkam; die Jahre
1731—33 waren durch dieſe Preiskonjunkturen, wie es ſcheint,
keine ſehr günſtigen für ſie, trotz der großen Lieferungen; auch
ſonſt begannen damals Verluſte und Schwierigkeiten mancherlei
Art. Wir kommen darauf im letzten Abſchnitt zurück, nachdem
wir im Folgenden mitgeteilt, was wir an ſtatiſtiſchen Zahlen
über das brandenburgiſche Tuchgewerbe in der uns hier inter-
eſſierenden Zeit wiſſen. Wir haben hier nur noch ein Wort
über die Verfaſſung und Betriebsform der Tuchmacherei zu
ſagen, ſoweit ſie aus dem Vorſtehenden ſich ergiebt.

Noch herrſchte der handwerksmäßige Betrieb faſt ganz vor.
Auch ſoweit die Tuchmacher regelmäßig für Verleger und große

Meifter und Kaufleute arbeiteten, hatten fie die alten Hand=
werkstraditionen und Einrichtungen beibehalten. Die Mehrzahl
wohl kaufte noch felbft die Wolle ein, verkaufte nebenbei an
Kunden und auf dem ftädtifchen Markte. Und wenn fie freilich
auch fchon für einen großen Teil ihrer Produktion auf den
Abfatz durch Wollhändler, Kaufleute und Exporteure angewiefen
waren, fo hatten folche Beziehungen längft beftanden. Schon
im 16. Jahrhundert und wahrfcheinlich auch im 15. und 14.
hatte die blühende märkifche Tuchmacherei derartiges gekannt;
die Innungsverfaffung war dadurch nicht aufgelöft worden.
Zünfte und Regierung haben mit allen Mitteln darnach geftrebt,
die Selbftändigkeit der Meifter zu erhalten. Und wenn die
ärmeren auch fchon längft in eine gewiffe Abhängigkeit vom
Wollhändler und Kaufmann, fowie von einigen größeren Mit=
meiftern gekommen waren, die Betriebsform war doch keine
wefentlich andere geworden.

Mit den glänzenden Gefchäften einiger großer Verleger,
mit der Thätigkeit des Lagerhaufes und der ruffifchen Compagnie
verfchoben fich ja nun die Beziehungen der Tuchmachermeifter
zum Verlegertum des weiteren. Wir fahen, daß die Compagnie
die Tücher fertig machen, färben, fcheren ließ. Aber dazu kam
es doch nicht, daß die Tuchmacher zu Lohnarbeitern herabgedrückt
wurden; fie bleiben felbftändige Kleinunternehmer, Wolleinkäufer
und Tuchverkäufer, Innungsmitglieder und Arbeitgeber und
verzichteten nicht auf eigenen Verkauf an Kunden und auf dem
lokalen Markt. Hätte die Compagnie länger exiftiert, fo wären
vielleicht weitere Umbildungen im Sinne der wirtfchaftlichen
Herrfchaft des kaufmännifchen Verlegers über die Heimarbeiter
erfolgt. So aber kam es nicht zu einer Organifation, wie fie
z. B. die Calwer Compagnie ausbildete[1]. Und das war für
die Tuchmacher in Hinficht ihrer wirtfchaftlichen Selbftändigkeit
ein Glück.

[1] Siehe Tröltfch, Die Calwer Zeughandlungscompagnie und ihre
Arbeiter 1897.

Auf die Frage, wie von 1740 ab, und durch das Lager=
haus, das große Haus Wegeli und andere die Stellung der
großen wollindustriellen Verleger zu ihren heimarbeitenden
Webern geworden sei, haben wir hier nicht einzugehen. Im
ganzen haben wohl bis gegen 1806 die alten Innungstraditionen
in dem Tuchmachergewerbe so vorgehalten, daß man bis dahin
nicht von einer Umwandlung des handwerksmäßigen Meisters
in einen Lohnarbeiter und auch nur teilweise in einen haus=
industriellen sprechen kann.

5.

Umfang der brandenburgischen Tuchindustrie unter dem Einfluß der Compagnie.

Um sich ein Bild zu machen von dem Stand der branden=
burgischen Tuchindustrie in der Zeit von 1713 an, muß man
wenigstens mit ein paar Worten ihre Vorgeschichte berühren[1].

Die Tuchindustrie war seit alter Zeit in der Mark, vor
allem in der Altmark heimisch; im 16. Jahrhundert hatte sie
sich in der Neumark nicht unwesentlich gehoben, wohl in Zu=
sammenhang mit niederländischen Einwanderungen. Das Woll=
edikt von 1593[2] spricht von etlichen tausend Wollwebern, die
im Lande seien. Ihre Lage war aber schon gegen 1600 mit
der zunehmenden holländisch=englischen Konkurrenz eine un=
günstigere geworden, und im dreißigjährigen Kriege ging sie
furchtbar zurück. Die für das 17. Jahrhundert im Auftrag der
Acta Borussica durch Dr. Bracht gemachten Vorarbeiten für
die Geschichte der Wollindustrie in der Mark Brandenburg er=
geben die Wahrscheinlichkeit, daß von 1611 bis 1676 in der
Kur= und Neumark zusammen, die Meister von 4000 auf 500,
die jährlich angefertigten Stücke Tuch von 156 000 auf 20 800
zurückgegangen. Erst nach und nach und hauptsächlich mit der
Einwanderung der französischen Refugiés, ihrer besseren Technik

---

[1] Vergl. die historische Nachricht von den churmärkischen Woll=
manufakturen in (Fischbachs) histor.=polit. 2c. Beiträgen I., 183 ff.
[2] Mül. V., 2, 212.

und den Bemühungen des großen Kurfürsten und der Danckel=
mannischen Verwaltung hob sie sich wieder bedeutend, haupt=
sächlich in den Jahren 1680—1707. Im Jahre 1696 schätzt
eine Eingabe die Zahl der Tuchmacher wieder auf 2000. Von
1704 an, noch mehr von 1707—14 trat aber wieder ein be=
deutender Rückschlag ein, der teils politische und natürliche, teils
wirtschaftliche Ursachen, nämlich Krieg, Pest, Viehsterben,
Handelskrisis u. s. w. hatte. Gerade mit dem Regierungsantritt
Friedrich Wilhelms hatte die schlechte Lage der Industrie ihren
Höhepunkt erreicht, und die beginnende Sparsamkeit von Hof
und Verwaltung, die zunehmenden Werbungen schienen eher eine
weitere Verschlechterung als Verbesserung in Aussicht zu stellen.

König giebt in seiner historischen Schilderung Berlins [1] für
das Jahr 1712 eine Anzahl von 5000 Tuch= und Raschmachern
an, die in der Kurmark — gegen 20 000 in Sachsen — vor=
handen gewesen sein sollen. Es handelt sich da um eine Schätzung,
die König in den Akten, nämlich in den Berichten des Inspek=
tors Jordan, gefunden hat, die aber der statistischen Grundlage
entbehrt; derartige Schätzungen haben zu allen Zeiten leicht um
die Hälfte oder gar um das Doppelte fehl gegriffen. Auch ein=
schließlich der Gesellen kann die Kur= und Neumark 1713 diese
Anzahl Tuchmacher nicht gehabt haben, da sie bei den ersten
wirklichen Zählungen gegen 1719—25 nur etwas über 3000
Tuch= und Wollzeugmachermeister hatte. Und 1719—25 hatte
sich die Wollindustrie schon wieder wesentlich gegen 1713 gehoben.
Wir können also mit ziemlich viel Wahrscheinlichkeit annehmen,
daß die Zahl der Meister während der Krise von 1704—14 um
einige Hundert unter 3000 gesunken sei, nachher wieder bis gegen
1720 um ebensoviel sich gehoben habe.

Noch bis 1725 erfahren wir nun aber gar häufig aus den
Akten, daß der Hauptübelstand der war, daß sie nicht voll be=
schäftigt waren. König erwähnt (1712), die altmärkischen und
priegnitzschen Städte hätten noch vor 10 Jahren 1000 Stücke

---

[1] III., 356.

Tuch jährlich nach Hamburg abgesetzt, jetzt könnten sie dort nur
noch 300 loswerden. Der anderweite Export über die Frankfurter
Messe wird jedenfalls damals nicht bedeutender gewesen sein,
als später (1740—54), wo er zwischen 2000 und 9000 Stück
jährlich schwankte. Der Inspektor Jordan klagt (1712) an der
Stelle, der König folgt, der Absatz nach Dänemark, Schweden,
Norwegen, Livland, Kurland, Rußland, wie auch nach Braunschweig und Lüneburg, sei sehr zurückgegangen. Die Braunschweiger Kaufleute seien z. B. verpflichtet, den dortigen neu er-
richteten Wollmanufakturen jährlich 2000 Stücke Tuch abzunehmen.
Der innere Absatz war den Tuchmachern seit 1687, resp. seit
den Tariferhöhungen von 1693, 1698 ꝛc. in der Hauptsache gesichert; aber seit 1704 drang mit der Verpachtung der Accise
die fremde Konkurrenz wieder sehr viel stärker ein; dem machte
der Tarif von 1713 ein Ende. Aber wie groß war überhaupt
dieser innere Konsum?

Vielleicht kann das uns als Anhalt dienen, was Becher als
genauer Sachkenner von dem damaligen Kurfürstentum Bayern
sagt; es brauche, meint er, jährlich 70 000 Stücke Tuch, wovon
es 10 000 selbst verfertige, 50 000 aus Meißen, Mähren und
Schlesien, und 10 000 — die feineren — aus England beziehe.
Die kurbrandenburgischen Lande waren etwas größer, aber weniger
bevölkert und ärmer; dagegen war durch die verhältnismäßig
starke Armee eine gewisse Nachfrage gesichert. Nähmen wir auch
für sie einen Verbrauch von 70 000 Stücken an, so dürfte das
vielleicht noch zu hoch sein. Es wären bei 5—600 000 Seelen
über 3 Ellen pro Kopf, wenn das Stück zu 25 Ellen angenommen
wird, während Dieterici für die preußische Bevölkerung im Jahre
1806 erst ⅝ Elle, vielleicht etwas zu niedrig, annimmt. Daher
ist es wahrscheinlich, daß nach diesen Verhältniszahlen der
brandenburgische Landeskonsum ohne den Absatz nach außen nicht
über 50 000 Stück Tuch war. Dann kamen bei 3000 Tuchmachern auf einen jährlich 17, bei 70 000 auf einen jährlich 23
Stücke Tuch; gewiß ein kümmerlicher Verdienst, wenn zur vollen
Beschäftigung 30—40 Stücke gehörten, wenn die 3000 Meister

jährlich 90—120 000 Stücke hätten probuzieren können. Es ist
nach diesen Zahlen ganz klar, in welcher kümmerlichen Lage die
Mehrzahl derselben sich so lange befand, als nicht der Absatz
wesentlich stieg. Noch im Jahre 1722 berichtet der spätere
Kammerdirektor, damalige Steuerrat Hille, in seinem Bezirke (in
der Neumark) seien 296 Tuchmacher, 26 Zeugmacher, 38 Strumpf=
macher und 27 Hutmacher, welche zusammen im letzten Jahre
13 641 ³/₄ schwere Stein Wolle verarbeitet hätten und nach seiner
Berechnung nicht weniger als 89 856 hätten verarbeiten können. [1]

Die volkswirtschaftliche Aufgabe, die für die Regierung
Friedrich Wilhelms I. gestellt war, ging dahin, diesen 3000
Webern so viel Beschäftigung zu schaffen, daß sie nicht mehr
halb verhungern mußten, ihre Probuktion technisch zu vervoll=
kommnen, die im Lande fallende Wolle durch sie verarbeiten zu
lassen und einen zunehmenden Export von Wollwaaren zu er=
möglichen. Welche Mittel der Handels= und Gewerbepolitik
hierfür alle angewandt wurden, haben wir hier nicht zu unter=
suchen, sondern nur festzustellen, welche Rolle dabei die russische
Compagnie spielte.

Wenn sie jährlich 10—12 000 Stücke, in einzelnen Jahren
auch mehr, bis zu 20 000 Stücken, abnahm und ausführte, so
mußte das ungeheuer ins Gewicht fallen. Das Lagerhaus ließ
1736—41 jährlich 7211 Stücke teils in seinen Gebäuden, teils
durch die Berliner und andere Tuchmacher anfertigen. Darunter
waren die Armeelieferungen nur zum kleineren Teil. Das ge=
wöhnliche blaue Tuch bestellten die Regimenter direkt bei den Ge=
werken. Für die Frankfurter Messe liegen mir vor dem Jahre
1740 keine Zahlen vor: auf der Margaretenmesse dieses Jahres
wurden 3667 ¹/₂ Stück inländische Tücher verkauft, 3295 ins
Ausland. Bei drei jährlichen Messen können also 6—9000
Stücke wohl als Ausfuhr gerechnet werden. Der innere Markt
war seit 1713 der brandenburgischen Industrie ganz gesichert.
Gingen nun 20—25 000 Stück ins Ausland, war der Konsum

---

[1] B. St.=A. Kurmark CXV. No. 3.

im Innern infolge des größeren Wohlstandes und der Vergrößerung der Armee um einige Tausend Stück gestiegen, so war
eben das Entscheidende erreicht.

Und daß dies erreicht wurde, wenigstens so lange die russische
Compagnie blühte, dafür haben wir die sicheren Beweise in der
Zunahme der Meister und Gesellen. Zinken führt in den
Leipziger Sammlungen bezüglich Berlins an, daß die Stadt an
Wollarbeitern aller Art gehabt habe[1]:

	119 Meister	366 Gehilfen
1712	119 Meister	366 Gehilfen
1753	312 =	2020 =

ohne die Wollspinner und Wollkämmer.

Bratring[2] giebt für Berlin an:

	Tuchmacher		Zeugmacher	
	Meister	Gehilfen	Meister	Gehilfen
1722	16	—	97	—
1730	19	8	130	93
1758	75	64	187	146

Nach Küster[3] wurden in Berlin verarbeitet:

1720	34 969 kleine Stein Wolle
1732	76 422 = = =
1735	81 955 = = =

Doch interessiert uns Berlin weniger, da hier vor allem die
Wirkung des Lagerhauses sich zeigt, resp. so weit sich zeigt, als
die Zunfttabellen die Arbeiter desselben mit umfassen, was bei
Bratrings Zahlen nicht klar ist.

Wichtiger sind uns die Zahlen für die ganze Kur= und
Neumark. Für erstere, d. h. für die Kurmark, giebt Bratring[4]
folgende Tabelle:

---

[1] XI., 980.
[2] Statistisch-topographische Beschreibung der gesamten Mark Brandenburg (1804) II., 164.
[3] Altes und neues Berlin 4, 369 und Krünitz, Encyklopädie 58, 740.
[4] A. a. O. I., 132.

	Tuchmacher		Zeugmacher		Verarb. Wolle,
	Meiſter	Gehilfen	Meiſter	Gehilfen	kleine Stein
1725	1617	374	247	179	205 725¹/₂
1730	1656	668	291	344	216 576¹/₂
1740	1689	512	808	746	226 773
1750	1646	567	343	2183	—

Die Zahl der Meiſter nimmt in der Zeit der Compagnie
1724—38 nicht weſentlich zu, wohl aber die Zahl der Gehilfen;
d. h. die vorhandenen Meiſter ſind weſentlich beſſer als bisher
beſchäftigt. Zugleich iſt für die Kurmark anzumerken, daß die
Compagnie aus ihr den kleineren, aus der Neumark den größeren
Teil ihrer Produkte bezog. Die Statiſtik dieſer iſt alſo noch
lehrreicher. Für ſie entnehme ich die Zahlen aber nicht bloß
dem Hauptwerk Bratrings, ſondern noch einer anderweiten
ſpecielleren Veröffentlichung desſelben Schriftſtellers[1]. Man
zählte :

	Tuchmacher		Zeugmacher		Verarb. Wolle
	Meiſter	Gehilfen	Meiſter	Gehilfen	kleine Stein
1719	1628	—	39	—	119 716
1732	2525	—	149	—	139 878
1740	1774	—	53	—	—
1764	2110	244	40	38	—

Dieſe Zahlen zeigen ſehr deutlich die außerordentliche
Wirkung der Compagnie; die Tuchmachermeiſter haben 1719 bis
1732 von 1628 auf 2525 zugenommen; die verarbeitete Wolle
iſt um 20 000 kleine Stein geſtiegen. Die Wollproduktion des
Landes, die im ganzen eher zu= als abgenommen hatte und die
1713—19 noch weit über den Bedarf der inländiſchen Induſtrie
hinausgegangen war, reichte jetzt nicht mehr aus; es war eine
große Wolleinfuhr nötig; das Wollausfuhrverbot verurſachte
keine Schwierigkeit mehr. Man klagte höchſtens, daß die
Magdeburgiſchen Wollhändler ſo viel Wolle aus der Neumark
holten. Ein Bericht der kurmärkiſchen Kammer meint, für eine
Lieferung von 100 000 Arſchinen oder 4426 Stück Tuch ſeien

---

[1] Brandenb.-preuß. Miscellen (1804) 344.

17 800 kleine Stein Wolle nötig, das sei noch nicht ¹/₁₀ der
inländischen Wollproduktion. Aber eine Steigerung um ¹/₁₀ des
Absatzes wollte etwas bedeuten. Die neumärkische Kammer be=
richtet 1732, aus ihrem Bezirk habe die Compagnie dieses Jahr
(1731/32) 16 000 Stücke Tuch ausgeführt, dazu seien 40 000
kleine Stein Wolle verwendet.

Die ganze Steigerung der Wollpreise 1731—32 war vor
allem ein Ergebnis des großen Geschäftes der Compagnie. Ebenso
stark freilich mußte sich dann ihr Aufhören geltend machen; die
neumärkische Tuchmacherzahl zeigt dies in der einbringlichsten
Weise, wenn auch andere Umstände, hauptsächlich die ganze
wirtschaftliche Krise der Jahre 1738—41, mit in Betracht
kamen.

Wie sehr die Neumark bei den späteren Lieferungen be=
vorzugt war, will ich noch durch einige Zahlen aus den Akten
erhärten. Von der Lieferung, welche die Compagnie im Oktober
1730 vorhatte, legte sie folgendes Schema der Verteilung von
10 000 Stück auf die Gewerke der einzelnen Städte vor:

Beeskow	300	Stück	Königswalde	400	Stück
Kottbus	400	=	Sommerfeld	200	=
Frankfurt	200	=	Fürstenwalde	200	=
Drossen	1000	=	Reppen	500	=
Krossen	600	=	Landsberg		
Rotenburg	300	=	Driesen		
Züllichau	2000	=	Solbin	1900	=
Zielenzig	2000	=	Damm		

Im März 1731 berichtet sie, es hätten folgende Gewerke
wirklich kontrahiert, auf ult. Mai zu liefern:

Züllichau	1100	Stück	Friedeberg	100	Stück
Rotenburg	300	=	Solbin	150	=
Zielenzig	2000	=	Landsberg	200	=
Drossen	1300	=	Waldenburg	150	=
Reppen	500	=	Driesen	120	=
Krossen	500	=	Berlinchen	200	=
Königswalde	300	=	Summe:	6920	Stück

Und außerdem hatten bis ult. Juni übernommen:

Reppen	200	Stück	Drossen	500	Stück
Krossen	200	=	Königswalde	200	=
Rotenburg	} 500	=	Zielenzig	500	=
Züllichau			Landsberg	1000	=

Summe: 3100 Stück.

Im Juni 1731 schreibt sie dann, von den 10 000 zu liefernden Stücken seien abgegangen 7000; es restierten 3000, und 6000 weitere habe sie noch übernommen. Man hoffe, daß, ohne ihre Kunden zu verlieren, noch liefern könnten:

Brandenburg	1000	Stück	Friedeberg	250	Stück
Frankfurt a. O.	150	=	Walbenburg	200	=
Fürstenwalde	150	=	Kottbus	300.	=
Beeskow	200	=	Krossen	500	=
Neustadt=Eberswalde	200	=	Züllichau	700	=
Treuenbriezen	100	=	Sommerfeld	150	=
Luckenwalde	100	=	Rotenburg	200	=
Landsberg a. b. W.	400	=	Drossen	1000	=
Solbin	300	=	Zielenzig	1800	=
Neudamm	300	=	Reppen	500	=
Berlinchen	100	=	Königswalde	250	=
Driesen	250	=		5850	Stück
	3250	Stück	Summa	9100	Stück.

Am 19. Juli 1735 berichtet die Compagnie, daß sie für dieses Jahr gekauft habe

zu Landsberg an der Warthe . . .	1769	Stück
zu Züllichow und Bobersberg . . .	1400	=
zu Drossen	2230	=
zu Zielenzig	2175	=
aus der Mittelmark (Ruppin, Branden= burg, Rathenow, Gransee, Luckenwalde)	2500	=
	10 074	Stück.

Wenn das Aufhören der ruſſiſchen Lieferungen dann in den
Jahren 1738—41 die allgemeine Baiſſe und Abſatzſtockung ver=
mehrte, oder ſogar eine weſentliche Urſache derſelben war, wenn
in dieſen Jahren Dützende, ja mehrere Hundert der Wollarbeiter
ſich nach Schweden, Dänemark, Lüneburg=Hannover wandten, wo
man eben damals mit aller Anſtrengung die Wollmanufakturen
zu halten ſuchte, ſo war der Rückgang gegen 1740 ja zu be=
klagen, aber es ſchmälert den Wert und die Bedeutung der
Compagnie und des induſtriellen Aufſchwungs von 1724—37
nicht. In dieſer Zeit war nicht bloß das ganze Land wohl=
habender geworden; man hatte vor allem kaufmänniſch und
techniſch viel gelernt. Die großen ruſſiſchen Lieferungen waren
für die neumärkiſche Tuchinduſtrie eine ſehr gute Schule ge=
weſen, vielleicht eine wirkſamere als die Reglements von 1687
und 1723, welche in der Weiſe der Colbertſchen den kleinen
Meiſtern die beſſere Technik Hollands, Frankreichs und Englands
beibringen wollten. Jedenfalls erblühte die Induſtrie nach dem
Druck der Jahre 1738—41 raſch um ſo glänzender auf. Am
11. Dezember 1748 konnte der neumärkiſche Kammerpräſident
Friedrich dem Großen melden, daß der Debit außer Landes das
letzte Jahr ſich auf 77 687 Stücke erſtreckt habe. Und der
größere Teil derſelben gehörte den feinen Tuchen an.

Noch heute wird man beim Durchmuſtern der zahlreichen
Tuchproben, wie ſie in den Akten enthalten ſind, erſtaunt ſein,
wie ſelbſt die älteren aus den Jahren 1721—1725 ſchon zeigen,
daß man in Brandenburg ſeit den Tagen des großen Kurfürſten
viel gelernt hatte. Es ſind lauter ſchwere dicke Tücher, wie ſie
heute wohl gar nicht mehr gemacht werden; die altmärkiſchen
und die aus der Stadt Brandenburg ſind die ſtärkſten und
härteſten, während die neumärkiſchen viel weicher und zarter ſind.
Am wenigſten gelungen ſind die erſten Proben von rotem Tuch.
Als dem Könige am 17. Oktober 1721 die einheimiſchen und
engliſchen Muſter neben einander vorgelegt wurden, ſchrieb er
zur roten Probe aus Zielentzig: „das rote bauget nit", aber zur
grünen: „das iſt beſſer als engliſch". Und das blaue aus

Brandenburg erklärt Kraut eigentlich für das beſte Soldatentuch, während die Ruſſen, an die weicheren, dünneren engliſchen Stoffe gewöhnt, die neumärkiſchen, aus feinerer Wolle gemachten Tücher vorzogen und deshalb die Lieferung ſpäter hauptſächlich ſich da= hin wandte.

Wenn dann in der Folgezeit über die Farbe noch öfter ge= klagt wird, ſo wird daneben doch auch von den Ruſſen zugegeben, daß die gelieferte Ware eine ausgezeichnete im ganzen geweſen. Die Compagnie betont, daß ſie von Jahr zu Jahr beſſere Tücher geliefert habe. Und Marbeſeld beſtätigte es. Auf Walke, Färberei und Tuchbereitung hatte man naturgemäß überall, wo die Com= pagnie Beſtellungen machte, ein wachſameres Auge. In Roten= burg, Zielenzig und anderen Orten wurden neue Färbereien an= gelegt, den Unternehmern Privilegien dazu erteilt. Die Compagnie hatte ſelbſt ſchon 1727 in Landsberg und Droſſen eigene Fär= bereien errichtet.

Kurz, alles das hatte die Technik weſentlich gehoben. Noch in dem letzten Bericht Marbeſelds vom 17. Mai 1738, in welchem er mitteilt, daß alles aus und keine Lieferung mehr zu erhalten ſei, betont er, nur über die grüne Farbe werde noch geklagt; in allem übrigen ſeien die preußiſchen Tücher jetzt beſſer als die engliſchen; viele Offiziere und auch die meiſten Mitglieder des Kriegskollegii geben das insgeheim zu. Manche, fügt er bei, meinten, es ſei vielleicht gut, daß die Lieferung einige Zeit reſtiere, die Preußen würden ſie zu um ſo beſſeren Bedingungen bald wieder bekommen. „Der Hauptfehler aber" — ſo ſchließt er — „beſtehet darin, daß ſie die Contrahenten nicht ſo ſtark ſchmieren, als wie die engliſche Kaufleuthe thun können; daher auch die intereſſirten allezeit vor die Engliſche livrance, die desintereſſirte aber vor die Preußiſche portirt geweſen."

Daß die Fortſchritte, welche die kur= und neumärkiſche Tuch= induſtrie unter Friedrich Wilhelm I. gemacht hatte, durch die Kriſis von 1738—1741 nicht dauernd rückgängig gemacht, daß ſelbſt ohne Hilfe der ruſſiſchen Compagnie der Abſatz bald wieder ſtieg, ſei noch durch folgende kurze Notizen und Zahlen wahr= ſcheinlich gemacht.

Friedrich b. Gr. giebt in den brandenburgischen Memoiren[1] die Ausfuhr von Tüchern aus der Kur- und Neumark auf rund 44 000 Stück jährlich an. Das gründet sich auf die vom Gen.-Direktorium ausgearbeitete und dem König am 14. April 1747 überreichte „historische Nachricht von denen Haupt-Manufakturen der Mark Brandenburg"[2]. Es findet sich daselbst auch eine Bemerkung über die russische Compagnie. Der König habe durch sie der Industrie des Landes einen unbeschreiblichen Vorteil (avantage infini) verschafft; sie habe während ihres Bestehens 94 336 Stücke Tuch, durchschnittlich zu 17 Rthl., ausgeführt, wodurch die Unterthanen 1 606 712 Rthl. gewonnen hätten. Die Ziffer, welche der König für den durchschnittlichen Export angiebt, ist die Abrundung der Ziffer von 43 402 Stück, welche das Gen.-Direktorium auf Grund der Acciseregister von 1745 (§ 59, S. 415) vorlegt; 10 000 Stück werden jährlich etwa auf den drei Messen zu Frankfurt a. O. den Auslanden verkauft; die übrigen gehen direkt nach Leipzig, Frankfurt a. M., ins Reich, nach Hamburg, Lübeck, polnisch Preußen, schwedisch Pommern, Stralsund, Rostock, Mecklenburg, die anhaltischen Lande. In § 60 werden dann vom Gen.-Direktorium als durchschnittliche Produktion der Kurmark dies- und jenseits der Elbe und Oder 72 789 Stücke Tuch angegeben, wozu 264 648 kleine Stein Wolle à 11 ₰ verbraucht würden. Eine sehr niedrige Schätzung, wenn dabei die Neumark, der Export von 43 402 Stück, und die Militärtuche einbegriffen sein sollten; es ist offenbar die Neumark, wo der Hauptsitz der Tuchindustrie war, nicht eingerechnet. Das Gen.-Direktorium fügt bei, die 3313 Tuchmachermeister und die 2486 gehenden Webstühle könnten jährlich 616 494 kleine Stein Wolle verarbeiten, 169 536 Stücke Tuch herstellen, wenn sie voll beschäftigt wären. Wahrscheinlich bezieht sich diese Schätzung auf die ersten Jahre des Jahrzehnts, die ich als ungünstige oben wiederholt charakterisiert habe. Die große Besserung,

---

[1] Oeuvres I, 234.

[2] Ihre französische Bearbeitung wurde neuerdings in den Miscellaneen zur Geschichte Friedrichs b. Gr. (1878 S. 401—16) veröffentlicht.

bie 1745—51 eintrat, erhellt nicht nur aus der angeführten
Exportstatistik der Neumark von 1748, sondern auch aus einer
Bemerkung des jungen Bekmann, der 1751 das vor 40 Jahren
verfaßte Werk seines Vaters „Historische Beschreibung der Chur=
und Mark Brandenburg" auf den neuesten Stand der Dinge zu
ergänzen und herauszugeben anfing. Er sagt da I, 803: Nach
dem ersten Verfall der Brandenburgischen Wollweberei (es sind
wohl die Jahre 1707—17 gemeint) habe man die 2—250 000
kleine Stein Wolle, die im Lande durchschnittlich fallen, nicht
verarbeiten können. Jetzt aber, da in diesem Lande über 3000
Tuchmacher, 400 Strumpfmacher, 1000 Wollzeugmacher und
200 Hutmacher seien, welche 464—465 000 kleine Stein ver=
arbeiten können, fehle es nicht an Vertrieb und Vergüldung der
Wolle, ja es müßte noch ein guter Teil auswärtiger Wolle zu
Hilfe gezogen werden.

Wir kehren jetzt zum Ende der Compagnie zurück, das wir
noch kurz zu erzählen haben.

6.
Das Ende der ruffischen Compagnie.

Hatte die Compagnie unzweifelhaft Bedeutendes für Hebung
der brandenburgischen Tuchindustrie geleistet und waren ihre
Handelsunternehmungen eine für jene Tage und die wirtschaft=
liche Kultur des Landes großartige Leistung, so hing doch ihre
ganze Existenz zugleich von den politisch=diplomatischen Beziehungen
Preußens und Rußlands und von ihrer Stellung zur preußischen
Regierung, zum König ab.

Ohne die Energie Friedrich Wilhelms wäre sie nicht zu
stande gekommen; die thätige Unterstützung des General=
direktoriums hatte sie stets begleitet; eine ganze Anzahl Zoll=
erleichterungen hatten ihren Handel erleichtert. Und wenn vieles,
was die Regierung that, nur eine Anticipation dessen war, was
man später für alle Bürger als gleiches Recht einführen mußte,
zunächst kam es ihr allein zu gute; so, wenn man für sie ein=

trat, als auf den neumärkischen Wollmärkten die Frage aufge=
worfen wurde, ob ihre Faktoren als Nichtbürger Wolle einkaufen
könnten, als man in Stettin ihre Waren nicht an den Zoll=
privilegien in Wolgast teilnehmen lassen wollte, die nur Stettiner
Bürgern zuständen.   Die zahlreichen Berichte, Anträge, Akten=
vermerke des Geh. Kriegs= und Finanzrats Manitius über die
Compagnie zeugen immer von gleicher Sachkenntnis, gleichem
Wohlwollen, gleichem Urteil.   Und ebenso sind die Minister stets
bemüht, für sie einzutreten, Schwierigkeiten wegzuräumen, auch,
wenn es nötig war, diejenigen, welche in der wechselnden Stim=
mung des Königs lagen.

Ein solcher Wechsel in dem Urteil Friedrich Wilhelms über
die Compagnie ist seit 1730 bemerkbar.   Nicht als ob er nicht
stets wieder sie zu halten bereit gewesen wäre, wenn er sich über=
zeugte, daß sein Verdacht ein falscher gewesen, daß die Tuch=
lieferungen wirklich stattfänden, daß sie dem Lande zum Segen
gereichten.   Aber er ärgerte sich oft, daß die Compagnie nicht
noch mehr leiste; er hatte sie im Verdacht, daß sie nur, um
größere Gewinne zu machen, dies oder jenes Beneficium verlange.
Er glaubte ihr 1730 nicht, daß sie 100000 Arschinen Tuch aus=
führe und wünschte, daß sie 3—400000 einkaufe.   Am 14. Fe=
bruar 1731 schreibt er, zunächst die Zollbefreiung auf weitere
sechs Jahre für die russischen Importwaren abschlagend: „Ich
zahle ihn nits mehr; quare: haben sie mein Tuchmanufakturen
ruiniert und den Handel verdorben, so hohle der Deuffel die
Kovmannschaft.“   Das war in dem Moment, als das Steigen
der Wollpreise allerlei Schwierigkeit für das ganze Geschäft er=
zeugte und die teurer gewordenen Tücher auf den nächstgelegenen
Messen nicht mehr recht abgehen wollten.   Freilich ist er bald
wieder beruhigt; am 30. September desselben Jahres schreibt
er bei der Nachricht eines neuen Lieferungsvertrags: „sollen es
so gut machen, als nur möglich, ist das wir den Debit be=
halten“.   Teilweise beruhte sein Mißtrauen gegenüber der Com=
pagnie auf dem ganz richtigen königlichen Instinkt, die Partei
der Tuchmacher, der kleinen Leute ergreifen zu müssen, während

das höhere Beamtentum eher geneigt war, mit den reichen
Kaufleuten zu paktieren. So schreibt er später einmal, als es
sich um die Erneuerung des Privilegs der Compagnie handelte:
„sie hat das ganze negotio verdorben, das sie an die Russe nit
guhte Wahre geliefert und zu groß profit genommen und die
hiesige Tuche sehr wohlfeil bezahlet, das die Manufacturiers kein
Brot gehabet".

Fast eine Katastrophe für die Gesellschaft führte eine De=
nunciation herbei, die ihren letzten Ursprung allerdings in den
Streitigkeiten zwischen den Mitgliedern und speciell zwischen dem
Petersburger Comptoir und den Berliner Gevollmächtigten hatte.
Eine Kabinettsordre vom 4. November 1733, deren Bedeutung
zuerst weder die Mitglieder der Compagnie, noch die des General=
birektoriums recht begriffen, befahl dem letzteren, den Kaufmann
Viedebant aus der Gesellschaft zu schaffen, da sie über einen
Haufen fallen werde, wenn er länger darin bleibe. Es zeigte
sich bald, daß nur Willers, der frühere russische Oberkommissar,
jetzt Hauptdirigent des Petersburger Comptoirs, die Ursache sein
könne. Es stellte sich weiter heraus, daß er die Hauptveranlassung
zu allen Händeln sei, daß er der Compagnie schon 30000 Thaler
an Gehalt und 50000 Thaler an von ihm gebuchten Präsenten
gekostet habe, daß der verleumbete Viedebant, der übrigens sofort
bereit war, auszutreten, einer der geschicktesten Kaufleute unter
den Leitern, daß er kaum zu entbehren sei; wenn man ihm
stets gefolgt, wären viele Verluste, hauptsächlich die in Breslau
in dem Bankerott des Faktor Kupfer, dem man bei einer Kaution
von 20000 Thaler Waren bis zu 150000 Thaler anvertraut,
durch den man unter sechsjährigem Prozeß 85000 Thaler ver=
loren, vermieden worden. Manitius wollte sofort alles das dem
König vorstellen; aber der erste Bericht vom 20. November 1733
und der spätere vom 15. November 1734 umgehen doch, was
den König verletzen konnte, hauptsächlich das Persönliche bezüg=
lich Willers und Viedebants und stellen nur fest, daß infolge der
jetzigen Untersuchung und Erörterung der ganzen Geschäftsführung
und der begangenen Mißgriffe einige der unzufriedenen Mitglieder

ausgetreten, andere wenigstens kein neues Kapital zuschießen
wollten, Daum und Buber aber bereit seien, jeder 10 000 Thaler
weiter einzuschießen und das Geschäft fortzusetzen, wenn sie die
Douceurgelder weiter bekommen und sonst einige ihrer Wünsche
erfüllt würden.

Wenn in dem zweiten Berichte wiederholt auf die Uneinig-
keit und Disharmonie der Direktoren hingewiesen wird, so lag
eine solche bis zu einem gewissen Grad in der Verfassung: wenn
ein oder anderthalb Dutzend Geschäftsleute über jede wichtige
Handelsoperation sich einigen sollen und dann per majora ent=
schieden wird, so kann das leicht zu Händeln und unsicherer
Leitung führen, wenn nicht ein oder zwei hervorragende Köpfe
die anderen beherrschen. Übrigens scheint der Austritt der un=
zufriedenen Mitglieder und die Zusage des Generaldirektoriums
an die Compagnie, daß sie bezüglich ihrer Anstellungen — auch
in Petersburg — ganz freie Hand erhalten solle, dahin gewirkt
zu haben, daß die Geschäfte von da an eher wieder besser gingen
und keine wesentlichen Verluste mehr vorkamen. Die Compagnie
zeichnete von da an „Splittgerber und Buber", oder auch „Buber,
Krusemark und Comp., neue russische Compagnie". Ihre Geschäfts=
resultate waren solche, daß sie aufs bringendste wünschte, ihr
Privileg nach Ablauf der ersten zwölfjährigen Periode erneuert
zu erhalten, ja daß sie zunächst auch ohne diese Erneuerung
1737—38 die Geschäfte fortsetzte.

Das eigentliche Ende bereitete ihr die politische Lage. Die
guten preußischen Beziehungen zu Peter dem Großen hatten den
Grund zu dem Geschäft gelegt, wenn es auch erst mit seinem
Tode recht in Gang kam. In dem tollen Wechsel von Regierungen,
Palast= und Adelsrevolutionen in den Jahren 1725—1738 war
es der Compagnie gelungen, sich zu erhalten und festzusetzen;
sie hatte sich mit der Herrschaft der altrussischen Partei, der
Dolgorucki in Moskau, wie mit der der deutschen Emporkömmlinge in Petersburg zu vertragen gewußt. Besonders seit
Kaiserin Anna 1730 an die Regierung gekommen, die Residenz
wieder nach Petersburg zurückverlegt, die Hauptgeschäftsführung

in die Hände Oſtermanns, des einzigen unbeſtechlichen höheren
ruſſiſchen Würdenträgers gelegt, ihr alter Gönner Jaguſhinſki
1731 als Geſandter nach Berlin geſandt worden war, da waren
für die Compagnie die beſten Tage gekommen, obwohl der Rivale
Oſtermanns, der Feldmarſchall Münnich, ihr ſtets etwas miß-
günſtig geſinnt war.

Aber erſt als der polniſche Erbfolgekrieg die ruſſiſchen und
preußiſchen Intereſſen zu trennen begann, konnte das gefährlich
werden. Rußland und Öſterreich hatten ſich geeinigt, auf den
erledigten polniſchen Thron Auguſt III. von Sachſen zu ſetzen
(1732—34), während Preußen dieſe Verſtärkung der ſächſiſchen
Macht und die volle Herrſchaft des ruſſiſchen Einfluſſes in Polen
naturgemäß bekämpfen mußte. Selbſt ſo lockende ruſſiſche An-
erbietungen[1], wie die auf Elbing, Kurland und einen Teil Weſt-
preußens konnten Preußen in der Beurteilung dieſer ſeiner
Intereſſen nicht wankend machen. Die Folge war, daß das Verhältnis zu Rußland ein immer ſchlechteres wurde, zumal als
Friedrich Wilhelm dem von Frankreich unterſtützten, vom Adel
gewählten und von den ruſſiſchen Truppen vertriebenen Kron-
prätendenten Stanislaus eine Zufluchtsſtätte in Preußen bot.
Als im Wiener Frieden vom 3. Oktober 1735 Frankreich ihn
fallen ließ und ſich mit Öſterreich und Rußland einigte, ſtand
Preußen ganz iſoliert da. Wenn auch Oſtermann bemüht war,
die ruſſiſch-preußiſchen Beziehungen zu erhalten, ſchon die Thatſache, daß der allmächtige Günſtling Annas, Biron, das von
Preußen begehrte Kurland für ſich haben wollte, vermehrte die
Entfremdung[2]; ſelbſt der Verzicht auf Kurland war nicht im
ſtande, Rußland zur Anerkennung der für Preußen wichtigſten
Frage, der jülichſchen Succeſſion zu bringen. Jaguſhinſki war,
ins Petersburger Kabinett zurückberufen, April 1736 geſtorben.
Vergeblich ſucht Preußen, Februar 1738, von den vier identiſchen
Noten Öſterreichs, Frankreichs, Englands und Hollands bedroht,

---

[1] Droyſen, Preuß. Pol. Friedr. Wilh. I. 2, 235.
[2] Droyſen, daſ. 287.

einen gewiſſen Rückhalt an Rußland[1]; man antwortete darauf
nicht einmal (Mai=Auguſt 1738); man empfand am preußiſchen
Hofe, daß die Kaiſerin Anna unter Umſtänden auch gegen Preußen
ſich wenden könne[2].

Da iſt es nicht überraſchend, wenn Münnich über Oſter=
mann bezüglich der Compagnie den Sieg davon trug, wenn am
2. Mai 1738 das preußiſche Comptoir vor das Kriegskollegium
geladen und „ihme in ruſſiſcher Sprache eine Ukaſe vom
22. April 1738 von Ihrer Ruſſ. Kaiſ. Majeſtät vorgeleſen und
unter allerhand nichtigem Vorwand (als daß die Proben zu
grob, da doch allererſt vor kurzem die Ausſchußtücher abgenommen
und vor beſſer als die engliſchen erkannt, auch daß die engliſche
Nation und ihre Waare beliebter, die Engelländer auch viel mehr
ruſſiſche Waaren als die Preußen nähmen ꝛc.) eröffnet wurde,
daß von Preußen ferner kein Tuch genommen werden dürfe.“
Allerdings ſtand zugleich die Beförderung der eigenen ruſſiſchen
Tuchinduſtrie im Hintergrunde, ſowie der Befehl, für fremdes
Tuch überhaupt künftig kein bar Geld auszuführen.

Damit war die Compagnie vernichtet. Der König hatte
ſeit dem 1. Mai 1737, ſeit dem Ablauf des zwölfjährigen
Privilegs gezögert, es zu verlängern; er hatte ſchon im Januar
1737 gemeint, die Ruſſen würden kein Tuch mehr nehmen, alſo
ſei die Compagnie nichts mehr nütze. Die Direktoren hatten
dann ihre Beſtellungen in der Neumark zurückgezogen; am
21. Februar 1737 meldeten ſie, die Tuchmacher in Droſſen,
Zielenzig und andern Orten lamentierten ſo erbärmlich, daß man
ihnen zuletzt die Waren abnehmen müſſe; man möge ihnen
amtlich mitteilen, daß es mit den Lieferungen aus ſei. Das
Generaldirektorium war anderer Anſicht als der König; es
wünſchte die Compagnie um jeden Preis zu erhalten und legte
dem Könige, der damals zugleich die Zahlung der Baufreiheits=
gelder zur Unterſtützung Neuanbauender aufhören laſſen wollte,

---

[1] Daſ. 326.
[2] Daſ. 337.

am 23. März 1737 in beweglicher Weise ihr Schicksal ans Herz; es schrieb:

„Durch die aufgehörte Tücherlieferung nach Rußland ist ohnedem schon vielen Unterthanen die Nahrung entgangen; wenn nun die ordinaire Baufreiheits=Gelder nicht mehr gegeben werden und der Bau in den Städten desfals gänzlich aufhören solte, würden die mehrsten Bürger ohne Nahrung sein und in äußerste Dürftigkeit gerathen. Ew. K. May. haben uns die Vorsorge vor der Unterthanen Nahrung ernstlich anbefohlen, und werden also hoffentlich nicht ungnädig nehmen, wenn wir auch in diesem Stück unserer Pflicht ein Genügen thun und die Continuation der Bauten in den Städten, wie auch des russischen Handlungs= Privilegii, wenn die Tücherlieferung dahin noch auf 6 Jahre zu erhalten stünde, alleruntertthänigst anrathen."

Es war zunächst umsonst. Der König übersah die Lage in Petersburg klarer und war verstimmt, — wohl über die all= gemeine politische und wirtschaftliche Lage, wie über die Compagnie. Er war entrüstet, als er hörte, sie setze ihren Handel ohne Privileg fort, d. h. sie zahle wie bisher keine Zölle. Splittgerber und Daum konnten sich aber rechtfertigen und nach= weisen, daß sie seit Mai 1737 Zoll, Licent und andere Abgaben bezahlt. Man brachte den König endlich am 25. April 1738 so weit, daß er erklärte, das vorige Octroi erneuern zu wollen, wenn die Compagnie jährlich 10 000 Stück Tuch exportiere. Freudig machte man Anstalt, das Petersburger Comptoir zu instruieren und die Tuchmacher zu beschäftigen.

Es war zu spät: drei Tage vorher war in Petersburg der entscheidende Schlag geschehen. Als die Nachricht davon nach Berlin kam, machte eine Kabinettsordre vom 1. Juni 1738 der Compagnie bekannt, daß das Privileg definitiv aufgehoben sei. —

VIII.

Die preußische Seidenindustrie im 18. Jahrhundert

und ihre Begründung durch Friedrich den Großen[1].

1.

Die Publikation und ihre Resultate. Die neuere europäische Seidenindustrie überhaupt.

Meine Herren! Da die drei ersten Bände der Acta borussica in den nächsten Wochen ausgegeben werden, so halte ich es für meine Pflicht, Ihnen heute über diese erste Leistung der von Ihnen zur Herausgabe der Denkmäler der preußischen Staatsverwaltung im 18. Jahrhundert eingesetzten Kommission Bericht zu erstatten.

Diese drei Bände beziehen sich auf die preußische Seidenindustrie des 18. Jahrhunderts. Die zwei ersten Bände geben die Urkunden, der dritte eine Darstellung aus der Feder von Dr. Hintze. Von den Urkunden gehören die zehn ersten noch der Zeit von 1686—1700, die übrigen dem 18. Jahrhundert, und zwar die Nummern 11—1143 der Seidenindustrie Berlins

---

[1] Bericht, gelesen in der Akademie der Wissenschaften in Berlin vom 21. April 1892 über die 3 Bände der Acta borussica, die denselben Titel führen (P. Parey 1892), gedruckt zuerst Beilage der Allgemeinen Zeitung 19. und 23. Mai 1892.

und der öftlichen Provinzen, der Reft von 1144—1201 der
Krefelder Jnduftrie an. Von den 1200 Nummern, welche je für
die öftlichen Provinzen und für Krefelb chronologifch angeordnet
find, waren nur einige wenige bisher schon gedruckt und bekannt,
fie find in kurzem Auszug gegeben. Von den anderen Nummern
enthält ein Teil für sich ftehende Berichte, Kabinettsorbres,
ftatiftifche Nachrichten, Eingaben der Fabrikanten und ähnliches.
Möglichft aber ift, um den Stoff zu kondenfieren und Wieber=
holungen zu vermeiden, eine Angelegenheit, ein Geschäft in der
Art zu einer Nummer zusammengefaßt, daß von den über Wochen,
oft Monate sich erftreckenden einschlagenden Aktenftücken nur bas
Wichtigfte voll, die anderen auszugs= oder anbeutungsweife als
Einleitung oder Zufatz abgedruckt find. Auch ein großer Teil
ber für sich ftehenden Stücke find nur in Regeftform aufgenommen.
Nur fo war es möglich, den großen Stoff in zwei Bänden zu
652, refp. 766 Seiten zu erledigen. Der zweite enthält inner=
halb biefes feines Umfanges noch zwei befondere Beilagen:
S. 673—714 technifche Erläuterungen in alphabetifcher Reihen=
folge, welche in zusammenhängender Weife die bamalige Technik
der Jnduftrie klarlegen und zahllofe sich wieberholende An=
merkungen über biefen Gegenftand überflüffig gemacht haben;
enblich S. 715—766 ein Perfonen= und Sachregifter zu den
zwei erften Bänden.

Der britte Band enthält in 16 Kapiteln eine möglichft
objektive Erzählung und Darftellung der Ergebniffe; er kann
beshalb nicht ganz fo frei von der fubjektiven Auffaffung bes
Darftellenden fein, wie die beiden Urkunbenbänbe, welche nur
die Thatfachen und die Akten fprechen laffen, für welche Jhre
Kommiffion die Verantwortung mit und neben Dr. Hintze trägt.
Auch die Ergebniffe der Darftellung habe ich wieberholt vor dem
Drucke gelefen, biefes und jenes mit Dr. Hintze befprochen; ich
halte alles wefentliche barin für richtig und objektiv bargeftellt.
Aber immer bleibt fie eine inbivibuelle wiffenfchaftliche Arbeit,
für die der Autor, nicht die Akademie, verantwortlich ift. Sie
aber der Publikation einzureihen, hatte nicht bloß unfer Verleger

großes Intereſſe. Auch Ihre Kommiſſion war der Anſicht, daß
eine ſolche Darſtellung aus der Hand deſſen, der den Stoff
einmal am vollſtändigſten beherrſcht, angezeigt ſei, nicht leicht
von jemand anders jemals wieder ſo gemacht werden könne,
und für weitere Kreiſe allein das ganze neu erſchloſſene Wiſſens=
gebiet gleichſam weg= und gangbar mache.

Daß nur mit dieſer Einſchränkung der dritte Band als
eine Publikation der Akademie erſcheine, iſt in der Einleitung
zum erſten Band, welche von Ihrer Kommiſſion gezeichnet iſt,
beſonders betont. In derſelben iſt auch auseinandergeſetzt, wie
es komme, daß die Acta borussica gerade mit dieſen drei
Bänden beginnen.

Die ganze Unternehmung zerfällt in einen formalen Teil,
der die Staatsorganiſation, die Staatsbehörden und die Ver=
waltung im allgemeinen zur Anſchauung bringen ſoll; der erſte
hierauf bezügliche Band wird demnächſt druckfertig ſein. Und
daneben in einen materiellen Teil, der die einzelnen Gebiete der
Staatsverwaltung, und zwar zunächſt die Pflege von Handel und
Gewerbe, ſowie die indirekten Steuern, dann die Militärverwal=
tung und die Münzverwaltung behandeln ſoll. Keiner Induſtrie
aber hatte Friedrich d. Gr. lebendigeres Intereſſe zugewandt, als
der Seideninduſtrie; ich hatte in Rückſicht hierauf mehrere Jahre
lang meine Archivſtudien anf dieſes Gebiet konzentriert und hatte
bereits die Abſicht, das von mir geſammelte, hauptſächlich auf
die Jahre 1740—77 bezügliche intereſſante Urkundenmaterial in
einem Hefte meiner ſozial= und ſtaatswiſſenſchaftlichen Forſchungen
zu veröffentlichen. Mit dem Zuſtandekommen einer großen Publi=
kation über die innere preußiſche Staatsverwaltung durch die
Akademie gab ich naturgemäß dieſe Abſicht auf. Ich übergab
Herrn Dr. Hintze die von mir geſammelten Urkundenabſchriften
und Regeſten (815 Folioſeiten), und wenn ich zunächſt halb mit
Schmerz darauf verzichtete, an die ſchöne, mir ſo lieb gewordene
Aufgabe ſelbſt die letzte Hand anzulegen, ſo konnte ich mich doch
bald nur freuen, daß mit den Mitteln der Akademie und unter
der Hand des ausgezeichneten Mitarbeiters eine unendlich breitere

und vollkommnere, sowie frühere Publikation zustande kam, als
sie mir bei meiner beschränkten Zeit und sonstigen Pflichten
möglich gewesen wäre. Ich war an die Aufgabe seiner Zeit
herangetreten mit der Absicht, sowie ich in meinem Straßburger
Tucherbuch die erste urkundlich genau belegte Geschichte einer
städtischen Industrie, nämlich die des Straßburger Wollgewerbes
vom 14.—17. Jahrhundert auf dem Hintergrunde der mittel=
alterlichen Stadtwirtschaftspolitik gegeben hatte, so nun eine ur=
kundliche Geschichte einer territorialen Gewebeindustrie des
18. Jahrhunderts auf dem Hintergrunde der neuaufkommenden
staatswirtschaftlich=merkantilistischen Politik zu liefern. Durch
die Unterstützung der Akademie und die Hilfe von Dr. Hintze ist
dieses Ziel erreicht. Es liegt nun in den drei Bänden die ur=
kundlich genaue, ich möchte sagen, von Monat zu Monat, von
Tag zu Tag belegte Geschichte einer großen und wichtigen deut=
schen Industrie aus dem 18. Jahrhundert vor, wie sie bisher
weder für irgend ein Land, noch für irgend eine Industrie existierte.
Sie in diesem Umfange historisch und urkundlich bis in die letzten
Motive der beteiligten handelnden Personen hinein zu rekon=
struieren, war nur deshalb möglich, weil die Entstehung der öst=
lichen, besonders der Berliner Seidenindustrie wesentlich auf die
Initiative der Regierung, speciell Friedrich d. Gr. zurückgeht;
die Industriegeschichte ist hier wesentlich zugleich Verwaltungs=
geschichte, die ihren schriftlichen Niederschlag in unsern Archiven
zurückgelassen hat. Die Krefelder Seidenindustrie verdankt um=
gekehrt eingewanderten holländischen Mennoniten ihren rein pri=
vaten Ursprung; ihre Geschichte ist die von einer oder höchstens
ein paar Familien, die schriftliche Denkmäler nur in geringem
Maße aufbewahrt haben. Daher nimmt dieser Teil der preu=
ßischen Seidenindustrie in unsern Urkunden einen verhältnis=
mäßig so kleinen Raum ein. Wir konnten im Anfang fast keine
historisch wertvollen neuen Dokumente für sie auffinden, freuen
uns aber doch, noch mancherlei zuletzt beschafft zu haben. Die
Einbeziehung Krefelds in die Urkunden und in die Darstellung
war schon des großen Kontrastes wegen, in dem die Berliner

Industrie und die diesbezügliche Politik zur Krefelder Seidenindustrie steht, von erheblichem Wert.

Die wesentliche Frage, die sich nun aufdrängt, ist einfach
die, was mußten wir vor unserer Publikation über die Geschichte
der preußischen Seidenindustrie des 18. Jahrhunderts und was
wissen wir jetzt? Die Antwort ist kurz die: über die Entwickelung
Krefelds waren wir schon durch die Arbeiten von Keußen und
Thun[1] einigermaßen unterrichtet; für sie bringt unser Werk nur
eine Vervollständigung, wenn auch eine erhebliche. Über die Berliner, Potsdamer und sonstige östliche Industrie kannte man nichts
als einige statistische Zahlen, einige beschreibende Notizen von
Büsching, Rödenbeck, Bratring und anderen und dann die Klagen
und Angriffe einheimischer und fremder Physiokraten aus dem
Ende des Jahrhunderts, die dahin gingen, daß die verzärtelte
Lieblingsschöpfung des Königs nichts als eine künstliche und
teure Treibhauspflanze gewesen sei. Und so wenig diese Anklage
ganz der Wahrheit entbehrt, so baute sie sich in den Schriften
von Mirabeau, Krug, Bassewitz und anderen doch überwiegend
auf Sachunkenntnis und Doktrinarismus auf. Jetzt kennen wir
die Geschichte dieser Industrie bis in alle Details, die Entwickelung
des einheimischen Seidenbaues, der Art des Bezugs der übrigen
Rohseide, die Entwickelung der vorbereitenden und Hilfsgewerbe,
der Neben- und Hauptgewerbe; wir können jetzt die Geschichte
jeder einzelnen größeren Unternehmung, die Rückwirkung der
Konjunkturen, der staatlichen Unterstützungen auf sie verfolgen;
wir wissen, wann und wo zuerst größere fabrikmäßige Geschäfte
entstanden, wie aber im übrigen der hausindustrielle Betrieb mit
Verlegern vorhielt, wir wissen von jedem Geschäft, ob kaufmännische oder technische Kräfte, ob Inländer oder Ausländer
an der Spitze standen; wir kennen nun jeden einzelnen der zahl-

---

[1] Keußen, Geschichte der Stadt und Herrlichkeit Krefeld 1865;
A. Thun, Die Industrie am Niederrhein und ihre Arbeiter. Erster Teil:
Die linksrheinische Textilindustrie 1879. Vgl. auch Geering, Über die
Entwickelung der rheinischen Seidenindustrie in der Neuen Züricher Zeitung
vom 9. und 10. Februar 1887.

loſen Schritte der Regierungspolitik, wir überſehen meiſt den
Anlaß und die Motive, wie die Folgen; wir ſehen jetzt ganz
genau, welche Tarifſätze, Schutzzölle, Einfuhrverbote erlaſſen
wurden, welche verſchiedene Arten von Unterſtützungen, von Pro=
duktions= oder Ausfuhrprämien gegeben wurden, wie ſie wirkten,
zu welchen Unterſchleifen ſie Anlaß gaben; wir können die ganze
Art ſtaatlich=merkantiliſtiſchen Eingreifens vom König und
Miniſter, vom Geh. Rat und Fabrikinſpektor bis zum Schau=
meiſter und Acciſekontrolleur herab verfolgen; wir ſehen, welche
amtliche Vorſchriften für die Behörde und den Betrieb erlaſſen
wurden, wie man für Abſatz und gleichmäßige Beſchäftigung der
Arbeiter ſorgte. Und wir ſind im ſtande, dieſes ganze große
Material zu einer unbefangenen objektiven hiſtoriſchen Darſtellung
der Induſtrie nach allen ihren Seiten zuſammenzufaſſen, ſowie
zugleich eine Reihe der wichtigſten allgemeinen Schlüſſe aus den
Urkunden zu ziehen über die preußiſche Verwaltungsgeſchichte,
über das Beamtentum, über die Leiſtungsfähigkeit des aufgeklärten
Despotismus, über die hiſtoriſch ſich folgenden Betriebsformen
der Induſtrie, über den Erfolg der Schutzmaßregeln und Einfuhr=
verbote, über die Möglichkeit für die Staatsgewalt, zwiſchen
Unternehmern und Arbeitern zu vermitteln und einen Druck auf
die private Induſtrie im Sinne einer normalen Konkurrenz=
regulierung zu üben.

Kurz wir kommen mit Hilfe eines ſo wiſſenſchaftlich zu=
bereiteten Materials zu einer Reihe wertvoller hiſtoriſcher und
ſtaatswiſſenſchaftlicher Wahrheiten oder Urteile. Freilich zu Wahr=
heiten von dem Charakter, der durch die Natur des Stoffes und
der Überlieferung bedingt iſt; — zu Wahrheiten, wie ſie in der
Geſchichte und in allen Geiſteswiſſenſchaften überhaupt nur möglich
ſind. Vor allem, wenn wir die Frage praktiſch zuſpitzen zu der
dem Laien nächſtliegenden Alternative: hatte Friedrich d. Gr.
recht oder unrecht mit ſeiner Beförderung der Berliner Seiden=
induſtrie? ſo werden wir zugeſtehen müſſen, daß darauf unſre
Urkunden allein keine glatte, unzweifelhafte Antwort geben und
geben können. Denn eine jede Antwort hierauf ſetzt Klarheit

über zwei ganz allgemeine Vorfragen voraus, nämlich darüber,
ob ein hochgeſpanntes Induſtrieſchutzſyſtem für die öſtlichen
Centralprovinzen des preußiſchen Staates im 18. Jahrhundert
überhaupt richtig geweſen ſei und dies zugegeben, ob die Seideninduſtrie gerade dasjenige Gewerbe geweſen ſei, auf das die Haupt-
anſtrengung zu konzentrieren war. Gewiß geben unſre Urkunden
die erheblichſten Beiträge auch zur Beantwortung dieſer Vorfragen. Aber ſie erledigen ganz und vollſtändig nur die Frage,
ob unter Vorausſetzung der Bejahung derſelben die angewandten
Mittel die richtigen und erfolgreichen waren.

Ehe ich verſuche, das Wichtigſte aus den Ergebniſſen unſerer
Publikation Ihnen kurz vorzuführen, ſei es daher geſtattet, die
Stellung zu dieſen zwei Vorfragen, welche ich und Dr. Hintze
einnehmen, kurz zu charakteriſieren.

Ich habe ſchon vor Jahren[1] nachzuweiſen verſucht, daß
die ganze merkantiliſtiſche Wirtſchaftspolitik nur zu verſtehen
ſei als ein Glied und als ein Mittel in der Entſtehung größerer
wirtſchaftlicher und politiſcher Gemeinweſen. Als die mittelalterlichen Stadtſtaaten und großen Grundherrſchaften immer
unfähiger wurden, als ausreichende Organe des geſellſchaftlichen
Lebens zu fungieren, als ihre Kämpfe untereinander zu einem
anarchiſchen Chaos ausarteten, da mußten territoriale und
nationale Staaten durch alle denkbaren Mittel, eventuell durch
Blut und Eiſen hergeſtellt werden; der aufgeklärte fürſtliche
Despotismus war der Träger dieſer großen fortſchrittlichen Bewegung, welche die ſtändiſche und korporative Freiheit vernichten
mußte, nach innen große Märkte mit freiem Verkehr herſtellte,
nach außen die geſammelten Kräfte ebenſo wirtſchaftlich wie
finanziell und militäriſch zuſammenfaßte. Die Staaten wurden
am raſcheſten mächtig und reich, welche dieſe centraliſtiſche Tendenz
am kräftigſten durchführten. Deutſchland blieb hinter den
größeren italieniſchen Staaten, hinter Burgund, Holland, Eng-

---

[1] Jahrbuch für Geſetzgebung 2c. VIII, 1884, 15 ff. „Das Mercantil-
ſyſtem in ſeiner hiſtoriſchen Bedeutung“, jetzt oben S. 1—60.

land und Frankreich, ja hinter den kleineren nordischen Staaten
so weit zurück, weil es in den mittelalterlichen Lebensformen
stecken blieb, weil selbst seine größeren Territorien zu klein, zu
wenig abgerundet, zu weit von den Seeküsten abgelegen waren,
um ähnlich wie die Weststaaten diese neue Art wirtschaftlich=
finanzieller Centralisationspolitik zu treiben. Erst der große
Kurfürst wagte den Versuch, durch Errichtung eines baltisch=
deutschen Küstenstaates und einer Seemacht das Dominium
maris baltici und damit die handelspolitische Beherrschung des
europäischen Ostens an sich zu reißen. Der Versuch mußte
scheitern, weil Holland, Schweden, Dänemark, Polen, Österreich
und Rußland entgegengesetzte Interessen hatten, weil die Lage
und der Umfang des damaligen brandenburgischen Staates für
das Ziel nicht ausreichte. So blieb, wenn man auf den Hauptteil
dieses Zieles, die Seemachtspläne, verzichtete, zur wirtschaftlich=
finanziellen Aufrichtung des jungen militärisch=protestantischen
Staates nur der eine Weg offen, auf dem rein agrarisch=
feudalen Untergrunde der um Brandenburg sich gruppierenden
Provinzen durch Einwanderung, Industriepflege und Schutzzoll
eine den westlichen Kulturstaaten ebenbürtige Industrie zu schaffen,
die den innern Markt beherrschen, das verlotterte Handwerk
der kleinen Ackerstädte heben, die Abhängigkeit vom westeuro=
päischen Handel und Kredit nach und nach beseitigen, den
handelspolitischen Einfluß auf Polen und den Osten überhaupt
stärken konnte und mußte.

Auf diese Bahn ist Friedrich Wilhelm I. und seine Minister
mit Bewußtsein und Energie eingetreten; aus dieser Schule
ging Friedrich II. hervor und hat mit größerer Kühnheit, mit
genialerer Hand dasselbe Ziel verfolgt. Wie er aber dazu kam,
in der Seidenindustrie das wichtigste Glied oder eines der
wichtigsten zu sehen, darauf giebt Dr. Hinße die einfache und,
wie mir scheint, schlagende Antwort in dem einleitenden Kapitel
seiner Darstellung, das uns auf Grund sehr umfangreicher Vor=
studien eine Geschichte der europäischen Seidenindustrie vom
älteren Mittelalter bis ins 18. Jahrhundert aufrollt.

Anknüpfend an die allbekannte Thatfache, daß vor unferm modernen Zeitalter des Eifens und der Steinkohle überall die feinere Gewebeinduftrie der Mittel= und Höhepunkt aller induftriellen Entwickelung war, zeigt uns Dr. Hintze, wie die wirtfchaftliche Suprematie von Byzanz nach Italien, von Venedig, Genua, Florenz und Lucca nach den größeren italienifchen Staaten Mailand und Piemont, von Italien nach Spanien und Frankreich, von da nach Holland und England überging und wie diefer Übergang ftets begleitet war teils als Folge, teils als Urfache vom Vordringen der Seideninduftrie neben der feineren Wollinduftrie in den neu auffommenden reicheren Staaten. Nirgends war etwa der Seidenbau die Urfache der Seideninduftrie; die eigene Seidenerzeugung war allerwärts, auch in Italien und Frankreich erft eine fpäte Folge der Seideninduftrie. Mit allen ftaatlichen Mitteln, mit den größten Opfern hatten fich Frankreich und England ihre Seideninduftrie gefchaffen. In Lyon zählte man 1667 2000, 1752 9404 Stühle. Im großen wirtfchaftlichen Kampfe Englands gegen Frankreich war das Verbot der franzöfifchen Seidenwaren in England von 1678 neben den Schiffahrtsgefetzen und Seekriegen vielleicht der derbfte Schlag gewefen; für 500 000 £ franzöfifche Seidenwaren waren jährlich bisher nach England gegangen; 1763 befchäftigte die englifche Seideninduftrie 50 000 Perfonen. Aber nicht bloß die Großftaaten, auch die kleineren wollten um jeden Preis eine eigene Seideninduftrie haben; den italienifchen Händlern, die zuerft die Seidenwaren brachten, folgten meift italienifche Seidenweber und Färber; Zürich und Bafel, Ulm, Augsburg und Nürnberg hatten fchon im 16. Jahrhundert zahl= reiche Seidenarbeiter; in Antwerpen gehen im 17. Jahrhundert 2000 Seidenftühle; in den Niederlanden wurden Amfterdam, Harlem und Utrecht durch das Gewerbe reich; von da kam die Induftrie nach Hamburg; vertriebene Belgier und Franzofen brachten fie neben den Italienern bis nach Dänemark, Schweden und Rußland; Leipzig hatte gegen 1700 eine erhebliche Sammet= und Seidenweberei; 1750 gingen dort 1000 Stühle; in der

Pfalz, in München und in Wien hatte J. Joachim Becher ver=
sucht, durch Compagnien das Seidengewerbe ins Leben zu rufen;
das ganze 18. Jahrhundert hindurch hat man eigentlich in jeder
deutschen Hauptstadt Versuche dieser Art gemacht. In größerem
Maßstab gelungen sind sie aber nur in Preußen, speciell in
Berlin. Und das wird jedenfalls zu behaupten sein, daß, wenn
Hamburg und Leipzig, wenn Krefeld und Utrecht auch den
günstigeren Markt, die leichtere Absatzmöglichkeit voraus hatten,
im übrigen Berlin so gut als viele andere Orte eine blühende
Seidenindustrie erhalten konnte und daß es nach den Vor=
stellungen des 18. Jahrhunderts sie erhalten mußte, sobald man
diese brandenburgisch = preußischen Provinzen als einen selb=
ständigen wirtschaftlichen Körper auffaßte, der Holland, England
und Frankreich ebenbürtig werden wollte.

2.

Die Begründung und der Aufschwung der preußischen Seidenindustrie.

Ob man in Brandenburg schon im 16. Jahrhundert, wie
in Kursachsen, Versuche mit Seidenzucht, Seiden= und Sammet=
weberei gemacht habe, darüber sind wir nicht näher unterrichtet.
Jedenfalls beginnen sie im 17. Jahrhundert unter dem großen
Kurfürsten. Schon die naturgemäße wirtschaftliche Eifersucht
wies darauf hin, nachzuahmen, was man in Leipzig und Dresden
Vorbildliches sah. Und als nun die französischen Protestanten
von 1680 an immer zahlreicher nach Brandenburg kamen, was
lag da näher, als ihre Kunst und Erfahrung zu benützen.
Waren doch mancherlei Seidenarbeiter, Strumpfwirker und ähn=
liche Gewerbetreibende unter ihnen; man beförderte sie, unter=
stützte sie, begann auch die Accisetarife in einzelnen Positionen
zu erhöhen, um die fremden Waren nicht so leicht eindringen
zu lassen. Noch mehr that man dies von 1713 an, wie man
auch unter Friedrich Wilhelm I. den Seidenbau einzubürgern
suchte. Aber aus all den Ansätzen und Versuchen aus der Zeit

von 1675—1740 iſt nicht viel dauerhaftes erwachſen; ſie haben
nur die Bedeutung einer erſten Auflockerung des Bodens für
künftige Saat. Die Strumpfwirkerei hatte ſich wohl bedeutſam
entwickelt, aber weſentlich die in Wolle. Außerdem iſt als erheblich aus dieſer erſten Zeit nur die Fabrik für Seiden= und
Edelmetallſtickerei, die Tapeten= und Gobelinfabrik Berlins von
Charles Vigne und endlich die 1730 begründete privilegierte
Sammetfabrik des Schutzjuden David Hirſch in Potsdam zu
erwähnen, welche 1740 bereits 100 Stühle beſchäftigte.

In der Inſtruktion vom 27. Juni 1740 für den neu ernannten Miniſter des neuen fünften, des Kommerzien= und
Manufakturdepartements, v. Marſchall, ſchärft Friedrich II.
zuerſt ein, die Woll= und Leinenfabriken der k. Lande zu heben,
dann aber ſo viel als möglich die fehlenden Manufakturen ins
Leben zu rufen, „da itzo alle auswärtigen Staaten und faſt die
ganze Welt ſich auf Manufacturen befleißigen"; dazu müßten
Fremde von allerhand Kondition, Charakter und Gattung ins
Land gezogen werden; als fehlende Induſtrien werden hervorgehoben die der franzöſiſchen Gold= und Silber=Etoffes, der
ſeidenen Zeuge, dann die von Kanevas, rohen Zitzen und Neſſel-
tuch, von feinen Papieren, Zucker u. ſ. w. Danach wurde verfahren; man ſuchte raſch Unternehmer und Arbeiter zu gewinnen, die Seidenweberei, bald auch den Seidenbau in Gang
zu bringen. Die Hauptthätigkeit aber fällt erſt nach dem zweiten
ſchleſiſchen Kriege in die glücklichen arbeitsreichen Friedensjahre
von 1746—56. Die techniſchen Arbeiter, die als Geſellen oder
als hausinduſtrielle Meiſter arbeiteten, waren immer noch leichter
zu beſchaffen; es waren darunter etwa 100 Koloniſtenfamilien,
einige ältere, die anderen neu zugewandert aus Hamburg,
Leipzig, Dresden, Amſterdam, hauptſächlich aber aus Lyon;
zahlreiche deutſche Lehrlinge, beſonders aus dem Potsdamer
Waiſenhaus, ließ der König ſofort auf ſeine Koſten ausbilden.
Schwieriger blieb es, die rechten Verleger ausfindig zu machen
und zu dem gewagten Geſchäft zu veranlaſſen; ſie mußten die
Seide einkaufen, für Stühle und Muſter, Färberei und letzte

Herrichtung der Stoffe und, was das wichtigste war, für Absatz sorgen. David Hirsch mit 140—150 Stühlen und der Hoflieferant Chr. F. Blume, dessen Schwiegersohn und rechte Hand der geniale und patriotische Gotzkowski war, mit etwa 145 Stühlen waren die größten; das große Haus Fr. M. Schütze ließ sich bewegen, 100 Stühle zu beschäftigen; neben ihnen trat eine französische Firma, Girard und Michelet, mit 90 Stühlen und einer eigenen Färberei, sowie die zwei Juden Moses Ries und Bernhard Isaac hervor; eine Anzahl kleinerer Meister beschäftigten 2—10 Stühle auf eigene Rechnung. Immerhin gingen 1754—56 an Sammet= und Seiden=, Halbseiden= und Bandstühlen aller Art in Berlin, Potsdam und andern Orten der östlichen Hälfte der Monarchie schon über 1000 Stühle, wovon 4—500 auf Sammet= und Seidenstoffe eingerichtet waren.

Die Mittel, um so weit zu kommen, waren gewesen: ein Verbot der Sammeteinfuhr, die Aufhebung der Accise für Rohseideneinfuhr, ein mäßiger Schutzzoll für Seidenwaaren von 6—8%, der erst 1754—55 teilweise auf 18%—25% erhöht wurde, ein energischer Kampf gegen den Schmuggel mit fremden Seidenwaren, der von den jüdischen Seidenhändlern Berlins so schwungvoll betrieben wurde, daß der König endlich 1756 glaubte, nur durch ein Verbot der gewöhnlichen fremden Seidenstoffe helfen zu können; dazu kam ein zunehmender Druck der Verwaltung auf die einheimischen Detailhändler, neben den fremden bestimmte Quantitäten der einheimischen neuen Ware zu nehmen; für bestimmte Fabriken und Warenbranchen wurden Exportprämien von 4—8% bezahlt, die aber 1756 für Berlin in sog. Stuhlgelder verwandelt wurden; man zahlte für jeden regelmäßig beschäftigten Stuhl 25 Rthl. jährlich. Endlich hatte man zahlreichen Unternehmern Häuser, Stühle, Vorschüsse, den neuen Arbeitern Reisegelder und Pensionen zugewiesen und seit 1749 durch ein staatliches Seidenmagazin mit einem Kapital von 55000 Rthl. den Bezug des Rohstoffes erleichtert. Wichtiger aber als alle äußere Hilfe und Organisation war die unermüdliche Thätigkeit von drei Personen: der König selber und sein treuer

Miniſter Marſchall greifen überall ein, raten, helfen, tadeln,
ſtiften Frieden und Eintracht, benachrichtigen die Geſchäfte von
jeder Änderung der auswärtigen Handelspolitik, begutachten die
Güte der Stoffe, ſorgen unermüdlich für den Abſatz. Und ihnen
zur Seite ſteht faſt ebenbürtig, zumal nach dem Tode Marſchalls,
der große Kaufmann Gotzkowſki, vom König vielfach in ſeinen
Unternehmungen unterſtützt, aber daneben ſelbſtändig Geſchäfte
für Millionen machend; er allein ſchützt Berlin vor der ruſſiſchen
Plünderung, Leipzig vor einer die Stadt und ihren Handel ver=
nichtenden preußiſchen Kontribution; er hält den Kredit Berlins in
Hamburg und Amſterdam aufrecht, er bürgt für ein anderes Berliner
Haus, nur im Intereſſe des Berliner Kredits, und verliert dabei
150 000 Rthl.; zuletzt hat die ſchwere langdauernde Handelskriſis
der Jahre 1763—67 ihm ſelbſt Vermögen und Stellung geraubt;
aber er bleibt einer der bedeutſamſten Begründer des Berliner
Handels und der Berliner Induſtrie; er war für den König
von 1749—63 wohl die wichtigſte Autorität in Sachen der
Seideninduſtrie.

Dieſelbe hatte ſich während des 7 jährigen Krieges kaum
vermindert; auch die Penſionen und Prämien waren in der
Hauptſache während deſſelben fortgezahlt worden. Erſt am Ende
desſelben zeigten ſich vermehrte Schwierigkeiten; der König ſuchte
1763—1766 um jeden Preis durch ſtaatliche Mittel das ſtockende
Geſchäftsleben im Gang zu erhalten und wieder zu beleben; er
hat es durch übergroße Anſtrengung ſo weit gebracht, daß ſtatt
der 1050 Stühle von 1756 ſogar 1450 im Jahr 1766 gingen.
Aber gerade das war das Verhängnis, als der Rückſchlag der
großen europäiſchen Kriſis endlich auch Berlin 1766 voll erfaßte;
der Bankerott ergriff auch die Seideninduſtrie, faſt die Hälfte
der Stühle ſtand ſtill; die Unternehmer hatten für über
600 000 Rthl. unverkäufliche Waren. Es handelte ſich nun
gewiſſermaßen um eine zweite Neugründung der induſtriellen
Lieblingsſchöpfung des Königs.

Die Verhandlungen über ein Reglement, das die Beziehungen
zwiſchen den Verlegern, den Meiſtern und Geſellen ordnete, und

ein Gildestatut, das die beiden letzteren zunftmäßig zusammenfaßte,
hatten seit länger geschwebt; sie kamen nun zum Abschluß im
Zusammenhang mit der Regulierung der Gewerbegerichtsbarkeit,
der Arbeiterentlaßscheine, der Einsetzung der Manufaktur=
kommission, die als technische Deputation des V. Departements
die Seidenindustrie zu leiten hatte; einen französischen Kapitän,
Favrat und einen Lyoner Seidenfabrikanten Chanony stellte man
als Fabrikendirektoren an, d. h. als erste Sachverständige der
Manufakturkommission, wie als Kontrolleure und technische Bei=
räte für die Privatunternehmer; neben ihnen stand noch der
tüchtige, sachverständige Fabrikkommissar Holtze, vier Schau=
meister und das Magistratsmitglied Bingert, das die Stelle
eines Gewerbsassessors bei den Seidenwebern bekleidete; alle waren
mehr oder weniger an der nun streng durchgeführten Schau be=
teiligt und versammelten sich als Mitglieder der Manufaktur=
kommission wöchentlich mit den großen Verlegern unter Geheimrat
Tarrach auf dem Schlosse, um das Wohl und Wehe der Industrie
zu beraten; über ihnen waren Geh. Rat Fäsch, Minister von der
Horst und der Regie=Intendant de Launay, zeitweise auch die
vortragenden Kabinettsräte thätig, dem König über die Industrie
Bericht zu erstatten und Rat zu erteilen.

Um mit den großen Warenbeständen aufzuräumen, genehmigte
der König vorübergehend einen Zuschuß von 10 % des Wertes
für die auf den Frankfurter Messen abgesetzten Seidenwaren.
Um den Mangel des fehlenden leistungsfähigen Seidekommissions=
handels auszugleichen, wurde (Jan. 1767) ein neues staatliches
Seidenmagazin errichtet; die Fonds des älteren waren längst
als Vorschüsse an einzelne Geschäfte ihrem Zwecke entfremdet;
es hielt schwer, die rechten Leute für dasselbe zu finden, mit
80 000 Rthl. auszukommen; aber dasselbe hat doch in den
späteren Jahren außerordentlich günstig gewirkt, besonders als
man dem Rate Moses Mendelssohns folgte und die größeren
Geschäfte ihre Seide direkt in Italien bestellen und an das
Magazin konsignieren ließ, das sie dann bezahlte, an die Besteller
ablieferte und ihnen einen mehrmonatlichen Kredit gab. Das

Bonifikations= und Prämiensystem erhielt nach langen Verhand=
lungen 1768 eine neue bessere Form; die Stuhlgelder und Export=
prämien, die beide zu großen Mißbräuchen Anlaß gegeben hatten,
wurden abgeschafft und Prämien im Betrag von etwa 8 % des
Wertes für die produzierten, im bureau du poids des soiries genau
gewogenen und gestempelten Waren, je nach Gewicht, Maß und
Art des Produkts eingeführt, welche dann von 1775 an je nach
dem Fortschritt der Industrie für einzelne Branchen oder für
alle herabgesetzt wurden, von 1795 an nur noch 1 %, und zwar
nur noch für einzelne Warengattungen betrugen, und endlich
1801 ganz aufgehoben wurden. Für die auf der Frankfurter
Messe nach dem Ausland abgesetzten Waren wurde 1771 neben
der Produktionsbonifikation eine Prämie von 4 % wieder zu=
gestanden. Im übrigen war handelspolitisch für die Förderung
des Absatzes nicht mehr allzu viel zu thun; nur nahm der
Schmuggel seit der besseren Grenzbewachung durch die Brigaden
der Regie ganz wesentlich ab; der Zwang für die inländische
Kaufmannschaft, die Seidenwaren des Inlandes zu kaufen, wurde
ein stärkerer, teils direkt, indem die Königsberger Kaufleute z. B.
jetzt jährlich für 50 000 Rthlr. inländische Ware kaufen mußten,
um den Transit und freien Handel mit fremden Seidenwaren
nach Polen zu behalten, teils indirekt, indem das Einfuhrverbot
nach und nach auf die bisher noch zugelassenen Specialitäten
ausgedehnt wurde und die Möglichkeit, geschmuggelte Waren zu
führen, abnahm. Die Hindernisse, die im Accisenachschuß und
internen Zöllen dem Absatz der Berliner Fabrikation noch im
Inland entgegenstanden, wurden nach und nach vollends beseitigt.
Die östlichen Provinzen waren in der Hauptsache 1786 zu einem
freien einheitlichen Produktions= und Konsumtionsgebiet ver=
schmolzen.

Die Folgen aller dieser Maßregeln ließen nicht auf sich
warten; die Nachwehen der Krisis von 1766 waren nach wenigen
Jahren verschwunden. Schon während der siebziger Jahre war
ein glänzender Aufschwung eingetreten, der 1780 seinen Höhe=
punkt erreichte und dem nach einem kleinen Rückgang in den

achtziger Jahren 1790—1797 eine noch viel großartigere Zu=
nahme der Induſtrie folgte. Mit Stolz berichtet Miniſter
Struenſee 1795 (10. Oft.) an den König von der brillanten
Epoche der preußiſchen Manufakturen nach wiederhergeſtellter
äußerer Ruhe und fügt bei, daß man jetzt ernte, was Friedrich II.
ausgeſäet habe. Infolge der Ereigniſſe der franzöſiſchen
Revolution begann Berlin damals an die Stelle von Lyon zu
treten. Ich füge einige Zahlen über die Stühle der Kurmark
und des ganzen Staates bei, welche Sammet, Seide, Halbſeide,
ſeidene Strümpfe und Bänder umfaſſen; die Krefelder Stühle
der Gebrüder von der Leyen machen in den Angaben des Staates
7—800 Stühle, die der weſtlichen Provinzen zuſammen 11—1300
aus. Es gingen Stühle:

	im ganzen preußiſchen Staate	in der Kurmark, d. h. hauptſächlich in Berlin u. Potsdam.
1776		1838
1780	3852	2733
1785	4211	2935
1790	4641	3093
1794	5247	3760
1796	6061	4501
1802	5024	3169

Die Sammetfabrikation war von den ſiebziger Jahren an
wegen des Modewechſels im Rückgang; auf rein ſeidene Stoffe
gingen in Berlin 1795—1802 2400—2800 Stühle; die Weberei
in Seidengaze, Flor, in Halbſeide hatte außerordentlich zugenommen.
Die Seidenbandfabrikation beſchäftigte 1804 in Berlin 1321 Stühle.
Die Jahresproduktion der Kurmark war ſchon in den achtziger
Jahren auf 2 Mill. Thaler, 1795—1796 auf 3,4 Mill. Thaler,
die des ganzen Staates auf 3 und 4,6 Mill. Thaler in den
gleichen Epochen geſtiegen. Von den kurmärkiſchen Seidenwaren
ging etwa ½ Million, d. h. 25 Prozent, von den rheiniſchen
ſchon damals 70—80 Prozent ins Ausland. In den öſtlichen
Provinzen wurde von den Krefelder dort verbotenen Waren
gar nichts, von anderen fremden Waren auch nicht mehr

viel verzehrt: nämlich nur einige geschmuggelte Waren oder solche
Specialitäten, die noch ausnahmsweise zugelassen wurden. Die
junge Induftrie hatte den ganzen inländischen Markt erobert;
ihr Export war mäßig, weil sie mit der alten französischen
Induftrie immer noch sehr schwer konkurrierte, und weil Dänemark,
Sachsen, Österreich und Rußland sich den preußischen Produkten
mehr und mehr verschlossen, nur der polnische Markt für Preußen
offen, aber durch die Rechtsunsicherheit gefährlich blieb.

Jn der Auffchwungsperiode der Berliner Induftrie von
1770—1796 sehen wir zunächft die großen Firmen aus der Zeit
vor dem Kriege in zweiter Generation sich zu ihrem Höhepunkt
erheben: die Söhne von David Hirsch, ein Sohn und Schwieger=
sohn von Moses Ries, die Witwe von Bernhard Jsaac, der
Moses Mendelssohn seit 1754 als Buchhalter, jetzt als Compagnon
zur Seite steht, sind neben den französischen alten Geschäften die
Hauptträger der Induftrie; Girard und Michelet beschäftigten
1767 nur 50, 1774—1779 220 Stühle, die Gebrüder Baudouin
1765 15, 1774 250 Stühle. Aber dazu kamen nun eine Reihe
jüngerer Geschäfte, die Franzosen traten zurück, die Jnländer
hervor; die Juden spielen noch eine große Rolle, aber keine so
ausschließliche wie 1750—1770; Blanc und Beyrich laffen 1779
82 Stühle gehen; Bartsch und Comp., Klintz und Staberoh,
Bonté und Schertz, Platzmann und Laurier, Stumpf und Favreau,
Laspeyres und Mathies, Gardemin und Friedländer, Gebrüder
Fonrobert, Jsrael Marcus und von Halle sind lauter erhebliche
Geschäfte; die meisten haben sich durchaus mit eigenen Mitteln
ohne besondere staatliche Unterftützung emporgearbeitet. Es be=
standen in der Berliner Seidenweberei 1786 etwa 20 größere
Geschäfte neben den kleineren Fabrikanten, die nicht über ein
Zehntel der Stühle beschäftigten; doch hatten von diesen auch
manche 10—20 Stühle und mehrere traten nach und nach in
die Reihe der großen Geschäfte über. Jn der Seidenband= und
Strumpffabrikation überwogen dagegen die kleinen Geschäfte.

3.
Die Verfaſſung und Betriebsform der Seideninduſtrie, ſowie die Stellung der Arbeiter.

Bin ich mit dieſen Bemerkungen auf die Verfaſſung der Berliner Seideninduſtrie gekommen, ſo iſt es angezeigt, bei dieſem Gegenſtand noch etwas eingehender zu verweilen, da die wiſſen= ſchaftliche Förderung der hier einſchlägigen Fragen nach meiner Anſicht zu den erheblichſten Ergebniſſen unſerer Publikation ge= hört. Ich habe perſönlich noch das beſondere Intereſſe, daß das hier gebotene Material meine in letzter Zeit veröffentlichten Unter= ſuchungen über die Geſchichte der Hausinduſtrie[1] ſehr glücklich ergänzt. Außerdem wird jeder, der die heutigen Kämpfe über induſtrielle Organiſation und Arbeitsrecht verfolgt, leicht wahr= nehmen, wie ſehr der Keim zu ihnen ſchon in der Induſtrie= verfaſſung des 18. Jahrhunderts lag, wie ſehr die Herabdrückung des Arbeiterſtandes zunächſt in Preußen durch die ſtaatlichen Maßnahmen der Friedericianiſchen Politik verhindert wurde.

Die Seideninduſtrie iſt vermöge des hohen Wertes ihres Rohſtoffes, der ſeinen ſubtilen Künſte, welche die Bearbeitung fordert, der geringen Transportkoſten und der ariſtokratiſchen Abnehmer ſtets ein mit ſeinen Produkten über den lokalen Markt hinausgehendes Gewerbe geweſen; aber doch keines, das früh zu centraliſierten geſchloſſenen Betrieben geführt hätte; ſie iſt bis heute teilweiſe Hausinduſtrie geblieben. Sie zerlegte ſich im 16. bis 18. Jahrhundert allerwärts in eine Reihe zuſammenwirkender Betriebe, von denen die Mehrzahl hauswirtſchaftliche und kleine waren. Der Bauer und Gutsbeſitzer trieb als Nebengeſchäft die Maulbeerbaumzucht und die Zucht von Seidenwürmern und Cocons. Nicht weil die Natur es ſo beſonders erſchwert hätte, ſondern weil dazu eine traditionelle Geſchicklichkeit gehörte, ge=

---

[1] Siehe die drei Abhandlungen in m. Jahrbuch: die Hausinduſtrie und ihre älteren Reglements XI (1887) 370 ff., die Hausinduſtrie XIV (1890) 1053 ff., das Recht und die Verbände der Hausinduſtrie XV (1891) 1 ff.

lang das in Preußen nur in mäßigem Umfang; Friedrich II.
pflegte zu sagen, der Bauer sollte im Jahre wenigstens zwei Pfd.
Seide zu 4—5 Rthlr. verkaufen können, um so seine Kontribution
zu decken. Das Abhaspeln der Cocons und die Herstellung von
verwebbaren Seidenfäden durch Zwirnen war in Italien und
anderwärts verbunden, von der Seidenzucht und von der Weberei
war es überall getrennt; am ehesten waren für diese sogen.
Filatur damals schon etwas größere centralisierte Betriebe möglich; die Überlegenheit Mailands und Piemonts lag an diesem
Punkt. Die Färberei war mit wenigen Ausnahmen in den
Händen besonderer Färber, die der kaufmännische Verleger beschäftigte, wie er auch die Herrichtung der Seide zu Kette und
Einschlag teilweise durch besondere Frauen besorgen ließ, wenn
nicht die Seidenweber diese Thätigkeit ausführten. Die einzelnen
Arten von Geweben, Sammet, Atlas, Taft, Damast wurden meist
je von besonderen Verlegern und Webern hergestellt, in Berlin
freilich war diese Arbeitsteilung geringer als in Lyon und anderwärts. Die Band=, Gaze=, Halbseiden=Weberei war allerwärts
Sache besonderer Geschäfte; für das Appretieren bestanden ebenfalls meist gesonderte Betriebe.

Die maschinellen Anlagen waren am ehesten in der Zwirnerei,
der Appretur und in der Bandfabrikation über den alten Rahmen
der einfachen Technik und Handarbeit hinausgegangen; daher
auch für sie da und dort schon große Fabriken. In der Weberei
existierten schon einzelne teuere und komplizierte Stühle, aber sie
spielten keine solche Rolle, um die Betriebsverfassung umzuwälzen.
Wenn in Preußen einzelne größere geschlossene Webereietablisse-
ments entstanden waren, wie z. B. die Fabriken in Köpenik und
Frankfurt a. D., so ging das mehr auf die Thatsache zurück,
daß der König große Gebäude für die Unternehmer hatte auf=
führen lassen, als auf innere Ursachen des Betriebes. Allerdings
betonte man in Berlin öfter, die Arbeit leide darunter, daß die
Gesellen nicht Familiengenossen der Meister seien, daß Meister
und Gesellen, die bei Fabrikanten arbeiten, nicht auch bei ihnen
wohnen. Aber ein dringliches Bedürfnis des konzentrierten

Großbetriebes gab es doch noch nicht; ſonſt hätte es ſich gerade in Berlin mehr geltend gemacht als anderwärts; denn es ſtanden ihm hier nicht, wie in Lyon und anderen Orten, althergebrachte Zunfteinrichtungen und Reglements entgegen.

Die Verleger der Weber, welche dieſen die Seide, die Muſter und teilweiſe auch die Stühle übergaben und für die Arbeit einen nach Ellen berechneten Lohn zahlten, waren allerwärts reiche Kaufleute oder reich gewordene Seidenweber; der Rohſtoff machte die Hälfte oder einen größeren Teil des Wertes der fertigen Ware aus; er mußte in großer Auswahl vorhanden ſein; das Kapital ſetzte ſich kaum einmal im Jahre um; Kenntnis des Seidenhandels und der fremden Abſatzmärkte war nötig; je höher die Technik ſtieg, je komplizierter und ſchwieriger der Abſatz war, deſto größere Anforderungen an perſönliche Eigenſchaften und an Mittel ſtellte das Verlagsgeſchäft. Aber da die europäiſche Seidenweberei hauptſächlich vom 14.—17. Jahrhundert ſich ent= wickelt hatte, alſo in der Zeit der blühenden Zunftverfaſſung, ſo ſehen wir überwiegend entweder Verleger und Weber als Glieder zweier übereinander ſtehender Zünfte, der der Kaufleute und der der Weber, oder als gleichberechtigte Genoſſen einer und derſelben Zunft; das erſtere war die Regel in Italien, das letztere iſt die typiſche Form der Lyoner Seideninduſtrie, ſowie die urſprünglich in Antwerpen vorhandene, während an den Orten der ſpäteren Entwickelung meiſt eine freie kaufmänniſche Verleger= ſchaft den nach und nach zünftig organiſierten Meiſtern und Geſellen gegenüberſteht.

Vergleichen wir die Berliner Verleger mit ihren Haupt= konkurrenten, den Lyonern, ſo hatten die dortigen maîtres marchands zunächſt den Vorteil, daß ſie weder ans konſumierende Publikum, noch an Kaufleute mit offenen Läden direkt zu ver= kaufen brauchten, ſondern große leiſtungsfähige Kommiſſions= häuſer neben ſich hatten, deren ausſchließliches Geſchäft der Vertrieb war, die den Verlegern ihr Produkt im großen ab= nahmen. Die Berliner Verleger waren urſprünglich überwiegend jüdiſche und franzöſiſche Detailhändler; ohne das Recht des

Detailhandels glaubten ſie nicht beſtehen, die Konkurrenz mit
fremder und geſchmuggelter Ware nicht aushalten zu können;
daneben mußten ſie die Meſſen beſuchen, an die polniſchen Juden
und an die Detailhändler der kleinen Orte verkaufen; das waren
ſchwierige, riskante, den ganzen Mann erfordernde Geſchäfte.
Daneben mußten ſie nun die Rohſeide einkaufen und den techni=
ſchen Betrieb leiten.   Der Seideneinkauf geſchah nur zum klein=
ſten Teil im Lande; es wurden zuletzt 13—14 000 Pfund, etwa
ein Sechſtel des Bedarfes, erzeugt; ſie waren zu Sammet und
Atlas, zum Einſchlag für ſchwere Stoffe, zur Kette für Gaze und
zu Strümpfen ganz brauchbar; für die übrigen Zwecke mußte
man fremde, hauptſächlich italieniſche Seide beziehen; es waren
wieder ſchwierige Geſchäftsbeziehungen nach Baſel, Turin und
anderen Orten; mit teurer Proviſion, langen Krediten hatte man
zu arbeiten; das Seidenmagazin erleichterte ſpäter dieſen Teil
des Geſchäftes; immer forderte es große Sachkenntnis.   Und
nicht minder war das der Fall bei der Leitung des techniſchen
Betriebes; ſo ſehr da die Hilfe der Regierung, die Thätigkeit
der Fabrikdirektoren, die Reglements und die Schau helfend und
unterſtützend eingriffen, es gedieh doch nur das Geſchäft, in dem
die Leiter ſelbſt neue Muſter fanden oder ſich verſchafften, für
alle techniſchen Fortſchritte empfänglich waren.   In Lyon waren
die maîtres marchands Leute, die als Lehrlinge in alle Geheim=
niſſe der Technik eingeweiht worden waren, während in Berlin
immer wieder geklagt wird, daß die Herren ſich auf ihre Werk=
meiſter verlaſſen müßten.   Trotzdem muß betont werden, daß
gerade in den großen Geſchäften doch auch die Technik gegen
Ende des Jahrhunderts ſehr große Fortſchritte gemacht hatte,
Produkte lieferte, die den franzöſiſchen in den meiſten Branchen
nicht oder nur wenig nachſtanden.   Der Hauptunterſchied beſtand
gegen 1780—1800 nicht mehr ſowohl in der Qualitätsdifferenz,
als in dem billigeren Preis der franzöſiſchen Ware.

Unter den Meiſtern und Geſellen waren im Anfange die
zugewanderten, in der Seidenweberei oder ſonſtigen Technik er=
fahrenen ebenſo unentbehrlich, als der Zahl nach wohl über=

wiegend; es waren darunter zahlreiche, sehr geschickte, aber wenige
moralisch tadellose, viele unordentliche, auch gewiß viele geringe
Elemente; denn natürlich gingen die technisch und moralisch
besten Leute nicht von Lyon, oder wo sie vorher gewesen waren,
weg; neben ihnen stellten die älteren Kolonistenfamilien manch
brauchbare Kraft; in der zweiten Generation überwogen die ein=
heimischen Arbeitskräfte, die soliber und tüchtiger, als die fremden,
wohl aber noch etwas weniger leistungsfähig waren. Wenn die
Physiokraten später der Industrie vorwarfen, sie habe eine
proletarische Arbeiterklasse geschaffen, so trifft das nicht zu; im
Gegenteil, brotlose Arbeiter gab es schon vorher in Menge; die
Seidenindustrie, wie andere Maßnahmen der merkantilistischen
Politik wollten ihnen einen Verdienst, und zwar guten und
dauernden Verdienst, schaffen. Die 12 000 männlichen und weib=
lichen Arbeiter, welche 1796 in der kurmärkischen Seidenindustrie
thätig waren, gehörten zum größeren Teile zu den höherstehenden
und gut bezahlten. Der Berliner Seidenweber verdiente wöchent=
lich damals 3½—7 Reichsthlr. und hatte an seiner Zunft=
verfassung und der Sorge der Verwaltung für ihn einen bedeut=
samen Rückhalt, der ihn hob und stützte. Freilich arbeitete er
täglich 14 und mehr Stunden, aber der Lyoner mit ihm kon=
kurrierende Arbeiter 16 — 17 Stunden bei geringerem Lohn.
Accordarbeit für die Gesellen war noch nicht allgemein eingeführt,
was auf eine gewisse Gemächlichkeit hindeutet, aber auch auf ein
bescheidenes Maß der Leistungsfähigkeit.

Die Beziehungen der Verleger zu den Meistern und dieser
zu den Gesellen hatten sich zuerst so entwickelt, wie es den Ge=
wohnheiten der Zugewanderten entsprach; bei Streitigkeiten griff
die Verwaltung nach bestem Wissen und nach den Umständen
ein; die Klagen über allzu hohe Löhne, Veruntreuungen des
Materials, Abspenstigmachen der Meister und Gesellen und
ähnliches waren im Anfang am allerstärksten. Dem Polizei=
birektor Kircheisen war in den fünfziger Jahren aufgetragen
worden, bei Streitigkeiten mit Zuziehung eines gewerbtreibenden
Sachverständigen und des Stadtsyndikus als Justitiar nach Recht

und Billigkeit summarisch zu entscheiden; ebenso hatte man
Arbeiterentlaßscheine und die Warenschau angeordnet. Aber
das genügte nicht; seit 1753 war vom Erlaß eines Reglements
die Rede; keine große Seideninbuftrie existierte ohne solche;
eben nach 1737 und 1744 hatte Lyon neue erhalten, Utrecht
1729, Harlem 1749. Nach dem Kriege war das Bedürfnis
noch bringlicher, der Lohn war durch den Arbeitermangel in der
Kriegszeit und das schlechte Geld sehr hoch gestiegen, sollte
rebuciert werden; allgemeine Vorschriften über Breite, Länge
und Qualität der Stoffe schienen nötig. Es kam, wie wir
schon bemerkten, im März 1766 zum Erlaß des Reglements,
zur zünftigen Organisation der Sammet= und Seidenwirker in
Berlin und zur Einsetzung der Manufakturkommission. Uns
interessiert hier nur die definitive Gestaltung, welche damit das
Verhältnis der Verleger zu den Arbeitern erhielt.

Von der beabsichtigten Lohnregulierung sah man zunächst
ab; doch hat die Regierung und speciell die Manufaktur=
kommission später wiederholt in dieser Frage vermittelt, niemals
den von den französischen Fabrikendirektoren empfohlenen Grund=
satz, die Arbeiter ohne jede Schranke dem Lohndruck der Ver=
leger preiszugeben, angenommen. Im übrigen sucht das Regle=
ment, wie die ganze spätere Regierungspolitik die Beziehungen
der Beteiligten im Sinne billiger, loyaler, gegenseitiger Rück=
sichtnahme zu ordnen, hauptsächlich den Verleger gegen Ver=
untreuung und Kontraktbruch, den Weber gegen plötzliche Brot=
losigkeit und rücksichtslose Ausbeutung zu schützen: es sollte die
Konkurrenz, deren Nutzen man voll würdigte, doch immer in
gewissen Schranken sich bewegen. Um die ganze Art der Kon=
kurrenzregulierung in Bezug auf die Seideninbuftrie zu ver=
stehen, muß man freilich weit über das Reglement hinaus die
gesamten Verwaltungsgrundsätze des Königs und der Regierung
ins Auge fassen.

Die fremde Konkurrenz hatte man langsam Schritt für
Schritt durch Acciseerhöhung und Einfuhrverbote zurückgedrängt;
doch hatte man keinen solchen Schritt gethan, ohne vorher zu

untersuchen, was die inländische Industrie nach Quantität und
Qualität leiste. Man ließ auch später nie außer Acht, daß die
geschmuggelte Ware noch einbringe; es ist einmal davon die
Rede, daß sie trotz aller Einfuhrverbote ⅓ des inländischen
Konsums decke. Im Inland wollte die Regierung möglichst
rasch durch Konzessionen, Unterstützungen, Darlehen eine eigene
Industrie schaffen; auch wo sie, wie z. B. für den Sammet,
zuerst einem oder mehreren Verlegern ausschließliche Privilegien
gab, suchte sie dieselben bald einzuschränken oder gar aufzuheben,
um nirgends den einzelnen auf dem Polster des Monopols
ausruhen zu lassen. Die Ungeduld des Königs sorgte stets
dafür, daß eher zu viel als zu wenig innere Konkurrenz da
war; den Juden, die Schutzprivilegien erhielten, allen, welchen
Konzessionen oder Unterstützungen zu teil wurden, legte man die
dauernde oder für Jahre begrenzte Pflicht auf, eine bestimmte
Zahl Stühle gehen zu lassen, und erzwang wenigstens zeitweise
da und dort durch Androhung des Verlustes der Konzessionen,
ja sogar durch Exekution die Einlösung dieser Zusagen. Diesem
staatlichen Betriebszwang stand dann freilich die Sorge für
Absatz durch alle möglichen Mittel zur Seite, und ebenso die
da und dort eintretende Versagung neuer Konzessionen, das
Verbot, sich Arbeiter abspenstig zu machen und ähnliches. Immer
bleibt das Ziel der Politik, leistungsfähige, in lebendiger Kon=
kurrenz stehende Privatgeschäfte zu erziehen, denen manche staat=
liche Hilfe zu teil wurde, denen zahlreiche, besonders social=
politische Schranken im öffentlichen Interesse gesetzt waren, die
aber auf eigene Gefahr einkaufen, produzieren und verkaufen
sollten. Die Idee De Launays, sechs der größten Geschäfte in
der Form eines staatlich regulierten Kartells und Monopols die
ganze Seidenindustrie in die Hand zu geben, fand beim König
und seinen Beamten keinen Beifall. Noch viel weiter war man
von der Idee einer eigentlichen Staatsindustrie entfernt.

Die Meister, die wenigstens teilweise eigene Stühle hatten,
in der Regel 2—4 beschäftigten, von der Arbeit ihrer Gesellen
einen kleinen Vorteil hatten, wollte das Regiment durchaus als

selbständige Mittelglieder zwischen den Verlegern und den Gesellen erhalten; die Forderung, daß auch der Fabrikant und
Verleger, wie der Meister nicht über 4 Stühle haben dürfe,
wies man zwar ab, aber man hielt am Prinzip fest, daß auch
der größere Fabrikant auf je 4 Stühle einen Meister halten
müsse, und daß der Verleger und der Meister nur gelernte
zünftige Kräfte am Webstuhl beschäftigen dürfe, während anderwärts damals die Frauenarbeit im Interesse geringerer Löhne
schon sehr umfangreich angewandt wurde. Der einzelne Meister
sollte gleichzeitig nur für einen Verleger arbeiten; beide Teile
wurden an eine zweimonatliche Kündigung und an eine genau
vorgeschriebene schriftliche Abrechnung gebunden; das gänzliche
Verbot aller Vorschüsse ließ sich nicht aufrecht erhalten, wohl
aber der Rechtsgrundsatz der Unpfändbarkeit des Stuhls und
aller Gerätschaften. Der Austritt aus dem Verhältnis zu einem
Verleger mußte durch einen Entlaßschein bezeugt werden. Auf
4 Stühle durfte stets nur ein Lehrling gehalten werden, was
ebenso wichtig war für die Erhaltung guter Löhne, als die Ausschließung unzünftiger Arbeiter. Das Lehrlingsverhältnis war
genau geordnet, so daß eine gute Ausbildung der Leute gesichert
war. Meister und Gesellen standen sich mit vierzehntägigem
Kündigungsrecht gegenüber. Für die große Zahl unzünftiger
Hilfskräfte, die Wicklerinnen und Spulerinnen, die Ziehjungen
an dem Zugstuhl hatte man erst vierwöchentliche, später sechs-
monatliche Kündigung eingeführt, um auch dieses Verhältnis
möglichst zu einem dauernden zu machen. Irgend welches
Koalitionsrecht stand selbstverständlich weder den Meistern, noch
den Gesellen zu; auch hatte weder die Gilde der Meister, noch
die Verbindung der Gesellen mit ihrer Herberge, ihrer Kasse
und ihren Altgesellen einen solchen Einfluß, eine solche korporative Kraft wie in Lyon; es fehlte ihnen der genossenschaftliche Sinn und die freie Bewegung, um etwa zu selbständigen Organen gegenüber den Verlegern zu werden; auch die
vier Schaumeister handelten mehr als Beauftragte der Regierung, wie als Vertreter der Seidenwirkergilde. Aber immer

lag in der Form der Zunftverfassung ein erziehendes sittlich be=
lebendes Element, sie war ein Schutzwall gegen Lohndruck und
Ausbeutung.

Wo eine Regierung in solcher Weise eingreift, die Miß=
bräuche und Ausschreitungen zweier im Konkurrenzkampf einander
gegenüberstehender Gruppen von Personen einzuschränken sucht,
bald für Verschärfung, bald für Milderung der Konkurrenz
sorgt, da ist zumal im Moment des Eingreifens nicht leicht auf
Zustimmung zu rechnen. Wie beim Erlaß des Reglements die
Verleger und die Meister klagten, so sind sie auch später oft
unzufrieden gewesen. Zumal die größeren Fabrikanten fanden
die Schau und Inspektion, die technischen Vorschriften, das
Verbot, Vorschüsse zu geben, das Gebot, auf 4 Stühle einen
Meister zu halten, die zweimonatliche Kündigungsfrist äußerst
lästig, sie strebten damals, wie in aller Folgezeit darnach, daß
man ihnen ihre Arbeitskräfte ohne Schranken überlasse, betonten
immer wieder, daß sie nur unter dieser Bedingung mit Lyon
konkurrieren könnten. Der Widerstand, den sie bei der Re=
gierung in der Frage der Lohnherabsetzung und der beliebigen
Entlassung von Arbeitern fanden, führte zu stets erneuten
Kämpfen. Die Regierung beharrte mit vollem Recht im ganzen
auf ihrem Standpunkt, wenn sie auch einiges am Reglement
änderte und vor allem bemüht war, das technische Detail des=
selben stets den Forderungen des Konsums entsprechend umzu=
bilden. Das Reglement war ein ebenso wirksames Mittel zur
Erzwingung solider Ware und solider Geschäftsgewohnheiten,
wie die Stellung des Königs, des V. Departements und der
Manufakturkommission in den socialen Streitigkeiten diese Haus=
industrie zwar zu etwas teurerer Produktion, aber auch zu
menschlicher Behandlung der Arbeitskräfte zwang.

Die Frage der Herabdrückung des Arbeitslohns, der Zu=
lassung von Frauen= und Kinderarbeit, der beliebigen Arbeiter=
entlassung ist von 1766—1806 eigentlich in steigendem Maße
in den Vordergrund getreten. Das Wachstum der Industrie
war auch damals stets erkauft durch starke Schwankungen des

Abſatzes, wobei die Stillſtellung von Dutzenden, ja Hunderten von Stühlen für kürzere Zeit in Frage kam. Die Konkurrenz mit Lyon wurde zeitweiſe trotz des Einfuhrverbotes äußerſt drückend, weil in den Zeiten, wo der Abſatz und Handel in Frankreich ſtockte, die franzöſiſchen Waren durch ihre Spott= preiſe den Schmuggel immer neu belebten. Die ſucceſſive Ein= ſchränkung der Bonifikation, der Privilegien oder ausſchließlichen Produktionsberechtigungen ſuchten die Verleger häufig mit Lohn= reduktionen und Arbeiterentlaſſungen zu . beantworten, ſchon weil ſie wußten, wie empfindlich der König dagegen war.

Faſt in jedem ſolchen Fall wandten ſich die Betroffenen an die Behörden oder an den König ſelbſt; die Sache wurde unter= ſucht; möglichſt ſuchte man den entlaſſenen Webern wieder Arbeit zu ſchaffen. Als 1775 die Verleger die Löhne um 25% infolge der reduzierten Bonifikation herabſetzten, vermittelte die Manufakturkommiſſion und ſetzte durch, daß die Ermäßigung auf 12% vermindert wurde. Ähnliches kam wiederholt vor, zur Freude der Arbeiter, zum Schmerz der Verleger. Am einſchneidendſten war die Verfügung vom 3. September 1777, daß kein Entrepreneur bei 10 Rthlr. Strafe einen ausſchließlich für ihn arbeitenden Meiſter ohne verfaſſungsmäßige, amtlich gebilligte Urſache entlaſſen dürfe, daß bei Mangel an Be= ſchäftigung jeder Meiſter nur zwei Stühle gehen laſſen dürfe, daß er zuerſt die Geſellen, welche Soldaten und Ausländer ſeien, dann die ledigen, zuletzt die verheirateten, dieſe aber nur im äußerſten Notfall entlaſſen ſolle. Im Jahre 1784 (15. Oft.) verfügte man, um die Arbeitsloſigkeit zu bannen, daß zwei Jahre lang kein Geſelle Meiſter werden dürfe. Im Jahre 1800 zahlte man aus dem Manufakturfonds an die brotloſen Arbeiter wöchentlich 16 Gr. für den Mann, 12 für die Frau, 8 für jedes Kind unter 15 Jahren. Unter Umſtänden zwang man auch die Fabriken, entlaſſenen Arbeitern Wartegelder zu zahlen, die die Manufakturkaſſe vorſchoß, oder erreichte man die Wiederanſtellung durch irgend welche Verbeſſerung oder Verlängerung der be= treffenden Konzeſſion.

Zum ſtärkſten Zuſammenſtoß kam es in der Seidenband=
fabrikation 1786 über die Frauen= und Kinderarbeit, welche die
zünftigen Poſamentierer, dann auch die Behörden nicht dulden
wollten. Die großen Fabrikanten antworteten mit ſtarken Ent=
laſſungen, die Geſellen mit Demolierung der Fabriken. Die
Tumultuanten wurden natürlich ſtrenge beſtraft, aber dem
Juſtizminiſter Carmer, der einſeitig für die Fabrikanten eintrat,
antworteten die Herren vom Generaldirektorium mit einer Er=
innerung an den Prozeß des Müllers Arnold. Später 1791
und 1795 wurde dann freilich die Frauenarbeit in dieſer Branche
etwas mehr zugelaſſen.

Im ganzen blieb man bis 1806 bei einer ſocialen Politik,
welche den Standpunkt vertrat, der Schutz des kleinen Mannes
ſei Sache der Regierung, die Arbeiter müßten eine ſociale und
wirtſchaftliche Exiſtenz von der Höhe des alten Zunftmeiſters
mindeſtens behalten.

4.
Die Bedeutung der Berliner Seideninbuſtrie.

Ich habe verſucht, in flüchtigen Strichen von der Berliner
Seideninbuſtrie des 18. Jahrhunderts ein Bild nach dem hiſtoriſchen
Verlauf ſowie nach ihrer Verfaſſung und ſocialen Struktur zu
entwerfen. Es handelt ſich um die Gründung einer techniſch
ſehr hochſtehenden Induſtrie auf ſprödem Boden mit allen Mitteln
konſequenter merkantiliſtiſcher Politik; ſie ſind in ſolchem Um=
fang und mit ſolcher Nachhaltigkeit kaum irgendwo angewandt
worden, auch kaum irgendwo mit ſolcher genauen, ſchrittweiſen
Anpaſſung an die konkreten Verhältniſſe. Es handelt ſich um
eine Hausinduſtrie, die teilweiſe ſchon zur Fabrikverfaſſung über=
gegangen iſt, aber in welcher die Arbeiter durch Zunftrecht,
Reglement und ſtaatliche Inſpektion geſchützt werden; — es
handelt ſich um eine für den großen innerſtaatlichen wie aus=
wärtigen Markt arbeitende Induſtrie, deren Unternehmer und
Verleger die denkbar ſchwierigſte Stellung haben, trotz aller
Staatsunterſtützung und alles Schutzes mit einer ſtarken Kon=

kurrenz, mit den Wechselfällen der Konjunktur, mit den schwie=
rigsten technischen und kaufmännischen Aufgaben zu ringen haben.

Die Gründung war im ganzen gelungen. Berlin stand den
übrigen Seideninbuftrieorten 1780—1806 faft ebenbürtig zur
Seite; Berlin war wesentlich mit durch die Seideninbuftrie eine
bedeutende Fabrikftadt und die Stadt des beften Geschmacks in
Deutschland geworden. Freilich ganz so billig, wie die Lyoner
Induftrie, die drei Jahrhunderte älter war, konnte man in Berlin
noch nicht arbeiten; in vielen Specialitäten war man auch hinter
Krefeld, der Schweiz, Holland zurück; aber Hamburg und Sachsen
hatte man überholt. So weit war man noch nicht gelangt, um
nun von 1806 an die Wechselfälle der großen Kriege, die Zeit
einer langen furchtbaren Verarmung und die plötzliche Aufhebung
der Zunftverfaffung, der Reglements und aller Staatsunterftützung,
sowie der Einfuhrverbote ohne weiteres ertragen zu können. Aber
wenn in der Provinz Brandenburg doch 1831 wieder 1503 Stühle,
1840—1860 etwa 3000 gingen, so beweift das immerhin, daß
die Mehrzahl der feftgewurzelten Geschäfte aus der Zeit von
1806 noch zwei weitere Menschenalter auch in der Zugluft der
freien internationalen Konkurrenz sich halten konnten. Und wenn
endlich in den 1860er und 1870er Jahren mit der Verteuerung
des Berliner Lebens und der Verftärkung der Krefelder und
auswärtigen Konkurrenz die Berliner Geschäftsleute, Kapitalien
und Arbeiter sich überwiegend anderen Geschäften zuwandten,
während einzelne Teile der alten Induftrie, wie z. B. die Färberei,
sich um so glänzender erhielten, so ist das kein Beweis dafür,
daß die Seideninbuftrie des 18. Jahrhunderts nicht an ihrem
Platze war.

Damals lag die Aufgabe vor, dem eigentlichen Kern des
preußischen Staates Anteil zu verschaffen an den Induftrien und
Induftrieformen, die das Wesentliche der höhern wefteuropäischen
Kultur ausmachten. Mochte in einer an der holländischen Grenze
liegenden Enklave des Staates, in Krefeld, die Seideninbuftrie
blühen, das konnte eine Induftrie des Oftens nicht erfetzen;
immer wieder versuchte Friedrich d. Gr. die Gebrüder von der

Leyen zu bewegen, mit einem Teil ihrer Geſchäfte nach dem
Oſten zu kommen. Vergeblich. Alſo mußte er ſuchen, das
Ziel in anderer Weiſe zu erreichen. Er hat etwa 2 Millionen
Thaler im Laufe ſeiner Regierung für die Seideninduſtrie aus=
gegeben, wohl mehr als für irgend eine andere Induſtrie. Und
was erreichte er damit? daß er eine Induſtrie hatte, die jährlich
für zwei und mehr Millionen Rth. Waren erzeugte, ſagt der
Merkantiliſt; — nein, daß er eine Induſtrie ſchuf, die im
19. Jahrhundert wieder verſchwand, ſagt der Freihändler. Ich
ſage, die 2 Millionen Thaler ſind als eine Schulaufwendung,
als ein Erziehungsgeld anzuſehen, das Berlin und dem Oſten
die Kräfte und Fertigkeiten, die Sitten und Gewohnheiten ein=
impfen half, ohne welche ein Induſtrieſtaat nicht beſtehen kann.
Es fehlte in dieſen feudalen Territorien mit ihren verarmten
Ackerſtädten und Handwerkern ebenſo an den Unternehmern, wie
an den Arbeitern, wie ſie für die feineren Induſtrien, für den
Weltmarkt unentbehrlich ſind. Die Heranziehung von Fremden,
die langſame Einſchulung der Einheimiſchen konnte nur das Werk
einer zielbewußten Staatskunſt auf dieſem Boden ſein. Es iſt
charakteriſtiſch, daß zuerſt Franzoſen und Juden unter den Ver=
legern, überwiegend Lyoner, Italiener und andere Fremde unter
den Arbeitern auftreten, während 1800 in beiden Klaſſen die
Einheimiſchen vorherrſchen. Man könnte ſagen, in der Empor=
bringung der Seideninduſtrie hätten Franzoſen und Juden dem
preußiſchen Staate den Dank für ſeine hochherzige Duldſamkeit
abgeſtattet. Die beſten Berliner Judenfamilien, die Mendelsſohn
und Friebländer, die Veit und Marcus haben durch ihre Ver=
dienſte in der Seideninduſtrie ihr Anſehen und ihre geſellſchaft=
liche Stellung erworben und zugleich das bloß handeltreibende
Judentum in ein induſtrielles verwandelt; ſie ſind damit ſelbſt
etwas Anderes geworden, mit Staat und Geſellſchaft anders
verwachſen. Das Wichtigſte aber war, daß Berlin im Jahre
1800 eine techniſch hochſtehende Arbeiterſchaft und ein fähiges
kapitalkräftiges induſtrielles Unternehmertum hatte, und dieſe

Thatsache blieb, ob die Seidenindustrie fortdauerte oder nicht, das große Resultat der Friedericianischen Politik.

Und es war nicht ihr geringstes Verdienst, daß sie immer mit klarem Verständnisse auf das doppelte Ziel hingearbeitet hatte, durch staatliche Initiative, staatliche Mittel, Gesetze und Inspektion eine blühende Industrie zu schaffen, sie aber, so bald es und so weit es ging, auf eigene Füße zu stellen, lebensfähige Privatunternehmungen zu schaffen, sich selbst gleichsam überflüssig zu machen. Wo, wie in Krefeld, die Gunst der holländischen Nachbarschaft eine erhebliche Industrie ohne Schutzzoll, ohne Bonifikation und Reglement geschaffen hatte, da dachte der König nicht an Staatseinmischung; höchstens das thatsächliche Monopol der Gebrüder von der Leyen stützte er, weil er sah, daß dieses große Haus fähig war, die ganze Industrie musterhaft emporzubringen und zu leiten. Im übrigen zeigt er gerade darin seine administrative, nicht nach der Schablone, sondern nach den Menschen und Verhältnissen sich richtende Weisheit, daß er zu gleicher Zeit so entgegengesetzte Systeme der Industriepolitik anwendete, wie in Berlin die schroffste staatliche Leitung der Industrie, in Krefeld ein vollständiges laissez faire.

Freilich war er ja selbst in seinem innersten Wesen ebenso sehr ein philosophischer Jünger der individualistischen Aufklärung, als ein letzter großer Vertreter des fürstlichen Absolutismus; der preußische Staat war unter ihm ebenso auf Rechtssicherheit, Unabhängigkeit der Überzeugung und der individuellen Meinung als auf Disciplin, Gehorsam und Unterordnung, gestellt. Hätte er nicht diese seltenen Eigenschaften in sich vereinigt, er wäre nicht der große König gewesen; das schwäbische Bäuerchen hätte bei der Nachricht von seinem Tode nicht die naive Frage stellen können: „ja, wer wird denn nun künftig die Welt regieren?"

Die kleinen Kläffer und Prinzipienreiter, die ihn bei seinem Tode nicht verstanden, verstehen ihn und seine Politik auch heute noch nicht. Sie werden noch weniger je das große Problem der Staaten- und Volkswirtschaftsbildung verstehen, das darin besteht, daß mit steigender Kultur mehr und mehr Staat und

Volkswirtſchaft zwar als geſonderte Kreiſe mit eigenen Organen und eigenem Leben auseinandergehen, daß aber immer wieder dieſe Sonderung einer einheitlichen Führung, einer ſteigenden Ineinanderpaſſung, einer harmoniſchen Geſamtbewegung Platz machen muß. Und das Geheimnis großer Zeiten und großer Männer liegt darin, daß ſie dieſer doppelten Entwickelung Rech= nung tragend, die Individuen ſich ausbilden laſſen, den Formen des individuellen Lebens Spielraum gönnen und doch zugleich alle neuen aufſtrebenden und alle alten Kräfte in den Dienſt des Ganzen zu ſtellen vermögen. Dem Ideale, daß die volkswirt= ſchaftlichen Kräfte für ſich lebend doch ganz dem Staate dienen, und daß der Staat, auf ſeine Ziele gerichtet, doch zugleich alle ſeine Macht und ſeine Organe in den rechten Dienſt der Volks= wirtſchaft ſtelle, wird man ſich, je größer die Staaten werden, je komplizierter die Geſellſchaftsverhältniſſe ſind, deſto ſchwerer nähern. Der preußiſche Staat iſt ihm — in ſeiner Art und nach der Weiſe des 18. Jahrhunderts — wohl näher gekommen, als alle anderen damaligen Staaten. Ob wir ihm — unter ſo viel ſchwierigeren Verhältniſſen — heute näher ſtehen, kann man wohl billig fragen; aber eine Antwort darauf zu geben, ziemt nicht an dieſer Stelle, die allein dem Gedächtnis des größten ge= borenen Fürſten der neueren Zeit und einer ſeiner erheblichſten Leiſtungen gewidmet iſt.

IX.

Die preußische Einwanderung und ländliche Kolonisation des 17. u. 18. Jahrhunderts[1].

———

Wenn wir von Kolonien sprechen, so denken wir zunächst an die Gründung von ländlichen und städtischen Niederlassungen, die ein Volk oder Staat in der Ferne vollzieht, an den Erwerb von fernen Herrschafts=, Ackerbau= und Handelsgebieten, die ein kräftiges politisches Gemeinwesen sich unterwirft. Es liegt die Idee einer überschüssigen Volkskraft zu Grunde, die für ihre überschüssigen Bürger eine neue Heimat, für ihren Handel und ihre überflüssigen Waren einen Markt, für ihren überschüssigen Adel, für ihre Truppen und Schiffe eine Beschäftigung sucht.

Wenn wir von Kolonisation sprechen, so meinen wir wohl im allgemeinen Ähnliches, wir meinen die Thätigkeit, als deren Resultat Kolonien entstehen. Aber wir denken dabei mit Vorliebe an den Teil der Thätigkeit, der als der wichtigste er= scheint — an die Occupation des Landes, an die Rodung des Urwaldes, an die erste Niederlassung, an die Art der Boden= verteilung, an die Prinzipien der Siedelung und der neu= begründeten Agrarverfassung. Wir können so die Kolonisation der Kolonieerwerbung, der Kolonieeroberung entgegensetzen; die

———

[1] Zuerst publiziert und geschrieben für die Schriften des Vereins für Socialpolitik 32, Innere Kolonisation 1886; dieser Band sollte die Debatte über die Frage auf der Generalversammlung zu Frankfurt (24. u. 25. Sept. 1886) vorbereiten.

bloße Gründung von Handelsniederlassungen, die Unterwerfung großer Reiche wie Indien, Mexiko, Peru, Java mit einer ein= heimischen halb kultivierten Bevölkerung nennen wir nicht Kolonisation im engeren Sinne, weil dabei die bauende, siedelnde, agrarische Thätigkeit zurücktritt oder fehlt. Aber wir sprechen dafür neben der äußeren von der inneren Kolonisation und verstehen unter letzterer in erster Linie die definitive Seßhaft= werdung eines Volkes, den Übergang zum Ackerbau oder zu höheren Formen desselben, dann aber auch die späteren Fort= schritte im inneren Anbau des Landes.

Wo die Waldnutzung der Ackernutzung weicht, wo Jagd= gebiete, Einöden und Weideflächen dem Pflug unterworfen werden, wo Sümpfe und Moore ausgetrocknet und menschlicher Kultur zugänglich gemacht werden, wo primitive kommunistische Acker= verfassungen dem Privateigentum Platz machen, wo die unfreie Dorfverfassung der freieren weicht, wo ertraglose Latifundien durch Besetzung mit zahlreichen Bebauern intensiver bewirtschaftet werden, da sprechen wir von der Kolonisation in diesem Sinne. Im engsten Sinne wird auch wohl ausschließlich die Schaffung neuer Bauernstellen als innere Kolonisation bezeichnet. Doch steht auch hier in der Regel die Vorstellung im Hintergrunde, daß es sich, wie bei jeder Kolonisation, um das Vordringen von Volkselementen der höheren sittlichen, geistigen und technischen Kultur handele, welche eine bessere Bebauung und Ausnützung des Bodens oder neue vollkommenere Rechts= und Wirtschafts= institutionen mit sich bringen.

Die Kolonisation im weiteren oder engeren Sinne ist stets ein Fortschritt, ein Umwandlungsprozeß, sie ist eine That — vielleicht die größte, die ein Volk vollziehen kann. Nur die kräftigsten und tüchtigsten Völker haben und zwar immer nur zeitweise in den Epochen ihrer höchsten Blüte, ihrer aufwärts= gehenden Entwickelung kolonisiert. Jede Kolonisation ist ein schwerer Kampf mit den widerstrebenden Naturkräften, mit den hergebrachten überlieferten Sitten und Gewohnheiten des eigenen Volkes, mit den feindlichen oder widerstrebenden Elementen fremden Volkstums. Bei jeder Kolonisation handelt es sich nicht bloß um wirtschaftliche Fortschritte, als deren Träger einzelne tüchtige Personen mit ihrem Privatinteresse erscheinen; es handelt sich zugleich um Verwaltungs-, Gemeinde-, Kirchen- und Schul= organisationen, um die Thätigkeit von Genossenschaften und Ver= bänden, um staatliche Initiative und Leitung, kurz um eine sociale, gemeinsame, von höheren Gesichtspunkten aus geleitete Thätigkeit. Wenn man oft schon die gelungenen Kolonisationen auf persön= liche Freiheit und selbstbewußte individuelle Thatkraft zurück= geführt hat, so ist es ganz richtig, daß an der Wiege der Kolonien meist größere persönliche, kirchliche, wirtschaftliche oder sonstige Freiheit als Geburtshelferin gestanden hat; die Fortschritte auf dem Wege zur gesunden individuellen Freiheit fielen oftmals mit den Epochen der Kolonisation zusammen; manche der trotzigsten und zu Hause unbändigsten Gesellen gaben gute Elemente einer neuen Kolonie. Aber doch nur, weil sie in der Kolonie sich fügen und in Reih und Glied stellen lernten. Und man kann deshalb mit gleichem Recht wie auf die Freiheit alle gelungene Kolonisation auf genossenschaftliche und staatliche Zucht, auf den Gehorsam, auf die Disciplin, auf die Unterordnung unter einen großen, weitblickenden, zielbewußten Willen zurück= führen. Alle Kolonisation ist ein socialer Massenprozeß, ist ein Krieg, den nicht der einzelne, als Squatter, führen kann; die Völker mit der stärksten socialen Zucht, mit dem besten staat= lichen Gefüge, mit dem gesundesten Gemeindeleben sind die kolonisatorischen Völker.   .   .

Es leuchtet ein, sagt John Stuart Mill, daß die Kolonisation auf einem großen Fuße als Geschäft nur von einer Regierung oder von einer Vereinigung von Individuen im vollen Ein= verständnis mit der Regierung vorgenommen werden kann. —

Nachdem die deutschen Stämme in den ersten fünf bis sechs Jahrhunderten unserer Zeitrechnung nach und nach seßhaft ge= worden, trat in der Zeit von 500 bis 850 die erste Epoche der großen Kolonisation im Innern ein; Adel und König, Kirche und Klöster kolonisieren neben den Mark= und Dorfgenossen.

Daran schließt sich vom 10. Jahrhundert an, zur Zeit unserer großen Kaisergeschlechter, die zweite Epoche der inneren Koloni= sation, in der Klöster und Grundherrschaften hauptsächlich die Führung und Leitung haben. Ihr Höhepunkt reicht vom 12. bis zum Anfang des 14. Jahrhunderts; vom Ober= und Niederrhein setzt die Bewegung sich fort nach Osten über die Elbe; hier wird unter der Leitung der Askanier und des deutschen Ordens, der slawischen Fürstengeschlechter und der hanseatischen Kaufleute ein neues zweites Deutschland gegründet. Die Städtegründungen und Erweiterungen gehören dieser Bewegung ebenso an, wie die Tausende und Abertausende von Hof= und Dorfgründungen. Der größere, besonders der südwestliche Teil Deutschlands hat damals die Gestaltung und Besiedelung erhalten, die ihn bis auf den heutigen Tag charakterisieren. -Zum Stillstand kommt diese Thätigkeit im 14. und 15. Jahrhundert. Von 1450 bis 1650 hört so ziemlich jede Kolonisation in deutschen Landen auf.

Nach dem 30jährigen Kriege war es die Entvölkerung, welche in den größeren und besser verwalteten Territorien aufs neue eine Kolonisationspolitik hervorrief, die zugleich Einwanderungs= politik war: nirgends hat sie so energisch und so erfolgreich wie im brandenburgisch=preußischen Staate eingesetzt. Von Friedrichs des Großen Tod an nachlassend, verschwindet sie von 1806 an, um endlich in unseren Tagen wieder hervorgesucht zu werden. Wie wir heute in so vielen Gebieten endlich — endlich wieder einlenken in die Wege Friedericianischer Politik: wie wir fast alles Große, was wir seit 1864 erreicht, dieser Wiederaufnahme danken, so ist es kein Zufall, daß das heutige Geschlecht auch in der Kolonisationsfrage wieder auf dieses Vorbild zurückkommt.

Die Deutschen sind im letzten Moment, da die Erde ver= teilt wird, nach vielhundertjährigem Schlummer wieder zu einem großen einigen Volk und Reiche erwacht, und haben mit Recht sofort die Hand nach Kolonien in fernen Weltteilen ausgestreckt. Zugleich aber hat sich das europäische Volk mit dem größten Kinderreichtum und der stärksten Auswanderung darauf besonnen, daß in seinen Marken noch eine große innere Kolonisation möglich sei. Die Überflutung unseres Ostens mit fremdem Volkstum gab den Anstoß, sie für Posen und Westpreußen energisch in Angriff zu nehmen. Man wird hoffentlich nicht bei diesen Provinzen stehen bleiben, sondern das Werk abermals fortsetzen, wo die Naturverhältnisse es gestatten, wo eine un= gesunde Grundeigentumsverteilung dazu auffordert, wo der kleine Besitz zu sehr zusammengeschmolzen ist.

Hier soll nur in Kürze erzählt werden, was von 1640 bis 1806 für Einwanderung und innere Kolonisation in Preußen geschehen sei.

Eine ziemlich umfangreiche und gute Litteratur giebt uns über diese altpreußische Einwanderung und Kolonisation ein zu= treffendes Bild. Hauptsächlich die verschiedenen Schriften von Dr. Max Beheim=Schwarzbach haben das Verdienst, den Gegen= stand ins klare gesetzt zu haben. Hier soll nun versucht werden, aus der Litteratur, deren Verzeichnis am Schlusse folgt, das Prinzipielle und Wichtige in kurzen Strichen hervorzuheben und es mit dem Ergebnis der eigenen archivalischen Studien des Verfassers über den Gegenstand zu verbinden. Der Zweck dabei wird nicht nur sein, eine historische Darstellung zu geben, sondern auch das zu betonen, was einerseits den Gegensatz bildet zu der heute wieder aufzunehmenden innern Kolonisation; und was andererseits in Übereinstimmung mit ihr ist, was uns heute noch an ihr lehrreich sein, Fingerzeige für die Praxis bieten kann. Von diesem Standpunkt aus werden wir die Kolonisation, soweit sie die Hebung der Städte und der Industrie bezweckte, mehr bei Seite lassen, unser Augenmerk wesentlich auf die ländliche Kolonisation richten.

1.

Allgemeiner Charakter der Kolonisation.

Die Zustände nach dem 30jährigen Kriege im Nordosten Deutschlands, speciell in Brandenburg, Pommern und Ost= preußen, bilden den Ausgangspunkt der hohenzollernschen Kolonisation. Die Bevölkerung war auf die Hälfte, teilweise

auf einen noch geringeren Teil ihres früheren Bestandes herab=
gesunken, der Viehstand und das Kapital war in noch stärkerem
Verhältnis vernichtet; furchtbare Schulden drückten Kommunen
wie Private; jede Hufe, jedes Haus war mit rückständigen
Renten und Steuern überlastet. Die Besitzer verließen oftmals
deshalb ihr Eigentum; ein ganzer Teil der Bevölkerung hatte
sich in eine vagabundierende Menge aufgelöst, jeden Moment
bereit, sich dahin zu wenden, wo irgend eine Chance des Glücks=
spiels oder des Genusses lockte. Übermäßig drängte sich teils
vorübergehend, teils dauernd das Landvolk nach den Städten.
Es war ein hartes und rohes, der sittlichen Zucht vielfach ent=
ledigtes Geschlecht, das den Neubau der Zukunft unternehmen
sollte, das in den überall hemmenden Maschen und Schlingen
veralteter Rechts= und Wirtschaftsinstitutionen gefangen, nicht
die Freudigkeit und Schaffenslust einer Kolonialbevölkerung
hatte, die trotz sparsamer Arbeitskräfte auf jungfräulichem
Boden rasch voran kommt und rasch sich vermehrt.

Wenn es in einem Berichte an den großen Kurfürsten heißt:
„die Acker sind Wald geworden", wenn Hunderte und Tausende
von Hufen mit Haidekraut und Gestrüpp sich überzogen, wenn
die Deiche zerfielen, die Wiesen versumpften, so fehlten die
Kräfte und die Energie, den alten besseren Zustand wieder=
herzustellen. Wenn die Bauern davongingen, ganze Dörfer aus=
gestorben waren, so legten die Ritter oder die räuberischen
Armeelieferanten, Offiziere und Kriegskommissare, die ihre Güter
gekauft, Hand darauf; es war die blühende Zeit des Bauern=
legens, der Ausdehnung der Latifundien, besonders in der Ucker=
marck, in Pommern u. s. w. Und wie der Adel auf dem
Lande, so brachte das städtische Patriziat in den Städten viel=
fach die wüsten Stellen, die leeren Brauhäuser, die unbenutzten
Ackerstücke an sich. Wenn sie im Moment nichts trugen, diese
Herren waren imstande, die rückständigen Steuerreste zu be=
seitigen und so den Besitz später kapitalistisch zu verwerten.

Zu diesen Schwierigkeiten gesellte sich dann in der Folgezeit
der schwere Steuerdruck unter dem großen Kurfürsten und die

Kalamitäten neuer Kriege. Über die Wirkung des schwedisch=
polnischen Krieges und des Tatareneinfalls auf Ostpreußen schreibt
Baßto[1]: „Während des Herbstes 1656 bis Ende des Winters
1657 wurden 13 Städte, 249 Flecken, Höfe und Dörfer nebst
37 Kirchen verbrannt, 23000 Menschen erschlagen und 34000
als Sklaven fortgeführt. Überall mehrte sich das Elend; es ent=
stand eine Seuche unter Vieh und Pferden, der Hungersnot
folgten ansteckende Krankheiten, die 80000 Menschen hinwegrafften,
und so glich Preußen teils einer Einöde, teils wo man Menschen
erblickte, sah man nur noch Gegenstände des Mitleids und Elend
und Jammer ward allgemein." Auch die schwedischen Einfälle
in die Mark und Preußen 1674 bis 1679 wirkten wieder un=
günstig. In den folgenden Jahren hauste die Pest in verschiedenen
Landesteilen; die Altstadt Magdeburg, von etwa 20—25000
Seelen (1625) auf 2—3000 reduziert (1638), hatte bis 1683
sich wieder bis zu 8000 Seelen aufgeschwungen, sie sank nun
wieder durch die Pest auf 5000 herab.

Vor allem aber die Pest= und Viehsterbejahre zu Anfang
des folgenden Jahrhunderts trafen den Staat schwer, besonders
jedoch Ostpreußen. Ein Drittel der Bevölkerung soll dort der
Pest 1709 und 1710 erlegen sein. In Königsberg allein starben
18000 Menschen in einem Jahre. Am meisten wurde Litthauen
betroffen. Die Zahl der Opfer in der ganzen Provinz wurde
auf 200000, von Süßmilch sogar auf 250000 geschätzt, während
die ganze Bevölkerung derselben vorher erst etwas über 600000
Köpfe betragen hatte. Meilenweit war nach zeitgenössischen Be=
richten kein Mensch mehr zu treffen, ganze Dörfer waren aus=
gestorben, Rindvieh und Pferde irrten wild auf den Feldern
umher und gingen aus Mangel an Pflege größtenteils zu Grunde.

Von da an ist der preußische Staat zwar von ähnlichen
schweren Pestjahren verschont geblieben; aber jedes genauere
Eingehen in die älteren Bevölkerungsnachrichten lehrt uns doch,
daß die Ruhr=, die Masern=, die Pocken= und andere Epidemien,

---

[1] Geschichte Preußens 5, 206.

die Sterblichkeit der Frauen bei den Geburten, die Hungerjahre noch viel stärker eingegriffen haben, als in unserem Jahrhundert. Und der siebenjährige Krieg hat nochmals die ganze Bevölkerung zurückgeworfen, in einzelnen Provinzen, z. B. in Pommern und der Neumark, um ein ganz erhebliches; Pommern[1] ging von 368 996 auf 339 947 Seelen, d. h. fast um 10 Prozent zurück, die Neumark von 219 362 auf 209 808, d. h. um 5 Prozent[2].

Das von Süßmilch mitgeteilte Material über die Geborenen oder vielmehr die Getauften geht leider nicht viel über das Jahr 1700 zurück, so daß wir nicht sehen können, wie die natür= liche Bevölkerungszunahme im 17. Jahrhundert war. Aber die vollständige Statistik des 18. Jahrhunderts lehrt uns eines un= zweifelhaft, nämlich, daß zwar auf gutem Boden und unter günstigen Verhältnissen, wie z. B. im Magdeburgischen 1680 bis 1740, die Ehefrequenz und Geburtenzahl eine rasch wachsende war, daß aber in den ärmeren, sparsam bevölkerten Landen die großen Kalamitäten so furchtbar wirkten, daß die Bevölkerung trotz vorübergehender außerordentlicher Steigerung der Ehen und Geburten durch natürlichen Zuwachs allein sich nicht erholen konnte. Ostpreußen konnte eine Ehefrequenz von über 6000 jähr= lichen Trauungen, die es 1705 gehabt, erst 1750 wieder dauernd erreichen[3]; seine 26—27 000 Taufen, die es 1700—1705 zählte, sinken für Jahrzehnte auf 20—22 000 herab.

Es konnte also nur eine große Einwanderung helfen. Der populationistische Gesichtspunkt ist der maßgebende für die ganze Kolonisationsarbeit. „Menschen", schreibt Friedrich Wilhelm I. an den alten Dessauer als Trost für die großen sich schlecht ver= zinsenden Summen, welche das Retablissement Ostpreußens ge= kostet, „Menschen halte vor den größten Reichtum". Neue Ar= beiter, Handwerker, Industrielle, Bauern, Gärtner, Spinner und

---

[1] Dieterici, Mitteilungen 4, 236.
[2] Das. 3, 223.
[3] Im Jahre 1710 kamen 8797, 1711 sogar 11 908 Trauungen vor; dann aber fielen sie dauernd auf 4—5000. Beiträge zur Kunde Preußens 4, 46—47.

Tagelöhner ins Land ziehen, das erschien als die Hauptaufgabe. Daher die Abneigung, mit Inländern zu kolonisieren, den Inländern Kolonistenbenefizien zuzuwenden: sie waren ja schon im Lande, sie ergaben keinen Bevölkerungszuwachs; der Kolonist, wie er gewünscht war, mußte ein Ausländer sein.

Auf der Quadratmeile saßen gegen 1680—1700 in Ostpreußen 600, in der Neumark 505, in Pommern 420, in der Kurmark 656 Menschen; für den ganzen preußischen Staat berechnet Dieterici 919 für die Zeit gegen 1700 (ich selbst kann nur 616 für die östlichen und mittleren Provinzen herausbringen), während in Sachsen damals 2017, in Hannover 1367, in Württemberg 2272, in Böhmen 1590, in Schleswig=Holstein 1225, in den Niederlanden 2150, in Frankreich 2400, in der Lombardei 3000 auf derselben Fläche saßen[1]. Wollte Preußen eine Rolle in der Welt spielen, eine Macht werden, zu höherer Kultur gelangen, so mußte es trotz Klima und Boden eine verhältnismäßig viel stärkere Bevölkerungszunahme erhalten, als der natürliche Zu= wachs sie geben konnte. Es mußte nicht bloß die Hälfte seiner Armee mit Fremden aus aller Herren Länder füllen und sie durch Heiraten mit Inländerinnen an den Staat fesseln, es mußte vor allem Elemente der Bildung, der Technik, des Handels, der Kunst daher beziehen, wo die Bildung eine vorangeschrittene war.

Die Möglichkeit dazu erwuchs hauptsächlich aus dem religiösen Druck in den katholischen Landen, aus der Toleranz und der größeren kirchlichen Freiheit · im preußischen Staat. Doch hätte das nicht genügt. Vielfach war jede Auswanderung verboten; die Loslösung von der Scholle war bei den damaligen Verkehrs= verhältnissen und der damaligen Bildung etwas unendlich Schwierigeres als heute. Nur eine systematische Anwerbung von Einwanderern, eine staatliche Organisation von Agenten und Behörden, von entgegenkommenden Reiterkolonnen, eine Bewilligung von Reiseunterstützungen und zeitweiser Einquartierung, eine

---

[1] Dieterici, Über die Vermehrung der Bevölkerung in Europa: Abhandlungen der Berliner Akad. 1850, histor.=phil. Klasse 115.

Versprechung von allerlei Benefizien und Steuerfreiheiten konnte
die Menge in Bewegung und nach einem Lande bringen, dessen
Naturverhältnisse den meisten Kolonisten schon abschreckend waren.
Eine systematische Kolonisationspolitik war nötig selbst Menschen
gegenüber, die in der Heimat das Schwerste zu dulden hatten.
In der Korrespondenz Friedrichs des Großen mit seinen Kammer=
präsidenten sehen wir, wie er in dem benachbarten Sachsen jedes
Unglück verfolgt: da ist Großenhayn abgebrannt — sofort über=
all hin der Befehl, Leute von daher zu gewinnen; da ward ihm
gemeldet, wie die sächsischen Steuern abermals erhöht jetzt einen
ungeheueren Druck übten — sofort schärft er ein, von dieser
Stimmung in Sachsen Nutzen zu ziehen und Leute zu engagieren.
Da andere Staaten ähnliche Kolonisationstendenzen verfolgten,
so kommt es darauf an, mit den Edikten und Patenten der erste
zu sein, sie möglichst weit heimlich zu verbreiten oder sie in un=
abhängige fremde Zeitungen zu bringen. Es kommt darauf an,
die besten Agenten in Amsterdam, in Frankfurt a. M., in Regens=
burg, in Genf zu haben. Es kommt aber vor allem auch darauf
an, neben diesen Bemühungen durch eine gute Verwaltung, durch
Rechtssicherheit, durch Wirtschaftsinstitutionen zu locken, die den
Verhältnissen entsprachen, Preußen als das Land nicht bloß der
religiösen Toleranz, sondern auch als das bestregierte Land der
Welt erscheinen zu lassen. Stolz pocht Süßmilch[1] darauf, daß
Preußen keine Auswanderung, sondern nur Einwanderung habe.
„Die Regierung ist so beschaffen, daß keiner Ursache hat, an
Auswanderung zu denken; vielmehr sind durch die unermüdete
Sorgfalt Sr. Majestät für die Aufnahme dero Lande, für den
Ackerbau, Fabriken und Handlung, bisher noch allezeit viele
Fremde hierher gezogen worden. Der Landmann weiß nichts
von einer Unterdrückung und der Bürger genießt mit ihm einer
vernünftigen Freiheit." Und Dohm, der im übrigen die Friederi=
cianische Kolonisation nach vielen Seiten hin tabelt, sagt von

---

[1] Die göttliche Ordnung in den Veränderungen des menschlichen Ge=
schlechts 2c. 3. Aufl. (1765) 1, 556.

der großen Gesamtzunahme der preußischen Bevölkerung, „sie sei
zum großen Teil Folge der guten Rechtspflege, der Sicherheit
des Eigentums, der unbeschränkten Gewissensfreiheit, welche
Friedrich seinen Unterthanen verschaffte, die Konsequenz seiner
ganzen Art zu regieren, der mannigfachen Ermunterungen und
Belohnungen von Industrie und des allgemeinen Geistes der
Thätigkeit, den er durch sein Vorbild hervorbrachte".

Menschen ins Land zu ziehen war seit dem großen Kurfürsten
der erste Gesichtspunkt der staatlichen Bevölkerungspolitik;
Industrie und Handel zu heben der zweite; erst in dritter Linie
steht die Gewinnung von Ackerbauern und ländlichen Arbeits=
kräften. Die städtischen Kolonisten überwiegen daher in der älteren
Zeit; mit dem Retablissement Ostpreußens nach der Pest tritt
erst die ländliche Kolonisation in den Vordergrund. Unter
Friedrich dem Großen hält sich ländliche und städtische Koloni=
sation die Wage. Die Durchführung der großen Wasserbauten,
Entsumpfungen und Meliorationen wird die Veranlassung, daß
man über größere disponible Ackerflächen verfügt. Der Gedanke,
bei der ländlichen Kolonisation durch Ansetzung von neuen
Bauernhöfen der Latifundienbildung entgegenzuwirken, fehlt unter
Friedrich dem Großen nicht, wie er schon unter Friedrich I. bei
dem Lubenschen Projekt der Vererbpachtung der Domänen eine
Rolle gespielt. Aber im ganzen tritt er doch zurück gegen andere
Gesichtspunkte. Die bestehende Verteilung des Grundeigentums
wird im ganzen als etwas Gegebenes und Selbstverständliches
betrachtet; soweit gutes Land vorhanden ist, legt man neue könig=
liche Vorwerke an und daneben so viel Bauern und Kossäthen,
als für die Vorwerke nötig sind. Man empfiehlt und veranlaßt
den Adel und die Klöster, ebenfalls Kolonisten anzusetzen, aber
man kauft ihnen weder ihre Vorwerke zu Kolonisationszwecken ab,
noch sucht man sie ernstlich und nachhaltig zu veranlassen, die
Vorwerke einzuschränken, man verlangt wohl nur die Bauernhöfe
wiederherzustellen, wie sie vor 1618 bestanden. Man ist froh,
wenn man in der Hauptsache das weitere Bauernlegen verhindern
kann. Da der populationistische Zweck im Vordergrund, der

Gedanke einer social wünschenswerten Verteilung des Grund=
eigentums im Hintergrund steht, so war dies naturgemäß.
Dieselben Gesichtspunkte haben auch auf die Austeilung des
verfügbaren Domänenlandes notwendig eingewirkt. Auch hier
wollte man möglichst viele Stellen für möglichst viele Leute
schaffen.

2.
Umfang der Einwanderung und Kolonisation.

Der Umfang und die Bedeutung der altpreußischen Koloni=
sation läßt sich zahlenmäßig nur schwer feststellen.

Zwar hat die Verwaltungsstatistik frühe besonders die
größeren kompakten Einwanderungszüge zu fassen gesucht. Und
später hat Friedrich der Große halbjährlich Kolonistentabellen sich
einsenden lassen. Aber wie alle diese ältere Statistik, erschöpft
auch diese sich mit dem praktischen Zweck des Tages. Es sind
Specialnachweisungen gemacht für den König oder eine Ober=
behörde in einem bestimmten Moment, im Zusammenhang be=
stimmter praktischer Zwecke; eine erschöpfende Summierung nach
Jahren und Provinzen, eine fortlaufende vergleichende, mit Be=
völkerung oder Fläche in Beziehung gebrachte Statistik existiert
nicht. Immerhin aber sind wir durch die mühevollen Zusammen=
stellungen Beheim=Schwarzbachs über die absoluten Zahlen der
Kolonisten einigermaßen unterrichtet.

Unter Kolonisten sind in der Amtssprache des vorigen Jahr=
hunderts teilweise überhaupt die neuen Ansiedler, welche in
Stadt oder Land eine Stelle annahmen, die inländischen wie die
ausländischen, verstanden; später aber werden so nur die Zu=
zügler aus fremden Landen, welche auf Grund von Kolonisten=
benefizien eingesetzt sind, bezeichnet. Einwanderer, welche frei=
willig kamen und keine Benefizien in Anspruch nahmen, wurden
nicht Kolonisten genannt. Die Zahl der letzteren ist wohl auch
keine so große gewesen. Jedenfalls aber ist daran festzuhalten,
daß der Begriff der Einwanderer der umfangreichere, der der
Kolonisten der engere ist.

Ich schicke außerdem voraus, daß der Umfang des preußischen Staates 1688 2013 ☐ Meilen, 1713 2043, 1740 2159, 1786 3539 ☐ Meilen war. Die Bevölkerung wird 1668—1700 auf 1,5, 1740 auf 2,4 und 1750 auf derselben Fläche der alten Provinzen auf 2,7 Mill. Menschen zu schätzen sein[1].

Die im einzelnen nachweisbaren Kolonisten dürften in der ganzen Zeit von 1640 bis 1740 die Zahl von 100 000 nicht übersteigen; der thatsächliche Zufluß aber ist ohne Zweifel ein viel größerer gewesen, vielleicht der anderthalbfache, gegen 150 000 Seelen: das wären, wenn wir 2 Mill. als durchschnittliche Bevölkerung annehmen, 7,5 Proz. Die beiden Provinzen, die dabei fast ausschließlich beteiligt sind, Ostpreußen und die Kurmark, haben gegen 1713 etwa 400 000 und 319 000 Seelen gehabt; für sie bedeutet also ein Zuwachs von 50—80 000 Seelen viel mehr. Von der Kurmark berichtet Beheim = Schwarzbach: man habe 1725 bei der ersten Aufnahme der Bevölkerung den fünften Teil der Einwohnerschaft auf die seit 40 Jahren eingewanderten Kolonisten und deren Nachkommen gerechnet, was 60 000 Seelen betrage. Er schließt daraus etwas kühn, man könne für den ganzen Staat die Zahl der Kolonisten von 1640—1740 und ihrer Nachkommen auf 600 000, d. h. den vierten Teil der Bevölkerung rechnen. Ich glaube, daß das zu weit geht: 100 000 Kolonisten müßten sich in 100 oder vielmehr in viel weniger Jahren versechsfacht, 150 000 vervierfacht haben; der größere Teil der Kolonisten kam ja erst nach 1680, ein sehr großer erst 1724 bis 1732. Auf über 300 000 Seelen dürfte man also wohl die gesamten Einwanderer und ihre Nachkommen ums Jahr 1740 nicht schätzen. Aber auch diese Zahl bleibt bedeutungsvoll genug für eine Bevölkerung von 2½ Mill. Seelen. Süßmilch schätzt die Bevölkerungszunahme in den alten Provinzen für die Epoche von 1700—1750 auf eine Million; von 1680—1740 dürfte sie ebenso groß sein: von diesem Zuwachs waren 10—15 Prozent wirkliche Kolonisten, 30 Prozent machten diese Kolonisten einschließlich

---

[1] Süßmilch 1, 254.

ihrer Nachkommen aus, nach Beheim=Schwarzbach sogar gegen 60 Prozent.

Für die Zeit von Friedrich dem Großen dürften folgende Zahlen für die angesetzten Kolonisten anzunehmen sein: für Schlesien 60—70 000, für die Kurmark 100 000, für Pommern 15—20 000, für die Neumark 20 000, für Magdeburg ebenfalls 20 000, für Ostpreußen 15 000, für Westpreußen etwa ebensoviel. Im ganzen schätzt Beheim=Schwarzbach die „ediktsmäßig auf Grund der Kolonistenbenefizien etablierten Kolonisten" für die Zeit von 1740—1786 auf 300 000; die Zahl der gesamten Ein= wanderer, einschließlich also derer, die keine Benefizien erhielten, dürfte noch etwas größer sein. Die Zahl der von dem großen König neu gegründeten Kolonistendörfer wird auf 900 angegeben. Die Menge der kleineren Kolonistenetablissements und Abbauten geht in die Tausende.

Auf 5¹/₂ Mill. Einwohner, welche der Staat 1786 besaß, waren 300 000 Kolonisten oder 350 000 Einwanderer 6—7 Proz. Die gesamte Einwandererschaft von 1640—1786 wäre auf etwa eine halbe Million zu schätzen, d. h. den zehnten Teil der 1786 Lebenden. Beheim=Schwarzbach meint, man könne den dritten Teil aller 1786 Lebenden im ganzen preußischen Staate auf Kolonisten und Kolonistennachkömmlinge rechnen. Ein Drittel wäre aber nicht, wie er meint, 1 Million, sondern 1,8 Million. Rechnen wir 1 Mill. Kolonisten und Kolonistennachkömmlinge, also ¹/₅—¹/₆ der Bevölkerung, so dürften wir der Wahrheit näher kommen, eher unter als über ihr bleiben. Und auch so noch erscheint die Einwanderung als ein Moment von der höchsten Bedeutung für den preußischen Staat. Haben die Vereinigten Staaten von Nordamerika von 1820—1880 etwa 10 Mill. Ein= wanderer erhalten, so ist das auf 50 Mill. heutiger Einwohner allerdings das Doppelte, es sind 20 Proz. der am Schlusse der Epoche im Lande Lebenden. Es ist das aber auch das höchste Maß einer unter den günstigsten Verhältnissen und mit modernen Verkehrsmitteln vollzogenen Einwanderung. In der Zeit vor letzteren, bis gegen 1840—1845, betrug die Einwanderung dort niemals über 100 000 Seelen jährlich, schwankte zwischen ¼ und 1 Prozent der Bevölkerung, während die natürliche Zunahme 2—2½ Prozent betrug.

Bei den obigen Zahlen ist die Einwanderung durch das preußische Werbungssystem nicht inbegriffen. Es ist freilich auch schwer sie zu schätzen. Wenn es wahr ist, daß unter Friedrich Wilhelm I. Hunderte von Werbeoffizieren im Ausland waren, daß 1712—1735 12 Mill. Thlr. für Anwerbung von Ausländern ausgegeben wurden, daß 1730—1740 zwei Drittel der 80 000 Soldaten Ausländer waren, so kommen wir für diese Zeit doch wohl auch schon auf einen jährlichen derartigen Zuwachs von mehreren Tausend Mann.

Im Jahre 1751 zählte die Armee 132 000 Mann, von welchen nach Droysen wahrscheinlich nicht über 50 000 Landes= kinder waren. Im Testament von 1765 sagt der König, von der Million erwachsener Männer, die er habe, könne er unmög= lich die erforderlichen 160 000, sondern höchstens 70 000 Mann in die Armee einstellen; der Rest, also 90 000 Mann waren Ausländer. Im Jahre 1780 giebt er Lucchesini gegenüber an[1], daß er jährlich 6000 Mann im Auslande für 500 000 Thaler anwerben lasse. Blieb davon nur die Hälfte, was sicher anzu= nehmen ist, dauernd im Lande, so hat der preußische Staat im 18. Jahrhundert gewiß 300—400 000 Mann kräftige Männer auf diese Weise sich einverleibt. Die anderweite Einwanderung wird dadurch um ein ganz Erhebliches verstärkt.

Man muß das im Auge haben, wenn man den Versuch machen will, aus der Gesamtzunahme der Bevölkerung und ihrem Geburtenüberschuß die Größe der Einwanderung zu berechnen. Eine Berechnung, die jedenfalls ihren Wert hat und allein zahlen= mäßig darüber aufklärt, welche wirtschaftliche Bedeutung die Ein= wanderung und Kolonisation geübt hatte.

Bleiben wir für eine solche Berechnung bei der Kurmark

---

[1] Gespräche mit H. de Catt und Marchese Lucchesini (1885) 183.

als dem wichtigsten Beispiel stehen. Bratring[1] giebt für das 18. Jahrhundert folgende in der Hauptsache mit den Zahlen Dietericis übereinstimmende Bevölkerungsangabe; wir halten sie für die relativ richtigste:

1701:	283 566	Menschen	=	636	pro ☐ Meile
1713:	319 566	=	=	739	= =
1725:	367 566	=	=	850	= =
1740:	475 991	=	=	1101	= =
1755:	586 375	=	=	1375	= =
1763:	519 531	=	=	1202	= =
1786:	683 145	=	=	1581	= =
1797:	803 960	=	=	1861	= =
1801:	834 080	=	=	1930	= =

Es ist fast eine Verdreifachung der Bevölkerung in 100 Jahren, die Verdoppelung war in 53 Jahren etwa erreicht. Dazu gehörte ein jährlicher Zuwachs von 13 pro Mille. Der wirkliche natürliche Zuwachs stellte sich, wenn wir mittlere normale Jahre herausgreifen, nach den Süßmilchschen und Bratringschen Zahlen folgendermaßen:

	Zahl der jährlich		Auf 1000 Seelen kamen jährlich		Also jährlicher natürlicher Zuwachs pro Tausend
	Getauften	Gestorbenen	Getaufte	Gestorbene	
1720—25:	17 000	13 000	46,02	35,21	10,81
1749—55:	22 500	17 000	38,37	29,66	8,71
1786—87:	35 400	28 000	51,87	41,00	10,87

Diese Zahlen ergeben zunächst, wenn wir sie mit den modernen vergleichen (die Provinz Brandenburg hat 1882 auf 1000 Seelen 38,26 Geburten und 26,35 Todesfälle = 11,93 pro Mille natürlichen Zuwachs), daß das 18. Jahrhundert fast die gleiche natürliche Zuwachsrate von etwa 1 Prozent jährlich hatte wie die Gegenwart[2]. Die größere Zahl der Geburten wird durch

---

[1] Beschreibung der gesamten Mark Brandenburg (1804) 1, 39.

[2] Die jährliche Zuwachsrate war in Preußen und Deutschland wohl vorübergehend 1820—30, 1874—79 1,2—1,4 Prozent, neuerdings ist sie ebenso oft unter 1 Prozent geblieben, jedenfalls von 1874 bis 1882 auch

die größere Kinder= und sonstige Sterblichkeit ausgeglichen. Die Zuwachsrate von 8,7—10,8 pro Mille bleibt hinter der erwarte= ten von 13 pro Mille, welche in 53 Jahren eine Verdoppelung giebt, um 3—5 pro Mille zurück. Diese müssen also durch Zu= wanderung entstanden sein. Neben dem natürlichen Zuwachs von etwa 1 Prozent haben wir so einen solchen durch die Ein= wanderung von 1/3—1/2 Prozent. Das ist ein analoges Ver= hältnis des natürlichen zum Einwanderungszuwachs wie in den Vereinigten Staaten bis in die 20 er Jahre.

Nach den Listen der Getauften und Gestorbenen, welche Süßmilch[1] über die anderen Provinzen mitteilt, ist in der Haupt= sache die natürliche Zuwachsrate in Pommern und der Neumark eine ähnliche; in Preußen ist sie ohne die Pestjahre etwas höher, mit diesen niedriger; im Magdeburgischen wird sie von 1720 an etwas geringer; in allen westlichen dichter bevölkerten Provinzen ist sie schwächer. Wo wir also eine ähnliche rasche Verdoppelung der Bevölkerung treffen, ist sie ebenfalls zu einem gleichen Anteil auf die Einwanderung zurückzuführen. Ostpreußen hatte 1720 etwa 400 000, 1775 bereits 837 357 Seelen, also auch eine Ver= doppelung in 55 Jahren; 1800 waren es 931 000. Westpreußen zählte 1774 356 000, 1800 545 000 Seelen, das ist eine Zu= nahme von fast 50 Prozent in 25 Jahren. Pommern hatte gegen 1720 etwa 200 000 Seelen, 1800 etwas über 500 000. Die Neumark hatte gegen 1700 etwa 120 000 Seelen, 1754 219 000, 1800 etwas über 300 000 Seelen. Magdeburg hatte 1700 etwa 130 000, 1804 309 767 Einwohner, also auch hier mehr als eine Verdoppelung. Um zuletzt Schlesien zu erwähnen, so hatte es 1740 1 109 000, 1794 1 793 000, 1804 etwas über

---

wieder von 1,4 auf 1,1 Prozent gesunken. Für den Durchschnitt von 1800 bis 1885 dürfte die Zuwachsrate 1 Prozent nicht übersteigen. Nach der amtlichen deutschen Statistik hat sich die deutsche Bevölkerung in den 55 Jahren 1825 bis 1880 von 28 auf 45 Mill. gehoben, also noch nicht verdoppelt, wie es sein müßte, wenn der jährliche Zuwachs 1,3 Prozent regelmäßig gewesen wäre.

[1] Bd. 1, Tabellen 83—100.

2 Millionen: also hier in 55 Jahren noch keine Verdoppelung, aber immer eine sehr erhebliche Zunahme.

In den eigentlichen Kolonisationsgebieten nähern sich die Resultate allenthalben der Kurmark[1], wir haben hier allenthalben neben einem natürlichen jährlichen Zuwachs von gegen 1 Proz. einen solchen von ⅓—½ Prozent durch die Einwanderung und Kolonisation anzunehmen. Und dabei ist nicht zu übersehen, daß die Vermehrung durch Einwanderung, soviel sie auf der anderen Seite Schwierigkeiten bietet, doch in der Hauptsache fertige arbeitskräftige Menschen und nicht Säuglinge bietet. Der Satz von Süßmilch: „Ein eingeborener Unterthan ist in den meisten Fällen und Absichten besser als zwei Kolonisten," denkt an diese Schwierigkeiten, an die vielen zweifelhaften Erwerbungen der staatlichen Kolonieagenten. Aber er könnte, wenn man an die Réfugiés, die Salzburger, die Sachsen, die Niederländer und Pfälzer denkt, ebenso gut umgekehrt werden. Derartige Kolonisten waren zwei und mehr eingeborene Unterthanen wert. Und jedenfalls bleibt der Altersunterschied zu Gunsten der Einwanderer: es ist durchschnittlich bereits eine erwachsene, ausgebildete Arbeitskraft, der natürliche Zuwachs der Bevölkerung liefert Kinder, die erst noch 15—25 Jahre lang Vorschüsse und Kosten in Anspruch nehmen, welche nur von der Hälfte, d. h. von denen ersetzt werden, die ein höheres Alter erreichen.

Wollen wir zum Schluß dieser Betrachtung über die numerische Bedeutung der altpreußischen Einwanderung einen Blick auf die Zunahme der Bevölkerung in anderen Staaten, verglichen mit der preußischen, werfen, so wird dadurch erst das Gesamtresultat der Entwickelung von Staat und Volkswirtschaft ebenso wie die Bevölkerungspolitik ins klarste Licht gesetzt. Wir haben gesehen, daß in den meisten altpreußischen Provinzen sich die Be-

---

[1] Süßmilch 1, 254 berechnet für die gesamten alten Provinzen die Gesamtbevölkerungszunahme von 1700 bis 1750 auf 67,78 Prozent oder 1,04 Prozent pro Jahr. Diese Zahl schließt die Pestjahre in sich und die Provinzen mit schwächerer Zunahme, muß also hinter den 1,3 Prozent der Kurmark etwas zurückbleiben.

völkerung von 1700 bis 1800 mehr als verdoppelte, in der Kurmark sogar sich verdreifachte. Dieterici berechnet allerdings für den gesamten preußischen Staat in den Grenzen von 1688 eine Vermehrung, die nicht ganz 100 Prozent erreicht; er nimmt für diesen Umfang 1700 919 Menschen, 1800 1584 pro Quadratmeile an. Ich halte seine Zahl für 1700 nicht für richtig; ich kann, wie ich schon erwähnte, für diese Epoche nur einen Durchschnitt der östlichen und mittleren Provinzen von 616 herausrechnen, während ich für dieselben Provinzen pro 1800 seiner Zahl ganz nahe komme; das ist aber eine Vermehrung auf das zweieinhalbfache.

Dagegen stellt sich nun die Bevölkerung pro Quadratmeile nach Dietericis Berechnung bezw. Schätzung auf folgende Seelenzahl:

	in Kursachsen,	Hannover,	Dänemark,	Schleswig-Holstein
1700:	2017	1367	900	1225
1800:	2774	1567	1148	1840.

Das sind unter den Staaten, die Dieterici berechnet, diejenigen, welche nach ihren natürlichen Verhältnissen am ehesten mit Preußen verglichen werden können. Und wie weit bleibt ihre Zunahme hinter der preußischen zurück!

Auch die unter viel günstigeren Naturverhältnissen lebenden süddeutschen Staaten und österreichischen Provinzen erreichen teilweise Preußen nicht; teilweise übertreffen sie es wenigstens nicht. Man zählte pro □Meile Seelen:

	in Württemberg,	Böhmen,	der Lombardei
1700:	2272	1590	3000
1800:	3955	3192	4900

Die drei reichsten Länder der damaligen Welt, ausgestattet mit großen Kolonien, im Besitze des damaligen Welthandels, mit einer Industrie, die die preußische in jeder Beziehung übertraf, zeigen folgende Zahlen. Man zählte pro □Meile:

	in England und Wales,	Schottland,	Frankreich,	den Niederlanden
1700:	1970	832	2400	2150
1809:	3559	1079	2800	3500.

Das heißt, sie waren, wie die sübbeutschen und österreichischen Lanbe, von alter Zeit her bevölkerter als Preußen, aber ber Fortschritt erreicht ben preußischen nicht, bleibt teilweise, wie in Frankreich und Schottland, weit hinter ihm zurück.

Damit fallen auch alle die albernen Bemerkungen Mirabeaus [1] über die preußische Bevölkerung und ihre Bewegung, über die Kolonisation und ihre staatliche Begünstigung in sich zusammen. Er muß zugeben, daß die Bevölkerung in den östlichen preußischen Provinzen mehr zunehme als in den westlichen; aber die west= lichen sind ihm die reicheren und dichter bevölkerten nicht sowohl wegen ihres Bobens, sondern weil man in ihnen weniger regiert habe, weil sie die Regie oder die Kantonpflicht nicht oder nicht ganz gehabt hätten. Er findet die Bevölkerungszunahme in den Kernlanden viel zu schwach; man hätte ba, meint er, im Jahre 1786 eine Million Einwohner mehr besitzen können, wenn man physiokratisch regiert hätte. Nur wer die Zahlen Preußens ober= flächlich, die der anderen zum Vergleiche dienenden Staaten gar nicht kannte, konnte so argumentieren.

Preußen war im 18. Jahrhundert das ärmste Land unter den größeren Staaten, das verhältnismäßig ben stärksten Zuwachs hatte; und ein großer Teil, etwa ein Drittel dieses Zuwachses beruhte auf der Thatsache, daß es das einzige europäische Land mit großer Einwanderung und staatlich gelenkter innerer Koloni= sation war.

3.
Heimat und Art der Kolonisten.

Wir haben in der Einleitung, wie vorhin bei der Frage, ob der natürliche Zuwachs oder die Einwanderung für das Land wertvoller gewesen sei, schon auf die Heimat der Kolonisten hin= gewiesen. Wir müssen hierbei noch ausführlicher verweilen.

---

[1] De la monarchie prussienne 2, 23—47. An anderer Stelle spricht er sich auch ganz anders aus; z. B. 1, 161 führt er aus, Preußen habe trotz seiner enormen Armee, die ja an sich vernichtend für die Bevölkerung sein müßte, die gleiche Geburtenzahl wie die glücklichsten und fruchtbarsten

Neben den religiösen und kirchlichen Motiven, welche die erste protestantische Kontinentalmacht veranlaßten, allen Glaubens= genossen ein Asyl zu bieten, erklären es zwei Ursachen, daß man die Ausländer bevorzugte, nur in beschränkter Weise mit In= ländern kolonisierte: einmal die populationistische Tendenz der ganzen Kolonisation, welche nur im Ausländer ein Plus für die inländische Bevölkerung sehen konnte; und dann der Rationalismus des 18. Jahrhunderts, der alles Nationale, Provinzielle, Lokale mißachtete oder nicht verstand, im Menschen nur die Arbeitskraft, die abstrakte Gattung anerkannte. Aus Italien, Piemont, aus den Niederlanden, aus Frankreich, England, Dänemark, Rußland, Polen, Griechenland, der Schweiz und Österreich bezog Preußen Kolonisten, wie in seiner Armee noch mehr Leute aus aller Herren Ländern dienten. Die Mehrzahl dieser Fremden war evangelisch oder reformiert, aber doch nicht alle; unter den polnisch=deutschen Kolonisten waren sicherlich manche Katholiken. Die Jünger Menos wurden geduldet, wie die Bekenner der grie= chischen Kirche, sogar den muhamedanischen Gottesdienst zu ge= statten wäre Friedrich der Große bereit gewesen.

Immer aber waren die nichtdeutschen Kolonisten die Minder= zahl; es waren nur einzelne Italiener, die man lieber als an= sässige Kaufleute, wie als Hausierer dulden wollte; es waren einzelne Griechen, durch welche man den Handel nach dem Osten zu heben hoffte. Die Holländer unter dem Großen Kurfürsten lassen sich nicht beziffern. Die Waldenser (1688), 1800 etwa an der Zahl, haben Preußen teilweise wieder verlassen. Die Wal= lonen, welche mit den Pfälzern kamen, waren in der Pfalz schon halb germanisiert. Die Böhmen, welche hauptsächlich in den Jahren 1729 bis 1736, aber auch später unter der Regierung Friedrichs kamen, und von welchen eine große Zahl in Berlin,

---

Länder Europas. Das danke man der Einrichtung, daß eine große Zahl der sonst Beschäftigung findenden Soldaten nur ¼ Jahr vom Staat be= soldet und unterhalten würde und andererseits alle, die über nichts als über ihre Hände verfügen, zeitlebens einen gesicherten Unterhalt in der Armee fänden.

Rixdorf, Nowawes, Schöneberg und Köpenik saß, hatten sich von gegen 2000 auf gegen 4500 (1786) vermehrt. Auch in Schle= sien hatten sie eine Reihe von Niederlassungen. Sie waren als hussitische Brüder oder Reformierte im protestantischen Lande willkommen gewesen, jedenfalls nicht so fremd wie es heute eine tschechische Einwanderung wäre. Übrigens gebot der König 1782 (24. Jan.), keine Böhmen mehr ins Land zu ziehen. Die 6—7000 Schweizer, die 1685 bis 1738 hauptsächlich einwanderten, waren wenigstens deutschredende Schweizer. Die wichtigsten fremden, nichtdeutschen Kolonisten waren die 20 000 französischen Refor= mierten, welche in der Zeit von 1672 bis 1700 dem preußischen Staate gewonnen wurden. Sie haben auf die ganze geistige und wirtschaftliche Entwickelung des Staates den nachhaltigsten und günstigsten Einfluß ausgeübt.

Sie stammten aus dem Lande, von dem man damals viel mehr als später rühmen konnte, es stehe an der Spitze der Civili= sation, der geistigen und wirtschaftlichen Kultur. Die vertriebenen Hugenotten waren die Blüte der Nation, es waren die sittlich tüchtigsten Elemente, die besten Gewerbtreibenden Frankreichs, es waren hervorragende Gelehrte und Künstler, Juristen und Offiziere, es war der Teil der Bevölkerung, der das reinste Familienleben, einen hohen Grad streng kirchlichen Gemeindelebens hatte. Man rühmte ihre Kinderzucht, wie ihren Kinderreichtum. Zahllose Kunstfertigkeiten und Verkehrseinrichtungen brachten sie in die neue Heimat; als Gärtner und Gemüsebauer haben sie auf die landwirtschaftliche Kultur gewirkt. Überwiegend aber wurden sie in den Städten angesiedelt.

Im Gegensatz zu ihnen gehören die Schweizer fast nur der ländlichen Kolonisation an; ihre größte Zahl ist in Ostpreußen angesiedelt; sie mögen der einheimischen Bevölkerung kaum weniger fremd als die Franzosen gegenüber gestanden haben. Sie suchten sich möglichst kompakt an bestimmten Orten zusammenzuhalten und ihre eigenen Prediger kommen zu lassen. Lange haben sie um ihre besonderen schweizer Schulzen und ihren Koloniekontrakt gekämpft, auf den wir zurückkommen werden.

Unter den deutschen großen Zuzügen aus weiterer Ferne stehen die 7000 Pfälzer (1680—99) und die 20 000 Salzburger (1732) obenan. Jene wurden hauptsächlich durch die französischen Einfälle, diese durch die kirchliche Unduldsamkeit des Erzbischofs Firmian aus ihrer alten Heimat vertrieben; jene fanden eine neue Heimat hauptsächlich im Magdeburgischen, diese in Ost= preußen und Litthauen. Jene haben neben manchen Gewerben hauptsächlich den einträglichen Tabakbau in die Flußniederungen der Elbe, der Havel und der Spree gebracht; diese waren ein= fache Gebirgsbauern, denen die Wirtschaft in der kalten, flachen norddeutschen Niederung anfangs recht schwer wurde. Die salz= burger Einwanderung war wohl das schwierigste Problem, das der preußischen Kolonisationspolitik gestellt war; 15 000 Seelen — soviel kamen nach Ostpreußen auf einmal — aufzunehmen, zu verpflegen, einzuquartieren, in ganz neue Verhältnisse überzuführen, und zwar 15 000 mißtrauische, störrische Bauernseelen, denen man im Lande zunächst unfreundlich begegnete, für die nicht so= fort die Hufen und Häuser und vollends nicht in geschlossenen Bauerschaften bereit standen, denen hier Klima, Boden, Sprache, Werkzeuge, Wirtschaftsbetrieb, kurz alles fremd und ungewohnt war, — das war ein socialpolitisches Meisterwerk. Kein Wunder, daß Jahre und Jahrzehnte vergingen, ehe die günstigen Seiten ausschließlich hervortraten, ehe ihr Starrsinn als zäher Fleiß sich zeigte, ehe ihre kirchlichen und Familientugenden, ihre haus= hälterischen Eigenschaften, ihre intellektuelle und sittliche Bildung, wie von Oberpräsident Schön, als die eigentlichen Grundlagen der wirtschaftlichen und geistigen Kultur Litthauens gerühmt werden konnten.

Mit diesen großen Einwanderzügen sind aber auch die Kolonisten, die aus weiterer Ferne stammten, in der Hauptsache erschöpft. Unter Friedrich d. Gr. überwiegen die Deutschen aus der nächsten Umgebung des preußischen Staates, die Mecklen= burger, Braunschweiger, Anhaltiner, Thüringer, Sachsen, Öster= reicher, sowie die Deutsch=Polen, wenn auch daneben noch aus dem entfernteren Deutschland, aus Nassau, Schwaben, der Pfalz, mancherlei Züge und einzelne Kolonisten kamen. Die Mehrzahl derselben war evangelisch. In einzelnen Fällen verlangt der König ausdrücklich gute Wirte von ausländischen evangelischen Leuten.

Die Kolonisten aus den Nachbarstaaten hatten jedenfalls den Vorteil für sich, der Landesart und Sitte verwandter zu sein: blieben sie ja auch meist in der Nähe ihrer ehemaligen Heimat, wie z. B. die Mecklenburger in der Priegnitz und Pommern, die Österreicher in Schlesien, die Sachsen im Herzog- tum Magdeburg und der Kurmark, die Deutsch-Polen in der Neumark und Westpreußen.

Von den noch unter Friedrich d. Gr. aus weiterer Ferne kommenden spielt die schwäbische Kolonie in Westpreußen die Hauptrolle. Es sind hauptsächlich Leute „aus der Gegend von Stuckert herum", wo schon damals eine Art von Übervölkerung herrschte: saßen doch im Jahre 1800 im Altwürttembergischen 3955 Menschen auf der ☐Meile. Sie waren, wie allgemein gerühmt wird, eine gute Erwerbung. Beheim-Schwarzbach schildert die westpreußischen Schwaben teilweise aus eigener heutiger Anschauung folgendermaßen: sie sind durchaus evangelisch, oft bigott und abergläubisch; Fleiß und Ausdauer sind ihre Haupttugenden, daneben Sparsamkeit, Neigung, mit jedem Fleckchen Erde zu geizen, ihm etwas abzugewinnen; der ihnen vor 100 Jahren übergebene Boden trägt jetzt das vier- bis fünffache; sie halten zusammen, was sie erworben; sie sind ver- ständig, schlau und pfiffig, geschickt zu allen Nebenhantierungen, im ganzen mäßig; sie waren seiner Zeit mit guter Schulbildung ausgestattet; fast alle konnten lesen, die meisten schreiben; sie waren hierin der deutschen wie der polnischen Landbevölkerung weit überlegen. Mit den polnischen Bauern, die von Natur gutmütig und fähig waren, fremde Sitten anzunehmen, ver- trugen sie sich meist besser als mit den Deutschen. Sprachlich verständigen konnten sie sich im Anfang weder mit den einen noch mit den andern; sie heirateten die ersten Generationen hin- durch nur unter sich, folgten in der ersten Zeit am liebsten nur

jenen Führern, die sie aus dem Schwabenlande in größeren
oder kleineren Zügen hergebracht, wie vor allem dem sogenannten
„Kolonisten-Herrgöttle", dessen Andenken sich bis auf den heutigen
Tag erhalten hat.

Neben diesen Ausländern haben nun die Inländer trotz der
prinzipiellen Abneigung gegen sie doch niemals ganz gefehlt, ja
bei der Kolonisation dann einen bedeutenden Umfang erreicht,
wenn die Bevölkerungsvermehrung gegen andere Rücksichten in
den Hintergrund trat. So zuerst schon unter dem großen Kurfürsten, wo man jeden Annehmer einer wüsten Stelle willkommen
hieß. Dann waren die Erbpächter, an welche die Vorwerke zur
Zeit der Lubenschen Vererbpachtungsprojekte ausgegeben wurden
(1700—1711), zu einem guten Teile Inländer, so sehr man in
den Instruktionen auf die Gewinnung bemittelter Ausländer
hingewiesen hatte; die Gegner Lubens warfen diesem unter
anderem gerade vor, daß dieses Ziel nicht erreicht worden sei.
Viele wüste, aber kontribuable Hufen, welche bisher von den
Vorwerken aus irgendwie genützt worden waren, wurden bei der
Vererbpachtung den Domänenbauern, die zur Übernahme und
Kontribution bereit waren, überlassen. Friedrich Wilhelm I.
hat neben den Anhaltinern, Schweizern und anderen Deutschen
auch Magdeburger, Halberstädter und Kurmärker nach dem ent-
völkerten Litthauen geschickt. Er hat, soweit es irgend ging,
die alten Bauern des Landes veranlaßt, wüste Hufen mit zu
übernehmen. Und Gleiches ist ohne Zweifel, wenn es an Kolonisten
fehlte, auch anderwärts vorgekommen. Er hat dann auch mit
eingeborenen Landeskindern, mit Litthauern viel kolonisiert.
Sein Verbot vom 6. Juni 1739, keine Polacken und Szamaiten
auf Bauernerben zu setzen, weil sie doch wieder durchgehen und
dann alles, selbst Thüren und Fenster mitnehmen, geht ohne
Zweifel nicht auf preußische Unterthanen, sondern auf Leute
von jenseit der östlichen Grenze. In gewisser Weise mit Inländern hat man insofern kolonisiert, als man die auf Domanial-
bauernhöfen wegen Untauglichkeit und schlechter Wirtschaft aus-
gemerzten Wirte anderwärts als Gärtner, Büdner, Tagelöhner

ansetzte. Auch Friedrich der Große mußte öfter, um mit der Kolonisation rasch voranzukommen, auf Inländer zurückgreifen. Auf eine Bitte, Inländer ansetzen zu dürfen, antwortete er zustimmend: „Einige aus dem Lande nehmen, aber ausländische Familien müssen dabei sein, sonst vermehren wir die Anzahl der Familien im Lande nicht." Bezüglich der Ansetzung von Invaliden aber nach dem großen Kriege als Büdner fügte er bei: „Es mögen Ein- oder Ausländer sein." Zeitweise hat er eine Art der Kolonisation mit Eifer für bestimmte Landesteile betrieben, die ihrer Natur nach sich auf Landeskinder des Ortes beschränkte. Der sog. Abbau der zweiten Hufe bestand darin, daß man Großbauern mit mehreren Hufen veranlaßte, den Hof zwischen mehreren Söhnen zu teilen, besonders solchen, die als Soldaten gedient haben, eine Hufe abzutreten. Als Minister Hagen dem König 1769 vorstellt, das werde im Herzogtum Magdeburg viel leichter gehen, als das Hereinziehen Fremder, der Hufenstand sei dort ein viel zu großer, ist Friedrich ganz einverstanden, meint aber, der Neubau der zweiten Höfe und die Gewohnheiten der Bauern würden auch dagegen ein Hindernis bilden. Doch wird die möglichste Teilung der Bauerngüter im Magdeburgischen dann dem Provinzialminister Derschau am 16. Juli 1769 anbefohlen. Und auch für andere Provinzen, besonders Ostpreußen, Westpreußen und die Kurmark, hat sie eine Rolle gespielt[1] und zwar bis gegen 1806 hin. Endlich ist anzunehmen, daß bei der umfangreichen Aufteilung und Vererbpachtung schlechter und entlegener Vorwerke nach dem 7jährigen Kriege zahlreiche Inländer neben den Ausländern berücksichtigt wurden. In einer Kabinettsverfügung von 1782 wird die Neugründung von Dörfern in der Kurmark ausschließlich in der Weise in Aussicht genommen, daß die umliegenden Dörfer je ein bis zwei Söhne dazu stellen sollen.

Zahlenmäßige Anhaltspunkte für die Teilnahme der Inländer lassen sich nicht viele, aber doch einige recht schlagende

---

[1] Über die Kurmark Stabelmann 2, 115.

beibringen. Nach einer Zusammenstellung des Berliner sog.
Ministerialarchivs waren in den litthauischen Ämtern bis 1726
1565 Kolonistenfamilien angesetzt, die 2451 Hufen übernommen
hatten, während daneben die alten Bauern in denselben Ämtern
an wüst Land bei der sog. neuen Einrichtung 3001 Hufen mehr
als bisher angenommen haben. Das heißt: es wurden an
Hufen ¼ mehr durch Inländer als durch Ausländer wieder in
Kultur gebracht. Eine Hauptzusammenstellung der bis Ende
Juni 1736 neu auf Huben angesetzten Familien, welche ich im
Gumbinner Regierungsarchiv fand, giebt folgenden Stand („der
neu auf Huben angesetzten Salzburger, Schweizer, Nassauer und
anderer Deutscher, wie auch Litthauer", wobei allerdings sprachlich zweifelhaft ist, ob die Bezeichnung „neu angesetzt" auf die
Deutschen allein oder auch auf die Litthauer geht):

	Familien	Hufen
Salzburger	766	719
Schweizer, Nassauer und andere Deutsche	2992	3333
Litthauer	8075	8153

Nach den Zahlen, welche Beheim-Schwarzbach aus ähnlichen
Quellen publiziert hat[1], und nach der Gesamtmenge der Bauern
ist es zwar nun nicht anders denkbar, als daß wir unter den
8075 Litthauern nicht bloß die neuen, sondern auch die alten
Wirte verstehen müssen. Aber wenn die alten Wirte schon
1726 600 neue Hufen mehr angenommen hatten als die ausländischen Kolonisten, so ist ohne Zweifel anzunehmen, daß
unter den 8075 Litthauern viele Hundert jüngerer Söhne von
Litthauern waren, welche die damalige Amtssprache zwar nicht
als Kolonisten führte, die es aber in unserem heutigen Sinne
sind. Im Dezember 1740 berichtet die litthauische Kammer an
den König, er brauche keine fremden Leute mehr zu schicken;
was man noch brauche, auch an Instleuten, finde sich genugsam
im Lande.

Ⅰn einer amtlichen Zusammenstellung aus dem Jahre 1790

---

[1] Friedrich Wilhelms I. Kolonisationswerk in Litthauen, 11—80.

finde ich für das Herzogtum Magdeburg und die Zeit von
1740—1786 folgende Angaben über die neu angesetzten Familien;
man zählte:

2606 ausländische mit ˙ 10 021 Seelen,

1866 inländische   =   7 543   = .

Etwa ein Neuntel der Familien ist in den Städten, der Rest
auf dem platten Lande angesiedelt.

Die Behörden waren stets mit den Inländern mehr zu=
frieden als mit den Ausländern, wie die litthauische Kammer
in dem vorhin erwähnten Fall schreibt: da spare man die teueren
Transportkosten, der Fremde sei der hiesigen Landesart nicht
gewöhnt, komme meist in armseligen Umständen an u. s. w.

Auch in den Berichten der kurmärkischen Kammer von 1771
und 1772, die Lamotte anführt, wird dem König vorgestellt,
wie viel besser die Inländer und etwa die bei den Garnison=
regimentern ausrangierten Ausländer gegenüber den gewöhnlichen
fremden, ganz neu ins Land gekommenen Kolonisten seien. Und
es ist klar, daß die Kolonisation mit inländischen Bauernsöhnen
oder Jahr und Tag im Inland lebenden Soldaten eine leichtere
war; sie kannten Land und Leute, Klima und Boden, Sitte und
Verkehr des Landes. Aber es war doch ganz falsch, anzunehmen,
daß deshalb die Landeskinder durchaus die besseren, wertvolleren
Arbeitskräfte, daß sie die wohlhabenderen und geschickteren Land=
wirte gewesen wären.

Die Aussprüche der physiokratischen Schriftsteller, die in der
Epoche der stärksten Reaktion gegen das Friedericianische System
über die Kolonisation aus der letzten Zeit des großen Königs
geschrieben haben, wie Mirabeau, Lamotte und Dohm, haben
freilich ein sehr schwarzes Bild von den zugewanderten Aus=
ländern entworfen. Sie erscheinen, hauptsächlich bei Lamotte,
als ein Haufen träger, liederlicher, unruhiger Bettler, die über
ihren Beruf und ihre Fähigkeiten falsche Angaben machten, vor
jeder Arbeit sich scheuten, immer nur querulierten, weiteres Land
oder weitere Benefizien verlangten, zuletzt immer wieder durch=
gingen.

Aber wenn Lamotte als Beweis dafür anführt, daß einmal
ein Perrückenmacher als Ackersmann sich angegeben und so
eine Hufe erschwindelt habe und daß einer einmal vor der
Kammer erklärte: „wir haben nicht nötig zu arbeiten, dazu hat
uns der allergnädigste König nicht ins Land kommen lassen,
sondern nur, daß wir darin Kinder zeugen sollen", so sind solche
einzelne Anekdoten doch kaum ernsthaft zu nehmen. Die Erfahrungen Lamottes beschränkten sich auf eine Anzahl Jahre und
einzelne Ämter der Kurmark. Was er sagt, ist der Ausdruck
einer in den Beamtenkreisen unzweifelhaft verbreiteten Stimmung,
aber einer Stimmung, die naturgemäß parteiisch war. Die Beamten hatten übermäßige Schererei und wenig Dank von der
Kolonisation. „Das unruhige Wesen der Kolonisten", sagt
Lamotte, „ist nicht genug zu beschreiben."

Dohm und Hoym, die auch die Heranziehung der vielen
Ausländer nicht mit günstigen Augen ansahen, urteilen schon
viel vorsichtiger. Hoym hebt ausdrücklich hervor, daß das Miß-
lingen mancher Ansiedelungen auf den Boden zurückzuführen sei,
der den Ansiedlern habe zugewiesen werden müssen und der ihnen
den Erwerb sehr schwer gemacht habe.

Zuzugeben aber ist, daß an den Schilderungen Lamottes
und Mirabeaus ein unzweifelhafter Kern von Wahrheit war.
Die systematische Werbung von Kolonisten im Auslande mit dem
Versprechen von Reisegeldern und hohen Benefizien lockte nicht
bloß glaubenstreue Protestanten, von Steuerdruck und Polizei-
willkür mißhandelte tüchtige Unterthanen der Kleinstaaten, sondern
Gesindel aller Art, das von Anfang an darauf spekulierte, nach
den Freijahren wieder durchzugehen. Wir finden daher von den
Tagen Friedrich Wilhelms I. an hohe Strafen auf solches
Durchgehen, Desertieren, wie man es nannte, gesetzt. Auch dem
Naturell und den Charaktereigenschaften nach ist es damals
— wie heute — verständlich, daß zur Auswanderung Leute geneigt sind mit unruhigem Temperament, mit sanguinischen
Hoffnungen; energische, kühne Naturen, die sich nicht beugen und
drücken lassen wollten und nun in die preußische Disciplin sich

auch nicht leicht fanden; Leute, die schon wiederholt Schiffbruch gemacht und darum leicht zum zweiten und dritten Mal den Wanderstab zur Hand nahmen. Die Kolonistenbevölkerung aller Zeiten hat aus trotzigen, harten Gesellen bestanden. Die Tugenden hergebrachten Familien- und Gemeindelebens können da noch nicht vorhanden sein, wo Menschen mit der verschiedensten Sprache, Sitte und Denkungsart zusammengesperrt werden sollen. Drohende aufständische Mienen nahmen die salzburger Bauern ab und zu an, wie die Bruchkolonisten, die Brenkenhof in die Wartheniederung gesetzt und die ihn andererseits doch liebten wie einen väterlichen Patriarchen.

Das Menschenmaterial mußte sich außerdem verschlechtern, wenn man, wie unter Friedrich dem Großen, nicht soviel kolonisierte, als man tüchtige Leute fand, sondern nach festem Plan jährlich soviel hundert Familien ansetzen wollte. Es mußte geringer werden in dem Maße, als einzelne Staaten, wie Österreich, Polen, Hessen=Kassel, Bayreuth und Kursachsen, letzteres sogar bei Lebensstrafe, die Auswanderung verboten, andere auf Befehl des Königs mit derartiger Werbung verschont werden mußten, wieder andere Preußen die Kolonisation nachmachten und die preußischen Kolonistenbenefizien überboten, wie Joseph II., also eine übermäßige Nachfrage nach Kolonisten einem sinkenden Angebot gegenüberstand. Friedrich der Große selbst tröstete sich über die geringe Qualität vieler seiner Kolonisten mit dem bekannten Satze, daß erst die zweite Generation etwas tauge.

Aber neben dem schlechten Gesindel kamen doch stets nicht die botmäßigsten, aber viele tüchtige, kräftige Menschen. Ein großer Teil der Einwanderer stand, wie auch Lamotte betont, an sittlicher und intellektueller Kultur unendlich hoch über den damaligen Durchschnittsbewohnern des preußischen Staates, und auch das Vermögen, das sie mitbrachten, war nicht unerheblich. Und auch von der großen Menge der unter Friedrich dem Großen Eingewanderten wird man behaupten können, daß sie den Inländern mindestens gleich standen, ja, je weiter wir in die östlichen Kolonisationsgebiete gehen, sie übertrafen. Die Mecklenburger, welche das Bauernlegen, die Sachsen, welche die Brühlsche Mißwirtschaft aus dem Lande trieb, waren keine schlechten Elemente. Ebenso die Schwaben, die wir geschildert, und die Deutschpolen, welche einem maßlos verrotteten Aristokratenregiment mit all seinen Mißbräuchen ausweichen wollten. Die Böhmen, welche in Schlesien und in der Mark viele Jahre durch als das unruhigste und unzuverlässigste Gesindel galten, haben sich auf die Dauer als tüchtige Arbeiter und ausgezeichnete Ackerbauer bewährt.

Auch für diese Behauptungen lassen sich wieder einige zahlenmäßige Beweise erbringen. Bei den Domänenbauern mußten in den Listen stets die guten und die schlechten Wirte unterschieden werden; mag die Beurteilung nach den verschiedenen Persönlichkeiten der Amtmänner eine schwankende gewesen sein — einen Anhalt geben die Zahlen doch, z. B. die aus der litthauischen Liste von 1736, die ich vorhin erwähnte. Man unterschied da:

unter den Salzburgern	693 gute	73 schlechte Wirte
Schweizern, Nassauern und andern Deutschen	2 458	534 „ „
Litthauern .	6 895 „	1 180 „ „
	10 046 gute	1 787 schlechte Wirte.

Über das mitgebrachte Vermögen der Kolonisten hat Beheim-Schwarzbach verschiedene Zusammenstellungen gemacht. Die 20 000 Salzburger sollen von Hause allein an Barvermögen 800 000 Thaler mitgenommen haben; an in Preußen ungültigen Münzen besaßen sie im Minimum 158 393 Thlr.; im Jahre 1744 hatten 237 ländliche Salzburger Besitzer für ihre erkauften Höfe 46 915 Thlr. gezahlt. Das Grund- und Hausvermögen, das sie im Salzburgischen zurückließen, berechneten sie auf über 2½ Millionen Thaler, wovon aber nicht viel mehr als 300 000 Thaler eingingen. Für die 300 000 Kolonisten, die unter Friedrich dem Großen nach Preußen kamen, berechnet Beheim-Schwarzbach im Minimum als mitgebrachtes Vermögen etwas über 2 Mill. Thlr., 6392 Pferde, 7875 Stück Rindvieh, 20 548 Schafe und 3227 Schweine.

Das Wichtigste aber war, daß die ganze Einwanderung und Kolonisation auf einem Zuge von West nach Ost beruhte, d. h. auf einer Heranziehung von Menschen älterer und höherer Kultur, während das Prinzip des laissez faire im 19. Jahrhundert allein die umgekehrte Richtung begünstigt und hervorgerufen hat: das Wandern nach dem Westen, das Hereinbringen aus dem niedriger stehenden Osten.

Mochten also viele einzelne Kolonisten nichts taugen, mochten Dutzende und Hunderte wieder durchgehen, die Gesamtmenge der Einwandernden stand — in Ostpreußen, Westpreußen, Schlesien wenigstens — höher als die einheimische Bevölkerung. Es war stets eine bewußte Germanisierung, die ihren Rechtstitel in dem Kampf für technischen, geistigen und sittlichen Kulturfortschritt hatte. Wie schon Friedrich Wilhelm I. die Ansiedlung von Juden, Polen, Szamaiten in Ostpreußen ausgeschlossen wissen wollte, so verlangt Friedrich II. für Oberschlesien vernünftige und gesittete Kolonisten, die durch ihr Beispiel das gemeine Volk aus seiner bisherigen Dummheit und Blindheit reißen (24. Juni 1770). Bei der Besitznahme Westpreußens ließ er 4000 Juden über die Grenze schaffen, wie er in Ostpreußen auf dem platten Lande keine duldete — nicht weil er ihren Glauben und ihre Rasse verfolgt hätte: das lag ihm gerade so ferne als Lessings Nathan, sondern weil er sah, daß ihre Art zu handeln, zu schachern, den Bauern zu bevormunden, hier Schaden bringe weil er sie hier und in dieser Berührung mit dem polnischen und deutschen Bauer für ungünstig wirkende Elemente ansah. An anderer Stelle, in beschränkter Menge, für bestimmte Geschäfte und Industrien, hat er sie ebenso befördert und begünstigt, wie er sie hier zu Tausenden vertrieb.

Die Tendenzen des Königs zeigten sich in Aussprüchen, wie die: Der polnische Mann soll zu deutscher Landesart gebracht werden, die polnischen Einwohner sollen mit den deutschen meliert, der polnische Kolonist in die Umgebung Deutscher gebracht wer= den. Überall wurden deutsche Schulen, mehr katholische als protestantische, geschaffen. In Westpreußen hat der König nach seinem Ausspruch 200 neue deutsche Lehrer angestellt, die ihn jährlich außer dem Brennholz 22 000 Thlr., deren Gebäude ihn 80 000 Thlr. kosteten.

Die große Einwanderung aus Polen, die in den Jahren 1770—1774 stattfand, war, wie Beheim-Schwarzbach nachweist, ganz überwiegend eine deutsch-polnische. Friedrich schrieb selbst einmal: „Die Attention ist auf Pfälzer, Schlesier, Thüringer, Mecklenburger und deutsche Polen zu richten, die im Rufe tüchtiger Ackerbauer stehen, schlechterdings aber sind keine Stockpolen anzunehmen." Auch hier leitete den großen, französisch denkenden Weltbürger des 18. Jahrhunderts nicht ein nativistisches Rassengefühl, sondern die einfache verständige Überlegung, daß die Provinz nicht zu besserem Wohlstande kommen könne, „wenn nicht die polnische Wirtschaft aufhöre", „wenn das Volk nicht in einen anderen Schlender gebracht werde".

4.

Die Beschaffung des Grund und Bodens für die Kolonisten.

Land und Wohnsitze verlangten die in das Römerreich eindringenden Germanenstämme; ein kompliziertes System der Landteilung zwischen den alten Possessoren und den eindringenden Eroberern bildeten die Burgunder, die Langobarden und andere Stämme im Anschluß an die römischen Einquartierungsgewohnheiten aus. Land verlangten die Holländer und andere Deutsche, die im 12. bis 14. Jahrhundert über die Elbe zogen. Billiges Land suchten die Puritaner, welche die Neuenglandstaaten gründeten. Das Wakefieldsche System des Landankaufs und der Landzuteilung hat das rasche Emporblühen Australiens verursacht[1]. Die Möglichkeit, für eine kleine Gebühr in den Ver-

---

[1] John Stuart Mill, Grundsätze der pol. Ök., übers. von Soetbeer, 2, 452 ff.

einigten Staaten eine rechtlich ganz sichere Bauernstelle von 160 und mehr Acres zu erhalten, lockt den europamüden Auswanderer wie den einheimischen Bewohner des Ostens nach dem Westen, hat seit der gesetzlichen Einführung dieses Prinzips die frühere Latifundienbildung gehemmt. Die Landbaupolitik jeder Kolonie, jedes kolonisierenden Staates ist das wichtigste Stück seiner inneren Politik überhaupt; von ihm hängt die zukünftige Verteilung des Grundeigentums und damit die Struktur der ganzen Gesellschaft, die Art ihrer zukünftigen Entwickelung ab.

Auch der preußische Staat des 17. und 18. Jahrhunderts konnte trotz aller sonstigen Benefizien, Reiseunterstützungen, Steuerfreiheiten und Privilegien, die er seinen Einwanderern bot, durch nichts mehr locken als durch Landzuweisungen. Er mußte möglichst dem städtischen Kolonisten eine Haus- und Gartenstelle, dem ländlichen eine Ackerstelle bieten — und zwar umsonst oder gegen ganz geringe Zahlung.

Die große Frage war, woher dieses Land zu nehmen. Denn so wenig dicht die Bevölkerung, so groß die Zahl der wüsten Stellen und Hufen war, alte Rechtsansprüche der verschiedensten Art lagen doch auf allem Grundbesitz. Und selbst denen, die mit reichlichen Mitteln kamen und aus freier Hand Grundbesitz zu kaufen geneigt waren, bot sich meist nicht leicht und sicher die Gelegenheit. Die Zahl derer, die in dieser Weise sich ansiedelten, ist nicht groß. Wir haben schon erwähnt, daß von den 15 000 nach Ostpreußen gekommenen Salzburgern, d. h. also von etwa 3000 Familien, nur 237 sich aus freier Hand Grundeigentum erwarben, während 862 Familien als Bauern, 105 als Gärtner auf königlichem Grund und Boden angesiedelt wurden. Die französischen Hugenotten waren vielleicht wohlhabender als die Salzburger; daß ein größerer Teil derselben sich auf seine Kosten Grundbesitz erworben hätte, ist nicht wahrscheinlich. Die Erbpächter von 1700 bis 1710 hatten ein Erbstandsgeld zu erlegen. Später wurde ein solches bei Ansiedelungen, soweit ich es verfolgen kann, nie mehr verlangt. Daß die böhmische Glaubenskolonie, die ursprünglich in Münsterberg saß und dann aus gesammelten Kollektengeldern zwei Vorwerke der Stadt Strehlen für 10 500 Thaler (1747) kaufen konnte, um hier das Dorf Hussinetz zu gründen, ist eine seltene Ausnahme. Die zusammengebettelten Gelder sind nur der Persönlichkeit ihrer Geistlichen zu danken. Im großen und ganzen verlangten alle Kolonisten Land ohne Erlegung eines Kaufpreises. Man mußte froh sein, wenn sie nach einer Reihe von Jahren Steuern und Erbzins zahlten. Große Landankäufe durch die Regierung zum Zwecke des Wiederverkaufs, wie man sie heute plant, waren durch die Mittellosigkeit der Kolonisten ebenso ausgeschlossen wie durch die Finanzlage des Staates.

Dagegen hatte die Regierung andere Möglichkeiten, das Land zu beschaffen, die heute fehlen oder wenigstens entfernt nicht mehr in dem Maße vorhanden sind. Sie konnte auf die Grundherrschaften wirken und sie konnte ihren eigenen Besitz, wie ihre grundherrlichen Rechte zum Zwecke der Kolonisation verwenden. Es ergaben sich so zwei ganz verschiedene Arten der Kolonisation; wir wollen auf die erstere, die grundherrschaftliche, zuerst einen Blick werfen.

Es ist bekannt, wie die preußische Regierung es verstand, die grundherrliche Gewalt nach und nach der Kontrolle und Oberaufsicht der Staatsgewalt zu unterstellen, wie sie das Legen der Bauernstellen schon unter Friedrich Wilhelm I., energischer unter Friedrich II. verbot. Die Regierung hatte das größte Interesse, sich in den Unterthanen des Adels, der Städte und der Kirche leistungsfähige Steuerzahler und Rekruten zu erhalten, ihre Zahl nicht durch Ausbreitung der Latifundien sich mindern zu lassen. Es war naturgemäß, daß sie auch Versuche machte, die Grundherrschaften zur Wiederherstellung der früher vorhandenen Bauernstellen zu veranlassen. Doch war der Widerstand hiergegen ein zu großer. In der Kurmark sind von 1624—1746 1962 Bauernstellen und 935 Kossätenstellen[1], zusammen 2897 Stellen verschwunden, deren Areal den großen Gütern zuwuchs. Friedrich II.

---

[1] Büsching, Topographie der Mark Brandenburg (1775) 53.

verlangte 1764 nur, daß die seit 1740, besonders aber die seit 1756 wüste gewordenen Höfe und Stellen wieder besetzt würden. Dazu jedoch waren Adel und Kirche ab und zu zu bringen, daß sie Kossäten, Häusler, Büdner und Gärtner, sei es an Stelle der früheren Bauern, sei es auf Forstland, Ödland oder Außenschlägen neu ansetzten. Hauptsächlich Friedrich der Große hat mit Energie und Eifer dahin getrachtet, und wohl am meisten nach dem siebenjährigen Kriege und in Schlesien, wo der staatliche Domänenbesitz ein ganz geringer, zu staatlicher Kolonisation also wenig Gelegenheit war. Die Adeligen und die Äbte Schlesiens konnten sich durch nichts mehr beim König empfehlen, als wenn sie Dörfer und Kolonien gründeten. Die königliche Deklaration vom 28. August 1773 suchte System in dieses ganze Verfahren zu bringen: der König verspricht den Grundherrschaften für jede neu gegründete Stelle eine Bonifikation von 150 Thlrn.; aber dafür schreibt er auch die Bedingungen vor, unter denen die Leute angesetzt werden sollen: Es sollen wo möglich nur Ausländer, in den rein polnischen Gegenden nur deutsche Leute gewählt werden, während in den deutschen Gegenden auch polnische angesetzt werden können; die einer fremden Grundherrschaft unterthänigen müssen sich durch das herkömmliche Loskaufsgeld frei gemacht haben; alle Angesetzten sollen freie Leute sein; sie können über ihr Hab und Gut als erbliche freie Leute disponieren, stehen aber unter der grundherrlichen Jurisdiktion. Zu jeder Stelle sollen an Acker, Wiesen und Garten nicht weniger als 8 Magdeburgische Morgen, aber auch nicht mehr als 20 gegeben werden. Zu einem neuen Dorf gehören mindestens sechs solch neuer Possessionen. In jedem soll ein tüchtiger Schulmeister angesetzt werden, der mit einer Stelle auszustatten ist. In betreff des Gottesdienstes soll die Gemeinde beschließen dürfen, wohin sie sich halten will. Neue Steuern sollen diese Kolonien gar nicht an den Staat zahlen, von der Grundsteuer des Dominiums nur so viel übernehmen, als auf ihr Land trifft.

Es waren also nur Häusler-, keine Bauernstellen, die so in

Schlesien geschaffen wurden. Und auch in den übrigen Provinzen
werden die Grundherrschaften nicht bereit gewesen sein, größere
Landflächen abzutreten, zumal in den dichter bevölkerten Gegen=
den, wie im Magdeburgischen, wo die Klöster eine Anzahl Koloni=
sationen übernahmen.

Das Wichtigste blieb immer die Ansetzung auf königlichem
Grund und Boden, sowie die Kolonisation in solchen Gegenden,
die, gänzlich ausgestorben, vom Fiskus in Besitz genommen wur=
den, und in bisherigen Sümpfen und Niederungen, über welche
sich die Regierung ein Dispositionsrecht zuschrieb, obwohl Ge=
meinden und Grundherrschaften einzelne Nutzungsrechte bisher
daran gehabt, welche in dieser oder jener Weise nachträglich ent=
schädigt wurden.

Die Ausführung der Kolonisation und Ansetzung geschah
hier überwiegend durch die Staatsbehörden selbst und auf Rech=
nung des Staates. Doch kam es auch, besonders in der späteren
Zeit Friedrichs des Großen, vor, daß den Domänenpächtern als
Pachtbedingung die Ansetzung einer Anzahl von Kolonisten auf
ihre Rechnung auferlegt wurde.

Um die Tragweite dieser ganzen durch den Staat aus=
geführten Kolonisation zu verstehen, muß man sich erinnern, wie
groß der Umfang der grundherrlichen Rechte des Staates, der
herrschaftlichen Domänen und Forsten, der wüsten Hufen,
sowie des dem Wasser abgerungenen Landes im 18. Jahr=
hundert war.

Ganz genaues darüber wissen wir ja nun nicht; aber eine
Reihe fester Anhaltpunkte haben wir immerhin, um zu ermessen,
wie ganz anders als heutzutage die Staatsgewalt noch über das
Grundeigentum verfügte. Dabei müssen wir vor allem im Auge
behalten, daß es sich für unsere Frage nicht bloß um die ver=
pachteten Vorwerke, sondern auch um die Forsten, um die großen
Einöden und Wüsteneien, um das gesamte Domanialbauerland
nebst seinen Weiden und Nutzungen handelte; denn über all das
hatte die Staatsgewalt direkt oder indirekt die Verfügung.

In dem Berichte eines der besten Kenner der agrarischen

Zustände des preußischen Staates, Luben von Wulfen, von 1710 wird ausgesprochen, die Regierung sei an der Einteilung der Kontribution wenn nicht pro tertia, doch pro quarta beteiligt; er nahm also an, daß die Domänenbauern $\frac{1}{3}$ bis $\frac{1}{4}$ der Bauern überhaupt ausmachen. In der Kurmark kamen auf 1262 ablige 652 königliche und 53 Kämmereidörfer; in Pommern auf 1276 ablige 625 königliche und 159 städtische Dörfer. In Ost- und Westpreußen und Litthauen kann man nach Golbbed und Harthausen folgenden Stand annehmen:

	Litthauen	Ostpreußen	Westpreußen
a) unter königlicher Grundherrschaft			
Bauer- u. Scharwerkerdörfer	1288	966	1081
Erbpacht- und Fischerdörfer	170	74	197
gemischte Bauern- und Kölmer- dörfer	637	97	—
a) zusammen:	2095	1137	1278
b) Kämmerei- und Hospitaldörfer	—	17	99
c) ablige Bauerndörfer	148	742	1269
d) Kölmerdörfer	445	190	90

Für Ostpreußen und Litthauen wird in den Akten einmal der Domanialbesitz 1722—23 so angegeben:

37 deutsche Ämter mit 102 Vorwerken und 63 598 Hufen,
33 litthauische Ämter mit 78   =   =   59 558   =

zusammen 123 156 Hufen.

Die ganzen im Generalhufenschoß für Ostpreußen und Litthauen nachgewiesenen steuerbaren Hufen betrugen nur 48 009 ablige (Vorwerks- und Bauern-), 23 765 Kölmer- und 29 490 Bauern- (d. h. Domänenbauern-), zusammen 100 264 Hufen. Alle Vorwerke, die königlichen Forsten, das sonstige unbesteuerte Land sind in diesen 100 264 Hufen nicht begriffen, während umgekehrt unter den 123 156 die Vorwerke, Forsten, Einöden, Wüsteneien, die königlichen Bauern und die Kölmer stecken. Man kann also im großen und ganzen sagen: der Adel verfügte über 48 009, die Staatsgewalt über 123 156 Hufen. Und diese

Verfügungsgewalt hatte wohl gegenüber den Kölmern eine ganz feste Grenze, im übrigen aber waren die Rechte der königlichen Grundherrschaft sehr weitgehende; wenn man auch ein Erbrecht der Bauern mehr und mehr anerkannte, so entsetzte man doch den schlechten Bauern, setzte ihn an eine andere Stelle, vermehrte oder verminderte seinen Hufenstand nach Gründen der Zweckmäßigkeit.

Bezüglich der Provinz Magdeburg will ich noch hinzufügen, daß von 847 ländlichen Ortschaften 346 königlich, 306 adlig waren, daß in den königlichen Dörfern 65439 Seelen, in den adligen 50251 wohnten (1785). Also auch hier verfügte der Fiskus indirekt über mehr als die Hälfte des platten Landes; freilich waren hier die Rechte der Grundherrschaft sehr viel beschränkter als im Osten.

Aber immerhin war auch hier, wie in der Kurmark, ein gewisser Spielraum für die Einwirkung der Staatsgewalt, für die Beschaffung einzelner Ackerstellen, ja ganzer Dorfmarken. Nicht bloß, daß man den Bauern zum sog. Abbau der zweiten Hufe veranlassen konnte; auch über die großen Außenschläge, die nur alle sechs bis zwölf Jahre einmal bestellt wurden, über das ertragslose Land, über wüste Hufen und Stellen verfügte die Regierung. Die Dörfer lagen vielfach so weit auseinander, daß auf den Grenzen noch Neugründungen möglich waren.

Dazu kam dann der große Forstbesitz, den Krug im Jahre 1802 auf über zehn Millionen Morgen schätzt. Schon 1713 ist die große Zahl der sogen. Schatullgüter und Schatullhufen, die bisher unter den Forstbehörden standen, nun den Kammern unterstellt wurden, eben das Resultat der Waldkolonisation. Und auch in der Folgezeit blieb, je mehr es oftmals an anderem Grund und Boden fehlte, der fiskalische Forstbesitz der Reservefonds, auf den man immer zurückgreifen konnte und teilweise auch da zurückgriff, wo man es mit absolutem, den Ackerbau versagenden Waldboden zu thun hatte. Außerdem war in vielen der östlichen Gegenden, z. B. noch in der Neumark, das Holz so wertlos, daß man eine Verringerung der Forsten in keiner Weise

scheute. Lamotte spricht von diesen Waldkolonien, als ob sie die
Hauptsache gewesen wären; er beklagt freilich in seiner Weise
diese Thatsache, indem er sagt: „Die königlichen Forsten haben
für immer einen beträchtlichen Abgang dadurch erlitten, daß die
Kolonien auf ihrem Grunde angelegt und die dazu nötigen
Ländereien den Forsten abgenommen worden. sind; sie wurden
überdem durch die erforderlichen Bauholzlieferungen stark an-
gegriffen, und wenn ich sicher behaupten kann, daß das meiste
von den beträchtlichen auf die Ansetzung der Kolonisten verwandten Summen verschwendet worden ist, so gilt gewiß das
nämliche von dem zu ihrem Anbau angewiesenen Holzmaterial."

Die fiskalischen Forsten des preußischen Staates schätzt Krug,
wie wir oben erwähnt, für 1802 auf 10 Mill. Morgen, während
er die fiskalischen Vorwerksgrundstücke für dieselbe Zeit nach einer
freilich sehr rohen Rechnung auf 2½ Mill. Morgen angiebt, bei
einem Gesamtumfang des nutzbaren Landes von 117,9 Mill.
Morgen. Vorwerke und Forsten zusammen machten nach ihm
damals in Schlesien 4, in Pommern 7, in der Kurmark 13, in
Litthauen 17 Prozent aus. Diese Zahlen geben aber — daran
ist stets festzuhalten — kein zureichendes Bild von dem Domanialvermögen des Staates, sofern sie eben nur auf das Gebiet seines
direkten Eigentums sich beziehen, nicht auch auf das unendlich
viel größere seines indirekten Obereigentums. Auch wenn wir
uns erinnern, daß Hardenberg den ganzen preußischen Staats-
grundbesitz 1810 auf 97—98 Millionen Thaler schätzte, daß
davon 1806—1865 für 92½ Millionen Thaler veräußert wurden,
und nun doch noch ein Domänen- und Forstbesitz 1865 von
etwa 9 Millionen Morgen übrig blieb, mit einem Wert von
weit über 90 Millionen Thaler, so liegt das nicht bloß in der
Wertsteigerung, sondern auch darin, daß unter den Veräußerungen
von 1806—1865 alle Ablösungsgelder stecken. Auch jeder Blick
in einen Specialdomänenetat des vorigen Jahrhunderts lehrt uns,
daß abgesehen von den Forsteinkünften das Domanialvermögen
höchstens zur Hälfte aus den Vorwerken, zur anderen aus den
grundherrlichen Rechten bestand.

Der heutige preußische Staat hat auf 34—35 Millionen Hektaren Fläche 340 000 ha Domänen und 2,3 Mill. ha Forsten; der altpreußische Staat konnte bei ähnlichem Forstumfang und etwa doppeltem Umfang der Vorwerke doch vor allem deshalb leichter kolonisieren, weil er in fast einem Drittel des Staates Grundherr war. —

Über die Zahl der wüsten Hufen, die vorzugsweise den Gegenstand der Kolonisation bildeten, findet man naturgemäß die widersprechendsten Zahlen. Der Begriff war ein sehr schwankender. Bald verstand man darunter nur die in den letzten Jahren wüste gewordenen Hufen; bald alle seit 1618 eingegangenen Bauern= und Kossätenstellen; bald waren die zahlreichen Hufen, die seither zu Rittergütern und königlichen Vorwerken eingezogen und daher bebaut waren, mit inbegriffen, bald fehlten sie. Teilweise verstand man darunter alles wüste Land, teilweise nur das wüste Domanialland.

Am wichtigsten ist in dieser Beziehung die Provinz Ost= preußen und Litthauen. Die Nachricht in dem bekannten Manu= skript von Lucanus[1], es seien 1721 noch 60 000 Hufen wüst gewesen, hat Beheim=Schwarzbach für eine starke Übertreibung erklärt, die etwa auf ein Viertel zu reducieren sei; höchstens 14 200 Hufen seien durch die Pest wüste geworden, davon seien im Jahre 1732 noch 1597 wüste gewesen. Ein guter Teil der Widersprüche wird darin liegen, daß Lucanus Magdeburgische Hufen meinte, während alle gewöhnlichen Angaben aus preußischen Akten, also auch alle Angaben Beheim=Schwarzbachs, auf kölmische Hufen gehen, die mindestens $2^{1}/_{4}$ Mal so groß sind als die Magdeburgischen.

Eine 1707 von Geh. Rat von der Gröben geforderte Über= sicht der wüsten Hufen hat folgendes Resultat; es waren vor= handen an kölmischen:

---

[1] Preußens uralter und heutiger Zustand, 1748. Vgl. Beheim= Schwarzbach, Kolonisationswerk 2—3 und Schmoller, Histor. Zeit= schrift 33, 42.

	wüstbeſäten Hufen			ganz wüſten Hufen		
	Hufen	Morgen	Ruten	Hufen	Morgen	Ruten
in Natangen	5013	40	50	1659	14	90
im Oberland	2184	29	18	725	10	150
im Samland	3100	29	160	3374	7	74
	10299	12	228	5759	2	14
	5759	2	14			
zuſammen	16058	14	242.			

Riebel, dem ich dieſe Tabelle verdanke, meint, dieſe 16058 kölmiſchen ſeien zu 41000 Magdeburgiſchen Hufen zu veran= ſchlagen. Das war vor den eigentlichen Peſtjahren. Alſo war die Not und das Wüſteliegen ſchon damals recht groß, und in den Jahren 1709—1711 ſtieg die Veröbung noch weſentlich, ſo daß eine Zunahme bis zu 60000 Hufen wohl denkbar wäre, wenn darunter auch die ſogenannten wüſtbeſäten begriffen werden. Nun aber weiſen die ſpäteren ſicheren Angaben auf eine ziemlich geringere Zahl.

Eine Erklärung des Feldmarſchalls Dohna vom 21. Februar 1717 in den Akten geht dahin, der König habe noch 15000 (natürlich kölmiſche) Huben unbebauter Domänen im Lande. Ob darunter auch die ſog. wüſtbeſäten Hufen ſtecken, wage ich nicht recht zu entſcheiden. Eine Zuſammenſtellung aus dem Berliner Miniſterialarchiv von 1726 ergiebt aber jedenfalls das Geſamtreſultat, daß über 5—6000 kölmiſche Hufen zur Koloni= ſation nicht verfügbar waren; man zählte da:

a) bis anno 1726 angeſetzt:

    1. auf ganz Wüſtland 949 Familien mit 5865 Perſonen auf 1620 Hufen 8 Morgen 178 Ruten;

    2. auf der ausgemerzten Wirte Hufen 446 Familien mit 2660 Perſonen auf 579 Hufen 8 Morgen 179 Ruten;

b) die alten Bauern haben bei der neuen Einrichtung an wüſt Land angenommen 3001 Hufen 26 Morgen 49 Ruten;

c) noch ſind in den Ämtern an wüſt und an bebaut Land vor= handen 645 Hufen 11 Morgen 157 Ruten.

In jenen Jahren hatte man nach Lucanus 6 Städte erbaut,
332 wüste Dörfer neu besetzt, 49 Kammerämter neu errichtet,
11 neue Kirchspiele geschaffen und mit neuen Kirchen versehen.
Von da an ruhte die Kolonisation, bis sie 1732 mit den Salz=
burgern wieder in Gang kam. Und wenn nun wieder 1597
wüste Hufen gezählt wurden, so beweist dies, wie schwankend der
Begriff war; es müssen etwa 900 neu entdeckte gewesen sein,
die man 1726 nicht kannte, oder vielmehr nicht zählte, weil sie
zu schlechten, nur als Weide dienenden Boden umfaßten. Wir
sehen aber jedenfalls, daß der Spielraum für die Kolonisation
auf wüsten Hufen sich bald verengt hatte.

Was die großen Meliorationen und Eindeichungen betrifft,
durch welche neues Land geschaffen wurde, so umfaßte das 1718
bis 1719 entwässerte Rhin= und Havelländische Luch gegen 22
□ Meilen; wie viel Land da gewonnen wurde, kann ich nicht
angeben; die neugeschaffene Domäne Königsforst zählte.14 876
Morgen. Der Oberbruch umfaßte 10—12 □ Meilen; im Ober=
Oberbruch wurden 1746 bis 1753 117 000 Morgen, im Nieder=
Oberbruch 108 000 Morgen gewonnen. Hier habe ich eine Pro=
vinz im Frieden gewonnen, erklärte der König. In 43 neuen
Kolonien wurden 1200 Familien meist auf sehr fruchtbarem Boden
angesetzt, so daß sich ein behaglicher Wohlstand rasch entwickeln
konnte. In den Warthebrüchen waren 1767 bis 1785 95 201
Morgen urbaren Landes gewonnen, 68 740 an Kolonisten aus=
gethan; neben 51 alten Dörfern bestanden im Jahre 1785 94
neue Kolonien; neben 1088 alten Wirten saßen 1755 neue
Kolonistenfamilien. Das sind aber nur die paar größten der=
artigen Unternehmungen. Mit den später erworbenen Weichsel=
niederungen, den großen Kulturarbeiten in Ostpreußen, in West=
preußen, in der Priegnitz, im Halberstädtischen, bei Stettin, in
der Altmark, an der Netze u. s. w. [1] wird man kaum zu viel
sagen, wenn man behauptet, 60—80 □ Meilen nutzbaren Landes
seien so dem Staate zugewachsen. —

---

[1] Vgl. Stadelmann 2, 38—65.

Wie hat nun aber der Staat die Flächen, über die er ver=
fügte, zur Kolonisation verwendet?

Die Frage für ihn war, ob er größere, kleinere oder mittlere
Güter daraus bilden solle, welche Mischung er in dieser Beziehung
eintreten lasse, ob er die gebildeten Güter in Zeitpacht, Erbpacht
oder Eigentum an einzelne Unternehmer weggebe.

Nach der historischen Entwickelung des deutschen Nordostens
und den Gewohnheiten der Bewohner, nach den Resultaten, die
man im Laufe des 17. Jahrhunderts mit der Zeitpacht gemacht,
stellte sich die Frage praktisch einfach dahin, ob man den Schwer=
punkt auf die Neubildung von Domänenvorwerken legen solle, die
in Zeitpacht ausgegeben dem Staate eine dauernd steigende Ein=
nahme sicherten, oder auf die Neuschaffung von Hufen und Stellen
für Bauern, Kossäten und Häusler, die ihr Grundeigentum
gegen festen Erbzins unter verschiedenen Einschränkungen der
Benützungs- und Verfügungsfreiheit erhielten. Die preußische
Domänenpolitik hat bekanntlich in dieser Beziehung mehrfach ge=
schwankt, je nachdem die finanziellen oder die allgemeinen Gesichts=
punkte der Kulturbeförderung in den Vordergrund traten.

Nachdem bis 1700 die Tendenz vorgeherrscht hatte, den
Domänenbestand an größeren Vorwerken zu vermehren, hat unter
Friedrich I. die Lubensche Idee einer Vererbpachtung der Vor=
werke Platz gegriffen und ist von 1700 bis 1710 wenigstens
teilweise ausgeführt worden.

In seinem ursprünglichen Projekt geht Luben davon aus[1],
daß aus einem mittleren Vorwerk, das bisher 500 Thlr. Pacht
gegeben, 50 Kühe und 750 Schafe ernährt habe, 12 Bauern=
höfe, 5 Kossätenstellen und ein Braukrug zu machen sei. Da=
neben verfolgt Luben die Idee, daß man so auch besser zur
Wiederbesetzung der alten wüsten Hufen komme, die jetzt vielfach
von den Domänenpächtern genutzt würden; noch ein Drittel aller
Hufen, meint er, liege in den preußischen Staaten wüste, auf

---

[1] Ich folge hier dem ungedruckten Manuskript von Riedel, über die
Erbpacht, das im Besitz von Herrn Geh. Archivrat Reuter ist.

denen sich Tausende von Familien nähren könnten. Der Geh.
Rat stimmte zu, „weil allerdings die Glückseligkeit eines Landes
größtenteils in der Menge· seiner Einwohner bestehe". Haupt=
sächlich in den ersten Jahren wurde die Vererbpachtung im Sinne
der direkten Schaffung mittlerer und kleinerer Bauerngüter
durchgeführt. Im Magdeburgischen wurden neben 50 bis 100
Thlrn. Erbstandsgeld pro Hufe je nach der Bodenqualität 8 bis
30 Thlr. jährlichen Erbpachtgeldes erzielt. Die Erbpächter eines
Vorwerkes hafteten in solidum; dafür hatten sie das Recht, einen
Wirt, der sich übel aufführte, sein Land nicht gehörig bebaute
und die Pacht nicht zahlte, mit königlicher Genehmigung abzu=
setzen und einen andern, tüchtigen Wirt auf die Stelle zu bringen.
Der Erbpächter hatte ein insofern beschränktes Veräußerungsrecht,
als er zum Verkauf den Konsens der Amtskammer brauchte und
dieser stets ein Vorkaufsrecht zustand.

Schon 1704 wurde aber nachgelassen, daß, wenn die durch=
führenden Behörden nicht genug Erbpächter fänden, sie ganze
Vorwerke einem Unternehmer übergeben könnten, welchem dann
die Familienetablissements überlassen würden. Und je mehr es
an tüchtigen bäuerlichen Erbpächtern fehlte, je mehr endlich die
Beamten selbst an der Übernahme ganzer Vorwerke sich betei=
ligten, desto mehr verwandelte sich die ursprünglich kolonisatorisch
gedachte Maßregel in eine bloße Verschleuderung des Staats=
grundbesitzes zu Gunsten von Beamten, Günstlingen, Abenteurern,
größeren Unternehmern, städtischen Kapitalisten, ja sogar wohl=
habenden Zunftmeistern aus den Städten. Als man 1707 in
der Neumark ganz allgemein anordnen mußte, daß die gesamten
alten Bauern, statt ihrer Scharwerkspflicht auf dem Vorwerke
gegen ein jährliches Dienstgeld ledig zu werden, auch künftig
wie bisher den Erbpächtern ihre Dienste leisten müßten, als
darüber fast ein allgemeiner Aufstand der neumärkischen Bauern
drohte, da mußte für jeden Einsichtigen klar sein, daß diese großen
Erbpächter, die der Bauerndienste bedurften, nur zu einer neuen
Art Rittergutsbesitzer auswachsen, nicht aber den Bauernstand
vermehren würden.

Die 1710 angeordnete Rückkehr zur Zeitpacht war natürlich da um so leichter, wo in der eben bemerkten Weise nicht eine eigentliche Zerteilung der Vorwerke stattgefunden hatte. Von den zahlreichen wüsten Hufen, die man zugleich 1700 bis 1710 wieder besetzt hatte, blieben manche, sofern sie für die Vorwerke nicht besonders günstig lagen, im Eigentum der neuangesetzten Wirte, wie zahlreiche alte Bauern von da an das Dienstgeld statt der Scharwerkspflicht entrichteten. Sogar manche parzellierte Vor= werke blieben geteilt; nur mußten die Erbpächter sich die Ver= wandlung in Zeitpacht gefallen lassen. Im ganzen östlichen Teil der Monarchie, d. h. in einem großen Teil der Neumark, Pom= merns und Ostpreußens und in den westlichen Provinzen hatte die Zerteilung und Vererbpachtung kaum begonnen.

Unter Friedrich Wilhelm I. wirkte dieselbe Tendenz, welche die Erbpacht rückgängig gemacht, auch weiter: die Einsicht, daß das höchste denkbare Maß der Steueranspannung allein den Staat und die Armee nicht erhalten könne, nötigte zu einer ebenso spar= samen, als rationellen, auf das höchste Maß des Reinertrags und gute Neuerwerbungen gerichteten Domänenverwaltung: der An= kauf von Rittergütern, der Zukauf zu den Ämtern bis zum Rein= ertrag von 5000 Thlrn., die Neubildung von Vorwerken — derartiges stand im Vordergrund; die Verpachtung auf Zeit an den damals geschaffenen Generalpächterstand, welcher hohe Technik, großen Kapitalienbesitz und modernen Unternehmersinn mit ge= wissen Beamtenqualitäten verband, gab die höchsten Gelderträge. Dieser finanzielle Gesichtspunkt überwog sogar die populationi= stischen Lieblingswünsche des Königs.

Am deutlichsten sehen wir dies bei der sog. Neueinrichtung in Ostpreußen und Litthauen, wie sie aus den Beratungen des Königs mit der großen Domänenkommission von 1721 hervor= ging, deren Protokolle uns im Regierungsarchiv zu Gumbinnen erhalten sind[1]. Es handelte sich darum, in den veröderten, aus=

---

[1] Ich fand diese wichtigen Protokolle im Herbst 1872 in Gumbinnen, teilte in der Histor. Zeitschrift 30, 64 einiges darüber mit. Stadelmann 1, 244 (1878) hat dann ein einzelnes Stück aus diesen Protokollen publiziert;

gestorbenen Gegenden des Landes auf Grund einer Neuvermessung
eine vollständige Neuverteilung des Grundeigentums vorzunehmen.
Nur die geschlossenen großen Kölmergüter wurden in ihrem alten
Bestande und auf ihrer bisherigen Stelle gelassen; kleinere Kölmer-
und freie Güter, die im Gemenge lagen, mußten, wenn es nötig
war, „rücken". Die alten Bauern mußten trotz allen Protestes
sich die Zuweisung anderer Grundstücke, als sie bisher gehabt,
gefallen lassen. Für die neuen Kolonisten konnten so am besten
die Hufen ausgeschnitten werden. Wir kommen auf die einschlägigen Fragen zurück.

An dieser Stelle interessieren uns die prinzipiellen Beschlüsse
über die Gesamtverteilung des disponiblen Landes in Bauern-
oder Vorwerksland. Trotz der großen Differenzen zwischen den
brandenburgischen und den ostpreußischen Kommissaren, hauptsächlich zwischen dem Minister von Görne und dem Oberpräsidenten
von Waldburg, sind darüber alle Mitglieder der Domänenkommission einig, daß man soviel als möglich Vorwerke, b. h.
zu verpachtende größere Domänengüter herausbringen müsse.
Die Vermessung hatte im Amt Oletzko begonnen; Waldburg erklärte, hier könnten nicht viele Vorwerke angelegt werden, weil
die Äcker zu schlecht und die Verführung des Getreides nach
Königsberg zu difficil und precieux sei; Görne antwortet, man
könne ja durch Wiesen und Brauerei die Vorwerke einträglich
machen.

Der König befiehlt dann aber, in den polnischen Ämtern
aus den von Waldburg angeführten Gründen so wenig als
möglich Vorwerke anzulegen. Um den Bauern einen Absatzmarkt
in der Nähe zu schaffen, werden die neuen Städte gegründet.
Im Gegensatz hierzu aber verfügt er, daß in den litthauischen
und samländischen Ämtern Vorwerk an Vorwerk zu stehen komme
und nur so viel neue Dörfer mitangelegt werden sollen, daß die
Vorwerke mit Arbeitskräften versehen werden können. Görne

Beheim-Schwarzbach, Kolonisationswerk in Litthauen, hat 13—20
weiteres daraus mitgeteilt. Erschöpft haben beide den interessanten Teil
der Protokolle entfernt nicht.

faßt die Gesichtspunkte später nochmals dahin zusammen: die Vorwerke sind zur Vermehrung der Kammerrevenüen, die Bauernhöfe zur Peuplierung des Landes.

Im Jahre 1642 zählte man 42, gegen 1700 57[1], im Jahre 1722 70 Kammerämter im Lande; diese 70 Ämter hatten damals 180 Vorwerke; 1732 werden bereits 101 Ämter gezählt; Krug erwähnt 122 Domänenämter in Ostpreußen und Litthauen mit 450 000 Magdeburger Morgen Nutzland und fast 2 Mill. Morgen Forsten; auf den 122 Ämtern saßen nach Krug 274 Generalpächter. Die Zahl der Vorwerke war also jedenfalls jetzt eine viel größere als im Jahre 1722. Kammerdirektor von Bredow erwähnt einmal bei der neuen Einrichtung von 1721, ein Vorwerk müsse 15—20 kölmische Hufen bekommen; das gäbe, bei 1000—1400 Magdeburger Morgen auf eines, über 400 Vorwerke auf die Provinz.

Unter Friedrich dem Großen wird die Domänenpolitik wieder eine wesentlich andere als unter seinem Vater. Die Vergrößerung des Domänenbestandes hört ganz auf; der König verbietet ausdrücklich, weitere Rittergüter zu kaufen; der Adel des Landes und sein Grundbesitz erscheinen ihm als die sociale Grundlage der bestehenden Gesellschaftsordnung und des Offizierstandes, als eine Stütze des Thrones. Aber auch auf die sonstige Vermehrung der Vorwerke legt er nicht den Wert wie sein Vater. Er hat wohl auf neu urbar gemachtem Boden auch noch da und dort zu verpachtende Vorwerke anlegen lassen: z. B. wurden im Warthebruch eine Anzahl sog. Entreprisen errichtet, d. h. Vorwerkswirtschaften, die einem größeren Unternehmer übergeben wurden unter der Bedingung, auf einem Teil derselben eine bestimmte Anzahl Kolonisten anzusetzen. Aber im ganzen und überwiegend wurde das disponible Land zur bäuerlichen Kolonisation verwendet. Ja es wurden viele Vorwerke unter ihm wieder zerteilt. Er nahm die Vererb-

---

[1] Töppen, Histor.-komparative Geographie von Preußen 311 u. 313.

pachtungspolitik · Lubens wieder auf. Vor allem nach dem
siebenjährigen Kriege[1].

In der Lebensbeschreibung Brenkenhofs heißt es: „Da in
dem Kriege mit den Russen eine große Menge königlicher Vorwerke abgebrannt und verheert worden war, so hielt es Brenkenhof für besser, wenn die kleineren Vorwerke abgebaut und mit
ausländischen Familien besetzt würden, die dann auf ihre eigenen
Kosten gegen Bewilligung des Bauholzes und gewisse Freijahre
sich einrichten und in der Folge mit Ersparung der Reparatur-
gelder den königlichen Kassen alles Weggeschenkte reich ersetzen
könnten." Er soll sofort 108 Familien auf die kleinen neumärkischen, 238 auf die hinterpommerschen Vorwerke gesetzt
haben. Der gleiche Plan wurde auf die Kurmark angewandt:
die Kammer reichte 1763 eine Designation von 46 Vorwerken
ein, in welchen keine Brauereien, und die vom Amte entlegen
wären; es sollten da 240 Bauern-, 123 Kossäten- und
57 Büdnerstellen geschaffen werden; 391 Familien wurden im
ersten Jahre angesetzt und es folgten in den nächsten Jahren
weitere. Bei dem nun längere Zeit fortgesetzten Kolonisieren
der schlechten Vorwerke wurde häufig so verfahren, daß ein sog.
Erbpächter das Vorwerk übernahm und dieser auf seine Kosten
die Kolonisten ansetzte; das waren dann häufig nur Büdner:
die kleinen Vorwerke, hieß es, könnten eine größere Zahl von
Kolonistenfamilien nicht ernähren. Der König meinte aber
darauf, Büdner wolle er nicht, sondern Bauern mit Land; denn
jene gingen wieder fort, diese aber blieben im Fall der Not
und verließen Haus und Hof nicht so leicht wieder. Im Jahre
1778 berichtet Derschau, von Trinitatis 1775 bis 1778 seien
529 Familien auf abgebauten und in Erbpacht gegebenen Vorwerken angesetzt, daneben über 1000 Büdnerfamilien[2].

---

[1] Der Aufsatz von Isaacsohn, Das Erbpachtsystem in der preuß.
Domänenpolitik, Zeitschr. f. preuß. Gesch. 11, 698—736, behandelt fast
ausschließlich den vergeblichen Anlauf, die Erbpacht in Kleve-Mark 1745
durchzuführen.

[2] Es bezeichnet Lomottes Standpunkt, daß er diese Zerteilung als
eine der nachteiligsten Kameraloperationen angreift; das wesentliche Motiv,

Ähnlich ist wohl auch in Ostpreußen verfahren worden. Krug wenigstens verzeichnet für das Jahr 1802 für das Königs-berger Departement:

167 217 Morgen Zeitpachtvorwerke,
55 340   =   Erbpachtvorwerke.

Letztere sind wohl erst nach dem siebenjährigen Krieg in Erb-pacht gegeben worden.

In Westpreußen befahl der König sofort die Starosteien, d. h. jene großen Domänen, die als Besoldung den höchsten Beamten zugewiesen waren, einzuziehen und die Vorwerke der-selben, die keine Brauereien haben, in Dörfer zu verwandeln. Auch später kommt er darauf öfter zurück.

Für diese Provinz finden wir auch allein den Gedanken ausgesprochen, adelige Güter zum Zwecke der bäuerlichen Kolonisation anzukaufen; der König faßte ihn bezüglich der polnischen Magnaten, welche außerhalb des Landes ihre Renten verzehrten. In wie weit diese 1783 vom König zuerst geäußerte und 1786 wiederholte Idee zur Ausführung gelangte, kann ich nicht beurteilen; ich glaube kaum, daß thatsächlich etwas derart geschah.

Unter seinem Nachfolger wurde zwar die Vererbpachtung einzelner Vorwerke in den alten Provinzen fortgesetzt, aber in den neuen polnischen Provinzen schlug der kolonisatorische Gedanke in sein Gegenteil um. Die großen eingezogenen Starosteien und geistlichen Güter wurden, statt zur Grundlage deutscher bäuerlicher Kultur zu dienen, an „verdiente" Männer, d. h. an die Günstlinge des Hofes und des Ministers Hoym, weggeschenkt, oder gar gegen Bestechung gewisser Subaltern-bedienten verschleudert. Es waren in 52 Portionen 241 Güter mit einem Minimalwert von 20 Mill Thalern, die in dieser unerhörten Weise in Privatbesitz übergingen. —

Dieser kurze Überblick über die Geschichte der preußischen

---

das er anführt, ist die größere Sicherheit der Einnahmen bei der Zeitpacht und die Thatsache, daß Friedrich Wilhelm I. gegen diese Zerteilung und Vererbpachtung gewesen.

Domänenpolitik lehrt uns, daß wohl zeitweise für Hunderte, ja für Tausende von Bauern, für Zehntausende von Kleinstellen das nötige Land beschafft wurde, daß aber trotzdem ein eigent= licher Überfluß an Land nie vorhanden war, zumal ein Über= fluß an gutem Land. Auf den guten Ackerboden legten Adel und königliche Vorwerke die Hand, wenn er wüste war; die Vorwerke, welche unter Friedrich dem Großen zerteilt wurden, hatten überwiegend schlechten Boden, ähnlich wie die zahlreichen Waldkolonien und die Kolonien auf dem 6= und 12jährigen Roggenland darunter litten.

Die Idee, daß der große Grundbesitz zu umfangreich ge= worden, daß man seiner weiteren Ausdehnung entgegenwirken müsse, daß es auch für den Fürsten richtiger wäre, seine Acker= hufen, statt sie zu verpachten, an Bauern auszuteilen, fehlte im 18. Jahrhundert nicht[1], ja sie gewann bis 1800 immer mehr an Ausdehnung, besonders in der Litteratur. Auch in die Praxis der preußischen Staatsverwaltung griff sie ein; aber doch nicht so stark, um eine tiefergehende Wirkung und Änderung der bestehenden Grundeigentumsverteilung herbeizuführen. Und die Folge hiervon war, daß bei der vorhandenen Absicht einer möglichst starken Bevölkerungsvermehrung die Zahl der anzu= setzenden Kolonisten häufig zu groß gegenüber dem disponiblen Lande war, daß die dem einzelnen zufallenden Landportionen häufig kleiner ausfielen, als man ursprünglich geplant und als es für das Gedeihen wünschenswert gewesen wäre.

5.

Die Bedingungen und die Art der Ansetzung.

Selbst die wohlhabenden und reichen Einwanderer, die nach Preußen kamen, haben in der Regel vorher oder nach ihrer Ankunft direkt mit dem König oder mit den Behörden über diese oder jene Gunst verhandelt. Zahlreiche Antworten des

---

[1] Vgl. z. B. Süßmilch 2, 32.

Königs sind mir aufgestoßen, worin er zugesteht, daß ein zu=
wandernder Kapitalist sein Geld bei der kurmärkischen Land=
schaft zu 5 Prozent unterbringen könne. Dieser bittet um einen
Titel, jener um eine Stelle, dieser um ein Haus, jener um eine
gewerbliche Konzession, dieser um eine kleine Pension, jener um
ein Darlehen.

Nur wer ohne jede Vergünstigung gekommen war, blieb in
jeder Beziehung ein freier Mann, dem man auch den Abzug
mit seinem Vermögen ohne Abzugssteuer stets frei ließ.

Die große Masse hatte auf irgend welche Bedingung hin
mit der Regierung kontrahiert. Hatten die Behörden ihrerseits
erfüllt, was sie versprochen, so verlangten sie auch, daß der
Kolonist halte, was er gelobt; und dazu gehörte vor allem, daß
er ein solides Etablissement beabsichtige, nicht durchgehe mit
Hinterlassung von Schulden, seine Stelle nicht verlasse, ohne
einen andern tüchtigen Kolonisten als Ersatz beizubringen. Unter
dieser Bedingung war den Kolonisten die Freizügigkeit im Lande
in der Hauptsache gewährleistet.

Die Benefizien, mit denen man die Leute lockte, waren im
einzelnen sehr vielfach verschieden; je nachdem man leichter
Kolonisten fand, je nach den Grundstücken, die man zu bieten
hatte, brauchte man weniger als sonst einzuräumen. Auch die
zahllosen Patente, welche erlassen wurden, versprachen bald
mehr, bald weniger. Im ganzen aber kann doch folgendes als
das regelmäßig Gebotene angesehen werden.

Den städtischen, wie den ländlichen Kolonisten wurde ge=
währt: a) eine Reiseunterstützung, bemessen nach der Zahl der
Köpfe und der Entfernung in Meilen (2 Gr. pro Kopf und
Meile); b) Zollfreiheit für alles Mitgebrachte; c) eine Unter=
stützung für den Anbau, sei es in der Zuweisung von frei Holz
oder gar fertigen Wohnungen, oder in der von sog. Freiheits=
geldern, welche in Prozenten des Bauanschlags (bis zu 23 Proz.)
bemessen waren; d) gewisse Freijahre von den staatlichen Steuern
und kommunalen Lasten von 2 bis zu 15 Jahren; daneben
Freiheit von den Chargen= und Stempelsteuern, Gerichtssporteln,

Gerichtsfuhren und derartigem für die Freijahre. Die städtischen Handwerker und Manufakturiers erhielten daneben noch freies Meister= und Bürgerrecht, Stuhlgelder und andere Geldunter= stützungen für die erste Einrichtung. Alle erhielten, was in der Regel am meisten geschätzt und in einem besonderen Protektorium ausgedrückt wurde, die Werbe= und Enrollierungsfreiheit, später meist für drei Generationen.

Der bäuerliche Kolonist erhielt außer seiner Stelle häufig das nötige Vieh, Saatgetreide und Ackergeräte; die Hufen und Stellen waren teilweise vorher von den Beamten und älteren Unterthanen des Amtes angebaut und besät, so daß der vor der Ernte eingewiesene Wirt sofort versorgt war; teilweise wurde das Land auch in ganz rohem Zustande zugeteilt, so daß die Kolonisten die Rodung und Urbarmachung selbst vollziehen mußten, wie im Warthebruch. Wenn man eine Summe von 600 Thalern als mittlere Kosten, bezw. bare Auslagen für An= setzung einer Kolonistenfamilie rechnete (wovon 11—15 Thlr. Reisekosten, 26—28 Thlr. Hausbauzuschuß, 150 Thlr. Besatz oder Vieh, 132—140 Thlr. Saatkorn und Subsistenzmittel 2c.), so steigen sie doch bei vielen Familien bis auf 1000 und mehr Thaler, während in anderen Fällen, besonders später, die Ein= wanderer Haus, Geräte, Vieh und alles derartige selbst bezahlten.

Das für sie Wichtigste blieb aber immer die Landzuweisung nach Größe, Art, Lage, Gemeindeverhältnissen, Weide= und Waldanteil, Verhältnis von Ackerland zum Wiesenland, sowie nach der Höhe des für später in Aussicht genommenen Erb= zinses sowie etwaiger Frohnen. Auch hier ist es bei der un= endlichen Mannigfaltigkeit der Verhältnisse schwer, in. kurzen Worten das zu sagen, was die Regel gewesen sei; wir müssen aber doch versuchen hervorzuheben, was uns als der Gesamt= eindruck erscheint.

Wo es sich um Neuanlagen handelte, war die Vorfrage, ob das Dorf= oder das Hofsystem zu bevorzugen sei. Ich habe in der ganzen gedruckten Litteratur über die altpreußische Kolonisation keine Erörterung über diese Frage gefunden. Wohl aber sprechen alle Nachrichten dafür, daß überall thatsächlich das Dorfsystem gewählt wurde. Bei den Beratungen über die Neueinrichtung der ostpreußischen Domänen fanden nach den ungedruckten Protokollen eingehende Beratungen über diese Frage in Königsberg und Oletzko im Mai 1721 statt. Die Frage war hier so gestellt, ob die Dörfer zu lassen oder sogenannte Bauern= höfe ausgebaut werden sollten, wie im Westfälischen und Klevi= schen, die dann auch mit Wiesewachs und Triften auszustatten wären. Der Oberpräsident Graf Waldburg war der Verteidiger dieser Neuerung, obwohl auch er zugab, daß die Dorfweide in den Wäldern und auf den gemeinen Plätzen große Schwierigkeit bereiten werde; aber er betonte, daß der Feuerschaden dadurch in Zukunft sehr vermindert werde, sowie, daß es das einzige Mittel sei, den Bauern zu besserer Wirtschaft, hauptsächlich zur Düngung zu zwingen; er meint, der Acker sei hier zu Lande gar nicht so schlecht, der Ruin aller Unterthanen komme von der mangelnden Düngung und der zu großen Entfernung der Felder von der Dorfstätte; das „Genie und die üble Disciplie= nierung des Bauern" sei nur durch Gott zu ändern, aber man müsse ihn in solche Lage bringen, daß er gleichsam wider seinen Willen den Acker doch durch gute Düngung in Stand setze. Seien überdies im Dorfe nur alte baufällige Häuser, so sei der Ausbau doppelt angezeigt. Minister von Görne war wesentlich anderer Meinung; der König werde gewiß nicht ge= statten, daß man bebaute und etablierte Dörfer zerreiße; höchstens wo bei der Vermessung ein Übermaß über die 30 Hufen, die das Dorf haben solle, sich ergebe, will er einzelne Bauernhöfe zulassen. Der König stellte sich ganz auf Görnes Seite; er ver= fügt, daß Einzelhöfe gänzlich cessieren, lieber zwei Dörfer aus einem gemacht werden sollen. Auf einzeln liegenden Stellen könnten etwa Krüge angelegt werden. Damit aber der Acker nicht zu weit entfernt zu liegen komme, so soll das Dorf nicht über 24—30 urbare kölmische Hufen, und da jeder Bauer davon 2 erhalten soll, nicht über 12—15 Höfe nebst einer Anzahl Kossätenstellen erhalten. In jedem der 3 oder 4 Felder soll

jeder Bauer seinen Anteil in einem Stück erhalten, außer wo
das Land zu verschieden in der Qualität ist. Diese Vorschrift
fand bei den beteiligten Bauern großen Widerstand. Inwieweit
er bei der 1721 bis 1726 und auch später noch durchgeführten
Neueinrichtung der Ämter überwunden wurde, kann ich aus den
mir zugänglichen Akten nicht erkennen.

Die damals festgestellten Grundsätze waren für die Regulierung der alten litthauischen Bauern, die ja einen großen
Teil der wüsten Hufen mit übernahmen, daneben aber auch bis
zu einem gewissen Grade für die neuen westdeutschen Kolonisten
geltend. Über die Mischung derselben mit den Litthauern verfügte der König eben damals (1721): „Wo ganze Dörfer in
Litthauen sind, in selbigen sollen nicht die Nationes unter
einander confundiret, sondern in einem Dorfe nur eine Nation
angesetzt werden."

Es versteht sich, daß eine solche Belassung zusammen-
gewöhnter, befreundeter und verwandter Leute immer die
Kolonisation erleichtert hat. Und wenn Friedrich der Große im
Interesse der Germanisierung Westpreußens ab und zu wünschte,
in jedes Dorf wenigstens 2—3 deutsche Leute zu bringen, so
hat er den Vorzug des entgegengesetzten Systems doch ganz gut
eingesehen und soweit es ging befolgt. So schreibt er von
einem Zug Süddeutscher, die nach Westpreußen gingen: „Diese
Leute wollen nicht gern mit polnischem Volk melirt sein." Und
an anderer Stelle betont er sogar den Vorzug der Isolierung
für die Germanisierung: „Wenn fremde Familien etablirt werden,
muß man sie nicht mit Einheimischen meliren, sondern ganze
Dörfer und Kolonien mitten unter dem groben und bunten
Zeug anlegen, die ganz allein wohnen und ihre Nahrung
und Gewerbe für sich treiben, damit das hiesige Volk um so
besser siehet und gewahr wird, wie jene sich einrichten und
wirthschaften [1]".

---

[1] Ob schon damals, wie heute (vgl. die Post vom 22. April 1886), zu
befürchten stand, daß der einzelne Deutsche im polnischen Dorfe polonisiert
werde, will ich dahin gestellt sein lassen.

So sehr die Einwanderer nach diesem Ziel strebten, so wenig war es freilich überall erreichbar. Beheim-Schwarzbach hat ge= zeigt, daß gerade die Nationalitäten, die am meisten unter sich zusammenhielten, doch durch die Thatsache der zerstreuten, wüsten, ihnen einzuräumenden Hufen weit auseinandergesprengt wurden. Er weist z. B. von den Salzburgern nach, daß durchschnittlich nur je drei Familien in einem Dorfe Unterkunft fanden. Man darf freilich für Litthauen nicht vergessen, daß das dortige bunte deutsche Dialektgewirr doch immer wieder gegenüber den Polen und Litthauern sich als eines fühlte.

Ebenso ließ man in der späteren Zeit offenbar die Lands= leute möglichst beisammen, war aber nicht imstande, das als Grundsatz einzuhalten.

Auch wo man in einem Dorfe die Freunde und Gevatter= schaften zusammen siedeln ließ, war man nach Herkommen und gegebenen Bedürfnissen bestrebt, Groß= und Kleinbauern, Kossäten und Häusler oder Bübner nebeneinander zu stellen. Teilweise wies schon das Bedürfnis der Domänenvorwerke nach Spann= und Handdiensten darauf hin. Der Kossäte und Bübner über= nahm die Hand=, der Bauer die Spanndienste. Dann mußte der Bauer selbst Arbeitskräfte haben, Wald= und Meliorations= arbeiten forderten solche. Die fremden, für Eindeichungen ins Land gezogenen Erdarbeiter suchte man ebenso als Häuslinge zu fesseln, wie Erntewanderarbeiter, die aus dem Voigtland ins Magdeburgische jährlich kamen. Die populationistischen Tendenzen beförderten die Ansetzung auf möglichst kleine Stellen, obwohl gerade Friedrich II. einsah, daß er im Bauern den besseren und sicherern Unterthan habe.

Bei dem Landüberfluß in Ostpreußen 1721 hatte man ver= fügt, daß jeder Bauer mindestens zwei kölmische Hufen, d. h. also vier bis fünf Magdeburgische, neben einem sehr erheblichen Gartenland, Wiesen und Weide erhalte. Darauf rechnete man als Besatz ein Pferd, vier Ochsen und drei Kühe. Thatsächlich haben aber die angesiedelten deutschen Kolonistenbauern im Durchschnitt nur eine kölmische Hufe an Ackerland erhalten,

obwohl die Absicht im Anfang viel weiter ging. Den Schweizern
hatte man eine bis drei Hufen für jede Familie versprochen.
Der Plan für 1725—1726 war darauf gegangen, 50 Bauern=
und 50 Kossätenhöfe zu bauen; man blieb zuletzt bei 200
Kossätenhöfen. Auf einen Kossätenhof rechnete man mindestens
20 kölmische Morgen, zwei Pferde und eine Kuh. Für Pommern
bestimmte eine Kabinettsordre vom 29. Juli 1774, der Bauer
solle 60 Magdeburgische Morgen Acker, 6—10 Morgen Wiesen
und einige Morgen Gartenland erhalten. Im Warthebruch
wurden nur wenige Stellen von 50, 60, 100 und 200 Morgen
abgegeben; die meisten waren 5, 10, 15, 20, 30 und 40 Morgen.
Viele dieser kleinen Kolonisten konnten nur bestehen, solange die
großen Meliorationsarbeiten dauerten und reichlichen Tagelohn=
verdienst gaben. Doch ist nicht zu vergessen, daß schon von 15
Morgen guten Bruchlandes eine Familie leben konnte.

Ich könnte noch mancherlei Zahlen nach einzelnen Jahren
und Ämtern, einzelnen Eindeichungen und Meliorationen anführen,
wie das Verhältnis der Zwei= und Einhufner zu den Kossäten
und Bübnern sich gestellt: einen zahlenmäßig sicheren Durchschnitt
könnte ich daraus doch nicht berechnen. Ich kann nur wieder=
holen, was ich schon in anderem Zusammenhang betonte: die
Zahl der kleinen Stellen war eine zu große; besonders auf
schlechtem Wald= und Sandboden fehlte oft die entsprechende
Wiese und Weide, oft auch der Nebenverdienst. Viele derartige
Kolonien sollten freilich nichts sein als Spinnerdörfer.

Von den privatrechtlichen Lasten, die man den Kolonisten
auferlegte, waren das Scharwerk, die Ackerfrohnen, Getreide= und
Postfuhren und Handdienste die am wenigsten beliebten; man
hat sie in den östlichen Provinzen den Kolonisten nur so weit
aufgelegt, als das Bedürfnis der Domänenvorwerke ging. Ob=
wohl diese Dienste sehr mäßig angesetzt waren — auf höchstens
drei Tage, teilweise nur auf einen Tag in der Woche —, haben
gerade die besten Kolonisten, wie die Schweizer, stets dagegen
gekämpft und bis auf einen gewissen Grad auch die Befreiung
bezw. Umwandlung in ein Dienstgeld von einigen Thalern

durchgesetzt. Nur die öffentlich-rechtlichen Fuhren blieben, z. B.
in dem Vertrag mit den Schweizern vom 11. März 1729: sie
müssen gegen das gewöhnliche Meilengeld Vorspannpferde stellen,
sollen jedoch so viel als möglich damit verschont werden, außer
für die persönlichen Reisen des Königs. Unter Friedrich dem
Großen tritt die Belegung mit privatrechtlichen Diensten ganz
zurück und hört auf; man strebte überhaupt dahin, möglichst alle
Domänenbauern auf Dienstgeld zu setzen; die Zahl der Vorwerke,
die der Dienste bedurften, nahm nicht mehr zu, sondern ab. Der
Wunsch, die Kolonisten ganz als freie Leute zu behandeln, war
ein stetig zunehmender.

Im übrigen suchte man den Kolonisten und Erbpächter auf
eine feste jährliche Geldabgabe — abgesehen von der Steuer, der
Kontribution — zu stellen, die aber auch erst nach einer Reihe
von Jahren in ihrem vollen Betrag abzuführen war. Gegen
Getreidezinsen hatte der König sich schon 1721 in Litthauen erklärt. Beim Besitzwechsel finde ich an einzelnen Stellen ein
Laudemium vorbehalten; es war aber so gering, daß es kaum
in Betracht kommt: z. B. im Oderbruch ein Zwölftel des jährlichen Erbzinses. Dagegen war die Haftung für die Zahlung
des Erbzinses eine sehr strenge. Der Kolonist mußte all sein
bewegliches und unbewegliches Vermögen zum Pfand setzen und
es war ihm angedroht, daß zweijährige Nichtzahlung ihn um
seine Stelle bringe.

Die Höhe des Geld- oder Erbzinses wurde nicht etwa im
Wege der Konkurrenz oder Ausbietung festgestellt, sondern in der
Regel auf Grund von den damals üblichen Reinertragsberechnungen
fixiert. Friedrich Wilhelm I. bestimmte einmal, daß bei sehr
gutem Lande der Bauer die Hälfte, bei ganz geringem ein
Fünftel dieses sog. Ertrages als Geldzins abzuführen habe.
Bei der litthauischen Domänenkommission wird dann aber der
letztere niedrigere Satz allgemein als Regel für die abgelegenen
geringen Ämter angenommen. Die Geldrechnung für den Zwei-
hufner stellt sich dahin, daß er 92 Thaler einnehme, 55 Thlr.
21 pr. Gr. als Unkosten abgehen, von den bleibenden 36 Thlrn.

69 Gr. als Kontribution 11 Thlr. 50 Gr. zur Kriegskasse fließen,
daß somit dem Bauern 25 Thlr. 19 Gr. bleiben, von welchen
er 5 Thlr. als Geldzins zur Domänenkasse abzuführen habe.
Bei den Schweizern wird der Zins pro kölmer Hufe allerdings
auf 8—10 Thlr. angegeben. Auch Beheim-Schwarzbach giebt
— wohl für die besseren Ämter — den Zins auf 9—12 Thlr.
pro Hufe an, eine Summe, die also für den Doppelhufner auf
das Vierfache des vorhin angeführten Beispiels hinaufgeht.

Im Warthebruch wurden 10—15 g. Gr. Erbzins pro
Magdeburgischen Morgen, also pro Magdeb. Hufe 12—18 Thlr.
festgesetzt, was bei der Lage und dem Boden kaum viel mehr
ist als der ostpreußische Erbzins. Dannemann meint, die Abgabe sei eine so niedrige, daß sie sich nur als Anerkennung des
Obereigentums charakterisiere. Aber der Kolonist im Warthebruch hatte schwere Deichlasten zu tragen, er hatte die Rodung
selbst vorgenommen und viel weniger Benefizien erhalten, als die
älteren Kolonisten. Im Oberbruch werden 16 g. Gr. als jährlicher Erbzins pro Morgen angegeben.

Die Überlassung der Hufen und der Häuser an die Kolonisten
geschah von Anfang an mit der Absicht, ihnen damit eine dauernde
Zuwendung zu machen, sie verhältnismäßig frei über ihren Besitz verfügen zu lassen; aber von einem Eigentum im römisch-
rechtlichen Sinne, von einer unbedingten Verfügungsfreiheit war
nicht die Rede; war es doch ein Geschenk, eine freie Gabe, an
die der Schenker stillschweigend oder ausdrücklich bestimmte
Bedingungen knüpfte. Teilweise erschienen gar nicht die einzelnen
Einwanderer, sondern die Kolonistengemeinden als die Beliehenen.

So haben z. B. die französischen ländlichen Dorfgemeinden
ihre Gemarkung allerdings unter der Bedingung erhalten, die
Hufe den einzelnen Familien erblich zu überlassen; aber wenn
eine Familie ausstarb, fiel das Grundstück an die Gemeinde zurück, die es nur wieder einem Refugié übergeben durfte; damit
war jede Veräußerung an einen Fremden ausgeschlossen. Die
keineswegs geschlossen gesiedelten ostpreußischen Schweizerkolonien
setzten es durch, daß sie in ihren Schulzen eine Art Vertretung

bekamen; ber mit ihnen am 11. März 1729 geschlossene Societäts=
vertrag verpflichtet sie zu gemeinsamer Haft für ihre Leistungen;
bafür bürfen sie aber auch mit Zustimmung ber Kammer schlechte
und lieberliche Wirte absetzen. Die ihnen zugeteilten Höfe sollen
ihnen beständig verbleiben; sie haben aber auch für bie Neu=
besetzung vakant geworbener Erbe und Stellen aus ihrer Mitte
zu haften. Die ostpreußische Kolonie ber Nassauer und Pfälzer
erwirkte sich nach brei Jahren einen ähnlichen Societätsvertrag
und ebenso bie Salzburger im Jahre 1735.

Der einzelne Kolonist stand so unter einem genossenschaft=
lichen Censoramt, baš ihn in jeber Beziehung kontrollierte, ihn
einerseits stützte, andererseits in seinen Verfügungen beschränkte.
Für ben größeren Teil ber übrigen, nicht in solchen Verbänden
stehenben Kolonisten mußten bezüglich ber Verfügung über ihr
Grundeigentum allgemeine Regeln aufgestellt werben. Es scheint
aber nach Lamotte, über bessen Mitteilungen Beheim=Schwarzbach
in bieser Beziehung nicht hinausgeht, erst von 1754 und 1764
an zu allgemeinen Vorschriften in bieser Beziehung gekommen zu
sein. Es galt nun als Grundsatz, baß bie Besitzer von Kolonisten=
hufen und Häusern vor ber britten Generation keine Verpachtung,
Verpfänbung und Verschuldung und keine Veräußerung vor=
nehmen bürfen ohne ausbrückliche Erlaubnis ber Kammer. Be=
züglich beš Erbrechtes wurde baš Kolonistenhaus im Sinne
unseres heutigen Anerbenrechts behanbelt; ber übernehmenbe Sohn
erhielt ein Vorrecht zur Hälfte beš Wertes; hatte ber Vater keine
Bestimmung getroffen, welches ber Kinber biesen Vorzug genieße,
so wählte baš Amt.

Daneben blieb bie allgemeine Oberaufsichtsgewalt beš Amt=
manns, ber in patriarchalischer Weise in bie Wirtschaft und in
bie Vermögensverhältnisse beš Bauern eingreifen konnte; es
blieben bie strengen Strafen für Desertion beš Kolonisten, für
lieberliche Wirtschaft überhaupt. Mancherlei anberen Schranken
hatten bie Kolonisten in ihren Kontrakten sich unterworfen; so
z. B., baß sie nicht nach Biere und Branntwein gehen sollten,
baß sie, in ber Nähe einer Stadt, kein Hanbwerk trieben. Kurz,

es fand eine weitgehende Leitung, ein Einfluß von Genossen=
schaften und Beamten statt, ohne welchen das Gedeihen der viel=
fach so verzweifelten, unbotmäßigen Kolonisten nicht zu denken
gewesen wäre.

Erst im neuen Jahrhundert schlug die kurmärkische Kammer
Friedrich Wilhelm II. vor, die unnötigen Einschränkungen des
Privateigentums bezüglich der Kolonisten fallen zu lassen. Solche
vertrügen sich, besonders was die Verpfändungen und Verkäufe
betreffe, nicht mit den Grundsätzen einer guten Staatsverwaltung.
Die früheren Gründe der Einschränkung seien weggefallen; die
wenigsten Kolonistenstellen seien noch im Besitz der ersten aus=
ländischen Erwerber, sondern meist in dem ihrer Nachkommen.
Nur wo auf der Stelle die Verpflichtung ruhe, daß ein Spinner,
ein Weber, ein Gärtner u. s. w. darauf sitze, möge man diese
Schranke beibehalten.

Was damals 1800 geschah, kann ich nicht angeben. Jeden=
falls mit der neuen Agrargesetzgebung fielen die alten Schranken,
sie hatten ihre Schuldigkeit gethan.

6.
Das wirtschaftliche und sociale Gesamtergebnis.

Wir haben zum Abschluß nur wenige Worte hinzuzufügen.

Die Bedeutung der Einwanderung und Kolonisation für die
Bevölkerungsbewegung haben wir oben erörtert. Diejenige für
die agrarischen Zustände des preußischen Staates dürfte aus
folgenden Erwägungen und Zahlenschätzungen erhellen.

Rechnen wir 400 000 Kolonisten im ganzen für das 17.
und 18. Jahrhundert, so können davon höchstens 200 000 länd=
liche sein. Bleiben wir noch wesentlich unter dieser Zahl, so
können wir vielleicht behaupten, es seien dadurch 30—40 000
spannfähige Bauerngüter und 100 000—120 000 Kleinstellen
entstanden.

Die vier im wesentlichen in Betracht kommenden Provinzen
Ost= und Westpreußen, Pommern (ohne Stralsund), Branden=

burg und Schlesien hatten nach den Untersuchungen von 1859 im Jahre 1816 226 553 bäuerliche spannfähige Nahrungen mit 23—24 Mill. Morgen. Diese Zahl würde um 40 000 geringer sein ohne die Kolonisation. Die ganze Eigentumsverleihung der Stein=Hardenbergschen Zeit hat von 1811—1848 nicht mehr als 45 493 Eigentümer in diesen vier Provinzen geschaffen, die nach 1848 nur um ein unbedeutendes noch vermehrt wurden. Im Jahre 1837 zählten dieselben Provinzen 263 130 bäuerliche Klein= stellen von 6—10 Morgen durchschnittlichen Umfangs. Diese Zahl wäre wahrscheinlich ohne die Kolonisation um 100 000 geringer.

Das heißt: die ganze Grundeigentumsverteilung der preußi= schen östlichen Provinzen ist bis auf den heutigen Tag auf das stärkste beeinflußt durch die Kolonisation. Ohne dieselbe wäre der mittlere und kleine Besitz viel schwächer, hätten wir an Stelle einer großen Zahl kleiner Eigentümer bloße Tagelöhner. Die durch das natürliche Schwergewicht der feudalen Klasseninteressen vor sich gehende und nie ganz gehemmte Ritterguts= und Lati= fundienbildung mit besitzlosen Tagelöhnern ist wenigstens teil= weise korrigiert und eingeschränkt worden durch die Kolonisation.

Relativ noch deutlicher läßt sich die Bewegung für die Kur= mark darstellen, wenn wir die Resultate, die Friedrich der Große für 1618 und 1746 zusammenstellen ließ, mit denen von 1804 vergleichen. Wir erhalten so folgende kleine Tabelle:

Kurmark:

	1618	1746	1804
Dörfer	1 841	1 934	2 026
Bauern und Fischer	18 558	16 646	18 097
Kossäten und kleine Ackerleute .	13 644	12 709	21 045
Hausleute, Handwerker, Spinner	2 659	18 456	33 228
Davon sind Tagelöhner und Instleute	—	13 303	20 533
Summe der Unterthanen	34 861	47 811	72 370.

Die Richtigkeit dieser Zahlen vorausgesetzt, was immerhin für 1618 problematisch ist, erhalten wir in diesen Zahlen das

Bild von drei social wesentlich verschiedenen Zuständen. Im Jahre 1618 kann der Umfang der Rittergüter verhältnismäßig nur ein sehr mäßiger gewesen sein, die Bauern mit ihren Scharwerken neben 2659 Hausleuten hätten sonst zur Bestellung nicht hingereicht. Von da bis 1746 die schon oben erwähnte bedeutende Abnahme der Bauern und Kossäten, die noch viel größer wäre, wenn die Kolonisation ihr nicht bereits entgegengewirkt hätte. Der Abnahme der Bauern entspricht die Zunahme — die Versechsfachung der kleinen Leute. In der Zeit von da bis 1806 wird die Zahl der Bauern von 1618 fast wieder erreicht, die der Kossäten steigt um etwa 75 Proz., die der ganz kleinen, zum Teil besitzlosen Leute in etwas stärkerer Proportion. Die Zunahme der Tagelöhner und Instleute bedeutet nicht sowohl mehr eine starke Zunahme der großen Güter und Vorwerke, obwohl sie teilweise noch darauf zurückgeht, als eine Entlastung der Bauern und Kossäten von Scharwerkspflichten. Verglichen mit 1618 hat die Pyramide der Gesellschaft 1804 wohl eine sehr starke Zunahme der Klassengegensätze erfahren; die unterste Schicht der Gesellschaft, die der Besitzlosen, ist weitaus am erheblichsten gewachsen. Aber sie wäre ohne die staatliche Agrarpolitik und Kolonisation noch viel stärker gestiegen, und es wären in der Stufenleiter der Klassen die Mittelglieder, die von 1700 an wieder verstärkt wurden, sehr viel schwächer geworden. —

Die Kosten, welche die preußische Regierung aufwendete, um dieses Ziel zu erreichen, sind sehr erheblich. Ich will nur anführen, daß nach der Angabe von Lucanus das Retablissement Ostpreußens 6 Mill. Thlr. gekostet haben soll, was dem Betrag einer vollen reinen Jahreseinnahme des damaligen Staates gleichkommt. Ich habe schon vor Jahren nachgewiesen, daß allein aus den Centralkassen 1713—1732 3,2 Mill. Thlr. für diesen Zweck gezahlt wurden, wonach die Gesamtsumme von 6 Mill. Thaler nicht undenkbar ist.

Friedrich soll nach der Schätzung Beheim-Schwarzbachs während seiner ganzen Regierung etwa 25 Mill. Thlr. für die Kolonisation ausgegeben haben. An Grundeigentum können wir annehmen, daß den 40 000 Kolonistenbauern und den 100 000 Kleinbauern und Häuslern 2¹/₂—3 Millionen Morgen überlassen wurden.

Die baren Auslagen pflegten sich schon im vorigen Jahrhundert zu einem großen Teil reichlich zu verzinsen, teilweise bis zu 10 und 11 Prozent. Was Staat und Volkswirtschaft an Kulturförderung und socialer Besserung der Gesellschaftsschichtung gewann, entzieht sich jeder zahlenmäßigen Schätzung.

Jedenfalls aber erscheint heute eine Aufwendung von 100 Mill. Mark, die zum größeren Teil nicht à fonds perdu gegeben sind, sondern durch Grundstücksverkäufe wieder einkommen sollen, für das Retablissement Posens und Westpreußens nicht zu groß, wenn seiner Zeit 18 Mill. Mark ohne Wiederersatz für Litthauen ausgegeben wurden.

Der wesentliche Unterschied von damals und heute ist wohl der: 1. daß jede Absicht der Bevölkerungsvermehrung heute wegfällt, daß man infolge hiervon keine Fremden braucht, in den jungen Bauernsöhnen des Landes das naturgemäße Kolonisationsmaterial hat; — 2. daß man diesen das in der Form von großen Gütern erkaufte Land nun in Bauern= und Kleinstellen zerteilt verkaufen will. Die wesentliche Bedingung des Gelingens scheint mir dabei zu sein, daß man nicht zu fiskalisch verfahre, sich nicht scheue, wenn man nur die rechten Leute hat, auch einige, selbst einige Dutzend Millionen zunächst zuzusetzen. Im übrigen gehört ein weiteres Eingehen auf die Bedingungen einer heutigen Kolonisation nicht in den Rahmen dieser Bemerkungen.

Anhang.

Als das Wichtigste aus der benützten Litteratur ist anzuführen:

Süßmilch, Joh. Peter, Die göttliche Ordnung in den Veränderungen des menschlichen Geschlechts. 2 Teile. Berlin 1765, Realschule, 3. Ausg.

(Meisner,) Leben des Franz Balthasar Schönberg von Brenkenhof, kgl. preuß. Geh. Ober-Finanz=, Kriegs= und Domänen-Rat. Leipzig 1782, Breitkopf.

(F. H. Stubenrauch,) Nachricht von der Verwaltung und Urbarmachung des Warthebruches. Berlin 1787, Spener.

Lamotte, Gust. Aug. Heinrich Baron von, kgl. preuß. Kriegs- und Dom.-Rat, Abhandlungen. Berlin 1793, Pauli. S. 160—302: Von den Kolonisten.

Dohm, Christ. Wilh. v., Denkwürdigkeiten meiner Zeit. 4ter Band. 1819. S. 387—396.

Dieterici, Die Waldenser in ihrem Verhältnis zum preußischen Staate. 1831.

Derselbe, über die frühere und gegenwärtige Bevölkerung der jetzigen Provinz Brandenburg. Mitteilungen des Statist. Bureaus in Berlin. Bd. 3. 1850. S. 199—231.

Derselbe, über die frühere und gegenwärtige Bevölkerung der Provinz Schlesien. Daselbst Bd. 4. 1851. S. 161—176.

Derselbe, über die frühere und gegenwärtige Bevölkerung der jetzigen Provinzen Preußen, Pommern, Posen, Sachsen, Westfalen und Rhein. Daselbst Bd. 4. S. 252—308.

Hauptbericht des Ministers Graf Hoym über den Zustand Schlesiens d. d. 23. August 1787. Zeitschrift des Vereins für Geschichte und Altertum Schlesiens, herausgegeben von Röpell. Bd. 1. Breslau 1855. S. 130—143.

Wehrmann, Die Eindeichung des Oberbruches. Berlin 1861, Bosselmann.

Beheim-Schwarzbach, Dr. M., Friedrich d. Gr. als Gründer deutscher Kolonien in den im Jahre 1772 neu erworbenen Landen. Berlin 1864, E. S. Mittler und Sohn.

Lippe-Weißenfeld, Ernst Graf v., Westpreußen unter Friedrich dem Großen. Thorn 1866, E. Lambeck.

Dannemann, Die Melioration des Warthebruches. Berlin 1816, Duncker.

G. Schmoller, Die Verwaltung Ostpreußens unter Friedrich Wilhelm I. Sybels Historische Zeitschrift Bd. 30. 1873. S. 40—71.

Beheim-Schwarzbach, Dr., Hohenzollernsche Kolonisationen. Leipzig 1874, Duncker & Humblot.

Derselbe, Die Zillerthaler in Schlesien, die jüngste Glaubenskolonie in Preußen. Breslau 1875, Ed. Trewendt.

Derselbe, Friedrich Wilhelm III. und die Zillerthaler im Riesengebirge, Zeitschrift des Vereins für Geschichte und Altertum Schlesiens. Bd. 13. 1876. S. 73—112.

Derselbe, Geschichte der Hussiten-Ansiedelungen unter Friedrich II. als Mittelpunkt der böhmischen Glaubenskolonie in Preußen. Zeitschrift für preußische Geschichte und Landeskunde Bd. 13. 1876. S. 395—466 und 481—559.

Derselbe, Kolonisatorisches aus Ostpreußen. Ostpreußische Monatsschrift Bd. 14, Heft 1 u. 2. S. 17—37.

Derselbe, Friedrich Wilhelms I. Kolonisationswerk in Litthauen, vornehmlich die Salzburger Kolonie. Königsberg 1879, Hartungsche Verlagsdruckerei.

Stabelmann, Dr. R., Geh.-Rat, Preußens Könige in ihrer Thätigkeit für die Landeskultur.

> Erster Band: Friedrich Wilhelm I. 1878.
> Zweiter Band: Friedrich der Große. 1882.
> Dritter Band: Friedrich Wilhelm II. 1885.

In den Publikationen aus den kgl. preuß. Staatsarchiven. Leipzig, S. Hirzel.

X.

Die Epochen
der Getreidehandelsverfassung und -politik[1].

Ich glaube Goethe war es, der einmal zu den Freuden des
höhern Alters vor allem die rechnet, zu sehen, daß Aufgaben,
die man selbst einst in die Hand genommen, aber nicht durchführen konnte, nun von Anderen gelöst werden. Mit solcher
Empfindung zeige ich das vorstehend genannte Buch von Dr. W.
Naudé an.

Ich hatte mich zuerst in Halle, wo ich wesentlich für Landwirte las, viel mit dem Getreidehandel, der Getreideproduktions-
statistik und den Getreidepreisen des 19. Jahrhunderts beschäftigt.
Dann hatte ich in Straßburg das mittelalterliche Wochenmarktsrecht studiert, war auf den historischen Wandel der gesamten
Getreidehandelspolitik aufmerksam geworden; ich hatte dann in
den 80er Jahren in Hamburg und Stettin die Materialien über
die dortige Getreidehandelspolitik vom 15.—18. Jahrhundert
gesammelt, die später W. Naudé bearbeitete, und hatte zugleich

---

[1] Acta Borussica. Getreidehandelspolitik, erster Band. Die Ge-
treidehandelspolitik der europäischen Staaten vom 13.—18. Jahrhundert als
Einleitung in die preußische Getreidehandelspolitik. Darstellung von
W. Naudé. Berlin, Paul Parey, 1896. 8⁰. XVI u. 443 S. Die folgende
Abhandlung erschien zuerst in meinem Jahrbuch XX (1896), Heft 3.

mir über die brandenburgisch-preußische Verwaltung bis ins 18. Jahrhundert auf Grund der Quellen und der Archive einen Überblick verschafft. Hier in Berlin las ich mehrere Jahre eine kleine Vorlesung über Geschichte der Getreidehandelspolitik, wobei ich mich freilich auf England, Frankreich und Deutschland beschränkte, soweit es sich um die Zeit vor 1800 handelte. Doch waren weder meine eigenen Arbeiten über das ganze Gebiet zu einem festen Abschluß gelangt, noch hatten die meiner Schüler[1] mehr als einzelne Zeiten und Gebiete erledigt, als sich mir bei Begründung des großen Unternehmens der Acta Borussica durch die Berliner Akademie die erwünschte Gelegenheit bot, eine tüchtige wissenschaftliche Kraft mit der Aufgabe zu betrauen, wenigstens die preußische Getreidehandelspolitik des 18. Jahrhunderts in breiter erschöpfender Weise aus den Archiven klar zu legen.

Seit 1889 hat Dr. W. Naudé die Materialien für diesen Zweck in den preußischen Archiven gesammelt; sie liegen heute in der Hauptsache nicht bloß für 1713—86, sondern auch für 1640—1713 und 1786—1806 vollständig vor, und nicht bloß für die Getreidehandelspolitik im engeren Sinne, sondern auch für die Geschichte der Getreidepreise, der Ernten, der Handelsbeziehungen und -formen. Dabei zeigte sich aber bald, daß das volle Verständnis für die großen Leistungen der Friedericianischen Getreidehandelspolitik doch nur zu gewinnen sei, wenn man ihr Bild auf den größeren Hintergrund der älteren europäischen Getreidehandelspolitik überhaupt einzeichne. Auch hatte Dr. Naudé bei den Archivstudien in Danzig, Hamburg und anderwärts stets Gelegenheit gehabt, die Zusammenhänge der preußischen Politik mit dem Ostsee-Getreidehandel zu verfolgen, der vom 15.—18. Jahrhundert ja den Mittel- oder Ausgangspunkt des holländischen

---

[1] Dr. A. Araskhaniantz, Die französische Getreidehandelspolitik bis zum Jahre 1789, staats- und socialwissenschaftliche Forschungen, Heft 17, 1882; Dr. W. Naudé, Deutsche städtische Getreidehandelspolitik mit besonderer Berücksichtigung Stettins und Hamburgs, daselbst Heft 36, 1889. In gewissem Sinne gehört auch hierher: Schanz, Englische Handelspolitik gegen Ende des Mittelalters, 2 Bde. 1881.

und damit des beginnenden großen internationalen Getreide=
handels bildet. Es schien mir daher sehr erwünscht, daß Dr.
Naudé, obwohl dadurch die Fertigstellung der preußischen Publi=
kation um Jahre verzögert wurde, den Versuch mache, in einem
Überblick die Getreidehandelspolitik der wichtigeren europäischen
Völker, vor allem für die Zeit von 1500—1800 darzustellen.
Es konnte selbstverständlich nicht davon die Rede sein, daß er
dabei in gleicher Weise verfahre, wie in Bezug auf Preußen.
Eine Bereisung der ausländischen Bibliotheken und Archive war
durch Zeit und Geldmittel, sowie durch das Statut der Acta
Borussica ausgeschlossen. Aber schon die kritische Sichtung
und Zusammenfassung des in Urkundenbüchern, Geschichtswerken,
Handels= und wirtschaftspolitischen Schriften weit zerstreuten
Materials mußte einen erheblichen historischen und staatswissen=
schaftlichen Wert haben. Was die große Litteratur über
Getreidehandelspolitik bisher bot, beschränkte sich überwiegend
auf Gelegenheits= und Tendenzschriften. Auch was an brauch=
baren Untersuchungen neuerdings erschien, war zeitlich und ört=
lich beschränkte Specialarbeit[1]. Was an allgemeinen Sätzen die
Nationalökonomie von Adam Smith bis Roscher geliefert hatte,
war einseitig und ohne ausreichende Kenntnis der historischen
Thatsachen geschrieben; ja es erreichte nicht einmal wieder die
geistige Höhe eines großen universalen Überblicks, wie Galianis
berühmte Dialogues sur le commerce des blés (1770), von
denen Voltaire meinte, sie machten den Eindruck, als ob Plato
und Molière sich dazu vereinigt hätten. Um so mehr war eine
zusammenfassende Übersicht und Darstellung des zugänglichen
historisch=wirtschaftlichen Materials nötig. Sie war ebenso er=
wünscht vom historischen Standpunkt aus, als vom national=
ökonomischen. Vom ersteren, weil weder die innere noch die

---

[1] 3. B. die gute Schrift von Faber, Die Entstehung des Agrar=
schutzes in England (Abhandlungen aus dem staatswissenschaftlichen Seminar
zu Straßburg, Heft 5) 1888 bricht mit dem Jahre 1689 ab; hierher gehört
auch: Afanassiev, le commerce des céréales en France au XVIII
siècle; étude historique, traduite du russe, Paris 1894.

äußere Politik der meisten Staaten verständlich ist ohne Aufschluß
darüber, wie zeitweise die Sorge für Ernährung der Bevölkerung
und speciell der großen Städte, zeitweise die Sorge für gute
Geschäfte der Landwirte Staat und Gesellschaft beschäftigen, wie
zeitweise der Getreidehandel als solcher die Seele der auswärtigen
Politik bildet. Vom nationalökonomischen, weil die Lehren von
der unbedingten Berechtigung eines freien lokalen, interlokalen
und internationalen Privatgetreidehandels für alle Zeiten und
Länder durch die neuesten Ereignisse vollends ad absurdum ge=
führt sind und es die höchste Zeit ist, sie zu ersetzen durch eine
Erfassung des typischen Entwickelungsgangs, den die Organisation
und Verfassung des Getreidehandels und die staatliche auf ihn
bezügliche Politik durchlaufen hat.

Um letzteren Zweck einigermaßen zu erreichen, dazu bietet
zum erstenmal das Buch von Naudé eine willkommene Grund=
lage. Es ist mit ihm in der Hand möglich, endlich den Faden
da wieder aufzunehmen, wo ihn Galiani vor 125 Jahren hat
fallen lassen. Mein Zweck ist, in den folgenden Zeilen nicht bloß
kurz zu resumieren, was uns Naudé bietet, sondern seine und
die Resultate meiner eigenen Studien zu einem Versuche theore=
tischen Verständnisses der ganzen Entwickelungsgeschichte des
Getreidehandels zu verwerten.

1.
Die Voraussetzungen alles Getreidehandels.

Zuerst eine elementare Vorbemerkung. Wie kamen die Ge=
treide verzehrenden Völker dazu, durch gesellschaftliche Organe
Getreidevorräte sammeln und wieder an die Einzelnen verteilen
zu lassen? Die Antwort ist einfach: 1. weil infolge der Arbeits=
teilung und der ungleichmäßigen Verteilung im Raume, durch
die Siedlungsverhältnisse ein Teil der Bevölkerung die Getreide=
produktion für die anderen oder ausländische Konsumenten über=
nahm, und 2. weil durch die Ernteverschiedenheiten von Jahr
zu Jahr jeweilig sich Überschüsse und Fehlbeträge ergaben, die
nur durch Vorratssammlung auszugleichen waren.

Bleiben wir zunächst bei dem ersten Moment stehen und fragen wir nach den Bedingungen, unter denen es möglich wurde, daß ein zunehmender Teil der Menschen sein Getreide nicht mehr selbst erzeugte, sondern von der Produktion von Nachbarn lebte und, wie es kam, daß diese Nachbarn erst aus Gemeindegenossen die Bewohner der benachbarten Dörfer, später die Landwirte anderer Gegenden und Länder werden konnten.

Wo die Brotfrüchte das Hauptnahrungsmittel geworden sind, wird man etwa 400 Pfund oder 200 kg[1] Getreide als durchschnittlichen Bedarf pro Kopf und Jahr annehmen können; etwas weniger, wenn Kartoffeln oder andere Nahrungsmittel eine Rolle spielen, etwas mehr, wenn diese fehlen. Auf einem Hektar Ackerland, das mit Getreide bestellt ist, wächst heute in Deutsch=land etwas über eine Tonne, d. h. 2000 Pfund Roggen, und 1,2—1,4 Tonnen Weizen, d. h. 2400 bis 2800 Pfund[2]; davon geht die Saat ab, mancherlei zu Viehfutter und anderen Zwecken; also ist ein Hektar Getreideland für etwa 3—4 Menschen nötig.

---

[1] Diese Annahme entspricht der älteren allgemeinen Gepflogenheit, auf den Kopf 5 preußische Scheffel à 80 Pfund zu rechnen, während daneben auch Schätzungen von 4—10 Scheffel vorkommen. Freilich darf man den Gesamtbedarf an Getreide für Menschen, Vieh, Saat, Brauerei und Brennerei nicht mit dem Bedarf für menschlichen Konsum verwechseln. In England hat man früher eben diesen Gesamtbedarf stets zu etwas über 2 Quarter oder etwa 900 Pfund angenommen, so z. B. Macculloch 1834. Vgl. Roscher, über Kornhandel und Theuerungspolitik, 3. Aufl. 1852, S. 22.—24.

[2] Nach den Vierteljahrsheften zur Statistik des Deutschen Reiches 1894, 4. Heft S. 210 kamen auf den Hektar Anbaufläche 1893 Kilogramm

	in Deutschland,	Österreich,	Ungarn,	Italien,	Frankreich,
Weizen	1465	1037	1261	693	1069
Roggen	1241	1000	1059	730	1068

	Großbritannien, und Irland,	Rußland,	Vereinigte Staaten
Weizen	1754	787	739
Roggen	—	709	818

Das stimmt mit den obigen Zahlen überein: in Deutschland 2482—2930 Pfund Ertrag in einem ausgezeichneten, weit über dem Durchschnitt stehenden Erntejahr, in welchem an Weizen und Roggen über 10 Mill. Tonnen ge=erntet wurden gegen 8—9 in gewöhnlichen Jahren.

Und wenn heute unsere Ernten die 2—4fachen früherer Zeiten sind, so würde früher mindestens 1 Hektar für einen oder zwei Menschen, 100 Hektar oder ein Quadratkilometer Getreideland für 1—200 Menschen nötig gewesen sein.

Nun leben auf dem qkm Fläche heute in Amerika etwa 2—3 Menschen, in den Vereinigten Staaten 6, in Rußland 17, in Ungarn 42, in Frankreich 70, in Deutschland 90, in Groß= britannien 110; viele Gegenden beziehen schon bei einer Dichtig= keit von 40—70 Menschen pro qkm erhebliche Mengen ander= weit erzeugten Getreides. Sehr fruchtbare Länder mit 40—50 dagegen führen noch aus. Von der gesamten Bodenfläche dienen der menschlichen Kultur heute in Europa 28—90 %, darin ist der Wald mit begriffen; er macht heute in Europa 2—40 %, vereinzelt bis 80 % der Fläche aus. Das Ackerland macht heute in Europa erst 20—30 % der Gesamtoberfläche, in Skandinavien 2—6 %, in den mitteleuropäischen Kulturstaaten meist 24—56 % aus. Für ältere Zeiten wird man einen sehr viel geringeren Anteil anzunehmen haben. Das Getreide wieder nimmt vom Ackerland 40—60 % heute ein. So kommen wir zu dem Schlusse, daß auch heute in Gegenden mit ebenem gutem Boden auf den Quadratkilometer oder 100 Hektare Fläche nicht über 30 Hektar Ackerland, 15 Hektar Getreide durchschnittlich vor= handen sein werden, also eine Durchschnittsernte von 15×2000 Pfund = 30 000 Pfund oder 15 Tonnen zu erwarten sei, die Nahrung für 75 Menschen. Eine deutsche Dorfmarkung hat 4—13 qkm, also im Durchschnitt 8,5; das Dorf wird also für 6—700 Menschen Nahrung erzeugen. Bei geringerem Anbau und geringeren Ernten wird es in früheren Jahrhunderten für 1—200 den Bedarf hergestellt haben. Die ältere deutsche Mark= genossenschaft nahm nach Lamprecht Flächen von 60—300 qkm ein und wird etwa 500—1000 Seelen, pro qkm also 2—8 Seelen gezählt haben; also auch angenommen, sie hätten schon wesentlich von Brotfrucht gelebt, würden 800—3200 Pfund für diese Zahl gereicht haben, wozu bei damaligem Betrieb vielleicht 4—12 Hektar Getreide gehört hätten. Mit dem Fortschritt der

Landwirtschaft wurde es dann successiv möglich, auf dem Quadratkilometer die Nahrung für 75 Seelen zu erzeugen und zwar in
der Regel durch die Arbeit von sehr viel weniger Menschen als
auf 75 Seelen Arbeitskräfte fallen. Von der größeren Zahl
unserer Dörfer können wir heute annehmen, daß sie bei 300—350
Seelen das Getreide für 6—700 und mehr erzeugen.

Diese schematischen Zahlenbeispiele sollen nur so viel lehren,
daß bei niedriger landwirtschaftlicher Kultur Dörfer mit 50 bis
100 Seelen auch auf gutem Boden und bei einer mittleren Gemarkung von 8—10 qkm keine sehr großen Überschüsse abgeben
konnten, daß das erst bei etwas höherer landwirtschaftlicher Kultur,
bei Dreifelderwirtschaft, Düngung und mehrfacher Pflugführung
möglich wurde; daß aber auch dazu dann im Dorfe eine gewachsene Menschenzahl vorhanden sein mußte, die wieder die Abgabe der Überschüsse einschränkte. Wuchs nun aber die Menschenzahl an einzelnen Orten über 1000 oder gar 2000 Seelen, so
mußte die Getreideproduktion der Nachbarorte herangezogen
werden. Das war der Fall, sobald die eigentliche Städtebildung
begann. Sie mußte aber in älterer Zeit stets in engen Grenzen
sich bewegen, weil die Herbeischaffung der Nahrungsmittel zu
große Schwierigkeiten bereitete. Wir wissen ja aber auch heute,
daß die meisten mittelalterlichen Städte nicht über 1500—2000
Seelen, die mittleren 4—6000, die ganz großen 10 000— 20 000
Seelen hatten; nur eine ausgezeichnete Flußschiffahrt oder die
Seeküste ließ Städte mit 40 000, 100 000 und mehr Seelen
entstehen.

Schon 5000 Seelen erforderten 5000×400 Pfund oder
2000 Tonnen. Davon lieferten sie selbst einen kleinen Teil; das
übrige mußte die Umgebung beschaffen. Auf eine Stadt kommen
in Deutschland etwa 2—8 Quadratmeilen oder 112—448 qkm,
also etwa 14—56 Dörfer, jedes mit einer Durchschnittsgemarkung
von 8,5 qkm. Vierzehn solcher Dörfer produzieren heute nach
unserer Durchschnittsannahme 8,5×15×14=1785 Tonnen, also
erst etwa einen Überschuß für die Stadt von 900 Tonnen; in
früheren Zeiten wird er 2—400 Tonnen kaum überschritten

haben, also mußte die Stadt von 5000 Seelen schon auf 8 und
mehr Quadratmeilen hin ihren Bezug ausdehnen. Noch größere
Städte aber viel weiter. Noch in der ersten Hälfte unseres
Jahrhunderts rechnete man pro Centner und Meile 8—12 Pfennige
Transportkosten. Also 100 Pfund Weizen im Werte von
9,2 Mark in Berlin (1800—1850) konnten 10 Meilen von
Berlin nur mit 8,2, 20 Meilen davon mit 7,2 Mark bezahlt
werden. Man konnte als Durchschnitt rechnen, daß über 15
Meilen meist für gewöhnliche Orte mit niedrigeren Preisen als
Berlin der Transport nicht lohne. Thünen berechnete bekanntlich
für seine Zeit (1826) und Mecklenburg, daß die Frachtkosten bei
50 Meilen Entfernung den ganzen Wert des Getreides aufzehren,
wenn also der Landmann etwas erhalten solle, die Zufuhr lange
nicht aus solcher Entfernung stattfinden könne. Die Eisenbahnen
setzten die Fracht gleich auf 1,5—5 Pfennige pro Centner und
Meile herab; damit stieg die Zufuhrmöglichkeit auf die 4—5fache
Entfernung. Heute kann man pro Tonne und Kilometer die
Landstraßenfracht auf 30—50 Pfennige rechnen [1]; früher waren
aber die Straßen viel schlechter, also die Fracht wohl viel höher,
sofern man für dieselbe nicht die Frohnpferde der Hörigen zur
Verfügung hatte. Die Tonne ist heute 150—250 Mark wert;
75 Kilometer Fracht (= 10 Meilen) kosten also 75×40 Pfennige
= 30 Mark Fracht; 150 Kilometer oder 20 Meilen 60 Mark.
Also muß, wenn der Preis auf dem Markt 150 ist, der Land=
wirt zu 90 verkaufen. Die Bahnfracht dagegen ist pro Tonne
und Kilometer heute 4—6 Pfennige, Ausnahmetarife gehen auf
1,5—2 herab; also kosten 100 Kilometer Fracht erst 1,5—6 Mark,
1000 Kilometer 15—60 Mark. Die Wasserfrachten, vollends die
auf große Entfernungen, waren stets noch viel niedriger als die
Eisenbahnfrachten.

Der Schluß ist also einfach: früher bei den schlechten Wegen
war die Zufuhr nach den kleinen Städten mit bloßer Landfracht
nur auf einige Meilen möglich; nur zu Schiff gelang ein Bezug

---

[1] Vgl. z. B. Export 1886 Nr. 20, S. 302.

aus der Ferne. Die besseren Wege vergrößerten das Zufuhr=
gebiet, noch mehr thaten es die Eisenbahnen. Aber auch heute
noch ist eine Getreidebewegung großen Stils, so daß große
Menschenmengen von Millionen von einem in fernen Gegenden
erzeugten Getreide leben können, nur mit Hülfe des Wasser=
transports möglich.

Die örtliche Ausgleichung der erzeugten Getreidemengen ist
die eine Ursache des Handels, die zeitliche Ausgleichung der
Ernten die andere.

Je niedriger die landwirtschaftliche Kultur steht und je
kleinere Bezirke man ins Auge faßt, desto mehr müssen die er=
zeugten Getreidemengen je nach der Ernte schwanken. Wir haben
aus früheren Jahrhunderten keine sicheren Angaben, können aber
aus den furchtbaren Hungersnöten und den Preisschwankungen
von Ernte zu Ernte um 100—400 Prozent schließen, daß die
Erntemengen außerordentlich verschieden waren. Im Anfang
unseres Jahrhunderts schätzte F. G. Schulze die Schwankungen
der deutschen Ernten wie 3 : 5. Die englischen Weizenernten
von 1816—26 giebt Tooke als zwischen 9 und 16 Mill. Quar=
ter sich bewegend an. Nach den Berechnungen desselben Ge=
lehrten für 1815—55 waren die besten Weizenernten 29 Proz.
über, die schlechtesten 23 Proz. unter den zehnjährigen Durch=
schnitten. Nach einer Berechnung Dr. Engels für Preußen waren
die Erntedifferenzen, die Mittelernte = 1 gesetzt, 1846—60 in
Preußen für Weizen 1,07—0,61, für Roggen 1,22—0,57. Auch
1871—88 haben die Summen des einheimischen im Vereinigten
Königreich verkauften Weizens zwischen 6,4 und 12,9 Mill.
Quarter geschwankt; die französische Weizenernte betrug 1890 bis
1891 54 Mill. Hektoliter. Man wird so kaum behaupten dürfen,
die neuere Entwickelung seit hundert Jahren habe in den einzel=
nen Ländern die Erntedifferenzen sehr viel ermäßigt; freilich ist
das Material für einen genauen Beweis nicht ausreichend.

So viel aber zeigen die wenigen angeführten Zahlen ohne
weiteres, daß alle Getreide verzehrenden Kulturvölker seit Jahr=
tausenden vor der Aufgabe standen, mit diesen von Jahr zu Jahr

stark wechselnden Mengen hauszuhalten. Und es wurde ihnen
nicht etwa dadurch erleichtert, daß der Konsum, wie bei ent=
behrlicheren wirtschaftlichen Gütern, sich leicht einschränkt und
ausdehnt. Er ist im großen und ganzen ein recht konstanter.
Freilich der rohe Naturmensch ist an ein Hungern gewöhnt,
welches den Kulturmenschen tötet; auch unsere unteren Klassen
sind noch an große zeitweilige Entbehrungen gewöhnt; in den
preußischen Städten, die Mahlsteuern zahlten, hat 1845 der
Kopf der Bevölkerung 357 Pfund, 1847 241 Pfund Weizen
und Roggen verzehrt; Kartoffeln und andere Ersatzmittel können
einen Teil des Deficits decken. In den Jahren der Überernte
kann ein Teil verfüttert, zu Branntwein gebrannt werden. Aber
immer reichen solche Hilfsmittel der Ausgleichung nicht weit.
Die Aufgabe bleibt immer, die Fehlbeträge in den schlechten
Jahren zu ergänzen durch die Überschüsse der guten. Aber die=
selbe ist eine schwierige. Das Getreide verdirbt rasch, ist schwer
und nur bei besonders guten Vorrichtungen zu konservieren. Die
guten und die schlechten Ernten wechseln nicht von Jahr zu Jahr,
sondern meistens folgen mehrere gute und mehrere schlechte Ern=
ten direkt aufeinander. Die Preisbewegung bleibt stets eine höchst
unsichere, jede Berechnung des Händlers auf künftige Jahre er=
schwerende. Aller Getreidehandel hat, obwohl immer wieder als
Wucher angeklagt, doch fast stets als überwiegend verlustbringend
wegen dieser Ungewißheit der Preisbewegung bei den Kaufleuten
gegolten.

Bis zum Jahre 1846/47 waren die Hungersnöte die
schlimmsten Krisen der Volkswirtschaft in Europa, sie sind es
noch in Asien, wo Hunderttausende durch Mißernte noch im
letzten Menschenalter zu Grunde gingen. Erst der Weltgetreide=
handel seit 1850 und eine die Nachfrage überholende Überschuß=
produktion in jungfräulichen Ländern hat für Europa seit 1850
diese Gefahren in den Hintergrund gerückt.

Aber so furchtbar diese Katastrophen früher zeitweise waren,
daran ist festzuhalten, daß sie doch mehr Ausnahmen waren, daß
sie meist nur ein paar Mal in einem Jahrhundert in ihrer

schlimmsten Form vorkamen und eben deshalb in der Regel
keinen dauernden Handel hervorriefen, auch jede Vorratssammlung
immer wieder erlahmen ließen. Gewiß hat man sehr frühe die
Notwendigkeit erkannt, Vorräte für Hungerjahre zu sammeln.
Aber die Kosten und Schwierigkeiten waren gleichsam unüberwindliche. Sie wurden nur überwunden durch ganz besondere
Umstände und für ganz bestimmte Teile der Bevölkerung und
für ganz besondere Zwecke, wie wir gleich sehen werden. Die
Masse der Bevölkerung, zumal so lange sie eine überwiegend
ackerbauende war, sich in Hungerjahren durch größeren Konsum
von Fleisch, Milch, Gemüse, Kartoffeln und durch geringeren
Verkauf von Getreide helfen konnte, wird von sich aus nicht
leicht zu einer anderen Vorratshaltung gekommen sein, als wie
sie für Saat und eigenen Bedarf ohnedies üblich war.

Deshalb liegen die Ursachen des sich ausbildenden Getreidehandels doch im ganzen mehr in der Arbeitsteilung und Städtebildung, als in den Erntedifferenzen, wenn auch beides in un-
trennbarer Wechselwirkung steht. Die Versorgung der Städte
war eine dauernd, die Abwendung der Hungersnot eine nur
periodisch wirkende Ursache. Der eigentliche Handel und seine
Veränderungen in Verfassung und Organisation gingen mehr
von ersterer, die Vorratssammlung aber vielleicht mehr von
letzterer aus.

Aber wie kommen wir dazu, diesen Unterschied zwischen dem
Handel und der Vorratshaltung zu machen? Um darauf zu
antworten, müssen wir fragen, wer die Personen und Organe
waren, die zuerst beides in die Hand nahmen.

2.

Die öffentliche und die private Vorratssammlung.

Die Sammlung von Getreidevorräten und ihre Verteilung
kann, wie alle gesellschaftlichen Einrichtungen, doppelter Art sein:
die Gesamtheit und ihre Organe können es in die Hand nehmen
oder es kann den Einzelnen oder Familien oder freiwillig sich

dazu anbietenden Händlern überlassen werden. Und man wird
sagen können, daß beides historisch vorkam, daß alle Formen und
Einrichtungen, welche auf dem Gebiete der Getreidefürsorge vorkommen, entweder auf gemein= oder auf privatwirtschaftliche
Ausgangspunkte zurückzuführen seien und daß das Nebeneinander=
bestehen und Gegeneinanderwirken dieser zwei Entwickelungsreihen
die konkrete Gestaltung der Verfassung dieses wichtigen Zweiges
der Volkswirtschaft zu jeder Zeit und bei jedem Volke bestimmt
habe. Eine Art gemeinwirtschaftlicher Verfassung scheint das
ältere zu sein.

Sobald barbarische und halbkultivierte Stämme eine feste
Staatsgewalt und Militärverfassung ausgebildet haben, sehen
wir, daß die Fürsten oder die Verbände für Feldzüge, für Truppen=
haltung, für die Zwecke des Hofes und für Notzeiten mit einer
gewissen Vorratssammlung beginnen. Wo ein großer Domänen=
besitz vorhanden ist, ergiebt sich das im Anschluß an die Ver=
waltung der fiskalischen Güter von selbst. Wo der Grundbesitz
als Eigentum der Gentilverbände oder des Staates rechtlich er=
scheint, aber der Besitz und die Bebauung doch dem Einzelnen
überlassen ist, da treffen wir ein System von Naturalabgaben,
das zur Vorratssammlung führt; oder es wird ein Teil des
Bodens für Staat und Fürst, Kirche oder Korporation direkt
reserviert, durch Frohnen bestellt und der Ernteertrag in öffent=
liche Speicher abgeliefert. Ich brauche für die an Domänenbesitz
angeschlossene Vorratssammlung als Beispiel nur auf die karo=
lingische Verwaltung und die Domänenverwaltung der deutschen
Territorien vom 13.—18. Jahrhundert zu erinnern. Für die
Anlegung öffentlicher Magazine im ganzen Gebiete auf Grund
des staatlichen Bodenmonopols verweise ich auf das Incareich,
wo jede Familie zwar in der Regel ihren Mais auf der zu=
gewiesenen Parzelle baute, wo aber daneben die Erträgnisse
der übrigen zwei Drittel des Bodens sich in den öffentlichen
Vorratshäusern sammelten und für die Zwecke des königlichen
Hofes, des Kriegsadels, der Priester, wie für Kriegs=, Not= und

ähnliche Zwecke lagerten[1]. Wir werden annehmen können, daß
alle Stämme und Völker, die sich kriegerisch organisierten, zu
Verteidigung und Eroberung fähig wurden, die eine oder andere
Art dieser Getreidevorratssammlung gehabt haben; wir können
z. B. sicher vermuten, daß im alten Ägypten die Könige ähnlich
wie die Incas über sehr große Getreidespeicher verfügten. Solche
Sammlung war wahrscheinlich viel älter, als die durch den
privaten Handel. Die gesammelten Vorräte dienten, so weit wir
sehen können, stets dem Doppelzweck des Unterhalts des Herr=
schenden und der Fürsorge für Kriegs= und Notzeiten, nie aber
handelte es sich etwa darum, alles erzeugte Korn in die Hände
der Gemeinschaft oder der Regierung zu bringen und es dann
wieder an alle Bürger zu verteilen. Die Verwaltung und Nutzung
der Vorräte hat insofern nicht stets den gleichen Charakter, als
die an der Spitze Stehenden sie bald mehr wie ihr Privateigen=
tum, bald mehr wie ein ihnen anvertrautes Gut der Gemeinschaft
ansehen und behandeln. Im ersteren Fall liegt der Versuch nahe,
in Notzeiten das Getreide möglichst hoch zu veräußern; im letzte=
ren wird es umsonst abgegeben oder gegen billiges Entgelt, gegen
das Versprechen, die gleiche Quantität nach der nächsten Ernte
zurückzuliefern. Seßhaftigkeit, geordneter Ackerbau, in den süd=
lichen Ländern große Wasserbauten und Terassierungsarbeiten
sind die Vorbedingungen einer solchen Verfassung; in kleinen
und mittleren Staatswesen von wenigen Dutzend bis wenigen
hundert Quadratkilometern ist sie entstanden, hat sich dann aber
auch bei der Vergrößerung derselben teilweise erhalten. Erleich=
tert wurde sie, wenn ein geordnetes Wegewesen, eine gewisse
Technik des Wegebaues oder ein System von Wasserwegen vor=
handen war, wie ersteres im Incareich, letzteres in Ägypten zu=
traf. Geldwesen, Städtebildung und Marktwesen gehören nicht
zu den Voraussetzungen ihrer Entstehung.

Im dem Maße aber als Städte, Märkte, Marktverkehr und

---

[1] O. Martens, Ein socialistischer Großstaat vor 400 Jahren, 1895,
S. 59—61.

Geld entstehen, entwickeln sich die Anfänge eines privaten
Handels mit Getreide und Lebensmitteln. Freilich schon an die
Fest=, Kirchen=, Gerichtsversammlungen der Stämme, wie an die
Kriegszüge hat sich ein gewisser Marktverkehr für Lebensmittel
und Pferdefutter angeknüpft, der aber nur in längeren Zwischen=
räumen und bei Gelegenheit einsetzte. Es waren im älteren
deutschen Mittelalter z. B. die königlichen und kirchlichen Grund=
herrschaften, die hier ihre Vorräte zu verwerten suchten. Aber
als Städte von 1—2000 Seelen, als neben den Jahr= die
Wochenmärkte sich bildeten, da entstand ein Anreiz für alle
Ackerbauer der nächsten Umgebung der Stadt, Überschüsse für
den städtischen Markt zu erzeugen. Und so ist im Altertum
und im Mittelalter die lange Epoche der Städtebildung und
Städtegründung die Zeit, wo allerwärts der Schwerpunkt des
ganzen wirtschaftlichen Verkehrs in die Beziehungen des städti=
schen Marktes zu seiner ländlichen Umgebung fiel. Der einzelne
Bauer wie der größere Besitzer brachte sein Getreide in die
Stadt, verkaufte es da direkt an den städtischen Bürger; die
Zahl solcher städtischen Bürger, die nicht mehr genügende eigene
Getreideproduktion hatten, mußte wachsen in dem Maße, als
die Stadt über 1000 Seelen hinausging. Es lag in der Natur
der Sache, daß auch da, wo eine fiskalische oder gemeinwirt=
schaftliche Vorratssammlung der vorhin erwähnten Art statt=
fand, diese nicht etwa die ganze Stadtversorgung übernahm;
sie beteiligte sich höchstens am Markte; ihr Zweck war stets nur
gewesen, für kleine Kreise und für außerordentliche Fälle Vorräte
zu halten; sie hatte dies nur mit Schwierigkeiten, Verlusten,
hohen Verwaltungskosten durchführen können. Jetzt die größere
und dauernde Aufgabe der Versorgung der städtischen Be=
völkerung zu übernehmen, lag ihr um so ferner, je mehr die
Leiter dieser älteren Vorratssammlung Fürsten, Großgrund=
besitzer, Bischöfe waren, die zunächst ihre Sonderinteressen ver=
folgten, und je mehr in viel einfacherer Weise durch den freien
Wochenmarkt den Interessen der einkaufenden Bürger und der

verkaufenden Landleute gedient wurde. Der Bürger wollte vom Bauer Getreide kaufen, schon weil dieser ihm dann auch seine Gewerbsprodukte abkaufte.

Immer verschwand jene ältere Einrichtung nicht, sie erhielt sich da und dort, kam in späterer Zeit wieder zu stärkerem Leben. Städtische Magazine, fürstliche große Magazinverwaltungen werden uns weiterhin noch öfter entgegentreten. Ja man könnte sagen, es sei das Prinzip der öffentlichen Vorratssammlung und das des privaten Getreidehandels von nun an stets im Kampfe gegen einander gewesen. Zunächst aber überwog für die erste Versorgung der Stadt der private Verkehr.

3.
Die ältere städtische Getreidehandelspolitik.

Wenn für die älteren Epochen der eigentlichen Kulturstaaten nun die städtische Getreidehandelspolitik, eine Verfassung, die den Stadtinteressen angepaßt war, ausschließlich maßgebend ist, so darf ich gleich hier vorausschicken, daß eine solche nur in Stadtstaaten von geringem Umfang oder in Ländern und Staaten, wo eine Großstadt die beherrschende Rolle spielte oder in Gebieten, wo die großen Städte politisch und administrativ relativ selbständig waren, ganz vorherrschen und sich behaupten konnte. Wir werden in Gegensatz zu dieser städtischen Getreidehandelspolitik nachher die der mittleren und kleineren Staaten und Territorien und die der modernen Großstaaten stellen. Die staatliche Getreidehandelspolitik im Gegensatz zur städtischen nimmt auf die ländlichen Interessen neben den städtischen Rücksicht, sucht die verschiedenen Interessen auszugleichen, von den Landesinteressen auszugehen, und muß daher eine wesentlich andere als die städtische sein.

Eine solche städtische Getreidehandelsverfassung treffen wir in den Stadtstaaten des Altertums, in den unabhängigen mittelalterlichen Kommunen, die teilweise ja zu selbständigen kleinen Territorien sich ausgeweitet haben; auch wo die Städte zwar einem Könige oder Fürsten mit größerem Gebiete unterthan sind, wie teilweise schon im Mittelalter, aber doch eine weitgehende Autonomie erlangen und behaupten, sehen wir die Stadt mit ihrer nächsten Umgebung zu einem relativ selbständigen Wirtschaftsgebiet zusammenwachsen, in dem sie die maßgebende Rolle spielt, die wirtschaftlichen Institutionen nach ihrem Interesse zu gestalten weiß. Zumal, wo die Verkehrswege noch sehr wenig ausgebildet waren, mußte die wirtschaftliche Abgeschlossenheit zur administrativen organisatorischen Selbstständigkeit des Stadtgebietes führen.

Die maßgebenden städtischen Interessen waren nun aber selbst nicht immer die gleichen. Die Größe der Stadt, die Nähe oder Entfernung der Getreide liefernden Ackerbaudistrikte, die Anweisung auf Land- oder Wasserzufuhr, die Entstehung eines Getreidehandels für die Versorgung anderer Städte bedingte große Unterschiede. Und es werden sich demgemäß drei historische Typen der städtischen Getreidehandelsverfassung unterscheiden lassen: a) diejenige der kleinen Städte mit bis zu 5 oder 10 000 Seelen, die ihr Getreide ohne zu große Schwierigkeiten aus der nächsten Umgebung beziehen konnten; hauptsächlich die ohne Wasserwege kommen hier in Betracht und diejenigen, deren Umgebung gar keinen anderen Absatz hat, als in die Stadt, die an einem Getreidehandel in die Ferne bis in die neuere Zeit infolge der Transportschwierigkeiten gar nicht beteiligt waren; b) diejenige der mittleren Städte von 10—50 000 Seelen, welche in älterer Zeit gar nicht leicht entstehen konnten ohne Zufuhr von weiterher, in der Regel nicht ohne Wasserzufuhr, die nun aber auch durch diese Zufuhr die Möglichkeit bekamen, einen größeren Getreidemarkt zu schaffen, durch die größeren Vorräte desselben einen Handel in die Ferne zu entwickeln; c) diejenige der Großstädte bis 100 000 und mehr Seelen, welche die Zufuhr von weit her, womöglich zur See brauchen und ihr Ziel nur erreichen entweder durch staatliche Veranstaltungen und politische Herrschaft oder durch die Erhebung ihres Getreidehandels zu einem Mittelpunkte weit-

41*

greifender Getreidehandelsbeziehungen. Im ersten Falle a ist
die lokale Versorgung das Prinzip aller Veranstaltung; im
zweiten b handelt es sich um Kompromisse zwischen dem Ver=
sorgungs= und dem Handelsinteresse; im dritten Falle c herrscht
entweder das Prinzip der Versorgung der städtischen Menge
durch Staatsmaßregeln oder das einseitige Handelsinteresse vor.
Bleiben wir zunächst bei a, d. h. bei den kleineren Städten mit
Landhandel.

Indem die Stadt nach und nach anwächst, bedarf sie der
Zufuhr auf einige Meilen; aber man will in der Stadt möglichst
bei mäßigen Getreide= und Brotpreisen stehen bleiben; man sieht
in der einfachen alten Art, daß der nicht selbst Getreide bauende
Bürger im Herbst seinen Wintervorrat vom Bauer kauft, selbst
mahlen und backen läßt, das Normale; man will das Getreide
nicht durch irgend einen Zwischenhändler teuer werden lassen.
Der billige Preis des Getreides, die regelmäßige reichliche oder
genügende Zufuhr aus der Umgebung auf den Wochenmarkt,
das ist das Ziel der städtischen Politik. Nur bei billigem Brot
und regelmäßiger Zufuhr ist Ruhe und Zufriedenheit in der
Stadt zu erhalten; man riskiert Unruhe, wenn nicht Schlimmeres,
wenn auch nur einmal 100 Sack weniger als gewöhnlich auf
den Markt kommen. Die Getreideversorgung ist, wie Galiani
sagt, nicht dem Handel, sondern der Administration anvertraut,
d. h. den Wochenmarkts=, Fürkaufs= und ähnlichen Einrichtungen
und deren Handhabung durch die Stadtbehörden.

Aus dem Stadtgebiet darf kein Getreide ausgeführt werden,
das galt in Attika, in der Grafschaft Florenz, in den meisten
deutschen Stadtgebieten; wo die Stadt kein eigenes Gebiet hat,
sucht sie durch Verträge, gesetzliche Vorschriften und auf andere
Weise ihre Nachbarn dahin zu bringen, daß sie ihr Getreide in
die Stadt bringen, nicht mit ihrer Umgehung ausführen. Was
in die Stadt an Getreide gebracht ist, darf nicht wieder hinaus.
In dem reichen Halberstädter Korngebiet lautet die Marktsatzung
der Stadt 1370 bis 1400 noch dahin, daß kein Fremder und

kein Bürger auf eines Fremden Rechnung Korn kaufen soll[1]. In Braunschweig wird im Echtebing (von etwa 1412)[2] bestimmt, daß jede Ausfuhr durch Bürger und Gast von jedem Bürger, der Korn zur eigenen Wirtschaft bedarf und das Korn bezahlen will, gehindert werden kann. In den französischen Städten bestand in der älteren Zeit allgemein das droit de partage: jeder Bürger kann von jedem Kornkäufer Anteil an der von ihm gekauften Ware verlangen, soweit sie den Hausbedarf des Käufers überschreitet[3]. Im Landshuter Rechtsbrief von 1279 heißt es, ut annona tantum ematur pro domo necessaria; der Erfurter Zuchtbrief von 1351 verlangt, daß jeder Bürger eingekauftes Getreide mindestens ein Vierteljahr behalte, ehe er es wieder verkaufe. Auch in Nürnberg bestand ein Statut, daß Niemand mehr Korn kaufe, als für den Hausbedarf, der Pfragner, als er zu seinem Pfragenverkauf nötig habe. Der Handel am Ort zwischen Bürgern im Sinne des Einkaufes zum Zwecke teuerern Wiederverkaufs, wie der Handel zur Ausfuhr soll verhindert werden.

Das wichtigste Mittel, dieses Ziel zu erreichen, ist die Wochenmarkts - und Fürkaufsgesetzgebung, die Verpönung des sog. Kornwuchers. Alles Getreide soll auf den Wochenmarkt kommen; der Bürger soll es nicht auf dem Lande einkaufen, nicht vor das Thor hinaus ihm entgegengehen, nicht kaufen, bis das Angebot auf dem Markte sich zu bestimmter Stunde, an dem bestimmten Tage, am bestimmten Platze gesammelt hat. Erst wenn das Zeichen gegeben, die Marktfahne aufgesteckt ist, darf der Bürger kaufen und zwar nun einige Stunden allein der, welcher zu eigenem Hausbedarf kauft. Oft ist noch der Preis von der Marktbehörde gesetzt, wobei der Landmann nicht leicht mitzusprechen hat. Erst zu späterer Stunde, auf ein gegebenes Zeichen dürfen Bäcker, Höker, Brauer, welche größeren Bedarf haben und für Geschäftszwecke oder Wiederverkauf ein-

---

[1] Urkundenbuch der Stadt Halberstadt von Dr. G. Schmidt I, 573.
[2] Braunschw. Urkundenbuch I, 140 art. 153.
[3] Arašthaniantz a. a. O. S. 17.

kaufen, auf dem Markte erscheinen. Der Landmann, der die
Nacht über zur Stadt gefahren, schon viele Stunden auf dem
Markte ausgehalten hat, übermüdet nun den Wunsch hat, nach
Hause zu kommen, war dann meist zu billigem Entgegenkommen
geneigt.   Teilweise war noch bestimmt, daß auch diese späteren
Käufer, die mehr als zu ihrem Hausbedarf mußten erwerben
können, doch nur bestimmte Mengen erwerben sollten. Oft war
auch das Recht, Korn länger zu lagern, mit Schranken umgeben.

Soweit wir bis jetzt sehen, waren im Altertum und im
Mittelalter, in Italien, Deutschland, Frankreich, England und
den Niederlanden solche Bestimmungen in älterer Zeit allgemein
verbreitet. Und wenn einzelne davon und an größeren Orten
mit höherer wirtschaftlicher Entwickelung frühe ins Wanken
kamen, so erhielten sich doch die meisten, zumal in den kleineren
Städten, bis ins vorige oder in dieses Jahrhundert.

Diese ganze ältere Verfassung des Wochenmarktes mit ihren
Ge= und Verboten war für die Zeit der Städtebildung, für die
kleinen Städte, für die kleinen Wirtschaftsgebiete der alten Zeit
das unzweifelhaft richtige; sie garantierte einen regelmäßigen,
anständigen, normalen Marktverkehr; sie hinderte einen damals
in der Hauptsache noch überflüssigen Zwischenhandel, der stets,
aber damals noch viel mehr als heute, neben seinem Vorteil
den Nachteil hat, daß er zur Schmarotzerpflanze, zum Organ
werden kann, das Produzenten wie Konsumenten übervorteilt
und ausbeutet. Wenn die Einrichtungen die Preise auf mäßigem
Niveau halten wollten, so war das die Voraussetzung der älteren
städtischen Entwickelung überhaupt; unter Umständen lag in der
Handhabung des Wochenmarktes, in der einseitigen Preissetzung
durch die Stadtbehörde freilich eine Benachteiligung des platten
Landes. Aber so lange die Stadt und ihr Bedarf wuchs,
konnte diese Benachteiligung nicht gar zu schlimm sein. Und
so lange die Stadt so mäßig in ihrem Umfang war, daß die
direkte Zufuhr aus ihrer Umgebung durch die Produzenten aus=
reichte, war eine andere Organisation und Verfassung nicht Be=
dürfnis, war sie auch kaum im Interesse der verkaufenden Land=

wirte, für die teilweise heute noch der Verkauf auf dem Wochen=
markte besser ist, als der an hausierende Einkäufer oder an
Kommissionäre, die sie täuschen können, während auf dem
Wochenmarkte jeder mit offenen Augen sieht, wie die Marktlage
ist. Die Schwierigkeiten begannen erst in dem Maße, als
einzelne Städte größer wurden, Zufuhr von weiterher brauchten,
die ohne Zwischenhändler nicht möglich war, als in den be=
treffenden Städten ein Getreidehandel nach andern Städten und
Ländern begann. Da konnte die alte Wochenmarkts= und Ein=
kaufsgesetzgebung nicht oder nicht mehr ganz aufrecht erhalten
bleiben. Man begann einzelne ihrer Bestimmungen zu über=
treten und außer Kraft zu setzen; die neue Art des Zwischen=
und Großhandels drängte nach einer neuen Verfassung. Man
suchte aber in allen möglichen Abstufungen Kompromisse her=
zustellen. Das alte Recht blieb in ganzen Landesteilen, in allen
kleineren Städten in Kraft. An den größern Orten suchte man
für bestimmte Verkäufer und Käufer die alte, für die andern
die neue Ordnung gelten zu lassen. Auch wo die Gewerbe=
und Handelsfreiheit längst im Prinzip gesiegt hatte, blieb in
den lokalen Marktordnungen bis auf unsere Tage vielfach der
alte Gedanke von der Schädlichkeit des Zwischenhandels, vom
verbotenen Fürkauf, vom Vorkaufsrecht der Konsumenten in der
ersten Hälfte des Marktes halb oder ganz, offen oder versteckt,
maßgebend [1].

---

[1] So allgemein in Preußen im 18. Jahrhundert; vgl. Naudé,
Städtische Getreidehandelspolitik, S. 62. Im heutigen Frankreich haben
die Bestimmungen des Kassationshofs die gewerbefreiheitlichen Bestimmungen
über Marktwesen dahin interpretiert, daß der Bürgermeister in Ausübung
der Marktpolizei für die Sicherung ordentlicher Zufuhr sorgen solle, daß er
dahin wirke, den Verbrauch der Lebensmittel auf dem Markte zu kon=
zentrieren, das Publikum gegen die Verabredung der Wiederverkäufer schütze
und ihm die Möglichkeit biete, vor den Wiederverkäufern zu kaufen.
Ein sehr anschauliches Bild, wie auch heute noch die ausgezeichnete
Pariser Marktverwaltung den vendeur-producteur normal, den Bauer
und Gemüsehändler vor der Konkurrenz der Zwischenhändler zu schützen
sucht, geben Pierre du Maroussem und Camille Guérie, Halles•
centrales de Paris et Commerce d'Alimentation (s. Anzeige im Jahr=

4.
Die spätere städtische Getreidehandelspolitik.

Die Städte, welche über 10000 oder gar über 20000 Seelen wuchsen, brauchten Zufuhr von weiterher; der Landmann konnte nicht mehr stets selbst zu Markte kommen; ein Stand von Kornhändlern mußte entstehen, Bäcker, Höker, Brauer begannen größere Vorräte zu halten. Wo Wasserverbindung vorhanden war, hielt es nicht sehr schwer, ein wachsendes Angebot auf den städtischen Markt von weiterher zu bringen; aber es konnte dann auch leicht der lokale Markt überführt werden; man verlangte nun das Recht, das hergebrachte Getreide stets oder je nach den Umständen weiter führen zu dürfen. Es entstanden so zwei große einander entgegengesetzte städtische Interessen: der alte Versorgungsstandpunkt wollte billiges und reichliches Getreide; die Masse des

buch XIX, 1387) und in dem Aufsatz: une grande cité et son marché central, Revue d'économie polit. VIII (1894) 364 ff.

Die preußische Gewerbeordnung von 1845 § 79 gestattete noch mit Zustimmung der Regierung, die Zwischenhändler in bestimmten Stunden vom Markt fern zu halten. Nach unserer heutigen Gewerbeordnung muß jeder mit gleichen Befugnissen zum Wochenmarkt zugelassen werden (§ 64); dadurch sollen alle Bestimmungen der Marktordnungen gegen den Vorkauf außer Kraft gesetzt sein; aber nicht verboten sind die Bestimmungen, daß niemand verkaufe an anderem Ort oder ehe er das Marktstandgeld bezahlt habe (vgl. Wochenmarktsordnung von Barmen v. 30. Juni 1888 § 13, Stolp-Klinckmüller, Ortsgesetze XIX, 567), oder eine Androhung, wie die (Wormditter Ordnung v. 24. März 1891, eod. XXII 235): „namentlich ist es den Zwischenhändlern untersagt, die Wagen der Landleute dergestalt zu umstellen und zu besetzen, daß hierdurch das übrige den Markt besuchende Publikum gehindert wird, sich dem Wagen zu nähern und seine Einkäufe zu machen". Indem meist jeder Verkauf von Wochenmarktsartikeln vor dem Läuten der Marktglocke verboten ist (z. B. Saargemünder Ordnung vom 10. September 1890 eod. XXI, 520), ist auch das Kaufen vor dem Thore durch die Wiederverkäufer untersagt. In Bayern verbietet z. B. die Memminger Marktordnung vom 25. Okt. 1872 § 4 direkt den Verkauf auf dem Wege zum Markte und droht § 20 den Aufkäufern, die durch brutales Betragen gegen andere Käufer die Ordnung stören, sofortige Abführung durch die Polizei an (eod. IV, 164 ff.). In gewisser Beziehung enthalten die Ordnungen der neuen Markthallen eine Rückkehr zu einzelnen Grundsätzen des älteren Wochenmarktsrechtes.

Volkes wollte, wie bisher, billiges Brot und Sicherheit gegen
Hungersnot zumal nach schlechten Ernten; auch die Ratsgewalt
identifizierte sich oft mit diesen Interessen oder wurde durch Unruhen und Aufstände daran erinnert, daß sie das Gesamtinteresse
nicht bloß im Handel der großen Kaufleute, der Bäcker und
Brauer, der Kornhändler, sondern im billigen Brot für die Masse
zu sehen habe. Die Handelsinteressenten hatten im Gegensatz
zur Masse der Konsumenten den Wunsch, möglichst ungeniert
Handel treiben zu können; Preiswechsel und starkes Steigen der
Preise verhieß ihnen große Gewinne. Und diese durften ihnen
nicht ganz unmöglich gemacht werden, wenn sie bestehen wollten;
je größer das Gebiet wurde, je mehr es mit anderen in Zusammenhang kam, desto größer waren häufig auch ihre Verluste.
Neben diesen städtischen gespaltenen Interessen erwuchs das
ländliche zu größerer Bedeutung als früher. Mit dem Wachsen
der Stadt war die Grundrente in der Nähe, dann auch in etwas
weiterer Entfernung gestiegen. War man früher in der Stadt
bemüht gewesen, die Getreidepreise möglichst niedrig zu halten,
so waren auch die Bodenpreise und der ganze Betrieb nur auf
mäßigen Absatz eingerichtet gewesen. Jetzt war die Tendenz auf
eine Überschußproduktion für den Markt viel stärker geworden,
jetzt drückte jede Preissenkung und jede Änderung des Bedarfs
auch wieder stärker auf den Landmann; jede Wasserzufuhr von
weiterher konnte dem in der Nähe der Stadt produzierenden
durch Preisdruck schaden; jede Organisation der Weiterausfuhr
konnte ihm nützen. Jedenfalls hatte er das größte Interesse
daran, wie die Interessenkonflikte in der Stadt geschlichtet
wurden, ob z. B. ein großer Getreideexport von dem Markte aus,
den er befuhr, entstand.

Die Einrichtungen der Städte, wie wir sie vom 14. bis
17. Jahrhundert hauptsächlich in Niederdeutschland an den großen
Flüssen und in den Seehäfen treffen, beruhen auf dem Gedanken,
es solle für die Masse der Konsumenten und den Landmann der
nächsten Umgebung die alte, vorhin geschilderte Wochenmarktsverfassung fortdauern, aber es solle ein Zwischen- und Groß-

getreidehandel in neuen Formen und mit neuem Recht entstehen,
geduldet, ja gefördert werden. In der nächsten Umgegend
Stettins durfte nach wie vor kein Händler kaufen, der Bauer
sollte zu Markte kommen; aber jenseits der Randow, da durfte
der Stettiner Getreidekaufmann selbst das Getreide holen. In
Frankreich wird bis ins 18. Jahrhundert in allen Ordonnanzen
wiederholt, daß in der Umgebung der gewöhnlichen Städte bis
auf 2 lieues (fast 8 km), in der von Paris auf 7—8 lieues
der Getreidehändler nicht kaufen dürfe, sondern der Bauer selbst
zu Markte kommen solle; erst darüber hinaus beginnt das Ein=
kaufsgebiet des Händlers.

In den Mittelpunkt der Diskussion war die Frage getreten,
wann, von wem, welches Getreide in die Stadt gebracht, wieder
ausgeführt werden dürfe. In Gent, das mit seinem Stapelrecht
früh zu einem großen Getreidehandel gekommen war, bestimmte
man im 15. Jahrhundert, daß alles in Flandern gewachsene
Korn und ein Viertel des aus der Fremde bezogenen in der
Regel in der Stadt bleiben müsse. Man unterschied so zwischen
„freiem" und „unfreiem" Korn. Und ähnlich verfuhr man in
anderen Städten; in Hamburg wurde vom 15. Jahrhundert bis
1740/48 in den Zeiten einer hohen Blüte des Getreidehandels
stets ein Drittel oder die Hälfte des von der Oberelbe nach
Hamburg gekommenen Getreides als „unfrei" behandelt.

Meist wurde vom Herbst an und im Winter überhaupt keine
Ausfuhr gestattet: die Schiffahrt pflegte ja ohnedies früher meist
im Winter zu ruhen. In Stettin wird die Ausfuhr erst nach
Lichtmeß (2. Februar) gestattet, bis dahin sollen die Bürger sich
versehen haben. In vielen Städten war von Bartholomäi bis
Lichtmeß (24. August bis 2. Februar) die Ausfuhr des neuen
Korns verboten. Aber auch im übrigen Jahre hängt die Aus=
fuhr von der Ratserlaubnis ab; wo er sie früher allein erteilt,
wie in Hamburg, erlangt später die Bürgerschaft einen Anteil
an den Beschlüssen. In den holländischen Städten bezieht sich
von 1550 etwa ab das jeweilig verhängte Ausfuhrverbot nur
auf das einheimische, nicht auf das eingeführte fremde Getreide.

Das Recht der Getreideausfuhr ist teilweise auf die Getreidehändler, die Gildemitglieder, die „Divites" beschränkt. In einer
Reihe brandenburgischer Städte erteilt es der Landesfürst auch
den übrigen, armen Bürgern[1]; in Böhmen hat Karl IV. das
Recht überhaupt zahlreichen Städten erst erteilt. In Stettin
durfte kein Bäcker oder gewöhnlicher Bürger am Getreidehandel
im großen, also hauptsächlich an der Ausfuhr teilnehmen,
während in Magdeburg das jedem frei stand.

Der Kampf um die jeweilige Sperre war die wichtigste
Angelegenheit in der Stadt: sie betraf den Landmann durch die
Wirkung auf die Preise, die Nachbarstädte durch Erschwerung der
Versorgung, die fernen Importorte dadurch, daß mit der Sperre
in Stettin oder Danzig leicht Hungersnot in Holland entstand;
sie traf am härtesten den einheimischen Kaufmann, der sich auf
den Export eingerichtet, oft auch den Bäcker, den Brauer, der
Vorräte hatte; sie war ersehnt vom Volke, das bei jeder drohenden Teuerung die Sperre verlangte. Es war ein harter Schlag
für die selbständige Stadtpolitik, als vom 15. und 16. Jahrhundert an die territorialen Gewalten den städtischen das Recht
selbständiger lokaler Getreidesperren nahmen.

Am ehesten konnten öftere Sperren entbehrt werden, wenn
man die Zufuhr möglichst steigerte, und zugleich am Orte dafür
sorgte, daß alle wohlhabenden Bürger und die Bäcker sich stets
reichlich und beizeiten versorgten, und wenn für die Armen
öffentliche Speicher vorhanden waren. Die Zufuhr steigerte man
durch Ausdehnung des Stapelrechtes, durch Verhinderung von
Märkten und Einladestellen in der Nähe, durch Verbot für alle
Fremden, in der Umgegend mit Umgehung des städtischen Marktes
zu kaufen. Die Hamburger ließen sich 1460 das Recht geben,
in ganz Holstein Getreide und Vieh zu kaufen.

In Athen sorgte man dafür, daß die reiche Zufuhr aus dem

---

[1] Z. B. für Spandau in Riedel, Cod. Dipl. Brand. 1, 11, 25—26.
Ähnlich in Berlin-Cölln, Fidicin, Beiträge zur Geschichte der Stadt
Berlin II, 19.

Pontos nur in den Piräus oder nach Städten kam, die besondere
Erlaubnis dazu hatten.

Städtische Getreidemagazine finden wir im Altertum wie
im Mittelalter. Soweit wir näher über dieselben unterrichtet
sind, sehen wir, daß neben der Veranlassung durch einzelne
Teuerungen das Exportinteresse resp. die Entstehung eines an-
bauernden Privathandels, der möglicherweise die Stadt von Vor-
räten entblößte, zu ihrer Einrichtung führte. Es waren teils
die Stadt, teils die Zünfte, teils die Kirchspiele und andere
Korporationen die man dazu zwang; die Magazine wurden durch
Einkauf oder Naturalabgaben vom Export gespeist. So letzteres
in Stettin, wo von jeder exportierten Last — also von 60 —
ein Scheffel ins Magazin kam. Ähnlich in Reval, Gent und
anderwärts. Die Hamburger Magazine hatten im 16. und
17. Jahrhundert stets für 5000—7000 Menschen Getreide vor-
rätig. Zwang man daneben alle, die dazu imstande waren, zu
einer reichlichen privaten Vorratshaltung, kontrollierte man, wie
es vielfach üblich war, alle Vorräte in der Stadt und strafte
man gar die Bäcker mit hohen Strafen, wenn sie nicht entsprechend ihre Speicher gefüllt, so konnte man die Sperre leichter
entbehren. In Danzig wußte im 18. Jahrhundert jedermann,
daß es Vorschrift war, zu sperren, wenn nicht eine feste Menge, von
bald 1000, bald bis zu 2500 Last Korn in der Stadt vorhanden
war und dablieb; der Handel konnte sich also darauf einrichten.
In Hamburg ließ man sich die Verwaltung des städtischen
Magazins zeitweise sehr hohe Summen kosten, obwohl man nie
Getreide verschenkte, sondern nur zu billigen Preisen abließ; man
scheute große Kosten nicht, um im übrigen liberal verfahren, auch
von den alten, den Handel stets hemmenden Vorschriften eine
nach der andern milder handhaben oder außer Kraft setzen zu
können. In Frankreich suchte die Ordonnanz vom 21. November
1577 dadurch zu helfen, daß sie vorschrieb, in jeder Stadt müßten
jederzeit Vorräte auf drei Monate sein.

Wir wissen von den Einzelheiten einer derartigen Korn-
handelverfassung am meisten aus den Häfen der Nord- und Ost-

see. Aber wir haben Andeutungen aller Art, daß in anderen
Ländern und zu anderen Zeiten unter ähnlichen Voraussetzungen
die Einrichtung ähnlich war, und daß sie auch hier gut wirkte.
Es war eine Verfassung, welche in der teilweisen Erhaltung der
Wochenmarktsordnung, in der Neubildung eines privaten Zwischen-
und Großhandels, in seiner Einschränkung durch die Sperren
sowie in seiner Ergänzung durch städtische öffentliche Magazine
kulminierte. Die Verfassung war komplizierter, als die vorhin
geschilderte; das Ineinandergreifen des alten direkten Wochen-
marktverkehrs mit seiner Preisbildung und des beginnenden Groß-
und Durchfuhrhandels und seiner Preise, sowie die Balancierung
beider Gruppen des Verkehrs durch die städtischen Magazine und
ihre Einkäufe und Verkäufe, war natürlich oft von Reibungen
und Unzufriedenheit begleitet. Viele Statuten und Kornkauf-
ordnungen wurden in der Erregung auf Grund einer augenblicklichen Konjunktur erzwungen und nachher widerwillig oder nur
halb ausgeführt, kamen auch da und dort durch Nichtbeobachtung
mit der Zeit wieder in Vergessenheit. Ein großer amtlicher
Apparat von städtischen Beamten, Messern, Schauern, Kontrolleuren beaufsichtigte stets die Vorräte, die Transaktionen, die
Ankunft und den Abgang des Getreides. Aber nichtsdestoweniger
bleibt die Thatsache, daß diese Gesamteinrichtungen, wo sie gut
getroffen und gerecht gehandhabt wurden, Generationen hindurch
den Doppelzweck glücklich erreichten, größere Städte reichlich und
billig zu versorgen und daneben für die Großhändler der Stadt
einen steigenden Getreidehandel zu ermöglichen, der für Jahrhunderte, wie in Danzig, zugleich den Reichtum der ganzen Stadt
bedingte.

5.

Die Getreidehandelspolitik der Welthandelsplätze.

Es liegt nahe, daß der weitere Weg der Entwickelung, falls
die Stadt und ihr Bedarf immer größer wurde, falls es sich
nun um die Ernährung von 100 000 und mehr, um eine halbe
oder ganze Million Menschen in der Stadt handelte, von denen

ein immer größerer Teil weder Getreide produzierte noch Vorräte
für länger kaufen konnte, ein doppelter sein konnte. Entweder bildete
sich der private Zwischen- und Großhandel weiter aus, suchte
womöglich zu Wasser billiges Getreide aus der Ferne zu holen;
gelang ihm dies leiblich, so suchte er auch die Fesseln der alten
Wochenmarktsgesetzgebung wie die Ausfuhrsperren und alles derartige definitiv zu sprengen; es siegte der freie kaufmännische
Gewinn- und Handelsstandpunkt vollständig. Oder die städtische
Vorratshaltung wurde weiter ausgebildet, unter Umständen in
eine staatliche Einrichtung übergeführt; die unteren Klassen verlangten um jeden Preis billiges Brot oder gar Brot umsonst,
der private Handel spielte in diesem Falle nur die zweite Rolle
oder trat ganz zurück; die Frage, ob die alte Wochenmarkts-
einrichtung, die Sperren fortdauern sollen, hatte dann gegenüber
der staatlichen Einrichtung keine erhebliche Bedeutung.

In Athen scheint man zwischen beiden Systemen geschwankt
und vermittelt zu haben, aber doch nicht zu staatlichen regelmäßigen Getreideausteilungen gekommen zu sein. Der private
Handel behauptete das Feld, die Klagen über Kornwucher bei
den schwankenden Getreidepreisen und der Zufuhr von weit her
waren entsprechend. In Rom hat die Demagogie und der Cäsa-
rismus die Getreidelieferung für die Armen aus öffentlichen
Speichern eingeführt und die ganze regelmäßige Versorgung der
Stadt in der Hauptsache dem Staate und seinen Behörden in
die Hand gelegt. Von Ägypten und Afrika bezog man das
Getreide; der Kaiser erschien verantwortlich für den Brotpreis
und die ausgiebige Versorgung. Wer die ägyptische Flotte in
der Hand hatte, beherrschte Rom.

Genua und Venedig lebten im Mittelalter wesentlich auch
von fremder Zufuhr. Venedig[1] bezog sein Getreide in seinen
glänzenden Tagen hauptsächlich aus dem Pontos, wie seiner Zeit
Athen, und aus Sicilien. Verträge über freie Ausfuhr aus den
Mittelmeerstaaten, zeitweise Prämien für die Einfuhr sollten das

---

[1] Vgl. Leo, Geschichte der italienischen Staaten III, 38.

Geschäft befördern; es durfte ein Drittel des eingeführten Korns wieder ausgeführt werden. In Venedig scheint der private Handel, in Genua die Annonarverwaltung des Rates die Hauptrolle gespielt zu haben. Ganz ist dieser Teil der Getreidehandelsgeschichte durch Naudé nicht aufgeklärt.

In den Niederlanden hatten Brügge, Gent, Antwerpen und Amsterdam sich nach einander zu bedeutsamen Getreidehandelsplätzen emporgearbeitet. Sie brauchten fremdes Korn nicht bloß für sich, sondern teilweise auch fürs übrige Land und die weitere Versorgung Westeuropas; man behauptete schon 1436, obwohl sicher sehr übertrieben, Flandern erzeuge Brot nur für einen Monat. Nach Antwerpen kamen gegen 1540—50 jährlich 60 000 Faß Getreide, das waren etwa 28,8 Mill. Pfund oder (bei 400 Pfund pro Kopf) die Nahrung für 72 000 Menschen. Amsterdam behauptete 1501, daß alles Korn, das in der Stadt und in Holland verzehrt wurde, von auswärts komme, und suchte deshalb mit allen Mitteln jede Beschränkung dieses Handels durch Zölle, Sperren und ähnliches zu beseitigen. Der Getreidehandel der Stadt erreichte im 17. Jahrhundert seine Glanzzeit. Amsterdam bezog die großen Überschüsse der Ostsee und versorgte damit Holland, wie West- und Südeuropa. Es soll nach einer Schrift von 1603 stets 700 000 Quarter Korn = 4 Mill. Scheffel = 320 Mill. Pfund, also Korn für 800 000 Menschen bei sich liegen gehabt haben. Von Danzig gingen damals jährlich 100—115 000 Last = 6—7 Mill. preußische Scheffel = 480—560 Mill. Pfund Korn nach dem Westen, die Nahrung für mehr als 1 Million Menschen, während die ganze Republik der Niederlande nach Noorden nur etwas über 2 Mill. Menschen besaß. Es war wesentlich die Kaufmannschaft und Reederei von Amsterdam, die durch freien Handel zu Hause, unterstützt durch die politische Macht und Herrschaft der „Herren Staaten" im Ostseegebiet, die gute Versorgung der Heimat nebst enormen Gewinnen für sich erzielte. Jede staatliche oder städtische Vorratshaltung war da überflüssig.

In den sämtlichen eben besprochenen Fällen von großstädtischer Getreideversorgung waren die betreffenden Städte bereits Mittel-

punkte von Territorien, Städtebünden oder Reichen geworden. Aber
es gab doch eigentlich keine staatliche, sondern nur eine städtische
Getreidepolitik; die städtischen Interessen waren die maßgebenden
auch für die leitenden Staatsbehörden in Athen, wie in Rom,
in Genua wie in Venedig, in Antwerpen, wie in Amsterdam.
Irgend welche Rücksichten auf die agrarischen Interessen des
Landes um die Stadt herum nahm man nicht. Was Mommsen
von Rom sagt: den Interessen der hauptstädtischen Bevölkerung,
der freilich das Brot nicht billig genug werden konnte, wurde
das Wohl des Ganzen, die Landwirtschaft, geopfert, das gilt in
gewisser abgeschwächter Beziehung auch von Attika, von der terra
firma Venedigs, von dem niederländischen Ackerbau. Freilich
konnte das im Privathandel herbeigeschaffte Getreide nie so ungünstig auf den Korn verkaufenden Bauer wirken, wie die umsonst
an Hunderttausende verteilten Brotspenden Roms. In der Republik der Niederlande kamen sogar die agrarischen Interessen See-
lands und Frieslands gegen Amsterdam 1725 etwas zur Anerkennung durch erhöhte Einfuhrzölle. Im ganzen aber gehören
alle diese Einrichtungen noch zum Kreise der Stadtwirtschaftspolitik. Entweder das Kaufmannsinteresse oder das Interesse
der großstädtischen Volksmenge oder beide zusammen haben diese
Institutionen beherrscht. Und darnach wird auch das Urteil über
sie lauten.

Ich möchte sagen, sie waren das Ergebnis einseitiger Groß-
stadtbildung und Großstadtherrschaft. Eine solche erzeugte gewiß
hohe geistige und materielle Kultur an einem Punkt, kühne Zusammenfassung großer Gebiete. Aber die Möglichkeit, $^1/_{10}$ bis
1 Million Menschen auf engem Raum zusammenzudrängen, war
erkauft durch eine Getreideversorgung anormaler Art. Wenn in
Rom die Knechtung des orbis terrarum benutzt wurde, um dem
städtischen Pöbel Brot umsonst zu liefern, so schuf man ein
ganz falsches Anziehungsmittel für die Hauptstadt, man depra-
vierte die unteren Klassen und ruinierte zugleich die italienische
Landwirtschaft.

Erreichte man das Ziel wie in Venedig oder Amsterdam

nur durch den freien Handel, so waren die Folgen natürlich ent=
fernt nicht so schlimm. Die Möglichkeit des wasserkopfartigen
Anwachsens der Stadt war viel geringer. Aber immer blieb es
auch hier schlimm, daß die billige Versorgung der Stadt und
der blühende Handel der Getreidehändler verbunden war mit
einer Preisgabe der heimischen Landwirtschaft. Jeder Fortschritt
internationaler Arbeitsteilung beruht auf einer Preisgabe heimi=
scher Produktionszweige und Verkehrsentwickelungen. Es fragt
sich nur, welchen Umfang diese Preisgabe annahm und ob sie
Majoritäten des Volkes traf, die infolge der politischen Verfassung
kaufmännischer Aristokratien nicht in der Lage waren, ihr Inter=
esse geltend zu machen. Das Normale ist es doch, wenn nicht
das egoistische Sonderinteresse einer Großstadt die Wirtschafts=
politik eines Staates beherrscht, in dem die Großstadt doch
höchstens ein Viertel oder ein Zehntel der Menschen ausmacht.
Und ebenso bleibt es wirtschaftspolitisch das Wünschenswerte,
daß eine Großstadt wie Venedig oder Amsterdam den Vorteil
ihrer großen Nachfrage nicht ausschließlich fernen und fremden
Landen, sondern auch der agrarischen Umgebung der Stadt, die
politisch mit ihr verbunden ist, die in allem übrigen die Schick=
sale mit ihr teilt, zuwende.

Derartiges aber war nur möglich, wenn und wo größere
politische Gemeinwesen mit Regierungen entstanden waren, die
über den Sonderinteressen einer Handelsstadt standen.

6.

Die Getreidehandelspolitik der Territorien und Mittelstaaten.

Wo nicht mehr die Interessen einer Hauptstadt die Wirt=
schaftspolitik des Gebietes oder Territoriums absolut beherrschen,
wo feste Regierungen, unter Umständen neben ihnen einflußreiche
Vertretungen des Volkes die Politik leiten und beeinflussen, wo
es sich um Bevölkerungen von wenigstens einer halben, einer oder
mehrerer Millionen, um Gebiete von wenigstens 25 000—200 000

□ Kilometer handelt mit einer Anzahl gleichstehender Städte,
mit verschiedenen Landesteilen, Grafschaften, Kantonen, Kreisen
oder gar schon Provinzen, mit einem bewußten und organisierten
Gegensatz der städtischen und der ländlichen Interessen, da wird
die Getreidehandelspolitik nicht leicht in den Bahnen verharren,
die wir bisher beschrieben haben, da kommen jedenfalls neben den
geschilderten und naturgemäß in gewissem Umfang fortdauernden
Interessen und Einrichtungen andere und neue in Betracht, die
ihren Kern im gesamten Landesinteresse und in den Versuchen
haben, für die vorhandenen Interessengegensätze einen Ausgleich
zu finden.

Ich rechne zu diesen staatlichen Gebilden Sicilien unter
Friedrich II., wie die späteren italienischen Mittelstaaten, das
deutsche Ordensland und die deutschen größeren Territorien des
16.—18. Jahrhunderts, auch im ganzen England vor der wirtschaftlichen Einverleibung Schottlands und Irlands, die älteren
skandinavischen Staaten. Auch Frankreich ist bis Ende des 15.
Jahrhunderts ein Mittelstaat, sofern wir dabei an das Krongut
denken, in dem allein das Königtum etwas zu sagen hatte, und
auch in den Tagen Richelieus und Colberts sind nur die pays
d'élection in die staatliche Getreidehandelspolitik einbegriffen,
nicht die pays d'Etat wie Languedoc, Bretagne, Bourgogne,
Provence 2c. und nicht die neuerworbenen Provinzen, wie Lothringen und das Elsaß. Immerhin waren die pays d'élection
jetzt schon so groß, daß man nicht eigentlich mehr von einer
territorialen, sondern von einer staatlichen Politik sprechen muß.
Im ganzen aber haben wirkliche Großstaaten mit einheitlicher
Wirtschaftspolitik erst in den letzten Generationen sich gebildet.
Von ihnen will ich daher noch ein Wort sagen. Sie haben vor
allem in unseren Tagen durch die modernen Verkehrsmittel ein
anderes wirtschaftliches Gepräge erhalten, als die hier ins Auge
gefaßten, mehr dem 13.—18. Jahrhundert angehörigen Mittelstaaten und Territorien, deren Getreidehandelspolitik Naudé in
dem vorliegenden Bande hauptsächlich schildert.

In solchen Gemeinwesen nun mußte, sofern ein gemeinsames

Bewußtsein der wirtschaftlichen Zustände und Interessen ent=
standen war, naturgemäß ein Gedanke sich bilden und nach Ver=
wirklichung trachten, der dahin ging, die Getreibeprobuktion und
=versorgung, sowie allen Getreibehandel des Landes als ein
Ganzes zu erfassen und alle Einrichtungen dieser Betrachtung
und dem Gesamtinteresse unterzuordnen. Die Versorgung des
ganzen Landes mit Brot, die Blüte der einheimischen Landwirt=
schaft, die Einfügung des Getreibehandels in die gesamten Handels=
interessen des Landes — das waren jetzt die Ziele, die man von
seiten der Regierungen ins Auge faßte, für die man Einrichtun=
gen schaffen wollte. Es konnte je nach den konkreten Verhält=
nissen recht Verschiedenes aus diesem Standpunkt der Betrachtung
folgen. Meist aber war das Nächstliegende, daß der Handel im
Innern frei, eine Stadt der anderen, ein Kreis, eine Provinz
der anderen die Zufuhr nicht sperre und daß dieser Ausgleich
innerhalb des Staates mehr Förderung verdiene, als ein über
die Grenzen des Staates hinausgehender Handel, und zweitens,
daß man nach außen gegen Dritte gemeinsam auftreten, gemein=
sam Einfuhr oder Ausfuhr erlauben oder verbieten, durch Zölle
an der Grenze oder andere Maßregeln die Ein= oder Ausfuhr
fördern oder erschweren müsse. Und doch standen beiden Prinzipien
lange die überlieferten Zustände, Interessen und Einrichtungen
entgegen, so daß sie erst langsam siegen konnten. Zumal in
Territorien und Staaten ohne natürliche Straßen und Wasser=
wege, in solchen, welche infolge zufälliger historischer Grenzen
kein natürliches Ganze bildeten, war es schwierig, zu dieser wirt=
schaftspolitischen Einheitlichkeit zu kommen. Schon Galiani er=
innert daran, daß die französischen reichen Getreibegebiete fast
durchaus Grenzgebiete waren, die eher mit dem Auslande als
mit dem unwegsamen Centrum Frankreichs Verkehr haben konn=
ten. Teilweise ähnlich verhielt es sich mit dem Süden Eng=
lands, mit den deutschen Korngebieten und ihrem Hinterlande.
Ein großer Teil aller Staaten blieb bis zum modernen Straßen=
und Eisenbahnbau in derselben Lage, wie im Mittelalter, d. h.
jede Stadt blieb mit ihrer Umgebung für den Getreibehandel

ein isoliertes Wirtschaftsgebiet für sich, weil Wege und Fracht=
kosten jeden Austausch mit den Nachbargebieten hinderten. Und
in den einzelnen Stadtgebieten und Landesteilen hatte man sich
an die alten Einrichtungen gewöhnt, hatte längst, soweit ein
Handel stattfand, ihn ebenso nach außen, als in die politisch
verbundenen Landesteile gerichtet. Daher der lange Kampf
gegen die doch notwendige und heilsame Tendenz der Vereinheit=
lichung.

Daß ein einheitliches Staatsgebiet auch ein einheitliches
freies inneres Marktgebiet werden müsse, dieser Gedanke hat
Jahrhunderte zu seiner Verwirklichung gebraucht. Im mailändi=
schen Herzogtum sehen wir lange als Rest der Stadtpolitik die
Praxis maßgebend, daß zu jeder Kornfuhre von einem Bezirk
zum anderen, von einem Ort zum anderen eine polizeiliche Licenz
nötig war. Auch in England war der Getreidetransport von
einer Grafschaft zur anderen in älterer Zeit nicht ohne könig=
liche Licenz erlaubt. Im Jahre 1439 wird bei Gelegenheit einer
Teuerung jede Ausfuhr von einem Hafen in den anderen, von
einer Grafschaft in die andere ohne königliche Licenz verboten.
Erst das Gesetz von 1663 führte definitiv einen freien Verkehr
im Innern Englands ein; erst 1806 bekam es mit Irland ganz
ungehinderten Austausch. In Spanien wurde 1480 zwischen
Aragon und Kastilien das Verbot der Getreideausfuhr beseitigt,
um der Zusammengehörigkeit beider Reiche Ausdruck zu geben. Aber
erst 1717 wurde die Beseitigung der Zollschranken in Bezug auf
Getreide in der Hauptsache für die meisten Provinzen erreicht,
— freilich auch nicht ohne spätere Rückfälle. In Frankreich ging
das Recht, Getreidesperren zu verhängen, erst von den lokalen
Baillis auf die Gouverneure der Provinzen, dann unter Franz I.
auf die Krone über; 1567 und 1577 suchte man den Gedanken
der interprovinzialen Getreidehandelsfreiheit zu verbinden mit
den alten Wochenmarktseinrichtungen. Im Jahre 1763 erst
(Deklaration vom 25. Mai) wurde definitiv der Getreidetrans=
port von einer Provinz in die andere ohne Erlaubnisschein
gestattet.

Auch wo prinzipiell Getreidesperren im Innern beseitigt waren und keine besondere Erlaubnis zum Transport und Handel von Ort zu Ort mehr nötig war, blieben natürlich oft lange innere Zölle und Wegeabgaben ein Hemmnis der Ausgleichung. Colbert hat viele derselben beseitigt, entfernt nicht alle. Daß die inneren Zölle in Preußen in der Hauptsache erst im 19. Jahrhundert fielen, ist bekannt. Ebenso blieben oft die Stapelrechte eine Hinderung des freien Verkehrs. Auf Grund derselben haben größere Getreidemarktorte, wie Magdeburg, Stettin, Hamburg, Danzig das Recht, weite Distrikte zu zwingen, all ihr Getreide zuerst an den Stapelort zu bringen, dort an den Ortsbürger zu verkaufen; der Stapelort hatte ein Verbietungsrecht gegen neu aufkommende Märkte und Schiffseinladestellen in seiner Nähe. Je nach der Bedeutung, der Macht, der Unterordnung der einzelnen Städte unter die Staatsgewalt, suchten die Landesregierungen im Gesamtinteresse das Stapelrecht zu mildern oder ganz zu beseitigen, die einander bekämpfenden Stapelrechte benachbarter Städte zu versöhnen.

Hauptsächlich aber nahmen die Regierungen frühe das Recht in Anspruch, bei der Sperre von Getreidehandelsplätzen ein Wort mitzureden, wie ich das für Stettin und Magdeburg im 16. Jahrhundert nachwies[1]. Und bald trat an die Stelle aller lokalen Sperren das Prinzip, daß Ein- und Ausfuhr stets für das ganze Staatsgebiet einheitlich zu erlauben oder zu verbieten sei. Es war ein Prinzip, das davon ausging, daß wenn die Bürger eines Landes an einer Stelle, wenn bestimmte Klassen Not leiden, nicht der Besitz von Getreide zum Gegenstand eines Gewinnes für einzelne Landesteile, für einzelne Klassen, Gutsbesitzer oder Händler gemacht werden dürfe. Es war derselbe Gedanke der Solidarität, der einst die Stadtpolitik beherrscht, der nun auf das Land übertragen wurde. Gegen das Prinzip bestand kaum eine ernstliche Opposition; nur der Ausführung im einzelnen widersetzten sich die Interessenten; sie suchten immer

---

[1] Siehe oben S. 21.

wieder zu beweisen, daß das Ziel nicht schablonenhaft zu er=
reichen sei, daß das Mittel in seiner Anwendung leicht mehr
Schaden, als Nutzen stifte. Trotzdem blieb für die Mehrzahl
der Staaten vom 15. bis 18. Jahrhundert und teilweise bis
tief ins 19. hinein es der leitende Grundsatz der Getreide=
handelspolitik, daß die Regierung die Pflicht habe, durch
wechselnde, den Ernteverschiedenheiten angepaßte, das ganze
Land umfassende Ausfuhrverbote und Ausfuhrgestattungen die
Getreidepreise zu beherrschen, die Versorgung des Landes mit
Brot zu garantieren.

Es ist klar, daß der Erfolg dieser Politik ganz abhing von
dem Maß von Kenntnis und Nachrichten, Gewissenhaftigkeit und
Geschicklichkeit derer, welche diese Politik leiteten, sowie von der
Art, wie die Ausführung im einzelnen erfolgte, wie sie sich mit
fiskalischen und militärischen Gesichtspunkten verband, wie es
Klasseninteressen gelang einzugreifen. Die ganze erste Hälfte des
Buches von Naudé ist überwiegend der Frage gewidmet, wie
diese Aufgabe den Regierungen zu lösen gelungen sei. Haupt=
sächlich die französischen und englischen Maßregeln werden in
dieser Beziehung untersucht. Es kann nicht unsere Aufgabe sein,
das Einzelne hier wiederzugeben. Ich will nur einige prägnante
Züge hervorheben.

Nachdem Franz I. 1515 das Recht, die Kornausfuhr im
Innern wie nach außen zu erlauben und zu verbieten, für ein
ausschließlich königliches Recht erklärt hatte, kam man in
Frankreich zu dem Gesetz, daß jede Ausfuhr aus den pays
d'élection nur mit königlicher Erlaubnis gestattet sei, und zu
dem Versuche, nach den in Paris gesammelten Ernte= und Preis=
berichten die zur Ausfuhr erlaubten Quantitäten zu bestimmen,
welche auf die Provinzen verteilt wurden. Die gute Absicht
springt in die Augen, ebenso die Möglichkeit, auf die ver=
schiedenen Bedürfnisse der Provinzen Rücksicht zu nehmen; aber
auch die Wahrscheinlichkeit ungerechter willkürlicher Ausführung
liegt nahe. Mit der Blüte der französischen Landwirtschaft,
hauptsächlich unter Heinrich IV. und Sully, wurde dann die

freie Ausfuhr regelmäßig gestattet, während ihr Verfall Colbert
zu einer viel vorsichtigeren, die Getreidevorräte mehr im Land
zurückhaltenden Politik nötigte. Die Untersuchung der Colbert=
schen Getreidehandelspolitik ist eine der besten Partien des
Buches; sie kommt zu ganz anderen Resultaten, als die ganze
bisherige französische Litteratur. Naudé weist nach, daß Colbert
von den 168 Monaten seiner Verwaltung im ganzen während
56 die Ausfuhr sperrte, während 112 sie teils ohne, teils mit
höheren oder niedrigeren Zöllen zuließ, auch stets für einzelne
Provinzen Ausnahmen machte. Er zeigt vor allem, daß der
Vorzug der Colbertschen Verwaltung nicht sowohl darin bestand,
für die Städte und die Industrie mäßige Preise herbeizuführen,
als darin, dieses Ziel auf Grund eines gut organisierten
Nachrichtendienstes unparteiisch, geschickt, den Verhältnissen ent=
sprechend zu erreichen. Unter seinen Nachfolgern war man bald
mehr für Ausfuhrfreiheit, bald mehr für das Verbot, haupt=
sächlich 1731—63 herrschte letzteres vor, — aber gedankenlos,
schablonenhaft angewandt, und darum schädlich wirkend.

In England galt in der älteren Zeit bis 1393 der Grund=
satz, daß nur mit königlicher Licenz ausgeführt werden dürfe.
Der Versorgungsstandpunkt herrschte vor. Von da an bis zu
den Tudors weiß es das agrarische Interesse der südlichen
Grafschaften durchzusetzen, daß die freie Ausfuhr gegen mäßigen
Zoll in der Regel gestattet, ja daß 1463 die Einfuhr verboten
wird, wenn der Weizen nicht über 6 Schilling pro Quarter ge=
stiegen sei. Die Tudors kehren zu dem Gesichtspunkt der
Teuerungspolitik zurück: die Ausfuhr wird nur gegen besondere
königliche Licenz gestattet. Von Elisabeth aber wird die Aus=
fuhr, aber vor allem die auf englischen Schiffen, wieder be=
günstigt, so lange der Preis nicht eine gewisse Höhe erreicht.
Und diese Politik wird unter Cromwell und Karl II. weiter
ausgebildet: 1670 wird die Ausfuhr bei jedem Preis erlaubt,
und die Einfuhr bei niedrigem Preis mit hohem, bei hohem
Preis mit niedrigem Zoll belegt. Es war von da nur noch
ein kleiner Schritt bis zu dem Gesetz von 1689, das jeden Aus=

fuhrzoll bei niedrigem Preis beseitigte und für jede Ausfuhr
pro Quarter 5 Schilling Prämie verspricht, so lange der Preis
des Weizens im Ausfuhrhafen unter 48 Schilling beträgt. Es
ist das Gesetz, das nach der Annahme fast aller Schriftsteller
des 18. Jahrhunderts und auch nach der Untersuchung Fabers
und Raubés die Blüte der englischen Landwirtschaft erzeugte.

Wir sehen, es ist der große Interessengegensatz zwischen den
Konsumenten der Städte, die billiges Brot, und den ländlichen
Produzenten, die gute Preise haben wollten, welcher diese ganze
Politik und ihre Wechsel bestimmt. Ob ein Land mit der einen
oder andern Entscheidung gut gefahren, hängt ausschließlich
davon ab, ob die Regierenden das überwiegende oder Gesamtinteresse richtig erkannten, die entsprechenden Maßregeln geschickt
und schonend durchführten, auch auf die dadurch verletzten ent-
gegenstehenden Interessen, soweit es ging, leiblich Rücksicht
nahmen. Die Colbertschen Sperren waren so richtig, wie die
unter Ludwig XV. falsch; in England war die Art der Sperre
im 14. Jahrhundert überwiegend schädlich, die Ausfuhrprämien
von 1689 an waren überwiegend nützlich. Der damalige Sieg
des Landinteresses hat von 1689—1763 England nicht sowohl
hohe Preise gebracht, als nur die Preise, die allgemein in
Westeuropa 1720—60 so sehr tief sanken, nicht so sinken lassen,
wie anderwärts. Die Getreideausfuhrpolitik hat zugleich vor
allem die englische Marine befördert, da die Prämien an die
Verfrachtung auf englischen Schiffen geknüpft waren, und so
dem Lebenselement des Landes, dem Seehandel, genützt.

In andern Staaten hat ein ähnlicher Sieg des Landadels
die schlimmsten Folgen gehabt, z. B. in den damals politisch
vereinten Staaten Norwegen und Dänemark. Dort setzte der
dänische Landadel, welcher zwei Fünftel des Bodens besaß und
der Hauptverkäufer von Getreide war, das Korngesetz von 1735
durch, welches alle Einfuhr in Dänemark verbot, und ganz
Südnorwegen, wo stets Getreide fehlte, zum ausschließlichen
Absatzgebiet für Dänemark erklärte. Das Gesetz war eine grobe
Ungerechtigkeit, da es dem dänischen Abel enorme Gewinne auf

Kosten der oft hungernden südnorwegischen Bevölkerung brachte. Der Minister Struensee, welcher 1771—72 das System über den Haufen werfen wollte, freie Korneinfuhr in Norwegen gestattete und nach Preußens Vorbild die königlichen Magazine ausdehnen wollte, bezahlte diesen Versuch mit dem Tode auf dem Schaffot. Erst 1788 fiel das Korngesetz von 1735 definitiv. —

Mit den beiden Fragen der Freiheit des innern Getreidehandels und einheitlicher Regulierung der Aus- und Einfuhr je nach den vorwiegenden Interessen ist aber die territoriale Getreidehandelspolitik noch nicht erschöpft. Es kommt ein wichtiger weiterer Punkt in Betracht.

7.
Die staatliche Getreidehandelspolitik und das Finanzinteresse.

Ich sagte vorhin, die englische Sperrpolitik im 14. Jahrhundert sei überwiegend schädlich gewesen. Ich habe nicht hinzugefügt warum. Sie war es nicht sowohl, weil damals die Erschwerung der Ausfuhr vom Standpunkt der reichlichen Landesversorgung an sich etwas falsches gewesen wäre, als weil die englischen Könige nur sperrten, um möglichst viel Licenzen zur Ausfuhr in fiskalischem Interesse verkaufen zu können, weil so die Sperrpolitik in falscher Weise als Besteuerungsmittel benutzt wurde, ohne Rücksicht auf die jeweilige Marktlage und die Preise.

Damit ist ein Punkt berührt, der in der ganzen Geschichte der staatlichen Getreidehandelspolitik vom 13.—18. Jahrhundert eine große Rolle spielt. Je größer die Staaten werden, je mehr in den Händen der Regierung ein Apparat von Machtmitteln, wie das Recht des Aus- und Einfuhrverbots, die Dispensationen von den allgemeinen Ge- und Verboten, das Recht Zölle zu erheben, sie zu erhöhen oder zu mildern, sich sammelt, je mehr die Regierungen vollends selbst durch ihren Domänenbesitz, durch Naturalabgaben oder sonstwie über große Vorräte verfügen und Getreidehandel treiben, desto mehr

schiebt sich als eine weitere Hauptursache der jeweiligen Maß=
nahmen neben dem Versorgungsinteresse der städtischen Kon=
sumenten, dem landwirtschaftlichen Interesse an guten Preisen
und dem Händlerinteresse an lebendigem Umschlag und wechseln=
den Preisen das fiskalische Regierungsinteresse, das gewinnen
will, in den Zusammenhang der Getreidehandelspolitik ein.
Solange es sich den Handelsinteressen unterordnete, war es
nicht ohne Berechtigung; wo es zum ausschließlich herrschenden
wurde, hat es die schlimmsten Zustände erzeugt. Die Politik
Friedrichs II. in Sizilien ist ein Beispiel der ersten, die des
deutschen Ordens und die Annonarpolitik der meisten italienischen
Staaten vom 16. Jahrhundert an sind Beispiele der zweiten Art.

Sicilien stellt unter dem Kaiser Friedrich II. ein im großen
und ganzen einheitliches Verkehrsgebiet mit freiem inneren
Handel dar; ausdrücklich war die Absperrung der Provinzen in
der Zeit der Teuerung verboten. Jedermann durfte mit Ge=
treide handeln, obwohl die Krone mit ihren großen Domänen
und ihrem Getreideüberfluß den ersten Getreidehändler und
=exporteur des Landes darstellte. Ein Getreideausfuhrzoll in
natura vermehrte die Vorräte in den kaiserlichen Speichern.
Weitergehende Vorschläge einer Verstaatlichung des Getreide=
handels in fiskalischem Sinne wies Friedrich mit der Bemerkung
zurück, das Ziel seiner Regierung sei, den Besitz seiner Unter=
thanen zu mehren; die sichere und wohlhabende Stellung der
Unterthanen begründe den Ruhm der Könige.

Wenn der deutsche Orden in seinem Gebiete im 14. und
15. Jahrhundert eine ähnliche Stellung durch seine Domänen
und seine Getreidezinsen und =hebungen erhielt und ebenso im
Stande war, einen großen Export durch seine Schäffer in Marien=
burg und Königsberg zu organisieren, so verstand er leider nicht
ebenso, wie Friedrich II., die nötige Rücksicht auf seine Unter=
thanen zu nehmen. Der Orden mißbrauchte seine landesherr=
liche Gewalt in fiskalischem Interesse für seinen Getreidehandel;
er führte Getreide aus, wenn den Unterthanen wegen Teuerung
die Ausfuhr verboten war, er gab und verweigerte willkürlich

Erlaubnisbriefe an Private zur Ausfuhr, er hielt sich nicht an das bestehende Wochenmarkts= und Vorkaufsrecht. Die ganze Behandlung dieses staatlichen Getreidehandels als eines guten Geschäftes mit Vorzugs= und Monopolrechten und nicht als einer der Bevölkerung dienenden Wirtschaftsmaßregel war viel= leicht die wichtigste Ursache für die ständischen Bewegungen gegen den Orden im 15. Jahrhundert, für den revolutionären Anschluß an Polen und den Anschluß Westpreußens an diesen Staat.

Die Ordensregierung wurde durch diese ihre kaufmännisch= fiskalischen Interessen immer leicht gehemmt, in den wichtigsten prinzipiellen Fragen des territorialen Getreidehandels die rechte Stellung einzunehmen. Es handelte sich in Preußen, wie in den andern Staaten 1. um den Interessengegensatz von Stadt und Land, der für Ausfuhrverbote, Zulassung fremder Einkäufer und polnischen Getreides, Wochenmarktsrecht und alles Ähnliche die entgegengesetzten Forderungen stellte, und 2. um die innere Freiheit des Getreideverkehrs im Lande. Wenn Teuerung war, wollten häufig die Ritter freie Ausfuhr, die Städte das Verbot derselben. Es war der natürliche Gang der Entwickelung in allen Territorien, daß die Entscheidung hierüber nicht mehr den einzelnen Städten oder Gebieten nach ihrem Sonderinteresse, sondern den Organen des Landes nach dem Gesamtinteresse des Landes zustehen solle: also der Landesregierung, oder ihr und den Ständen gemeinsam[1]. Der Hochmeister und seine Gebietiger verhandelten nun auch über die Sperre, ihre Dauer, ihre Auf= hebung oft mit den Städten und den Rittern, ebenso über die Frage, ob es den Gästen erlaubt sein soll, aufs platte Land hinauszureiten und Getreide vom Landmann, statt vom städti= schen Händler zu kaufen, ob der Landmann das in die Stadt gebrachte Getreide sofort da verkaufen müsse oder aufschütten dürfe[2]. Aber je häufiger die Ordensregierung von ihren

[1] Vgl. oben S. 21—23.
[2] Z. B. Töppen, Akten der preuß. Ständetage II, 388—489.

Sonderinteressen bei den Verhandlungen beherrscht war und
Ausnahmen für sich wollte, desto schwieriger mußte es für sie
sein, die Interessen richtig zu versöhnen, dem augenblicklichen
Gesamtinteresse den Sieg zu verschaffen. Besser noch gelang
ihr, sich in der Frage des innern Verkehrs auf den richtigen
Standpunkt zu stellen. Als 1433 der Hochmeister Danzig auf-
forderte, doch den freien Verkehr des Getreides nach andern
Städten des Landes nicht zu verbieten, findet er nötig, hinzuzufügen, er habe auch seinen Gebietigern verboten, eine Sperre
von einem Gebiete zum andern zu verhängen[1]. Und im folgenden Jahre wird dieser Grundsatz des freien innern Verkehrs
von Orden, Land und Städten auf der Tagfahrt von Elbing
als allgemeines Gesetz ausgesprochen[2].

In Florenz herrschte bis ins 15. Jahrhundert die einfache
alte stadtwirtschaftliche Getreidepolitik. Es ist verboten, Korn
und Weizen, Öl und Wein zu kaufen, um es mit Gewinn
wieder zu verkaufen. Jeder darf nur für seine Familie kaufen,
Müller sollen überhaupt kein Getreide erhandeln. Auf 9 Miglien
darf kein Städter dem Bauer etwas abkaufen, damit dieser alles
auf den städtischen Markt bringe. Der Bäcker war Brottaxen
unterworfen. Die Annonarbehörde durfte allen auf den Markt
kommenden Lebensmitteln einen Maximalpreis setzen. Rückfuhr
von Getreide, das auf dem Markt lag, war verboten. Die
unterworfenen Kommunen wurden in der Regel gezwungen, ihre
überflüssigen Lebensmittel nur nach Florenz zu bringen. In
Teuerungsjahren hob man alle Einfuhrzölle auf, zahlte Prämien
für ausländischen Import, kaufte auf Rechnung des Staates im
Auslande. Die Medici setzten im 16. Jahrhundert diese Politik
fort, aber nicht ohne als kluge Kaufleute sich selbst dabei die
Taschen zu füllen, indem sie selbst in Getreide spekulierten, die
Ein- und Ausfuhrlicenzen zur eigenen Bereicherung benutzten.
Es kam so zu der im ganzen beibehaltenen Stadtwirtschafts-

[1] Das. 1, 606.
[2] Das. I, 655.

politik, welche im Interesse der Versorgung der städtischen Ge=
werbebevölkerung das platte Land mißhandelte, ein fiskalischer
Zug in die Florentiner Annonarpolitik, der je mehr er hervor=
trat, desto mehr für die Arnostadt verderblich wurde.

Freilich in ganz anderer Weise haben die Päpste und die
bourbonische Regierung in Neapel diese abschüssige Bahn ver=
folgt. In Rom saß seit dem 15. Jahrhundert das päpstliche
Kollegium der Annona oder Abundanzia, das für die Stadt
Rom einkaufte, den Landleuten verbot, an andere zu verkaufen,
willkürlich die Preise festsetzte, zu denen es kaufte, die Ausfuhr
verbot, in Rom den Getreidemarkt und die Bäcker beherrschte.
Und das Unglück war nun, daß daneben die Beamten und der
Präsident der Annona selbst Kornhandel auf eigene Rechnung
trieben, gegen Bestechung Ausnahmen und Ausfuhrscheine er=
teilten. Nur wenige Päpste schritten gegen diese unerhörten
Mißbräuche ein, welche die ganze Landwirtschaft des Kirchen=
staates ruinieren mußten; einzelne nahmen selbst oder durch ihre
Verwandten an dem Kornwucher teil; ebenso waren häufig die
Kardinäle beteiligt. Der ungeheure Bankerott der Annonar=
behörde 1790—98 beseitigte noch nicht einmal für immer diese
schamlose Entartung staatlicher Pflichten gegen die Bevölkerung.

Für Neapel zu sorgen war noch schwieriger als für Rom,
da es 2—350 000 Seelen schon damals hatte. Der Präfekt
der Annona befahl im ganzen Lande zu Gunsten der Hauptstadt;
die Annonarbehörde hatte 1680 schon 11 Millionen Dukaten
Schulden. Die Beamten betrogen nicht minder als in Rom;
die Annonarbehörde wurde nur zeitweise gezwungen, billig zu
verkaufen, wenn die hauptstädtischen Massen in Gärung ge=
kommen waren und die Revolution drohte. Für gewöhnlich
wurde auch die hauptstädtische Masse bewuchert, nicht bloß der
Bauer; den Raub teilte die Regierung mit den Baronen und
Annonarbeamten. In Sicilien und Genua scheinen die Ein=
richtungen ähnlich gewesen zu sein. Es war natürlich, daß der
kühne Entschluß Leopolds von Lothringen, in Florenz mit der
ganzen alten mißbräuchlichen Annonarwirtschaft zu brechen

(September 1767) und in physiokratischem Sinne volle Freiheit
des innern Getreidemarktes und in der Regel auch der Ausfuhr
herzustellen, als ein ungeheurer Fortschritt gepriesen wurde:
die Landwirtschaft Toskanas war in kurzer Zeit die blühendste
Italiens.

Nach diesen wenigen Beispielen ist es begreiflich, daß die
von vielen Regierungen vom 16.—18. Jahrhundert wieder auf-
genommene Idee, durch eigene große Vorratshaltung mehr als
durch die Regulierung der Aus- und Einfuhr die Preise zu beherrschen und die entgegengesetzten Interessen auszugleichen, von
den einen in den Himmel gehoben, von den andern als das
schlimmste aller Systeme verurteilt wurde. Für Frankreich, wo
auch der König und die Spitzen der Regierung sich an Korn-
spekulationen im 18. Jahrhundert beteiligt hatten, war es gewiß zeitgemäß, wenn Turgot 1774 den König feierlich versprechen ließ, er werde in Zukunft auf allen Kornankauf auf
eigene Rechnung verzichten. Zu gleicher Zeit wirkte das System
königlicher Magazine in Preußen ausgezeichnet, und versuchte
Katharina II. das in Preußen bewährte System des fiskalischen
Getreidehandels mit der Tendenz, dadurch die Preise auf einem
mittleren Niveau zu erhalten, auf ihr Reich zu übertragen.

Nicht der staatliche Getreidehandel an sich zeigte sich als
segensreich oder verderblich, sondern nur die Art seiner Handhabung, nur der Geist, welcher ihn beherrschte.

8.

Die Resultate der Getreidehandelspolitik vom 16. bis 18. Jahrhundert.

Deshalb ist es auch nicht ganz leicht, ein allgemeines Urteil
über die Getreidehandelspolitik der bisher ins Auge gefaßten
Staaten und Territorien vom 15.—18. Jahrhundert abzugeben;
die Institutionen und ihre Wirkung gehen im einzelnen weit
auseinander.

Außerdem ist für uns das Urteil deshalb schwierig, weil

der bisherige Überblick, ganz summarisch gehalten, vieles nur an=
deutet, manches übergehen mußte. Ich füge hinzu, daß auch
Naudés Darstellung nur eine übersichtliche ist und sein wollte.
Für Preußen werden erst die folgenden Bände der Acta Borussica
das Einzelne vorführen. Und erst wenn sie vorliegen, ist für
diesen Staat eine so gesicherte Grundlage vorhanden, daß man
ganz klar urteilen kann. Dennoch möchte ich versuchen, in ein
paar allgemeinen Worten unsere jetzige Erkenntnis der staatlichen
Getreibehandelspolitik vom 15.—18. Jahrhundert zusammenzu=
fassen.

Der Gegensatz zu der älteren Verfassung ist einfach: früher
Stadtwirtschaftspolitik nach städtischen Interessen, jetzt Landes=
politik nach Landesinteressen; früher wie jetzt rangen verschiedene
Interessen um den Vorrang, handelte es sich darum, wie sie sich
ausglichen, welches die Vorherrschaft behauptete, was als Stadt=
oder Landesinteresse erschien, sich behauptete. Nur war jetzt der
Vorgang komplizierter. Und entsprechend waren auch die In=
stitutionen viel komplizierter als zur Zeit der Stadtwirtschaft.
Daher war auch ihre Durchführung, selbst wenn und wo man
das an sich Richtige, dem Gesamtinteresse am besten Entsprechende
gefunden hatte, im ganzen schwieriger. Und je größer und ver=
schiedenartiger das Land war, je weniger der Staat von Natur
ein wirtschaftliches Ganze bildete, desto schwerer war es, die
richtige Verfassung zu finden und sie durchzuführen.

Die Tendenz auf freien inneren Verkehr war so notwendig
und heilsam, als die auf gemeinsame einheitliche Maßregeln
gegenüber dem Ausland. Aber beide Tendenzen mußten unzählige
Kompromisse abschließen mit den älteren Einrichtungen, mit den
verschiedenen Interessen einzelner Landesteile, mußten immer wie=
der mit halber Durchführung zufrieden sein. Die wechselnde
Sperrung und Öffnung des Landes war nach der Idee der Zeit,
nach dem Stande des Verkehrs, der Verwaltungstechnik und der
Behördenorganisation das Richtige, war das notwendige Instru=
ment der Regierungspolitik. Seine Handhabung hing von der
Art und Fähigkeit der Regierung ab; hier siegte wirklich das

Landes-, dort ein einseitiges Klassen-, wieder wo anders ein fiskalisches Regierungsinteresse. Bei den damaligen mäßigen Kenntnissen von Bedarf und Angebot, von Erntemenge und Zufuhr war ein gut Teil der verhängten Maßnahmen ein Tappen im Dunkeln. Aber falsch waren deswegen doch diese Maßnahmen nicht, oft wirkte schon der gute Wille, die Bekanntmachung der Sperre oder der Öffnung auf normalere Preise. Aber andererseits war auch bei den mancherlei fehlerhaften Entscheidungen, bei der oft noch mangelhafteren Ausführung natürlich, daß man sich fragte und mit praktischen Versuchen begann, ob nicht an Stelle willkürlich freier Regierungsentscheidung von Fall zu Fall allgemeine Regeln treten könnten, die mechanisch die Entscheidung gäben und darum als gerechter angesehen würden. Man begann Sperre und Ausfuhrerlaubnis, Zoll- und Exportprämie von der Preishöhe abhängig zu machen. Noch mehr hat man in der Folgezeit, im 19. Jahrhundert sich diesem Prinzip zugewendet. Wir werden sehen, daß es auch seine Schattenseiten hatte, bald in der Durchführung als schädlich sich erwies.

Die Ausgleichung der Überschüsse der guten Jahre mit den Fehlbeträgen der schlechten war immer schwer gewesen; sie wurde an den Punkten, wo ein großer Privathandel durch Wasserwege möglich war, in den Staaten, wo eine Domänen- und Militärverwaltungspolitik zu staatlichen Magazinen führte, wohl etwas erleichtert. Aber andererseits waren früher die kleineren Städte doch wohl leichter durchzubringen gewesen; sie hatten sich, wenn sie wohlhabend waren, durch ihre Kaufkraft in der Regel auf Kosten der Umgebung oder der exportierenden Gegenden helfen können. Jetzt handelte es sich darum, das Problem für ein ganzes Land, für verschiedene Landesteile zu lösen, die teilweise noch ohne alle Verkehrswege mit den besseren Korngegenden waren. Eine leidliche städtische Magazinverwaltung war schon früher nicht ohne große Kosten und Verluste zu erreichen gewesen; ein staatliches Magazinsystem, über ein Land von mehreren Millionen, über verschiedene Provinzen ausgedehnt, war ein unendlich viel schwierigeres Kunststück der Verwaltung. Wie schwierig war die

Kontrolle, der Ein- und Verkauf, das Ausleihen, die Abgabe ans Ausland, eventuell der Bezug von dort her; wie schwer war es, mit dieser Magazinverwaltung den Interessen des verkaufenden Landmanns, des einkaufenden städtischen Konsumenten und Handwerkers, des privaten Getreidehändlers, der doch nicht ganz zu entbehren war, zugleich gerecht zu werden. Wir sahen, welch große fiskalische und Verwaltungsmißbräuche sich da und dort an das System anknüpften. Und doch war das ganze 17. und 18. Jahrhundert erfüllt von dem Ideal öffentlicher Getreidemagazine. Auch in England hatte eine königliche Proklamation die Errichtung von solchen 1623 in den Grafschaften verlangt. Freilich vergeblich. In Schweden war die Regierung im 17. Jahrhundert auch zur Einrichtung eines staatlichen Getreidehandels geschritten, im 18. entstanden dort vielfach die sogenannten Kirchspielsmagazine. Das preußische System in seinen guten Folgen werden die folgenden Bände der Acta Borussica zur Anschauung bringen. Wir werden sehen, daß es neben gewissen Schattenseiten doch im ganzen gut funktionierte, einen erheblichen privaten Exporthandel aus Elbing und Königsberg nicht unmöglich machte.

So bleibt der wesentliche Schluß: weder die gesamte Tendenz, noch die wichtigsten Einrichtungen der damaligen Getreidehandelsverfassung waren falsch; im Gegenteil sie entsprachen dem wirtschaftlichen Zustande, dem Verkehr, den politischen Bildungen der Zeit. Da und dort ist Gutes, ja Ausgezeichnetes geleistet worden. Wo das nicht gelang, war mehr die Ausführung mißlungen, als das Ziel an sich ein falsches. Überall so ziemlich treffen wir ähnliche Anläufe der Politik. Aber die Aufgabe war so schwierig, die Mittel der Verwaltung waren so vielfach ungenügend; die Verfassung der Staaten bot oftmals keinen genügenden Schutz gegen fiskalische und Klassenmißbräuche. Und deshalb war das Resultat vielfach ein so wenig genügendes und erfreuliches.

So ziemlich alle die besprochenen Maßnahmen entsprangen derselben Tendenz, welche die Wirtschaftspolitik der Zeit über-

haupt beherrschte, der merkantilistischen. Die Fiktion, daß Staat
und Volkswirtschaft getrennte Sphären des gesellschaftlichen
Lebens seien, die möglichst zu scheiden, außer Berührung zu setzen
seien, existierte damals höchstens in den Köpfen einzelner Groß=
kaufleute, die unbehindert sein wollten; sie hatte damals keinen
überwiegenden Einfluß aufs praktische Leben. Die vorherrschende
Doktrin war an sich und in der Hauptsache für die damaligen
Verhältnisse die richtige. Aber zuzugeben ist, daß die meisten
Menschen jener Tage die Möglichkeit staatlicher Leitung des
Wirtschaftslebens und des Gelingens bureaukratischer Unter=
nehmungen überschätzten. Man kannte die Schwierigkeiten der
Funktion großer staatlicher Organisationen noch nicht genug,
glaubte, jede Regierung und jede Beamtenschaft sei zu großen
Leistungen fähig. Erst nach und nach erwachte das Bewußtsein,
daß hier die Klassenmißbräuche der Herrschenden, die Indolenz
und Unehrlichkeit des Beamtentums oft die besten Pläne in ihr
Gegenteil verkehren können.

Daraus schöpfte die optimistische Naturlehre der Volkswirt=
schaft, welche die ganze merkantilistische Politik verurteilte, alles
Heil von dem egoistischen Handeln der Einzelnen erwartete, ihre
besten Argumente. Sie sah, daß an einzelnen Orten ein freier
privater Getreidehandel Treffliches geleistet habe, sie nahm sich
der bisher oft verkannten kaufmännischen Interessen an und ver=
langte für sie ganz freie Bahn. Von der Harmonie aller Inter=
essen träumend und kosmopolitisch fühlend, verwarf sie alle staat=
lich=egoistische Getreidehandelspolitik, Sperren und Zölle, Aus=
fuhrprämien und öffentlichen Magazine. Da ihrem Optimismus
keine Schlechtigkeit und Habsucht der Menschen verdächtig war,
erschien ihr alle ältere Wochenmarktspolitik, wie jede Sorge für
mäßige Preise oder für das Gedeihen der Landwirtschaft nur
als Verirrung und Dummheit. Sie verurteilte in demselben
Athemzug die italienische und die preußische Annonarpolitik, die
französische und die englische Getreidehandelspolitik des 17. und
18. Jahrhunderts. Und wenn die Kenner des wirklichen Lebens
von Galiani an, wenn in England Arthur Young, Jones, Malthus

zu anderen Schlüssen kamen, in der Wissenschaft behielten die Doktrinäre das Wort. In der Staatspraxis freilich blieb man bis 1840—60, was die Zölle betrifft, in der alten Bahn. Erst in der Mitte unseres Jahrhunderts siegte unter dem Eindruck der neuen Verkehrsmittel, der enormen Bevölkerungszunahme und Verteuerung des Lebens, im Moment einer gänzlichen Umge= staltung des Welthandels die Idee einer unbedingten und vollen Getreidehandelsfreiheit auf dem Wochenmarkte, wie auf den großen Getreidebörsen, im Inneren wie für den auswärtigen Handel.

9.

Die Getreidehandelspolitik der großen Staaten des 19. Jahrhunderts.

Eine Besprechung der europäischen Getreidehandelspolitik des 19. Jahrhunderts liegt eigentlich außerhalb des Rahmens dieses Aufsatzes, der das Naudésche Buch anzeigen will. Aber da wir die historischen Thatsachen in dem Schema einer Ent= wickelungsreihe vorgeführt haben, die in Vorstehendem nur bis zu den Staaten mittlerer Größe während des 16.—18. Jahr= hunderts ging, so ist es doch angezeigt, hier noch ein paar Worte über die Getreidehandelspolitik und -verfassung der großen Staaten des 19. Jahrhunderts, sowie über den heutigen Welt= handel hinzuzufügen, um damit die Reihe abzuschließen.

Es ist bekannt, daß ein ganz einheitliches inneres Markt= gebiet mit freiem Verkehr erst entstand in den Vereinigten Staaten seit 1789, in Frankreich seit der Revolution, im großbritannischen Vereinigten Königreich seit 1806, in Deutschland seit 1833 resp. 1866, in Österreich=Ungarn, Rußland=Polen und der Schweiz seit 1850, in Italien seit 1860—66. Und erst der Kanal=, Wege= und Chausseebau von 1750—1850, der Eisenbahnbau von 1830 bis 1890 hat den möglichen freien Verkehr einigermaßen zum wirklichen gemacht, eine erhebliche Preisausgleichung zwischen den dicht und den sparsam bevölkerten Gegenden, zwischen den Industriecentren und agrikolen Landesteilen herbeigeführt. Der große europäische Aufschwung der Landwirtschaft von 1770 bis

1875 beruhte wesentlich auf der gesteigerten inneren Absatzmöglich=
keit, welche die großen Staaten, ihr freier Markt und ihre Ver=
kehrsmittel boten. Ebenso war die Bevölkerungszunahme von
1750—1890 nur hierdurch möglich. Die in den verschiedenen
Staaten seit zwei bis vier Jahrhunderten gemachten Anläufe,
den inneren Handel von Provinz zu Provinz, von Stadt zu
Stadt frei zu machen, sind nun erst zur vollen Wahrheit ge=
worden; man beseitigte zu gleicher Zeit vollends die inneren
Zölle, ermäßigte die Fluß=, Kanalschiffahrts= und Chaussee=
gebühren oder hob sie ganz auf. Und Hand in Hand damit
verschwand die alte Wochenmarktsverfassung, wie der direkte Ver=
kauf des Landmanns an den Konsumenten zurücktrat oder auf
die kleinen Städte sich beschränkte; die gewerbefreiheitlichen Gesetze
nahmen den Stadtverwaltungen ein Mittel nach dem andern, das
noch gedient hatte, den Zwischenhandel zu hemmen. Ein innerer
erheblicher Getreidehandel entstand; die vergrößerten Mühlen
wurden aus von Kunden benutzten Lohnanstalten große Geschäfte,
die Getreide kaufen und Mehl verkaufen. Die liberale National=
ökonomie bekämpfte mit großem Eifer die alten Vorurteile gegen
den Kornwucher, suchte nach immer neuen Beweisen, daß die
Kornhändler die Wohlthäter der Menschheit seien. Die kommu=
nalen und staatlichen Getreidemagazine verschwanden; die Domänen
wurden verkauft oder gegen Geld verpachtet, die Naturaleinnahmen
der Staaten wurden abgelöst; die staatliche Magazinverwaltung
reduzierte sich mehr und mehr, wo sie bis in die 50er Jahre
noch vorhanden gewesen war. Der private große Getreidehändler,
der hausierende kleine Einkäufer, der städtische Kommissionär, der
Müller, der Vorrathändler, der in der Stadt die Müller und
Bäcker versorgt und von Stadt zu Stadt seine Ware sendet, sie
traten immer mehr in den Mittelpunkt der Geschäfte. Die
Produktion wie der Konsum wurde immer mehr von einem großen
kaufmännischen Apparat von Händlern und Mittelspersonen, von
ihrem Kapital und ihrem Kredit, ihrer Organisation, ihrer Ehr=
lichkeit und ihrer Neigung, die eingenommene Machtstellung voll
auszunutzen, abhängig. Die größeren Marktorte begannen immer

mehr die kleineren zu beherrschen, ja einen Teil ihrer Geschäfte ihnen abzunehmen. An den größeren Centralpunkten entwickelte sich eine Getreidebörse, ein zunehmender Lieferungs- und Termin= handel und eine große Getreidespekulation.

In dem Maße, als aus den kleinen Staaten von 1—5 Mill. Einwohnern solche von 10—60, aus solchen von 50—200 000 ☐ Kilometer solche von 3—700 000 und mehr geworden waren, verwandelte sich ein Teil des früheren Außengetreidehandels in inländischen Handel. Und daraus erklärt sich teilweise, daß so lange ein erheblicher internationaler Getreidehandel nicht in der Statistik sich uns offenbarte. Freilich kommt hinzu, daß die meisten größeren Staaten bis 1850 nur in den seltenen Teue= rungsjahren einen etwas erheblicheren Bedarf an fremder Zufuhr hatten, daß bis dahin weder Transportmittel, noch Speicher, noch Geschäfte, noch Geschäftsbedingungen auf erhebliche Leistun= gen eingerichtet sein konnten. Nach Roscher hat im Hungerjahr 1817 Rußland 1,85 Proz. seiner Ernte ans Ausland abgegeben, Frankreich Nahrungsmittel für 2½ Tage importiert. Aller ältere sogenannte Weltgetreidehandel war wesentlich Seezufuhr für einzelne Großstädte gewesen; so der antike Handel nach Athen und Rom; nach Demosthenes soll Athen zu seiner Zeit 2,8 bis 3 Millionen Medimnen Korn gebraucht und davon 800 000 zur See eingeführt haben; so der mittelalterliche Handel von Venedig und Genua, von Antwerpen und Amsterdam, dessen Umfang wir oben erwähnten. Freilich hatte der einzige Getreidehandel, der bis 1850 den Namen eines Welthandels verdiente, der aus der Ostsee nach Holland, England und weiter, bereits einen anderen Charakter, er hatte größere Menschenkonzentrationen im Westen Europas möglich gemacht und größeren rein agrarischen Gebieten an den Ostseeströmen vom 16.—19. Jahrhundert eine blühende Landwirtschaft verschafft, die auf der Ausfuhr beruhte. Doch bewegte sich auch dieser im ganzen noch in mäßigen Grenzen. Roscher nimmt noch in seiner Schrift über Kornhandel von 1851 es als das Normale an, daß die exportierten Überschüsse der Ackerbaustaaten und die Bezüge der Industriestaaten sich höchstens

zwischen 1—9 Proz. der Ernte und des Bedarfs bewegen, daß
mehr in der Regel nicht zu transportieren sei. Es galt für eine
erstaunliche Ausnahmeleistung, daß Großbritannien im Hungerjahre 1847 25 Proz. seines Bedarfs einführen konnte.

England hatte 1766—80 etwa 0,45 Millionen Centner
Weizen, 1830—40 hatte das Vereinigte Königreich mit seinen
26—27 Millionen Menschen 4 Millionen Centner jährlich eingeführt, etwa die Nahrung für eine Million Menschen, wenn
wir bei unserer Annahme eines Bedarfs von 400 Pfund pro
Kopf bleiben. Im Jahre 1867 bezog es 38,8 Millionen Centner
Weizen[1], 1890—94 etwa 120—140 Millionen[2]. Wäre das
alles für menschliche Nahrung bestimmt gewesen, so hätten von
der Einfuhr 1867 10, 1890—94 schon etwa 30—35 Millionen
Menschen leben können. Da auch im Inland noch für mindestens
10 Millionen Menschen Brot erzeugt wurde, und die Bevölkerung
nur 37—38 Millionen betrug, so ist von dieser Einfuhr ein
Teil wohl für andere Zwecke verwendet, oder ist der Bedarf
pro Kopf in England eben ein höherer als 400 Pfund. Jedenfalls lehren die Zahlen, daß erst in den letzten dreißig Jahren
ein erheblicher und regelmäßiger Weltgetreidehandel entstanden
ist. Sein heutiger Umfang möge durch die folgenden Zahlenangaben illustriert werden. Die Getreideernte der Welt an
Weizen, Roggen, Gerste, Hafer und Mais schätzt das Corn
Trade Year Book 1890—94 auf 1000—1100 Mill. Quarter
oder 4500—5000 Millionen Centner[3], die Nahrung für 11 bis
1200 Millionen Menschen, wenn wir 400 Pfund als Bedarf
annehmen, für entsprechend weniger, wenn wir mit Rücksicht auf
Saat und andere Zwecke ihn höher setzen. Die Gesamtzahl der
Menschen auf der Erde wird heute auf 1480—1510 Millionen
geschätzt. Von den 1000—1100 Millionen Quarter fallen
420—470 auf Weizen und Roggen, also nicht ganz die Hälfte,

[1] Neumann-Spallart, Übersichten über Produktion, Verkehr und
Handel in der Weltwirtschaft 1878, S. 43.

[2] Wiebenfeld, Supplement zum Handwörterbuch d. Staats-W. S. 353.

[3] Vgl. Wiebenfeld a. a. O.

etwa 300 auf den Weizen allein. An Weizen nun wurden 1893 160—180 Millionen Centner, also über die Hälfte der Produktion aus den Ausfuhrländern exportiert, in die Einfuhr= länder importiert, die Nahrung für 40—45 Millionen Menschen. Dazu kommt nun noch der Roggen= und sonstige Getreide= und Mehlhandel. Also werden immer heute 50—60 Mill. Menschen von Brotfrüchten anderer Länder leben. Ein schwerwiegender Beweis, zu welcher Bedeutung sich in kürzester Zeit der Welt= getreidehandel entwickelt hat.

Ausschließlich die neuen Verkehrsmittel und die Verbilligung der Frachten durch sie ermöglichten es, daß in Ländern mit überflüssigem, jungfräulichem, gutem Boden, in neu auf= geschlossenen Kulturgebieten, die früher stets durch den Mangel an Exportgütern in ihrer Entwickelung zurückgehalten wurden, nun eine rasche volkswirtschaftliche Entwickelung eintreten konnte. Erst Ungarn und die Donaustaaten, dann Rußland, später die Vereinigten Staaten, Indien, Australien, Südamerika hatten von 1850—96 den Vorteil davon. Die dichtbevölkerten Ein= fuhrstaaten konnten ohne gestiegene Brotpreise, und bald sogar unter sinkenden Lebensmittelpreisen ihre Volkszahl. in einer Weise vermehren, die sonst zu furchtbarer Not geführt hätte. Aber zugleich wurde für ihre Landwirte die Getreideproduktion immer unrentabler. Teilweise entstand ein agrarischer Notstand, wie ihn die billigen Preise 1720—60 und 1819—30 kaum er= zeugt hatten. Die Getreideproduktion war dem Bedarf voraus= geeilt und zwar in dauernder Weise.

Die äußere Getreidehandelspolitik konnte dementsprechend nicht bei den Resultaten stehen bleiben, die 1840—70 sich end= lich nach fast hundertjährigem Kampfe durchgesetzt hatten. Im Laufe des 18. Jahrhunderts hatte man die Künstlichkeit und Willkürlichkeit in der Durchführung der alten Systeme so drückend empfunden, daß man zunächst überall die jeweilig wechselnden, von den Regierungen verhängten Sperrmaßregeln beseitigte; sie wurden zwar in Deutschland noch 1816—17 an= gewandt, aber auch streng verurteilt. Es siegte der Grundsatz,

daß die Ausfuhr überall und dauernd frei, höchstens mit
minimalen Zöllen zu belegen sei. Die Einfuhr wurde in England und Frankreich, welche im agrarischen Interesse die zu
starke Einfuhr hauptsächlich aus der Ostsee in den billigen
Jahren fürchteten, mit Zöllen belegt, die nach dem Stand der
Preise wechselten. Man wollte so die Willkür der Regierung
ausschließen. Aber der automatisch-mechanische Apparat versagte; er war zu künstlich, er hielt die Einfuhr zu lange zurück,
machte sie zu einer stoßweisen, die bei hohen Preisen dann zu
plötzlich kam, veranlaßte künstliche Preisbeeinflussungen. Das
System wurde unter allgemeinem Beifall der Wissenschaft und
der Praxis, der Majorität der Völker 1840—60 beseitigt. Und
in gleicher Zeit fielen auch die mäßigen festen Getreidezölle,
welche die anderen Staaten, wie Deutschland, bisher noch gehabt. Unbedingter Freihandel in Getreide galt 1845—70 als
der Weisheit letzter Schluß.

Aber es war ein Schluß, der zu seiner Voraussetzung eine
im ganzen doch mäßige Zufuhr nach den dichtbevölkerten Staaten
hatte, wie sie 1840—70 noch bestand. So ziemlich alle Beweisführung, auch die der damaligen radikalen Freihändler,
hatte immer in jenen Jahren darauf gepocht, die Einfuhr könne
gar nicht so stark wachsen, wie der Bedarf zunehme. Der Ausbau des russischen, amerikanischen, indischen Eisenbahnsystems,
der Bau der größern eisernen Seeschiffe und die Verbilligung
der Seefrachten mit dem Sieg der Dampfer veränderte die
Sachlage. Als sich die Möglichkeit deutlich herausgestellt hatte,
daß nicht bloß 10 und nicht bloß 25%, sondern 40—80%
unserer Ernährung durch die Ackerbaukolonisation fremder Länder
und Weltteile geliefert werden könne, mußte die Frage entstehen,
ob deren Aufblühen die Welt und uns dafür entschädigt, daß
unsere Getreideproduktion zu Grunde geht, ob die rasche
agrarische Entwickelung dieser Staaten mit unseren Interessen über-
einstimmt, vollends wenn sie nicht mal dafür unsere überschüssigen
Industrieprodukte uns abnehmen, und daneben durch zufällige
Valutaschwankungen und künstliche Mittel, wie Eisenbahnfracht-

ermäßigung, ihren Export plötzlich und künstlich steigern. Daher die ganz richtige Rückkehr zu agrarischen Einfuhrzöllen in fast allen europäischen Staaten mit Ausnahme Großbritanniens seit Ende der 70er Jahre. Nicht über deren Existenz ist eigentlich mehr viel Streit, sondern nur über ihre Höhe, über die Art ihrer Anlegung, über die Frage, ob nicht statt der europäischen Einzelstaaten ein europäischer Staatenbund mit freiem Getreide= handel im Innern sie erheben solle. Und weiter darüber, ob nicht andere Mittel hinzukommen sollten, um unsere Landwirt= schaft zu retten, oder besser gesagt, den heutigen kritischen Zu= stand ohne zu viel Verluste und Existenzvernichtung wieder in einen normaleren umzuwandeln. Die einen verlangen Wieder= herstellung der hohen Preise von 1850—70 um jeden Preis, die andern Mittel der Anpassung an die geringeren Preise. Die einen wünschen Erhaltung der jetzigen Eigentums= und Betriebsverhältnisse, die andern verlangen ganzen oder teilweisen Ersatz des großen Besitzes oder Betriebes durch den kleinen, der die niedrigen Preise eher ertragen könne. Man hat Um= wandlung einesteils des geringen Getreidelandes in Forstland vorgeschlagen, dann Güterankauf durch den Staat in großem Maßstab und Wiederveräußerung zu mäßigen Preisen und in geeigneten Größen; man hat von Entschuldungsmaßregeln nach Vorbild unserer Ablösung, von rechtlichen Verschuldungsgrenzen gesprochen und betont, daß die Krisis geeignet sei, ein ganz neues Agrarrecht mit Anerbenrecht und ähnlichem zu schaffen. Der extremste Vorschlag ist wohl der, daß der Staat den Handel mit allem ausländischen Getreide in die Hand nehme, der Antrag des Grafen Kanitz.

Die chaotische Gärung der Geister und der Kampf der Sonderinteressen wird verstärkt durch eine breite, nicht aller Be= rechtigung entbehrende Mißstimmung über die Formen und die Machtstellung, welche der private internationale Getreidehandel hauptsächlich in den letzten 30 Jahren angenommen und erreicht hat. Der Übergang des Lieferungshandels auf Zeit in den Terminhandel, d. h. einen Handel, wobei Qualität, Größe des

Quantums und alle sonstigen Bedingungen durch Börsenverab=
redungen fest gelegt, nur die Höhe des Preises zwischen den
Kontrahenten verabredet wird, erzeugte eine außerordentliche
Steigerung der Umsätze, eine leichtere internationale Ausgleichung
der Vorräte und eine Verteilung der Preisschwankungen auf
sehr viel mehr Kontrahenten; der Terminhandel war ein kauf=
männisch=technischer Fortschritt, der von 1870—96 hauptsächlich
Platz griff, der aber zahlreiche nicht sachverständige, zahlreiche
unlautere Elemente in den Getreidehandel einbezog, der vorüber=
gehend zu ungesunden Preissteigerungen und Monopolisierungen
(Kornerungen), wie zu entsprechenden Baissespekulationen geführt
hat. Allerdings ist nicht sowohl die börsenmäßige Termin=
spekulation in Getreide, als die Herrschaft des Getreidezwischen=
handels über den verschuldeten Grundbesitzer als die Ursache an=
zusehen, daß der Landmann von den ohnedies geringen Preisen
weniger bekommt, als er glaubt, daß ihm gebühre. In den
Vereinigten Staaten fühlen sich die sämtlichen Landwirte durch
die großen Getreidespeichergesellschaften bedrückt, und verlangen,
daß der Staat durch Bau von Speichern eingreife. In Deutsch=
land hat eine ganz berechtigte Agitation die Bildung von
agrarischen Genossenschaften zum Zwecke des Speicherbaues an=
geregt. Und der Staat stellt in Preußen Mittel in Aussicht,
dies zu unterstützen. Teilweise erhofft man — freilich wahr=
scheinlich ganz vergeblich — vom Verbot des Getreidetermin=
handels bessere Preise. Große Umbildungen in der ganzen
agrarischen Verfassung, in der Besitzverteilung, der Größe der
Betriebe, der Stellung der Arbeiter bereiten sich jedenfalls in
Zusammenhang mit der geringen Rentabilität der landwirtschaft=
lichen Betriebe und der zunehmenden Verschuldung vor. Es ist
natürlich, daß die Interessenten mit äußerster Energie für die
Erhaltung ihrer Lebensstellung kämpfen, daß große Agitationen
und Diskussionen in die Öffentlichkeit bringen, die regierenden
Kreise beeinflussen wollen.

Was aus diesen Kämpfen und Bewegungen noch werden
wird, wer will wagen, es zu prophezeien. Verschiedene Möglich=

keiten liegen vor; das Eintreten der einen oder anderen hängt nicht bloß von den materiellen wirtschaftlichen Ursachen, sondern ebenso von Parteikonstellationen, politischen Ereignissen und der Persönlichkeit der führenden Geister ab. Soviel aber scheint mir sicher: Unsere modernen Großstaaten sind durch unsere Verkehrs= mittel und die internationale Arbeitsteilung rasch über die Phase hinweggeführt worden, in welcher rein staatliche Maßnahmen ohne Rücksicht auf den Welthandel leicht durchführbar wären. Deutschland wird heute etwa ein Nationaleinkommen von 18 bis 20 Milliarden Mark haben, seine Aus= und Einfuhr beträgt 7—8 Milliarden; diese Zahlen sagen alles: sie zeigen, wie sehr unsere Existenz eine halbweltwirtschaftliche ist, ein wie großer Teil unserer Produktion ins Ausland geht, unserer Konsumtion von da stammt. Jede Verschärfung des Schutzsystems greift hier tief ein, sie ist nicht deshalb stets unberechtigt, weil sie ge= wisse Handelsbeziehungen erschwert; aber es kommt bei jeder Zollerhöhung die Grenze, wo der im Innern dadurch erreichte Vorteil unsern Handel zu sehr schädigt. Und diese Grenze wird um so leichter erreicht, je kleiner das Land ist. Rußland hat jetzt 22 Millionen Quadratkilometer und 105 Millionen Menschen, geht durch alle Zonen und Klimate; ein solches Weltreich kann sich leicht abschließen; das kann Deutschland mit seinen 540 483 Quadratkilometern und seinen 52 Millionen Seelen nicht. Noch viel mehr aber als Schutzzollmaßregeln würden staatssocialistische Maßregeln, ein Getreidemonopol, ein Monopol der Brotlieferung zum isolierten Handelsstaat, zur vollständigen Auslösung der Volkswirtschaft aus dem Zusammenhang der Weltwirtschaft nötigen. Das haben alle tiefer blickenden Socialisten von Fichte bis auf Frau Sidney Webb und Kautsky eingesehen; nur die blinden Träumer glauben Socialismus und internationale Weltwirtschaft vereinigen zu können. Nun ist natürlich ein staatliches Tabaksmonopol möglich, ohne allen Handel mit dem Ausland zu vernichten, auch ein staatliches Getreidehandels= monopol ist vielleicht noch denkbar ohne diese Folge. Aber je mehr wir derartige Maßregeln ergreifen, desto schwieriger wird doch der internationale Handel, desto mehr werden wir auf einen Isolierschemel gedrängt, desto mehr gehen uns die Vorteile der internationalen Arbeitsteilung verloren, desto weniger können wir daran denken, eine führende Rolle im Welthandel zu erhalten.

Das sind schwerwiegende Gründe, die gegen den Antrag Kanitz sprechen, die zu den früher von mir entwickelten hinzukommen[1]. Auch die Erfahrungen mit kommunalem und staatlichem Getreidehandel, welche von Naudé in unserem Bande vorgeführt werden, zeigen, daß ein solcher mit dem Wachstum der Staaten immer schwieriger wurde. Die Anziehung der preußischen Erfahrungen des 18. Jahrhunderts scheint mir ebenfalls sehr zweifelhaft in ihrer Verwertung für den Antrag Kanitz. Ein kleiner, absolut regierter, merkantilistisch abgeschlossener Staat des 18. Jahrhunderts beweist mit seinen Einrichtungen nichts für einen heutigen konstitutionellen Großstaat mit Eisenbahn und Telegraph. Doch will ich mein definitives Urteil in dieser Beziehung lieber zurückhalten, bis unsere weitere Publikation vorliegt. Ich gestehe zu, daß neben den Verschiedenheiten auch Ähnlichkeiten vorliegen, und daß wer für Verstaatlichung des Getreidehandels schwärmt, immer in Friedrich II. sein bestes historisches Vorbild hat.

Jedenfalls aber scheint mir auch heute, daß eine halbe Maßregel, wie sie der Antrag Kanitz will, ganz unmöglich wäre: will man auf diesen Weg eintreten, so muß der Staat allen, auch den inneren Getreidehandel in seine Hand nehmen, und will er billiges Brot garantieren, auch die Mehl- und Brotbereitung. Und das wäre eine sociale Revolution; nur unter außerordentlichen politischen Zuständen, nur unter der Voraussetzung einer demokratisch gefärbten Diktatur scheint mir irgend eine entfernte Wahrscheinlichkeit für derartiges vorzuliegen. Und ich sehe nicht, daß solche Zustände in absehbarer Zeit zu erwarten seien, noch weniger, daß diese Zustände dann denen gefallen würden, die mit derartigen Plänen sich heute tragen.

---

[1] Einige Worte zum Antrag Kanitz, in meinem Jahrbuch XIX, 1895, 611 ff.

Daher bleiben nach meiner Ansicht nur Aktionen möglich, die auf dem Boden des heutigen Welthandels und der heutigen Wirtschaftsverfassung stehen bleiben. Also für die Zeit des Ab= laufs der Handelsverträge ein Getreidezollbund möglichst der sämtlichen mitteleuropäischen Staaten, der, wenn er groß genug ist, auch eine mäßige Erhöhung unserer Getreidezölle gegen die nicht einbezogenen Staaten ertragen würde, im Innern aber freien Getreideverkehr hätte. Das setzte voraus, wie ich schon anderweit zu zeigen suchte [1]: die Spaltung der Meistbegünstigungs= klausel in zwei Arten von begünstigten Staaten: die großen Reiche Rußland, Vereinigte Staaten, England, sowie die ferner stehenden Staaten würden gleich zu behandeln sein, ihre Be= günstigung erstreckte sich aber nicht auf die Getreide= und Lebens= mittelzölle, resp. die Freiheit, die wir unsern nächsten Nachbarn einräumen. Wir erhielten dadurch die Möglichkeit, durch die Meistbegünstigung erster Klasse einen mitteleuropäischen Zollverein vorzubereiten, während die fernerstehenden Staaten mit einer Begünstigung zweiter Klasse zufrieden sein müßten. Es ist das= selbe Ziel, das die Staaten Australiens unter einander im Gegensatz zu England anstreben.

Im Innern aber befördere man die landwirtschaftliche Ge= nossenschaftsbildung und deren Speicherbau, wodurch der Zwischen= handel einen anderen Charakter erhalten wird. Man habe endlich den Mut, große Bodenankäufe für den Staat zu machen, wo die agrarische Not am schlimmsten ist; einen Teil des Bodens auf= zuforsten, den übrigen wieder unter richtigen Bedingungen kauf= oder pachtweise und zwar überwiegend in der Größe von mittleren und kleinen Bauernhöfen auszugeben. Und man beginne eventuell ein allgemeines Entschuldungsverfahren, benütze die agrarische Not zur Durchführung eines neuen angemessenen Agrarrechtes. In diesen Richtungen liegen große, fast übergroße wirtschafts= politische Aufgaben für den Staat und das Beamtentum; aber es sind wenigstens solche, welche weder den Welthandel, noch die

---

[1] In meinem Jahrbuch XIX 1053.

moderne bestehende Technik des Verkehrs und des Handels
negieren wollen. Wir werden so nicht plötzlich wieder die hohen
Preise bekommen wie 1856—75; das ist auch nicht wünschens=
wert; das würde jede Bevölkerungszunahme hindern, unsere
arbeitenden Klassen und das ganze nicht landwirtschaftliche Volk
zu sehr schädigen. Aber wir werden so wenigstens die Krisis
überwinden und den besseren Teil unseres Bauern= und Guts=
besitzerstandes hinüberretten in bessere Tage.

Auch zu solchen Maßregeln freilich gehörten große, mutige,
selten geschickte Staatsmänner, nicht bloß in der innern, sondern
ebenso in der äußern Politik!

Gelesen in der Akademie der Wissenschaften 20. Febr. 1896.